今村啓爾 著

土器から見る縄文人の生態

同成社

目　次

第Ⅰ部　序　論 ………………………………………………………………………… 1
　　研究の目的・経過・章の構成　2

第Ⅱ部　縄文土器の構造的把握 ………………………………………………………… 9
　　2A章　施文順序からみた諸磯式土器の変遷　10
　　2B章　文様の割りつけと文様帯　17

第Ⅲ部　地域と年代で分ける基本的編年 ……………………………………………… 41
　　3A章　諸磯式土器の編年　42
　　3B章　十三菩提式土器細分の試み　53
　　3C章　東関東前期末の編年　57
　　3D章　五領ヶ台式土器の編年　69
　　3E章　前期末〜中期初頭の粗製土器　126

第Ⅳ部　系統的変遷の把握 ……………………………………………………………… 143
　　4A章　松原式土器の位置と踊場系土器の成立　144
　　4B章　大木6式土器の諸系統と変遷過程　174

第Ⅴ部　土器系統の動きと人間の生態 ………………………………………………… 205
　　5A章　縄文前期末の関東における人口減少とそれに関連する諸現象　206
　　5B章　諸磯c式土器の編年と動態　232
　　5C章　十三菩提式前半期の系統関係　269
　　5D章　縄文土器系統の担い手　296
　　5E章　縄文前期末における北陸集団の北上と土器の動き　303
　　5F章　東関東と東北地方の中期初頭土器の編年と動態　359

第Ⅵ部　総　論 ………………………………………………………………………… 453
　　土器から見る縄文人の生態　454

参考文献 …………………………………………………………………………………… 495
あとがき …………………………………………………………………………………… 515

第Ⅰ部　序論

研究の目的・経過・章の構成

1．研究の目的

　土器に見られる系統的な変遷やその移動という現象の背景には，どのような人間の行動や社会，環境の変化があったのか？この問題を，日本列島中央部の縄文前期末から中期初頭について，具体的に検討する，これが本書の最終的な目的である。土器を，編年という時間の物差し以上の，人間の活動や社会の形態を解明のための情報源にしようという試みということもできるが，土器の生活用具としての役割の解明からその目的に迫ろうとするわけではなく，土器系統の動き（動かないのも動きの一種である）の背景に人間集団の動きを読み取り，その動きかたの観察を通して縄文人の生態や社会の実像に迫ろうとするものであり，方法はかなり限定されている。抽象論や出来合いの理論のあてはめ，民族学的事例からの類推ではなく，その時代の人間たちが作り，使った土器の具体的，実証的な分析からこの課題に迫ろうとするものである。

　言うまでもなく，この課題は，土器の整理，分類，編年などの基礎的作業なしにいきなり取り組めるようなものではない。それどころか本書ではそのような基礎作業に関する記述が量的に大部分を占める。どうしてこの本に「土器から見る縄文人の生態」などというタイトルが付けられたのか不審に思われるかもしれない。しかしその迂遠な作業が上記の最終目的に達するための土台と骨組みの構築であり，その目的に向かっての長い行程なのである。

　1920年代前後から縄文文化研究は，学問としての確かな基礎を築くため，発見された土器を年代順に配列する編年の構築に集中した。年代的な目盛を細密にするために型式細分が課題になり，その方法として貝塚などにおける層位的証拠が追求されたが，しだいに研究の重点は，土器の変遷過程を明らかにしつつ，適当なメルクマールによって前後の型式を区切る方法に移っていった。時間的区切りを見つけるために，単純時期遺跡の認定や，遺跡どうしの土器の引き算が重視されるようになった。このような研究が考古学の基本的な仕事として日本全国，縄文時代の全期間にわたって行われ，発表された論文の数は数千，編年資料の報告まで含めたら万の単位に上るであろう。

　本書は日本列島中部の前期末から中期初頭という縄文時代の一部をとり扱ったものにすぎないが，それでも読者の印象は，きわめて細かく煩雑ということになろう。日本先史学の体系を樹立した山内清男は，土器型式は究極まで細分されるべきといった（山内清男1937）。これは目盛をできるだけ細かく区切って歴史の変化の詳細を読み取れる物差を作ろうという提案であり，どちらかというと分ける努力をして，分けにくいものを分けていこうという提案であった。しかし本書に見られる土器の煩雑さはそれとは少し違うと思う。豊かになった資料に依拠して土器の変化を忠実に追っていくと，土器の変化の実態は予想以上に複雑だったという過去の事実が露呈してきた

のである。この複雑さは，もはや変えることのできない過去の中に定着した事実であり，これを簡易化して把握しようとすることは，鮮明な像を得ることのできる過去をピンボケで見ようとするのに等しい。

　土器の作り方がいい加減だったから変異が大きく複雑なのなら，正確に把握する努力にあまり意味はないが，土器は検討するほどに，規範に対して忠実に作られ，広い地域で斉一性をもって変化したことがわかってきた。普通ひとつの小さな時間的段階に属する土器はそれほど複雑ではない。複雑にみえる第1の原因は，何と言っても変化の過程の段階数が多いことにある。たくさんの変化の段階を経て変化してきた土器は，必要な段階数にまで分け戻さなければ変化をたどれない。それが面倒だ，大変すぎると思い，もっとやすい道がないものかと探す人は，日本列島の住民の本当の過去を知ることをあきらめていることになる。

　この変化の過程を忠実に辿ろうとすると，土器の連続的，系統的な変化の流れを追っていく必要が生ずる。ひとつの地域にひとつの系統ということは少なく，1地域の1型式とされる単位の中にもいくつかの流れが見えてくることが普通で，1つの集落に複数の系統が共存することも普通の事態である。そのひとつひとつの系統変化の追求を体系的に押し進めるために，器形と文様の配置・文様帯など土器の構造的な理解が追求されるところとなった。

　ところが土器の系統を追跡していくと，その起源が当該地域にあるとは限らず，隣接地域，ときには予想外に遠方に求められることもあることがわかってきた。後期の称名寺式の起源が西日本の中津式にあること（今村啓爾1977a），北陸の朝日下層式のうちのひとつの系統の起源が，400km北方の円筒下層式に求められること（今村啓爾2006b，本書5E章参照）などが典型的である。複数系統の共存や影響関係，融合，1系統が複数の系統に分化するなどの現象もある。土器研究は細密になり，対象は広い地域に及び，分析は系統的にまた構造的に進められるべきと課題は拡大の一途である。行政発掘調査による爆発的ともいえる資料の増加は，この広範でかつ綿密な研究を可能にする資料を提供したが，その作業量の大きさは，個人の能力を超えるほどになってきた。

　しかしながら，土器系統が各地域内で完結せず，地域を超える移動があるという事実や，複数系統間の交渉は，人間活動の何らかの側面を反映しているに違いなく，それを解明していけば，土器研究が，文字で記されなかった人間の生態や社会を理解する手段を与えてくれる可能性が見えてきたのである。土器現象の複雑さが無秩序な複雑さなら，真剣にとりくむ意味はない。しかし土器が非常に確かな変化の連続である流れの集まりからなることは，今や確実である。複雑さの原因が，流れの数の多さ，動く距離の大きさ，影響・融合・分化という現象の複合にあるのなら，それらを解きほぐしていく土器研究には，努力に見合う成果が約束される。土器現象の複雑さにたじろぐのではなく，複雑であるがゆえに人間活動のさまざまな側面を反映する情報を含んでいるに違いないことに，研究対象としての価値を認めることができる。そしてその価値を生かすためにまずやりとげられなければならないのは，土器に忠実に変遷過程を復元することである。

　本研究を進めるにあたって，縦横の編年，系統的変化の追及に加え，系統の分布の時間的変化，各集落や地域ごとの異系統土器の共存形態・量的比率が研究にとって重要な要素として現れてきた。しかしさまざまな理由から，それらを地図で示したり，グラフで示したりすることは困難で

あり、編年・系統についての記述のなかでの中途半端な言及にとどめざるをえなかった。

　前期末〜中期初頭には土器系統の移動が多く見られる。土器系統はどのように移動したのか，なぜ移動したのか，進入した系統と移動先にもとからいた土着の系統との交流はどのようであったか，それらの解明を通して縄文人の生態や社会に切り込むことが，本書の課題として章が進むにつれて見えてくるであろう。それは私の過去40年にわたる縄文土器研究の問題意識の展開でもあった。本書収録の研究の多くが，その過程で書かれたものであるため，書かれた年代によって問題意識や方法論に違いがある。また早い時期に書かれたものほど不足する資料の中での大雑把な議論が目立つことであろう。最近10年の間に報告された資料によってかろうじてつながった部分，まだ資料待ちの部分も多い。しかし土器研究が何を目指して進むべきか，課題と進路は鮮明になってきたと思う。

　すでに述べたように，本書が人間の生態と社会の復元のために用いる土器の属性は，主に系統的変化とその移動にかかわる部分であり，たとえば土器の生活用具としての機能，使用痕とか，土器にまつわる習俗・観念・象徴的意味そのほかのアプローチはほとんどとりあげない。その点で本書の題名は『土器の系統性から見る縄文人の生態』がふさわしいが，系統性という言葉はそれだけでは何を意味するのか分かりにくい。それで簡明を期して『土器から見る縄文人の生態』とした。

　第Ⅵ部第6節で述べるように，この研究方向は近年の弥生土器，土師器の先進的な研究でもほとんど同じであるが，そこでは土器による社会変化の追求が，縄文土器研究よりも強く，明確に意識されている。社会の変化，政治的統治組織の形成と統合が，それらの時代の中心的研究課題とされてきたことにも関係する。日本考古学の歴史の中では先輩格であった縄文土器研究ではあるが，その時代の長さに原因する編年的課題の膨大さに妨げられ，問題意識を持つ分析という点では後れをとっていると言わざるをえない。本書はその挽回も意図するとともに，縄文時代・弥生時代・古墳時代の社会の根本的違いを，土器の系統的変化と移動という共通の視点で比較し，各時代の基本的な特性の違いを解明する第一歩としている。

2．研究の経過

　私が縄文前期末〜中期初頭の土器を研究するようになったきっかけは，考古学の世界ではしばしばあることだが，この時代の遺跡遺物との出会いであった。その出会いは，偶然というより，運命的といってもよいほどで，一定時期の稀有の資料との出会いが繰り返され，私は自然にこの

---

(1) 変化を忠実に追うには段階を細分することが不可欠であるが，細分するほど1遺跡で出土した土器のすべてをその段階別に分類することが困難になり，各段階別の系統別組成を正確に把握することも困難になる。強いてそれを行おうとしても，本書で取り上げた時期・地域の遺跡の多くは土器の量が少なく組成の量的な把握に耐えない。量的にとらえられないことは，分布図やグラフの描写を困難にするが，地域ごとに発掘の密度に極端な差があることもそれに輪をかける。

(2) 科学研究費補助金（基盤研究B）課題番号15320106「異系統土器の出会いに見る集団の移動・居住・相互関係，背後にある社会の形態」（平成15年度〜18年度）は，系統移動という共通の視点から各時代の特性を比較解明するプロジェクトであった（今村編2007）

時期の土器研究を進めていくことになった。学部・大学院の学生時代から理学部人類学教室の助手として奉職した時期に自分が主体的立場で参加した多くの発掘でこの時期の土器に遭遇した。関東地方の縄文前期末〜中期初頭は，遺跡数が減少し，土器の絶対量が非常に少なくなる時期なので，その時期の土器に何度も遭遇したのは不思議というほかない。

その最初の出会いはまだ中学生であった1962年のことで，横浜市港北区中駒の宅地造成地で十三菩提式末期から中期最初頭の土器を採集し，のちに松村恵司氏とともに『考古学雑誌』に資料を紹介した（1971）。東大の考古学専修課程進学後に最初に参加した発掘調査が，横浜市港北区の宮の原貝塚（1968年）であったが，ここでは3つの貝層の重なりが認められ，その第2の層を中心に，私が「五領ヶ台Ⅰ式」として中期最初頭に位置づけることになる豊富な資料が包含されていた。その2年後（1970年）に横浜市緑区霧ヶ丘遺跡の発掘に参加した。この遺跡は縄文時代の陥穴（早期）の発見と研究の開始で知られるが，第2地点で出土した十三菩提式最末期の土器は発見例の少ないもので，上記の中駒遺跡の資料とともに現在でも稀有の資料となっている。1972年に，伊豆神津島の上の山において前期の諸磯b式とc式の時期の遺跡を発掘し，合わせて，三宅島西原遺跡で採集され三宅島高校に保管されていた同時期の土器との比較研究を行った。ここには諸磯b式の末期ないしb式からc式への移行期の土器が多く，その施文順序についての注目が新しい研究方法として，b式とc式の細分という成果につながった。伊豆七島という特殊な立地の遺跡の調査が，人間の活動に関するさまざまな疑問を喚起した。その2年後には東京都奥多摩町とけっぱら遺跡で住居址に伴う前期末の土器に恵まれ，それまでに知られていた北陸の資料と比較することにより，十三菩提式の4細分編年を試みた。

このような経験の中で私は自然にこの時期の研究を手がけ，土器を編年し，その変化をたどり，背景となる人間の活動や社会について考えるようになった。この頃から始まった日本全域に及ぶ発掘資料の驚異的な増加は，理解の精密化という作業を資料的に助けてくれた。本書で示される私の理解の到達点は，実際のところ，最近4，5年間に報告された資料があって初めて可能になったものであるが，現在なお資料的に弱い部分も残り，今後の資料の出現によって修正を必要とすることもあるだろう。

私はこの前期末〜中期初頭の土器研究以外にも縄文文化のさまざまな分野，南中国・東南アジアの考古学，日本の歴史時代考古学などにまで手をひろげ，多くの時間をそれらの分野に割いてきた。そのため本書のテーマについてずっと継続的に研究を行ってきたわけではないが，一定時間がたつと必ずもどってくるホームグラウンドのような存在であった。また，私の南中国・東南アジアの銅鼓の研究方法や問題意識が，縄文土器研究方法と並行して進展したように，このホームグラウンドで考古学の研究方法を磨き，考古学という学問の目的について考えてきた。

私の40年間の土器研究には，大きく見て次のような研究方針の展開があったといえる。

1　編年の精密化。一つの地域の編年の空白を埋め，全体を細分する。
2　各地域の縦の編年と地域間の横の関係を組み立て，体系的な編年網を作る。
3　土器の諸要素を構造的に組み立てられたものとして捉え，土器の変遷を構造的に追跡するこ

とによって確実な土器の変遷を知る。
4 上の作業の中に立ち現れる複数の土器系統を認識し，相互の影響関係や共存関係を解明する。
5 土器系統を地域的に固定したものではなく，地域間で移動することがあるものとして捉え，編年網の中にその移動を指摘する。
6 土器系統の移動や複数系統の共存という現象の背景にある人間集団の生態，社会形態の解明。

　振り返ると時間の経過とともに1から6へという方向で研究の重心が移ってきた。しかし私が1971年に提出した卒業論文の要約である「五領ヶ台式土器に見られる円筒式土器の影響について」（本書5E章末に付した「参考資料」）において，すでに簡単ながら各項目についての言及が見えるし，本書には収録しないが，縄文後期の「称名寺式土器の研究」（1977）でも1から6に至る諸問題がこの順序で論じられているように，早くから上記の各項目が私の土器の研究課題として意識されてきた。

3．各章の構成

　本書では縄文前期末から中期初頭の土器にかかわる既発表の12論文と新たに書き下ろした5論文を，内容的に上の1から6への研究の重点の移動に従って配列している。
　本第Ⅰ部に続く第Ⅱ部では上の第3項目に相当する，土器を見るうえでの基本的な視点と方法論を提示した2論文を収録した。施文の順序（2A章）と土器面に文様を配置するときの決まり（2B章）に関する論考である。
　新しく付加されることになった文様が，施文工程上，従来のものより後になり，それが発達することが，施文工程上で前に行われる古くからの施文の退化や消滅をもたらす。この視点が諸磯b式の浮線文と諸磯c式新段階の浮線文を別のものとして切り離すことを可能にし，諸磯c式2細分の基本的論理を提供した。
　土器は器形とそれに結びつく施文部位と各施文部位に収まる個々の文様の3者が一体に結びついたものとして変化する。3者は別々に変化の過程を読み取ることができるが，同一個体の土器上に結びついて存在する。だから3者を，並行して進む別の変化としてとらえながらも，3者の間の同時性で横に結びつけることにより，3本脚の確実な編年ができることになる。
　第Ⅲ部では前期末〜中期初頭の東北地方・関東地方・中部高地・北陸の土器を地域差と年代差にもとづいて分類配置するいわば普通の編年研究を収録した。上の第1項目と第2項目に該当する。多くの人が行っている研究と方法論的に大きな違いはないが，全体を貫徹する明確な特徴は，細分への志向と，他地域との並行関係に対する注意を怠らないことであろう。地域ごとの縦の流れと横の同時性の確認は，縦横に組み上げられた強固な編年体系を提供するが，しばしばある地域で未発見の型式の存在の指摘にもつながった。細分への志向は第Ⅳ部以下の論文にも顕著であるが，これなしに土器系統に伴う人間集団の動きなどはとらえることができないのであり，細分と並行関係の確認は，「縄文人の生態」分析のための土台の構築であった。

第Ⅳ部は第Ⅲ部とひと続きであるが，とくに系統的変化を重視した論文を収録した。上記の第4・第5項目に相当する。土器の変化を忠実に追いかけ，辿ろうとすると，一つの地域に一つの型式を設定するだけでは不十分である。1型式とされるものの中に複数の流れ，系統というものがあって，系統ごとに変化をたどらないと土器の変化は解明できない。そして各系統はまったく独立した別の流れとしてあるとは限らず，ときに分流や合流がおきる。この現象を重視しながら土器の変遷を解明した論考である。

　第Ⅴ部には第6項目の縄文人の生態に関するものを6編収録した。5A章は本書の中では異色の土器移動の背景にある人口減少や生業の変化を扱ったもので，「縄文人の生態」と題するからにはこのような取組がさらに求められるが，本書は土器現象からの解明に集中したため，生業変化については土器系統の背景を考えた既発表の論考の再録しかできなかった。5B章は人口の減少が起こった地域に他地域の土器系統が流入する現象，5C章はその結果生ずる複数系統共存のさまざまなパターンを指摘した。系統が移動する過程で異なる系統が地域を接して対峙する状況があり，やがてそれが崩れて1地域に複数の系統が共存する現象などを扱い，その背景にある人間の活動に言及した。5D章はその延長線上にあり，東北地方に鍋屋町系土器が細々と流入し，現地の土器の影響を受けて変化する現象を，土器の作り手の小規模な移動と考えた。5E章は逆に進出した集団が行った先で主体的存在になる場合で，その後の土器の変化からみて，出発点の北陸と行った先の秋田に至る日本海沿岸では，北陸集団の往還を中心とする活発な活動が維持されたと論じた。この5E章に附載した私の卒業論文の内容の要約（今村1972）では，東北地方北部の円筒下層式の影響が北陸や関東地方に到達したと常識的に論じていた。しかるに，2006年の新論文では，「影響」の内容を点検し，移動したのは実は北陸の人間であって，かれらが秋田周辺まで進出した後，円筒下層式の土器作りを学んで北陸に伝えたと，人の動きとしては逆方向で考えるようになった。この逆転をもたらしたのは発掘資料の増加と35年間における私の土器の見方の精密化であった。

　このように本書では同じ問題を取扱いながらも前後で判断が変わった部分がある。しかしその数は経過年数，資料の激増を考慮するなら非常に少ないといってよいであろう。いうまでもなく後から出された判断のほうが現在の私の考えということになる。

　5F章は一見地域別の編年のようであるが，その比較を通して地域ごとの衰退や復興にかなりの時間的なずれがあること，それが土器系統の移動と密接に連動すること，そして何よりも中期中葉の繁栄期に向かって土器系統の移動が少なくなり，小地域ごとに独自性の強い土器系統が成立し，衰退期とはほぼ逆の諸現象が起こることを指摘した。

　第Ⅵ部ではこれまでの研究での到達点を示し，本書全体のまとめとなるが，それまでの複雑きわまりない分析で人間そのものの活動や社会に関する何が分かったのか，土器そのものの記述をできるだけおさえることによって表示したものである。

　本書の題名である「土器から見る縄文人の生態」にふさわしい内容の部分は第Ⅴ部と第Ⅵ部だけである。しかし第Ⅱ部〜第Ⅳ部がそのテーマと無関係というわけではない。繰り返しになるが，そこにおける分析方法の構築，資料の基本的整理分析という基礎作業があってはじめて第Ⅴ部・

第Ⅵ部で「縄文人の生態」が論じ得るようになったのである。

　日本の土器に関する本や論文集は，時代別・地域別という即物的で簡明な分類にのっとって配列されることが普通である。このような配列に慣れている方々には，本書の，論文の目的や方向に沿った配列は分かりにくいかもしれない。しかし本書収録の論文のほとんどが，前後の時期との関係・他地域との関係で土器を論じ，扱った年代幅にも大小があるので，時間に従って機械的に配列することは難しく，むしろ「土器からみる縄文人の生態」という本書の目的に向かっての研究の展開を軸に部と章を分けるほうが本書にふさわしいと考えた。しかしあえて地域別時期別の配列を試みるならほぼ次のようになろう。

西関東と中部高地が中心
　　諸磯式土器の編年　1982年（3A章）
　　施文順序からみた諸磯式土器の変遷　1981年（2A章）
　　諸磯ｃ式土器の正しい編年　2000年＋書下ろし（5B章）
　　十三菩提式の細分　1974年（3B章）
　　十三菩提式前半期の系統関係　2001年（5C章）
　　前期末における人口減少　1992年（5A章）
　　松原式土器　2006年（4A章）

東関東と東北地方が中心
　　東関東前期末の編年　書下ろし（3C章）
　　大木6式土器の諸系統　2006年（4B章）
　　東北地方の鍋屋町系土器　2006年（5D章）
　　東関東と東北地方の中期初頭土器の編年と動態　書下ろし（5F章）

北陸中心
　　北陸集団の北上　2006年（5E章）

広い地域
　　前期末〜中期初頭の粗製土器　書下ろし（3E章）
　　五領ヶ台式の編年　1985年（3D章）
　　文様の割りつけと文様帯　1983年（2B章）
　　土器から見る縄文人の生態　書下ろし（第Ⅵ部）

　なお本書に収録した既発表の論文は，明白な誤植や番号，固有名詞の誤りなどを除き，原文のままとした。市町村名も近年の合併に伴う変更は行っていない。本文だけでなく参考文献の表示にも影響が及ぶからである。時間の経過や新資料の出現によって内容的に補正が必要になった部分は，（新註）として追加説明を加えた。

第Ⅱ部　縄文土器の構造的把握

2Ａ章　施文順序からみた諸磯式土器の変遷

　土器の編年研究の方法として，遺跡の層位的発掘とともに，土器の型式学的分析が重要であることはいうまでもない。土器の変遷を型式学的に解明しようとする場合，器形，文様帯，個々の文様，施文具，施文の方法，成形，整形の手法，胎土，焼成など色々な点に注目しなければならないが，ここでは，施文の順序の解明が編年研究に力を発揮するひとつの事例として，諸磯式の変遷をとりあげる。縄文式土器の施文順序の問題を本格的にとりあつかった最初の論考としては，鈴木公雄氏の「安行系粗製土器における文様施文の順位と工程数」があり，施文順位のちがいを手がかりにして，土器の分布圏とその変容を解明された。堀越正行氏の「施文系統と編年の改正（予察）」は，施文順序に特別な注目をすることによって中期末から後期初頭の編年の組みかえを企図されたもので，着眼点は斬新であったが，結果はとても賛成できないものになってしまった。諸磯式の施文順序に関しては内田祐治氏の観察がある（内田祐治1975）。その他にも最近の発掘報告書の中には，施文順序に言及したものが散見する。

　さて，私がこれからとりあげるのは，施文順序のちがいが土器型式のちがいを認定する手がかりになるという認識から一歩進んで，ちょうど遺跡において古い層の上に新しい層がかさなっているように，土器の表面においても，古い文様の上に新しく発達した文様がかさなり，さらには，新しい文様の発達の結果，下じきになった古い文様は意味を失なって消え去っていくという事例である。施文の順序が，一個の土器を作るときに行なわれた文様を加える順番という意味を超えて，施文順序自体に土器の歴史的変遷過程が記録，内包されている場合があるということを具体的な事例によって指摘したい。

　関東地方，中部地方の縄文前期後葉の位置を占める諸磯式は従来，a，b，cの三型式に分けられていたが，最近，その各型式をさらに細分する機運が高まってきた。筆者は，伊豆七島の諸磯期の遺跡を比較研究する準備として，a→b（古）→b（中）→b（新）→c（古）→c（新）の細分案（今村啓爾1977b）を示し，その施文順序（今村啓爾1979）について発表したが，続いて，鈴木徳雄，鈴木敏昭，中島宏の各氏の細分案が相次いで発表された（各，鈴木徳雄1979，鈴木敏昭1980a，中島宏1980）。これらの諸案は，分期の仕方，浮線文の出現段階などについて不一致もあるが，大体同じ変遷観を示している。小論にとって特にかかわりがあるのは鈴木徳雄氏によって示された諸磯式の変遷である。同氏は，諸磯式のうちでも沈線文の土器に注目し，施文の順序の変遷を重視しつつa式からb式への変化を明らかにされた。私が浮線文を重視しつつb式からc式への変遷を考察したのと対象は異なるが，着眼点はよく似ており，好対照をなすとともに，土器研究のひとつの方向性を示すものとして興味深い。

　諸磯b式，c式の変遷と細分については，別に述べたこともあり（今村啓爾1980d），それを詳述するのが小論の目的ではないので省略するが，b式古段階には爪形文の土器が特徴的にあり，浮

線文の土器も存在する。

　b式中段階には浮線文の土器の発達が著しく，爪形文は特殊な器形を除くと使われなくなるらしい。浮線文の土器の多くは口縁の内弯するいわゆるキャリパー形を呈し，文様の中心は口縁部の渦巻にあるが，口縁部文様帯の下限を画する浮線文が数本ずつ組になって何段もくりかえされ，一種の文様効果を示す。沈線文の土器は，器形，文様帯の位置，文様図形において浮線文の土器と共通性が強い。沈線文の土器は独立した系統をなすのではなく，基本的に浮線文の土器と同じ系統に属し，浮線文を沈線文におきかえたものとみてよいであろう。文様の施文順序は付表と付図の1，2の通りで，しばしば獣面の形をとる貼付文は，成形の次に，縄文施文に先だって加えられることは，貼付文の上に縄文がついている例がしばしば見られることから明らかである。

　b式の新段階には，浮線文の土器は，くの字形に内折する口縁のものが多くなり，浮線文は薄く繊細になる。浮線文が多数平行して加えられる傾向が一層強まる。沈線文の土器は浮線文をそのまま沈線文におきかえただけのものが多い。施文順序はb式中段階と同じで，〈成形→貼付文→縄文→浮線文または沈線文〉（付図の3）である。付図には沈線文の場合だけを示してある。さて，この段階には，b式中段階には少なかったゆるやかに外反する平縁の土器が多くなるが，この種の土器は沈線文が用いられることが多く，浮線文はほとんど用いられないようである。そして，このような土器は，上記の施文順序のものもあるが，〈成形→縄文→沈線文→貼付文〉（付図の4）という順序が一般的である。b式新段階とみられる土器群のうちにも，浮線文が比較的多く，上記の器形の少ない群[(1)]と浮線文が少なく，上記の器形の多い群[(2)]があり，微妙な時期差を示すようにみえる。いずれにしても，後者の器形で貼付文の工程が最後にまわったことは，貼付文の発達を促す原因が生み出されたことになる。このb式新段階には，浮線文や沈線文を多数平行させて加えることがさかんになるが，器面の大部分が沈線文で埋められる土器のうちには，縄文の加えられないものも出現しはじめる。

　c式古段階では平縁の土器が多くなるが，口縁部と胴部のさかいの屈折は，b式新段階のくの字形の口縁部からの変化であろう。この段階になると平行線が発達して器面の大部分をおおうようになるため，縄文は装飾として意味のないものになり，加えられないものが一般的になる。貼付文がさらに発達する。浮線文の使用は少なく，口縁に沿って一・二条加えられる程度である。[(3)][(新註1)]ボタン状の貼付文にはコの字形または円形の押捺が加えられる。施文順序は〈成形→縄文（稀）→沈線文→貼付文・浮線文〉（付図の5，6）である。

　c式古段階から新段階にかけての変化はきわめて連続的かつ漸移的である。c式古段階の口縁部文様帯の幅が広がっていくのにつれて口縁部の弯曲もゆるやかになり，口縁部文様帯を区画する屈折も弱まる。縦の棒状貼付文は結節浮線文におきかえられ，結節浮線文が縦に平行して多数

---

(1)　たとえば埼玉県大里郡寄居町ゴシン遺跡4号住居址のb式新段階の土器。（並木隆ほか1978）
(2)　たとえば東京都三宅島西原遺跡（岩瀬暉一ほか1975）
(3)　長野県伊那郡箕輪町上棚の土器は，この段階としては珍しく浮線文の発達した例である。（林茂樹1966）107頁
(新註1)　特異な資料なので註(3)として記したが，今村啓爾2000で群馬の諸磯c式D期（群馬の新段階初頭）とすることになった型式に属する。埼玉県秩父郡わらび沢岩陰（武蔵野美術大学調査，小林茂1982）にはc式古段階に属する土器で太めの浮線文のみを有するものがある。

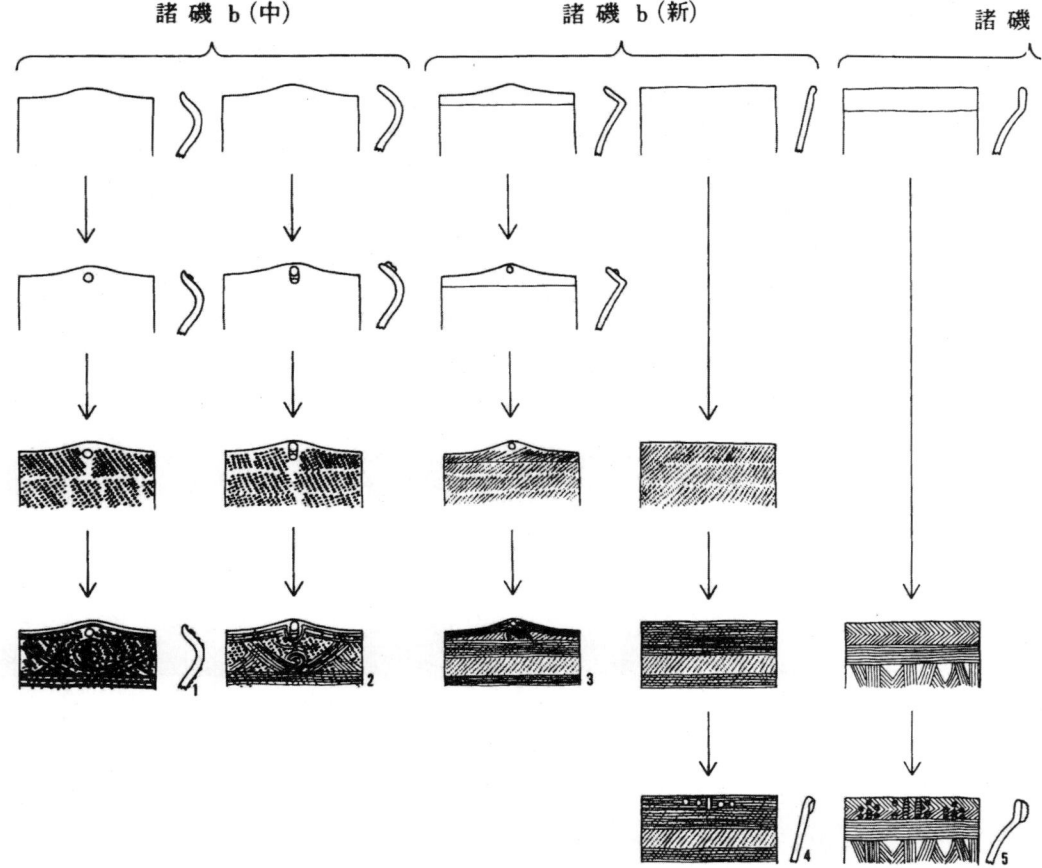

付図　施文工程の変遷

加えられたものから，弯曲して多数平行するもの，渦巻状へと発達する。完全な c 式新段階では，(新註2)
口縁は直行かやや外反するものが多く，波状口縁の使用もさかんである。ボタン状の貼付文は小
さなものが二個ずつ対で加えられ，押捺は加えられない。施文順序は c 式古段階と同じ〈成形→
沈線文→浮線文〉（付図の 7，8）であるが，浮線文の発達の結果，浮線文の下の沈線文が意味
を失なって省略され，〈成形→浮線文〉の順序のものが出現する。この場合にも，浮線文の加え
られない部位には沈線文が加えられる。また，浮線文があまりに発達したために施文するのが大
変になり，結節沈線文を代用したものが現れる。これは浮線文の下地の沈線文とは意味が異なり，

（新註2）　今村啓爾2000で渦巻文は c 式古段階から存在したと改めた。

浮線文をおきかえたものである。

　十三菩提式の古段階（今村啓爾1974，本書3B章）では，浮線文の下地に沈線文が加えられることはなくなり，〈成形→浮線文〉（付図の9）(新註3)となる。ただし，浮線文の加えられない部位には横方向の羽状縄文が加えられることが多い。これは，他地域からの影響を考慮しなければならないが，おそらく，羽状沈線文の代用であろう。工程上でも，かつて羽状沈線文が加えられた順番に位置している。この段階では浮線文を沈線文におきかえたものも多くなり，この場合には，結節沈線

（新註3）　北陸には諸磯c式並行期から浮線文の地文として沈線がない型式（先鍋屋町系）が存在した（5C章）。この時期に地文の沈線がなくなるのは，その影響が大きいとみられる。

14　第Ⅱ部　縄文土器の構造的把握

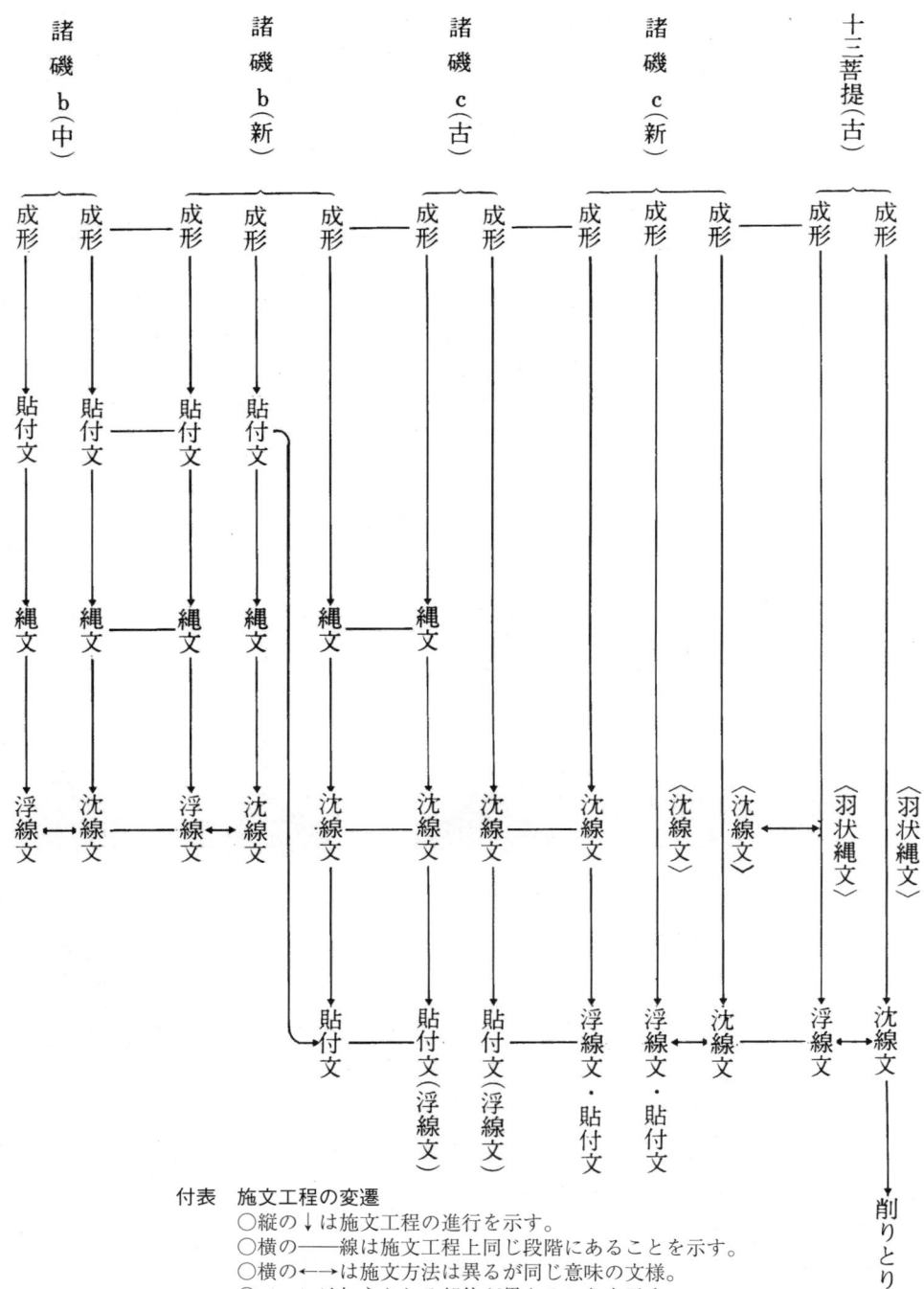

付表　施文工程の変遷
　○縦の↓は施文工程の進行を示す。
　○横の──線は施文工程上同じ段階にあることを示す。
　○横の←→は施文方法は異るが同じ意味の文様。
　○〈　〉は加えられる部位が異なることを示す。

文が結節浮線文と同じような効果を示すように，結節沈線文の余白部分を削りとり，結節沈線文の部分を浮きあがらせることが行なわれる（付図の10）。この削りとり手法が中期五領ケ台式の三角形刻文へとつながっていくのである。

以上の施文工程の変遷を整理して付表にまとめた。また，説明の都合上，その一部を模式図として示してきたが，これは器形や文様の変化を説明するために用意した図ではないので，この図だけでそれらの変化を理解することはできないことをお断りしておかなければならない。

さて，以上の施文工程の変遷は，施文工程上あとから加えられるものが発達し，繁雑化していくために，下地の部分の文様が存在する意味を失い，省略されていく過程とみることができるであろう。これは，人間がものを作る場合に自然にあらわれてくる傾向と思われるので，他の地域や時期の土器の変遷にもあてはまる場合があるようである。

これまで諸磯b式からc式，十三菩提式へかけての編年が十分に整理されていなかったのは，諸磯b式における浮線文とc式の浮線文を外見的な類似によって結びつけていたためではないかと思われる。b式の浮線文とc式の浮線文の間には，浮線文という点でかろうじて一脈のつながりが認められるが，施文工程という観点からみるならば，諸磯b式の浮線文が対応するのはc式の沈線文であり，c式の浮線文はその沈線文の上にあとから発達してきたものであるから，b式の浮線文とc式の浮線文には直接的なつながりはなく，編年上，両者がへだたって位置しても土器の変遷に矛盾するところはないのである。

付記

本稿を草するにあたって観察した資料は，神奈川県諸磯貝塚（東京大学総合研究資料館人類先史部門），横浜市港北区高田貝塚（武井俊治氏発掘資料），東京都神津島上の山遺跡（今村啓爾ほか1980），東京都三宅島西原遺跡[(4)]，東京都奥多摩町登計原遺跡（今村啓爾1974），埼玉県秩父郡吉田町わらび沢岩陰（武蔵野美術大学考古学研究会発掘）の資料である。資料の観察の機会を与えて下さった方々，諸機関へ感謝申しあげる。また，検討した資料数が十分とはいえないので，皆様の御批判，御教示をお願いする次第である。

追記

投稿後多少時間が経過したが，この間に山口明氏の「縄文時代前期末葉鍋屋町式土器群の動態」（『長野県考古学会誌』39号）が発表され，小論に関係する部分があるので簡単にふれておきたい。私はかつて，東京都奥多摩町登計原遺跡の前期末の土器を報告する際に，それを北陸の鍋屋町式にほぼ並行するものと考え，この時期の編年を諸磯c式→鍋屋町式並行→十三菩提式とした。鍋屋町式並行期の呼び名は，細分した型式にいちいち別の型式名を与えていくと編年表が不必要に繁雑になるという理由から，広義の十三菩提式の古い段階ということにしたらどうかと提案したが，これについては批判も受けている。小論で十三菩提式古段階としたのは，このような，大体

---

(4)　前田良次氏，三宅中学蔵（岩瀬暉一ほか1975）

鍋屋町式に並行するとみられる土器である。なお，付図の9は，関東・中部に大きな破片がないので，鍋屋町遺跡のものを使っている。関東・中部の諸磯c式以後で狭義の十三菩提式以前に属する遺跡には，鍋屋町式とほとんど同じ内容を有するもの（小垣外，辻垣外），鍋屋町式に類するものが少なく，平行沈線文，小さな結節沈線文の土器の多いもの（荒神山の一部など），両者が混在するもの（登計原など）があり，複雑な様相を呈しているが，資料が不十分で明確な整理ができない。型式名は型式内容がはっきりした後で決めても遅くはないであろう。さて，山口氏も鍋屋町式を狭義の十三菩提式以前に位置づけることでは私と一致するが，同氏はさらに鍋屋町式の三細分を試みられ，第一段階を諸磯c新式に並行する北陸の土器であるとされた。では，肝心の鍋屋町式の「系統」の由来はどこに求められるであろうか。諸磯c古式は直接の祖型ではありえないから，諸磯c新式またはそれにごく近い土器であろうと私は考えている。羽状縄文には蜆ヶ森式が，口縁部の鋸歯状貼付文には大木5式が関与していよう。山口氏のいうように北陸ではc新式の出土例は少ない。しかし，鍋屋町遺跡や北原八幡遺跡に少数見ることができ，特に後者では鍋屋町式が存在しないことを見逃してはならない。従って，鍋屋町式が北陸で成立して広がった型式であるという山口氏の見解は尊重すべきであるが，中部・関東で出現する時点との間に大きな時間差があるとは思えない。また，鍋屋町式のうち結節沈線文を有するものが，結節浮線文を有するものより新しい傾向の土器であることは，狭義の十三菩提式の内容からみて明らかである。しかし，結節浮線文→結節沈線文という単純な細分は無理であろう。結節沈線文は諸磯c新式に少なくはないし，結節浮線文は狭義の十三菩提式へ続くからである。石川県中戸遺跡の資料は鍋屋町式の古い部分の様相を単純に示しているようにみえるが，ここにも結節沈線文はある。

2B章　文様の割りつけと文様帯

　一地域の一時期の土器の器形と文様に一定のきまりがあるように，器面に対する文様の割りつけ（個々の文様の配置）の仕方にも一定のきまりがある。文様の割りつけは土器の器形と個々の文様を結びつけるものであるから，そのきまりを理解することによって，土器の全体と部分の関係，すなわち型式の構造を理解することができる。土器の器形や個々の文様が普通連続的に変化するように，文様の割りつけの仕方も普通連続的に変化する。この三者の変化を同時に見ることによって，部分の変化と全体の変化の関係を構造的，有機的に把握することができる。今日，土器の編年研究は，発見された型式を年代順に並べる段階から進んで，各型式の連続的変化を細部にわたって追跡し，それが連続しない部分では，未知の型式の発見によってその断絶を埋めるか，他地域の型式の影響によってその不連続を説明する努力がなされている。連続性の認識にしても他型式の影響の指摘にしても，文様や器形の近似を個々に指摘するだけでは十分とはいえない。その近似が構造的なものなのか，部分的なものなのか，部分的なものだとしたら構造的に見た場合のどの部分の近似なのかを吟味する必要がある。他地域の型式との近似が器形，個々の文様だけでなく文様の割りつけ法を含む場合，それは型式の部分と構造を含んだまるごとの近似ということになるから，影響というより他型式の侵入と疑わなければならない。[1]

　文様の割りつけ法の研究には，土器の構造的理解という目的の他にもうひとつの大きな目的が課せられている。それは山内清男が「文様帯系統論」(山内清男1964b)で明確に打ち出したもので，土器の大きな流れ，変化の節目をとらえるために，個々の文様の変化を超えて生き続ける文様帯という属性に注目するものである。日本列島に居住した人々が人種的にひとつの系統に属するか否かを人類学が追究するように，日本の先史文化，またその部分をなす地方文化の系統性を文様帯の系統性によって追求するのである。しかし，土器の細部にかかわる第1の目的と土器の全体に関する第2の目的を一種類の文様帯概念で解明することにおのずから困難があることは言うまでもない。

1．横と縦の割りつけ原理：文様帯と文様単位数

　文様の割りつけ原理は多くの場合，横のそれと縦のそれによってほぼ理解することができる。横の割りつけ原理は文様帯の概念にほぼ相当し，縦の割りつけ原理はいわゆる文様単位数の概念と深く関係する。縄文土器の文様はまず水平に区画された帯状の画面の中に単位文様がくり返して加えられることが一般的であるから，多くの場合横の割りつけ原理は縦の割りつけ原理に優先

---

[1]　一見しただけではわからないような成形，器面調整，施文の技術の異同は重要であるが，小論のテーマを外れている。

第1図 すべての突起，文様帯に4または8単位がとられ，整然とした位置関係を保っている。
（大洞A式　青森県松原遺跡）

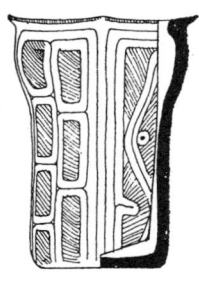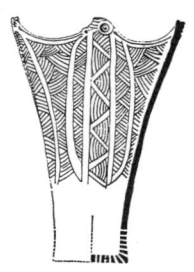

第2図 口縁部文様帯が収縮または省略されているために縦の分割が行われているように見える。（左：藤内I式　長野県立沢，右：堀之内I式，千葉県加曾利貝塚）

している。しかし，あらかじめ意図された単位数がいくつかの文様帯を通して貫徹される場合もある（第1図）。1個の土器に幅広なひとつの文様帯だけしかない場合には，縦の割りつけだけが行われているように見えることがある（第2図）。

単位文様のくり返し

　縄文土器の場合，文様帯の1周が1個の画面として，1つの装飾的題材のために用いられることはきわめて稀であ(2)り，一定の題材がくり返して加えられるのが普通である。時には2〜3種類の題材が交互に加えられたものもある。文様が特殊な発達を見せた勝坂式では，同じ文様の単調なくり返しをきらうようで，別種の単位文様を介入させたり，単位文様を少しずつ変化させて単調なくり返しを避ける（第3図）。ひとつひとつ異なる単位文様を並べたものもある。文様帯の中に1〜数種の題材をくり返して並べていく場合，文様帯がいっぱいになるまで機械的に加えていったものを鈴木公雄は「追い込み式のくり返し」と呼んでいる。この場合，文様帯の幅（上下）に対して長い（左右）単位文様は加えられる数が少なくなるし，短い単位文様は数が多くなる。したがって追い込み式のくり返しの場合，いくつの単位文様が加えられるかは，偶然に左右される可能性がある。それに対して，器体を作るときから波状口縁や口縁部の把手などが作り出され，それを割りつけの目印として文様が加えられる場合や，そのようなものがなくても一定数の単位文様を加えることが予定されていたことが明らかな整然とした文様の割りつけの場合には，その数は偶然に決ったのではなく，その土器型式の属する伝統に規定されることが多かったと考えられる。しかしこのような場合にも，文様が上下に整然とつながる関係で結ばれているもの（第4図）以外では，

---

(2)　ギリシャの赤絵式，黒絵式，中国，日本の近世の陶磁器などでは，器面1周が絵画的題材の画面として用いられることが少なくない。縄文土器でも長野県藤内遺跡の片面に人体文，片面に同心円文を配した有孔鍔付土器などは同様な例としてよいであろう。

その数が幾つかの文様帯を通して貫徹されることは少ないのである（第5図）。

単位文様のくり返し数の問題は，鈴木公雄が最初にとりあげ，具体例として関東後期の安行2式から晩期の3a式への単位数の変化に東北地方の亀ヶ岡式の影響を認めている（鈴木公雄1970）。また，中期の土器の単位数の問題を中心にとりあげた谷井彪の論考（谷井彪1979）がある。隠された単位数の読みとりや対称，非対称についての着眼に特色があり，文様配置法に当時の人々の認識の体系が反映していると考えている。

単位文様のくり返しの数に関してはっきりしていることは，先述した追い込み式の場合は多分に偶然によって左右される可能性があるものとして除外すると，前後左右に均等な配置である4が大部分なことであり，これは最も自然でバランスのとれた割りつけが行われることが多いということにほかならない。4以外の単位数が安定して存在する型式は，東日本の中・後・晩期にしか存在しない。

このような単位数はすでに述べたように，伝統性，系統性によって決まる部分が大きかったであろうが，それだけではなく，美的感覚や釣合いの感覚が影響している可能性も忘れてはならないであろう。関東の後期初頭の称名寺I式では，中期末以来の4単位の波状口縁と4単位のC字形貼付文が一般的であり，これに従って胴部文様も4単位の構成をとるものが多いが，このC字形貼付文は称名寺II式では大小を沈線で結んで1組とするものが多くなるが，このとき，加えられる数にも（大＋小）×3が見られるようになる。この数の変化は，他地域の型式の影響というより，（大＋小）×4個を口縁1周上に配置するのは数が多すぎるという単純な理由によるのではないかと思われる。3単位の出現がすべてこれで説明できるとは思えないが，次の堀之内I式では3単位と東北地方南部の綱取II式系の土器に多く見られる4

第3図　同じ文様のくり返しを避けるため，4分割した器面の右上の長方形の中を少しずつ変えている。このようなわずかな違いが美的効果に関係するとは思えないから，同じ文様をくり返してはいけないという型式の規則を守るための小細工であろう。（藤内I式，長野県狢沢）

 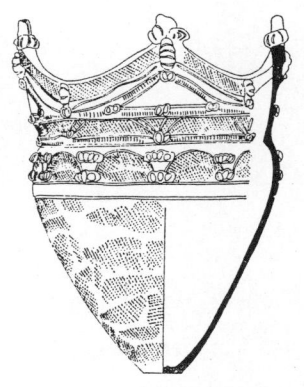

第4図　五領ケ台式や阿玉台式では口縁部文様の位置と胴部文様の位置に一定の関係があるため，文様単位数も一致するものが多い。（阿玉台Ia式　千葉県加茂）

第5図　4山の波状口縁を起点としてそれに結びつく文様要素はいずれも4の倍数であるが，それに連結していないくびれ部より下の文様要素は9である。（安行2式　千葉県多古田）

単位が共存するようになる。堀之内Ⅱ式では3単位が主体となり，加曾利B1式へ続く。加曾利B2，3式ではやはり奇数の5山の波状口縁が多くなるが，曾谷式では再び4山の波状口縁が主体となる。この回帰には西日本で維持された4山波状口縁の影響があったのかもしれない。

2．文様帯の概念

文様の加えられる位置と文様帯

　縄文土器に限らず，世界的に見ても土器の文様は水平の帯状部分を画面として加えられることが多い。これを文様帯と呼ぶ。土器の口縁はたとえ波状口縁の場合でも，大きく見れば水平方向に伸びているし，底部の線や文様画面の境界線になりやすい器面の屈折の線もほとんどの場合水平であり，このために文様の画面に選ばれる場所は，多くの場合水平方向に伸び，とぎれのない帯状になっている。これに対して円形の画面を有する皿やボウルの内面に文様が加えられる場合には，全体がひとつの画面とみなされたり，同心円状の区画，放射状の区画，点対称の文様配置が行われることが多い。円形の画面は日本の土器には稀であるが，大洞C1式の皿の底面や内面に加えられた文様には点対称の配置が見られる。

　文様は一般に目につきやすい部位を中心に加えられる。口唇上，深鉢形土器の胴部の上～中部，壺形土器の胴部の上～中部，浅鉢形土器の口縁部内側などである。これに対して，斜め上から見ると死角に入る部分には文様が加えられないことが少なくない。深鉢・壺の下部，皿・浅鉢の外面，キャリパー形土器のくびれ部などである。このような視点の方向に関して感じられるのは，文様の加えられる位置の選択がかなり斜め上から見られることを意識しているらしいことで，当時の人々の生活様式が反映されているのかもしれない。皿や浅鉢の内側底面が普通無文なのは，内容物によって隠されるためであろう。このような自然な位置に文様が加えられたもの以外に，きわめて不自然な位置に文様が加えられることもないわけではない。上記した大洞C1式の底面の文様はその代表例である。これはその土器を作り，使った人々の土器に対する特殊な意識が反映されているのかもしれないが，筆者は後述する（本書36頁）別の解釈のほうが正しいと思っている。

文様帯と呼ぶべきものの範囲

　山内清男の文様帯系統論の登場以来，文様帯に特別な注目を払った研究が数多く発表されている。しかしそれら諸研究における「文様帯」の内容は論者ごとに大きな違いがある。たとえば小林達雄は，関東の早期，撚糸文系土器に3つの重畳する文様帯の存在を認め（第6図），その文様帯数の減少を撚糸文系土器の文様変化のもっとも基本的な方向性と認めた（小林達雄1967）。しかし山内は縄文や押型文を文様とは考えず，したがって撚糸文系土器や押型文系土器には文様帯は存在しないとする。このように同じ文様帯という言葉でも研究者によって意味するものが大きく異なっているのである。

　筆者は縄文中期末から後期初頭への土器の変化について考えた際に，土器の無文部が器面の割

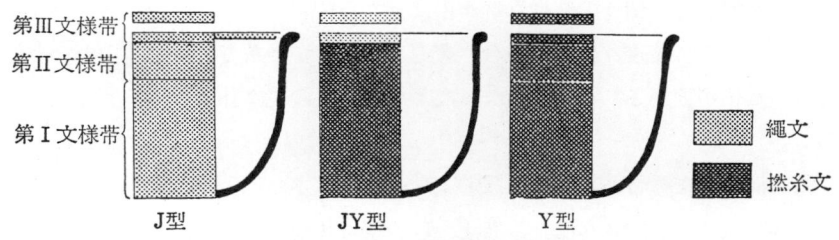

第6図 小林達雄による撚糸文系土器の文様帯 (小林1967より)

りつけに重要な役割を果しており，文様帯が無文帯になったり，無文帯が文様帯になったりする場合があって，無文帯をぬきにしては文様の割りつけ法の変遷を正しく理解することができないことから，無文帯，文様帯をひっくるめて共通する記号を与えたことがある (今村啓爾1977a)。筆者の目的は当面議論している範囲内の土器の文様の割りつけの仕方の変遷を理解することであって，山内のように縄文土器全体の文様帯の系統性について考えたわけではない。そこにおのずから文様帯のとらえかたの違いが生じたといえよう。

　昔の土器の製作者が文様帯一般というような概念をもっていたはずはないから，土器の表面の文様をこの概念を使って理解しようとするのは現在の研究者の都合によるものにすぎない。したがって，研究の目的によっては文様帯の概念にも違いが出てくるのはやむをえないことである。むしろ今しばらくは，自由な研究によって，どのような文様帯概念がどんな可能性をもっているのか追求してみるのがよいのではないだろうか。しかし，次節で述べるように，土器面に対する文様配置の規則性を抽象した概念であること，土器の系統的変化を解明するための概念であること，この2つの条件を満たさない文様帯の概念は土器研究には役に立たないであろう。そして，文様帯を系統的に連続するものとしてとらえるならば，それは，口縁部，胴部といった部位の名称ではありえないし，文様の種類の名称でもない。ただし文様帯は急には変らない一定の部位を占め，系統的に変化する一定の文様（1種類とは限らない）と結びついているのが普通である。

文様帯の理解と命名法

　文様帯の命名法は各研究者の文様帯の理解の仕方を端的に表現する。近年多く現れている文様帯に言及した諸論文では，表面的に山内にならって，Ⅰ，Ⅰa，Ⅱ……といった記号が与えられているが，その意味するところや命名法は山内ともまた相互にも相当に異なっている。

　文様帯の命名法でもっとも初歩的なのは，個々の土器について認めた文様帯を上または下から順次Ⅰ文様帯，Ⅱ文様帯……と呼ぶ方法で，土器の理解にはほとんど役に立たない。

　少し進んで，ひとつの型式に属する一群の土器の文様帯の配置の一般的な規則を把握したうえで，対応する部分に共通する記号を与えた研究もある。これは1型式における文様の割りつけの規則性を理解するのには役立つが，土器の変遷を理解するための有効な概念にはならない。

　さらに進んで，系統的に変遷する数型式の土器において系統発生上対応する文様帯にひとつの記号を与えるようになったとき，文様帯の概念は土器の時間的変化を理解するための有力な概念

になる。器形は器形から，個々の文様は個々の文様から変化するが，器形と個々の文様を結びつけている文様帯の発生，発達，分裂，融合，衰退，消滅等が理解され，土器の器面との関連の中で個々の文様の変化が理解されるようになったとき，土器の構造体としての変化が初めて理解されるのである。

しかし，山内清男の文様帯系統論の主眼および命名法はさらにその上を行くものである。山内は縄文土器全体を通じての大きな流れ，発達，いわば進化の過程を見通し，整理するための道具として文様帯の概念を位置づけているのであり，生物の系統分類学が過去から現在にわたる地球上のすべての生物をその体系の中に位置づけようとしているように，日本列島のすべての先史土器を系統的変化の中に組織的に位置づけようという企図を認めることができるのである。

ここで話の順序として山内の文様帯系統論の紹介を行わなければならないが，その前に，山内の土器研究に大きな影響を与えた松本彦七郎の土器文様論について見ておきたい。

松本彦七郎の土器文様論

松本彦七郎が「宮戸島里浜及気仙郡獺沢介塚の土器」(松本彦七郎1919) で示した土器文様の変遷の理解は，文様帯という言葉こそ使っていないが，発想において文様帯系統論の原型をなすものである。彼はこの2遺跡における精製土器と粗製土器の共存を指摘したうえで，文様の変遷傾向がよく認められるものとして，両者の中間的な性格をもつ鉢形と壺形にとくに注目する。彼は土器の文様を大きく次のように分けた。（ⅰ）隆起線による曲線文様部分，（ⅱ）沈線による曲線文様部分，（ⅲ）縄文部，（ⅳ）縄文部の下限を画する沈線。これらは器面上に上から下へ（ⅰ）から（ⅳ）の順で配置され，かつ，それらが年代の進行とともに下から上へずれてゆくと考える。上の文様はしだいに収縮し，下から押し上げてくる文様によって圧迫され，変形，消滅を余儀なくされるのである（第7図）。隆起線による曲線文ははじめ広く展開しているが（第1期），しだいに上部へ収縮し，代って沈線による曲線文が発達する（第2期）。隆起線による曲線文はついに口唇部の突起と化し，沈線による曲線文も上部に収縮し，代って縄文部が広がる（第3期），この縄文部ははじめ1方向のものが多いが(第3期い)，やがて羽状縄文が多くなる(第3期ろ)。突起列はついに消滅し，沈線文は圧迫されて直線化し，上昇してきた縄文部の下限の直線とともに直線的文様を発達させる(第4期)。縄文が消滅する(第5期)。ただし文様がすべてこの順序で生まれたわけではなく，新しい性質の文様が突発的に生じ，古い時期にも存在することがあることを強調している。現在の時期区分でいうと第1期は中期後半，第2期は大洞C2式とA式？，第3期は大洞C1式を中心とする晩期，第4期は弥生中期，第5期は弥生後期頃に相当するらしい。

この松本の土器文様論は，その後の研究によって明らかにされた文様の変遷の実際とは合わない点が多いのであるが，土器表面の装飾を横帯として大きくとらえ，各帯の発達，衰退，消滅によって縄文，弥生土器

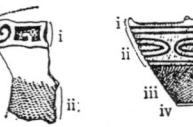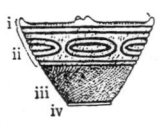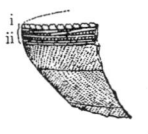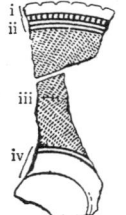

第7図　松本彦七郎による文様帯
　　　（松本1919より）

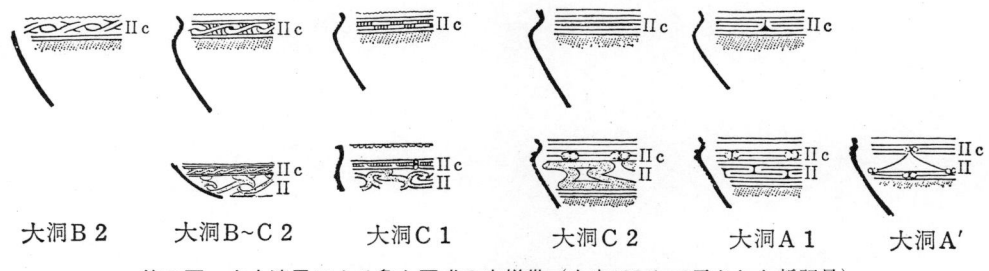

第8図　山内清男による亀ヶ岡式の文様帯（山内1964bで示された新記号）

を通しての大きな変化の方向性を把握しようとした点で示唆に富む魅力的な発想であった。土器の違いを人種の違いに直結する見方を排し，まずありのままの土器の変化を明らかにするという方針および縄文晩期の土器が変化して弥生土器に変るという認識の中に，ミネルヴァ論争の一方の立場の明確な表明を見ることもできるのである。古生物学を本来の仕事とした松本のこの土器論は生物進化論によく似ており，実際彼は「土器文様の変遷は生物学上進化の可逆的ならざるを述べたドーロー氏法則によく合致するものであり…」と述べている。

山内清男の文様帯系統論

　山内清男は遺跡の層位的発掘のみならず，土器の見方についても松本彦七郎から強い影響を受けたようである。若年の大作である「所謂亀ヶ岡式土器の分布と縄紋式土器の終末」（山内清男1930）において示された該式の変遷では，文様帯の系統的変化という見方が強く打出されており，これが発想において松本に負うものであることは山内自身認めるところである。この論文で彼は亀ヶ岡式に2つの文様帯の存在を認め，それぞれⅠ，Ⅱ文様帯とした。35年後に山内は縄文土器の大きな流れを文様帯の系統という観点から整理してみせたが，亀ヶ岡式についてもその系統観にもとづいて新記号を与えた（山内清男1964b）。この「文様帯系統論」は，その扱っている対象の大きさに対して記述はきわめて簡素であり，難解な部分もあるので，筆者にはよくこれを要約紹介することができない。その具体的内容は原典に当っていただくとして，ここでは山内の記号に従って文様帯の系統関係を概観してみるのにとどめたい。

　草創期の土器の文様帯は古文様帯として以後の文様帯とは区別する。草創期後半（撚糸文系土器），早期はじめの押型文土器には文様帯がなく，ここに全国的に文様帯の断絶する期間がある。早期にⅠ文様帯が生じ，前期，中期へと続く。口頸部のⅠ文様帯の下に体部文様帯を伴うものは前期に東北地方南部～九州にあって幾多の変遷の後，中期後半加曾利Ｅ式等のⅡ文様帯に転化する。関西ではⅠ，Ⅱ文様帯の重畳が後期へ続く。関東ではⅠ文様帯が痕跡的になるほど衰退した後，後期中頃から再生，発達して晩期初めまで続く。東北でもⅠ文様帯の再生がわずかに認められる。また関東，東北では後期中葉にⅡ文様帯が分裂してⅡaとⅡになる。Ⅱa文様帯は関東においては文様帯として比較的ふるわないが，東北地方では発達する。ⅠとⅡaの発達は逆の関係にあるわけである。東北で後期中頃に壺形，注口土器などの頸部と体部の境界の凸彎した部分に文様帯が新生して晩期前半に続くが，これをⅡb文様帯としてもよい。さらに晩期に入ってⅡ

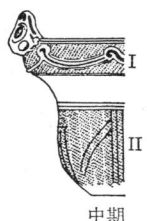

中期

第9図　山内清男による中期後半と後期の文様帯（山内　1964b）
中期後半のⅠ，Ⅱ文様帯は後期西日本ではそのまま続くが，東北地方ではⅠはふるわず，代りにⅡa文様帯が発達する。中間の関東ではⅡaの文様帯は存在するものの発達せず，Ⅰ文様帯は後期後葉に再び発達する。

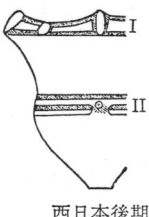
西日本後期

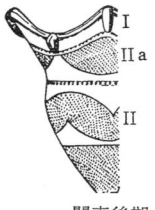
関東後期

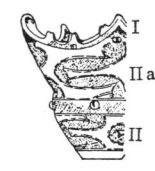
東北後期

文様帯が再び上下に2分される。これをⅡc，Ⅱ文様帯とする。この2つの文様帯は縄文終末の大洞A′式において区別が失われる傾向がある。さらに山内は安行式紐線文系土器における文様帯の新生，一般土器とは異なる文様帯の重畳を示す土器などに言及するが，系統観の骨子は以上のとおりである。文様帯の大きな流れによって時代的変化，地域性を大局的に把握している。松本の論よりはるかに土器の実態に即したものになっているが，生物進化論に一層近似した部分もある。それは土器の変化に系統樹的な把握がなされている（第9図）ことである。

　このような山内の立場に立てば，文様帯の命名の方針はおのずから決ってくる。それは発生，分裂の経過に即した記号を与えるということである。このように見てくると，縄文土器の文様帯の命名法は山内のものが最も高度であって優れていることは明らかである。しかしこの命名法にも問題がないわけではない。山内の命名法は縄文土器全体の流れを単純明快に表現しようという目的が優先しているため，土器文様の割りつけの変遷の細部を解明しようとする目的のためには文様帯の目が荒すぎるようにみえることがある。また，山内式の命名法は土器の変遷がはじめから終りまで完全に解明されたときに初めて確実な命名ができる性質のものであるから，初心者は編年の一部分を扱う場合にも，山内の見通しが正しいと信じてその名称に従うか，もしくは扱っている範囲内で仮の名称を用い，最終的な名称を与えることは，縄文土器の編年と文様帯の研究が100％完了するまで保留せざるをえないことになるのである。筆者は現在のところ基本的に後の立場をとっている。筆者には山内の文様帯の系統性の把握に納得できない部分があるし，文様帯に厳密な系統性が存在するという最も根本的な問題に対する論証も示されているとはいえないであろう。

---

(3)　たとえば山内は堀之内Ⅰ式の口縁部文様帯を加曾利E式のそれの流れをくむものとしてともにⅠの記号を与えるが，筆者の考えは後述（本書43頁）するとおりである。山内の系統観は，第18図11の上半をⅠ，下半をⅡとし，11→12→13の系統を重視することによってのみ成り立つ。しかしそれでは一部の変化のみをクローズアップしすぎるし，12自体この種の加曾利E系の土器としては例外的なものであって，口縁部の文様帯は普通xとⅡaの間（x″）に入ってⅡaとは区別されるのである。

たてまえのことをいうならば，文様帯の名称は最終的には全体の流れと細部の変化をともに表現できるような大別と細別を含むものに整理されることが望ましいが，そのようなうまい記号付けが可能だという楽観はとてもできない。いずれにしても，我々が当面とり組まなければならないのは，細部の研究を徹底することであり，山内の系統観を細部にわたって検証することである。土器編年と同様に，文様帯系統論も細部の集積によってのみ完成するものである。

3．文様帯の変化

縄文土器の文様帯の重畳の仕方は色々であるが，その変化は(1)1型式内での多様性，(2)地域的変化，(3)年代的変化の3とおりに分けることができる。現実の文様帯の変化は，これら3者が互いにからみあいつつ進行するものであるが，変化の種類をこの3とおりに分けてみることはその理解に役だつであろう。ところで，山内は次のように言っている。「私は器形の変化等を消却して，文様帯の新生，分裂，多帯化等の歴史を追求し，縄文土器全般に通ずる型式学的系統または紐帯あるいは筋金というべきものを考えている。」この「器形の変化等を消却して」という言葉ほど真意の理解に苦しむものはないが，この言葉の理解にせまるための第1段階として，一見複雑な文様帯配置の多様性が存在する型式の裏でそれを統括している単純な原理の把握につとめ，文様帯の整理をしてみたいと思う。

1型式内における文様帯配置の多様性

(1)**文様帯の省略**：複数の文様帯が重畳する型式では，すべての文様帯を有するものを基本としていくつかの文様帯が省略された土器が存在することが多い。第10図は五領ケ台Ⅱb式(今村啓爾1985，本書3D章)の場合で，Ⅰa，Ⅰb，Ⅱ文様帯をすべて有するものを基本として，Ⅰa文様帯を省略した土器，Ⅰa文様帯とⅠb文様帯を省略した土器が存在する。これは1型式内で許容された文様帯の省略であって，時間的変化の中における文様帯の省略とは区別されるが，このような省略が時間的変化のはじまりになることもある。文様帯の省略には，文様帯の画面ごとの省略と画面を残して文様帯を省略する場合（無文化），省略された文様帯の画面を隣接する文様帯が呑みこんでしまう場合がある。

(2)**文様帯の転移と多帯化**：1型式内の文様帯の重畳を複雑にする現象のひとつに文様帯の転移と多帯化がある。たとえば第11図の諸磯c新式下半部の文様帯は一見して上半部の文様帯(幅広になった口縁部文様帯)の転移であることが明らかである。同時期の土器で上と下の文様帯の間にもう1本の転移した幅の狭い文様帯を有するものもある。諸磯c新式の多帯化傾向は，十三菩提式の古い部分を経て踊場式の多帯化につながるとみられる。文様帯の転移には，上記の例のように，

---
(4) 山内清男1964図版87の解説
(5) 今村啓爾1978において使用した図である。この記号は中期初頭の範囲内で文様帯の配置関係を整理するために用いたものであるが，Ⅰ，Ⅱはそれぞれ山内による加曾利E式のⅠ，Ⅱ文様帯につながるものである（山内は加曾利E式より前は体部文様帯と呼び，Ⅱ文様帯とはしない）。

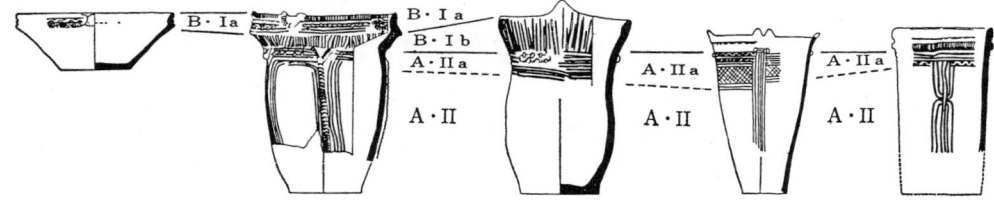

第10図　五領ケ台Ⅱb式における文様帯の省略（Aは五領ケ台系の文様，Bは踊場系の文様）

ある文様帯の文様が他の文様帯に代入されて同じ文様が重畳するようになる場合，ある文様帯が従来文様帯のなかった部分に転移したり，1つの文様帯が幅の狭い複数の文様帯におきかえられたりして文様帯の数を増す場合がある。これらの現象はひとつの型式でともなって起ることが多いので区別しにくいこともあるが，厳密には第2，第3の場合を多帯化と呼ぶべきである。

第11図　下半部の文様は上半部のものが転移したものである。（諸磯ｃ新式　山梨県花鳥山）

文様帯の転移や多帯化はどの型式にも見られるものではなく，勝坂式や大洞BC式など一部の型式にのみ顕著である。このような急激に多帯化した文様帯は不安定で，結局は多帯化しない本来の形が生き残ることが多いが，山内によるⅡｃ文様帯のように，新たな安定した文様帯を生み出すこともある。文様帯の転移や多帯化は本来1型式内の多様化現象として存在するが，それが時間的変化のはじまりになることもある。

(3) **異なる器種間における文様帯の関係**：縄文土器でも草創期，早期は器種の分化がほとんど見られないが，前期からしだいに何種類かの器種を作り分ける傾向が強くなってくる。異なる器種間における文様帯の関係は，文様帯研究のむずかしい問題のひとつである。その解明の方法としてまず考えられるのは，1型式に属する異なる器種の文様帯の配置をよく比較してみて，それらを統括している文様帯配置の原理の把握に努めることである。第10図左端に示した五領ケ台Ⅱb式の浅鉢の口唇部文様帯が深鉢のⅠa文様帯に対応していることは一見して明らかである[6]。異なる器種間の文様帯の系統関係を解明する正しい方法は，器種分化の時点にまでさかのぼって文様帯間の関係を把握することである。加曾利Ｂ1式や堀之内Ⅱ式の注口土器の胴部の文様帯の系統は，同時期の深鉢とくらべてみてもよく解らないが，堀之内Ⅰ式の初頭までさかのぼれば，胴部のくびれる鉢形土器と未分化な段階に至るので，その胴下半部の文様帯の系統を引くことが解る[7]（第12図）。

次に，文様帯の省略と器種間の関係を同時に考えてみよう。第13図はぼう大な量の完形土器を

---

(6)　五領ケ台Ⅱ式にはこれとは別に外面が多く無文で口縁の内側に押引文を有する浅鉢があるが，この文様帯はおそらく口縁内側の縄文部から発し，浅鉢のみで発達して短命に終るものである。
(7)　堀之内Ⅰ式にはこれとは異なる注口土器で，縄文を有さず，隆起線文で飾られたものがあるが，これは加曾利ＥⅣ式の注口土器の系統を引くものであろう。

第12図　堀之内Ⅰ式の鉢形土器と注口土器の文様帯の対比
（左：千葉県上新宿貝塚，右：千葉県良文貝塚）

出土した岩手県九年橋遺跡（藤村東男ほか1977，1978，1979，1980）の大洞C2式（一部はA式に属するかもしれない）土器について器形と文様帯の配置関係を整理したものであり，この遺跡に見られる大体の事例を示してあるといってよいであろう。器形の違いは上下の段で分け，文様帯の省略は左右に対比した。たとえば壺形の場合，口唇部文様帯，頸部無文帯，胴上部文様帯，胴部文様帯と仮に名づける文様帯をすべて有する5を基本として，胴部文様帯が省略された6，さらに胴上部文様帯も省略された7，すべての文様帯が省略された8という順に対比して配列してある。他の器形についても同様である。また，異なる器形の間で対応すると考えられる文様帯を上下の帯で結んだ。壺，鉢，浅鉢は器形は異なっているが，文様帯の配置は共通している。皿では胴上部文様帯が省略されたものが多いが，これは器高が原因したのであろう。C2式の場合，ここで鉢，浅鉢，皿として分類したものの間には明確な境界がないように見えるが，鉢には台のつくものが多いという点では，浅鉢や皿と多少区別があるようにみえる。また，鉢には文様の少ないもの（13，14）があって，これは粗製の深鉢に近い文様帯を有する。注口土器の文様帯の重畳の形は独得であるが，頸部無文帯が有文化したと考えれば，文様帯の配置は壺や鉢と同じになる。数は少ないが，壺の上半部と注口土器の下半部を結合させた形の注口土器が存在する（4）。香炉形の土器の上半部は解釈が難しいが，下半部は注口土器に共通し，さらに台を有する。粗製の深鉢（または甕）では口縁部に無文帯を有するものと，その部分に数本の水平線の入ったもの（24）があるが，これは半粗製の鉢（13，14）との対比によって，頸部無文帯に水平線が入ったものとみることができる。精製の鉢の中にもこの部分に水平線の入ったものがあり（12），北海道や青森県では一般的である。

以上の対比によると，大洞C1式の文様帯の配置は精製土器に関する単一の原理と粗製土器に関する付加的な原理によって説明できそうである。しかし，文様帯が系統的に変化するものであ

---

(8) 器種とは土器を作った人々が用途その他の理由から意識して作り分けた種類別を言い，器形とは現在の人が見たときに気がつく形の区別をいうと筆者は考えている。現在の研究者が普通1つの器形として分類しているものが，実は複数の器種からなる場合があるかもしれないし，逆に1つの器種とすべきものをいくつかの器形に分類していることがあるかもしれない。我々が見ることができるのは器形の違いであるが，我々はそれを手がかりに器種の把握に努めなければならない。第13図の上下の分類を器種の分類とすることには多少問題があるのでここでは器形とする。

28 第Ⅱ部 縄文土器の構造的把握

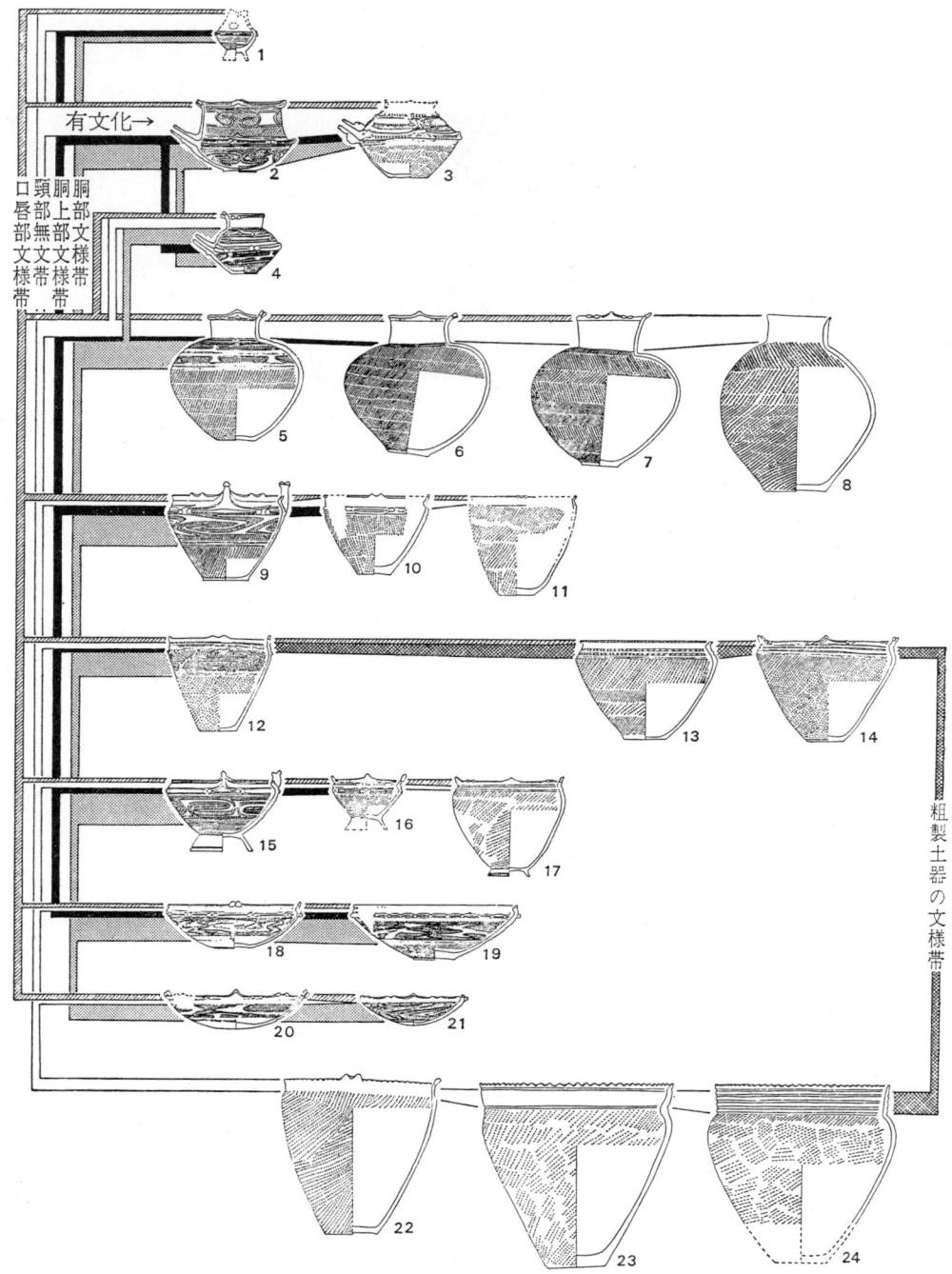

第13図 岩手県九年橋遺跡の大洞C2式土器について器形と文様帯の対応関係を整理、解釈したもの 系統発生的にみるとこの解釈はすべて正しいわけではない。（4は大洞A式とみたほうがよいであろう）

る以上，ここで対応する文様帯と解釈したものが，本当に系統的にも同一の起源に発するものであるかどうかは，時間的にさかのぼって考えていかなければならない。これについては後で検討する。

並行する型式間における文様帯の関係

　並行して存在する複数の型式の関係は文様帯研究における最も難しい課題であり，複雑な現象に対応する記号付けに苦しむ場合が少なくないが，この節では並行する型式間における個々の文様帯の関係についてだけ考え，文様帯の重畳の仕方の関係については，後で時間的変化と合せて考えてみたい。

(1)**文様帯の転移と交換**：地域的に近接して分布し，時間的に並行する2型式の間でおこる文様帯に関する現象で最も顕著なのは，その転移と交換であろう。転移というのは文様帯を主語としたい方であるから，実際の現象は土器製作者による他型式の文様帯の借用ないしは異系統文様帯の併用である。佐藤達夫によって指摘されているように（佐藤達夫1974），この現象は型式の同時性を端的に示すだけでなく，土器型式の伝承のメカニズムを知るための手がかりを提供する可能性がある。

　文様帯の転移はもともと別の文様帯が存在した部位に代入される場合と，存在しない部位に転位してその型式に新しい文様帯を生じさせる場合がある。東北地方南部の後期の綱取Ⅰ式に稀に見られる口唇部の文様帯（第18図17）は関東のそれの転移であろう。次の時期には東北地方でも口唇部文様帯は珍しいものではなくなる。文様帯と呼ぶには問題があるが，堀之内Ⅰ式からⅡ式における隆起線の転移とそれに従った文様帯の移動の例を第14図に示す。

　文様帯の交換は転移が相互に起ることである。第15図に中期初頭の五領ヶ台系（関東中心）と踊場系（中部高地中心）の文様帯の交換の例を示す（今村啓爾1978）。このような現象は五領ヶ台Ⅰ式では散発的であるが，五領ヶ台Ⅱb式では両系統の文様帯を合せもつ土器のほうが主体的な存在になる。したがって，文様帯の交換は時間的変化にかかわることもある。

(2)**他型式の文様帯の影響**：文様帯の転移ほどはっきりしたものではないが，1つの型式の文様帯が他の型式の文様帯に影響を与えたり，文様帯内の文様の一部が転移することは珍しくない。この場合，その影響，転移は必ずしも系統発生上対応する文様帯に現れるわけではなく，外観上近似する部位の文様帯に現れるのが普通である（第16図）。

文様帯の時間的変化

(1)**文様帯の発生と発達および分裂**：文様帯の発生の仕方を観察するには，土器型式の編年的整理の中で，問題の文様帯がどのように出現してくるのかを見ればよい。山内の文様帯概念に従うならば，文様帯の数が限られているからその発生の様子を見る機会も少ない。山内はⅡ文様帯について，前期にⅠ文様帯の下に「体部文様帯」をともなう土器が現れ，それから転化すると説明している。加曾利Ｅ式のⅡ文様帯に特徴的な胴部の縦分割の出現は，五領ヶ台Ⅰｂ式に認めることができ，同Ⅱｂ式で普遍的なものになるが，勝坂式では胴部文様帯の発達の中に隠れて見えにくく

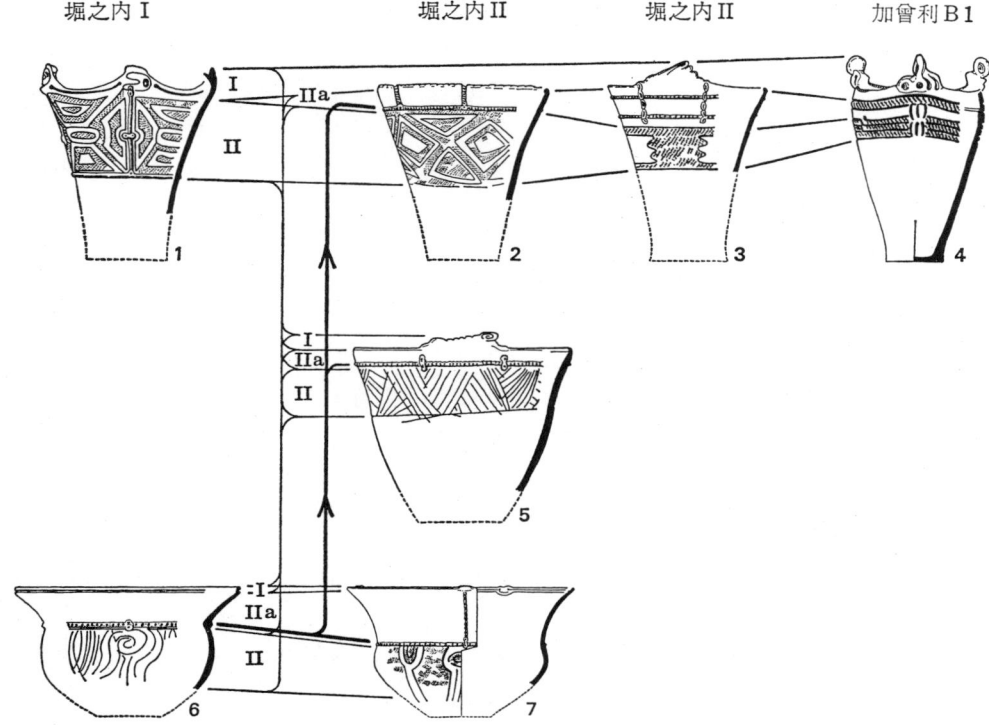

第14図　堀之内Ⅰ式，Ⅱ式の文様帯の関係

東関東に多い堀之内Ⅰ式（1）と西関東に多い堀之内Ⅰ式（6）が影響しあって堀之内Ⅱ式を成立させる。2，3のような形は西関東にも広がるが，5，7は東関東には少ない。（文様帯記号は第18図とは関係がない）

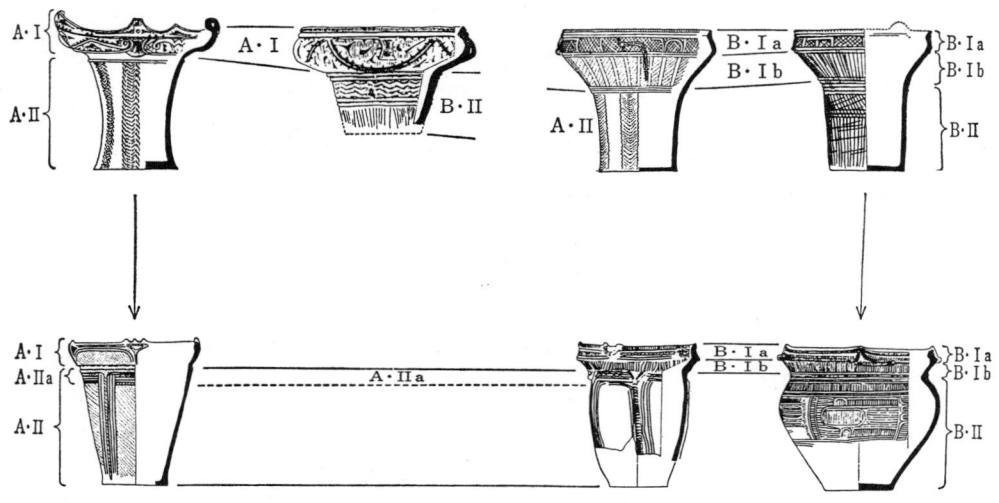

第15図　五領ケ台式と踊場式における文様帯の交換

上段は五領ケ台Ⅰb式期，下段はⅡb式期，Aは五領ケ台系の文様。Bは踊場系の文様

なる。しかし阿玉台式と大木式の系統ではこれが維持され，加曾利E式へと伝えられる。大木式の南部ではⅡ文様帯の複雑化がめだつが，北部では円筒上層式に似てそれをもたない土器が多い。

Ⅱa文様帯について山内は，加曾利B2式頃にⅡ文様帯が頸部文様帯（Ⅱa）と体部文様帯（Ⅱ）に分裂して生まれたと説明している。この分裂には器形の変化が関与している。Ⅱ文様帯は未発達な文様帯から整った文様帯が生成される例，Ⅱa文様帯は器体の屈折が文様帯の分化を生じさせる例といえよう。

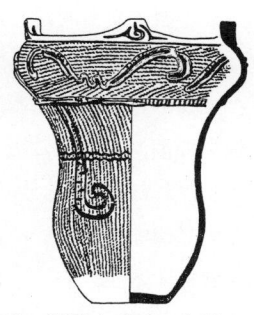

第16図　勝坂式はその末期に大木8a式の影響を受けて急激に変化し，西南関東の加曾利EⅠ式を生み出す。右はその変化を示す好例で，口縁部文様帯と胴部文様帯の対比，2本の隆起線からなる口縁部文様などに大木8a式の影響を示すが，口縁の突起，隆起線上の刻み，胴部の分帯，懸垂する渦巻文，撚糸文などに勝坂式の伝統を残す。他型式の影響は文様帯の系統には関係なく，近似する部位に及ぶのが普通である。（左：勝坂式　東京多喜窪，右：加曾利EⅠ式　東京中山谷）

　土器の目だたない部分が発達して新たな文様帯を生成する例として，山内が指摘した続縄文土器頸部上限の横線文様があげられる。これは大洞C2式の壺の口縁外側の肥厚部とその上の溝が，大洞A式で口の外側をめぐる隆帯と横線を主とする狭い文様帯のようになり，さらに発達したものである。同様な例として諸磯b式（中）の獣面把手に発する文様帯をあげることができる。これはb式（新）では粘土粒の貼付文に変り，これが発達してc式（古）の口縁部貼付文，c式（新）の渦巻を主とする浮線文へと変る。さらに何段階かの変遷を経て五領ヶ台式の口縁部文様帯につながり，胴部文様帯と同様に阿玉台式や大木式の諸段階を経て加曾利E式の口縁部文様帯につながる。[9]獣面把手を起源とするこの文様帯をそれ以前の口縁部文様帯と区別して別の記号を与えることもできるが，口縁部文様帯内部での変化として処理し，ともにⅠ文様帯とすることもできよう。文様帯の系統解釈にはしばしばこのような微妙な問題がともなう。

(2)**文様帯の衰退と消滅および融合**：文様帯の発生，発達，分裂と逆の現象がその衰退，消滅，融合であり，これらの現象による文様帯数の増減は，文様帯という観点から土器の系統的変化を区分する際の節目になる。文様帯の衰退，消滅の実例として，堀之内Ⅰ式の口唇部文様帯の場合を示す（第14図）。ただしこの文様帯は加曾利BⅠ式の口唇上の突起（4）につながるし，口縁部文様帯の単純化した沈線は，少数例を通して加曾利B1式の口縁部無文帯直下の沈線につながるようなので，その点では完全に消滅するわけではない。先述のように，1型式内に文様帯の省略されない土器とされた土器が共存することは珍しくないが，後者の量が前者を圧倒するとあたか

---

[9] 五領ヶ台式，大木7a式の口縁部区画文は，大木式の北部と阿玉台式で維持され，加曾利E式の口縁部文様につながりをもつが，加曾利EⅠ式初期の主たる口縁部文様は大木8a式の南部で発達するS字形の貼付文であり，区画文は少しおくれてさかんになる。加曾利E式の成立に重要な役割を果した大木8a式の口縁部文様帯は本来2帯であったものに省略，融合の現象が加わった複雑なものとみられる。

もその型式から問題の文様帯が消滅したかのように見えることになるので文様帯の消滅の認定には慎重を要する。

　文様帯の融合はたとえば東北地方の大木9式から10式，関東の加曾利EⅢ式における口縁部文様帯の消滅に見ることができる。加曾利E式の口縁部文様帯と胴部文様帯の境はキャリパー形のくびれ部にある。加曾利EⅢ式ではそのくびれ部にしまりがなく，下り気味で，口縁部文様帯と同じ傾向を示している。はじめ口縁部文様帯を有するものとそれが融合または省略されたものが共存するが，しだいに後者が増えていって口縁部文様帯が消滅したとみられる。山内は彼のいうⅡc文様帯とⅡ文様帯の区別が大洞A′式ではっきりしなくなることを指摘している（第8図）。

4．文様帯の系統的変化の実際

　前節で文様帯の変化を(1)1型式内における多様性，(2)地域的変化，(3)時間的変化に分けてそれぞれ具体例をあげながら説明した。しかし実際の土器の変化はこれら3種の変化がからみあいつつ進行するのが普通で，そこに土器の変化の複雑さがある。このような文様帯の変化の実際を知るために，はじめに亀ヶ岡式土器について(1)と(3)を合せて考え，次いで中期末～後期初頭の型式について(2)と(3)を合せて考えてみたい。

時間的変化の中で見た器種間の関係——亀ヶ岡式の場合

　ある型式が複数の器種からなる場合，各器種はそれぞれ一定の独立性を保ちつつ系統的に変化するのが普通であり，文様帯の配置においても一定の形を保持しようとする。また，異なる器種間で文様帯，文様の転移・影響などの相互関係をもつことも多く，これは土器の時間的変化にもかかわってくる。このような認識は，先に1型式内で器形の変化を超えた統一的な文様帯配置の原理をとらえようとした方針とは反対であるが，ものごとは縦，横から交互に見ることによって理解が深まるものである。前節で岩手県九年橋遺跡の大洞C2式に属する様々な器形，文様帯配置の土器群の中に統一的な文様帯配置の原理を探ってみたが，今度は系統的にさかのぼってこの対比が正しいかどうかを検討してみた。

　第17図はその結果を模式的に示したものである。1枚の図にまとめる都合上，とりあげた器形と文様帯の配置例は十分ではない。粗製の深鉢は亀ヶ岡式の分布圏内でも地域差が大きいのと文様帯をもたないものが多いのでとりあげなかった。この節では山内の文様帯記号に従って記述を進めていく（6，36，40，44は山内自身が文様帯記号を付けた土器である）が，山内の論述は相当に難解であり，とくに後期後葉から晩期初頭へのつながりは筆者もそれを十分に理解できない。山内は言う，「晩期東北では……体部文様帯は再び上下に二分される。これをⅡc，Ⅱとする。Ⅱc文様帯は……後期半に生じたⅡaの系統との判別は困難である。」この山内の記述にぴったりするのは45のような文様帯の配置であり，これを基準にして25，40，49，53なども理解できる。し

---

(10)　註(8)に同じ。

かし後期末における狭帯化の傾向からみると，45の中間の文様帯はⅡの続きとみるのが妥当である。後期から晩期にかけてⅡ文様帯は壺と深鉢では別の方向に変化している。45の中間の文様帯は深鉢のⅡ文様帯の系統を引くものであるが，下の文様帯は壺のⅡ文様帯が転移したものとみられ，これによって多帯化している。この文様帯の重畳は晩期に一般的にみられるので，両方の文様帯を区別するために前者をⅡcとする。筆者は一応このように理解している。25，53の山内がⅡc文様帯としたものも，後期末の52の器形のⅡa文様帯とのつながりを否定することはできないであろう。おそらくこれは「Ⅱaの系統との判別は困難である」という記述がかかわる部分であろう。

　まず壺の場合を見ると，後期の文様帯の配置の仕方が大きく変らずにA′式まで続いている。B式，BC式では普通口唇部に文様帯はないが，位置としてⅠに対比できそうな部分が外折している。C1式では沈線と突起がつくものが一般的になる。この突起は鉢などに見られるⅠ文様帯の痕跡化した部分（25，53）から来るものと思われる。A式では口唇直下の水平線が発達しはじめ，A′式，続縄文恵山式で新しい文様帯と呼ぶべきものへと発達する。A′式頃，広口壺ないし甕形の器形（24）が分化するが，この文様帯はこの形制で発達し，恵山式の末期にⅡ文様帯と融合する。

　注口土器は後期後葉にはまだ壺形と未分化で同じ文様帯の配置を有する（壺と注口土器の違いは注口の有無にあり，注口を有するもののほうが多い）。後期末ごろほとんど無文になるため文様帯の系統を追うことが難しいが，7の口縁部の文様帯は後期のⅠから続くもののように思われる。Ⅱb文様帯は無文化したあとBC式で相当部分が有文化する（他の器形のⅡ文様帯の転移か）らしく，系統的につながる可能性は小さい。Ⅱ文様帯は1度消えたあとB式で注口部のまわりから再生するのが認められるので系統的にはつながらないと言ってよい。この文様帯はBC式の年代幅の中で急速に縮小し，C1式では突起列と化し，以後は幅の狭い突帯状の文様帯として続く。Ⅱ文様帯の下にBC式頃から新たに文様が出現し，C1式では完全な文様帯になる。

　香炉形土器の上半部については後期の釣手付土器から考えなければならないが，下半部は注口土器と同じ変化をたどり，さらに台がつく。香炉の上半部と注口土器の下半部が結合した5は珍らしい例である。図示してないがB式には注口土器と同じ器形で注口をもたないものもある。逆に壺に注口のついたものがB式，BC式，C1式にある。12はその1例である。壺の上半部と注口土器の下半部が結合した13はC2式では少数派だが，A式になると逆にこの形が従来からの形（11）を凌いで主体的な存在になる。しかしA′式では注口土器自体非常に少なくなり，香炉形も見られなくなり，器種のバラエティーという点では下降線をたどる。注口土器，香炉形土器の変遷については山内が詳しく述べている。

　鉢，浅鉢，皿およびこれらに台のついた形は大体において一連のものであって，明確な器種の分化はしていないようにみえる。BC式のこれらの器形は同じ文様帯の重畳を示しているし，C2式も同様である。ところがBC式とC2式をくらべてみると，C2式には頸部無文帯があり，器形の屈曲も複雑で，大きな違いを示している。そこで今度は間に入るC1式を見ると，浅鉢（32）や皿（37）ではBC式の形制を受けついでおり，精製の鉢ではBC式の形制を受けつぐもの（図

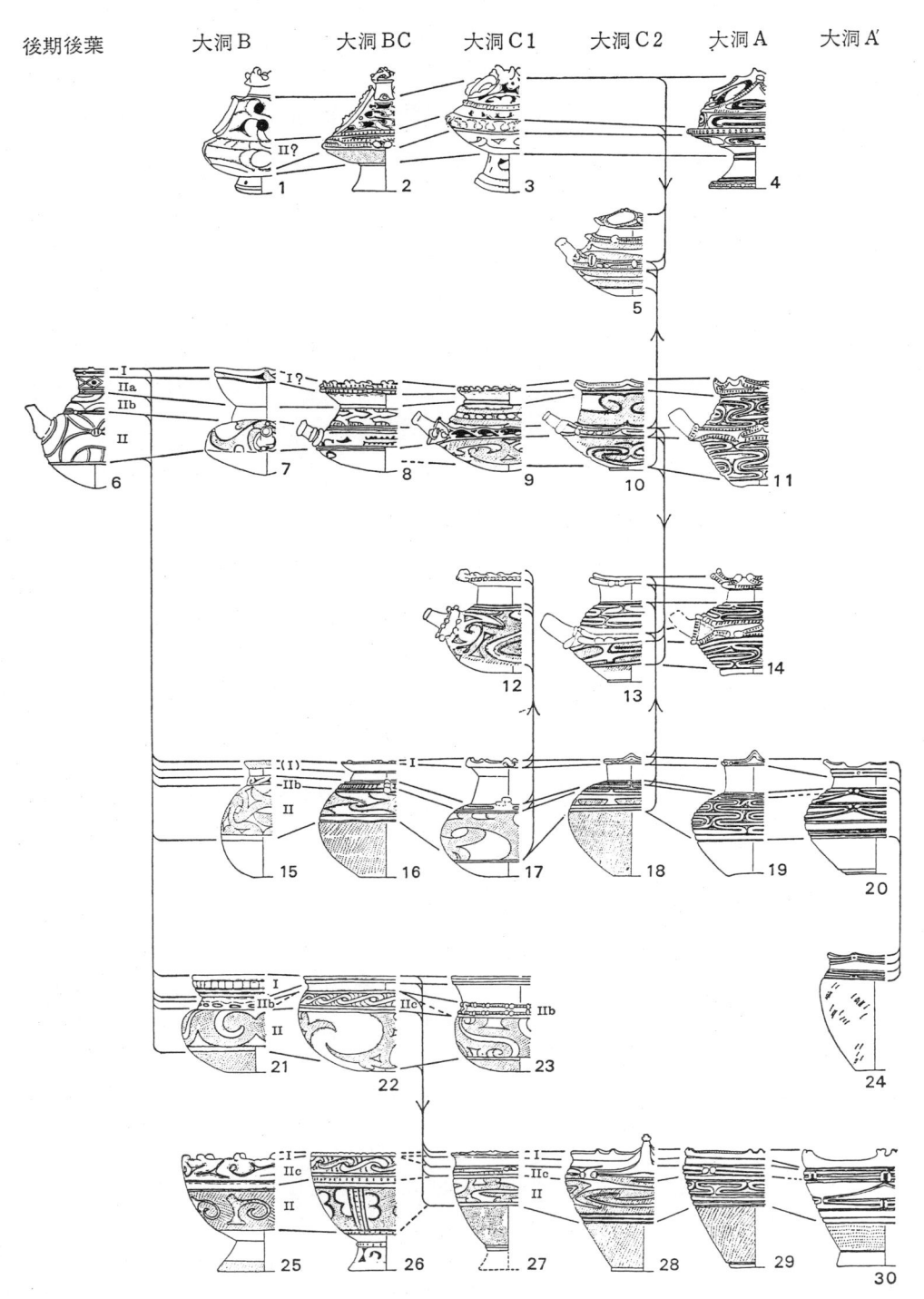

34　第Ⅱ部　縄文土器の構造的把握

後期後葉　　大洞B　　大洞BC　　大洞C1　　大洞C2　　大洞A　　大洞A'

第17図-1　器形別に見た亀ケ岡式土器の文様帯の系統関係

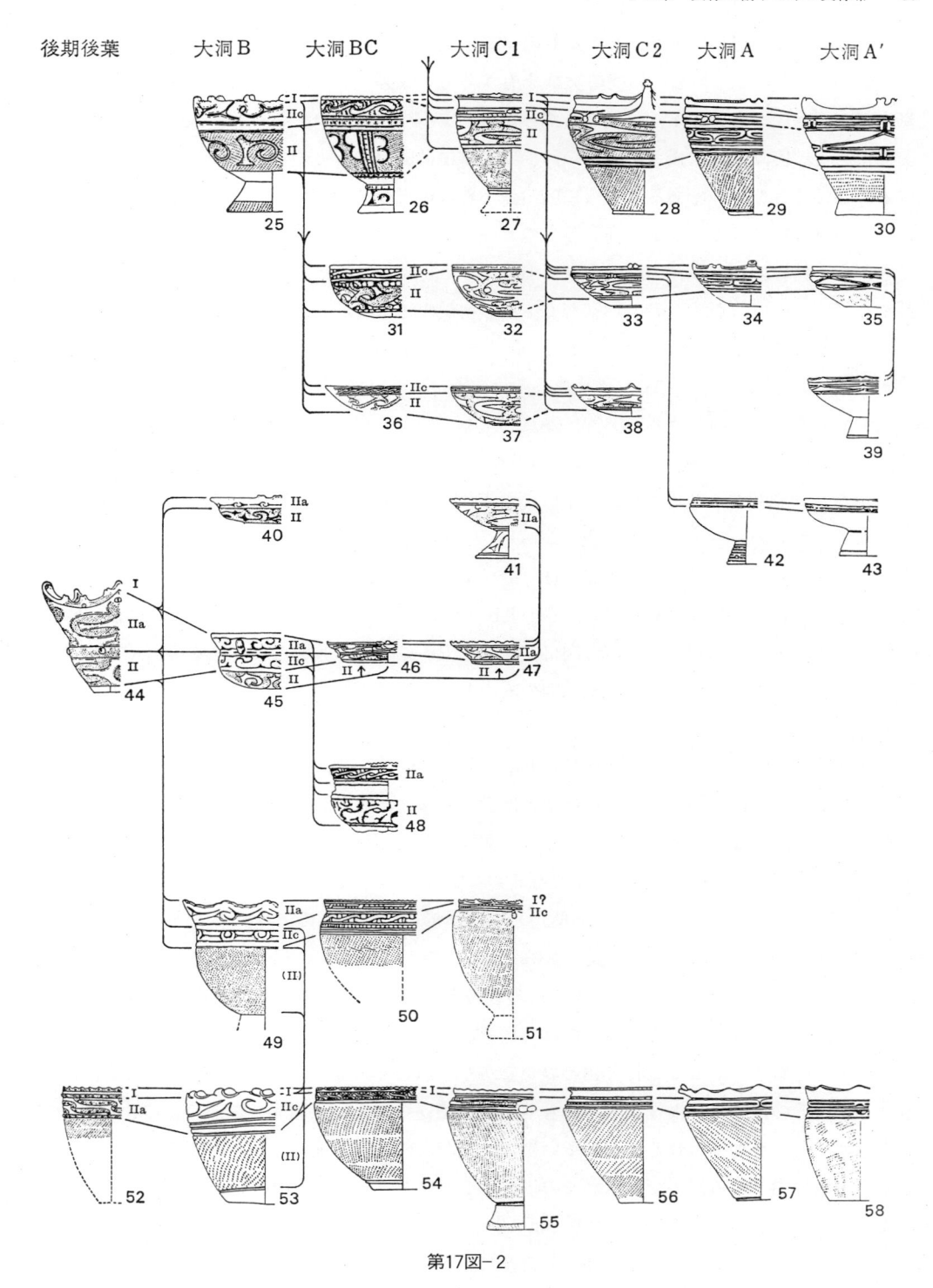

2B章 文様の割りつけと文様帯　35

後期後葉　　大洞B　　大洞BC　　大洞C1　　大洞C2　　大洞A　　大洞A′

第17図-2

省略）とC2式の形制をすでに有するもの（27）がある。後者はC1式に珍しいものではないが、C1式のうちでも新しい傾向の文様を有するものが多い。また、C2式の精製鉢（28）より無文帯の幅が広いものが多く、無文帯部分が外反するものもあって明らかに広口壺（23）と親近関係にある。実際、広口壺とこの形の鉢の間には中間的な形のものがあって、両者を明確に区分することはできないのである。さらに広口壺と普通の壺（17）の間にも中間的なものがあるから、結局27の鉢の形制は壺の形制に通じるものということになる。ここで次のように整理することができよう。精製の鉢・浅鉢・皿の形制はBC式とC2式で大きく異なるが、後者の形制は前者の系統を引くものではなく、壺の形制がC1式で精製の鉢に広がり、次いでC2式で浅鉢や皿にも広がったものである。これに対してもともとの鉢の形制は半粗製の鉢として本来の形制をあまり変えずに続いている（54～58）。

　以上の解釈が正しいとすると、27, 28, 29, 33, などの無文帯直下の文様帯は山内の言うようにⅡc文様帯ではなく、壺のⅡb文様帯の系統を引くことになるのではないかという疑問が生じる。しかし注意してみると、B式やBC式の壺にはⅡb文様帯と区別しにくいながらもⅡc文様帯とみるべきものを有するもの（22）があり、27の問題の文様帯はその系統を引くとみたほうがよさそうである。もっとも、半粗製の鉢（55～58）ではⅡc文様帯が独自の変遷をたどっているのに対し、問題の文様帯はC2式では壺のⅡb文様帯と近似したものになる。これは後述する相似化の現象とみられるが、2つの方向に変化したⅡc文様帯が併用されている例（13図12）は、当時の人々にとってもこの両者が全く別のものとして意識されるようになっていたことを示している。

　最後に後期後葉に一般的なⅡ文様帯とⅡa文様帯を有する深鉢（44）の系統の行方を見てみる。晩期に入ると深鉢は文様帯で飾られることが少なくなり、深鉢より鉢が、鉢より浅鉢が精製の傾向をもつ。B式では49に示したような2つの文様帯をもつ鉢は少なく、1つの文様帯しかもたないものが多い。49のⅡaはC1式でⅠ文様帯のなごりの小突起列（54）に吸収されてしまうようにみえる（51）。44が高さを減じ、小型化して浅鉢形になったものでは45のように複数の文様帯を有するものが多い。これはBC式にも続くが、くびれの上と下の部分の比率が違う色々な形のものがある。48はその1例である。C1式の底の広い浅鉢ないし皿（47）の中には胴部の下のほうにわずかなくびれがあってそこを境に文様帯が上下に分れるものや胴壁と底面が丸みをもってつながるものなどがあって、45, 46とのつながりを示している。47の下の文様帯が底面にまで入り込んでいるのは、45のような丸みをもった底部が扁平になった結果であろう。C1式のこの器形の底面に文様が加えられることが多いのは、ただ底の面積が広いというだけでなく、このような発生上の理由があるためである。この形はC1式末ないしC2式の初めまで続くが、以後はなくなるらしい。Ⅱa文様帯も東北地方ではこれをもって終る。

　以上の記述では台の存在にはほとんど言及しなかった。台は器種の分化にかかわることがある

---

(11) 青森県小森山東部遺跡（今井富士雄1968）その他にⅡb文様帯とⅡc文様帯を兼備する壺がある。Ⅱb文様帯は23の系統の文様を、Ⅱc文様帯は22の系統の文様を用いることが多いが、両者はしばしば転用されるので文様の種類だけで文様帯の区別はできない。

(41，42など）が，本体の文様帯に影響を与えることはない。

　なお，A′式段階ですべての器形に共通してⅡ文様帯とその上の文様帯（ⅡbとⅡc？）の区別がうすれて１帯化する現象がみられる。先述した壺の口唇直下に発達する文様帯もあるが，全体としては文様帯の設定に単純化の傾向がみられ，続縄文土器，弥生土器に入ってさらに強まり，擦文土器に続く。

　以上，系統発生的に文様帯の対応関係を考えてみたが，ここでもう一度第13図にもどって，Ｃ２式だけを見て推定した文様帯の対応関係とくらべてみよう。第13図における精製の鉢と浅鉢，皿の間での対比は系統発生的にみても正しい。先述したⅡbとⅡcの微妙な区別の問題を除外するならば，これらに壺を加えることもできるであろう。これらの文様帯はすでに述べたようにすべて壺のそれの流れを引いているものとみられる。ある器種の系統が必ずしも現在の研究者の分類による同一器種から来るものではないことは注意しなければならない。第13図での解釈が誤まっているものもある。たとえば注口土器と壺形土器はもともと同一器種から分化したものであるが，壺が本来の文様帯の配置をほとんど変えないのに対し，注口土器はその変化のテンポが早く，Ｃ２式だけを見ると頸部無文帯の有文化したものに見える部分は，実はⅡb文様帯相当部分に新生した文様帯であり，胴上部文様帯とみたものは，Ⅱ文様帯相当位置に新生した文様帯が収縮して突帯化したものであり，胴部文様帯とみたものは，本来無文部分であったところに新生した文様帯であって，先の対比は全く誤まっている。このことから，必ずしも似ている部分が系統発生的にも対応する部分とはいえないことが解る。

時間的変化の中で見た並行型式間の関係——中期末〜後期初頭の場合

　土器は普通系統的に変化するが，隣接して分布する異なる系統の間では，時期によって強弱，方向の変化はあるが，相互の影響関係をもつことが多い。文様帯についても先述のような転移，交換，影響などの関係をもつ。このような現象が著しくなると系統の縦の関係よりも横の近似のほうが強まってきて本当の系統関係を不明瞭にする場合があり，ここに土器の系統問題のむずかしさがある。その実例として後期の堀之内Ⅰ式とそれに並行する型式に見られる同じ文様帯の重畳を示す土器（第18図５，10，13，17）の成立過程を見てみよう。今，少しさかのぼって中期後葉を見ると，加曾利Ｅ式のような口縁部文様帯と胴部文様帯を有する土器が東北地方から近畿地方にわたって見られるので，山内に従ってこれにⅠ，Ⅱという文様帯記号を与えるところからはじめよう。[12] 近畿地方から中国・四国地方に広がる中期末の平式ではⅠ，Ⅱ文様帯の区別がはっきしているが，中津Ⅰ式に入るとその区別が判然としなくなる。Ⅰ文様帯相当部分は福田ＫⅡ式で口唇上に押し上げられ，津雲Ａ式のⅠ文様帯につながる。Ⅱ文様帯は中津Ⅱ式頃からくびれ部を境にして上下に分れる傾向を示し，福田ＫⅡ式では上半部が簡略化し，津雲Ａ式で無文化することによって問題にしている形制が成立する。関東地方では加曾利ＥⅢ式でⅠ文様帯がⅡ文

---

(12)　今村啓爾1977aと記号が違っているのはこの出発点が異なるためである。また，同論文では福田ＫⅡ式の口唇部文様帯記号を関東に合せて変更しているが，ここでは系統性を忠実にたどるためにそのような操作は加えていない。

様帯に融合，消滅するが，西関東の加曾利EIV式では胴部の文様帯が上下に分れる傾向を示す（未分化なIIa，IIbとする）。これは称名寺I式でははっきりしないが，II式期には胴部が強くくびれて文様帯が上下に分れたもの（9）とくびれがなく，文様帯も分れない器形（図省略）に分化する。前者はIIa部分が無文化して堀之内I式の問題の形制につながる。加曾利EIV式で口縁部にある無文帯はI文様帯から続くものではないから，仮りにx無文帯としておこう。この部分に点列やC字形貼付文が加えられたものがあり，称名寺式に入って発達し，やがて口唇部の内折した部分に転移し（x'とする），堀之内I式の口唇部の文様帯へ続く。称名寺式は中津式の強い影響下に成立した型式であるが，この時期にも加曾利E式の伝統を強く残し，中津式の影響の弱い型式が並存している。この型式も文様帯の配置は称名寺I式b類，c類と共通するものが多いが，口縁部の文様帯はxとIIaの間（x"とする）に入ることが多い。中には12のようなものもあるが，この口縁部の文様帯は加曾利EIV式のIIa部分の収縮したもので，このため下に無文部が生じ，問題にしている文様帯の重畳が成立している。この土器は少なくとも称名寺I式後半までさかのぼるものであるから，最も早く問題の文様帯の重畳を獲得した土器といってよく，

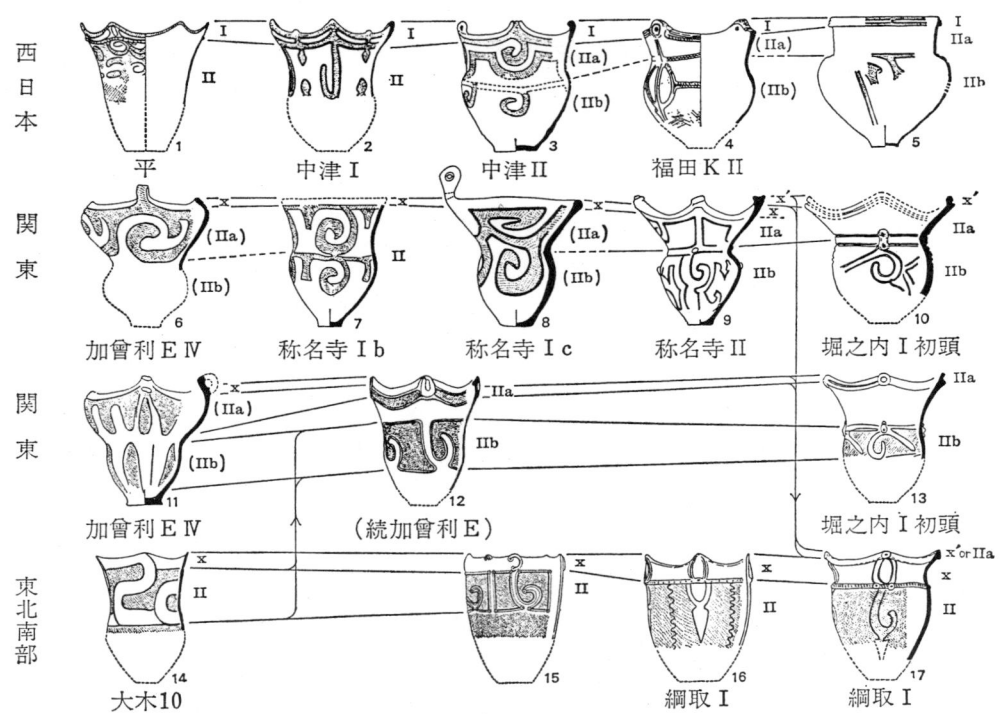

第18図 色々な文様帯の重畳を示す型式が統合されて，堀之内I式期の共通する文様帯の重畳が成立する。

---

(13) C字形貼付文の初現の形は加曾利南貝塚（杉原荘介編1976）38図1に見ることができる。

堀之内Ⅰ式の成立を考えるうえで注目すべき土器である。東北地方南部では大木10式の古い部分でⅠ文様帯がⅡ文様帯に吸収され，口唇部の無文帯（6，11に合せてxとする）と胴部文様帯（Ⅱ）の単純な構成をとるようになる。この構成を受けついだ綱取Ⅰ式の中に，10，13の口唇部の文様帯をとり入れたものがあって，やはり同じ文様帯の重畳をとるに至っている。器高の低いものでは器形も関東のものに似ている。このように堀之内Ⅰ式と並行型式の問題の文様帯の重畳は，少なくとも4とおりの異なる変化から生まれたとみられるのである。[14] もちろんこれは偶然ではなく，1つの方向へ統合する力が働いた結果であり，この近似性がさらに強まる堀之内Ⅰ式の中葉では，個々の系統を判別することもむずかしいものが増えてくるばかりでなく，近似した文様帯の重畳が北は北海道南部から南は九州中部まで広がる。屋久島でまとまった資料の得られた松山式（出口浩ほか1981）では胴部の文様帯を有するものは稀であるが，口唇部文様帯は類似の形である。このように，もともと同一の文様帯とはいえなかったものが近似する位置と形をとるようになって同一の文様帯のようになる現象はこの時期に限られるわけではなく，文様帯の系統性の本質にかかわる重要な問題として認識しなければならない。

文様帯における縦の系統関係と横の影響関係

　各地に分布する土器型式は普通それぞれが連続的，系統的に変化する。また，1型式内でも器形や文様帯配置の異なるものが別の系統であるかのごとく変化することもある。複数の系統が並行して変化する場合，系統発生上対応する文様帯が同じように変化するとは限らず，もともと同じ文様帯であったものが全く別のもののようになったり，逆に，本来別の文様帯であったものが近似していって同じ文様帯のようになってしまう場合がある。生物学では形が別のもののように変っていても系統発生上同じ器管，たとえばヒトの腕とコウモリの翼を相同と呼び，本来別の系統であるが機能上の理由でそっくりの形になったもの，たとえば魚のヒレとクジラの前肢や全体の形の類似を相似と呼ぶ。土器の場合にも同じような現象があるわけである。

　土器は種々の要素のアトランダムな結合物ではなく，きわめて強い規則に従って諸要素が結合，配置されたものであり，それはまた非常に強い保持力をもって伝承される。これが文様帯の系統性の原因である。しかし生物の形態が遺伝情報として強固に記録され，世代をこえて伝えられ，ある種の形態が他の種の形態に影響することはないのに対し，土器は世代から世代へと繰り返し伝えられるものであるため，不正確な伝承の累積や他の系統からの影響，あるいは複数の系統を総合した再整理などが行われ，生物とは違って伝承が変形しやすく，相似現象がはるかにひんぱんに起きる。1型式に属する異なる器種の一見対応する文様帯が必ずしも系統発生的に対応するものではないことを亀ヶ岡式の場合を例にとって示した。また，地域を異にして分布する異なる型式間において一見対応するようにみえる文様帯が必ずしも系統発生的に対応するものではないことを堀之内Ⅰ式期の場合を例にとって示した。このような系統発生的には別のものであるが，

---

(14) 筆者がⅡ文様帯をⅡaとⅡbに分けたり，無文帯にも記号を与えたことがこの複雑さの原因だと指摘されるむきがあるかもしれないが，仮に土器の実態を離れて胴部文様帯をすべてⅡにしたとしても，異なる3つの文様帯から変化して類似の口唇部文様帯が生まれたことは否定できないはずである。

位置や形が類似する文様帯が存在するのは，いわば相似現象の結果である。生物の系統分類学では，相同のみに本質的な意味があり，相似は二次的なものとしかみられない。しかし土器の場合には同じようにみなすことはできないであろう。なぜなら，相似現象も当時の土器製作者たちが自分たちの知っている範囲内の土器文様を無意識的に再整理していったという事実の結果であり，相似現象が系統発生的に対応しない文様帯の間でも起きたのは，当時の人々が各文様帯の系統発生的な対応性に対して十分な注意を払わなかったという当然の情況の結果と考えられるからである。

　土器の系統的変化は生物の進化に似たところがあり，そのような性格の強調は土器の１つの面の理解にとって有益であるが，言うまでもなく生物ならざる土器の変化は生物の変化とは機構も現象も異なるのである。縦の系統関係だけでなく，横の影響関係が変化の本質的要因として存在することは文化現象一般の性格であり，土器の変化もまた文化現象の産物として同じありかたを示しているのである。縄文土器は，縄文時代に日本列島において継起した縦と横の文化的関係の化石といってよいであろう。文様帯の記号化の本当のむずかしさは，土器の表面的多様性に起因する部分ではなく，文化現象のもつ本質的な性格に起因する部分である。

　小稿を草するにあたり，多数の発掘報告書，論文，図録を参考にし，また，実測図，写真を転載させていただいたが，紙面の関係で著者名，文献名を掲載できないことに対し，関係諸氏の御寛容を乞う次第である。

第Ⅲ部　地域と年代で分ける基本的編年

3A章　諸磯式土器の編年

　諸磯式土器の第1の特徴は竹管文の盛行にあるといってよいであろう。竹のように中が中空な植物の茎を半截または多截した施文具による平行沈線，爪形文，横切にした施文具による円形刺突文で器面が華麗に飾られている。竹管文は関山，黒浜式から存在しているが，それらとは胎土中に繊維を含むか否かによって区分される。山内清男のもともとの区分に従い(山内清男1928)，繊維を含まなくなった段階から諸磯式と呼ぶべきであろう。諸磯式における文様上の特色をもうひとつあげるならば，それは細い粘土紐を貼付けた浮線文の発達である。とくにb式中～新段階，c式新段階において著しい。竹管文と浮線文の盛行は十三菩提式にも続く。諸磯式と十三菩提式を分けるのは学史的な理由によるものであって，土器自体の性質が大きく変わるわけではない。もし，諸磯式と十三菩提式を区分する文様上の特徴をひとつだけあげるとしたら，沈刻，削りとり手法が後者にはあるが前者にはないことが指摘できる。

　縄文式土器全体の流れのなかで諸磯式がひとつの転換点とみなされるのは，この時期に早期以来長く続いた胎土中に繊維を混ぜる手法が終るとともに，器形の分化が進み，キャリパー形のような屈曲に富む器形が現れ，彩色土器の普及もみられるからである。このような変化を重視する八幡一郎は諸磯式から中期とすべきであるとしている(八幡一郎1935)。浅鉢形は関山，黒浜式にもあるが，諸磯a式ではかなりの普及をみせ，広口壺のような器形も存在することが知られている。諸磯b式初頭頃から口縁に沿って多数の貫通孔がめぐる浅鉢形土器が現れ，中期の有孔鍔付土器の祖型ではないかといわれている(武藤雄六1970，金井正三1979)。キャリパー形の深鉢はb式中段階から普遍的になる。このような器形の分化は，土器の用途に応じた作り分けと理解され，その陰に土器使用者の生活の変化・進歩が推測されている[1]。

1. 研　究　史

　諸磯式期の遺跡が調査，報告されたのは1894年，佐藤伝蔵，若林勝邦による茨城県浮島貝ヶ窪の調査が最初であろう。この貝塚の土器が，距離的に近い椎塚や陸平の土器と全く異なることが注意されている(佐藤伝蔵・若林勝邦1894)。1897年には八木奘三郎が神奈川県三崎町諸磯貝塚の調査，報告を行い，浮島貝ヶ窪との土器の類似に大いに注目し，両遺跡が非常に離れているにもかかわらず，種々の一致点があるのは，同一民族の移転を示すものであり，石器時代の遺物のちがいは部落の差と年代の差に起因するものであろうと論じている(八木奘三郎1897)。1921年には榊原政職が同じ諸磯貝塚を調査し，出土した土器を文様上から8類に分類し，これを厚手式，薄手式とは

---

[1] たとえば，村田文夫1969

異なる諸磯式と呼ぶべき型式であることを主張し，文様の古拙な性質からみて，年代の古いものであろうと論じている (榊原政織1921)。次いで，谷川（大場）磐雄も諸磯式土器の研究を行い，多数の諸磯式期の遺跡と遺物を紹介したが，正しい編年的位置を与えるには至らなかった (谷川磐雄1924～1926)。この諸磯式の正当な編年的位置づけは山内清男によってなされた。彼は1928年に発表した「下総上本郷貝塚」と題する短い論文の中で，関東の土器型式の年代的序列を，(1)繊維を含む型式，(2)繊維を含まない諸磯式，(3)勝坂又は阿玉台式（以下省略）としたのである (山内清男1928)。ここでわざわざ繊維を含まない諸磯式という限定を加えたのは，上記谷川の諸磯式が現在の関山式，黒浜式などを含んでいたためかもしれない。山内は1936年にさらに整備した編年を，黒浜 ─ 諸磯a，b ─ 十三坊台という型式名で示し，諸磯a，b式は前期の後半に位置づけられた (山内清男1936)。次いで1939年，「日本先史土器図譜」第Ⅱ集では，a，b式に続くc式が追加されるとともに，代表的な土器とその解説が示された。これは現在でも諸磯式理解のための最も基本的な文献になっている。

最近の発掘資料の著しい増加とともに，このa，b，c式をそれぞれ細分する研究がさかんに行われている。これについては後述するが，諸磯式の編年に関して見ておかなければならないのは，江坂輝弥による水子 ⟶ 矢上 ⟶ 四枚畑 ⟶ 草花の編年である。江坂の矢上，四枚畑，草花はそれぞれ諸磯a，b，c式に相当するから，この編年の問題点は，黒浜式と諸磯a式の間に「水子式」が設定しうるか否かという問題に帰するであろう。江坂は横浜市港北区表谷貝塚の貝層下住居址などいくつかの遺跡で繊維を含む土器と含まない土器が伴出し，その繊維を含む土器は半截竹管文など新しい要素が認められるとして，両者を一括して「水子式」とした。[2] 江坂が水子式として示した横浜市港北区山田町南堀貝塚の土器のうち，繊維を含まない竹管文の土器は，その文様から諸磯a式のうちでも古い様相を示すものとみられる。しかしそれと同時に示された繊維を含む土器が全く同じ年代に属するかどうかはなお検討の必要があるように思われる。水子式の問題は黒浜式から諸磯a式への型式的変化という観点から解決されなければならない。

2．諸磯a式

a式の基本的な器形は深鉢と浅鉢であるが，稀な器形として壺形も知られている。深鉢には平縁のものの他，波状口縁を呈するものも少なくない。深鉢の場合，文様は胴部上半の幅広い文様帯として加えられる。文様は半截竹管による爪形文，平行線文，竹管による円形刺突文（第1図1，4，5，9），櫛歯状施文具による平行線文（第1図8，9）などで構成され，文様帯の上下を区画するのに刻みの加えられた太い隆起線が用いられることがある（同図4，6）。文様図形としてはいわゆる肋骨文（同図1，2，3），波状文（同図8，9），木の葉文や木の葉状入組文などの弧で囲まれた文様（同図5，6，7，13）などがあり，最後の弧で囲まれた文様は磨消

---

[2] 江坂輝弥1951。なお，江坂は当初もっと細かい編年を提示していた。下田町東貝塚期（境田第1号貝塚期）─ 境田第2号貝塚期 ─ 高田中居根貝塚期 ─ 矢上谷戸斜面貝塚期 ─ 四枚畑貝塚期……。（酒詰・江坂1939）

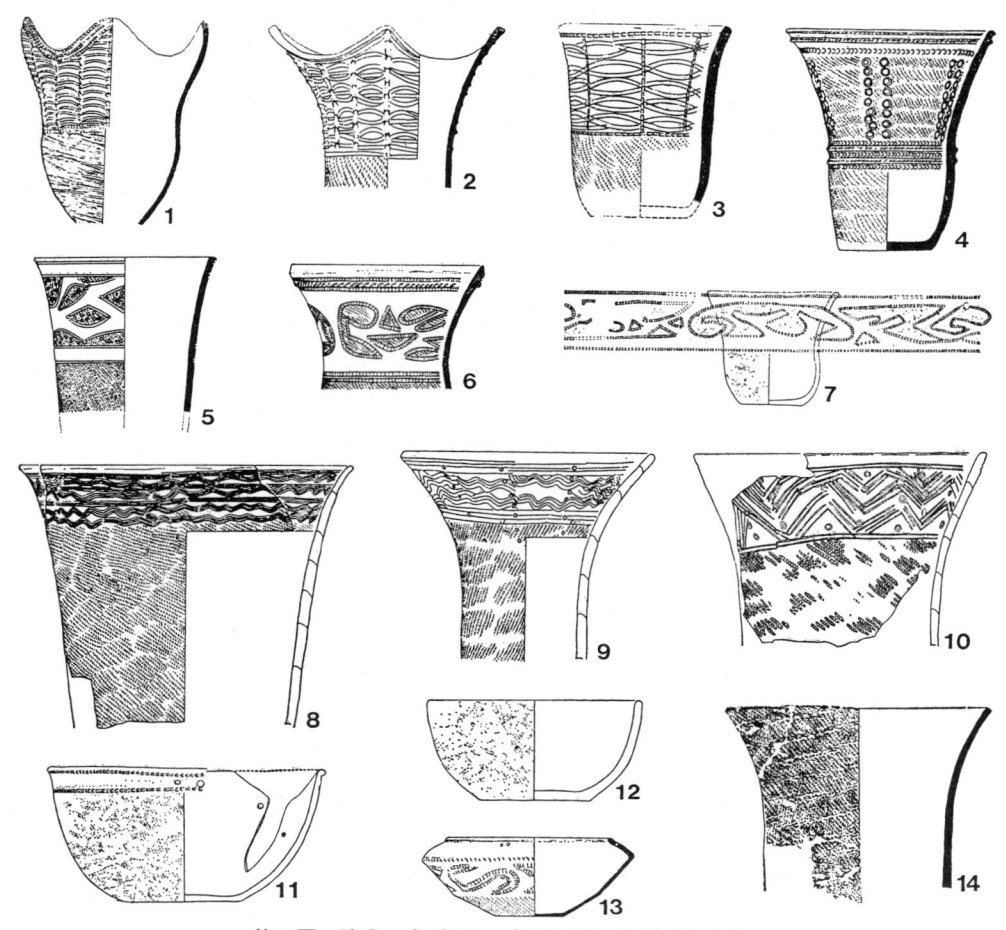

第1図　諸磯a式（10：a式またはb古式）（1/8）
1，2，13：埼玉・大谷場　3，6：東京・寺田 No. 4　4：神奈川・矢上　5：神奈川・八幡台
7，11，12：千葉・飯山満東　8〜10：神奈川・平台　14：東京・中台馬場崎

縄文をともなうことが多い。これは黒浜式の磨消縄文をともなう文様から続くものとみられ，直線的なものは古い様相といえよう。文様を省略して，爪形文で上下を区画した無文部のみを有するものが深鉢にも浅鉢にもあり（同図11），さらに粗雑になって縄文だけを全面に加えたものも少なくない（同図12，14）。諸磯式の縄文はRLが多く，諸磯a式では縄の端の結び目がS字状の綾繰文として現れたものも多い（同図14）。a式の資料としては埼玉県大宮市大谷場11号貝塚・17号貝塚（三友国五郎・柳田敏司・青木義脩ほか1968），東京都八王子市寺田遺跡第4地点（加藤晋平・鶴丸俊明ほか1973），千葉県船橋市飯山満東遺跡2号・4号住居址・ピット群の土器（清藤一順ほか1975）などが代表的である。

3．諸磯b式

b式とされている土器は型式内容が多様であるが，これは編年の細分によってある程度整理す

3A章 諸磯式土器の編年　45

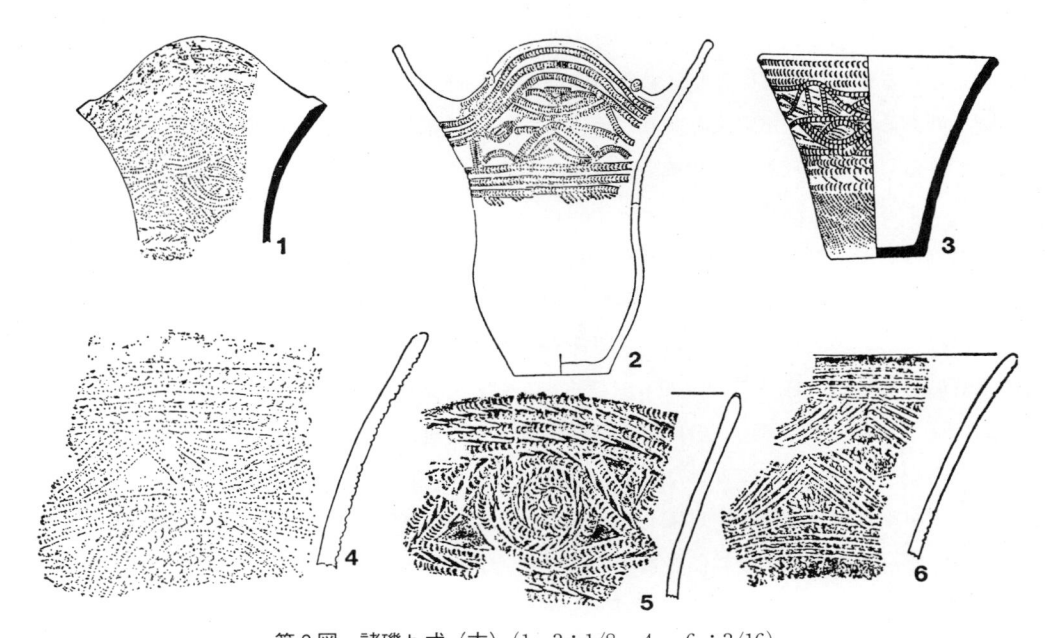

第2図　諸磯b式（古）（1〜3：1/8，4〜6：3/16）
1：埼玉・中川　2：埼玉・金堀沢　3：神奈川・風早台　4：千葉・飯山満　5，6：神奈川・中之下

ることができる。b式の古い部分の様相については，山内清男の教示に従ったとする栗原文蔵の指摘（栗原文蔵1961）があり，同様な細分にふれたものに中村孝三郎らの新潟県泉龍寺遺跡の報告（中村孝三郎・小林達夫・金子拓男1963）もある。西村正衛は浮島式の細分との関係で諸磯b式の細分に言及している（西村正衛1966）。この2分案は埼玉県入間市金堀沢遺跡の報告でも採用されている（中島宏1977）。筆者はb式からc式への変化を考えるうえで，その中間的な段階に着目し，b〜c移行段階としたことがあるが（今村啓爾1979），この段階の資料の充実にともない，鈴木徳雄（鈴木徳雄1979），鈴木敏昭らはこれをb式の第3段階としてとらえ，

第3図　諸磯b式（古）
神奈川・鷺沼（高さ21cm）

b式を3段階に整理する方向を示したので，筆者も型式の呼び名に起因する無用な混乱をさけるため，b〜c移行段階としたものをb式新段階とし，諸磯b式を古，中，新の3段階に区分することにする（今村啓爾1980d）。以下，これをb式（古），（中），（新）と略記する。

b式（古）

　b式古段階は器形，文様帯，爪形文の盛行，木の葉文の残存などa式とのつながりが強く，a式と明確な境界線を引き難い。b式（古）の深鉢は平縁のものが多いが，波頂がまるみをおびた波状口縁もある（第2図1，2）。口縁の断面形はまっすぐ開くかやや外反するものが多い。文

---

(3)　鈴木敏昭1980a，鈴木敏昭1980b。後者においてb1式—b2式（古）—b2式（新）—b3式の細分案が提示されている。

様はa式と同様に胴部上半に幅の広い文様帯として加えられる。文様は主として爪形文，平行沈線で加えられるが，a式より粗大化する傾向がある。a式で文様帯の上下を区画するのに用いられた刻みのある隆起線が爪形文と交互に何段もかさねて加えられたり（同図1,5），文様帯の中に侵入してくる（同図5）が，隆起線自体は粘土紐の貼付によるのではなく，半截竹管で両側をえぐることによって少し高くなった部分を隆起線のように見せかけたものが普通で，それさえもなく，ただ刻み目（同図5）やD字形の刺突（同図4）が加えられただけのものも多い。半截竹管による平行線文の土器も多く存在するが，独自の系統をなすものではなく，爪形文の土器の文様を平行線におきかえたものとみるべきであろう。浮線文の存在については議論もあるが，浮線文の土器にも器形，文様帯の設定がb式（古）一般に共通するものがあり（第3図），やはりこの時期に属するとみられる。この段階で口縁に沿って貫通孔をめぐらした特殊な浅鉢形土器が成立するらしい。b式（古）の資料として，東京都町田市本町田J－4号住居址（村田文夫1969），埼玉県大宮市中川貝塚3号住居内貝塚（栗原文蔵1961），同県入間市金堀沢5号住居（中島宏1977），神奈川県川崎市鷺沼遺跡1号・3号住居址居址（新井清・持田春吉ほか1966）の資料などが代表的である。

b式（中）

b式中段階は爪形文の衰退と浮線文の発達によって特徴づけられるが，浮線文はb式（古）にもあって漸移的にb式（中）につながるし，爪形文はb式（中）前半には少なからず存在するので，b式（古）とb式（中）の間に明確な境界線を引くことは困難である。この段階に発達する浮線文土器の多くは，口縁部の内湾したいわゆるキャリパー形の深鉢形をとり，ゆるやかな波状口縁を呈するものが普通である。文様帯はb式（古）より幅がせまくなるが，文様帯の下限を画する水平の浮線文が数本一組になってくりかえされ，一種の文様効果を示す。このため文様帯の下限ははっきりしなくなる（第4図1，3）。この水平線の間に渦巻などの文様が加えられる場合もある。文様は縄文地上に浮線文で加えられ，浮線文上には斜めの刻み（同図3）または縄文（同図1）が加えられる。この浮線文についてはオホーツク式土器に特徴的なクリーム状に溶かした粘土を管の先端から押し出す手法が行われたという説（中島宏1980）もあり，浮線文の部分が器壁とは異なるきめの細かい粘土で作られたものがあることも知られている（成瀬正和1980）が，オホーツク式土器におけるこの技法を指摘した山内清男自身は，「縄文式にも細い浮文はあるが，こういう施文の手法は全く見られない。」（山内清男1964a）としている。浮線文を平行沈線におきかえた土器も多い（第4図2，4）。b式中段階の前半と後半では浮線文の土器に少しちがいがある。大ざっぱにいって，口縁の内湾の弱いもの，浮線文が太く，浮線文の間隔が広いもの，胴部の水平の浮線文が少ないものが古い傾向といえよう。古いものは文様図形に爪形文の土器に似た傾向があり（適例ではないが第4図1と2図1の近似），新しいものでは何重にも巻きこむ渦巻を中心とする単純な構成になる。獣面把手はb式（中）の前半に盛行し，把手状を呈するが，後半には粘土粒の貼付にすぎなくなる。爪形文土器は千葉県野田市北前貝塚1号住居址（下津谷達男・村田一二ほか1979）などの例からみて，b式（中）の前半には存在するが，埼玉県岡部町東光寺裏7号・8号住居址（中島宏1980）の資料にみるように，b式（中）の後半にはほとんどなく

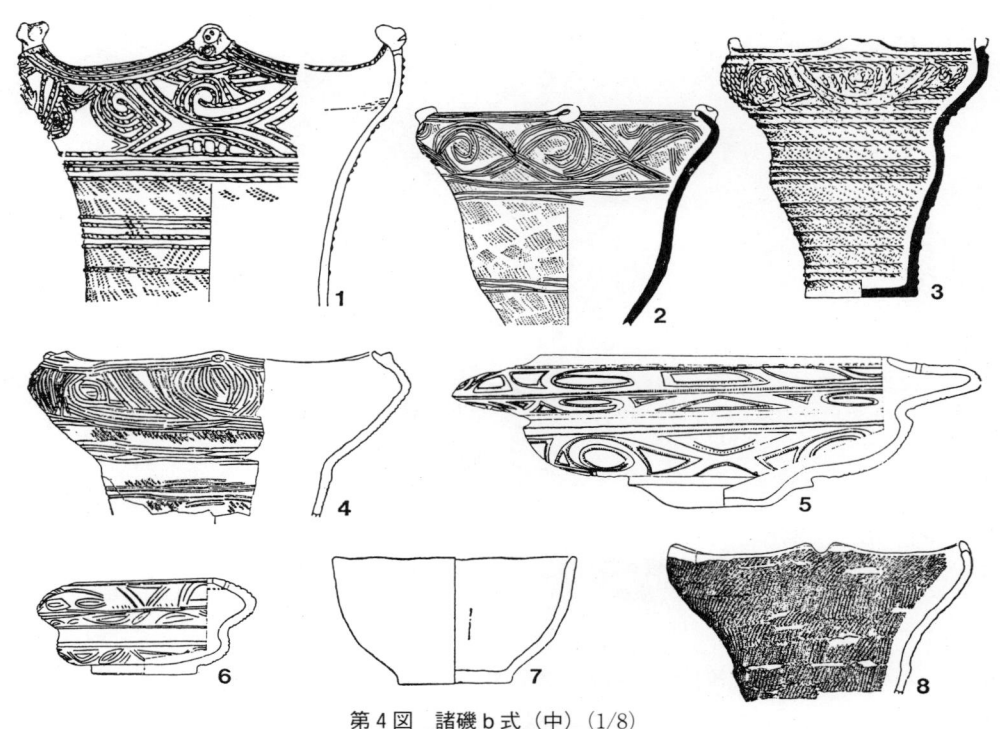

第4図　諸磯b式（中）（1/8）
1：千葉・北前　2：茨城　浮島貝ケ窪　3：神奈川・折本　4，7，8：埼玉・東光寺裏
5，6：長野・丸山

なったとみられる。ただ，この段階でも，口縁に沿って多数の貫通孔を有する浅鉢形土器に限って太い沈線間に爪形文に類似した文様を弧状のヘラで刻むことが行われている（第4図5）。

　はじめに記したように，b式（古）から（中）への変化は，浮線文土器，爪形文土器ともにきわめて漸移的であるため，明確な境界線を引くことはできない。爪形文土器ではその判別も困難であるから，むしろ爪形文土器をともなう部分をすべてb式（古）に含めたほうが，時期区分としてはすっきりするが，浮線文の発達をb式中段階の指標とした従来の編年のいきさつもあって，ここではこれをb式（中）の前半として扱った。

b式（新）

　b式（中）でまるく内湾していた口縁部がくの字形に内折する形に変る。浮線文は薄く，繊細なものが多く，多数平行して加えられる傾向が強まる（第5図1，2）。この水平線の間にかなり複雑な文様を加えられたものもある。このため文様帯の下限はますますはっきりしなくなる。沈線文の土器はb式（中）の場合と同様に，浮線文を沈線文におきかえたものとみてよいが，沈線は細くなり，多数平行して加えられる傾向が強まる。この平行線は多截竹管を数本櫛状にそろえて持ち，同時に引いてつけたものも多いようである。このような平行沈線文の土器の中には，浮線文の土器には稀な高い波状口縁を有するもの（第5図3）や，口縁が内折しないでまっすぐ開くもの（同図5）なども存在する。b式（新）では沈線文土器の占める比率が高まる。獣面把

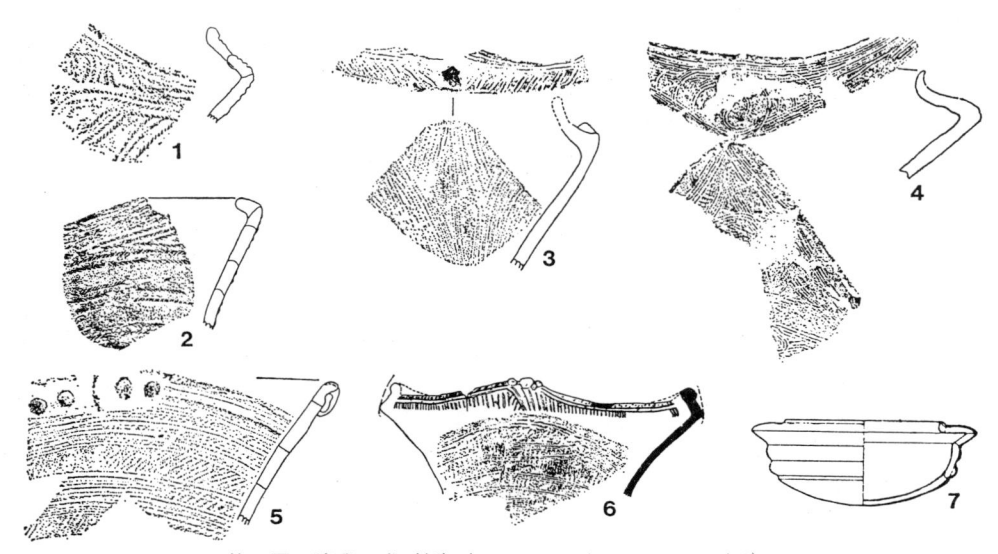

第5図　諸磯b式（新）（6，7：1/8，1〜5：3/16）
1：埼玉・ゴシン　2：東京・二宮　3,5,6：東京・西原　4：埼玉・東光寺裏
7：長野・大倉崎

手はみられないが，同じ位置に粘土の貼付文が加えられる（同図3,6）ことは一般的で，c式（古）の貼付文に似たものも現れる（同図5）。口縁に貫通孔をめぐらした特殊な浅鉢形土器の多くは無文になるらしい（同図7）。この時期の資料として，埼玉県寄居町ゴシン3号・4号住居址（並木隆・横田光男ほか1978など），同県岡部町東光寺裏5号住居址（中島宏1980），東京都三宅島西原遺跡（岩瀬暉一・内田祐治・井口直司1975）の資料がある。

諸磯b式にも縄文だけの粗製の土器（第4図8）や浅鉢形土器（同図7）が存在するが，量的にa式より少ないようである。

4．諸磯c式

諸磯c式は新旧2時期に細分できるので，これをc式（古），c式（新）とする。この2時期は文様も相当に異なっており，それぞれの時期の単純遺跡もあって，時間的にはっきりと区分されることは明らかである。cⅠ,cⅡ式の型式名を用いる条件は十分整っているといえよう。

c式（古）

b式（新）からc式（古）への変化は，中間的な資料が多少みられるようになった現在でも急激な変化という印象がある。器形は，くの字形に内折する口縁が内湾する形（第6図4）に変る。波状口縁は少なく，平縁が一般的である。口縁部の貼付文の発達が著しく，口縁に沿って多数並べて加えられる。b式（新）の胴部文様が水平の分割を基本とするのとは逆に，縦の分割が基本となるが，これは水平の区画のうちの1段が極端に幅を拡げたものであろう。b式（新）の1段の中にc式（古）の胴部文様の萌芽を見ることができる。口縁がまっすぐに開く器形で，胴部文

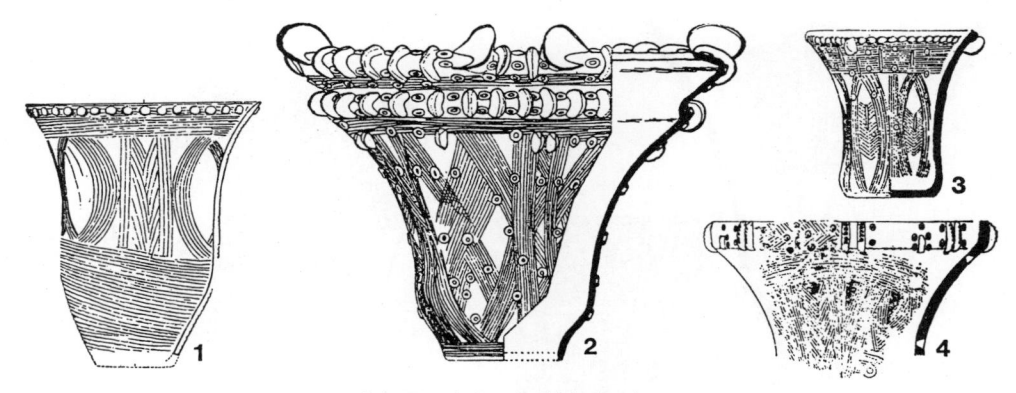

第6図　諸磯c式（古）(1/8)
1：岐阜・峯一合　2：長野・下島　3：栃木・東光台　4：東京：西原

様が水平に分割されたものは，c式（古）にも残っている可能性がある。地文の縄文は少数の例外を除いて省略される。c式（古）ではボタン状貼付文の発達が著しく，コの字形または円形の刺突が加えられることが多い（同図2，3，4）。棒状貼付文や太い浮線文上にも，粘土紐より幅のせまい半截竹管でc字形の押捺が加えられることが多い（同図4）。c式（古）があって（新）がない遺跡として群馬県笠懸村稲荷山遺跡（若月省吾1980）がある。新潟県十日町市北原八幡遺跡（駒形敏朗ほか1976）もc式（古）を主体とする。資料的には東京都三宅島西原遺跡（岩瀬暉一・内田祐治・井口直司1975）がまとまっている。

c式（新）

　c式（古）からc式（新）への変化は連続的であるので，明確な境界線は引きにくい。口縁部文様帯が幅を広げていく（第7図2）のにともなって，口縁部の湾曲はゆるやかになり，ついには失なわれる。c式（古）の貝殻状・棒状の貼付文は結節浮線文におきかえられ，口縁部文様帯の地文の横方向の羽状沈線が面積を広げる（同図1，2）。結節浮線文の発達は，平行に多数加えられるものから渦巻状のもの（同図4）を生み出し，胴部のくびれめより上にいっぱいに加えられるだけでなく，くびれより下に同様の渦巻を加えられたものが現われる。結節浮線文には粘土紐と同じ太さの半截竹管でc字形の結節が加えられている。ボタン状貼付文は刺突が加えられなくなり，小さなものが2個ずつ対になって貼付けられる（同図1，2，3）。この時期には波状口縁が再びさかんになるが，口縁の内湾する器形はなくなるようである。諸磯b式のキャリパー形は中期のそれにはつながらない。c式（新）の有孔浅鉢の例として長野県本城18号住居址の伴出例があり，細かい時期は不明だが同県日向1号住居址には有孔鍔付の形になったものがある。c式（古）がなくc式（新）を主体とする遺跡は長野県富士見町籠畑（武藤雄六1968），諏訪市本城（高桑俊雄ほか1975），岡谷市扇平（会田進ほか1974）など長野県に多く，いずれもc式直後の段階へ続いている。なお，c式の2分の結果，b式（中，新）で浮線文が発達し，c式（古）では浮

（新註1）　のちに太い浮線文の渦巻きは古段階に発し，以後縦平行線の浮線文土器と共存したと考えるようになった（今村啓爾2000）。

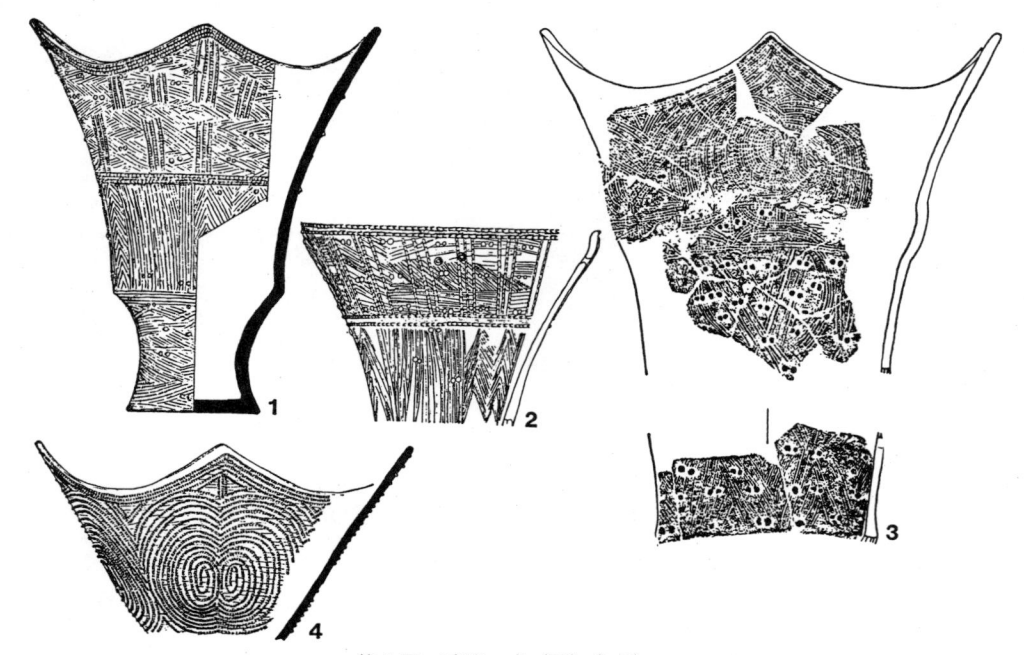

第7図　諸磯c式（新）（1/8）
1：長野・籠畑　2：長野・山の根　3：長野・荒神山　4：長野・後田原

線文が少なく，c式（新）で再び発達するということになり，浮線文のつながりが悪くなったが，b式の浮線文が対比される文様はc式の地文の沈線文であり，c式（新）の浮線文はその上に新らしく発達してきた文様であるから，c式（古）に浮線文が乏しいことは不合理ではない（今村啓爾1981a）。

c式の終末

　c式（新）には結節浮線文の発達の結果，地文の平行沈線が省略されたものが現れる。また，結節浮線文が発達しすぎたために施文が大変になり，便宜的に結節沈線文を代用したものが現れ（第7図1，3），さらに省略して，ただの平行沈線文を代用したものも現れる。これは浮線文の地文の沈線文とは意味が異なる。さらに，結節沈線文や平行沈線文を浮線文のように見せかけるため，余白部分の削りとりが行われるようになる他，櫛目状に並んだ小さな結節沈線文，折返し状の口縁や鋸歯状に刻まれた折返し口縁など従来みられなかった要素が出現する。一方，北陸ではc式（新）の浮線文と羽状縄文，口縁部の鋸歯状貼付文が組合わさって鍋屋町式と呼ばれる華麗な土器が成立し，中部高地，関東地方へも影響を与える（今村啓爾1974，本書3B章，山口明1980a）。これらの諸現象がどのような順番で起ったのか，どこまでを諸磯c式と呼び，以後を何式と呼ぶかといった問題はまだ十分整理されていない。

5．諸磯式の分布と周辺の型式

　諸磯式が主体的に分布するのは関東地方西部，中部高地，東海地方東部である。東北地方中・南部にはこの時期大木3，4，5式が分布する。大木3式には諸磯a式がともない（保角里志ほか1975），大木5式は興津式をともなう（鈴鹿良一1981）から，大木4式は大体諸磯b式に並行するのであろう。

　房総半島南部を除く千葉県，茨城県，栃木県北東部，福島県南部には浮島式の系統の土器が分布する。細分型式をぴったり対比させることはできないが，諸磯a式には和田哲のいう浮島Ia式が（和田哲1973），諸磯b式古，中，新段階，c式古段階にはそれぞれ浮島Ib，Ⅱ，Ⅲ，興津式が並行するとみられる。興津式は最近西村正衛によって2細分されているが，興津式にともなうのはb式（新）とc式（古）であってc式（新）がともなった例はないようである。浮島Ia式は器形，文様とも諸磯a式に近く，分布の点でも千葉県東端の市川市や船橋市は諸磯a式の分布圏に属しているようであるが，浮島式はその後地方色を明確にし，分布範囲も拡大する傾向が認められる。

　北陸地方では諸磯a式期には諸磯a式とそれに近い土器および北白川下層式が分布し，b式，c式期には刈羽式（八幡一郎1958），蜆ケ森式（富山大学考古学同好会編1954）などの独自性の強い土器が知られている。これらは羽状縄文が多用され，刈羽式では刺突や刻みのある隆起線が，蜆ケ森式では微隆起線が特徴的である。これらの土器は北白川下層式の影響を受けたものであろう。新潟県十日町市北原八幡遺跡では諸磯c（古），（新）の進出がみられ（駒方敏朗ほか1976），富山県小杉町囲山遺跡では蜆ケ森式とともに諸磯c（新）式に似て非なる型式が認められる（橋本正1972）。北信の飯山市大倉崎は諸磯b（新）並行とみられる遺跡であるが，北陸との関係で羽状縄文の発達した独自の土器がみられる（高橋桂・中島庄一・金井正三1976）。

　東海西部・近畿・中国・四国地方には北白川下層系の土器が分布する。北白川下層式は編年的整理が不十分なうえ，細分型式の呼び方が不統一で混乱状態にある。関東の土器との対比を具体的資料で示すならば，密な貝殻爪形文の土器は黒浜式にともなう場合（江坂輝弥1938，柳田敏司・小林達雄・横川好富1965）と諸磯a式にともなう場合（中村孝三郎・小林達夫・金子拓男1963）があり，側線を有することが多い整った竹管爪形文の土器は文様上諸磯a式に近い。口縁部では無文地に弧状の刻みのある浮線文を加え，胴部には羽状縄文を加えた土器とやはり口縁部の無文地に平行する浮線文を加え，その上に縄文をつけた土器が静岡県沼津市平畦遺跡で諸磯a式末期ないしb式（古）にともなっている（平林将信ほか1976）。無文地で浮線上に斜めの刻みを加えた土器や岐阜県高山市糠塚遺跡（塩野雅夫・大野政雄1960）にある縄文地上に浮線文を加え，その上に斜めの刻みをつけた土器は，北白川遺跡には少ないものであるが，このようなものは諸磯b式にともなう。諸磯c式には長野県下諏訪町武居林遺跡で，口縁部に数条の浮線文を水平に加え，刻み目または縄文をその上につけた土器がともなっている（中村龍雄1979）。これに近いが，太めの隆起線を口縁に沿って数条加え，その上に斜めの刻みまたは縄文を加えた土器は北白川遺跡（梅原末治1935）に多

くあり，その編年的位置は明確ではないが，大体諸磯 b 式，c 式に並行するものであろう．

付図の出典（注に記したものは省略）
（第 1 図 4）　岡本勇・戸沢充則1965
（第 1 図 5）　神奈川県立博物館1970
（第 1 図 8，9，10）　岡野隆男1973
（第 1 図14）　吉田格1967
（第 2 図 3）　神奈川県立博物館1970
（第 2 図 5，6）　杉山博久1978
（第 4 図 3）　岡本勇・戸沢充則1965
（第 4 図 5，6）　金井正三ほか1978
（第 5 図 2）　村井美子ほか1978
（第 6 図 1）　紅村弘・増子康真1977a
（第 6 図 2）　藤森栄一1956
（第 6 図 3）　岡本勇・戸沢充則1965
（第 7 図 1）　藤森栄一編1965
（第 7 図 2）　小池政美ほか1973
（第 7 図 3）　岡田正彦ほか1975
（第 7 図 4）　戸沢充則ほか1970

3B章　十三菩提式土器細分の試み

　登計原遺跡出土の縄文前期末の土器群は関東地方で編年された土器型式のうちでは十三菩提式土器に最も近いものである。しかし，従来十三菩提式土器（甲野勇1932，樋口清之・麻生優1968・1971）として認識されてきた土器類とは微妙な差異を有する。何よりもまず，十三菩提式の最も特徴的な文様である縄文地の上に結節浮線文を有する土器がみられないことがあげられる。わずかに1片，安藤精一氏の表採資料中にそれらしいものがある（13図7）ので図示したが，隆線の附加された位置と隆線の形から考えると，これもむしろ新潟県鍋屋町遺跡の第Ⅱ群第2類土器に類するものと思われる。地文に縄文を有さない結節浮線文土器は確かに存在するが，それが形づくる図形には，ジグザグとか縦や横に何本も間隔をあけて平行するものといった十三菩提式に通有のものが見られない。

　この十三菩提式土器との差異と表裏をなすように，登計原の土器は新潟県の鍋屋町式（寺村光晴ほか1960）に強い近似性を有している。なかでも羽状縄文を有する16図1，2，6などは従来十三菩提式とされてきた資料中に類例をみることができないが，鍋屋町式のうちには非常に良く似たものを見ることができる。14図2の折返し口縁の刻みも鍋屋町式に特徴的である。13図1，2，4のような結節浮線文の形づくる図形，結節浮線文又は結節沈線文による渦巻が幾重にもかさなる図形（13図3）も鍋屋町式に共通する。登計原では縄文地の上に結節浮線文を施す土器，結節浮線文をジグザグや縦，横に間隔をあけて並べた文様の土器が存在しないと上に述べたが，このようなものは鍋屋町遺跡でも欠如している。

　以上述べたように登計原遺跡の土器は十三菩提式に近似しながらも，純粋な十三菩提式とは相違するところがあり，一方で鍋屋町式に類似するところがある。この問題をどう解釈すべきであろうか。登計原遺跡の資料はそれほど量が多いわけではないが，偶然に起ったばらつきの結果として片づけるには，十三菩提式との相違と鍋屋町式との近似が同時に起っていることが気がかりである。鍋屋町式の影響がこの遺跡にだけ強く及んだとするのは不合理である。結論から先に言うと，鍋屋町式と十三菩提式の違いは地域色というより年代差にもとづく要素が大きいと考えられる。縄文前期末の編年は，諸磯c式－鍋屋町式（併行）－十三菩提式となるのであって，関東地方の編年では鍋屋町式に対応する時期が空白になっていたが，今回登計原においてその空白を埋める資料がわずかながら発見されたと考えられる。これまで，諸磯c式末期から十三菩提式への文様の変遷はスムーズに辿ることができなかった。しかし，両者の間に鍋屋町式近似の型式の存在を想定すれば文様の変遷がかなりスムーズに辿れることはききわめて重要である。

　登計原遺跡では半截竹管又は細い竹管で施文した集合平行線文の土器がかなり出土しているが，それが描く図形は諸磯c式の末期に結節浮線文又は沈線で描かれた図形である。何重にもかさなる渦巻，向いあう弧，縦方向の羽状文などはいずれも諸磯c式でよく用いられた図形であり，

横方向の羽状文は諸磯c式で結節浮線文の地文として用いられている。これら集合平行線文の土器が諸磯c式に近い要素を有することも登計原遺跡の土器の古さを示すものと言えよう。話はやや横道にそれるが，筆者がかつて吉田格先生の指導のもとに参加した横浜市宮の原貝塚 (今村啓爾ほか1972a) では，集合平行線文の土器が大量に出土した。報告書の中ではこの種の土器について，五領ヶ台I式よりやや先行する可能性が強いとしながらも結論を保留しておいた。しかるに，今回の登計原遺跡の調査によって，このような集合平行線文の土器が諸磯c式に起源を有し，五領ヶ台式に至るまで系統的な変化をとげたことがはっきりした。登計原の横位の羽状沈線文を有する土器はすでに羽状沈線の間を横線で区分する意図が認められるが，これは，十三菩提式から五領ヶ台式にかけての集合平行線文土器に顕著な器面を数段の横帯に区画するやりかたの先駆をなすものと思われる。なお，宮の原貝塚の集合平行線文土器についてはやや考えかたが変り，大部分が五領ヶ台I式に属するものであろうと考えるようになった。

続いて，登計原遺跡の土器の位置を明確にするために，縄文前期末の土器型式の変遷について概観しておきたい。諸磯c式以後，五領ヶ台式直前までの土器は大体4つの時期に分けて考えるのが理解しやすいであろう。

第1の時期は鍋屋町式に対応する時期で，結節浮線文が幾重にも重なる大きな渦巻きが顕著なモチーフである。このモチーフは諸磯c式末のそれと密接なつながりを有しているが，地文の条線は失なわれている。しかし縄文を地文としてその上に結節浮線文を貼付けることはまだほとんど行なわれていない。鋸歯状の刻みを有する折返し口縁，横位の羽状縄文も顕著な特徴である。この時期に属する遺跡としては新潟県鍋屋町遺跡 (寺村光晴ほか1960) の他に富山県小竹貝塚 (富山県教育委員会1972a) など北陸に数ヶ所あり，長野県飯田市小垣外，辻垣外 (矢口忠良1973) はこの時期の単純遺跡として非常に重要である。関東ではこれまでほとんど発見されていなかったがこの登計原で初めてその存在が知られた。ただ登計原の資料にはたとえば16図1の鋸歯文を有する折返し口縁が厚みを失っていることからもわかるように，鍋屋町式プロパーよりやや時期が下るのではないかと思われるものが存在する。

第2の時期には結節浮線文による渦巻は委縮してくるが，地文に縄文を施した上に結節浮線文を加えることが行なわれるようになる。結節浮線文によるジグザグは，まず口縁部に現れるところをみると口縁部の鋸歯文と関連を有するのであろう。結節浮線文を間隔をあけながら縦や横に何本も平行させるのも特徴的な文様である。渦巻文は委縮すると述べたが，重畳する渦巻を便宜的に結節沈線文や直角に刻みのある集合平行線文で表現したものはこの時期にも残る。この時期は最も純粋な十三菩提式の時期である。十三菩提遺跡で何度も報告されながらなお十分と言えない資料の大部分はこの時期に属するものと思われる。横浜市室の木遺跡 (赤星直忠・塚田明治1973) の資料の主要部分もこの時期に属する。山梨県花鳥山 (磯崎正彦1964)，長野県蟹掘古墳 (宮坂光次1930) に好例がある。山形県吹浦例 (柏倉亮吉・江坂輝弥ほか1955) もこのころであろう。富山県吉峰 (富山県教育委員会1972b) にも断片的資料がある。

第3の時期は非常に小さくなったジグザグが特徴的である。このジグザグは結節のない浮線文で構成されている。縦位の羽状縄文がよく用いられる。縄端に結節のある原体が用いられ，それ

が綾繰文として現れる。羽状縄文，綾繰文の使用は以後も盛行する。この時期には口縁部文様帯の幅が厚縮されることが多いせいか，結節浮線文が密接して施される傾向が再び強くなる。この時期も本来の十三菩提式の一部としてよいと思われるが資料は乏しい。横浜市宮の原貝塚（今村啓爾ほか1972），千葉県加茂（江坂輝弥ほか1952），横浜市室の木（赤星直忠ほか1973）その他に断片的な資料があり，長野県茅野市ヨキトギ（藤森栄一1966）に完形の資料がある。富山県朝日貝塚（富山県氷見高校地歴クラブ1964）の資料がまとまっており，佐渡の長者平（本間嘉晴・椎名仙卓1958）にも発見されている。

第4の時期ではソウメン状浮線文の使用がさかんになり，結節浮線文はあまり用いられなくなるらしい。ソウメン状浮線文を細かに貼付けた文様には指先だけで施文するのは非常に困難なのではないかと思わせるものがあるので，北海道のオホーツク式で行なわれた特殊な技法の浮線文と同じようなことが行なわれた可能性を考慮する必要がある。縦位の羽状縄文がさかんで，口縁部文様帯の図柄が五領ヶ台Ⅰ式に近似してくる。資料は非常に乏しく確実なことが言える状況ではないが，この段階も第3の時期と区分される可能性が強いように思われる。本来の十三菩提式には属させ難いものである。横浜市中駒（今村啓爾・松村恵司1971），横浜市霧ヶ丘（今村啓爾編1973），富山県朝日貝塚（富山県氷見高校地歴クラブ1964）などの資料がある。

ここで再び第1の時期にもどって別の系統の文様を見てみよう。鍋屋町式では結節浮線文による渦巻と同じ図形が結節沈線文でも描かれるが，このとき渦巻の余白部分を削りとることによって，結節沈線文で描かれた図形が結節浮線文によるものと同じ効果を出すように工夫されているものがある。この意図は鍋屋町式では非常に明瞭であるが，第2の段階では削りとりの手法が本来の意味から離れたような仕方で用いられている。しかし，この段階でも図形の余白部分を削りとることに変りはない。ところが，第3の時期になると削りとる部分をあらかじめ雲形，三角形などに区画しておいてからその中を削りとるようになる。この段階ではそれまでとは逆に削りとる部分がひとつの図形として認識されるようになってしまっている。削りとりの手法は以後，五領ヶ台Ⅰ式，Ⅱ式へと続き，五領ヶ台Ⅱ式以後にも残る。

最後に集合平行線文土器の系統であるが，第1の時期では諸磯c式に多い図形がよく用いられる。第2の時期の状況はよく解らないが，集合平行線文の土器が量的に減るようにもみえる。結節浮線文——→結節沈線文——→集合平行線文とおきかえられて別の集合平行線文の系統が生じてくるようで，これが第1の系統に合流するため，以後，ひとつの横帯内の文様が複雑になる傾向があるらしい。五領ヶ台Ⅰ式ではひとつの横帯内の図案はしだいに単純化し，五領ヶ台Ⅱ式では太めの半截竹管を用いて浅く平行線を引くようになる。集合平行線の上にソウメン状浮線文を重ねることが流行するのは第3から第4の時期であろう。口縁部が爪形文を有する断面円形の太い粘土紐を貼りつけたような形になるのは五領ヶ台式の頃から現れる傾向らしい。この集合平行線文土器の系統は一番わかりにくい系統である。それは何といっても小片になってしまうとどれも同じようにみえてしまうことが最大の原因である。

以上，諸磯c式以降，五領ヶ台式に至る土器の変遷の概略を述べてみた。[1]この時期は何といっても資料の絶対量が乏しく，確実な型式細分ができる状況ではない。上記の概観の中で細分型式

名を用いず，代りに第1の時期，第2の時期という言葉を用いたのは，それぞれの時期としたものの内容があまりに不完全であって，まだ型式として固定させるには問題が多いからにほかならない。今後，資料の増加を待って，より確実な根拠のうえに前期末の編年を考えていきたい。なお，これは蛇足になるかもしれないが，上に述べた第1～第4の時期を含めて広義の十三菩提式とするのがよいのではないかと思っている。細かく分けられた型式に独立した型式名を与えることは編年を不必要に繁雑にするからである。

地方色の問題については何も述べなかったが，地方色をはっきりとらえるためには，一時期に属する資料があまりに乏しく，かたよっている。不十分な資料から判断すると，前期末という時期は地域差の少ない時期であったようにみえる。

最後に要点をまとめると，登計原の前期末の土器は従来の十三菩提式よりやや先行する資料で，十三菩提式の初期の段階に属するとするのがよい。これは新潟の鍋屋町式にほぼ対応する時期に属するが，今後，関東においてもっと鍋屋町式に近似する資料が発見されるのではないかと予想している。この時期からさらに3段階ほどの型式変遷を経てスムーズに五領ヶ台式に移行する。従来，十三菩提式は非常に資料の乏しい型式とされていたが，それはけしてこの型式が短い期間しか続かなかったとかこれ以上細分できないということを意味しない。遺跡や遺物が常に一定量で残されたと考える必要は少しもないであろう。不安定な縄文時代の生活では何らかの理由で，一地域の集落や人口が激減するようなこともあったのではないだろうか。大事なのは遺物に即して編年を考え，その精密化を図ることであって，既成の編年に遺物を割りふるだけでは先史考古学の進歩は望めないであろう。

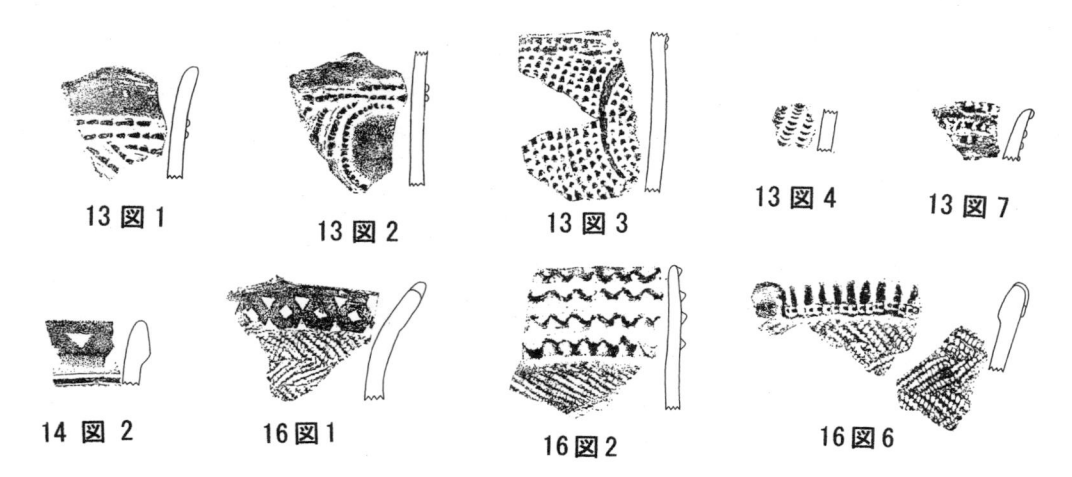

13 図 1　　13 図 2　　13 図 3　　13 図 4　　13 図 7

14 図 2　　16 図 1　　16 図 2　　16 図 6

第1図　本章は東京都奥多摩町登計原遺跡発掘報告書の考察部分であり，本来挿図はなかったが，本文で指示した土器のみ余白を利用して図示する。（1/4）

⑴　この編年観は籠畑遺跡における武藤雄六氏の編年，鍋屋町遺跡における寺村光晴氏の鍋屋町式の位置づけと矛盾するところが大きい。この問題については別の機会に述べてみたい。

3C章　東関東前期末の編年

　本書は東北・関東・北陸・中部高地の前期末と中期初頭をカバーする方針でまとめられている。これまでに自分が発表した論文で扱った地域と年代を並べてみたときに，大きな穴として残っているのが，東関東の前期末で，東関東と東北地方の中期初頭も「五領ヶ台式土器の編年」（本書3D章）で簡単にふれただけであった。これらはもともと資料が少なく論じにくい部分であったが，近年相当に資料が充実してきたので，現在の段階での整理を行うことにする。対象地域がずれるので，東関東の前期末を本章で扱い，東関東と東北地方の中期初頭を5F章で扱う。

　本章はただ穴の部分を埋めるために書かれるのではない。4A章，5C章に収録した中部高地・西関東の前期末の編年細分に対比するために，東関東の変化を検討しなおす必要が生じたことに加え，東関東独自の土器，西関東系統の土器の存在，東北地方系統の土器の存在を重ねあわせて理解することが，人間集団の動きの理解に不可欠な準備になるからで，その人間の移動の問題は第Ⅵ部で扱う。

1．東関東前期末の概況

　東関東の前期末については現在でもまとまった資料に欠けるが，零細な資料でも数の増加によってかなり様相がかなり明らかになってきた。東関東ではそれまで浮島式と興津式の諸段階が千葉県・茨城県を中心に独自の分布を見せたが，その分布を受け継ぐ粟島台式と下小野系の粗製土器が量的に主体をなし，周辺の系統の土器が従の比率で伴うのが，この地域の前期末の基本的なありかたになる。在地の粗製土器には型式としての特徴が乏しく細かい時期比定が困難なので，当面はこれに伴う異系統土器で時期判定を行う必要がある。変遷の概略は以下のようである。

　(1)東関東では諸磯c式古段階に並行して興津Ⅱ式（西村正衛1980a）という磨消貝殻文を特徴とする土器が分布し，これに群馬方面からの搬入品とみられる諸磯c式古段階～新段階D期（本書5B章）の土器が少量，しかしかなり一般的にともなう。これに加えて和田哲氏による「未命名型式a類」（和田哲1973）または安藤文一氏による「粟島台式Ⅰ式」（安藤文一1977）と呼ばれる口唇上の縄文・口縁部の撚糸圧痕・羽状縄文・口唇上のジグザグ貼付文等を特徴とする土器も少量伴う。一つの地域の一つの時期に2つの型式名を並べるのは不適当なので，「粟島台Ⅰ式」は型式名としては用いない。これに名前をつけるとしたら「先粟島台系」がよいだろうか。

　(2)次に東関東の主体は口唇上に縄文やジグザグ貼付文のない粟島台式（安藤氏の粟島台Ⅱ式）に変わり，これに客体として諸磯c式新段階の土器が少量ともなうことがある。この時期の東関東は，関東地方の他の地域と同様に零細遺跡の散在に変わる。芳賀英一氏が指摘するように，「粟島台Ⅰ式」は実は東北地方の大木5a式の一部をなすものであった。それから変化した「粟島台

Ⅱ式」の東関東における主体的な位置の獲得は，この東関東の遺跡群の衰退と関連するのであろうか。(1)から(2)への変化の時期については，以下で詳しく検討するが，私の結論は諸磯 c 式の古段階から新段階への交代期に相当するということである。それまで安定していた群馬県の諸磯 c 式期集落が壊滅的状況に陥る時期と一致する。

(3)粟島台式（粟島台Ⅱ式）には次の十三菩提式古段階の土器（第 1 図）も伴う。その量は少ないが，粟島台式自体が少ないだけに，遺跡によっては比率が数割に達する場合もある。房総半島は十三菩提式期を通じて南西関東と同じく十三菩提式の分布地域であって，粟島台式は少ない。十三菩提式古段階には大木 6 系土器の伴出は少ない。

(4)もともと粗製の傾向にあった粟島台Ⅱ式は，下小野式と呼ばれる縄文や無文の粗製土器に変わる。これに十三菩提式中段階の土器が伴う。大木 6 系土器の量は依然として少なく，基本は主たる下小野系と従としての十三菩提系である。

(5)十三菩提式新段階には大木 6 系統（第 3 図）の伴出が増加する。栃木県北部の鹿島脇では精製土器のすべてが大木 6 系統であるが，千葉県では十三菩提系の後継者である踊場系（第 2 図）の量を超えることはない。

(6)次の中期初頭には大木 6 系の五領ヶ台Ⅰa式と下小野系粗製土器の組合せが東関東の土器の基本的なありかたになるが，近年増加した資料を見ると踊場系の量も相当に維持されているようである。この時期に大木 6 系と下小野系が東京湾を越えた横浜周辺に広がる。

以上のように，東関東の前期末は遺跡群の衰退と，土着の粗製土器の形成を基調に推移し，これに十三菩提系が相当量伴い，大木 6 系の南下が時間を追って強まるという経過をたどった。続いて上の段階設定に従いながらとくに問題のある部分を中心に検討を行う。

2．興津Ⅱ式（諸磯 c 式古段階並行）

興津式が 2 細分される可能性については和田哲氏が指摘し（和田哲1973），後に西村正衛氏によって興津Ⅰ式とⅡ式と命名された。興津Ⅱ式は磨消し貝殻文を特徴とし，千葉県の北部から茨城県を中心に，浮島式の分布圏を踏襲して分布する。房総半島に興津式が少ないのは，そこが東京湾を隔てた三浦半島の延長といった地理的位置になるためと思われる。木更津市野洞（君津郡市文化財センター2005）では諸磯 c 式古段階を伴う住居址が発掘されているが，全体的にほとんど零細な遺跡しか知られていない。

興津Ⅱ式に諸磯 c 式古段階が伴う例は，学史的な茨城県美浦村興津貝塚（西村正衛1968），同取手町向山貝塚（西村正衛1967），千葉県市川市国分旧東練兵場（西村正衛1961）をはじめとして，群馬県広面 J 4 住居（富士見村教育委員会1992）　同県今井見切塚36号住居（群馬県埋蔵文化財調査事業団2005）など，千葉・埼玉・群馬にわたって相当数見られ，その並行関係に疑問の余地はない。興津Ⅱ式に伴う諸磯 c 式はほとんどが群馬県方面のものである。この時期には群馬県に多くの集落が営まれ，住居址の発見も多い。そこからの搬入品が多いのであろう。興津Ⅱ式も群馬県の諸磯 c 式古段階も量が多い土器であることが，伴出の機会を増やしているのであろう。

3．粟島台式（諸磯 c 式新段階～十三菩提式古段階並行）

　はじめに編年の軸になる諸磯 c 式の細分について論じなければならない。

　5 B 章で述べるように，私は群馬の系統は，中部高地の新段階初めに並行する群馬 D 期を最後にして追跡が困難になり，以後中部高地方面から進出した諸磯 c 式新段階の土器を主体とする零細な遺跡が分布する状況になると認識している。ところが最近松田光太郎氏は私の説を批判し，諸磯 c 新段階内での細分を認めず，新段階全体を合わせて群馬 D 期並行とみなし，群馬では諸磯 c 式終末まで群馬 D 期が続いたとする[1]。

　松田氏は私が新段階 1 期から 2 期に縦方向結節浮線文→渦巻きの結節浮線文に交代したと言っているのは誤りだという。しかし私は氏が批判する論文 (今村2000) の中で 1 節を立てて，古段階から存在する渦巻文が縦方向の結節浮線文土器と共存しながら変化し続けたことを論じているので，この批判の意味は理解できない。群馬県六万遺跡の土器や埼玉県わらび沢遺跡の土器の特徴は，私自身が注意し指摘してきたものであり，その上での編年であったのだから，松田氏が再度指摘したからといって私の考えが変わるようなことはない[2]。

　より大きな問題は松田氏が群馬の D 期も中部高地系新段階の諸段階もひっくるめて 1 段階とみなすことにより，群馬 D 期以後に中部高地系諸磯 c 式が零細遺跡として展開するようなことはなかったと意図するらしいことである。前橋市芳賀北曲輪 (前橋市埋蔵文化財発掘調査団1990) は大量の群馬 D 期資料を出した遺跡であるが，中部高地系土器はない。これに対し同じ前橋市内の上野国分寺遺跡 (群馬県教育委員会1986) は確かに小資料であるが後者が主体的である。藤岡市神保植松遺跡 (群馬県埋蔵文化財調査事業団1997a) は新段階の土器をもっとも多く出した遺跡であるが，群馬 D 期より中部高地系のほうが多い。群馬の新段階の遺跡はこのような組成のものが多いことを先の論文でも列挙している。さらに中部高地から離れる栃木県では，諸磯 c 式を出した遺跡は少ないが，報告されているものの多くが中部高地系を主とする零細遺跡である (佐野市エグロ遺跡1421号住居 (とちぎ生涯学習文化財団2001a)，佐野市黒袴台 (とちぎ生涯学習文化財団2001b)，鹿沼市飯岡北 (栃木県文化振興事業団1994) など)。次の十三菩提式古段階に北関東に分布し，東関東で粟島台式に伴うのも中部高地系の土器であることを見落としてはならない。

　松田氏は群馬で出る結節浮線文の土器は中部高地からの搬入品で，それを受け入れた遺跡と受け入れなかった遺跡があったのではないかという。そのような思いつきで説明できる分布状態と各遺跡の組成であろうか。

　衰退期には零細な遺跡だけしか存在しなくなるから，その時期の認定には零細遺跡の存在に対する特別な注意が要求される。発掘報告書で，「その他の時期の資料」として片付けられているようなわずかな資料を丹念に集めていかないと，この時期における零細遺跡の広範な存在自体を見落としてしまうことになるし，この時期の人間集団に何が起こったのかも認識できない。

---

[1]　松田光太郎2008「諸磯・浮島式土器の変遷と型式間の影響関係」『神奈川考古』44号
[2]　今村啓爾2000の註20に続く部分（本書 5 B 章238頁），今村啓爾2001の註16（本書 5 C 章註 8 ）。

南西関東では諸磯c式古段階から遺跡と土器が激減していたが，北関東でも諸磯c式群馬D期の次に同じ状況になり，十三菩提式期，五領ヶ台Ⅰ式期に続いた。北関東で衰退が起こったのは，諸磯c式の後ではなく，途中であったのである。

東関東に眼を移すと，(1)で論じた興津Ⅱ式の後に，かつて和田哲氏によって「未命名型式」とされ (和田哲1973)，安藤文一氏によって「粟島台式」と命名された (安藤文一1977) 型式が来る。正確に言うと興津Ⅱ式の中にすでに和田氏の「未命名型式のa」（口唇に縄文を有する）すなわち安藤氏の「粟島台Ⅰ式」（第4図）が少量伴い，次に和田氏の「未命名型式のb」（口唇に縄文を有さない）すなわち安藤氏の「粟島台Ⅱ式」（第5図）が来る。同一地域の同時期に2つの型式名を置くわけにはいかないので，興津Ⅱ式に伴う「粟島台Ⅰ式」は型式名でなく，「先粟島台系」とすることを上で提案した。「粟島台Ⅱ式」のほうをただの「粟島台式」と呼ぶことになる。

東関東でも粟島台式から土器の量が減少し，まとまって出土した例は知られていないようである。このような粟島台式が興津Ⅱ式と共出しない例は多く，十三菩提式古段階と粟島台式の並行関係を示す例，すなわち十三菩提式古段階と粟島台式があって前後の型式がない例も一定数あり（佐倉市栗野，佐原市東野，四街道市上野，柏市聖人塚 (各，千葉県文化財センター1991b，千葉県文化財センター1988，印旛郡市文化財センター1993，千葉県文化財センター1986) ―聖人塚には諸磯c式古段階と興津式もある），両者の並行関係が分かる。

問題は興津Ⅱ式，粟島台式と諸磯c式新段階との関係である。諸磯c式新段階がある程度の量あって，前後の型式がない場合を探し，そこにどのような東関東系の土器があるかを見るのが単純で最善の方法であるが，そもそも諸磯c式新段階や粟島台式は出土量が少なく，分布もずれているので，その関係が見られる機会は少ない。内房地域は三浦半島から続く諸磯c式の分布があ

第1表　諸磯c式新段階の土器がややまとまってあり，前後の型式の出なかった千葉県内の遺跡

地域	遺跡名	興津式	粟島台式	備考
内房以外	白井町神々廻宮前(4)	×	○	c（古）が少し混じる
	四街道市和良比(5)	×	○	c（古）が少し混じる
	四街道市中山(6)	×	×	
	千葉市鎌取場台(7)	×	○	
	千葉市高津辺田(8)	○	×	
	千葉市房地(9)	○	○	
内房	市原市北旭台(10)			
	市原市大厩辰巳ヶ原(11)	×	×	
	袖ヶ浦市新開2(12)	×	×	
	袖ヶ浦市豆作台(13)	○	×	c（古）が少し混じる
	木更津市玉の谷(14)	×	×	

(4)印旛郡市文化財センター1988，(5)印旛郡市文化財センター1991，(6)印旛郡市文化財センター1987a，(7)千葉市教育振興財団2007，(8)千葉市教育委員会1991，(9)千葉市文化財調査協会1987a，(10)市原市文化財センター1990，(11)市原市文化財センター1999，(12)千葉県文化財センター2004b，(13)君津郡市文化財センター1999，(14)君津郡市文化財センター2004

(3)　2つの型式が一緒にでたという単純な事実をこのように呼ぶ。同時性などに基づく「伴出」はその一部である。

るが，c式新段階だけが存在する例は少なく，しかも東関東系の土器はともなわないのが普通である（第1表下段）。内房以外の千葉県で，諸磯c式新段階がある程度の量（といっても数片であるが）あるが，前後の型式の存在しない例を探して表の上段に示した。それらの遺跡に存在した東関東系土器を見ると，粟島台式が興津Ⅱ式をしのいでいる。千葉県では興津Ⅱ式が普遍的な存在であるため，時期が違っていても同じ遺跡に残される可能性がある。それを考慮すると，諸磯c式新段階に並行する型式は粟島台式の可能性が高いことになる。埼玉県庄和町愛宕1号住居（庄和町遺跡調査会1997）では諸磯c式新段階と粟島台式があって興津式はない。千葉県八千代市芝山遺跡（千葉県文化財センター1989d）は粟島台式が一番多く出ている遺跡と思われるが，諸磯c式の小片が少しあるものの，興津式はない。

諸磯c式新段階に興津系の土器が残って粟島台式と共存する可能性も考慮すべきであるが，今はそのように微妙な問題が検討できる資料状況にはない。

同じ並行関係は福島県でも認められる。会津高田町兜宮西遺跡（会津高田町教育委員会1984）において豊富な大木5a式（宮城県方面とは異なる地方的な型式をなし，いわゆる粟島台Ⅰ式を含む）に興津Ⅱ式，諸磯c式古段階の土器がともなったが，大木5b式はごくわずかしか存在せず，諸磯c式新段階はみられなかった。＜大木5a＋興津Ⅱ＋諸磯c（古）＞の共伴が確実である。同町下谷ヶ地平B・C遺跡（福島県教育委員会1986）でも同じ組合せが見られる。

最近同じ会津高田町（合併により会津美里町となった）の油田遺跡（会津美里町教育委員会2007b）発掘資料が報告されたが，大木5a式，大木5b式，粟島台式（第5図1～5）がそれぞれある程度まとまって存在し，興津Ⅱ式と諸磯c式（古）は検出されなかった。兜宮西と比較し＜大木5b＋粟島台＞の関係が認められる。次に来る大木6式の初頭と十三菩提式の初頭が一致することは確かなので，会津での伴出関係が，＜大木5a＋興津＋諸磯c（古）＞→＜大木5b＋粟島台＞であることが確認されたことになる。

福島県全体で比較的多い諸磯c（古）の出土例と比較すると，諸磯c（新）の出土例は極めて少ない。福島県天栄村桑名邸遺跡（福島県文化財センター1980）で諸磯c（新）と大木5b式が一緒に出ているのがたぶん唯一の例であろう。福島県では大木5b式期の遺跡があまり発見されていない上に，千葉県や茨城県で粟島台式に諸磯c（新）が伴うことがあまりないのだから，当然のことといえる。

全体の時間的関係としては＜大木5a：興津Ⅱ：諸磯c（古）＞→＜大木5b：粟島台：諸磯c（新）＞と整理される。このように福島県における大木5式の2分を仲介にして，粟島台式と諸磯c式新段階の並行関係が再確認され，同時に福島県に対する諸磯c式の進出力が新段階には減退することが分かった。その背景には北関東における諸磯c式期遺跡群の衰退があったと考えられる。

なお兜宮西遺跡など福島の大木5a式には粟島台Ⅰ式が「伴う」が，芳賀英一氏が指摘するように（芳賀英一1985）「粟島台Ⅰ式」は福島の地域色をもつ大木5a式のうち羽状縄文や撚糸圧痕が施されたものであって，5a式の一部とみなすべきものであり，それが東関東に進出したものを関東側が勝手に「粟島台Ⅰ式」と呼んだのである。和田哲氏は興津Ⅱ式の上層から「未命名型式

の a」(先粟島台系) が出土した例を指摘して時期差と考えているが，私は東関東側の衰退に伴って福島側から大木5a式の進出が強まるという，一つの型式の時間幅内で進行した出来事の結果ではないかと推定する。興津Ⅱ式と，「未命名型式の a」を含む大木5a式の同時性は，福島県の諸遺跡で十分に保障されているし，興津Ⅱ式に羽状縄文が施された土器 (第4図6) は，興津Ⅱ式と「未命名型式の a」の同時存在を示し，「未命名型式の a」に付けられたジグザグ浮線は，それが大木5a式と同時であることを示す。

以上の並行関係は，粟島台式・諸磯c式新段階に，東関東の主体的土器系統が興津Ⅱ式から大木5式系の縄文多用土器と交代することを意味する。群馬・栃木における系統の交代と同じようなことが起こったらしい。

なお，余談であるが，西村正衛氏は最後まで興津式を十三菩提式並行と考えていたようであるが，和田哲氏は早くも1973年に興津式と十三菩提式の並行関係を否定する卓見を示していた[15]。千葉県では今でも興津Ⅱ式を前期終末において十三菩提式並行とする見解が通用しているらしい[16]。

4．下小野系粗製土器 (十三菩提式中段階～新段階並行)

粟島台式の，口縁に平行する撚糸圧痕をほとんど失い，折り返し口縁や結節の回転文を特徴とする粗製の土器や，これに伴う無文の土器を下小野系粗製土器と呼びたい。粟島台式がこれに変わるのは，横須賀市室ノ木遺跡や茨城県常陸伏見遺跡での共出関係からみて，十三菩提式中段階からといえる。ただ新段階単純の栃木県鹿島脇で下小野系とともに口縁に水平の撚糸圧痕が施された土器が出ているように，撚糸圧痕自体は十三菩提式並行期から五領ヶ台Ⅰ式並行期にも残ったとみられる。東関東の前期末はこのように粗製の傾向の強い粟島台式・下小野式に中部高地・西関東系の十三菩提式や東北地方の大木6式が伴うのであり，遺跡の時期の判別はこのような異系統土器を以て行なわなければならない。東関東で出た異系統土器の集成はできるが，下小野系粗製土器で細分編年を組むことは困難で，現在のところ，縄文前期の下小野系と中期の下小野系を区分することもできない状況である。東関東の遺跡では下小野系粗製土器が十三菩提系や大木6系土器の数倍ほどの量が出るのが普通である。それを考慮したとしてもこの時期の土器の絶対量はきわめて少ない。住居址の発見例も無いようである。興津Ⅱ式を前期最終末まで下げる編年の存在は，衰退の激しさゆえに，東関東にこのような時期が存在したことすら一般には認識されていないことを物語る。

なお，これに続く中期初頭は5F章で扱うこととする。

---

(15) 西村1984a の東練兵場の章
(16) 千葉県史料研究財団2000などの編年表

土器資料を引用した文献（本文註にあげたものは除く）

茨城県土浦市原田北	茨城県教育財団1993b，茨城県教育財団1994
茨城県土浦市壱杯清水西	土浦市遺跡調査会1997
茨城県牛久市中久喜	茨城県教育財団1993c
茨城県美浦村虚空蔵	大川清ほか1978
茨城県友部町石山神	茨城県教育財団1990
茨城県友部町東平	茨城県教育財団1999
茨城県常陸伏見	小野真一ほか1979
茨城県茨城町大畑	茨城県教育財団1998
栃木県佐野市越名河岸跡	栃木県文化振興事業団1996
栃木県那須町鹿島脇	栃木県文化振興事業団1988
栃木県鹿沼市鹿沼流通団地	栃木県教育委員会1991
千葉県千葉市緑区文六第2	千葉市文化財調査協会1993
千葉県千葉市子和清水	千葉市文化財調査協会1987b
千葉県船橋市下郷後	船橋市教育委員会1983
千葉県船橋市法蓮寺山	千葉県都市公社1973a
千葉県市川市東山王	市川市教育委員会2000
千葉県市原市台	未報告資料
千葉県成田市十余三稲荷峰	千葉県教育振興財団2006
千葉県成田市椎ノ木	印旛郡市文化財センター1987b
千葉県鎌ヶ谷市五本松	千葉県文化財センター1989c
千葉県木更津市西谷	印旛郡市文化財センター2000
千葉県東金市鹿穴	千葉県文化財センター1998c
千葉県東金市大谷台	千葉県文化財センター1998b
千葉県我孫子市西野場	我孫子市教育委員会1990
千葉県銚子市県粟島台	（千葉県）銚子市教育委員会2000
千葉県袖ヶ浦市西萩原	君津郡市文化財センター1987
千葉県袖ヶ浦町東郷台	君津郡市文化財センター1986
千葉県四街道市笹目沢Ⅱ	印旛郡市文化財センター2007
千葉県印西町泉北側第2	千葉県文化財センター1991a

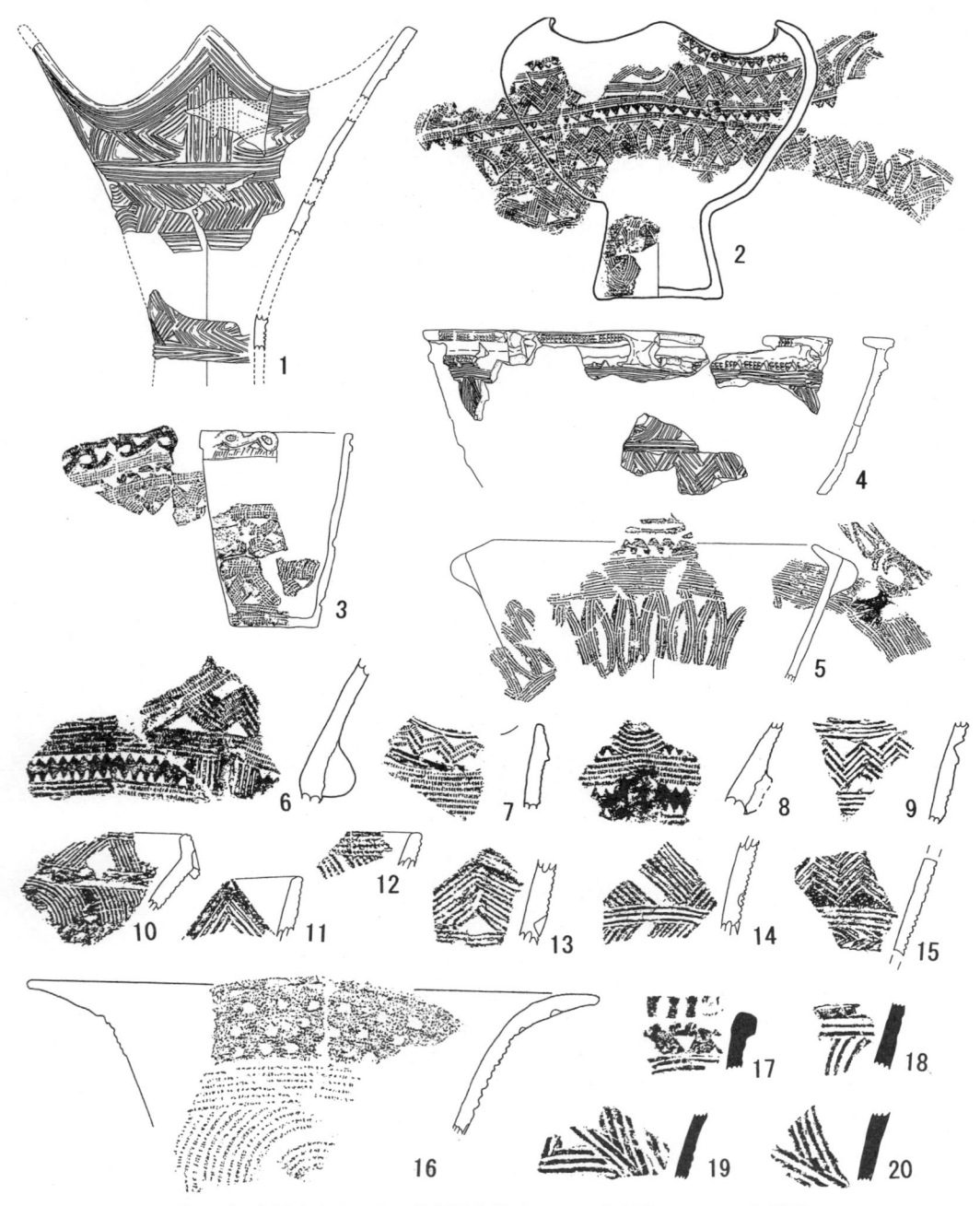

64　第Ⅲ部　地域と年代で分ける基本的編年

第1図　東関東出土の十三菩提系土器（1-15：古段階，16-20：中段階）
1：千葉県五本松，2：同県文六第2，3：同県上野，4：同県西谷，5：栃木県鹿沼流通団地，
6-9：茨城県東平，10-15：栃木県越名河岸跡，16：千葉県十余三稲荷峰，
17-20：茨城県常陸伏見　（1-5：1/6，6-20：1/4）

3C章　東関東前期末の編年　65

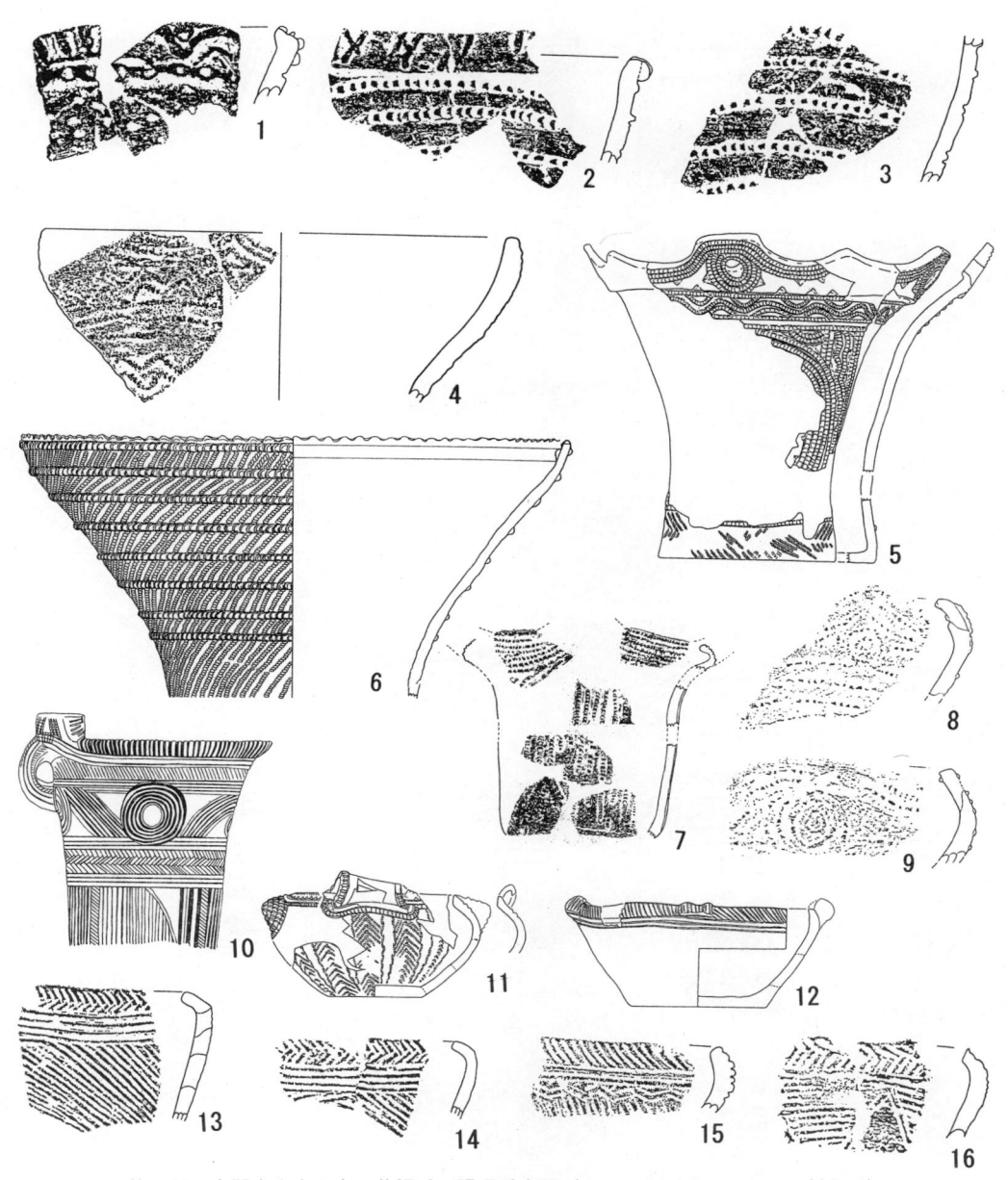

第2図　東関東出土の十三菩提系・踊場系土器（1-9：中段階，10-16：新段階）
1-3：茨城県壱杯清水西，4：同県大畑，5：同県東山王，6：千葉県東郷台，7：千葉県小和清水，
8，9：同県和良比，10：茨城県虚空蔵，11，12：同県鹿穴，13，14：同県椎ノ木，15：同県西野場，
16：茨城県中久喜（5-7，10-12：1/6，1-4，8，9，13-16：1/4）

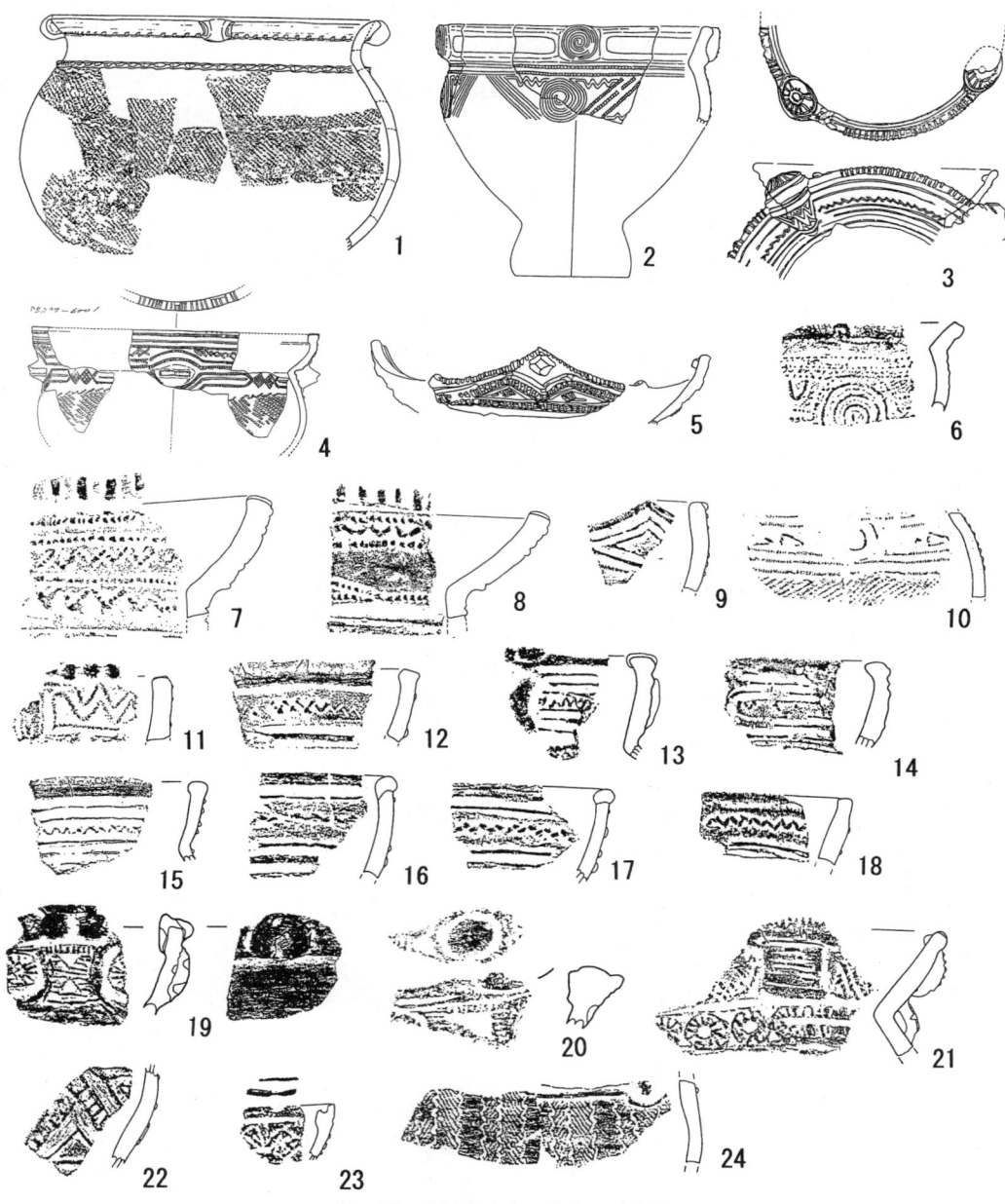

66　第Ⅲ部　地域と年代で分ける基本的編年

第3図　東関東出土の大木6系土器
1：千葉県大谷台，2：同県粟島台，3：同県泉北側，4：同県台，5：同県豆作台，6：茨城県中久喜，7，8：千葉県法蓮寺山，9，10：同県西萩原，11，12：同県下郷後，13，14：同県椎ノ木，15：茨城県石山神，16-18：栃木県鹿島脇，19，20：茨城県原田北，21：千葉県笹目沢，22-24：栃木県鹿島脇（1-5：1/6，6-24：1/4）

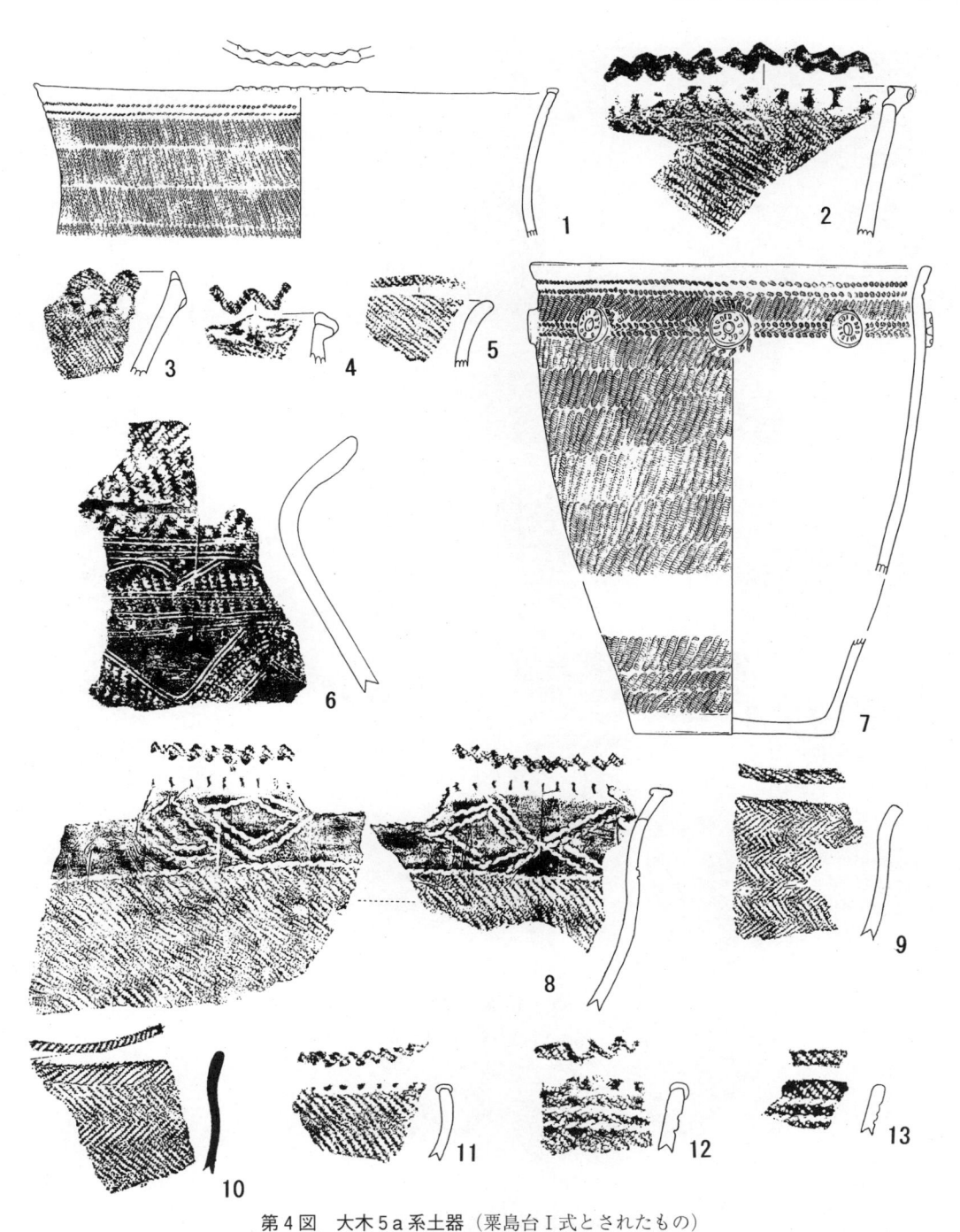

第4図　大木5a系土器（粟島台Ⅰ式とされたもの）

1-5，7：福島県冑宮西，6：千葉県旧東練兵所貝塚，8-11：茨城県興津貝塚，12，13：茨城県向山，
（1，7：1/6，それ以外1/4）

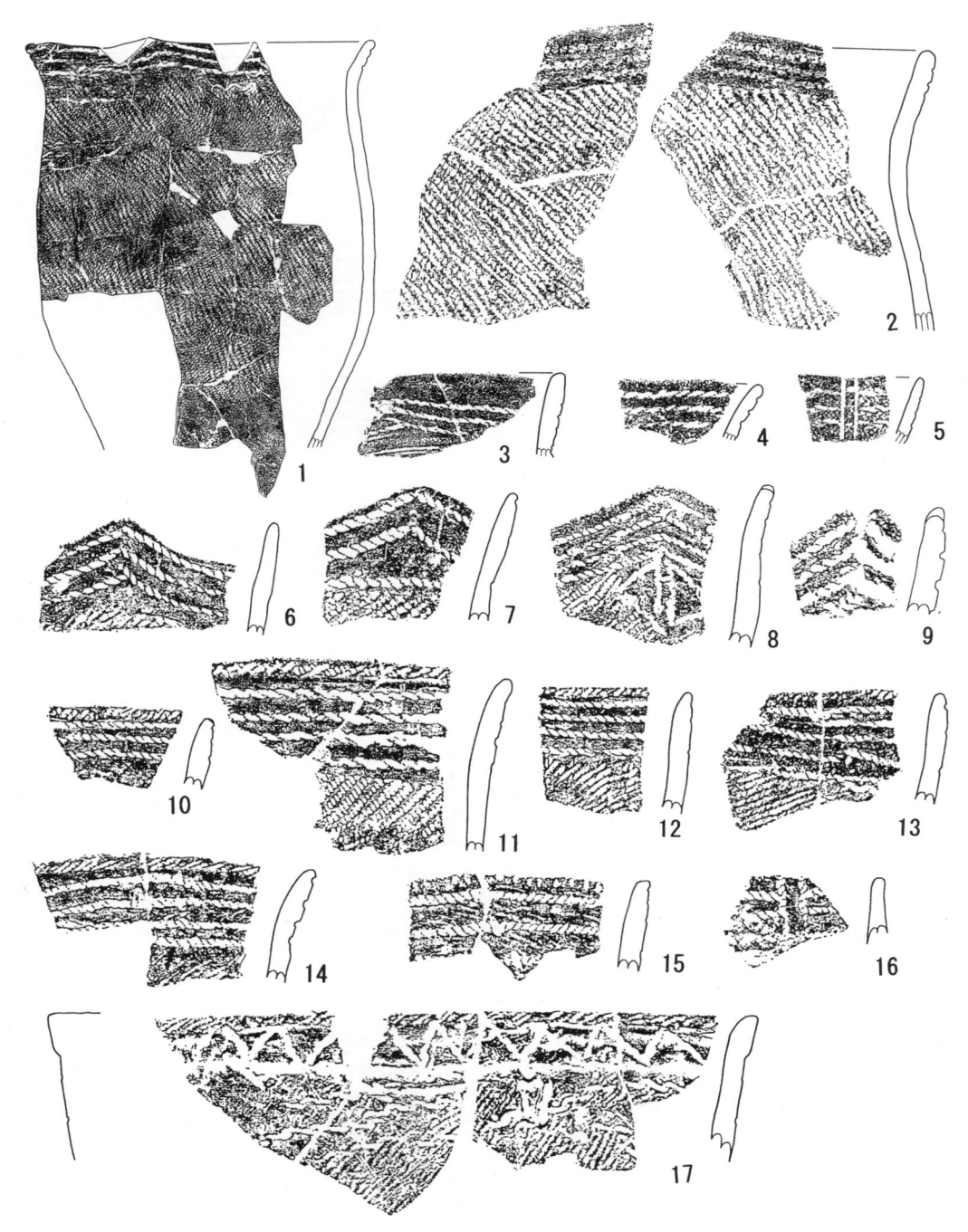

68　第Ⅲ部　地域と年代で分ける基本的編年

第5図　粟島台式（粟島台Ⅱ式とされたもの）
1-5：福島県油田，6-17：千葉県芝山，（1：1/6, 2-17：1/4）

3D章　五領ヶ台式土器の編年
――その細分および東北地方との関係を中心に――

　五領ヶ台式土器は，八幡一郎，三森定男両氏の発掘資料にもとづき，1936年に山内清男氏によって設定された（山内清男1936・1937）型式である。両氏発掘資料は現在東京大学総合資料館（現在の総合研究博物館），人類・先史部門に保管されているが，印刷物として公表されたことがないため，1941年に江坂輝弥氏が発掘された資料（江坂輝弥1949）が基準資料として扱われてきた。八幡，三森両氏資料は，筆者がここに細分するところのⅡb式を主とし，Ⅱa式および少数のⅠa，Ⅰb，踊場，狢沢の各型式を含むものである。江坂氏資料には，両氏資料にはみられないⅡc式も含まれている。
（新註1）
　1950年には，江森，岡田，篠遠の三氏が千葉県香取郡下小野貝塚で「下小野式」を検出し，五領ヶ台式に先行する位置を与えた（江森正義・岡田茂弘・篠遠喜彦1950）が，次いで1950～1953年にわたって同県同郡白井雷貝塚を調査した西村正衛氏は，「下小野式」をともなう東関東的地域色を有する五領ヶ台式を検出するとともに，その型式が一連の変遷を経て阿玉台式になることを，型式，層位の両面から示した。

　筆者が縄文中期初頭の土器に接したのは，1962年，横浜市港北区中駒（今村啓爾・松村恵司1971）の宅地造成地でこの時期の遺物を採集したのが最初であった。この遺跡の土器が長野県の梨久保式や踊場式によく似ているが，関東地方の編年の中にはぴったり該当する型式が無いことを不審に思った。

　1968年には，吉田格，榊原松司両先生の指導のもとに武蔵野美術大学の有志によって行なわれた横浜市港北区宮の原貝塚の発掘調査に偶然参加する機会をもった。調査の進展とともに，加曽利E式，勝坂式を包含する第1貝層の下から第2の貝層が顔を出しはじめたが，この貝層中に含まれていた数個の土器片を吉田先生にお見せしたところ，「十三菩提式と五領ヶ台式の中間型式だろう。宮の原式と呼んでもよいだろう。」とこともなげに言われたことを今でもはっきりと覚えている。これが，両先生の指導のもとに1972年に発表した報告書（吉田格・今村啓爾ほか1972）の

（新註1）　1989年に福田依子氏によって1965年の日野一郎・岡本勇氏らによる出土資料と合わせて報告された。2回の発掘分が混ぜて分類されているため判別しにくい。なお八幡・三森が発掘したのは東貝塚で，日野・岡本が発掘したのは西貝塚である。

(1)　型式名について「宮の原式」とすべきか，五領ヶ台式の古い部分とみて，五領ヶ台式の細分という方向で処理すべきか迷ったが，この種の土器を五領ヶ台式として報告している例があることを重視し，後者の立場をとった。その後東京大学総合資料館人類学先史学部門において五領ヶ台式設定の基準となった八幡一郎，三森定男両氏発掘の資料を実見する機会を得たが，それは今回Ⅱb式として分類したものを主とし，約20片のⅡa式，約10片のⅠb式，1～2片のⅠa式を含むものであった。当初の五領ヶ台式が主にⅡ式をさしていたことは明らかであるが，Ⅰ式も少数ではあるが当初の資料に含まれていることから五領ヶ台式に含めてよいであろう。なお，上記資料は八幡氏の許可を得て整理を行ない，完了しているので，適当な機会に発表するつもりである。

第1表　編年表

	西関東	東関東	東北地方中部
前期	十三菩提1 十三菩提2 （十三菩提3） 十三菩提4	｝（＋）	大木6（古） 大木6（中） 大木6（新）
中期	五領ケ台Ⅰa 五領ケ台Ⅰb 五領ケ台Ⅱa 五領ケ台Ⅱb 五領ケ台Ⅱc 大石　＼　神谷原 狢沢（古） 狢沢（中～新）	五領ケ台Ⅰa （五領ケ台Ⅰb） （東関東の五領ケ台Ⅱa） 東関東の五領ケ台Ⅱb 東関東の五領ケ台Ⅱc 竹ノ下 阿玉台Ⅰa 阿玉台Ⅰb	｝糠塚 長根貝塚6～7層 ｝大木7a ｝大木7b

中で「五領ヶ台Ⅰ式」とした土器である。従来の五領ヶ台式をⅡ式とし，Ⅰ式とⅡ式の中間的様相の土器についても指摘しているので，3段階区分といってもよい。また，この貝塚の五領ヶ台Ⅱ式は東関東のものが主体になっていることを指摘した。

ところがその報告書を執筆したすぐ後に，やはり吉田格，榊原松司両先生の指導される横浜市緑区霧ヶ丘遺跡の発掘に参加し，その第2地区で十三菩提式最末期に位置するとみられる類例の少ない土器を検出するところとなった。そして，この土器の浮線文が沈線文におきかえられたものが五領ヶ台式最古のものであると予想されたが（今村啓爾1974，本書3B章），ほどなく港北ニュータウンの池辺第4遺跡においてそのような土器だけがまとまって出土する事例が報告され（横浜市埋蔵文化財調査委員会1974b），五領ヶ台式最古の部分が確定した。これをつけ加えることによって五領ヶ台式は4段階の変遷を有することになった（Ⅰa式，Ⅰb式，Ⅱa式，Ⅱb式）。

これについては簡単な発表（今村啓爾1978）をしたことがあるにすぎない。1974年に十三菩提式の変遷について考えた（今村啓爾1974）際に，宮の原の報告では位置づけを保留した集合平行線文の土器（踊場式）について，これを十三菩提式から五領ヶ台Ⅰ，Ⅱ式にかけてずっと並存し，相互に交渉をもった系統と考えた。

最近山口明氏は中期初頭の研究にとり組み，詳細な編年案を示された。同氏の1978年の編年（山口明1978）では，筆者がⅠa式とするものとⅠb式とするものの順序が逆で，踊場式は五領ヶ台Ⅰ式に先行するものとされたが，1980年の編年（山口明1980b）で訂正された。山口氏は筆者の型式概念を批判しているが，編年の実質である土器の新旧関係は筆者に従ったものとなった。

筆者の今回の編年では，上記4段階の次に第5段階をつけ加えた（Ⅱc式）。これは五領ヶ台

---

(2) 筆者がこれまで踊場式という呼びかたをひかえて集合平行線文の系統と呼んできた理由は，踊場系と五領ヶ台系が諏訪湖周辺から西関東まで全く混在して出土すること，踊場系と五領ヶ台系の折衷土器が少なからず存在し，特に本来の五領ヶ台式であるⅡb式の大部分がそのような折衷土器からなるためである。最近の中央自動車道建設予定地内での調査などで明らかになったように，伊那地方には踊場系の土器が主体的に存在し，東関東では独自の五領ヶ台式が踊場式の影響を受けずに存在すること，中期初頭の土器を理解するためには2つの系統の相関関係という視点が不可欠であり，それぞれに適当な名称を用意したほうがよいと考え，今回，踊場系，五領ヶ台系の2つの系統名を用いることにした。

式直後の土器の様相からみてその位置づけが予想される口縁部区画文の発達した土器であり，山口氏がすでに第4段階として独立させている部分に大体相当するが，口縁部区画文は五領ヶ台Ⅰ式以来ひとつの連続した文様系統として存在するものと筆者は考えており，そうした見方をしていない山口氏の編年とはおのずから違いがある。この2～3年の間の大きな成果として，長野県船霊社（青沼博之・島田哲男ほか1980），同県大石（伴信夫ほか1976），東京都神谷原（中西充ほか1982）（椚田第Ⅱ遺跡）において，五領ヶ台式と狢沢式の間に入る土器群が相次いで報告され，両型式の間にあったギャップが埋められた。これによって前期末から中期中葉への土器の変化が切れめなくたどれるようになったのである。

　小論の主題は五領ヶ台式土器の細分編年である。かつて2型式に分けたものを今回は5型式に細分し，これに後続する1型式を追加する。このような作業は細分のための細分と受けとられるかもしれないが，小論をよく読んでいただければこれが五領ヶ台式の変遷過程を理解するための必要最低限の区分であることを知られるであろう。土器型式の影響の伝播も分布圏の変化もその細分1型式内でおこっている。

　五領ヶ台式土器については，編年の手がかりとなるような層位的所見がわずかしか知られていない。従ってその編年の組立ては，主として型式学的方法によらなければならない。型式学的方法は，ときに主観の呈示にすぎないといった傾向を有することがあるが，幸にして西関東では，急増した発掘資料の中に，これから論じる五領ヶ台式各段階について，それぞれほぼ単純な資料を出土した遺跡をあげることができ，時期区分に関してかなりの客観性が保障されている。

　編年研究は，地域，地域で別個に組みあげられ，それを横につなぐことによって，縦，横に支えあう強固な体系をなすことが望ましい。しかし残念ながら，資料の不足している東関東につい

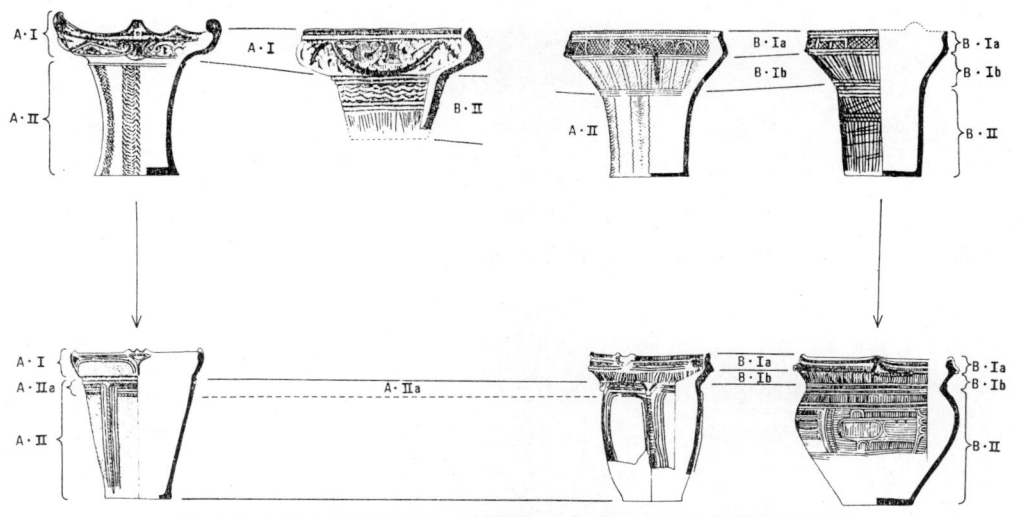

第1図　五領ケ台系（左列）と踊場系（右列）における文様帯の交換
　　　　図中のAは五領ケ台系の文様，Bは踊場系の文様を示す。
　　　　Ⅰa，Ⅰb，Ⅱa，Ⅱは文様帯の記号。上段は五領ケ台Ⅰb式段階，下段はⅡb式段階。五領ケ台Ⅱb式では踊場系と五領ケ台系の文様帯を兼備する土器が一般的である。
　　　　（今村啓爾1978で用いた概念図）

ては，西関東の編年を対照しつつそれに依存する形で整理したにすぎず，不明瞭な点を多分に残している。また，中部高地の五領ヶ台式は，西関東のそれと似すぎているために独立した編年は組み立て難い。しかし，中部高地を本拠地とする踊場式土器は，今回はとりあげないが，ほぼ五領ヶ台式各段階に対応する変遷をたどっていることが認められるし，遠く宮城県長根貝塚（伊東信雄・藤沼邦彦ほか1969）における層位的編年は，関東の細分編年とよい一致を示している。

　五領ヶ台式の成立を考えるうえで，東北地方の土器の理解は不可欠である。東北地方の編年について特に1章を立てたのはそのためである。五領ヶ台式の変遷は，長野県を中心として西関東にも強力に進出している踊場式の系統との関連なしに論ずることはできないが，小論では，五領ヶ台式を理解するうえでの必要最低限の記述にとどめた。伊勢湾周辺を中心に分布するとみられる北裏式の系統と，さらに西の近畿，中国，四国地方に分布する鷹島式の系統については今回はふれないことにする。

1. 西関東を中心とする編年

十三菩提式の後葉

　十三菩提式の変遷についてはかつて略述したことがある（今村啓爾1974）。文様の変化を中心に見て，4段階に分けることによってその変遷を理解しようと努めた。これは型式の細分というより土器の変化を説明するために大体の傾向で区分したにすぎないが，第1段階にはとけっぱら（吉田格・今村啓爾ほか1974）という単純遺跡があり，第2段階は川崎市十三菩提遺跡（甲野勇1932，樋口清之・麻生優1968・1971）がこの時期の資料を中心としており，第4段階は霧ヶ丘（今村啓爾編1973）にまとまって存在するので，それぞれ時間的区分とみてもよいのではないかと思われる。問題は第3段階としたものであり，これはいくつかの遺跡から第2段階と第4段階の間に入りそうなものをピックアップしたものであって，この段階のまとまった資料がひとつの遺跡で出土した例が知られておらず，第2段階や第4段階とはっきり時間的に区分できるという充分な根拠がない。縄文各時期の資料が急激に増加している中で，この十三菩提式後葉（以下，第3，第4段階をまとめてこう呼ぶ）の資料はほとんど増加せず，従ってこの問題の解決も今のところ困難である。

　十三菩提式第3段階とした土器は，文様帯が口縁部に圧縮され，胴部には縦の羽状縄文と結節回転文が加えられている。小さなジグザグの浮線文，内外に厚く，まるみをおびた口唇部の形態（3図1）は特徴的である。第4段階とした土器はソーメン状浮線文の発達が著しく，橋状把手も五領ヶ台Ⅰ式と同じ位置につけられたものがあり（3図9，11，12），浮線文を沈線文におきかえれば五領ヶ台Ⅰa式になるといってよいほど近似性が強まる。この時期にはすでに同図14のような沈線文による土器も存在した可能性がある。十三菩提式は器形全体がわかるものが少ないが，破片から推定すると，大木6式に共通する胴中部が球形にふくらむ土器（3図1，3，7はこの形であろう以下これを球胴形と呼ぶことにする。）が少なくないようで，これは十三菩提式

---

(3) たとえば埼玉県秩父郡吉田町わらび沢岩陰の完形土器（今村啓爾1980b）

の初頭から存在するばかりでなく，その萌芽は諸磯c式にまでさかのぼって，低い台をつけたような形の底部として認められる。

　十三菩提式第3，第4段階とした土器は，西関東，東関東に断片的な資料が点々とみつかっており，後述のように大木6式後葉の土器の一部と強い近似性を有するが，中部高地でこれと同じような土器がほとんど知られていないのは，この時期に踊場系の土器が成立してその分布圏に属したからであろう。踊場式の中にも十三菩提式の第3〜第4段階に共通する小さなジグザグの浮線文，格子状の浮線文，口唇部や隆起線に巻きつけたような浮線文を有するものがあり，時間的並行関係を知るうえでの手がかりになる。五領ヶ台Ⅰa式の母体である十三菩提式第4段階の土器が今のところ関東にしかみられないことは，五領ヶ台式の成立を考えるうえで重要である。なお，西関東の十三菩提式には条痕文，撚糸文の粗製土器が伴出することを付記しておく。

五領ヶ台Ⅰa式

　五領ヶ台Ⅰa式は十三菩提式第4段階のソーメン状浮線文を沈線文におきかえたものといってよく，器形，文様上両者は密接な関係にある。器形は4図1，2のような外反り気味の円筒形の胴部の上に内彎する口縁部がついた形，さらにこの胴部と口縁部の間に球形にふくらむ部分が入った球胴形（適例ではないが4図9）があるが，十三菩提式よりふくらみが小さくなる。口縁は平縁のほか波状口縁も多い。少数だが円筒形もある。Ⅰa式の口唇部の断面形は上が平らで，内側に凸字形に突出するものがあり（4図3）十三菩提式第4段階（3図6，7）と共通する。口唇上の渦巻形の突起（4図1，2，4）は特徴的である。

　文様は口縁部に文様帯として加えられ，胴部には縦方向に回転した縄文が加えられるのが普通である。この縄文は羽状に組まれたり，両端に結節回転文が加えられたりして文様効果を発揮する。口縁部文様帯の下にY字形，V字形などの懸垂する文様が加えられることも多い。口縁部文様帯の上と下を隆起線で画し，その隆起線を橋状把手で結ぶのが口縁部文様帯の基本的な構成で，これは一種の区画文を形成している。文様図形は渦巻，同心円，三角形，梯子形などであるが，渦巻とそれから伸びる斜線の組合せ（4図2，3など）は諸磯c（新）式以来の文様図形である。円筒形の土器は口縁部文様帯が縮小または省略された形とみてよく，口縁部文様帯が幅狭か全く省略されているが，かわりに懸垂文の部分が発達したものがある（4図7）。文様図形は比較的太い沈線で描かれ，文様図形を描いたあと短沈線を充填していることが特徴であり，これは十三菩提式第4段階の浮線による施文順序と同じで，Ⅰb式の施文順序とは逆である。三角形刻文が多用されるが，文様図形の間の余白にあてはまった形で刻まれるものの他に，沈線に沿って機械的にいくつも並べられたものもある。2列が組み合って複合鋸歯文のようになったものも

---

(4)　たとえば長野県伊那市月見松遺跡10図1（藤沢宗平ほか1968）
(5)　霧ヶ丘遺跡の報告で誤って縄文晩期とした条痕文，撚糸文土器の大部分が実は十三菩提式にともなうものとみられる。これは神奈川県室ノ木遺跡の報告（赤星直忠・塚田明治1973）によって気がつき，機会あるごとに口頭で訂正してきた。神奈川県東正院遺跡の報告（神奈川県教育委員会1972）で早期とされた条痕文土器も明らかに同時期のものである。
(6)　宮の原貝塚の報告で五領ヶ台式土器に円筒形の土器が多いことを円筒下層式の影響のひとつに数えたがこれは疑問である。（今村啓爾1972）

存在する。渦巻や同心円のまわりに三角形刻文を配したもの（4図6など）は一種の玉抱き三叉文を形成するが，この文様は五領ヶ台式全体を通じて存在し，特にⅡc式で盛行し，狢沢式には稀であるが，新道式で復活し勝坂式一般の玉抱き三叉文へ続く。

　Ⅰb式に盛行する細線文はⅠa式にも存在するらしい。横浜市中駒（今村啓爾・松村恵司1971），同市池辺第4遺跡（横浜市埋蔵文化財調査委員会1974b）で出土したⅠa式に近い時期とみられる細線文の土器（4図8，9，11，12）は細線文の部分を平行線や結節沈線文（爪形文）できちんとした文様図形の形に輪郭し，口唇部上面が平坦で内傾するという特徴がある。静岡県沼津市長井崎（関野哲夫ほか1980）の完形土器（4図10）もこれに相当するものである。

　Ⅰa式は器形，文様上明らかに十三菩提式第4段階と五領ヶ台Ⅰb式の中間に位置するが，時間的に両者と区分できることは，十三菩提式第4段階を主体とする霧ヶ丘第2地点，ほとんど五領ヶ台Ⅰa式だけの池辺第4遺跡，五領ヶ台Ⅰa式がほとんどなく(7)Ⅰb式がまとまって存在する宮の原貝塚など，同一地域（横浜市北部）に存在する遺跡の対比によって明らかである。

　この五領ヶ台Ⅰa式は中駒，池辺第4，東方第7（横浜市埋蔵文化財調査委員会1974a）など横浜市北部の遺跡で多く出土しているが，北は宮城県，岩手県，秋田県にほとんど同じものが存在することは後述する。東関東では最近，茨城県虚空蔵貝塚（大川清ほか1978）でまとまった資料が発見された。一方，中部高地や東海地方では太めの沈線を特色とする典型的なⅠa式は知られていないが，かわりに上記したⅠa式に並行する可能性の強い細線文の土器（4図10など）が多少知られている。このように五領ヶ台Ⅰa式が北とのつながりが強いことは大いに注目すべき点である。横浜市北部の遺跡で西関東を代表させることができるなら，この時期には東関東と西関東の地域差は存在しないといってもよい。「下小野式」と呼ばれる粗製の土器を大量にともなうことでも東西共通している。しかし，後述するように，五領ヶ台Ⅱb式期に横浜市北部が東関東の土器の分布圏に属するという事実を考慮するならば，Ⅰa式期にも東関東の土器がこのあたりまで広がっていて，ここにあげた横浜市北部のⅠa式は実は東関東的な土器であり，これに対してⅠa式期の細線文土器が西に寄って分布していた可能性を考慮しなければならないが，今のところ後者の資料が乏しく，確実なことはいえない。

五領ヶ台Ⅰb式

　Ⅰa式から変化したもので，宮の原貝塚の報告で五領ヶ台Ⅰ式としたのはこの型式である。器形はⅠa式とほとんど同じであるが，口唇部の断面形など細部ではちがいがある。Ⅰa式では口唇上に平坦面があることが多く，凸字形に内面へ突出するものが多いが，Ⅰb式では口唇上に平坦面をもつものは少なく，断面三角形で内側へ突出するものが多い。文様は口縁部に文様帯として加えられ，胴部には縦方向の縄文が加えられるのが普通である。羽状縄文，結節回転文の使用がさかんであるが，羽状縄文の使用頻度はⅠa式より減少するようである。口縁部文様帯の下に

---

(7)　再点検によってⅠa式の小片を検出した。
(8)　「下小野式」は東関東の地域色をもった五領ヶ台式とともに分布する。粗製土器を基準にして型式を設定することは適当でないというのは宮の原貝塚の報告以来の筆者の考えかたである。（江森ほか1950）

Y字文などの懸垂文が加えられることも多い。胴中部がふくらむ土器では，このふくらみの部分に2段目の文様帯が加えられたものがある（5図1，5）。円筒形の土器では口縁部文様帯が簡略化している（5図8，12）。口縁部文様帯に橋状把手の使用がさかんで，文様帯の上下を画する隆起線を結ぶように加えられるものの他，下の隆起線上に加えられるものがあり（6図1），これは横長の棒状貼付文になっているものもある（5図3，6図3）。口縁部の文様は渦巻，三角形などで，Ⅰa式よりも簡略になる傾向がある。沈線に沿って多数加えられる三角形の刻みも特徴的である。踊場系から受け入れたとみられる山形文（5図11，13）や瓦状の押引き文（5図10，6図3）も口縁部文様帯の橋状把手で区画された中によくみられる。この時期の最大の特徴は口縁部文様帯に加えられるハケ目のような細線文で，Ⅰa式の太めの沈線文の土器とは逆に，細線文のあとから文様図形が刻まれる。細線文を縄文におきかえたもの（6図1～3）も存在する。これはⅡa式へ続く新しい要素である。5図2の胴部は踊場系を借用している。

　このようにⅠb式はⅠa式から変化したことを示す色々な特徴を有するが，同時に口縁部文様帯の単純化などⅡa式への近似性を有する。そして宮の原貝塚でまとまって出土していること，八王子市明神社北遺跡（椚国男・佐々木蔵之助1976）では前後の型式を混えることなく大量に出土していることから，独立した時期を画することが知られる。

　分布の点では西関東，中部高地に濃い分布があり，東海地方東部にも知られている。東北地方には全く同じものは少ないが，近似のものは存在する。東関東では虚空蔵貝塚（大川清ほか1978）と千葉県高根北（中山吉秀ほか1974）にわずかな資料があるくらいである。東関東ではこの時期に独自の五領ヶ台式が分布していた可能性も考えられるが，それとはっきり指摘できる資料も知られていない。いずれにしても東北地方とのつながりが弱まり，中部高地に濃い分布を示すという点でⅠa式の分布と相違する点に注意する必要がある。

五領ヶ台Ⅱa式

　宮の原貝塚の報告で7群b類とし，Ⅰ式とⅡ式の中間的な様相を示すとしたものに大体相当する。その後各地で出土したものを概観し，ひとつの独立した時期を画するものと考えた。

　円筒形の胴部の上に内湾する口縁部がつく器形が一般的であるが，Ⅰ式では外反りの胴部が多いのに対し，この時期にはふくらみをもつ胴部が多くなる。円筒形の器形が増加するのは，口縁部文様帯の収縮と関連がある。口唇部の断面形はⅠb式に似て内側へ突出する三角形のものが多いが，突出は弱いものが多い。口唇外面に隆起帯をもつものも残るが，隆起帯を省略したものも多く，特に口縁部文様帯が幅広で内彎する器形（6図5～11，7図1，2）ではほとんど省略される。口唇上には刻み目をもつものが多い。この時期には口縁部文様帯の簡略化が顕著であり，特に円筒形の土器では口唇直下に縄文帯と無文帯が加えられるにすぎない（7図3，4，7）。

---

(9) 横浜市宮の原貝塚，八王子市明神社北遺跡のほか，以下の遺跡でまとまった資料が出ている。神奈川県東方第7（横浜市埋蔵文化財調査委員会1974a），平台（上川名昭1972b），山之台（山下正博ほか1981），尾崎（岡本孝之ほか1977），長野県籠畑（武藤雄六1968），梨久保（戸沢充則・宮坂光昭1951，宮坂光昭1965），静岡県柏窪（中野国雄・平川昭夫1980，池谷信之1980）。

口縁部文様帯が幅広で内彎する土器でも，口唇直下に縄文帯が加えられ，その下を区画する沈線に向って刺突文が加えられるくらいで，本来口縁部文様帯の中心であった部分が無文になるものが多い（6図6，8，9，7図1）が，文様が加えられる場合もあり，踊場系からの借用とみられる縦の集合沈線文（6図10, 11, 7図12），山形文（7図11），瓦状の押引き文または刺突文（7図9，10）のほか三角形や弧状の区画文（7図20，21）玉抱き三叉文（6図5）もみられることはⅡc式で盛行する区画文の系統性を考えるうえで重要である。橋状把手の使用は減少するが，全くなくなるわけではなく，少数の例をみることができる（7図9，13～15）。縦の隆起線や沈線（7図16～19）は橋状把手からの変化であろう。Ⅰb式で2段目に加えられた小さな橋状把手が棒状の貼付文に変化したものは多くみられる（6図7～9，11，7図1～3，5）。Ⅱc式に多いY字形の隆起線もこの段階からみられる（6図10，7図22）。口縁部文様帯の簡略化とは逆に，胴部文様帯の発達がみられる。Ⅰb式から続くY字文などの懸垂文（6図4，5，7，7図1）とは別に，胴部上半に新たな文様帯としての発達を示すもの（6図8，7図3，22）があり，複合鋸歯文の小さなものもみられ（7図22），Ⅱb式の胴部上半の文様帯の起源をなす。胴部を縦の沈線や隆起線で分割するものが多くなることは，五領ヶ台Ⅱ式の胴部区画の基本が成立するという点で重要である。縦の沈線が底部の線まで達しないものが存在する（6図7～9）ことが注意される。このほか沈線と刺突による文様が胴部いっぱいに展開する例（6図10，7図7）もあるが，文様図形は様々であり，現在の段階で整理することはむずかしい。藤森栄一著『縄文式土器』（中央公論美術出版）に紹介された梨久保遺跡出土例（挿図21）は胴部いっぱいに玉抱き三叉文を重ねて加えた他に類例のない土器で，時期の判定に迷うが，全体的な形と文様の割りつけからⅡa式頃ではないかと思われる。7図6も胴部に大きな玉抱き三叉文が加えられている。この時期の土器の特徴として目につきやすいのは口唇部の刻みと口唇外面の縄文帯および沈線に沿う刺突文である。口唇外面の縄文帯はⅠb式の細線文が縄文におきかえられたものとみられるが，Ⅰb式から出現しており，Ⅱb，Ⅱc式にも残るので，時期判定の確実なメルクマールにはならない。沈線に沿う刺突文はⅠb式の沈線に沿う三角形刻文が半截竹管による小さな半円形の刺突文におきかえられたものとみられるが，このような刺突文はⅡb式，Ⅱc式（13図9）にも残るのでやはり確実なメルクマールにはならない。なお，この時期の沈線は半截竹管で2本同時に引いたものより細い丸棒で1本ずつ引いたものが多く，同じことはⅡc式にも言える。胴部の縄文は装飾的な意味が減少するようで，結節の回転文は多く見られるが，羽状縄文はほとんどなくなるらしい。6図4の宮の原貝塚の上器は，口縁部に踊場式の影響を強く受けたもので，報告書ではⅠ式としたが，今回，口唇部の刻みを重視してⅡa式とした。

　Ⅱa式期には五領ヶ台Ⅱ式を通して特徴的に存在する口縁部内面に押引き文を有する浅鉢が出現する。押引き文は幅の狭いものが多く，外面にも文様を有するものが多い点でⅡb式，Ⅱc式の浅鉢とちがいがある（8図1～7）。

　このⅡa式は文様の点で前後の型式とはっきり区分しがたい点もあるが，器形，文様帯，文様に独自のものを一括して有していることから一時期を画するものとみてよいであろう。胴部上半の文様帯の成立，胴部の縦分割のはじまり，上記浅鉢の成立などⅡ式全体の特徴がこの時期に出

現することを重視し，Ⅱ式のはじめの段階に入れることにした。

遺跡での出方は宮の原貝塚や梨久保 (宮坂光昭1965) でⅠb式に近い年代的位置を暗示するが，同時に五領ケ台貝塚の八幡，三森資料のようにⅡb式と一緒に出ることも多く，やはりⅠb式とⅡb式の中間的位置を思わせる。長野県茅野市判の木山西2号住居址 (小林秀夫・百瀬長秀ほか1971) は資料が乏しいながらこの時期の単純とみられ，岡谷市後田原遺跡 (戸沢充則編1970) もこの時期の単純な様相に近いことから，独立した時期を占めるものと考えてよいであろう。このⅡa式は関東西部，中部高地，東海地方東部の多くの遺跡から報告されているが，東関東にはほとんどなく，東北地方では全く知られていない。これはこの時期に東関東に独自の地域色を有するⅡa式並行期の土器が分布するに至ったためである。

五領ケ台Ⅱb式

五領ケ台Ⅱb式は八幡一郎，三森定男，山内清男，江坂輝弥 (江坂輝弥1949) の各氏による「五領ケ台式」の主要部分に相当するものであり，本来の五領ケ台式は大体この型式をさしたものといってよい。厚手のものが多く，太めの半截竹管，太い隆起線などの使用による大柄な感じは，いかにも中期の土器といった感じであり，五領ケ台Ⅰ式の繊細な印象にくらべて相当なへだたりがある。系統的には踊場系の強い影響を受けており，五領ケ台式の系統と踊場式の系統の融合によって成立した型式といってもよいであろう。

Ⅱb式の器形は他の時期と同様，文様帯およびその系統と密接不可分の関係にある。Ⅱb式ではなぜか五領ケ台系の口縁部文様帯を有する土器は少なくなり，多くは踊場系の口縁部文様帯を有するようになる。くの字形に内折するこの系統独得の口縁部の形を有するもの (8図10〜12，9図1，2，4) のほか，口唇部文様帯，つまり内折する部分を省略し，内彎する口縁部のみを有

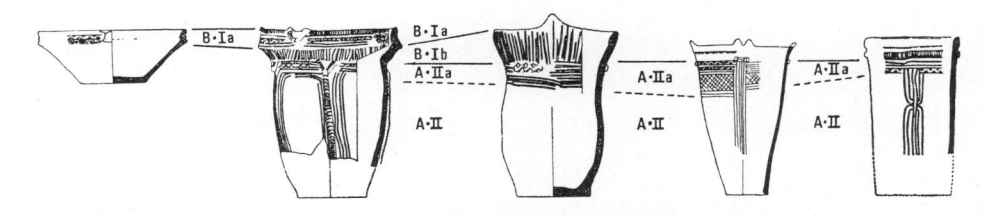

第2図 五領ケ台Ⅱb式における文様帯の省略

文様帯の省略という現象は色々な地域の色々な時期の土器に見られるが五領ケ台では特に顕著で各時期にみられる。五領ケ台式を理解するためにはこの現象をよく理解する必要がある。左から2番目の土器がすべての文様帯を有するもので，これを基本として，1つ，2つ，3つの文様帯を省略した土器が作られている。記号は第1図と同じ (今村啓爾1978で用いた概念図)

(10) 註 (1)
(11) 他に東京都椚田 (中西充1979)，神奈川県東方7 (横浜市埋蔵文化財調査委員会1974a)，山之台 (山下正博ほか1981)，尾崎 (岡本孝之ほか1977)，釈迦堂 (杉山博久1968・1970・1971)，長野県九兵衛尾根 (藤森栄一1965)，静岡県柏窪 (中野国雄・平川昭夫1980，池谷信之1980)
(新註2) その後岩手県宝性寺遺跡でかなり類似するものがまとまって出土した (本書5F章)
(12) 五領ケ台式は八幡一郎，三森定男両氏の発掘資料をもとに山内清男によって設定された型式とされる (山内1936)。註 (1)
(13) 五領ケ台式期における文様帯の交換，文様帯の省略，器形と文様帯の関係についてはかつて述べたことがある (今村啓爾1978)。参考のためその時用いた概念図のみ転載する (1，2図)

するもの（9図5，8，10図1～3，7）も多い。波状口縁（9図7，9，10図5，6）は本来の五領ヶ台式の口縁部から引きついだものであろう。さらにこの部分が萎縮したり全く省略されて，胴部文様帯だけになった土器も多い（10図8～12）。胴部の形には，ふくらみをもつもの，円筒形に近いもの，上部へ向って太さを増すものなどがある。口縁部と胴部のさかいめが球形にふくらむ球胴形（9図7，11図6?）は少なくなる。口唇部文様帯の巻貝状の把手（9図2）や口縁部の縦の集合沈線は踊場式の系統を引くものである。口唇部の複合鋸歯文（9図1，2）は位置としては踊場系の口唇部文様帯であるが，文様自体は五領ヶ台系であろう。五領ヶ台式本来の系統の口縁部文様帯を有する例は少ない。長野県大石1号住居址（伴信夫ほか1976：報告書109図4）に好例があるが図示できなかった。千葉県船橋市後貝塚（?）例（21図11）[14]はこの時期の西関東と東関東の中間的なものであろう。橋状把手の確実な例は知られていないが，上記後貝塚例，11図1，2にみる棒状，Y字状の隆起線に変ったものと思われる。五領ヶ台Ⅰ式の橋状把手による口縁部区画文は，西関東においてもこのようなものを中継としてⅡc式の口縁部区画文につながるとみられるが，11図1のY字形の隆起線は6図10から，11図3の弧のつながる区画は6図6，9図3の隆起線からの変化も考えられる。11図4，5，6は胴部文様からⅡb式に属するものとみられるが，5は玉抱き三叉文を，6は沈線による区画文を有する。4のような隆起線によるしっかりした区画文を有するものになると，Ⅱb式に含めることにはためらわざるをえないが，胴部文様はⅡc式より古いものとみられるし，文様を加えるのに半截竹管が用いられていることもⅡc式一般とは異なる。山梨県下向山の資料（吉田格1963）はすべて同一時期に属するものとはいえないが，Ⅱc式につながる要素をもつ土器が多く，Ⅱb式のうちでも新しい様相を示しているのかもしれない。Ⅱb式の胴部文様は，口縁部とは逆に，五領ヶ台系の基本的構成をとるものが多い。貼付文を起点として垂下する沈線または隆起線で胴部を縦に4分割することは，Ⅰb式で稀に（5図3），Ⅱa式でかなり多く行なわれた器面の割りつけである。胴部文様は複雑で，変化に富むため簡単にまとめることはできないが，最も一般的なのは，1列または数列の複合鋸歯文と平行線や格子目を何段にも重ねるものである。この胴部文様帯はⅡa式で出現したものであるが，平行線や格子目は踊場系の影響であろう。Y字文から変化して下向のコの字形をならべた形になったものもあり（10図1，2），これが上記の文様帯の下に加えられることもある。胴部の渦巻文は東関東からの影響であろうか。胴部文様に縦の区画がなく，集合平行線のみからなる9図4，5は踊場系の胴部文様といってよいであろう。従って，これらの土器はⅡb式段階の踊場式ということになる。Ⅱb式では縄文は装飾性を失ない，結節の回転文はみられるが，羽状縄文はない。この時期には縄文を有する土器自体が少なくなるが，これもやはり本来縄文を用いることが少ない踊場系の影響であろう。

　このように踊場系が西関東にまで強い影響を及ぼした反面，踊場系の本拠地であった可能性の強い上伊那地方にも五領ヶ台系の影響が及んでいる。10図1，2は他のⅡb式期の土器と大きく異なるものではないが，平出三類A系統の基本的な形の成立を示している。五領ヶ台Ⅱb式で普

---

(14)　『東京国立博物館考古図録』（東京国立博物館1953）は千葉県船橋市後貝塚とする。『縄文土器大成』2（講談社1981年）は伝五領ヶ台貝塚出土とする。

遍的な，踊場系と五領ヶ台系を合せたこのような形は，その後も上伊那地方を中心に分布する平出三Aの系統として独自の変遷を続け，さらにいわゆる櫛形文土器の系統へとつながるのである (鵜飼幸雄1977)。このような上伊那地方におけるその後の系統を考慮するならば，10図1，2はⅡb式一般の基本的な形を有していても，年代的にはⅡc式まで下る可能性もないとはいえない。

　西関東と東関東の土器の区別は歴然としたものではなく，中間的な土器も存在する (12図1～4，21図2，11)。口唇直下に短沈線を縦にならべてふちどりするものは東関東の土器に多く見られる。球胴形の器形も東関東では少なくない。

　口縁部内側に押引き文を加えた浅鉢 (12図5，6，8～11) が大量に存在するほか，深鉢の口唇部文様帯を借用した浅鉢 (12図7) も現れる。Ⅱb式がⅡa式から変化したものであることは，胴部文様，特に複合鋸歯文の発達や浅鉢の変化から理解されるが，遺跡での出方でも，五領ヶ台貝塚 (江坂輝弥1949，日野一郎・岡本勇・小川裕久ほか1970)，東京都八王子市西野遺跡 (横山悦枝1974b) など両者が出土する遺跡が多いことから，年代的な近さがうかがわれることは先述した。逆に山梨県下向山 (吉田格1963) のようにⅡa式がみられない例は，Ⅱa式とⅡb式が時間的に区分できることを示している。しかし，下向山のようにⅡa式類似のものが全くないことは珍しく，多くの場合，Ⅱa式のような口唇部の縄文や小さい半円形の刺突文を有する土器を多少ともなうことが一般的なのは，このようなものがⅡb式にも残存することを示すのかもしれない。13図9の口縁部は刺突文が大きいことを除けばⅡa式に近いが，胴部文様はⅡc式と考えざるをえないであろう。

　このⅡb式は関東西部から中部高地，東海地方東部にわたって多数の遺跡から豊富な資料が報告されているが(15)，東関東では出土例が乏しく，代って独自の様相をもつ土器が分布している。この時期，横浜市北部の宮の原貝塚には東関東の五領ヶ台式が主体的に存在し，東関東の五領ヶ台式の分布圏の拡張があったらしいが，東関東で維持されてきたとみられる五領ヶ台式本来の口縁部文様帯がⅡc式で広く復活する現象と関係があるかもしれない。

五領ヶ台Ⅱc式

　口縁部に沈線や隆起線で弧形，三角形，楕円などに区画した文様が発達するⅡc式は五領ヶ台貝塚の八幡・三森資料中にはみられないが，江坂資料中 (江坂輝弥1949) には数片みられる。西村正衛氏は雷7類として五領ヶ台式と阿玉台式の中間に位置づけた土器群の中に含めている (西村正衛1954)。山口明氏もこの種の土器をG型態，H型態として同氏編年の第4段階に位置づけた (山口明1978) (後にこの第4段階に含めていた五領ヶ台式直後の部分を除いた (山口明1980b) ようである)。このⅡc式は器形，文様上多くの点で五領ヶ台式直後の型式へつながることと長野県船霊社 (青沼博之・島田哲男ほか1980)，頭殿沢 (岩佐今朝人・伴信夫ほか1981) の大量のⅡc式がⅡb式をほとんど混えずに存在することから，明らかにⅡb式とは切り離せる1段階を占めるものといえるが，

---

(15)　他にⅡb式のまとまった資料を出した遺跡としては，東京都椚田第Ⅳ (中西充1979)，前田耕地 (松井和浩ほか1979)，山梨県寺平 (末木健ほか1977)，上平出 (末木健1974)，長野県曽利 (武藤雄六ほか1978)，堂地狐窪 (酒井幸則ほか1979)，月見松 (藤沢宗平ほか1968)，静岡県段間 (外岡龍二1980)，柏窪 (中野国雄・平川昭夫1980，池谷信之1980) がある。

この種の区画文をⅡb式の踊場系の口縁部文様帯からの変化によって生じたと考え，すべてⅡb式より後に位置づける山口氏の見解（山口明1980b）には賛成できない。その理由は，Ⅱc式の特徴である内彎する口縁部，波状口縁，口縁部文様帯の区画文と玉抱き三叉文，縄文などがいずれもⅠa，Ⅰb式に普遍的に存在し，Ⅱa式に続いていることであり，Ⅱb式段階で1度とぎれてⅡc式で再発生するという見方は不自然なことである。すでに前項で述べたように，口縁部に区画文を有する土器にも，胴部文様がⅡb式に共通するものがあり，このようなものは口縁部区画文を有するためにⅡc式に位置づけるよりも胴部文様を重視してⅡb式に属するとみるべきであろう。五領ヶ台式本来の口縁部文様帯は，東関東では，Ⅱa，Ⅱb式で簡略化するものの踊場系の影響を受けることなく続いている。Ⅱc式における口縁部区画文の発達は，Ⅱb式期における踊場系の影響から解放された五領ヶ台系の復活といってよいであろう。

　Ⅱc式の器形は円筒形の胴部の上に内湾する口縁部のついたキャリパー形が一般的であり，平縁と波状口縁がある。胴部がまるみをもってふくらむ器形（14図2，4，6）もある。口縁部が萎縮したり，全く省略されて円筒形の胴部の上に肥厚部を有するだけになった土器（15図4～6）も多く，肥厚部上には縄文だけが加えられるものが多いが，一方，この肥厚部に口縁部文様帯が圧縮されたような文様が彫刻的に加えられたものがある（14図7）。このような幅のせまい口縁部文様帯と波頂部の特徴的なつまみは，神谷原式で盛行する。Ⅱc式では胴中部が球形にふくらむ器形はほとんどなくなるらしいが，14図5は無文帯（普通は口縁部と胴部の間に位置する）の位置からみて，口縁部が収縮し，その下の球胴部が口縁部の代りのようになった形とみられる。

　口縁部文様帯は縄文の加えられるものが多いが，これを欠くものもある。隆起線と沈線，または数本の沈線で弧形，三角形などが接する区画を作り，その中に渦巻，同心円，三角形刻文などが加えられる。直線と弧の接する部分に複合鋸歯文が加えられる（13図2，12）ものも多い。沈線は半截竹管ではなく，丸棒で1本ずつ加えられるものが一般的である。口唇直下に短沈線をならべてふちどりにする例（13図6，10）もあるが，これは東関東ではⅡb式期からよく行なわれていた。踊場系の口縁部文様帯は確実な例を指摘し難いほど少なくなるが，上伊那では平出三類Aに一層近づいたものとして存在する。[16]

　胴部文様帯はY字形を起点として垂下する隆起線によって器面が4分されるものが一般的である。起点が棒状の貼付文のこともある。Ⅱb式で発達した胴部上半の文様帯は簡略化し，普通，数本の沈線におきかえられる（13図1～5など）。Ⅰ式以来の沈線によるY字文の変化したもの（13図8，15図1，3，4，6）も存在する。多数並列させたものは中部高地に例が多い。口縁部文様帯が省略された土器では代りに胴部文様帯が発達したものが多く，Y字形隆起線を区画文に見たてて，その区画の中に玉抱き三叉文などを配するもの（14図3，7，15図5）のほか，口縁部の区画文と同じ文様を胴部に加えたものもある（13図6，14図2）。この時期には再び縄文

---

(16)　月見松報告（藤沢宗平ほか1968）10図6の土器は平出三類Aの成立を考えるうえで重要な土器である。全体的な感じはⅡb式に近い。しかし口縁部文様帯の三角形区画と半円形はおそらくⅡc式の影響を示すもので，大体この時期に属するものと思われる。同図7，5（小論の10図1，2）もⅡb式として扱ったが，胴部文様にはⅡb式の他の土器にみられない平出三類Aへの近似を示しており，上記例と同時期かもしれない。

が多く用いられるようになるが，Ⅱb式と同様，羽状縄文は用いられない。結節の回転文は多い。

　Ⅱb式に引き続いて浅鉢も多い。内面に押引き文を有するものはⅡb式に似ているが，文様を加える画面の縁辺部をふちどるくせがある（15図7，8，9）。縄文が加えられたものがある。踊場系の口唇部文様帯を有する浅鉢（15図10，11）はⅡb式期とあまり変らないようである。

　Ⅱc式は関東から中部高地，東海地方に広く分布するが，西関東と東関東の地域差は弱まり，明確な区分はしにくくなる。⁽¹⁷⁾

　ここでふりかえって五領ヶ台式の基本的な文様構成の成立過程をみると，十三菩提式後葉で成立した内湾する口縁部に加えられる口縁部文様帯と胴部の縄文帯という構成を受けついだ五領ヶ台Ⅰ式から，五領ヶ台Ⅱ式では区画文を基本とする口縁部文様帯と縦の分割を基本とする胴部文様帯の組合せという構成ができあがるが，この基本的な形は関東の五領ヶ台式直後型式（神谷原式，竹ノ下式），阿玉台式，大木式の諸段階を経て加曽利E式へつながる。中期の土器の基本的な形が五領ヶ台Ⅰ式，Ⅱ式の変遷の中で成立したことは重要である。

五領ヶ台式直後型式（大石式，神谷原式）

　Ⅱc式に続く型式としては，西関東〜中部高地におおむね2種類のものが知られている。第1は五領ヶ台Ⅱc式の沈線文をそのまま押引き文におきかえたような土器で，図示したもの（16図1〜9）のほか，最近東京都神谷原（中西充ほか1982）でかなりまとまった資料が報告されたが図版作製の時間的な都合で小論には収録できなかった。これを仮に「神谷原式」と呼ぶことにしたい。これは東関東の該期型式，仮称「竹ノ下式」と類似性の強い型式である。^(新註3)第2の型式はⅡc式に再び踊場〜平出三類A系統の影響が加わった土器で，従来から知られている長野県狢沢6号住居址（藤森栄一1965a）の資料のほか最近同県船霊社11号住居址（青沼博之ほか1980），同県大石遺跡（伴信夫ほか1976）の資料が加わった。神谷原にも多い（1群G類）。狢沢6号住居址の土器は狢沢式の一部とは認められていなかったので，ここでも狢沢式とは分離し「大石式」と呼ぶことにしたい。

　神谷原式には五領ヶ台Ⅱ式と同様に，口縁部文様帯の広いものと狭いものがある。神谷原遺跡の資料でみると後者のほうが多いようである。隆起線と数条の押引き文，押引き文の囲む三角形の空間に加えられる三角形刻文が調和して整った文様を形成している。神谷原式と後述する竹ノ下式のちがいは，先行する西関東の五領ヶ台Ⅱc式と東関東の五領ヶ台Ⅱc式のちがいと同様，はっきりしたものではないし，西関東では大石式の進出がめだっている。それでもあえて神谷原式と竹ノ下式を区分しようとするのは，両者の間に次のような重要なちがいが認められるからである。

　竹ノ下式の場合，口縁部文様帯の幅が狭いものでは，口縁部文様帯と胴部文様帯（懸垂文を有

---

(17)　他にⅡc式のまとまった資料としては，東京都椚田第Ⅱ，第Ⅳ（新藤康夫ほか1975a，中西充1979，中西充ほか1982），神奈川県山之台（山下正博ほか1981），長野県曽利（武藤雄六ほか1978）がある。

(新註3)　本書5F章370頁で「神谷原式」と竹ノ下式を合せて竹ノ下式とし，「神谷原式」はその古い部分としてとらえることにした。竹ノ下式の資料は5F章付図に多数収録した。

する)の間に幅の広い無文帯ないしは文様の簡素な部分をおくことが多い(24図1，6，8，9?，10，12?)のに対し，神谷原式では口縁部文様帯の幅がせまいものでは，その下に幅のせまい無文帯か構円形区画文をおくだけで，胴部文様帯がせり上り，文様も発達するものが多い（たとえば神谷原報告262図14）。竹ノ下式におけるこの文様の簡素な部分は，阿玉台式に特徴的な頸部無文帯の起源をなすものである。神谷原式におけるせり上り幅広になった胴部文様帯とそこに展開する隆起線，数条の押引き文，三角形刻文は千葉県鳴神山（高橋良治1959）の土器につながるものではないかと疑っている。竹ノ下式のうち押引き文が1本になり縄文を失ったものは阿玉台Ia式への近似を強めており，このようなものは神谷原遺跡には稀である。要するに竹ノ下式は五領ヶ台式を母体とし，神谷原式と分離して阿玉台式へ変ってゆく過程の型式なのである。神谷原式と竹ノ下式の区別が難しいため，23図はこの時期の土器のうち茨城県と千葉県出土のものを機械的に示したが，以上の分類からすれば，23図15の加茂例などは神谷原式とすべきものということになる。

　竹ノ下式には口縁部文様帯が省略された，縄文の粗製土器（24図13〜15）がともなうが，「下小野式」から続くものであろう。

　大石式は16図10〜13のような器形をとるものが多く，縄文のない土器が増える。口唇直下に複合鋸歯文または沈線または1〜2列の押引き文が加えられ，その下にY字形刻文，押引きや沈線による逆U字文が加えられる。胴部には中部高地のIIc式に多く用いられた文様（15図1〜4，6）から変化したものを沈線で加える（17図6，7，19）もの，やはりIIc式の胴部文様を押引き文に変えたもの（17図1,2）があるほか，太い隆起線を縦横に屈曲させて大まかに加えたものも多く（16図10，12），口縁部文様帯が省略され，このような隆起線だけで飾られた土器も少なくない。口縁部文様帯の下に1段の楕円形区画文を有するものがあり，同様のものは神谷原式，平出三Aにもあるが，これはIIc式（15図2，6）から続くもので，狢沢式の楕円形区画文の起源として重要なものである。狢沢式には本来，口縁部に楕円形区画文はなく，それがあるようにみえるのは口縁部文様帯が省略され，胴部の楕円形区画文が口縁に位置することになった土器であるが，後にこれが混同され，阿玉台式の楕円形区画文の影響もあって口縁部文様帯としての楕円形区画文も用いられるようになるのである。

　話が前後するが，この大石式の口縁部文様帯は確かに五領ヶ台IIc式の口縁部文様が横に圧縮されて変形したものであるが，その基本的構成にみる踊場式との類似は偶然とは思えない。踊場式の系統はIIc式期にも上伊那地方を中心に維持され，これが平出三Aへ変るが，大石式は波状口縁が少ないだけでなく，口縁部の4ヶ所に平出三Aと共通する縦の隆起線を有するものが多く（16図10，13など），その関連を示している。

　大石式は船霊社11号住居址（青沼博之ほか1980），神谷原113号住居址（中西充ほか1982）でIIc式とともに出ているので，IIc式と時間的に区分できるか疑問も生ずるが狢沢6号住居趾（藤森栄一1965a）ではIIc式をともなっていないようであるし，頭殿沢（岩佐今朝人・伴信夫ほか1981）ではIIc式の豊富な資料があるのに大石式はみられない。なお，IIc式とした船霊社11号住居址出土の13図7はIIc式一般には見られない蛇行隆起線を口縁部に有しているが，この隆起線は大石式や狢沢式に

類例を見るものであるから，この土器の位置づけについてはなお検討を要する。

大石式はきわめてスムーズに猫沢式の初頭に移行する[18]。このため大石式か猫沢式かの判別に迷う資料もある[19]。五領ヶ台Ⅱc式から猫沢式への変化はすでに中西充氏が神谷原遺跡の資料によって詳しく論じているが(中西充1982)，ここでは同氏のふれていない点を中心に記してみた。

2．東関東の編年

東関東の前期末～中期初頭は遺跡数が減少する時期であったようで，西関東の十三菩提式や五領ヶ台Ⅰ式に対比される時期の遺跡がほとんど発見されず，一時的に無人の地になったのではないかとさえ思われるほどであった。しかし，最近の急激な発掘件数の増加によって，この地域からも零細な資料ではあるが，十三菩提式や五領ヶ台Ⅰ式に対比できる資料が出はじめ，編年的空白が埋められつつある。特に最近報告された茨城県虚空蔵貝塚(大川清ほか1978)はかつての浮島式分布圏の中心に位置し，五領ヶ台Ⅰa式の良好な資料を出し，東北地方と西関東の間にあった空白を埋めた点で重要である。東関東のこの時期については層位的出土例に乏しいだけでなく，一時期の単純な様相を示す資料も乏しい。以下の概観は主として土器の型式変化と西関東の変遷に対照したうえでの整理にすぎないことをおことわりしておかなければならない。

各時期の土器の特徴について述べる前に，この地域の土器の胎土の特徴について記しておく。この時期の西関東の土器の胎土は，石英閃緑岩系の岩石に由来すると考えられる角閃石，雲母，石英，長石の大きな粒を含み，赤褐色の焼成のものが多いのに対し[20]，東関東の土器の胎土はきめが細かく，円磨した砂粒を含み，雲母を多く含むものは稀で，含む場合にも粒が細かく白っぽいものが多く，焼成は後期の土器を思わせるような灰～黒褐色の良好な焼成のものが多いといった傾向が認められるが，このような胎土の特徴は報告書で知ることは困難で，筆者も年代的地域的に十分な量の資料について実際に検討したわけではないので，ここで略述するにとどめる。

---

[18] 猫沢式は連続性が強いため明確に細分することはできないが，古い様相，中頃の様相，新しい様相を指摘することができる。古い部分では大石式から受けつぐY字形刻文やこれを押引き文におきかえたもの，逆U字形の押引き文の使用がさかんで（この文様は末期まで残る），口縁部を縦の隆起線で区切るものはあるが，口縁部文様帯としての楕円形区画文をみない。胴部の楕円形区画文は０～２段で多数重畳することがなく，区画文内に沿う押引き文は加えられないものが多い。神谷原160号住居の一括資料（口縁部に楕円形区画文をもつ土器は大石遺跡にはない他の系統の土器である。）がある。胴下半部には曲折する隆起線が広い面積を占めるものが多い。中段階では楕円形区画文の重畳の傾向が強まるが，太い押引き文と細い押引き文を併用する傾向はみられない。東京都藤の台３，４号住居（川口ほか1980）ではこの時期の資料だけを出土している。新しい部分では口縁部文様帯としての四角形，楕円形区画文を有するものがふえ，楕円形区画文の重畳の単調さを破るためか，段の途中に三角形や四角形の区画を入れたものが増え，角押文も太いものと細いものを平行させることが多く，新道式で多く用いられる三角押引き文も現れる。

[19] 船霊社11号住居，猫沢６号住居，神谷原SB113住居の大石式にはまぎらわしいものは少ない。しかし大石20号住居址の一括資料には大石式としたいものと猫沢式初頭とみたいものがあり，この一括資料の途中に境界線を引かざるをえないであろう。

[20] 東京都とけっばら遺跡では，同じ西関東の土器でも精製の傾向の土器にこのような混和物が用いられ，粗製の傾向の土器にはあまり用いられていないことが知られている。（吉田格・今村啓爾1974）

十三菩提式並行期

　東関東の前期末の編年的空白に対し，和田哲氏は茨城県興津貝塚（西村正衛1968），向山貝塚（西村正衛1967）で出土しているような全面縄文で羽状縄文を多用し，縄文が口唇上におよぶことが多く，縄の押捺文がよく用いられる未命名の土器をもって「十三菩提式に併行する一型式であると結論づけておきたい。」とし，その空白に充当することを提案された（和田哲1973）。しかし，最近東関東で出はじめた資料を見ると，和田氏の予想したのとは異なり，大木6式的な土器と十三菩提式的な土器，「下小野式」的な土器が共存するというのが，この時期の東関東の土器の実態であるらしい。茨城県伏見遺跡（小野真一ほか1979）では十三菩提式が少量出土し，五領ヶ台式は出土しなかった。比較的まとまってある「下小野式」は十三菩提式にともなったとみるべきであろう。茨城県沖餅遺跡（渡辺俊夫1980）は十三菩提式と五領ヶ台Ⅰa式などを出土しているが，ここには「未命名型式」はなく，「下小野式」が大量にある。神奈川県横須賀市室ノ木遺跡（赤星直忠1973）は十三菩提式のもっともまとまった資料を出した遺跡である。十三菩提式第2第3段階とみられるものが多く，五領ヶ台式は存在しないが，この遺跡で伴出したのは「下小野式」であって，「未命名型式」ではない。千葉市宝導寺台遺跡(21)（庄司克1970）も同様な伴出例のひとつに数えることができる。和田氏が十三菩提式並行とした土器は千葉県旧東練兵場貝塚（西村正衛1961）において興津式の文様と羽状縄文を併用したものがみられるから，その年代の一端が興津式とかさなる（興津式にともなうのは諸磯c古式でc新式がともなった例は今のところないようである。）ことが知られる。そして，それが盛行するのが興津式より後になるとしても，それは上記の出土例から十三菩提式の主要部分より前と考えざるをえない。和田氏も指摘するように，「下小野式」は「未命名型式」から変化したものであろう。しかし，十三菩提式の大部分にともなうのは「下小野式」のほうであるとみられる。なお，ここで十三菩提式にともなう「下小野式」と五領ヶ台式各段階にともなう「下小野式」のちがいについて明らかにする必要があるが，たとえば室ノ木遺跡の「下小野式」ひとつをとってみても相当な変化があり，的確に各時期の特徴をつかみにくい。ここでは五領ヶ台Ⅰa式前後に羽状縄文の使用頻度が高まることだけを指摘しておきたい。なお，安藤文一氏はこの「未命名型式」を「粟島台式」とし，その細分を論じている（安藤文一1977）。

　東関東における大木6式，十三菩提式近似の土器は18図に示したように，最近かなりの数の遺跡から検出されているが，いずれも断片的な資料である。房総半島の加茂（江坂輝弥ほか1952）と鉈切（金子浩昌ほか1958）で比較的まとまった資料があるが，房総半島南部は西関東との関連が強く，これらの遺跡で東関東を代表させるわけにはいかない。東関東の該期の土器も西関東の十三菩提式の変遷や大木6式の変遷と対比して，古いほう，新しいほうという見当のつくものもあるが，多くはそのような判定の困難な小片である。木下（中村紀男1964），台(22)，染井(23)など大木6式に近いものが多いことが注意される。

---

(21) 室ノ木にはおそらく大木6式に共通する球胴形になるとみられる土器片で，口縁部文様帯が撚糸の圧痕文で構成されたものがあるが，これは「未命名型式」とは区別されるべきものである。
(22) 千葉県市原市台遺跡B地点出土，未発表資料であるが，上総国分寺台遺跡調査団米田耕之助氏の御好意により実測図をいただき，小論に収録させていただいた。

これらの土器の性格であるが,「下小野式」を東関東土着の土器, 十三菩提式, 大木6式的なものを移入土器とみるべきか, それらがセットになっている姿を東関東の地域的特色とみるべきか判断に迷うが, 五領ヶ台Ⅱ式において東関東独自の五領ヶ台式に粗製土器としての「下小野式」がセットになっていることが参考となろう。胎土分析の方向からのとり組みが必要である。

五領ヶ台Ⅰa式

資料が非常に乏しかったが最近虚空蔵貝塚 (大川清ほか1978) の資料が報告された。西関東と東北地方の土器の近似性から予想された通り, 西関東の五領ヶ台Ⅰa式ときわめて近いものである。資料が少ないせいもあるが, 西関東のものとの相違点を指摘し難い。この時期には浮島式と諸磯式といったような形での東関東と西関東のちがいは存在しないことは重要である。他に茨城県塙, 沖餅, 千葉県日吉倉, 一本桜, 藤沢など相次いで報告されている (各, 橋本勉1980, 渡辺俊夫1980, 中山吉秀1975a, 中山吉秀1973・1976, 瀬戸久夫・高橋博文1979)。いずれも小片であるが, 分布上の意味は大きい。

五領ヶ台Ⅰb式

非常に資料が乏しいが, 虚空蔵貝塚に西関東のⅠb式に近似する土器が存在することから, 東関東においてもこのような土器が広がっている可能性がある。

五領ヶ台Ⅱa式

次のⅡb式に似ているが, それに先行するとみられる土器が多少知られている。20図1, 6の口縁部文様帯とV字形の懸垂文は西関東のⅡa式に近い。6は三角形刻文と半円形の刺突文を併用している。20図3, 7は胴部の懸垂文が底部の線まで達していないため胴部の縦割りの構成が成立していないが, 同様のものは西関東のⅡa式にも存在する。このような土器にはⅡb式で発達する複合鋸歯文がみられないことも共通している。これらの土器はⅠb式より下り, Ⅱb式より先行するとみられること, 西関東のⅡa式に口唇の刻みや刺突文が類似することから, 大体西関東のⅡa式並行とみられるが, 更に今後の検討が必要である。千葉県新田野貝塚 (武井則道ほか1975) の完形土器は橋状把手が存在し, 複合鋸歯文を有さない点でⅡa式に近いが, 胴部にはⅡb式に属する21図2と同じ区画文を有する点で問題のある土器である。同様な例は同県加茂にも存在する。

この時期には西関東とのちがいがはっきりしてくるが, 沈線に沿う刺突文や口唇の刻みに類似性がみられ, 口縁部文様帯の簡略化という共通の傾向もみられる。

この時期の資料だけがまとまって出土した例はないが, 東関東のⅡa式が存在することが期待される年代と地理的位置を占める横浜市宮の原貝塚 (吉田格・今村啓爾ほか1972) に実際このような土器が多くあること, 千葉県雷貝塚 (西村正衛1951・1954) にこの種の土器がないらしいこと, 宮城県長根貝塚 (伊東信雄・藤沼邦彦1969) にはⅠa, Ⅰb式に続いてこの種の土器までが存在するが, Ⅱb,

---

(23) 香取郡多古町染井慶応大学所蔵の未発表資料であるが, 清水潤三教授の御好意で, 小論に拓本を収録させていただいた。

Ⅱc式がないことなどが時期区分の根拠となろう。

五領ヶ台Ⅱb式

　千葉県香取郡小見川町白井雷貝塚において西村正衛氏が東関東の地域色をもった五領ヶ台式としたもの（西村正衛1951・1954）に大体相当する。器形上は先行する時期とあまり変らないが，口縁部と胴部の間が球形にふくらむ形はやや減少するようである。しかし，西関東よりは多く存在する。口縁部文様帯が簡単になったものが多いが，波状口縁下にⅠ式以来の玉抱き三叉文を有するものがある（20図8，21図10）。21図11の波頂下の縦の隆起線は橋状把手からの変化であろう。口縁部に区画文を形成している。口縁部文様帯が全く省略されて円筒形の胴部だけになったものがある。（20図9，21図1，4）。複合鋸歯文が発達し，それに沿って沈線と点列がめぐる。この帯状文様で器面を縦横に区画する。区画内は無文のまま残されるほか，渦巻文や三角形刻文，鋸歯文などで充填されるものも多い。橋状把手が複合鋸歯文と同一個体にみられる例は存在せず，おそらく消滅したものと思われるが，それから変化したx字形や棒状の貼付文（21図3，5，9）は存在する。口唇部直下に短沈線をならべてふちどりとするものが多くみられる。

　この時期には西関東の五領ヶ台式とのちがいがますますはっきりしてくる。西関東のⅡb式の多くが踊場系の口縁部文様帯を借用しているのに対し，東関東ではそのようなものは稀である。西関東に発達する胴部上半文様帯は東関東では発達せず，一条の複合鋸歯文が加えられるくらいである。西関東に多い内面に押引き文を加えられた浅鉢は存在しない。稀にみられる例は移入品であろう。しかし，西関東と東関東に共通する特徴として，複合鋸歯文の多用，胴部文様の縦の分割，口縁部文様帯を省略する土器が多いなどの共通性が指摘できる。長野県大石遺跡（伴信夫ほか1976）1号，29号，30号住居では，西関東，中部高地のⅡb式に少量の東関東のⅡb式がともなったと判断できる。

　この東関東のⅡb式の資料として，茨城県吹上貝塚，千葉県雷貝塚，下小野貝塚，八辺貝塚，加茂，飯山満東（各，上川名昭ほか1972a，西村正衛1951・1954，江森正義ほか1950，清水潤三1958，江坂輝弥ほか1952，清藤一順ほか1975）などがあり，福島県上の台（生江芳徳・日下部善己1978），音坊（目黒吉明1964）にも分布する。東関東の五領ヶ台式とはいっても横浜市北部の宮の原貝塚（吉田格・今村啓爾ほか1972）や東方第7遺跡（横浜市埋蔵文化財調査委員会1974a）はこの土器を主体としており，神奈川県平塚市五領ヶ台貝塚（江坂輝弥1949，日野一郎ほか1970）にも多く，東京都秋川市前田耕地（松井和博ほか1979），遠く静岡県長泉町柏窪（中野国雄・平川昭夫1980）に完形土器がある（20図8）。断片的な資料まで拾っていくとかなりの遺跡数になる。なお，東関東と西関東の土器の間に中間的なものが存在することは先述した。五領ヶ台貝塚の21図2，千葉県船橋市後貝塚または五領ヶ台貝塚出土とされる21図11[24]などもここに図示したが，縦の区画に複合鋸歯文が用いられていないこと，沈線に沿って点列が加えられていないことなどは西関東的といってよいであろう。

---

[24] 註(14)

五領ヶ台Ⅱc式と竹ノ下式

　東関東におけるⅡb式からⅡc式への変化はきわめて漸移的であって明確な境界は引き難いが，Ⅱc式期にはふたたび口縁部文様帯の発達がみられる。口縁部に沈線，隆起線で弧状，三角形，楕円形の区画が加えられ，その区画内に渦巻，三角形，鋸歯文などが加えられる。渦巻と三角形刻文を組合せた玉抱き三叉文がめだっている。胴部に同様の文様を加えたもの（22図4）もある。胴部を複合鋸歯文帯によって縦横に区画するものはなくなるらしい。西関東との地域差が弱まるが，西関東から踊場式的色彩が駆逐された結果であろうか。しかし地域差は全くなくなるわけではなく，東関東には波状口縁や口唇直下に短沈線をならべてふちどりしたものが多いというちがいが認められる。西関東ではⅡc式期にも胴部上半の文様帯が数本の沈線になって残っているものが多いが，このようなものは東関東には存在しないようである。

　東関東にはⅡc式とすべきか五領ヶ台式直後とすべきか迷う土器が少なくない。22図1，6は区画文やY字形懸垂文の形からみると西関東のⅡc式に対比されそうであるが，説明によると押引き文が用いられているということで，もし押引き文の発達をもって五領ヶ台式以後と認定するならば，この土器は五領ヶ台式以後のものということになる。しかし，ここで考えてみなければならないのは押引き文の由来である。押引き文は西関東ではⅡa式の浅鉢ですでに用いられており，また，同地域のⅡb式の深鉢のうち東関東からの影響を感じさせる土器（9図7，12図3，4）にも用いられるが，これらはその位置からみて五領ヶ台式直後に発達する押引き文とは関係がうすいようで，むしろ本命は東関東のⅡb式の沈線に沿う点列であろう。これには押引き文のような形で加えられたものもあり（20図8，21図10），区画文に沿って加えられることは，五領ヶ台式直後に発達する押引き文と共通する。このようなⅡb式の点列と沈線が合体して，数本平行する押引き文が成立したとすると，点列と押引き文の間に時間的断絶はないはずで，西関東のⅡc式に並行する時期には東関東に押引き文が存在したことになる。現在のところこの推定も確実とはいえないが，Ⅱc式より時期が下るとみられる23図8，9，24図7などが沈線で文様を加えられているところからみても，沈線──→押引き文と一斉に変ったとは考え難いし，その変換点を五領ヶ台式と直後型式の境界とすることも疑問である。このような分類上の問題が残されているため，Ⅱc式と五領ヶ台式直後を一つの項目として扱ったが，これはけっして両方が同時に存在したという意味ではない。23図10〜22のように押引き文の発達した土器は神谷原式に近似し，明らかに五領ヶ台式より新しいものである。押引き文が1本のもの，縄文を加えられないものはさらに阿玉台Ⅰa式への近似性を強めている。

　話の順序が逆になるが，周知のようにこの地域の編年の基本は西村正衛氏によって組立てられた。西村氏は白井雷貝塚の資料によって，五領ヶ台式──→雷7類（中間的なもの）──→雷8類（阿玉台古式）とされたが（西村正衛1954），1972年の阿玉台式土器の編年研究（西村正衛1972）では，雷8類を阿玉台式直前の型式と阿玉台Ⅰa式に分離された。従って，西村編年では五領ヶ台式──→雷7類──→雷8類の古い部分──→雷8類（阿玉台Ⅰa式）ということになるが，この変更が，阿玉台Ⅰa式の概念についての多少の混乱を招いているようにも思われる。五領ヶ台式以後，阿玉台Ⅰa式以前に属する資料としては，千葉県粟島台，加茂，福島県壇ノ腰，八景腰巻（各，野口義

麿1952, 江坂輝弥ほか1952, 永山蔵造・吉田幸一ほか1975, 加藤孝ほか1975)，音坊に少しずつあり，最近発表された茨城県竹ノ下（藤本弥城1977b）が比較的まとまっているが，こうした細かい編年的整理のためにはまだ資料不足と言わざるをえない。従って厳密にいうと色々と問題があるが，五領ヶ台Ⅱc式以後，阿玉台Ⅰa式以前に位置する土器群が存在することは確かなので，ここではこれを「竹ノ下式」とし，雷8類の古い部分（1972年の西村編年で阿玉台式直前とされた部分）はこの型式に含まれるものとしたい。雷7類はⅡc式あるいは押引き文の出現の問題がかかわってくる段階の資料と思われるが，示された資料が少なく，明確なことは言えない。「竹ノ下式」と「神谷原式」の区別は難しいが，神谷原式の項で簡単にふれた。

　横の関係であるが，五領ヶ台Ⅱc式の直後ということで，竹ノ下式，神谷原式，大石式がほぼ並行するとみることに問題はないであろう。ただ，大石式より後の土器をほとんど含まない神谷原SB113号住居址（中西充ほか1982）の資料中に阿玉台Ⅰa式に近い文様要素をもつ土器（報告書8，10，65)が在ることは問題で，大石式と阿玉台Ⅰa式が一部並行することを示しているといってよい。いずれにしても厳密な並行関係を考えるには，まずこの時期の諸型式の型式内容と各型式の境界線を明確にしてからでないと，何を議論しているのかわからなくなるであろう。

3．東北地方中〜南部の編年

　東北地方中〜南部の編年を考えるうえで，宮城県遠田郡長根貝塚（伊東信雄・藤沼邦彦ほか1969）における第1群──→第2群──→第3群の編年は最も重要である。第1群と第2群は地点を異にして出土し，第2群と第3群は層位的上下関係のもとに出土した。第1群は前期の大木6式，第2群は大木6式の新しい部分といってよいであろう。岩手県水沢市中島遺跡では草間俊一氏によって長根6群に先行する大木6式の古い部分が抽出されているから[25]，大木6式は前葉（中島の一部），中葉（長根1群），後葉（長根2群）に細分されることになる。これに続く長根3群は，研究者によって大木7a式または糠塚式と呼ばれているものである。東北地方中，南部の中期初頭の編年は，山内清男氏による大木7a式の内容が公表されなかったため型式名に関する混乱が起っているが，土器自体の様相は近年かなり明瞭になってきている。山内氏による大木7a式の内容が明らかになることが期待できない今日，研究者の約束ごととして型式名を整理することはやむをえないであろう。筆者としては，大木7a式が本来の五領ヶ台式である五領ヶ台Ⅱ式に並行するものとして位置づけられていたいきさつを重視し，五領ヶ台Ⅱ式に並行する部分を大木7a式，五領ヶ台Ⅰ式に並行する部分を糠塚式と呼ぶのがよいと思っている[26]。最近では糠塚式の型式内容のほうが明確になってきており，かえって大木7a式のほうが不明瞭なままとり残されている。長根3群は五領ヶ台Ⅰa，Ⅰb，Ⅱa式をともなっており，概略五領ヶ台Ⅰ式並行，すなわち糠塚式ということになるが，更に細分が検討される必要がある。

---

(25)　草間俊一ほか1965において興野義一氏の教示に従ったとして大木6式をA式とB式に分けているが，理解しにくい点がある。しかし草間俊一1974において大木6式のはじめのものとして図示したものは確かにそう納得できるものである。

東北地方中～南部の前期末～中期初頭の型式は，関東と非常に近似する土器を一定量ともなっており，編年対比の格好の手がかりになっている。

大木6式（十三菩提式並行期）

　大木6式の古い部分にはどのような関東系の土器をともなうのか不明である。次の長根1群（大木6式中葉）には25図1，2，3のような外反する口縁部，球形にふくむ胴部，円筒形の台状部からなる変った形（筆者は球胴形と呼んでいる）の土器が存在するがこれは結節浮線文，ソーメン状浮線文，結節沈線文など十三菩提式に共通する文様表現で飾られたものが多い。縄文を地文とした比較的間隔のある渦巻，比較的大きなジグザグなどは十三菩提式のうちでは第2段階（今村啓爾1974）に最も近似している。このような土器は大木6式の型式内容の一部をなすものであるが，東関東にも近似の土器が分布する可能性が強い。長根貝塚のほか宮城県大木囲貝塚（小岩末治1961），岩手県清水貝塚（西村正衛ほか1958，林謙作1976），山形県吹浦遺跡（柏倉亮吉・江坂輝弥ほか1955）などに類例がある。太平洋側の長根貝塚と日本海側の吹浦はこの球胴形の土器だけ比較するとよく共通しているが，それ以外の土器の組成は相当に異なっている。

　長根2群（大木6式後葉）には関東と共通性のある土器がみられないが，これは資料があまり多くないために偶然欠落したものであろう。この欠落している部分に相当する土器として，岩手県清水（林謙作1976）（25図11），同県滝ノ沢（斉藤尚巳・中山清隆1979：報告書図版9右下）の資料をあげることができる。同県鹿島館（北上市教育委員会1975：報告書写真51-3・4）もこの時期であろうか。清水例は長根2群に共通する文様を胴部上半に有している。岩手県中島遺跡（草間俊一ほか1965）の25図9，10は口唇部にソーメン状の浮線文を何本も貼付けられている。このようなものは関東では十三菩提式の第4段階に多く見られる。口縁部文様は長根2群に見られるものである。この時期の球胴形の土器は資料が不十分であるが，胴部の文様帯が縮小し，文様の中心が口縁部にうつること，縦，横の羽状縄文，結節回転文が多く用いられるようになること，渦巻形の貼付文の多用などが特徴としてあげられよう。この時期に属するとみられる土器の小片は，宮城県正人壇（片倉信光・中橋彰吾・後藤勝彦ほか1976），福島県長久保（中村五郎ほか1969），刈摩山（星将一1978）にもみられるが，後の2者は五領ヶ台Ⅰa式並行期へ続く遺跡である。長根2群とこれらの資料は大体十三菩提式の第3～第4段階に並行するものであろう。関東の十三菩提式第4段階に特徴的な梯子形や

---

(26)　糠塚貝塚の資料から大木6式をさし引いた部分は大体五領ヶ台Ⅰ式に並行するとみられる。筆者にとって山内氏の大木7a式の内容を知る手がかりは，岩手県史第1巻（小岩末治1961）に山内清男氏提供として示された不鮮明な写真しかないが，これは糠塚貝塚の土器とはちがって五領ヶ台Ⅱ式に並行するとみられる土器や「下小野式」に近似する土器である。林謙作氏（1965）は糠塚式→大木7a式の編年を示しておられるが，型式内容のちがいについての説明は示されていない。その後大木7a式の存在に疑問を示し，糠塚式の内容が正確に規定されれば，これを7a式としてもよいとも発言されている（林謙作1976）。また小笠原好彦氏（1968）は，糠塚貝塚の土器のうちから五領ヶ台式的なものを抜き出して大木7a式とし，それを除いた部分を糠塚式としたうえで，糠塚式→大木7a式の編年を提唱しているが，これは一時期の土器を2分して前後関係においたものなので賛成できないが，結果的に型式名の順序は私の考えと一致することになる。最近丹羽茂氏（1981）は大木6式以後大木7b式以前をすべて大木7a式としたうえでそれを3段階に分ける考えを示している。研究者の合意が得られればそれでもよいわけだが，小論では宮の原貝塚の報告以来の，五領ヶ台Ⅰ式に並行する部分を糠塚式とし，同Ⅱ式に並行する部分を大木7a式とする立場を維持した。

同心円形のソーメン状浮線文を有する土器は秋田県宝竜台上（山下孫継編著1961）に2片だけ存在するが，東北地方にこのような土器がどの程度分布するのかは不明である。なお，円筒式の分布圏と境を接する秋田県，岩手県には大木系と円筒系の中間的な土器が少なくないが，1例として水沢市中島（草間俊一ほか1965）の土器（26図2）をあげておく。口縁部文様は縄と絡条体の圧痕で構成され，胴部に木目状撚糸文が加えられている。

五領ヶ台Ⅰ式並行期（糠塚式）

長根3群は前述のように五領ヶ台Ⅰa，Ⅰb，Ⅱa式とほとんど同じものをともなっているから，これらの時期に並行するものといえる。報告者によって長根3群として一括された土器にも，第1トレンチ6～7層出土のものと8～9層出土のもののあいだに少しちがいがあることが丹羽茂氏によって指摘されているが（丹羽茂1981），8～9層には五領ヶ台Ⅰa，Ⅰb式近似の土器を多くともない，6～7層は五領ヶ台Ⅱa式をともなっているので，関東の編年からも丹羽氏の見解を支持することができる。8～9層を糠塚式と呼ぶならば，6～7層には別の型式名を与える必要がある。6～7層には縄文と結節回転文だけで飾られた粗製傾向の土器が多く存在し，東関東の「下小野式」と性格の近い土器とみられる。（新註4）

五領ヶ台Ⅰa式そのものといってよい土器は岩手県大館町，滝ノ沢（報告書の写真不明瞭），大陽台，秋田県大鳥井山，宝竜台上，宮城県糠塚貝塚，長根貝塚，福島県長久保，刈摩山，清水など多数の遺跡に存在する（各，渡辺定男ほか1978，斉藤尚巳・中山清隆ほか1979，及川洵・遠藤勝博ほか1979，鍋倉勝夫ほか1978，山下孫継編著1961，加藤孝1956，伊東信雄ほか1969，中村五郎ほか1969，星将一1978，梅宮茂ほか1961）。Ⅰa式そのものとはいえないが近似するものは，上記の遺跡の他に岩手県畑井野（草間俊一・吉田義昭1959），天神ヶ丘（相原康二ほか1974），中島（草間俊一ほか1965，草間俊一1974），清水貝塚（林謙作1976）などに存在する。畑井野（26図8），清水貝塚（26図9）例は口縁部文様帯の幅が非常に狭いが，地域的な特色を示すのかもしれない。

五領ヶ台Ⅰb式そのものといってもよい土器は秋田県イカリ（大和久震平・奈良修介1960）（27図5），福島県上の台（生江芳徳・春日部善己ほか1978）にあるくらいであるが，宮城県糠塚貝塚（加藤孝1956）（27図1，4，6，7），長根貝塚（伊東信雄ほか1969）（27図2）にはかなり近似するものがある。岩手県大館町（渡辺定男・武田将男ほか1978）（27図9，10），崎山弁天（草間俊一ほか1974），大陽台（及川洵ほか1979）にみられる口縁部文様帯に縦の細沈線を全面に加えたあとで水平線と三角形刻文を加える土器は関東のⅠb式と同じ施文順序をとっており，関係があるかもしれないが確かではない。

これら糠塚式とした土器群にともなう五領ヶ台Ⅰ式近似の土器は，器形，文様において関東の土器と緊密な関係にあるが，同時に大木6式の球胴形の土器の伝統を引くものであって，その点では東北地方の土器組成の一部をなしている。つまり，東北地方の系統上に位置する性格と関東に共通する性格を合せもっているのである。

（新註4）　本書3E章「前期末中期初頭の粗成土器」では，類似するが区別すべきものと見解を改めた。

五領ヶ台Ⅱ式並行期（大木7a式？）

　五領ヶ台Ⅱa式は上記のように東関東のものが宮城県長根貝塚（伊東信雄ほか1969）に存在する。27図12は第Ⅰトレンチ8層出土，13は6層出土である。五領ヶ台Ⅱb式は東関東のものが福島県上の台（生江芳徳・春日部善己ほか1978）にあり，同県音坊（目黒吉明1964）にもみられる。五領ヶ台Ⅱc式はやはり東関東のものが福島県壇の腰（永山倉造ほか1975）（27図17・18）にあり，音坊（目黒吉明1964）にもみられる。この両遺跡は竹ノ下式の段階へ継続している。福島市八景腰巻（加藤孝・阿部正光ほか1975）にも竹ノ下式がみられる。壇の腰には完形土器もある。このように，五領ヶ台Ⅱ式，竹ノ下式の時期の福島県の遺跡は東関東的な土器が主体をなしており，ほとんど同じ土器の分布圏に属したとみられる。

　これに対して宮城，岩手，山形，秋田には大木7a式と呼ぶべき独自の型式が分布したらしい。宮城県の資料は乏しく，わずかに大木囲貝塚で山内氏が大木7a式とした資料（小岩末治1961）が知られている程度であるが，秋田県欠上り（滝口宏・西村正衛1956），岩手県蛸之浦貝塚（?）[27]，畑井野（草間俊一ほか1959）（28図），天神ヶ丘（相原康二ほか1974）（28図）の資料があり，最近報告された盛岡市大館町（渡辺定男ほか1978）（28図，29図）の資料によってこの時期の様子がかなりはっきりしてきた。とはいっても，この時期の土器は関東との類似性が弱まるため，単純な対比はむずかしく，関東の五領ヶ台Ⅱ式の細分との対比の問題，大木7a式の型式内容の問題などは検討を進めていかなければならない。ここでは大体五領ヶ台Ⅱb，Ⅱc式，竹ノ下式頃に対比されると思われる土器を図示するにとどめる。関東と同様に複合鋸歯文の使用がめだっており，これを半截竹管による爪形文におきかえたものも多い。28図1は両者が併用されている。28図5の沈線に沿う刺突文はおそらく東関東のⅡb式と関連するものであろう。29図1，3の口縁部の三角形の区画文は五領ヶ台Ⅱc式で発達する区画文と関係があろう。29図3の波状口縁頂部の装飾は，五領ヶ台Ⅱc式や神谷原式の低い波状口縁上にみられるつまみ状の装飾に似たところがある。

　大木7a式に続く7b式は文様図形に阿玉台式と共通するものが多くあり，隆起線に沿って加えられる撚糸圧痕文は，効果において阿玉台式の隆起線に沿う押引文に共通する。

4．東北地方との関連でみた五領ヶ台式土器の成立過程——土器型式の伝播——

　以上，関東の中期初頭土器の6段階にわたる変遷とそれに並行する東北地方の土器について概観した。筆者はかつて五領ヶ台Ⅰ式の成立に東北地方北部の円筒下層式の影響があったことを指摘したことがある（今村啓爾1972b，本書5E章参考資料）。この考えは今でも変っていないが，多少行きすぎもあったので，ここで五領ヶ台式の成立過程について再論しておきたい。

　五領ヶ台式最初頭のⅠa式は十三菩提式第4段階のソウメン状浮線文を沈線文におきかえることによって成立したものであり，その前後で文様構成に大きな変化はないから，他地域からの影

---

(27) 『日本原始美術』1（1964講談社）参考図版40では岩手県清水貝塚とする。『縄文土器大成』2（1981講談社）参考図版25は岩手県蛸之浦貝塚出土とする。

響を考える必要もない。筆者がかつて円筒下層式の影響を考えた五領ヶ台Ⅰ式の基本的構成，つまり口縁部文様帯と装飾的な胴部の縦の縄文部の対比の成立は，実は十三菩提式の第3段階までさかのぼることはすでに論じた（今村啓爾1974）ことがある。十三菩提式の第3段階で，第2段階の土器の胴部の縦方向の浮線文が縦方向の装飾的な縄文におきかえられた結果，口縁部文様帯と装飾的な胴部縄文部の対比という構成が生れたものである。この変化が，突然土器の大多数を変化させるような形で起ったのか，第2段階の土器の中にポツリポツリと装飾的な縄文を有する土器が出現してきたのかは，十三菩提式の第3段階という設定が不安定な現在，はっきりしない。しかし，少なくとも第2段階にはこのような土器はほとんどなく，第4段階には大部分の土器がこのような構成に変ったことは確かである。

では，この構成は本当に円筒下層式の影響のもとに成立したのであろうか。それには当然の順序として，円筒下層d式と十三菩提式の中間に分布した大木6式に注目しなければならない。先述のように大木6式は，全体としては十三菩提式と相当に異なる型式内容を有しているが，球胴形の土器だけはなぜか十三菩提式に近似の文様をもつものが多く，その変遷も関東の土器と歩調を合せている。大木6式の中葉，十三菩提式第2段階ごろに対比されるとみられる山形県吹浦遺跡（柏倉亮吉ほか1955）の球胴形の土器は，まだ羽状縄文や結節回転文の加えられたものは少ないが，同じ遺跡の円筒形の土器では，それらの縄文や木目状撚糸文がさかんに用いられている。円筒形の土器にだけ円筒下層式の影響が現れているが，まだそれが球胴形の土器におよんでいない状態とみることができよう。そして大木6式の後葉になると清水貝塚（林謙作1976）その他の例にみるように，球胴形の土器にも羽状縄文や結節回転文が多用されるようになるが，同じ変化はそれに並行する十三菩提式第3段階の土器にも現れている。この大木6式と十三菩提式に現れた変化は両型式に共通する器形である球胴形土器の同じ部位に現れているから，明らかにひとつながりの現象である。

このように十三菩提式後葉における円筒下層d式の影響は大木6式の球胴形の土器を介してもたらされたものであるが，その影響の大きさは，十三菩提式第2段階の胴部の縦の浮線文を縦の装飾的な縄文におきかえたという程度のものにすぎない。大木6式では縦方向とともに横方向の縄文もあるのに十三菩提式では縦が多いのは，従来から存在した縦方向の文様意識に合うものがとり入れられたためであろう。このことからもわかるように，この変化は十三菩提式が円筒下層式的要素をとり入れたのであって，けっして円筒下層式土器の分布圏の拡大といった性質のものではない。しかしながら，円筒下層式に起源をもつ縦の羽状縄文が太平洋側を中心に広がったとき，日本海側ではやはり円筒下層式に起源をもつ木目状撚糸文が福井県まで広がって，北陸地方に朝日下層式を生み出してその末流は中部高地，関東地方にも入っていることを考えると，この変化は単なる文様の一要素の伝播の問題としてかたづけることはできないように思われる。

このように円筒下層式の影響を関東にもたらした伝達者として大木6式の球胴形の土器が注目されるのであるが，この球胴形の土器は次の糠塚式では五領ヶ台Ⅰa式とほとんど区別し難いものに変る。そしてその口縁部文様は，現在のところ東北地方で成立したとする証拠が乏しいのに対し，関東では十三菩提式第4段階からの変化で成立することが知られている[28][新註5]。この点を強調す

るならば，糠塚式の球胴形土器は関東の系統に属するものということになるであろう。しかし土器型式の組成という観点からすると，大木6式で球胴形の土器が重要な構成員であった位置を，糠塚式においては五領ヶ台Ⅰ式に酷似する球胴形の土器が占めているのである。そして同じ糠塚式の球胴形の土器でも岩手県のものには口縁部文様帯の幅が狭いものが多いという地域色が存在する事実も，この種の土器を全く関東系のものとみてはいけないことを示している。

　以上を要約すると，大木6式と十三菩提式，また糠塚式と五領ヶ台Ⅰ式は型式内容全体では相当に異なる型式であるが，最も精製の土器である球胴形の土器に限って共通性を維持しようとする性質がみられる。大木6式がその分布圏の北部で円筒下層d式と接触して胴部に羽状縄文や結節回転文を受け入れ，それが球胴形の土器にも用いられるようになったとき，同じ文様はすぐに関東に伝わって，関東の土器にもその影響が現れた。そして次に，五領ヶ台Ⅰa式が関東で成立したとき，その口縁部文様はほとんど同時に岩手県，秋田県にまで伝わり，その地の球胴形の土器に採用された。このような前期末～中期初頭の東北と関東の土器の変化の中に，遠隔地域間での土器の影響関係という現象のひとつの具体例をみることができるのである。

5．五領ヶ台式に見る土器型式の基本的な形の維持——土器型式の伝承——

　関東の中期初頭の土器にも6段階程度の時代的変化と各段階を通じて2つ以上の地域的変異があり，その多くが充分に1型式といえるだけの安定した内容を有していることを細かく論じてきた。地域的型式の分布範囲を明示することは現在の段階では不可能であるが，それが固定的なものでないということは言えそうである。このような型式群の分布の変化や影響力の伸長，衰退の現象が五領ヶ台式の変遷を単調ならざるものにしている。とくに東関東に本拠をもつ五領ヶ台式と長野県に本拠をもつ踊場式双方の影響下にあった西関東ではそれが著しい。

　五領ヶ台Ⅰa式期には東関東から広がるⅠa式が横浜あたりまで主体的な型式として広がっており，さらに西に少し違うⅠa式が広がっている可能性がある。踊場式は西関東にも五領ヶ台式に匹敵する量で分布する。Ⅰb式期では西関東から中部高地までほぼ一様な五領ヶ台式が広がる。東関東は資料不足ではっきりしない。踊場式はやはり西関東でも豊富である。Ⅱa式期もあまり変らないが，東関東の土器の独自性が強まる。Ⅱb式期は五領ヶ台系と踊場系の折衷型式が西関東から中部高地まで広がるのに対し，東関東では五領ヶ台系本来の基本的な形が維持されるとと

---

(28)　十三落提式第4段階と同じ文様を有する土器は秋田県湯沢市宝竜台上（山下1961）で同一個体2片が知られているだけである。しかし関東でも零細な資料が知られているだけであるから，東北地方でも今後検出される可能性がないとはいえない。

(新註5)　中駒，霧ヶ丘など十三菩提式第4段階の浮線文が五領ヶ台Ⅰa式の口縁部文様に変わることを示す資料が，関東で発見され，東北地方ではほとんど知られていない1985年当時の資料状況のもとでこの部分が記述された。註28や本文によってそのときから予測されたことであるが，その後宮城県小梁川，福島県法正尻などでまとまった資料が得られ，東北地方でも関東地方でも同じ変遷過程の存在が明らかになった。逆に関東側では発掘の激増にもかかわらず追加資料がほとんど得られていない。球胴形は大木6式の中で重要な位置を占め続けた器種であり，変化の中心は東北地方にあったと見るべきである。関東地方は大木6式系の進入を受け続けたため資料をならべると同じ変遷がたどれるのであって，変遷を主体的に担ったわけではないと理解すべきであろう。1985年以後の理解の変化については，今村1992, 2001, 2006aで触れた。

もに分布を西へ広げる。Ⅱc式ではこの広がりの影響からか，五領ヶ台系本来の形が西関東から中部高地にまで広がり，踊場系の要素はほとんど見られなくなる。ところが次の五領ヶ式直後の段階には，再び踊場系の口縁部文様帯の基本的な形を受け入れた大石式が中部高地に広がり，西関東へも強力に進出する。東関東には竹ノ下式が，中間に神谷原式が広がるらしいが，資料不足ではっきりしない。次の時期，大石式から変化した狢沢式は，西関東にも安定して分布している。東関東では竹ノ下式から阿玉台式が生れ，一系列の変化をたどる。中間に存在する可能性のある鳴神山の系統（佐藤達夫1974）は実態不明であるが，有名な鳴神山の土器（高橋良治1959）は神谷原式と関連をもち，同時に新道式につながる文様要素をいくつか有する点で注意すべき存在である。さらにおくれて勝坂式の末期に櫛形文土器（踊場式──→平出三Ａの後裔）の影響が中部，関東の勝坂式におよぶことを谷井彪氏が指摘している（谷井彪1977）。

　このように西関東の土器は東関東と中部高地の影響を交互に受けているのである。

　西関東の五領ヶ台式を通観すると，Ⅰ式とⅡc式が編年上離れているにもかかわらず基本的な形で類似する。これはこの形が東関東で維持された後に再び広がったためである。同様に踊場式と五領ヶ台Ⅱb式，大石式が基本的な形で類似する。これはこの形が長野県（上伊那地方中心？）で維持されたことと関係がある。このような土器型式の基本的な形の保持のされかたに，土器型式の伝承のひとつの具体例をみることができるのである。

　少し視野を広げると，五領ヶ台Ⅱ式と加曽利ＥⅠ～Ⅱ式がともに口縁部区画文と胴部懸垂文という基本的構成を有し，時期が離れているにもかかわらず似ていることに気がつく。これも同様な，そしてより大きな規模でおこった伝承例のひとつに数えられるかもしれない。五領ヶ台Ⅱ式とそれに並行する大木７a式にみられる上記の基本的構成は，けっして単純なありかたではないが，阿玉台式，東北地方南部の大木７b式，８a式，諏訪式と呼ばれる阿玉台式と大木７b式の中間的な土器の中に変化しつつも維持されている。そして大木８a式が加曽利Ｅ式の成立に大きな役割を果したことは，先学のすでに指摘するところである（野口1958，谷井1977）。

＜付記＞

　小論を草するにあたり，日頃から御指導いただいている吉田格先生をはじめ多くの方々のお世話になった。特に八幡一郎先生には五領ヶ台貝塚の資料，清水潤三，鈴木公雄両氏には八辺貝塚と染井遺跡の資料，尾形禮正氏には段間遺跡の資料，中西充氏には椚田遺跡群の資料，上野新吾氏には朝霞城山遺跡の資料を拝見するのに便宜をはかっていただき，有益な御教示をいただいた。池谷信之氏には各地の未発表資料について御教示いただいた。小論中の染井遺跡の資料は清水潤三氏の，台遺跡の資料は上総国分寺遺跡調査団の御好意によって，未発表資料にもかかわらず収録を許されたものである。以上の方々に厚く感謝申しあげる次第である。

　小論が発表されるまでには多少の紆余曲折があった。当初，ある出版計画にあたって五領ヶ台式土器の主な資料をできるだけ収録し，その変遷を解説するつもりで1981年にまとめたが，1983年に計画が具体化されることになり，その時点で新たに発表されていた大石遺跡の重要な資料を図に加え，神谷原等の新資料については図には加えられなかったが文章にのみ加えて，一部分書

きなおした。しかし，それもまた諸般の事情により今日に至るも出版のめどがたたないため，研究室紀要への掲載をお願いしたような次第である。この間新資料は加速度的に増加し，当初意図した重要資料の網羅的集成からはほど遠いものになってしまった。また，最近の諸研究の成果が十分に生かされていないのもこのようないきさつによるものであることを御了承いただきたい。

図版に掲載された資料の出典
＜岩手県＞
盛岡市上米内畑井野　　　　　　　　　　草間俊一・吉田義昭1959
盛岡市大館町　　　　　　　　　　　　　渡辺定男（土器）・武出将男（土器）ほか1978
稗貫郡大迫町天神ヶ丘　　　　　　　　　相原康二（土器）ほか1974
北上市鬼柳町鹿島館　　　　　　　　　　北上市教育委員会1975
北上市相去町滝ノ沢　　　　　　　　　　斉藤尚巳・中山清隆1979
水沢市真城西町中島　　　　　　　　　　草間俊一ほか1965
上閉伊郡大槌町吉里崎山弁天　　　　　　草間俊一・玉川一郎（Ⅲ群土器）ほか1974
大船渡市赤崎町清水貝塚　　　　　　　　西村正衛・菊池義次・金子浩昌1958，林謙作1976
陸前高田市広田町大陽台　　　　　　　　及川洵・遠藤勝博ほか1979
＜秋田県＞
北秋田郡イカリ　　　　　　　　　　　　大和久震平・奈良修介1960
横手市大鳥井山　　　　　　　　　　　　鍋倉勝夫・杉渕馨・西谷隆ほか1978
雄勝郡稲庭川連町欠上り　　　　　　　　滝口宏・西村正衛1956
雄勝郡稲庭川連町宝竜台上　　　　　　　山下孫継編著1961
＜山形県＞
飽海郡吹浦村吹浦　　　　　　　　　　　柏倉亮吉・江坂輝弥ほか1955
＜宮城県＞
登米郡新田村糠塚貝塚　　　　　　　　　加藤孝1956，小笠原好彦1968
遠田郡涌谷町長根貝塚　　　　　　　　　伊東信雄・藤沼邦彦ほか1969
宮城郡七ケ浜町要害大木囲貝塚　　　　　小岩末治1961，
白井市福岡深谷正人壇　　　　　　　　　片倉信光・中橋彰吾・後藤勝彦ほか1976
＜福島県＞
双葉郡浪江清水　　　　　　　　　　　　梅宮茂ほか1961
信夫郡信夫音坊　　　　　　　　　　　　目黒吉明1964
福島市飯坂町腰巻　　　　　　　　　　　加藤孝・阿部正光（土器）ほか1975
二本松市塩沢上原A　　　　　　　　　　目黒吉明・森貢喜（土器）ほか1975
安達郡大玉村長久保　　　　　　　　　　中村五郎（土器）ほか1969
郡山市大槻町壇ノ腰　　　　　　　　　　永山倉造・吉田幸一ほか1975
耶麻郡塩川町刈摩山　　　　　　　　　　星将一1978
耶麻郡塩川町中屋上ノ台　　　　　　　　生江芳徳・日下部善己1978
＜茨城県＞
東茨城郡大洗町磯浜吹上貝塚　　　　　　上川名昭ほか1972a，宮田毅編1977，伊東重敏ほか1971
東茨城郡大洗町磯浜吹上竹ノ下貝塚　　　藤本彌城1977b
（上と同一遺跡別地点）

鹿島郡鉾田町塙　　　　　　　　　　　　橋本勉1980
鹿島郡鹿島町伏見　　　　　　　　　　　小野真一ほか1979
稲敷郡美浦村虚空蔵貝塚　　　　　　　　大川清・大島秀俊ほか1978
稲敷郡美浦村興津貝塚　　　　　　　　　西村正衛1968，西村正衛1980a，西村正衛1980b
竜ヶ崎市若柴町沖餅　　　　　　　　　　渡辺俊夫1980
北相馬郡取手町向山貝塚　　　　　　　　西村正衛1967

＜栃木県＞
那須郡那須町伊王野木下　　　　　　　　中村紀男1964
那須郡那須町伊王野何耕地　　　　　　　中村紀男1964
河内郡上河内村山向　　　　　　　　　　海老原郁雄・木村等ほか1977

＜埼玉県＞
浦和市大谷場　　　　　　　　　　　　　鈴木斌1986
秩父郡吉田町わらび沢岩陰　　　　　　　今村啓爾1980c

＜千葉県＞
銚子市南小川町粟島台　　　　　　　　　野口義麿1952
香取郡小見川町下小野貝塚　　　　　　　江森正義・岡田茂弘・篠遠喜彦1950
香取郡小見川町白井雷貝塚　　　　　　　西村正衛，1951　西村正衛1954
八日市場市八辺八辺貝塚　　　　　　　　清水潤三1958
香取郡多古町染井　　　　　　　　　　　慶応大学資料（未発表）
成田市北羽鳥　　　　　　　　　　　　　小川和博1977
成田市子ノ神　　　　　　　　　　　　　小川和博ほか1980
成田市三里塚 No.13遺跡　　　　　　　　中山吉秀1971
印旛郡富里村日吉倉　　　　　　　　　　中山吉秀1975a
印旛郡八街町置里　　　　　　　　　　　日暮学1978
印旛郡印西町高根北　　　　　　　　　　中山吉秀ほか1974
印旛郡白井町復山谷　　　　　　　　　　清藤一順ほか1978
印旛郡白井町一本桜　　　　　　　　　　中山吉秀，1973・1976
千葉市都町宝導寺台貝塚　　　　　　　　庄司克1970
千葉市高田町藤沢　　　　　　　　　　　瀬戸久夫・高橋博文1979
市原市台遺跡B地点　　　　　　　　　　上総国分寺台遺跡調査団資料（未発表）
八千代市菅田町川崎山　　　　　　　　　平岡和夫・大賀健1979
船橋市旭町後貝塚　　　　　　　　　　　東京国立博物館1953
船橋市藤原町法蓮寺山　　　　　　　　　栗本佳弘ほか19751
市川市大野町鳴神山　　　　　　　　　　高橋良治1959
市川市国分旧東練兵場貝塚　　　　　　　西村正衛1961
流山市中野久木　　　　　　　　　　　　古宮隆信編著1974
木更津市菅生清水谷　　　　　　　　　　中山吉秀ほか1975b
君津市矢那苗見作　　　　　　　　　　　石田広美1980
夷隅大原町新田野貝塚　　　　　　　　　武井則道（土器）ほか1975
安房郡豊田村加茂　　　　　　　　　　　江坂輝弥（十器）ほか1952
館山市船越銘切神社洞窟　　　　　　　　金子浩昌・和田哲・玉口時雄ほか1958

＜東京都＞
世田谷区狐塚　　　　　　　　　　　　　早乙女雅博1980

東村山市御伊勢前	高橋健樹ほか1981
秋川市二宮前田耕地	松井和浩（第Ⅲ群土器）南洋一郎（1号埋甕）ほか1979
八王子市元八王子月夜峰	久保昇1972
八王子市石川町西野	横山悦枝1974
八王子市中野町明神社北	椚国男・佐々木蔵之助1976
八王子市犬目町	吉田格1956
八王子市椚田町椚田第Ⅳ遺跡	新藤康夫（土器）ほか1975a，中西充1979
八王子椚田町神谷原（椚田第Ⅱ遺跡）	中西充ほか1982『神谷原』Ⅱ　八王子椚田遺跡調査会
八王子市寺田町下寺田	新藤康夫（土器）ほか1975b
南多摩郡稲城町平尾No.9遺跡	鈴木保彦1971
町田市本町田藤の台	川口正幸ほか1980
町田市玉川学園七丁目清水台	浅川利一・戸田哲也1971
西多摩郡奥多摩町とけっぱら	吉田格・今村啓爾ほか1974
神津島本村上の山	今村啓爾ほか1980a
三宅島島下	伊豆諸島考古学研究会1975

＜神奈川県＞

川崎市野川十三菩提	甲野勇1932，樋口清之・麻生優1968，樋口清之・麻生優1971
横浜市港北町下田町中駒	今村啓爾・松村恵司1971
横浜市港北区宮の原貝塚	吉田格・今村啓爾ほか1972
横浜市緑区東方第7遺跡	横浜市埋蔵文化財調査委員会1974a
横浜市緑区池辺第4遺跡	横浜市埋蔵文化財調査委員会1974b
横浜市緑区十日市場町霧ケ丘第2，第3地点	今村啓爾（土器）ほか1973
横浜市金沢区六浦町室ノ木	赤星直忠・塚出明治1973
鎌倉市関谷東正院	神奈川県教育委員会・東正院遺跡調査団1972
平塚市金目五領ヶ台貝塚	江坂輝弥1949，日野一郎・岡本勇・小川裕久ほか1970
中郡二宮町平台	上川名昭1972b
秦野市渋沢山之台	山下正博・池谷信之1981
足柄下郡真鶴町上釈迦堂	杉山博久1968　杉山博久1970，杉山博久1971
足柄上郡山北町尾崎	岡本孝之ほか1977

＜山梨県＞

都留市田野倉	山本正則1975
大月市富浜町宮谷	川崎義雄・重住豊ほか1972
東山梨郡勝沼町寺平	
東八代郡中道町下向山	吉田格1963
北巨摩郡明野村机腰	末木健ほか1977
北巨摩郡小淵沢町上平出	末木健ほか1974，末木健ほか1977

＜長野県＞

諏訪郡富士見町曽利東	藤森栄一1965
諏訪郡富士見町曽利	武藤雄六・宮坂光昭・長崎元広・小林公明ほか1978
諏訪郡富士見町高森新道	藤森栄一1965
諏訪郡富士見町籠畑	武藤雄六1968
諏訪郡富士見町九兵衛尾根	藤森栄一1965
諏訪郡富士見町烏帽子狢沢	藤森栄一1965

諏訪郡原村菖蒲沢大石　　　　　　　　　　伴信夫ほか1976
茅野市郷狩野頭殿沢　　　　　　　　　　　岩佐今朝人・伴信夫ほか1981
茅野市金沢判ノ木山西　　　　　　　　　　小林秀夫・百瀬長秀ほか1971
諏訪市上諏訪町踊場　　　　　　　　　　　藤森栄一1934
岡谷市長地梨久保　　　　　　　　　　　　戸沢充則・宮沢光昭1951，宮坂光昭1965，藤森栄一1969
岡谷市長地扇平　　　　　　　　　　　　　会田進（土器）ほか1974
岡谷市湊花岡船霊社　　　　　　　　　　　青沼博之・島田哲男ほか1980
岡谷市川岸新倉後田原　　　　　　　　　　戸沢充則編1970
岡谷市川岸原沢　　　　　　　　　　　　　藤森栄一1956
小県郡長門町片羽　　　　　　　　　　　　岩佐今朝人（中期の土器）ほか1976
上伊那郡箕輪町中箕輪堂地狐窪　　　　　　酒井幸則ほか1979
伊那市伊那月見松　　　　　　　　　　　　藤沢宗平・林茂樹・下平秀夫・手前博之ほか1968，遮那藤麻呂ほか1974
伊那市西春近山寺垣外　　　　　　　　　　小池政美ほか1973
駒ケ根市赤穂荒神沢　　　　　　　　　　　気賀沢進・小原晃一1979
＜静岡県＞
賀茂郡河津町段間　　　　　　　　　　　　外岡龍二1980
田方郡大仁町三福向原　　　　　　　　　　小野真一ほか1971
沼津市長井崎　　　　　　　　　　　　　　関野哲夫ほか1980
駿東郡長泉町柏窪　　　　　　　　　　　　江藤千万樹1938，中野国雄・平川昭夫1980，池谷信之1980

3D章　五領ヶ台式土器の編年　99

第3図　十三菩提式後葉（1～4：第3段階，5～13：第4段階，14：第4段階？）
1：神奈川宮の原，2，4：神奈川室の木，3：千葉加茂，5，7：神奈川中駒，6，8～9，11，12，14：神奈川霧ケ丘，10：神奈川池辺第4，13：神奈川東方第7　（実測図1/6，拓本1/4，以下同じ）

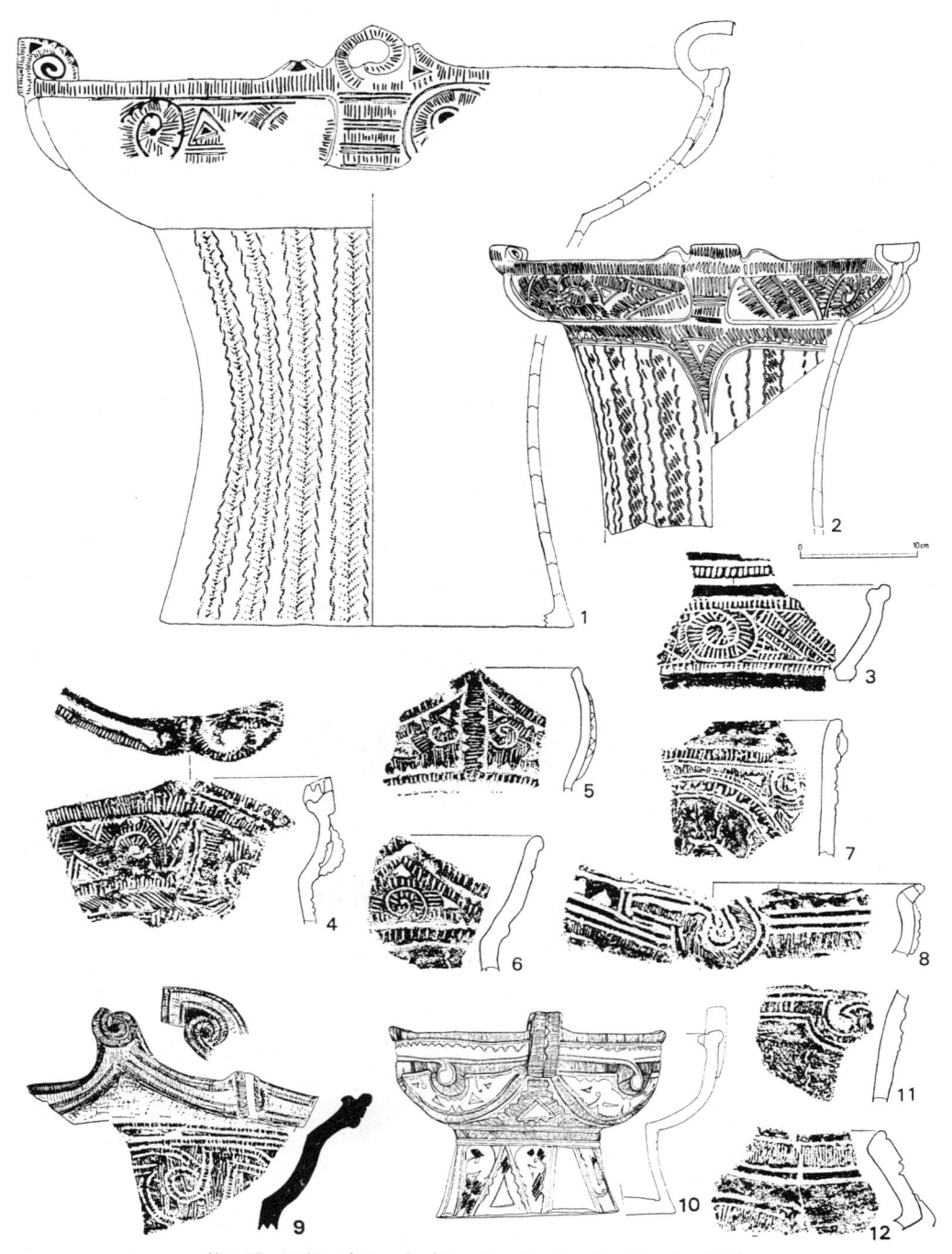

100　第Ⅲ部　地域と年代で分ける基本的編年

第4図　五領ヶ台Ⅰa式（1〜7：Ⅰa式，8〜12：Ⅰa式？）
1，9：神奈川中駒，2，4〜8，11〜12：神奈川池辺第4，3：神奈川東方第7，10：静岡長井崎

3D章　五領ヶ台式土器の編年　101

第5図　五領ケ台Ｉｂ式
1，3，7，10：神奈川宮の原，2，5，6，8，9，12：東京明神社北，4：長野籠畑，11，13：長野梨久保

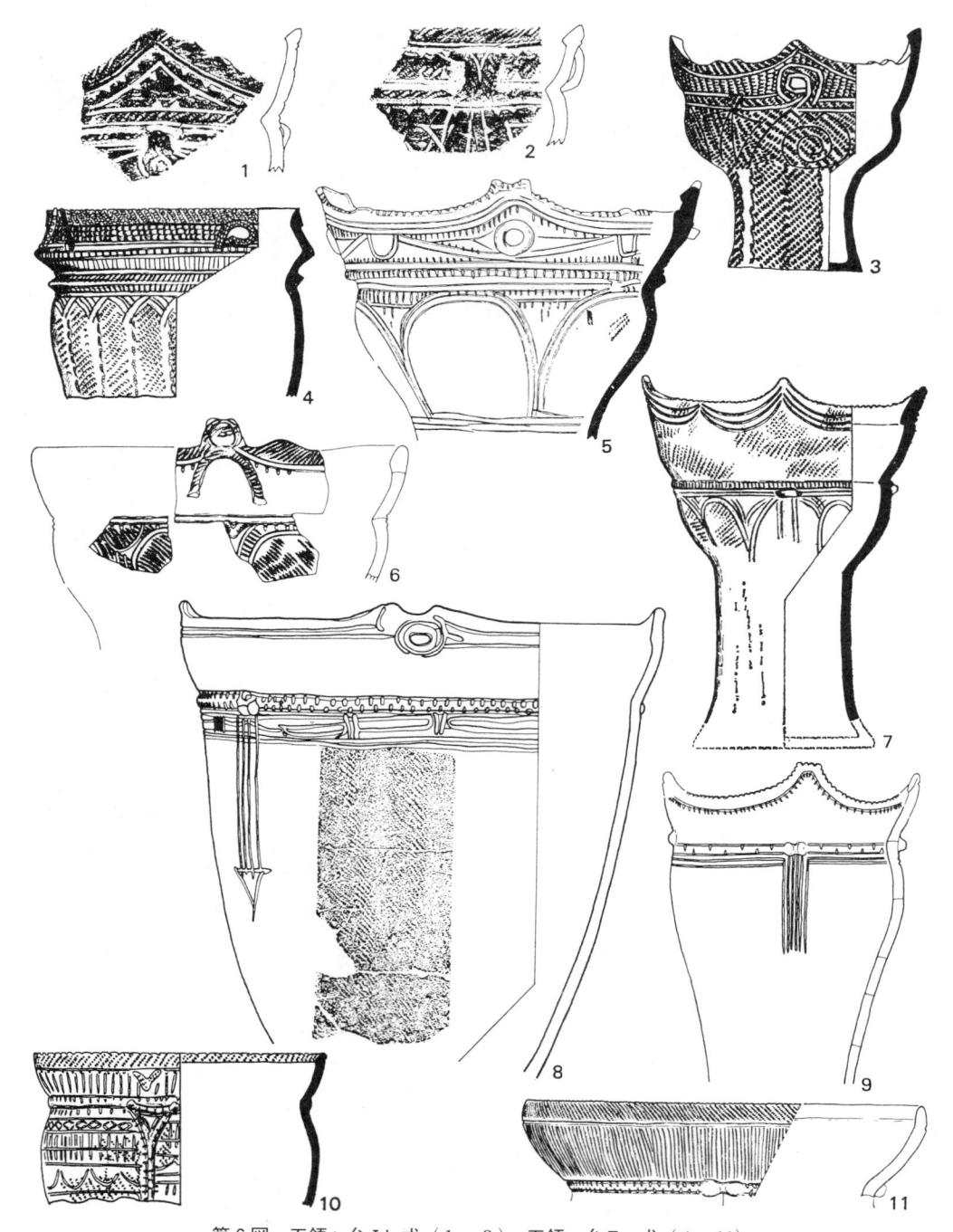

102　第Ⅲ部　地域と年代で分ける基本的編年

第6図　五領ヶ台Ⅰb式（1〜3），五領ヶ台Ⅱa式（4〜11）
1，2：東京明神社北，3，4，10：神奈川宮の原，5：長野後田原，6，11：椚田第Ⅳ，7：長野九兵衛尾根，8：長野扇平，9：神奈川山之台

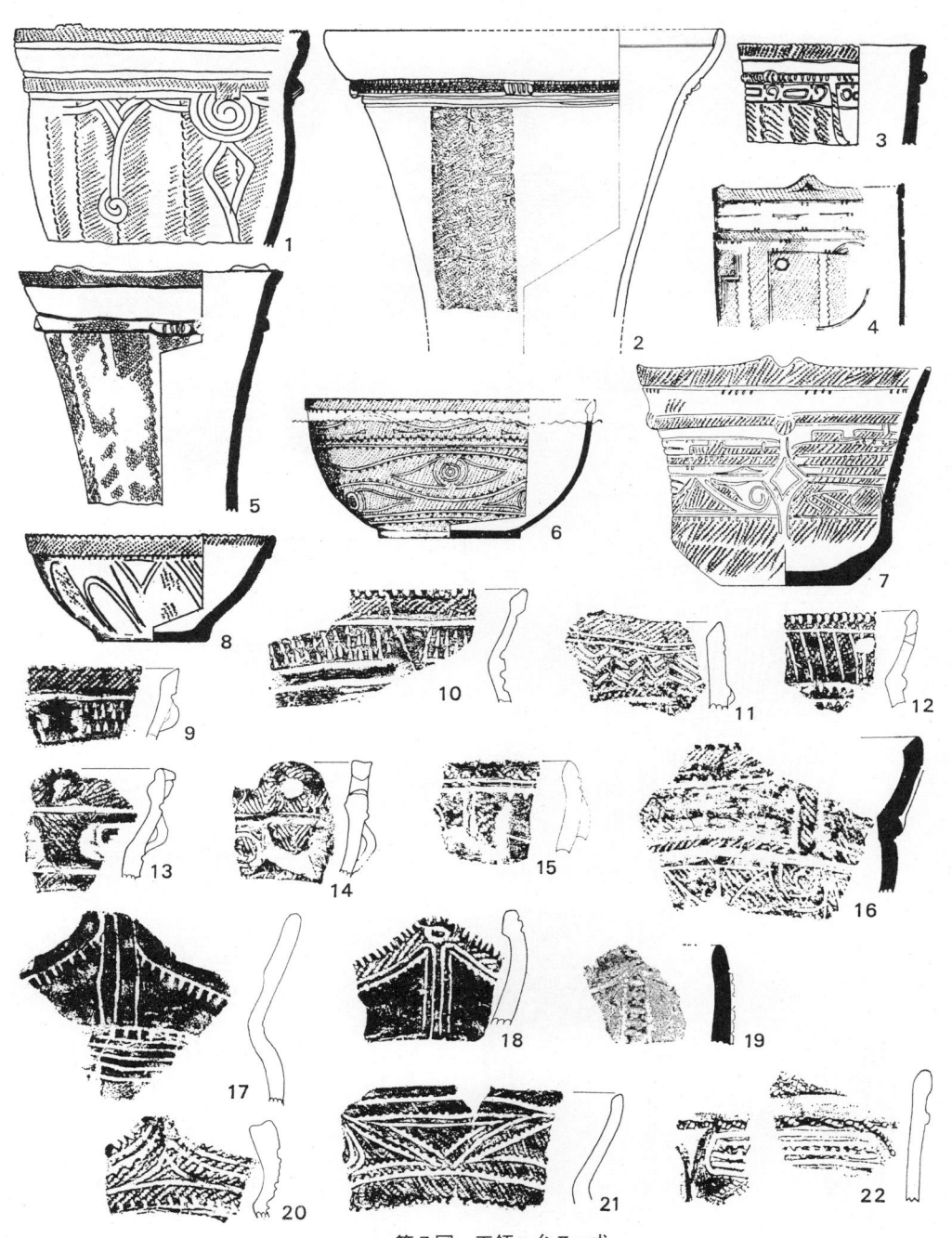

3D章　五領ヶ台式土器の編年　103

第7図　五領ヶ台Ⅱa式

1，3，5：神奈川宮の原，2：長野扇平，4，6：長野梨久保，7：長野後田原，8：長野九兵衛尾根，
9，10，12：神奈川東方第7，11：神奈川尾崎，13，14，21：神奈川山之台，15，16，19：神奈川上釈迦堂，
17：長野荒神沢，18，20：静岡柏窪，22：神奈川霧ヶ丘

第8図　五領ヶ台Ⅱa式（1～7），Ⅱa式またはⅡb式（8，9），Ⅱb式（10～12）
1，10～12：山梨上平出，2：長野山寺垣外，3：長野月見松，4：神奈川山之台，5：神奈川上釈迦堂，6：静岡柏窪，7：東京西野，8：神奈川山之台，9：長野曽利

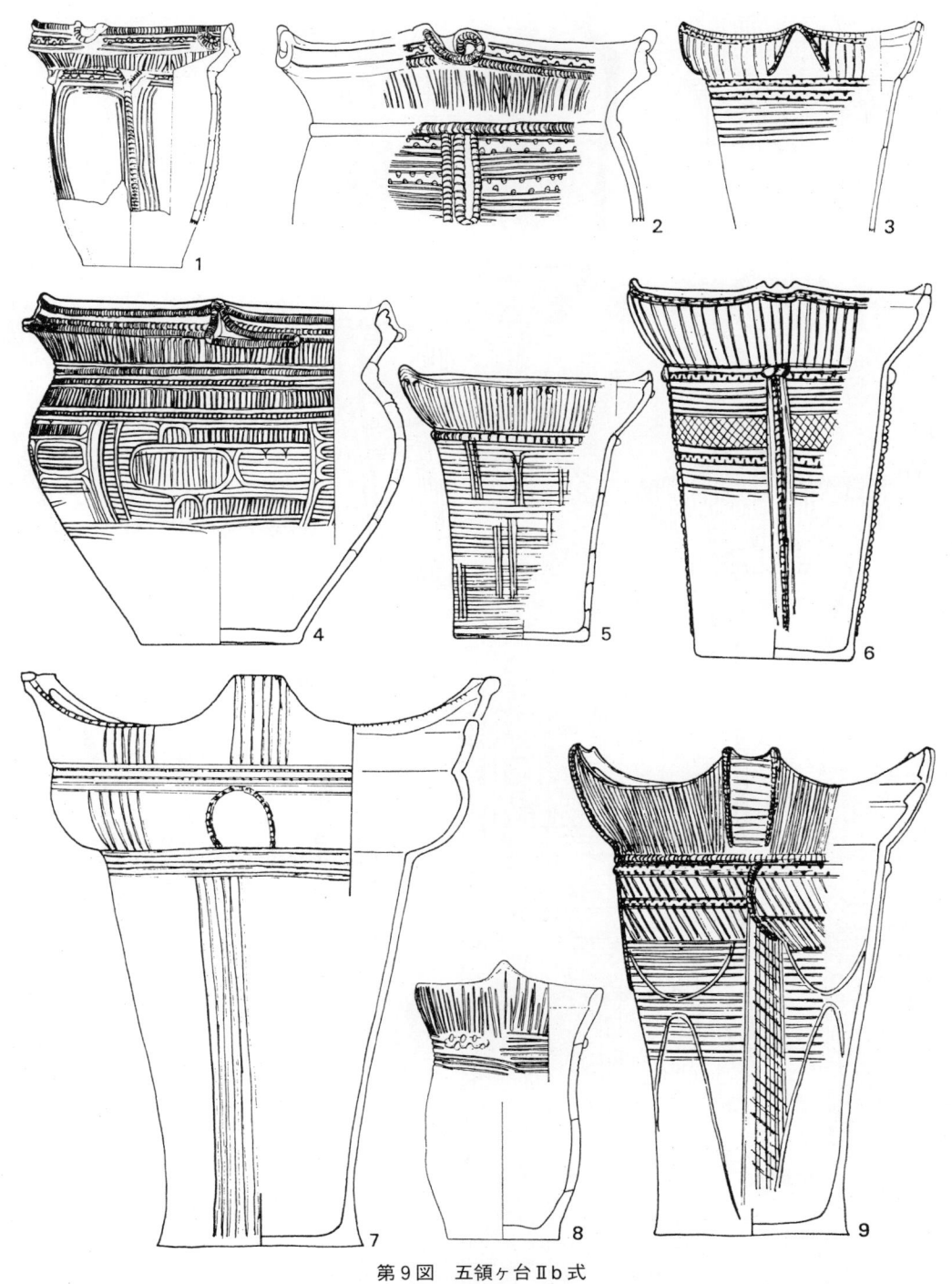

3 D章　五領ヶ台式土器の編年　105

第9図　五領ヶ台Ⅱb式
1，8：東京西野，2：山梨上平出，3，5〜7，9：長野曽利，4：長野扇平

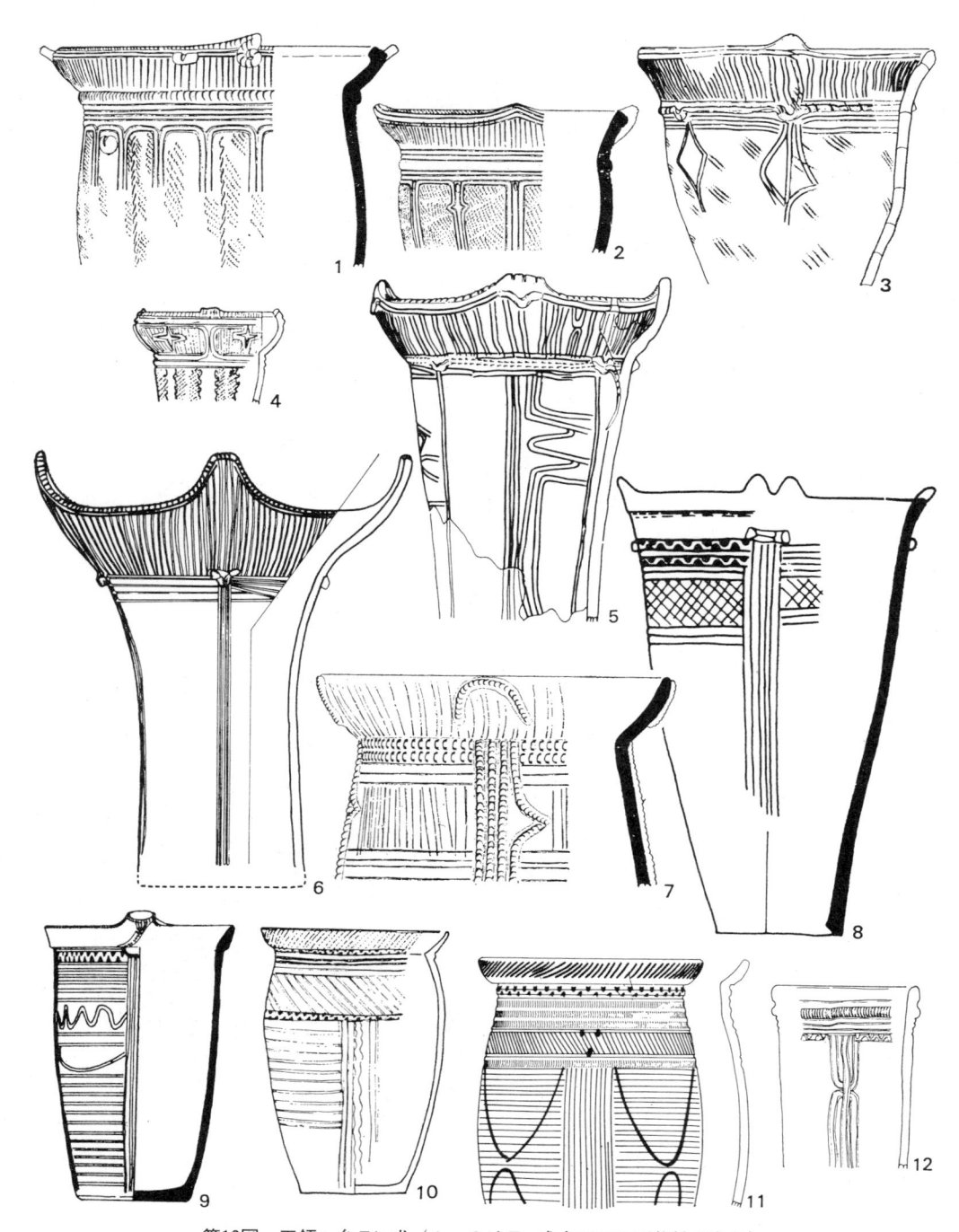

106　第Ⅲ部　地域と年代で分ける基本的編年

第10図　五領ヶ台Ⅱb式（1，2はⅡc式まで下る可能性がある）
1，2，7：長野月見松，3，5：東京梱田第Ⅳ，4，10：長野曽利，6：長野扇平，8：山梨下向山
9：神奈川五領ヶ台，11：静岡柏窪，12：山梨上平出

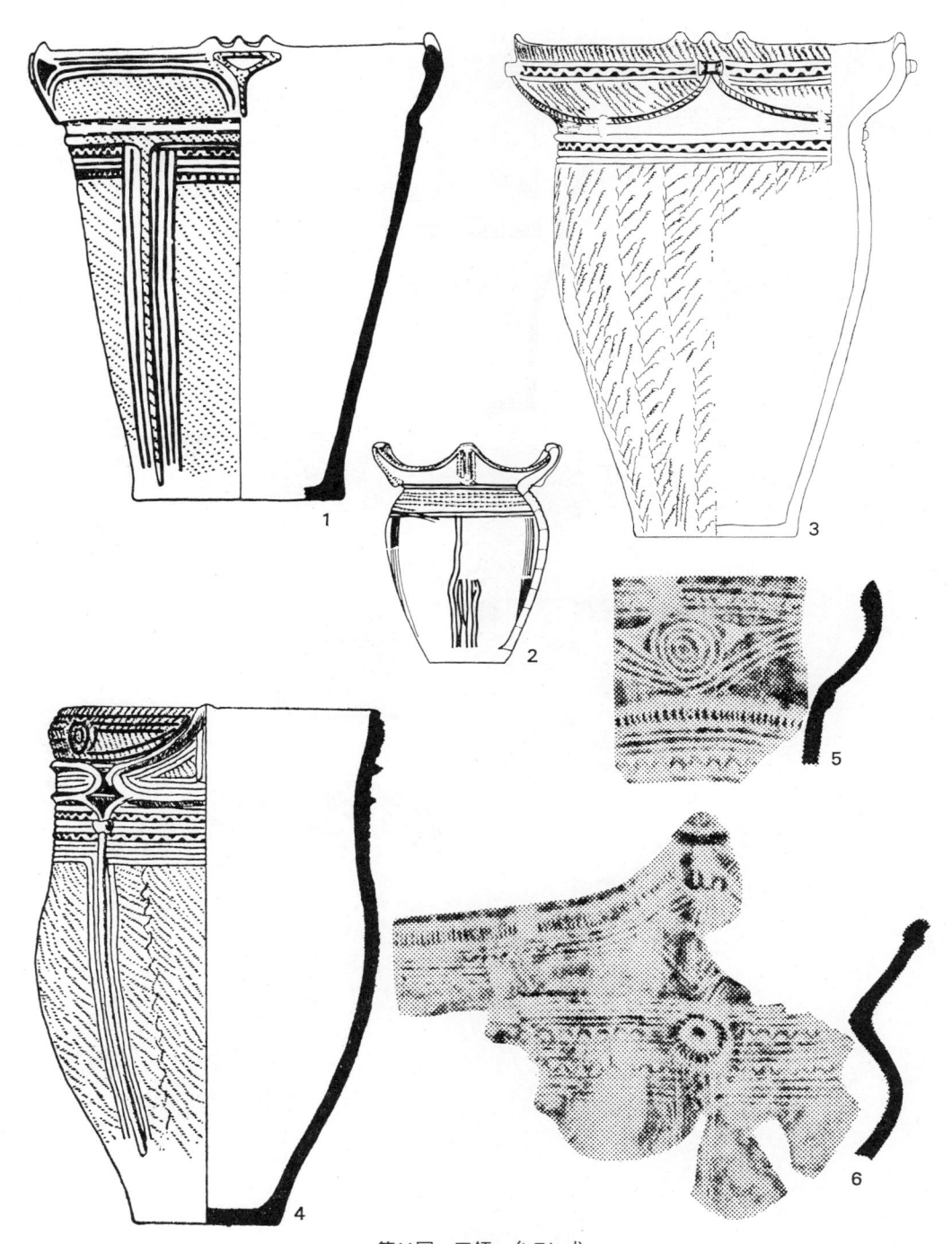

3D章　五領ヶ台式土器の編年　107

第11図　五領ヶ台Ⅱb式
1，5，6：山梨下向山，2：東京椚田第Ⅳ，3：長野狐窪，4：長野原沢

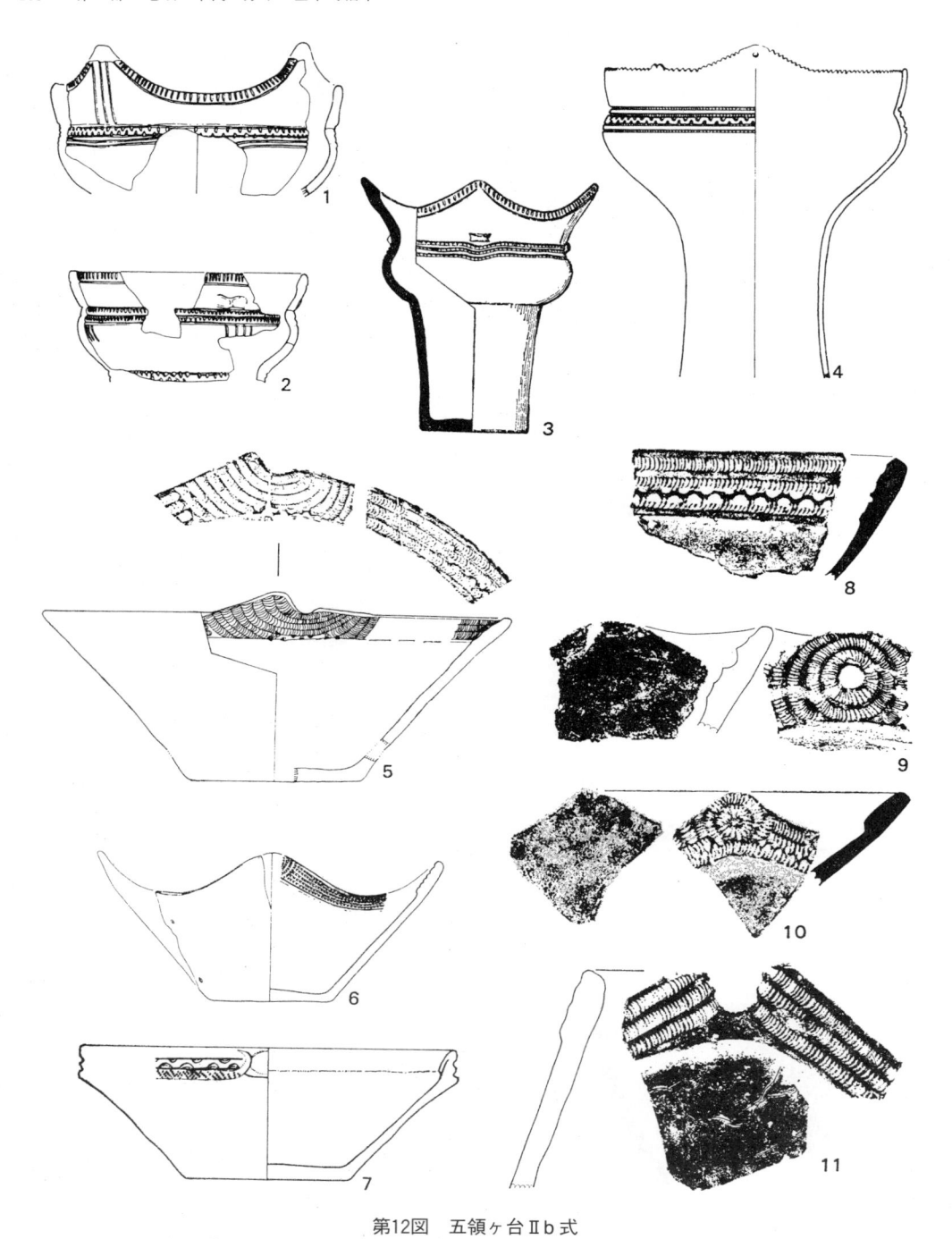

108　第Ⅲ部　地域と年代で分ける基本的編年

第12図　五領ヶ台Ⅱb式
1，2，6，9：梛田第Ⅳ，3：長野曽利東，4：山梨宮谷，5，11：長野狐窪，7：東京西野，8：長野曽利，10：長野月見松

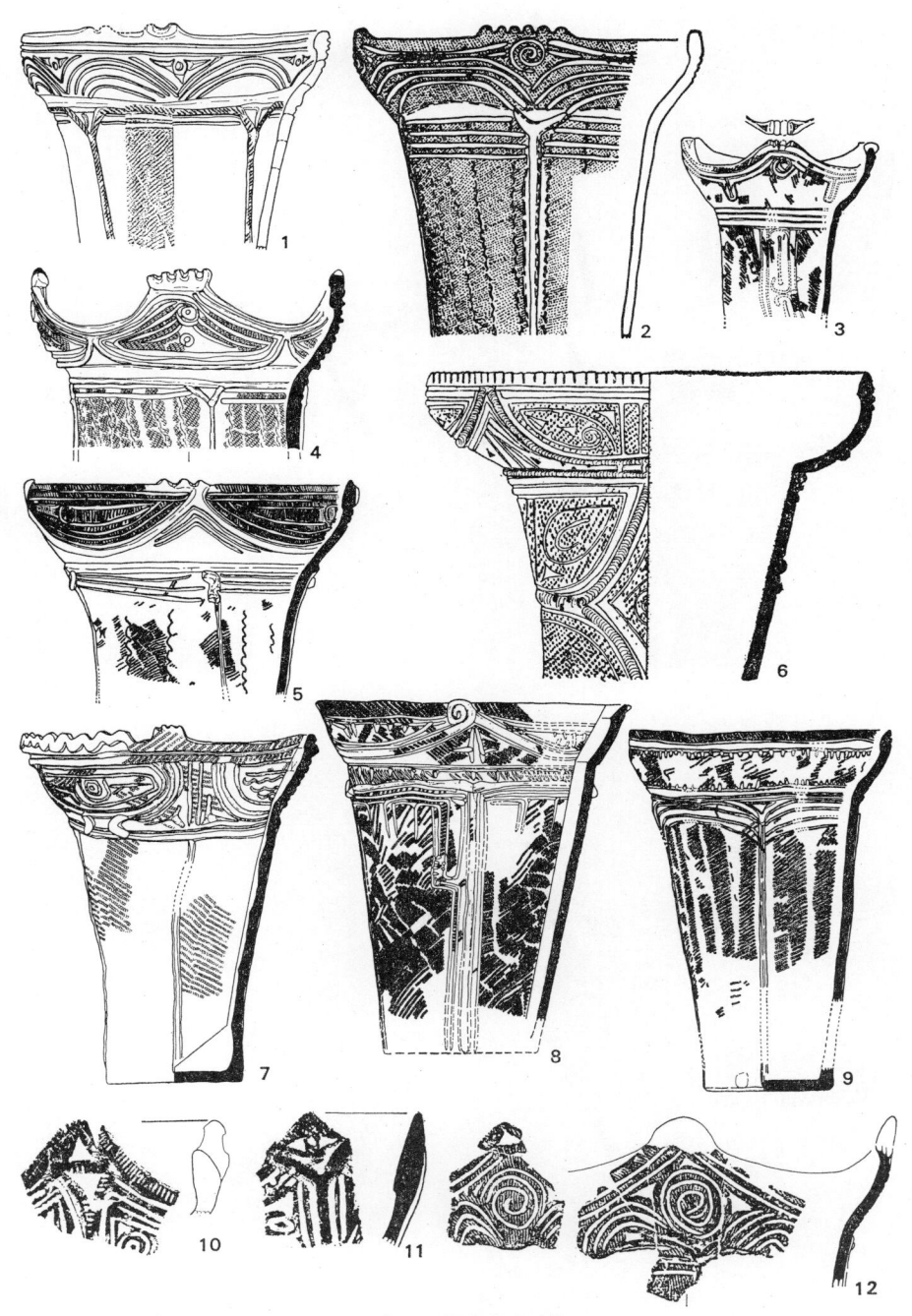

第13図　五領ヶ台Ⅱc式
1：東京梱田第Ⅱ，2：長野曽利，3，5，7〜9：長野船霊社，4，12：長野頭殿沢，6：東京犬目，10：長野狐窪，11：東京月夜峰（実測図1/6，拓本1/4，ただし13図12は1/6）

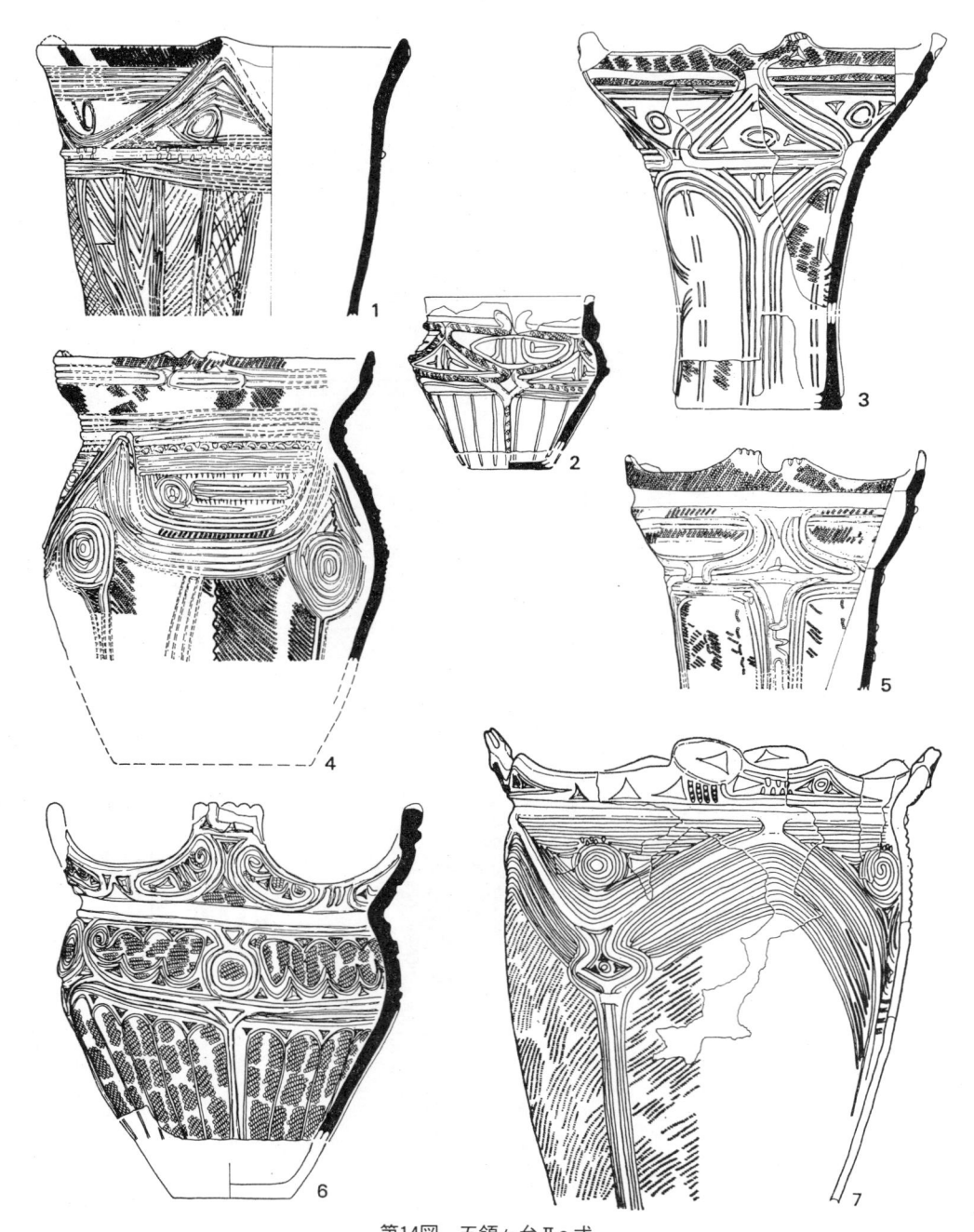

110　第Ⅲ部　地域と年代で分ける基本的編年

第14図　五領ヶ台Ⅱc式
1，4，5：長野船霊社，2，3，6：長野頭殿沢，7：東京前田耕地

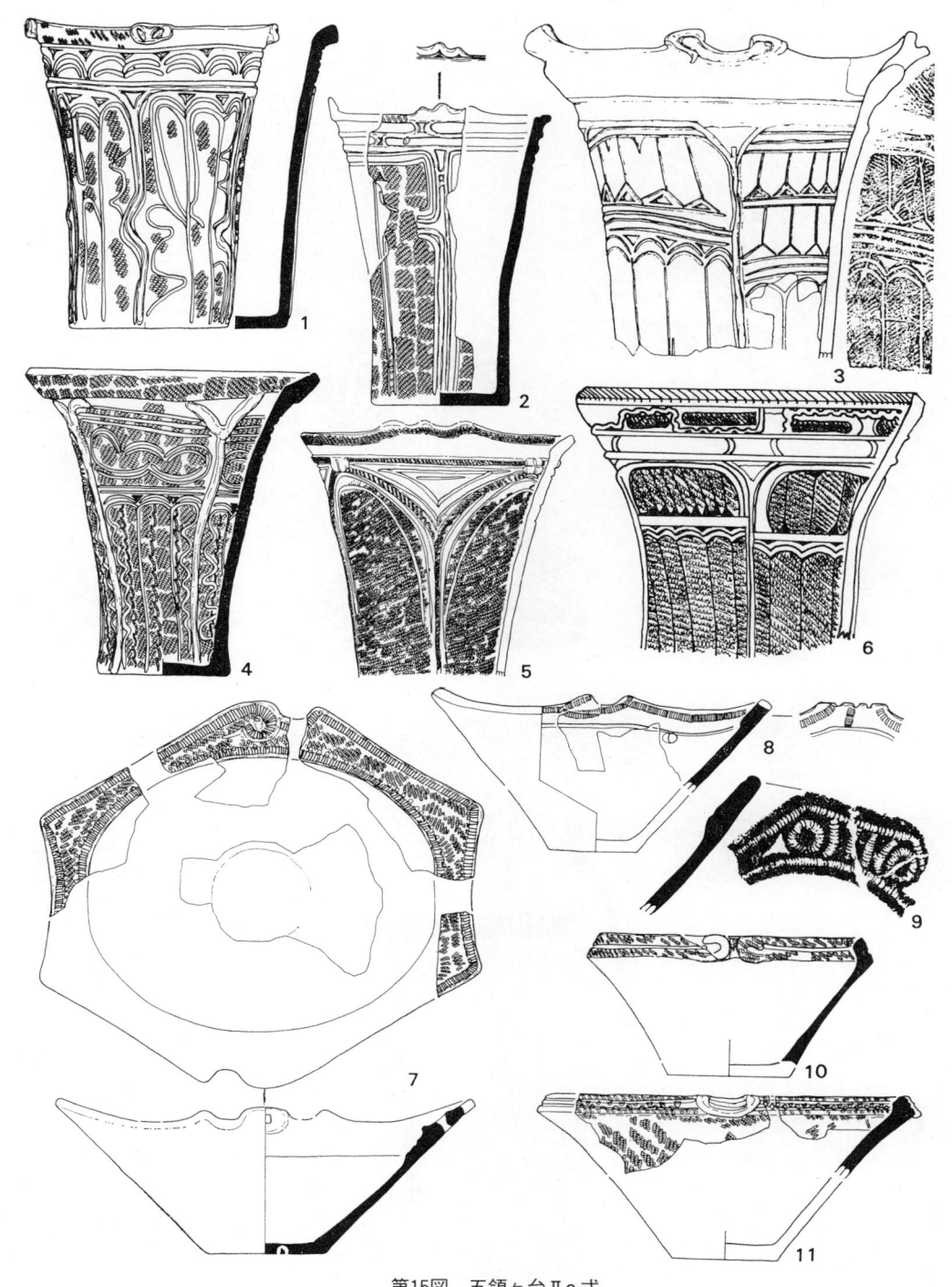

3D章　五領ヶ台式土器の編年　111

第15図　五領ヶ台Ⅱc式
1，2，4，7〜11：長野頭殿沢，3：東京榎田第Ⅳ，5：山梨机腰，6：長野片羽

112　第Ⅲ部　地域と年代で分ける基本的編年

第16図　神谷原式（1〜9），大石式（10〜13）
1：東京御伊勢前，2：神奈川山之台，3，4：東京平尾，5〜9，11：東京椚田第Ⅳ，10, 12, 13：長野大石

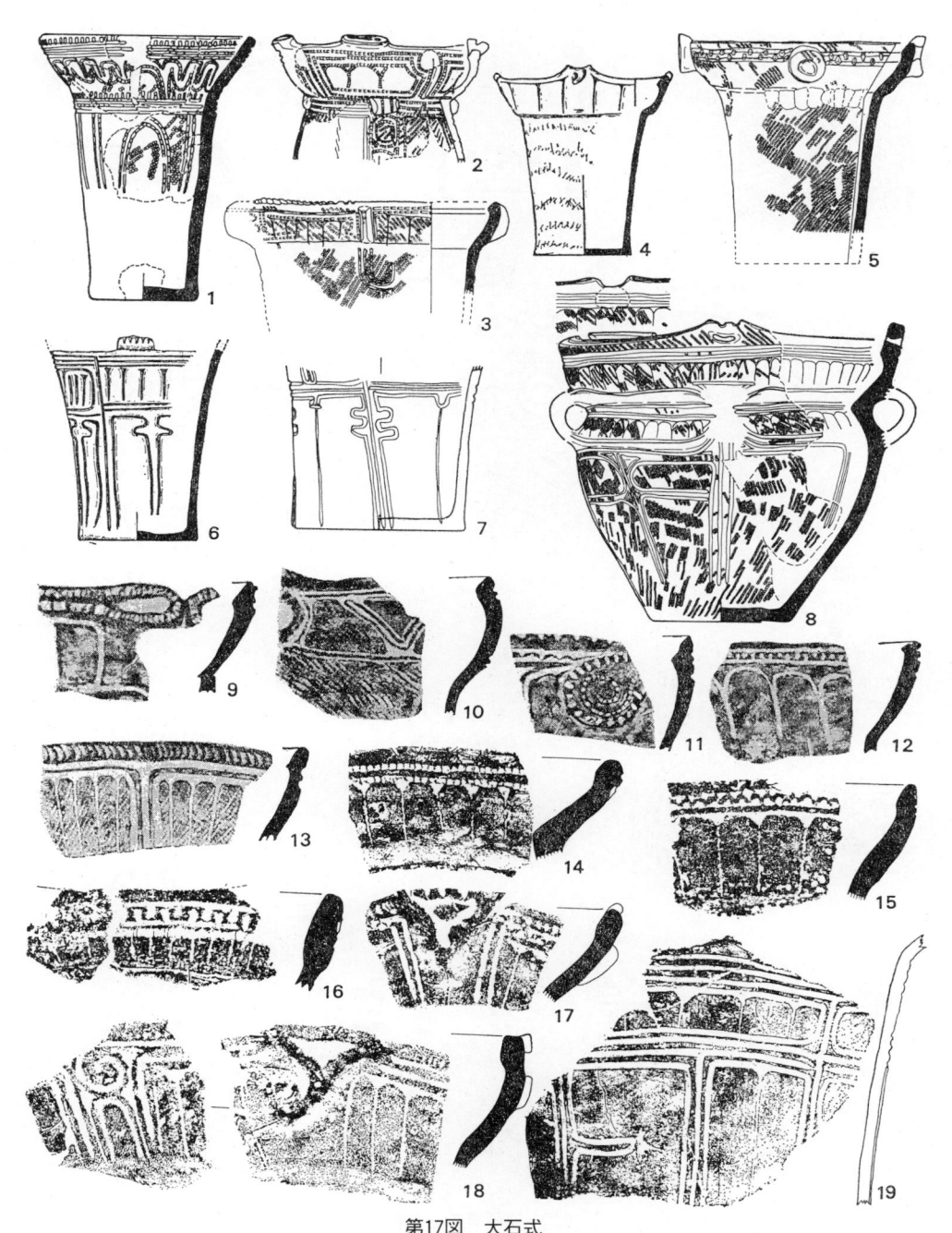

3D章　五領ヶ台式土器の編年　113

第17図　大石式
1，2，7，8，14，15，17，18：長野大石，3，5，16：長野船霊社，4，6，9〜13：長野狢沢，19：東京島下

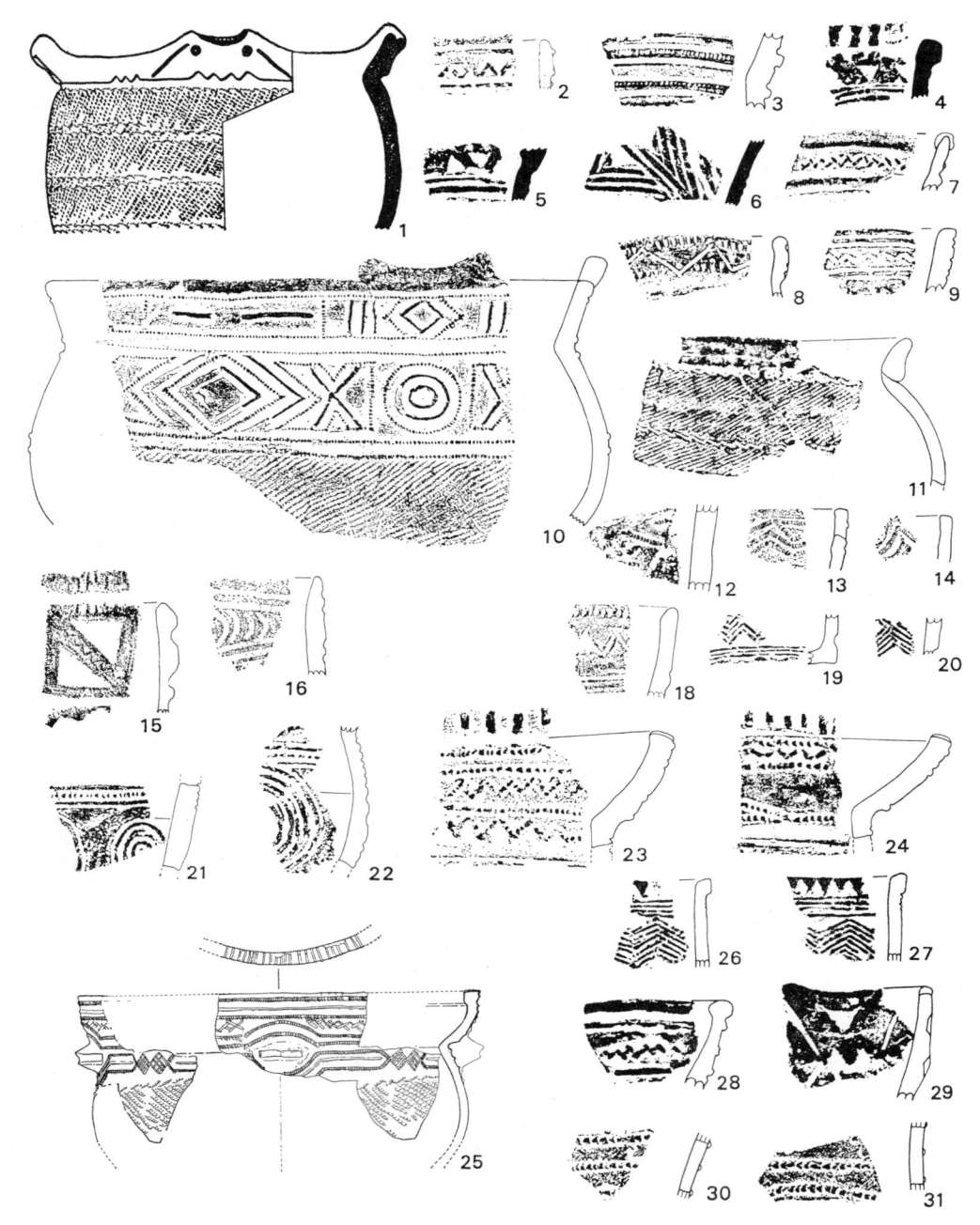

第18図　東関東の十三菩提式
1：栃木木下，2：栃木山向，3：茨城吹上，4〜6：茨城伏見，7〜9：茨城沖餅，10：千葉染井，11：千葉子ノ神，12，18：千葉一本桜，13，14：千葉三里塚No.13，15，16：千葉日吉倉，19，20：千葉復山谷，21〜24：千葉法蓮寺山，25：千葉台B，26，27：千葉川崎山，28，29：千葉宝導寺台，30，31：千葉苗見作

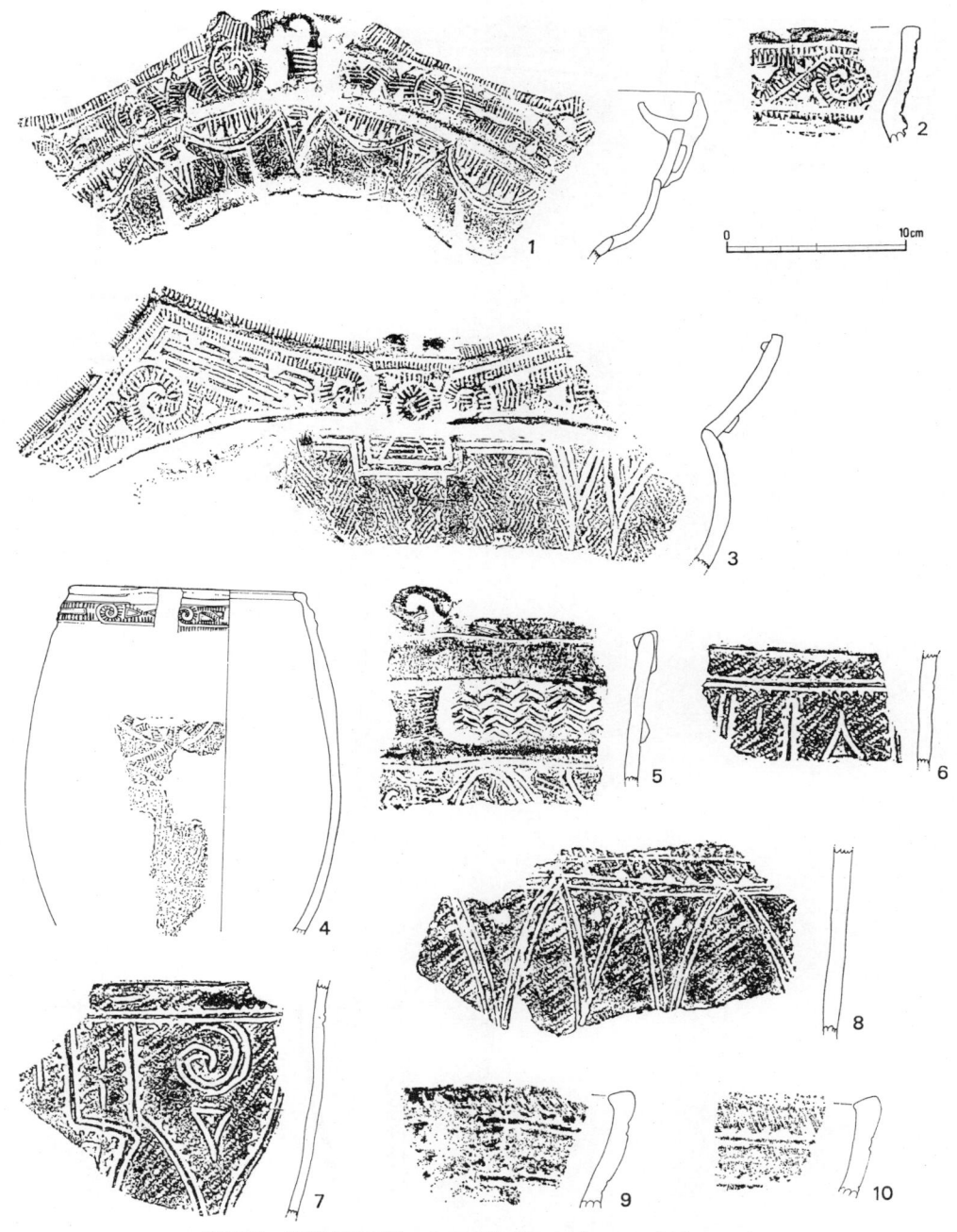

第19図　東関東の五領ヶ台Ⅰa式（1〜4），Ⅰb式（5〜10）
1，3，5〜8：茨城虚空蔵，2：茨城沖餅，4：千葉藤沢，9，10：千葉高根北

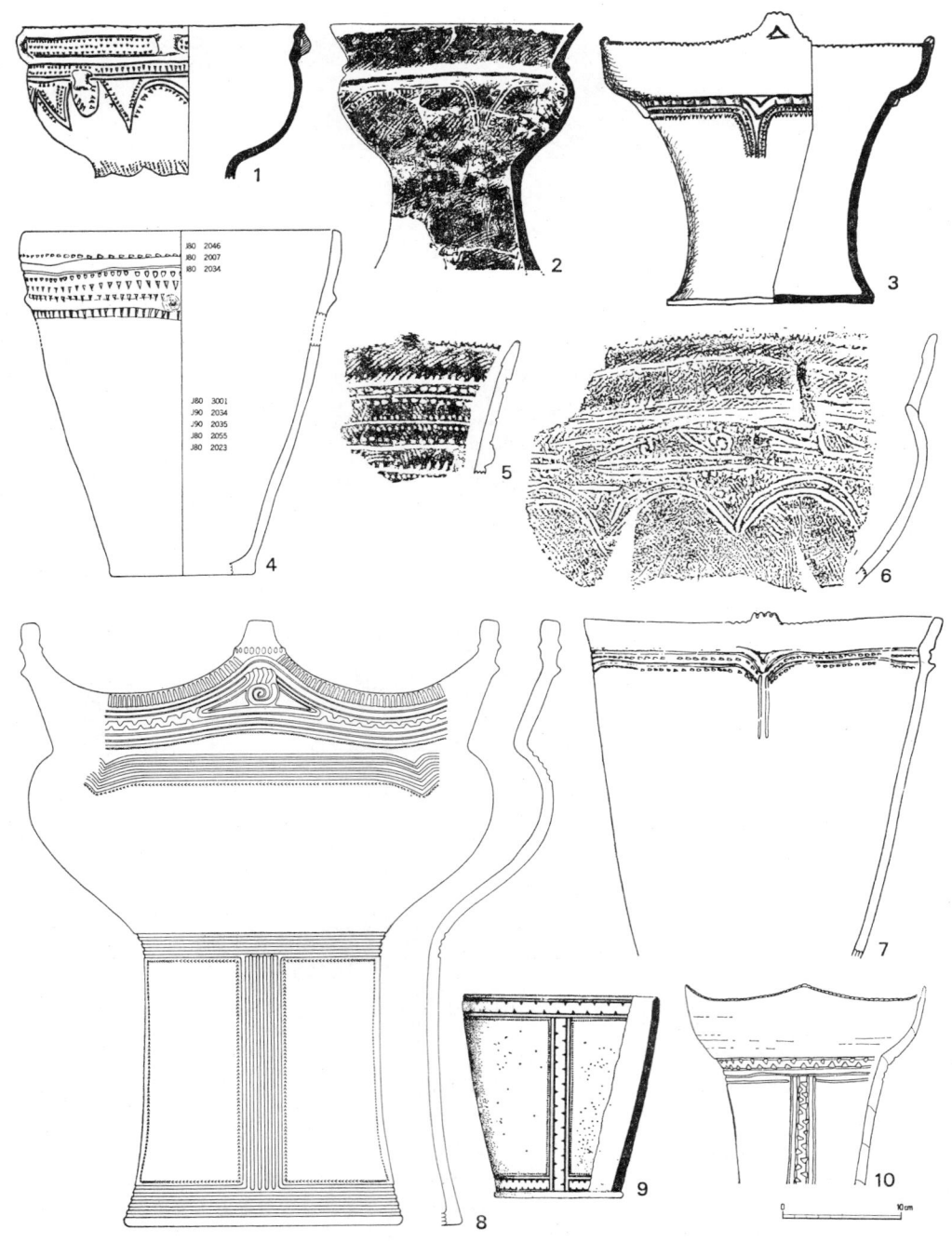

第20図　東関東の五領ヶ台Ⅱa式？（1～7），Ⅱb式（8～10）
1，3，5：神奈川宮の原，2：千葉八辺，4：千葉高根北，6：茨城虚空蔵，7：東京椚田第Ⅳ，8：静岡柏窪，9：千葉雷，10：神奈川池辺第4（実測図1/6，拓本1/4，ただし2は1/6）

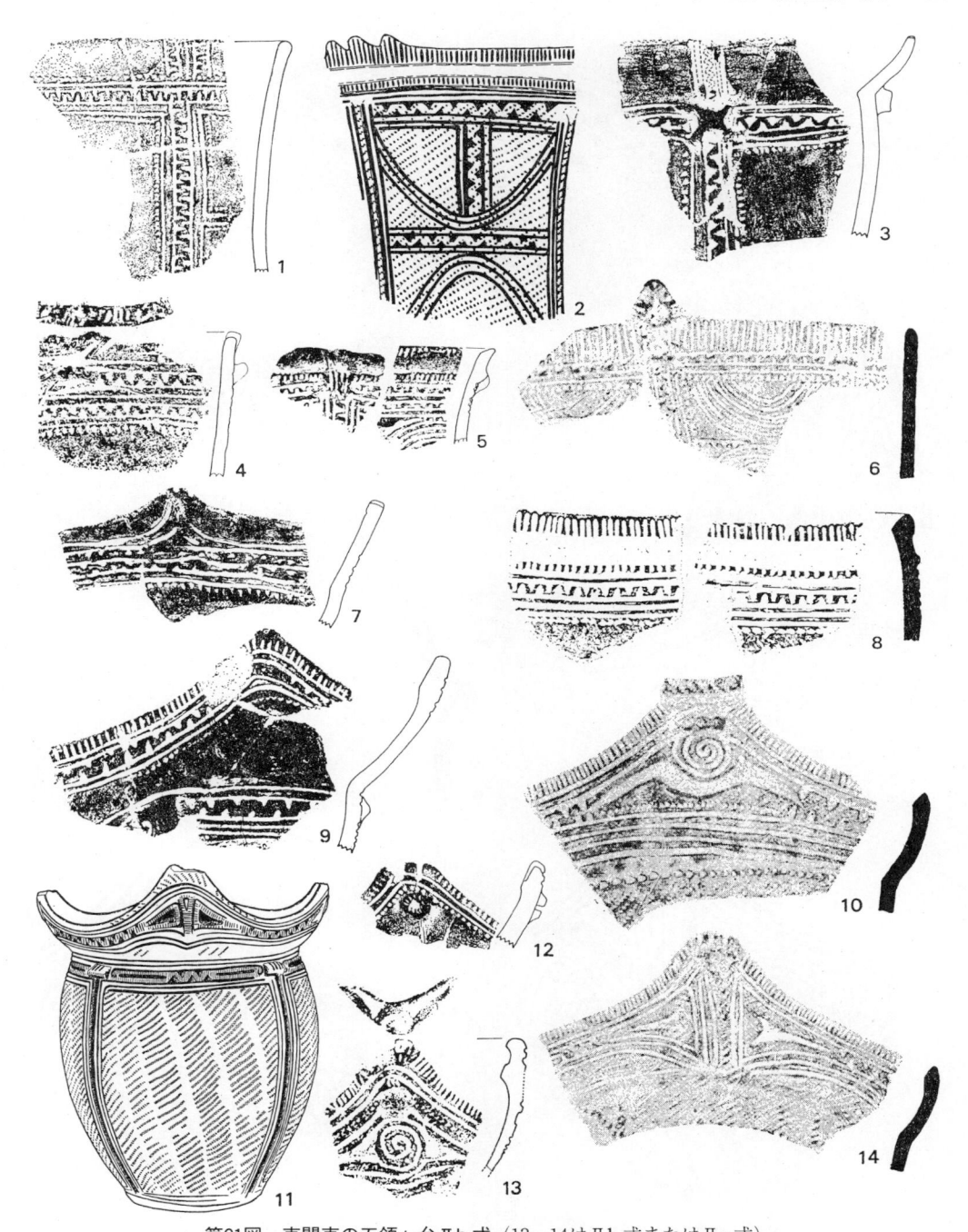

3D章　五領ヶ台式土器の編年　117

第21図　東関東の五領ヶ台Ⅱb式（13，14はⅡb式またはⅡc式）
1：茨城吹上，2：神奈川五領ヶ台，3，7，9，12：神奈川宮の原，4：千葉飯山満東，5：神奈川山之台，6，10，14：千葉雷，8：埼玉大谷場，11：千葉後貝塚？，13：東京狐塚

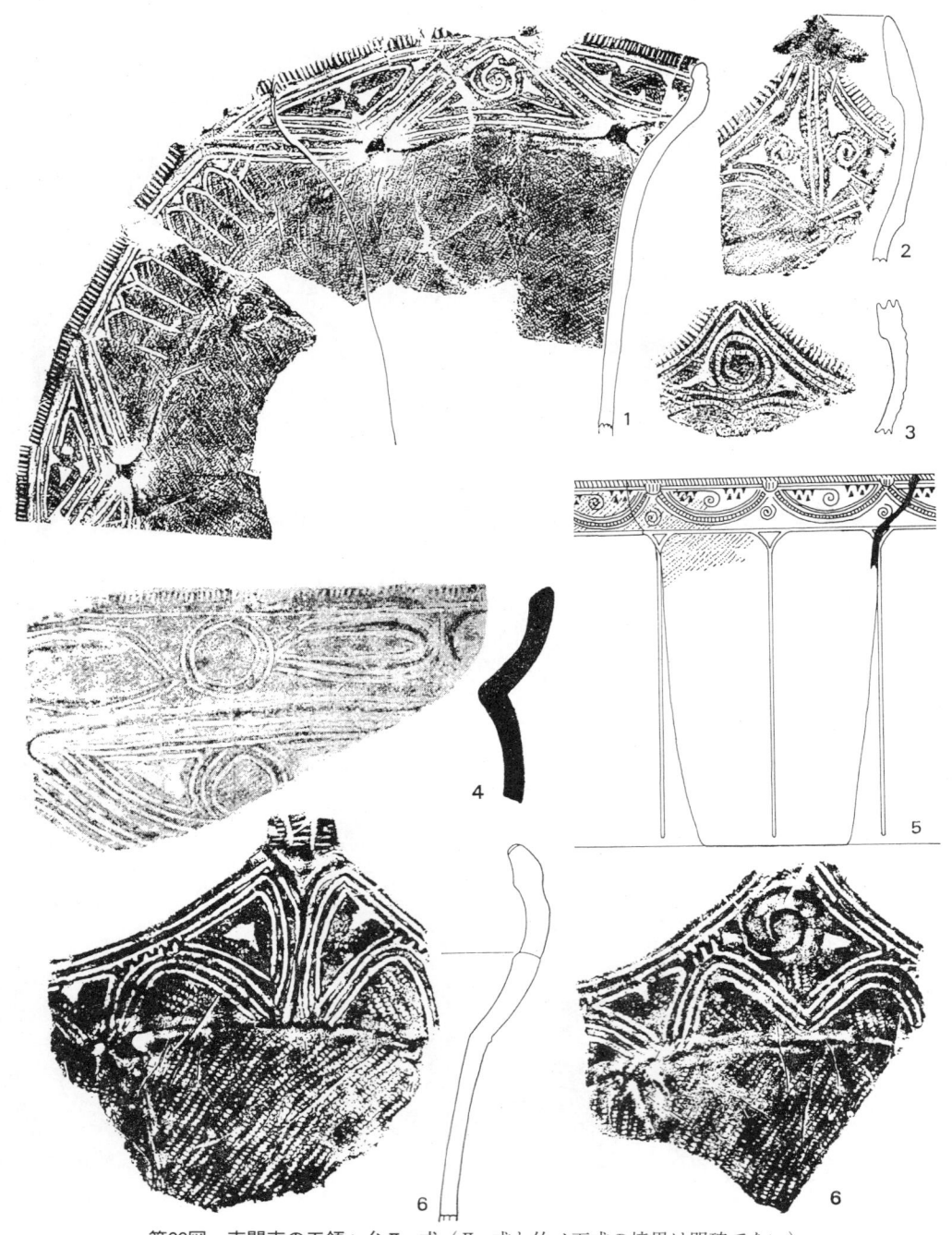

118 第Ⅲ部 地域と年代で分ける基本的編年

第22図 東関東の五領ヶ台Ⅱc式（Ⅱc式と竹ノ下式の境界は明確でない）
1：茨城虚空蔵，2：茨城竹ノ下，3：千葉置里，4：千葉雷，5：茨城吹上（竹ノ下），6：千葉北羽鳥

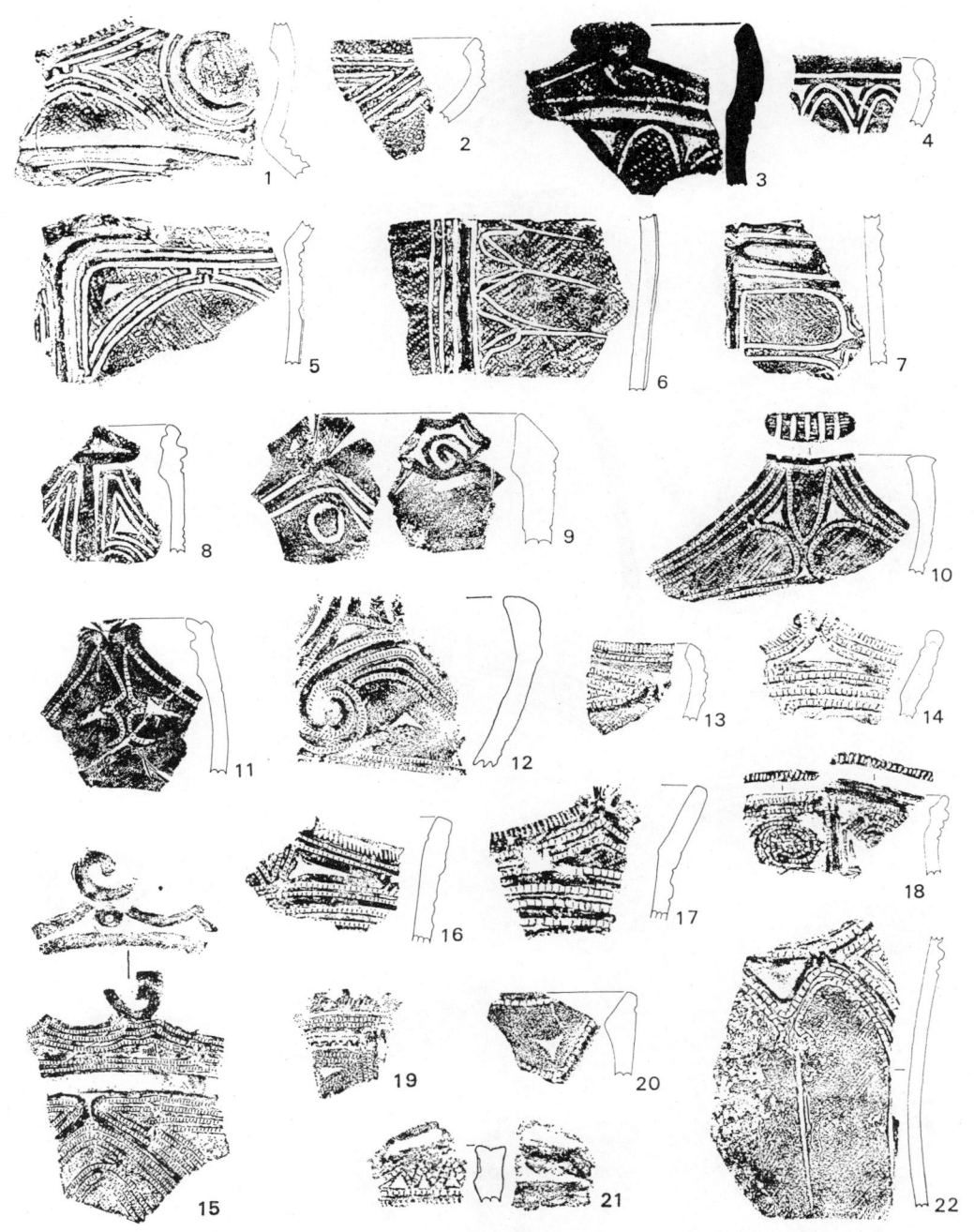

第23図　Ⅱc式または竹ノ下式または神谷原式（1〜7）、竹ノ下式または神谷原式（8〜22）
1，2，4〜11，13，18，20，22：茨城竹ノ下，3：栃木何耕地，12：千葉置里，14，21：千葉復山谷，15，19：千葉加茂，16：千葉中野久木，17：千葉清水谷

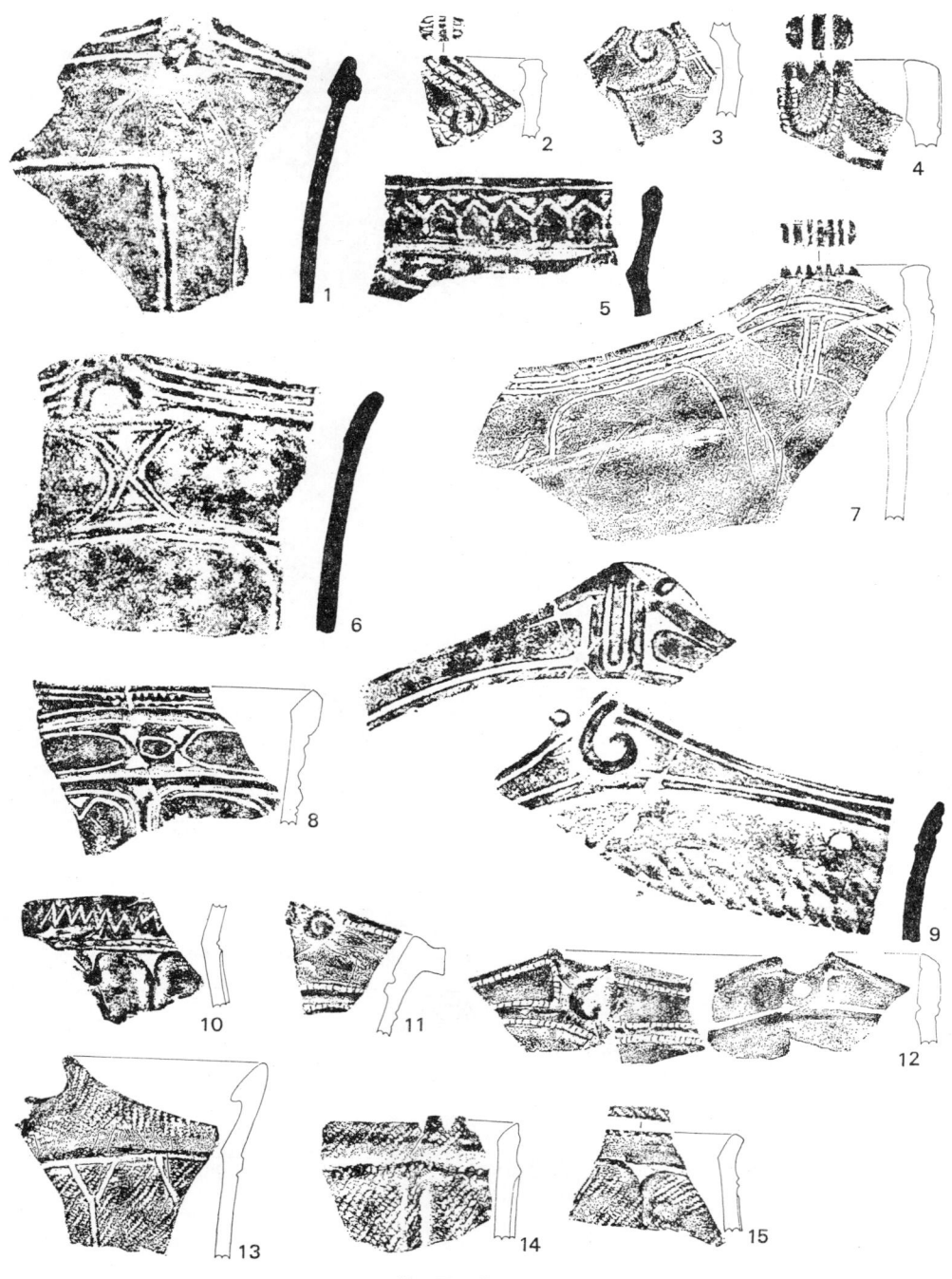

120　第Ⅲ部　地域と年代で分ける基本的編年

第24図　竹ノ下式
1，5，6，9：千葉雷，2〜4，7，8，10〜15：茨城竹ノ下

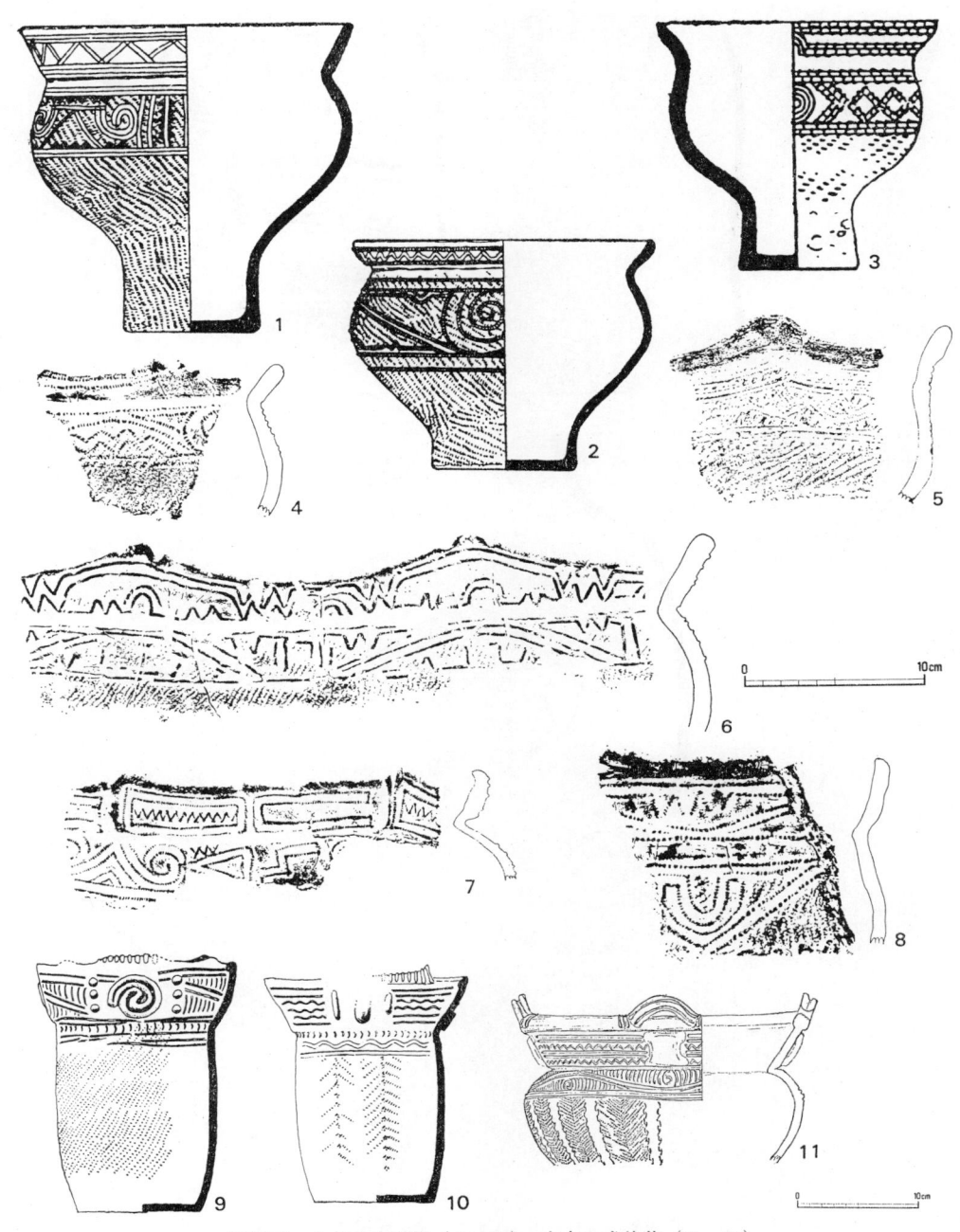

3D章　五領ヶ台式土器の編年　121

第25図　大木6式中葉（1〜8），大木6式後葉（9〜11）
（大木6式の組成の一部をなす関東と近似性の強い土器を選んで示した）
1〜3：山形吹浦，4〜7：宮城長根，8：岩手天神ヶ丘，9，10：岩手中島，11：岩手清水
（11は縮尺不明）

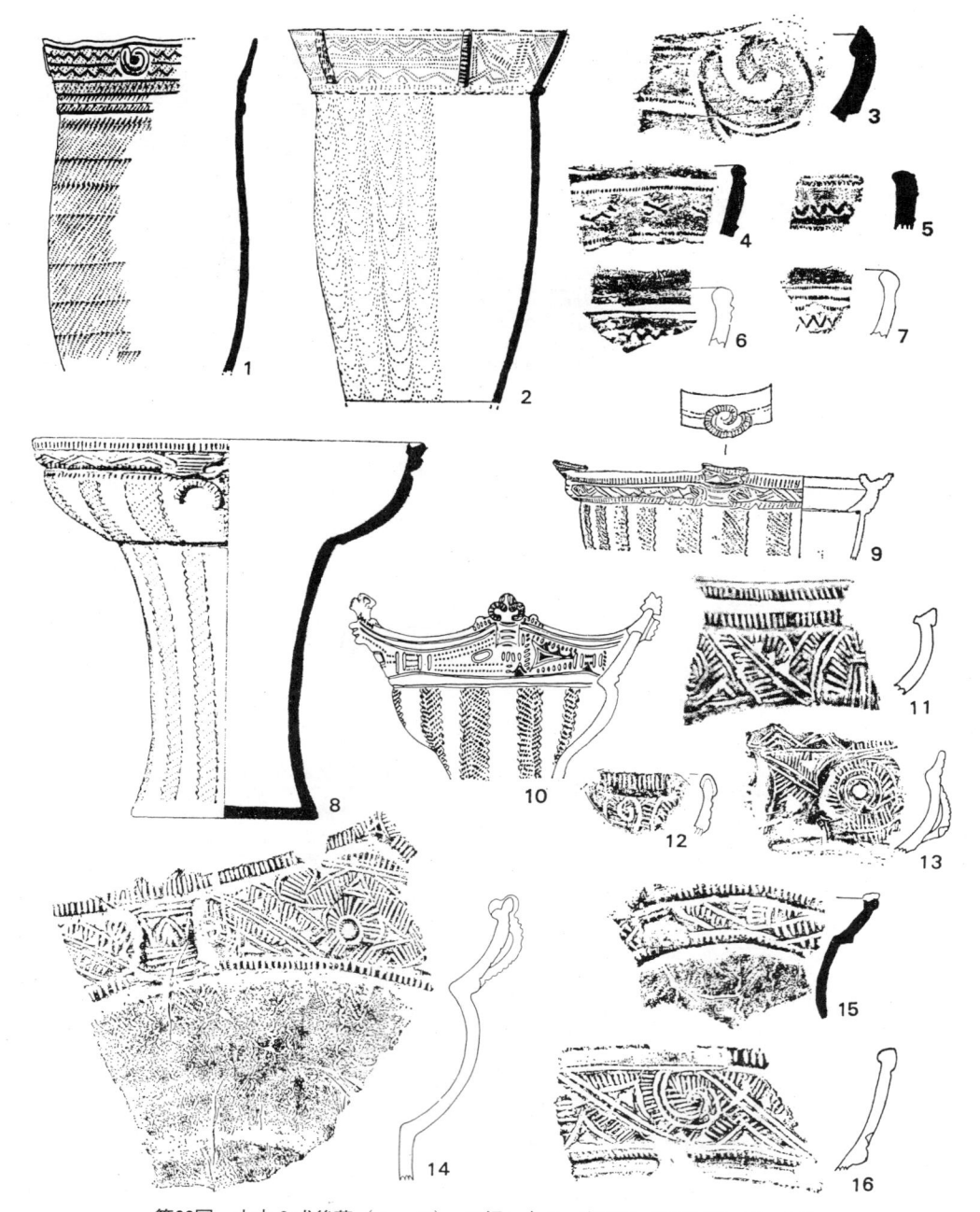

第26図　大木6式後葉（1〜7），五領ヶ台Ⅰa式並行（糠塚式）（8〜16）
(1，2は円筒下層d式の影響を受けた大木6式，他は大木6式と糠塚式の組成の一部をなす関東と近似性の強い土器を選んで図示した)
　1，2：岩手中島，3，4，15：福島長久保，5：福岡上原A，6，7：福島刈摩山，8：岩手畑井野，
　　　9：岩手清水，10：岩手天神ヶ丘，11：岩手大陽台，12：岩手大館町，13，14，16：宮城長根

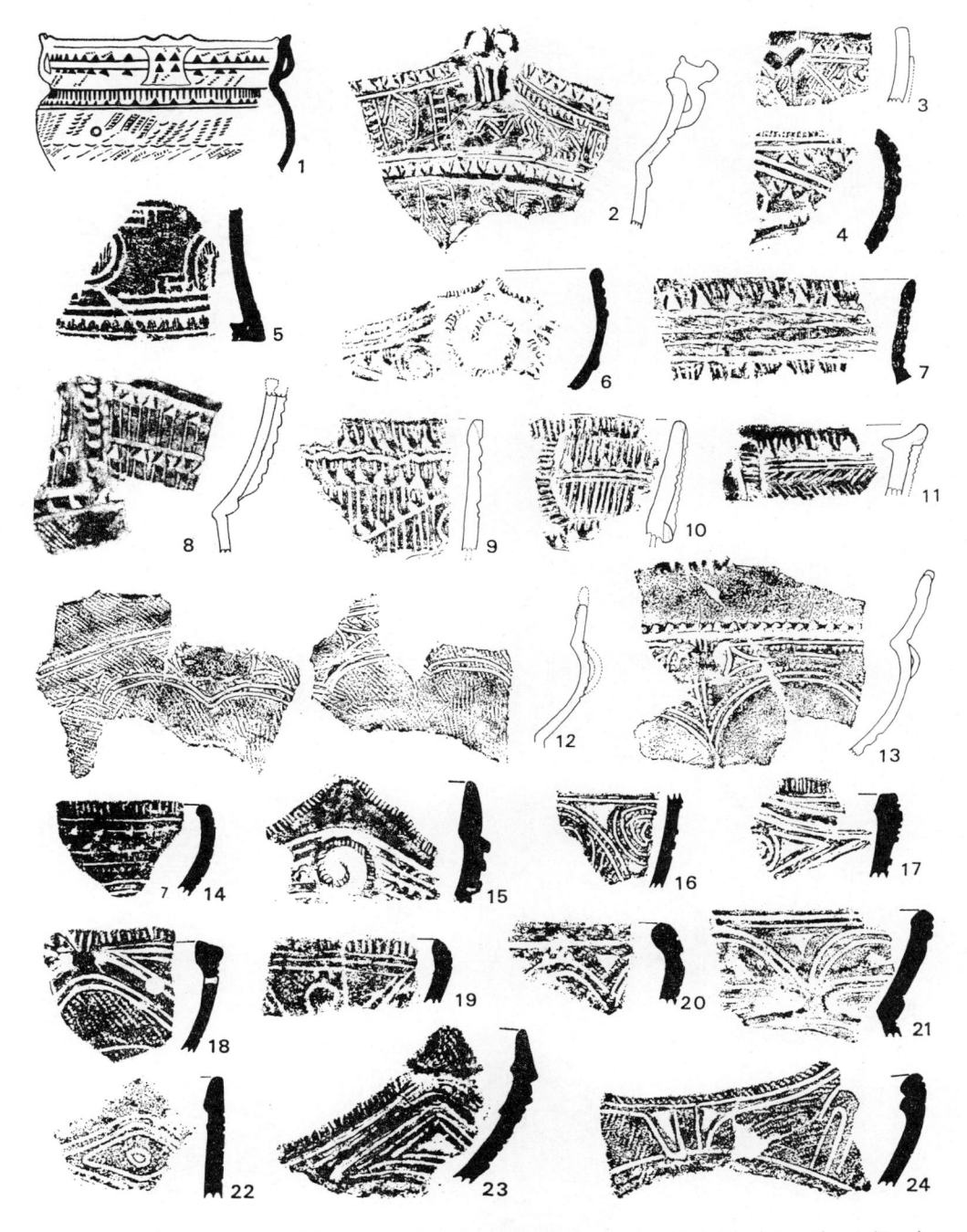

第27図　五領ヶ台式Ｉｂ並行？（糠塚式）（１〜11），五領ヶ台式Ⅱａ式並行（未命名）（12, 13），五領ヶ台Ⅱｂ式（14, 15），Ⅱｃ式（16〜20），竹ノ下式または神谷原式（21〜24）
１，４，６，７：宮城糠塚，２，３，12，13：宮城長根，５：秋田イカリ，８：岩手大陽台，９〜11：岩手大館町，14〜24：福島壇ノ腰

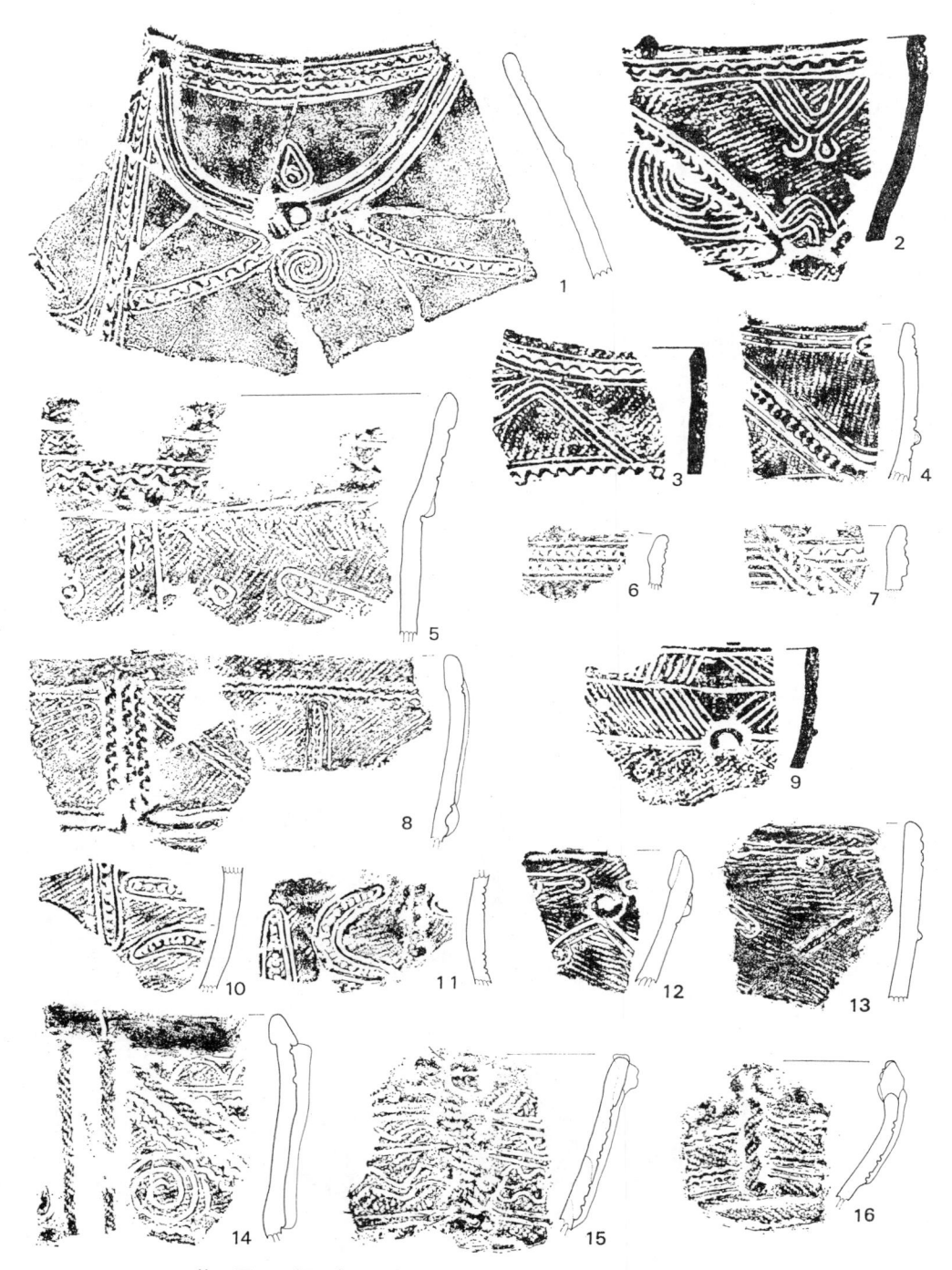

124　第Ⅲ部　地域と年代で分ける基本的編年

第28図　五領ヶ台Ⅱb式，Ⅱc式，竹ノ下式並行（大木7a式？）
1：岩手天神ヶ丘，2，3，9：岩手畑井野，4，5〜8，10〜16：岩手大館町

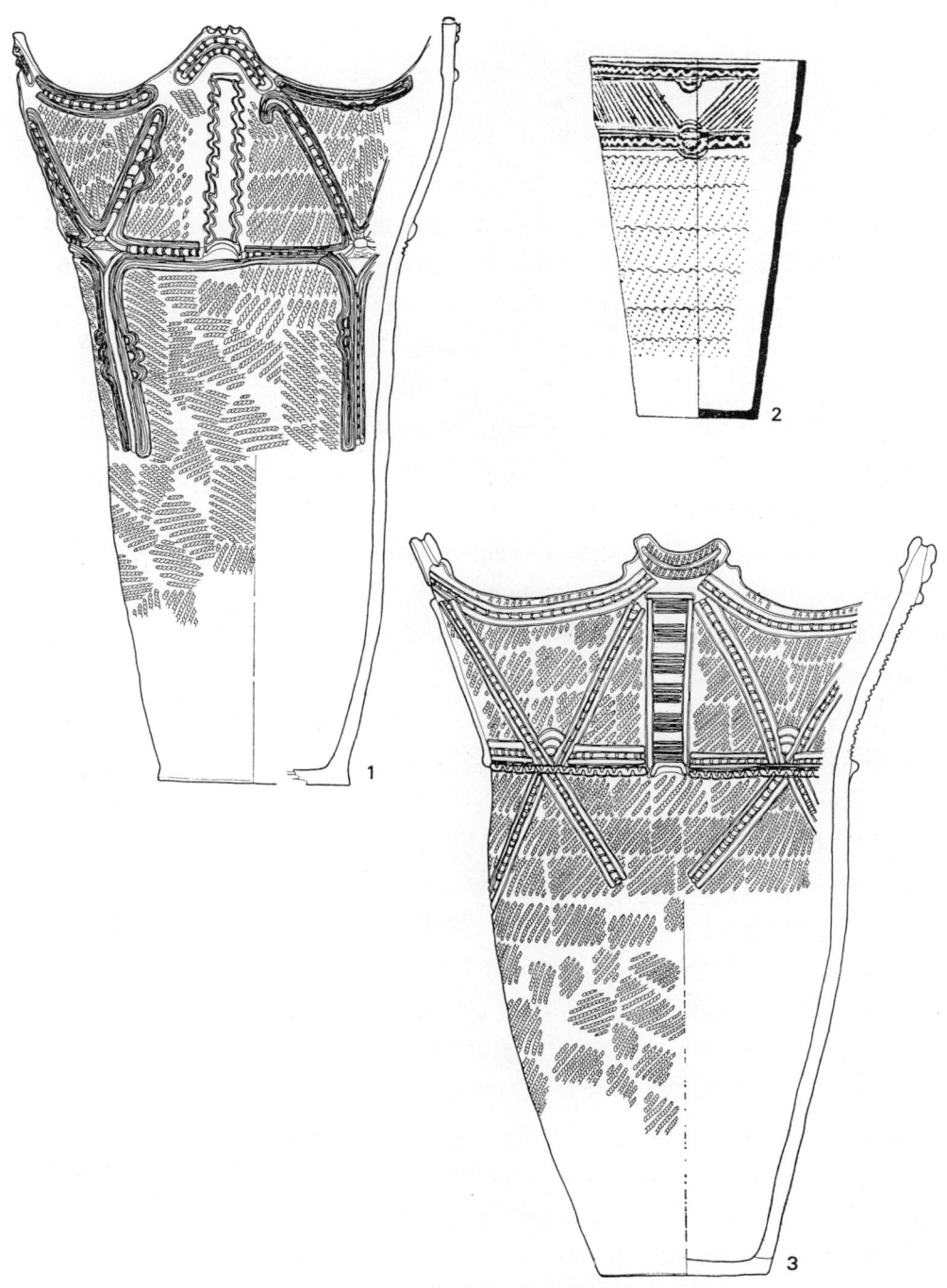

第29図　五領ヶ台Ⅱb式，Ⅱc式，竹ノ下式並行（大木7a式？）
1，3：岩手大館町，2：岩手畑井野

3E章　前期末～中期初頭の粗製土器

　土器編年の材料としては形態的変化に富み，型式的特徴の多い精製土器が主に用いられる。文様の単純な粗製土器は注目されることが少ないが，第Ⅵ部でとりあげるように人間の生態，土器系統の移動という点で精製土器にはない重要な情報を提供する。もっとも粗製土器がいつでもどこでもあるわけではないことは注意すべきで，本書でとりあげた範囲では，中部高地，北西関東，北陸を含む日本海沿岸地方にはほとんどなく，土器型式のセットのレギュラーな構成要素として存在するようには見えない。もっとも多いのは南関東で，種類も多いがこれもすべての土器群に伴うわけではない。東北地方の太平洋側も時期によっては存在するが，量が少なく，精製と粗製の作り分けが明瞭でない傾向がある。

　粗製土器はそれだけで細かい所属時期を決めたり変遷の過程を明らかにしたりすることが難しいものが多く，ともなった精製土器による判断が不可欠である。これが確実に行われるためには，ある程度まとまった単純時期の資料が必要であるが，当該期の場合，ひとつの遺跡が多くの時期にまたがり，しかも全体の量が不足することが多く，適当な資料は非常に限られている。

１．諸磯ｃ式の粗製土器

　南西関東の諸磯ｃ期の単純遺跡ということでもっともよい資料は東京都あきる野市雨間遺跡（雨間地区遺跡調査会1998）にある（第１図）。この頃の他の遺跡は，小規模で時期が限定されずに前後にだらだらと続くものが多いが，この遺跡は土器の量が豊かであるだけでなく前後の限界が明確であることに編年上の価値がある。この遺跡の精製土器は，群馬系として古段階のＣ期と新段階に入るＤ期，中部高地系として新段階の１期，２期（時期区分は５Ｂ章参照）のもので，これにともなう粗製土器として，半截竹管や櫛歯状施文具を用いた条痕文，条痕というよりも削りのようなもの，粗雑な縄文などの粗製土器が精製土器より多くあり，輪積みの跡を残して口縁に１～数段の折返しのような段にしたものが見られる。撚糸文と貝殻条痕は見られない。

　多摩ニュータウン地域内には諸磯ｃ式の小規模な遺跡が多くある。ほとんどが諸磯ｂ式から続くので，ｂ式期とｃ式期の粗製土器の分別が難しいものが多い。No.88B，No.91，No.207，No.237-962，No.343，No.352-353，No.406，No.457，No.740の３地区，No.863（各，多摩ニュータウン遺跡調査会1968，東京都埋蔵文化財センター2000，同1982，同2004a，同2004b，同1986a，同1986b，同1996，同1984a，同1987）などの諸磯ｂ式，ｃ式における精製土器の量と粗製土器の種類を大きく比較して推定すると，ｂ式，ｃ式ともに粗雑な撚りの縄文粗製土器が大量に伴い，櫛歯状施文具による条痕文がｂ式の新段階とｃ式にあり，条痕というより削りのようになったものもある。粗い撚りの撚糸文の粗製土器がNo.352-353遺跡に多くあるが，他の諸磯ｃ期の遺跡には少ないので，十三菩

提式にともなった可能性が高い。貝殻の押捺や条痕もあるが，まとまって出た遺跡は無く，時期も判然としない。これらの粗製土器には，口縁に1段〜数段の輪積みの段を残したものが多く見られ，折り返しの下を押して窪めたものもある。

そのほか諸磯c式期の土器で，単純な器形・単純な文様で並製とでも言うべき短浮線文の土器があるが，これについては5B章「諸磯c式」の「追加」や第Ⅵ部5節中の「セツルメントパターン」でとりあげる。

2．十三菩提式期の粗製土器

十三菩提式期の粗製土器には粗雑な縄文，粗雑な撚糸文，条痕文があり，条痕文には櫛歯状施文具，絡条体，貝殻によるものがあるが，特に貝殻条痕が特徴的である。そのほか東関東を中心に粟島台式が下小野系粗製土器に変わってくるが，どちらとも言いにくい土器も多い。

十三菩提式期の単純遺跡として横浜市金沢区室ノ木遺跡（赤星直忠・塚田明治1973）が重要である（第2図1〜8，第3図5〜6，22，第4図1〜14）。精製土器は十三菩提式中段階と新段階の前半に限定されるので，粗製土器もこの範囲に属すると判断される。粗製土器としては条痕文と粗雑な撚糸文のものがあり，幅の広い折返し部を有し縄文を施されたものは下小野系といってよいであろう。口縁に撚糸圧痕の土器もあるが，撚糸による文様が複雑になって粟島台式とは言いにくいものが含まれる。

条痕文の粗製は，これが多く出ている横浜市緑区華蔵台（横浜市ふるさと歴史財団1993）（第2図18〜21，3図1〜4），鎌倉市東正院（神奈川県教育委員会・東正院遺跡調査団1972）（第2図9〜17）の資料を加えて説明すると，ほとんどが貝殻による条痕とみられ，外面だけに施したものと内外面に施したものがある。口縁に1段だけ折返しを作って口縁を厚くしたものが多く，折返し部の幅は下小野系より狭いものが多い。折返し部の下端を一定間隔で押し窪めたものがみられる。華蔵台南と東正院遺跡では粗製土器の大部分がこの種のもので，そのほか同様のものがみられる遺跡として，川崎市十三菩提，横浜市緑区花見山，同都筑区桜並，同青葉区受地だいやま，同緑区霧ヶ丘，同都筑区折本西原，藤沢市遠藤広谷，茅ヶ崎市臼久保，綾瀬市上土棚南，愛川町ナラサスなどがあり（各，樋口清之・麻生優1971，横浜市ふるさと歴史財団1995a，同1995b，奈良地区遺跡調査団1986，今村啓爾編1973，横浜市埋蔵文化財調査委員会1980，玉川文化財研究所2003，かながわ考古学財団1999，上土棚南遺跡発掘調査団1998，神奈川県立埋蔵文化財センター1991），今のところ神奈川県の東部に限られている。

類似の折返し口縁は，浮島式や，諸磯c式に伴ったと見られる粗雑な縄文の土器にも見られるが，十三菩提式古段階の，折返し口縁下を三角に刻む土器と条痕（貝殻ではないが，藤沢市遠藤広谷例など）の使用が地理的にも時間的にも近く，条痕文の粗製土器にも窪み部分が三角形のもの，2列の刺突が十三菩提式の口縁の刺突と類似するものがある（第2図16）。

撚糸文の粗製土器は，縄の撚りが粗く，撚糸の条がからみあうようなものが多い。絡条体というよりも，縄文原体の1つの条が他の条にからみつくような原体と思われ，粗雑な撚りの縄文と関係するのであろう。折返しの下を押し窪めたもの，内外面に撚糸文を加えたものは貝殻条痕土

器との類似を示すが，折返しというよりも，段の接合面を中途半端に消し残したようなものが多いこと，口唇上を同じ原体で連続的に押し窪める特徴は，撚糸文の粗製土器と条痕文の粗製土器の違いが，器面調整の違いだけにとどまるものではないことを意味する。室ノ木のほか，茅ヶ崎市臼久保，横浜市霧ヶ丘，同受地だいやま，同桜並，愛川町ナラサスなどに見られる。多摩ニュータウン No.352-353，No.406，No.457，No.863，八王子市郷田原（八王子市南部地区遺跡調査会1996）などにもあるが，どこでも十三菩提式が出ている。多摩市向ヶ岡（多摩市教育委員会1980）では十三菩提式中段階の精製土器で，胴部上半に斜縄文，下半にこのような粗い撚糸文を加えられたものがある。

臼久保では条痕の土器とほぼ等量あり，ナラサスでは条痕より多いところを見ると，条痕の粗製土器より西側に分布の中心があるらしい。狭山市八木上（埼玉県埋蔵文化財調査事業団1996）で十三菩提式に伴った撚糸文の土器はきれいな撚糸，厚い折返しなど区別すべき違いがある。

室ノ木遺跡の幅広の折返し口縁を有する縄文の土器（第4図1～14）には，横方向の結節回転（綾繰り）文や横位の羽状縄文もあり，下小野式に含めてよい。この時期の西南関東では少ないものであるが，東京湾に面する立地が，早く千葉方面から入ったことの理由であろう。ナラサス，臼久保などの折返し口縁の縄文の土器は，折返し部の幅が狭く明瞭でないことにおいて上記撚糸文粗製土器との類似が強く，結節回転文が少ないことからも下小野系とみないほうがよいであろう。東関東では下小野系が十三菩提式並行期からさかんであることを3C章「東関東の前期末の編年」で述べた。中期初頭には横浜方面にも広がるが，これについては次に節を改めて記す。

3．下小野系粗製土器

ここで下小野系粗製土器とするものは，当初千葉県香取市下小野貝塚（江森正義・岡田茂弘・篠遠喜彦1950）で「下小野式」として型式設定され，五領ヶ台式に先行すると予想されたもので，実際は東関東を中心に前期末から中期初頭に，他の精製土器に伴って存在したもので，粗製土器だけを切り離して型式名をつけるのは適当でないので，下小野系粗製土器とし，所属時期は伴出する精製土器に求められる。ただし前期末ではこのような粗製土器が量的に主体で，これに伴う踊場系や大木6系は量が少なく移入品の観がある。

下小野系のイメージは，器形として平縁で屈曲の少ない深鉢形が多く，輪積みの段をずらして，1段だけ幅広の折り返し状口縁を作りだしたものが普通。器面調整は縄文，無文，削り取ったような削痕などがあり，縄文にはただの斜縄文もあるが，縄を撚るときに縄の途中に作った結節がS字形に現れる綾繰り文が多く，この原体を横方向に転がしたものが一般的。羽状縄文や縦に縄文を転がしたものもあるが，やや精製の傾向があり，さらに口縁部文様帯を作り，そこに沈線や刺突，撚糸圧痕などで文様を加えたものもある。キャリパー形や球胴形の器形になると，縄文だけしか施文されないものでも粗製土器とみなすことは躊躇される。このように粗製土器としての下小野系は範囲を明確にすることが難しい。下小野系粗製土器は時期差と地域差を含むと思われるが，時期が確かにわかるような一括資料があまりないので，時期差を抽出することが難しく，

以下に具体的な事例を紹介する。

　時期の明確な十三菩提式期の例として，すでにあげた横浜市室ノ木のほか，茨城県鹿島町常陸伏見（小野真一ほか1979），栃木県北部の矢板市鹿島脇（塚本師也1988）（第6図1～11）の資料がある。前者には十三菩提式中段階の土器だけがともない，後者には十三菩提式新段階というより大木6式の4期・5期の土器だけが伴っている。

　常陸伏見の資料は変化に乏しく，ほとんどが綾繰り文の縄文を横に転がしたもので，縄文の撚りの粗いもの，折り返し部の幅の狭いものが多い。低い波状口縁の波頂部に刻みを加えたものが特徴的。

　鹿島脇の縄文の撚りはきれいで，水平方向の綾繰り文のほか，羽状縄文が多く見られる。口縁部を欠くが胴部に縦方向の羽状縄文を加えた土器もある。折返し部に水平の撚糸圧痕を加えたものが比較的多く，粟島台式の名残であろう。撚糸文や条痕文は見られない。このように常陸伏見と鹿島脇の下小野系土器にはかなりの違いがある。

　東関東に五領ヶ台I式期の適当な単純資料はないが，茨城県美浦村虚空蔵（大川清ほか1978）（第6図12～16，第7図1，2），千葉県市川市根古屋貝塚（南山大学人類学博物館1996）に五領ヶ台I式が多いのでその資料を見ると，幅の広い口縁部の段をもつ円筒形のものが多く，結節回転のある縄文や羽状縄文を横方向に転がしたものが多い。口縁部に水平の撚糸圧痕を重ねたもの（第6図1，第7図1）は粟島台式からの伝統であろう。無文や削痕の土器もある。

　東関東の五領ヶ台II式期としては千葉県八日市場市八辺貝塚（小林謙一1989）がもっともよい（第7図3～13）。粗製土器の比率が高く，精製土器の数倍はあるらしい。次の時期と混じっているが，同県小見川町白井雷（西村正衛1954・1984b）もよい資料である。この時期は五領ヶ台I式期と比較すると明らかに羽状縄文が少ない。結節回転文は多く，無文や削痕，擦痕の土器も多い。折返し部の幅の狭いものが増えるようである。キャリパー形のように粗製土器とは言いにくい器形で，縄文だけとか無文の土器が増える傾向があるらしい。

　竹ノ下式期は茨城県大洗町竹ノ下貝塚（藤本弥城1977b）（第8図1～4）や千葉県白井雷貝塚（第8図5～13）のこの時期とみられるものを参照すると，粗製土器の比率が減るらしく，縄文を主体とする土器もY字形など簡単な隆起線文を有するので単純に粗製というわけにはいかなくなる。

　次に東京湾対岸の南西関東の下小野系粗製土器の動向を見よう。

　十三菩提式中段階として室ノ木には確かにこの時期の下小野系があるが，量は少なく，西南関東の撚糸文や条痕文の粗製土器に混じって存在する。十三菩提式新段階には横浜市港北区中駒（今村啓爾・松村恵司1971），緑区霧ヶ丘などに大木6式5期の球胴形土器の進出が見られるが量的には少なく，下小野系粗製土器を伴っているかどうかは判然としない。次の五領ヶ台Ia式期になると，横浜市池辺第4遺跡（横浜市埋蔵文化財調査委員会1972b，1974b）（第4図16～24），東方第7遺跡（横浜市埋蔵文化財調査委員会1972a，1974a）（第5図1～8）などに大木6系統の五領ヶ台Ia式の進出が著しく，下小野系粗製土器も相当量伴っている。重要なことは，上記の東関東の五領ヶ台I式期の下小野系の説明がそのまま当てはまることで，その地域からの進出であることは間違いない。

しかし内陸では急激に量を減じ，たとえば八王子市郷田原遺跡では，大木6式系統の五領ヶ台Ⅰa式はあっても下小野系はともなわない。五領ヶ台Ⅱ式でも同じような状態が続き，横浜市宮の原貝塚（今村啓爾編1972），金沢区金沢文庫遺跡（神奈川県立埋蔵文化財センター1988）（第5図9～20）など海に近い遺跡では東関東系の五領ヶ台式に下小野系の粗製土器が伴う。しかしそこを外れた南西関東の内陸や中部高地では粗製土器といえるものがほとんどない。

4．東関東の下小野系粗製土器と東北地方の類似土器の関係

3C章「東関東の前期末の編年」で，下小野系粗製土器の母体が粟島台式（安藤文一氏の粟島台Ⅱ式）であること，さらにその起源である先粟島台系（粟島台Ⅰ式）は大木5a式の内部からの伝統を引くものという芳賀英一氏の意見に従った。この変化の過程で粟島台式・下小野式は粗製土器としての性格を強め，東関東で量的に主体を占める土器になっていったとみられる。福島県は東北地方の大木系と関東系土器の交錯する地域であるが，いまのところ粟島台式（粟島台Ⅱ式）の検出が少ないのは，福島県に大木5b式の資料の発掘が少ない（宮城・岩手には多い）ことが基本的な原因であろう。

東北地方における下小野系類似の土器が重視される理由の一つは，山内清男氏による宮城県大木貝塚の「大木7a式」基準資料（山内先生没後25年記念論集刊行会1996）の多くが類似する土器であり，「大木7a式」の位置づけやその実態をめぐる問題がかかわることにある。

東北地方の下小野系粗製土器については従来不明瞭であったが，最近福島県相馬市浦尻貝塚（小高町教育委員会2005，南相馬市教育委員会2006・2008）（第9図7～13）で良好な層位的共存関係によって，五領ヶ台Ⅰ式並行期，Ⅱ式並行期ともに下小野系粗製土器が伴うことが知られた。福島県法正尻遺跡（第9図1～6）では，地点によって五領ヶ台Ⅰ式並行期とⅡ式並行期が分かれて出ているが，前者に下小野系粗製土器が伴っていることは確かである。報告書で見る限り量は少なく，内陸では少ない傾向があるらしい。

宮城県では長根貝塚の五領ヶ台Ⅰ式並行期にはこのようなものが伴っていないようである。五領ヶ台Ⅱ式並行期の状況は宮城県全体で資料が少なく明瞭でないが，宮城県嘉倉貝塚（宮城教育委員会2003）のSK303，SK304，SK308，SK316，K355など，狭い地区に並ぶフラスコ形土坑は五領ヶ台Ⅱa式並行期と見られ，その中に下小野式に類似した口縁部破片が多く見られる。ただし器形としては口縁部の下で胴部が膨らむものが多いらしく（5F章6図11のようなもの），糠塚系土器（5F章）の口縁部にこの時期に使用が広がる縄文が加わったものと見たほうがよく，下小野系そのものの広がりとは言えないであろう。

同じ宮城県小梁川遺跡（宮城県教育委員会1986・1987a）の層位と土器の組み合わせに基づく編年では，Ⅱ群（大木6式末～中期最初頭が主体）に下小野系粗製土器類似のもの（報告者相原淳一氏の分類による深鉢Sの10b類，深鉢Wの3b類）が伴ったとは認定されておらず，次の段階（五領ヶ台Ⅰ式並行期）は遺跡全体として土器の量が乏しく群として設定されていない。Ⅲ群（竹ノ下式並行）とⅣ群になると下小野系類似の粗製土器が多くの完形土器を含めて大量に見られる。宮

城県中ノ内遺跡（宮城県教育委員会1987b）でも中ノ内Ⅰ群（竹ノ下式並行期）に下小野系類似の土器が多く含まれる。会津の上小島Ｃ遺跡（西会津町史刊行委員会1997）や油田遺跡（会津美里町教育委員会2007b）にも比較的多く，遺跡全体の土器量の時期的変化を考えると竹ノ下式期や阿玉台Ⅰa式期にともなうように見える。

　以上の情報を総合すると，福島県海岸部では五領ヶ台Ⅰ式Ⅱ式並行期には東関東と同じように下小野系粗製土器が伴うが，東北地方のさらに北の地域では少なく，宮城県の五領ヶ台Ⅱa式並行の類似土器は直接の関係はないと見るべきである。東北地方で下小野系粗製土器類似のものが普通に存在するようになるのは竹ノ下式並行期ころからであるらしいが，このころの東関東の下小野系は，縄文を多用するが，簡単な隆起線文を有する従来と少し違うものに変化している。

　よって，東関東と福島県の下小野系粗製土器はひとつながりのものと言えるが，宮城県の下小野系に類似する土器は，なお不明瞭な点があるものの，流行時期が違っており，似ているからといって同一視できるものではない。山内清男氏の「大木7a式」の縄文粗製土器もこのようなものであり，5Ｆ章第6節で述べるように，それ以外の「大木7a式」資料も五領ヶ台Ⅱ式より後で，竹ノ下式並行期頃とみられる。

　これまで山内氏の「大木7a式」が五領ヶ台式並行とされた理由に，関東で中期初頭に置かれた型式と東北地方で中期最初に置かれた型式だから横に並ぶだろうという機械的な判断に加え，類似の下小野系粗製土器の存在があったと思われる。しかしそれはどちらも並行関係の証拠にはならないのである。この問題については5Ｆ章第6節で再びとりあげる。

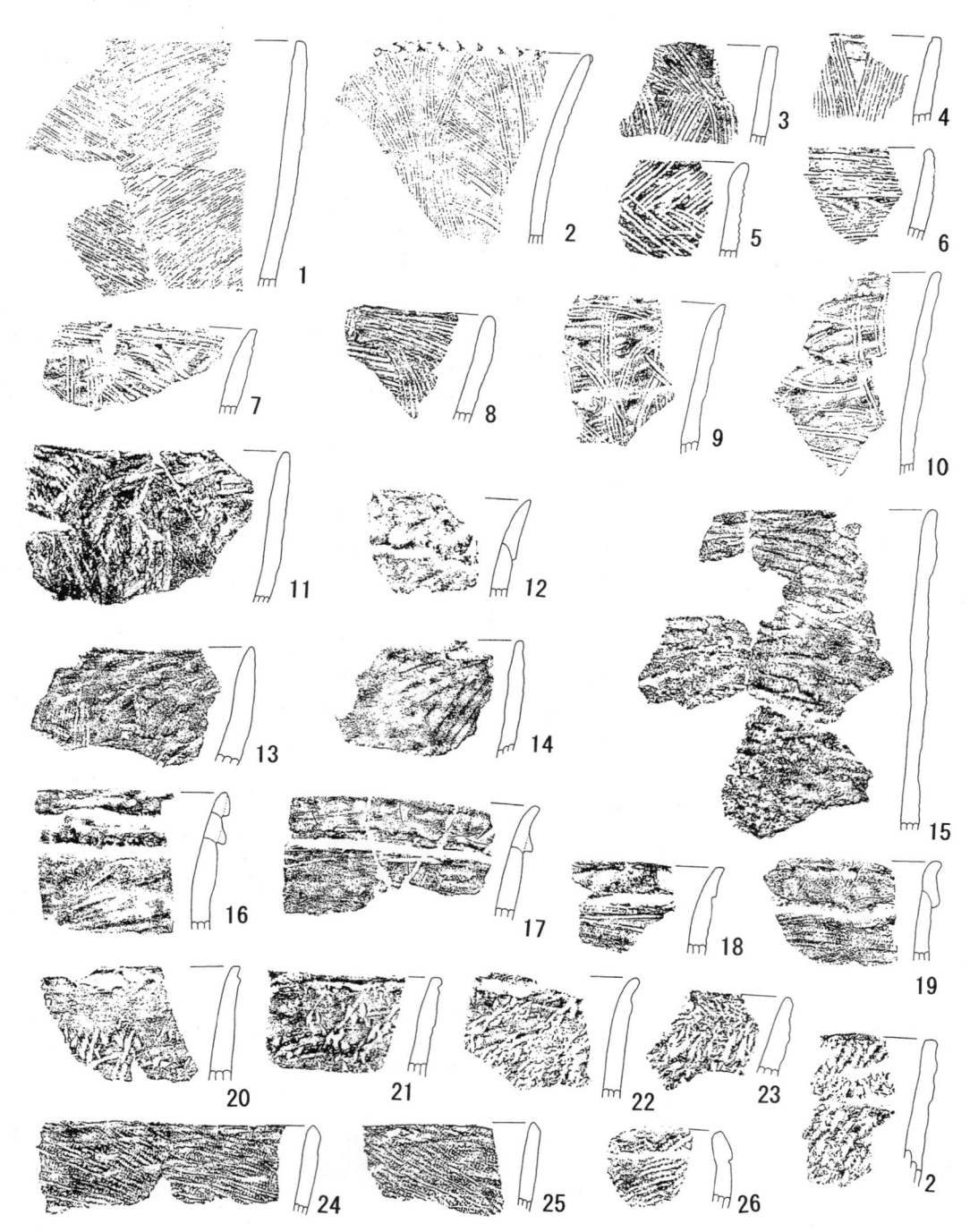

132　第Ⅲ部　地域と年代で分ける基本的編年

第1図　諸磯c式の粗製土器
1-27：東京都雨間（1-27：1/4）

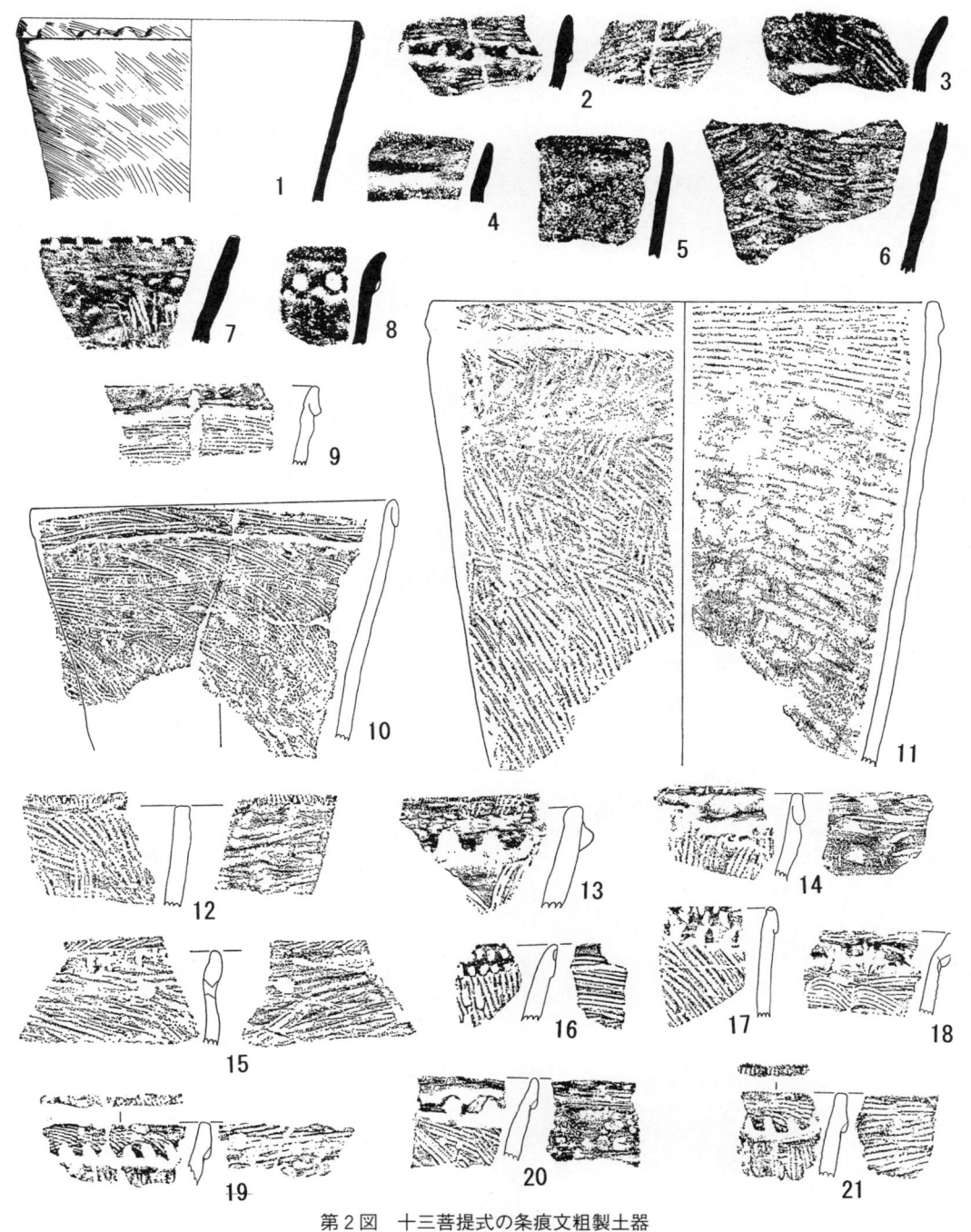

3E章　前期末～中期初頭の粗製土器　133

第2図　十三菩提式の条痕文粗製土器
1-8：神奈川県室ノ木，9-17：同県東正院，18-21：同県華蔵台，（1：1/6，2-21：1/4）

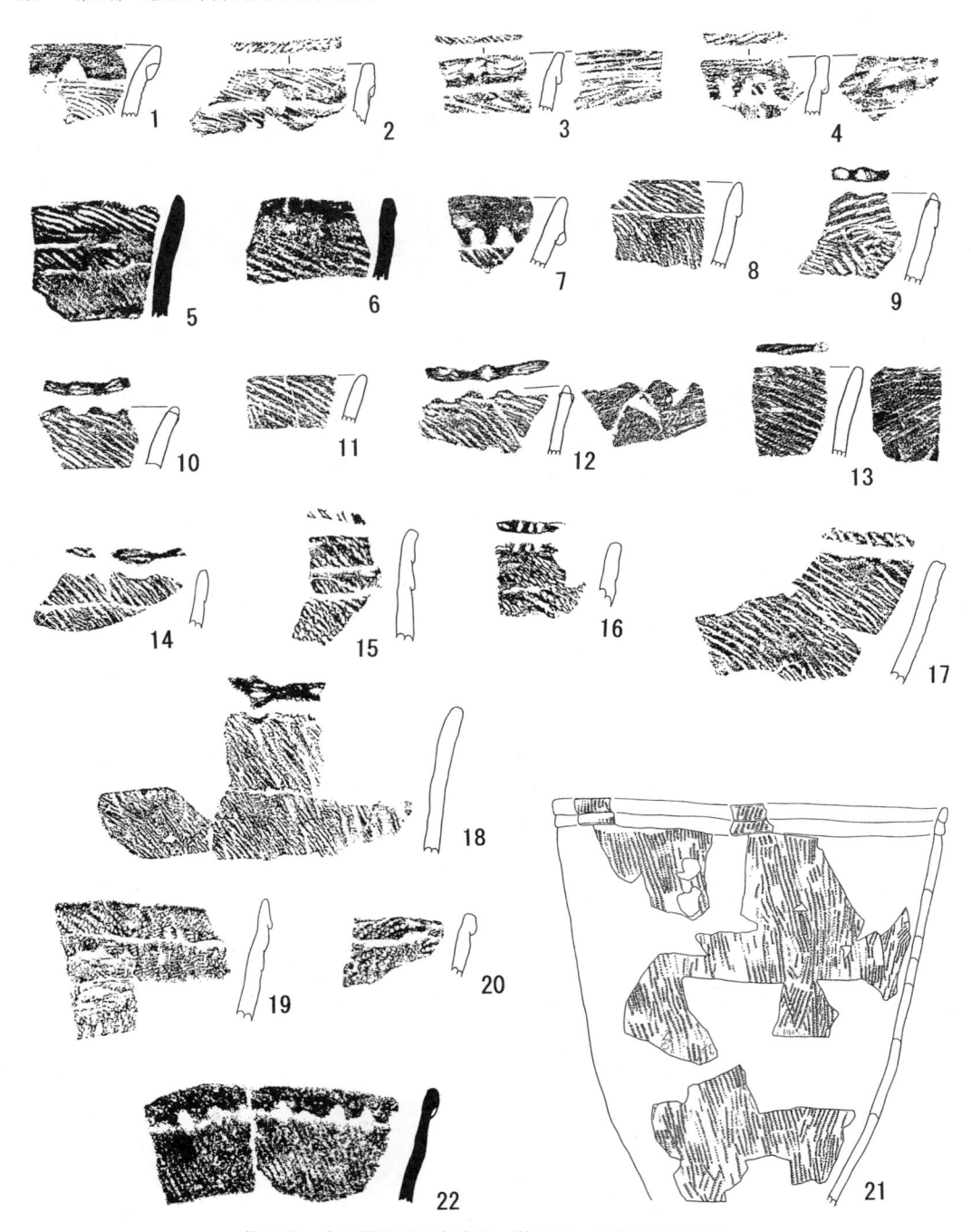

134　第Ⅲ部　地域と年代で分ける基本的編年

第3図　十三菩提式の条痕文，撚糸文，縄文の粗製土器
1-4：神奈川県華蔵台，5-6，22：同県室ノ木，7-13：同県臼久保，14-21：同県ナラサス，(1-20, 22：1/4, 21：1/6)

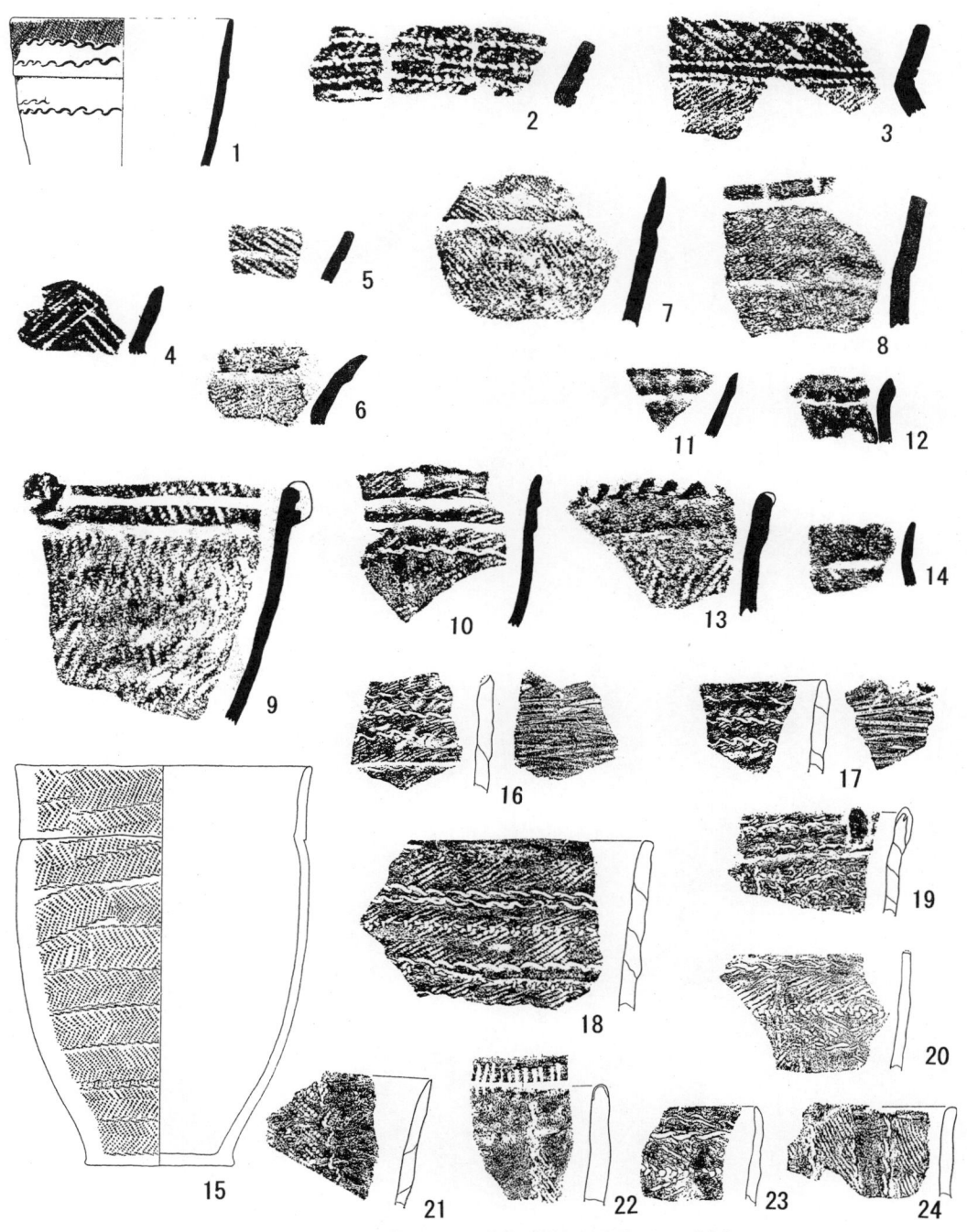

3E章　前期末～中期初頭の粗製土器　135

第4図　下小野系粗製土器（十三菩提・五領ヶ台Ⅰ式期）
1-14：神奈川県室ノ木，15：同県中駒，16-24：同県池辺第4，（1，15：1/6，2-14，16-24：1/4）

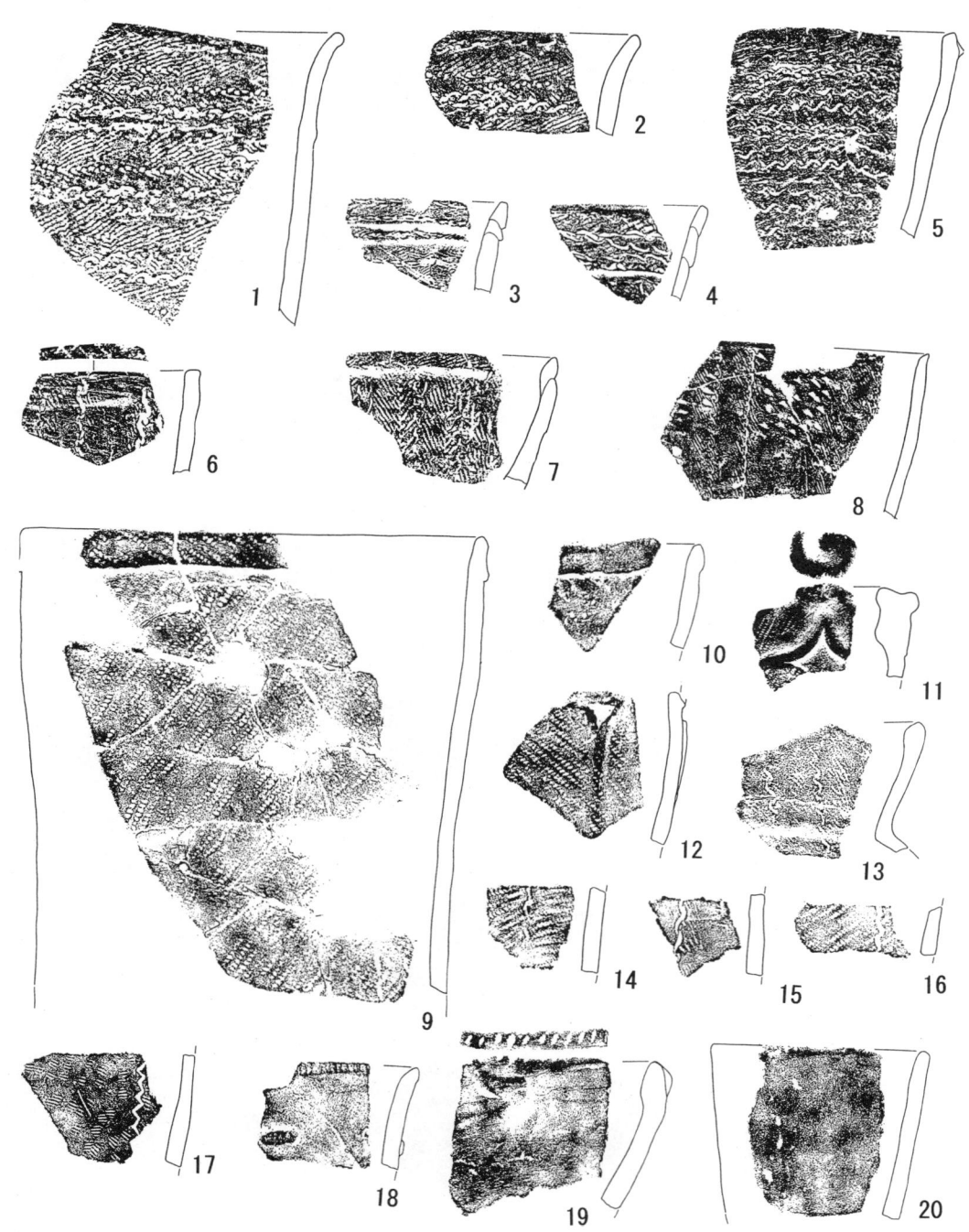

第5図　下小野系粗製土器（五領ヶ台Ⅰ式・Ⅱ式期）
1-8：神奈川県東方第7，9-20：神奈川県金沢文庫，（1-20：1/4）

3E章　前期末〜中期初頭の粗製土器　　137

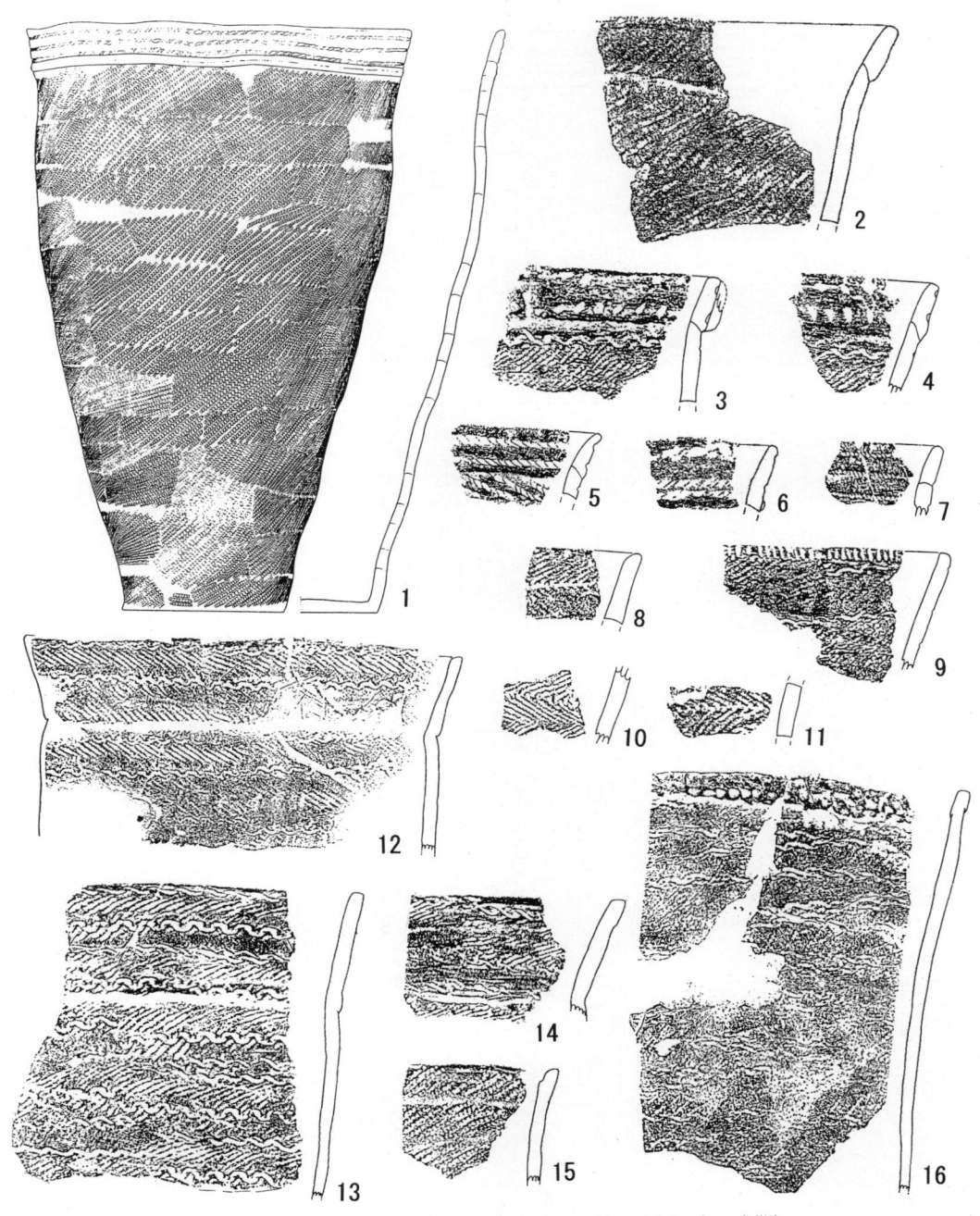

第6図　下小野系粗製土器（東関東の十三菩提〜五領ヶ台Ｉ式期）
1-11：栃木県鹿島脇，12-16：茨城県虚空蔵，（1：1/6，2-16：1/4）

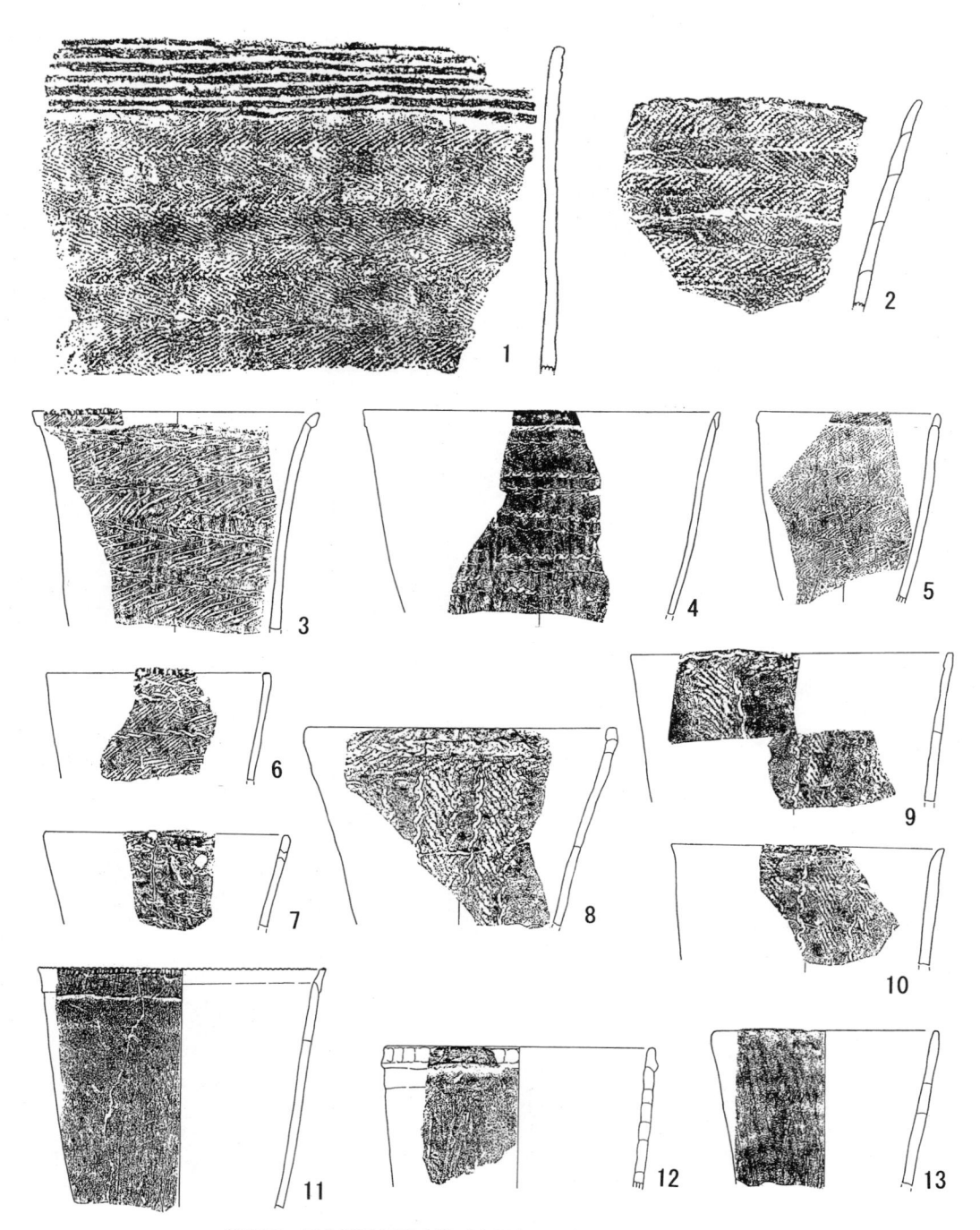

138　第Ⅲ部　地域と年代で分ける基本的編年

第7図　下小野系粗製土器（東関東の五領ヶ台Ⅰ式・Ⅱ式期）
1，2：茨城県虚空蔵，3-13：千葉県八辺貝塚（1，2：1/4，3-13：1/6）

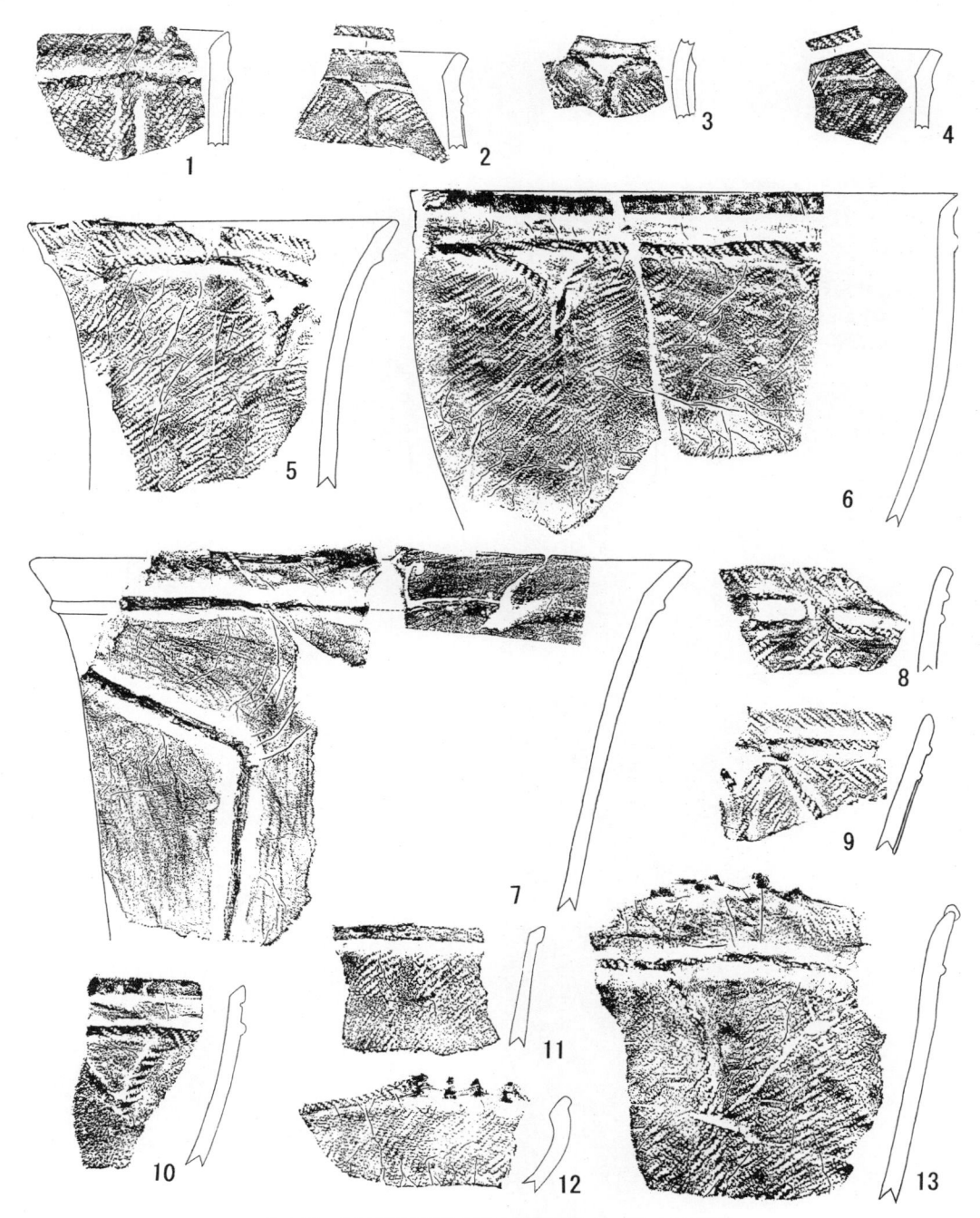

3E章 前期末～中期初頭の粗製土器　139

第8図　下小野系粗製土器から続くもの（竹ノ下式期）
1-4：茨城県竹ノ下，5-13：千葉県白井雷（1-13：1/4）

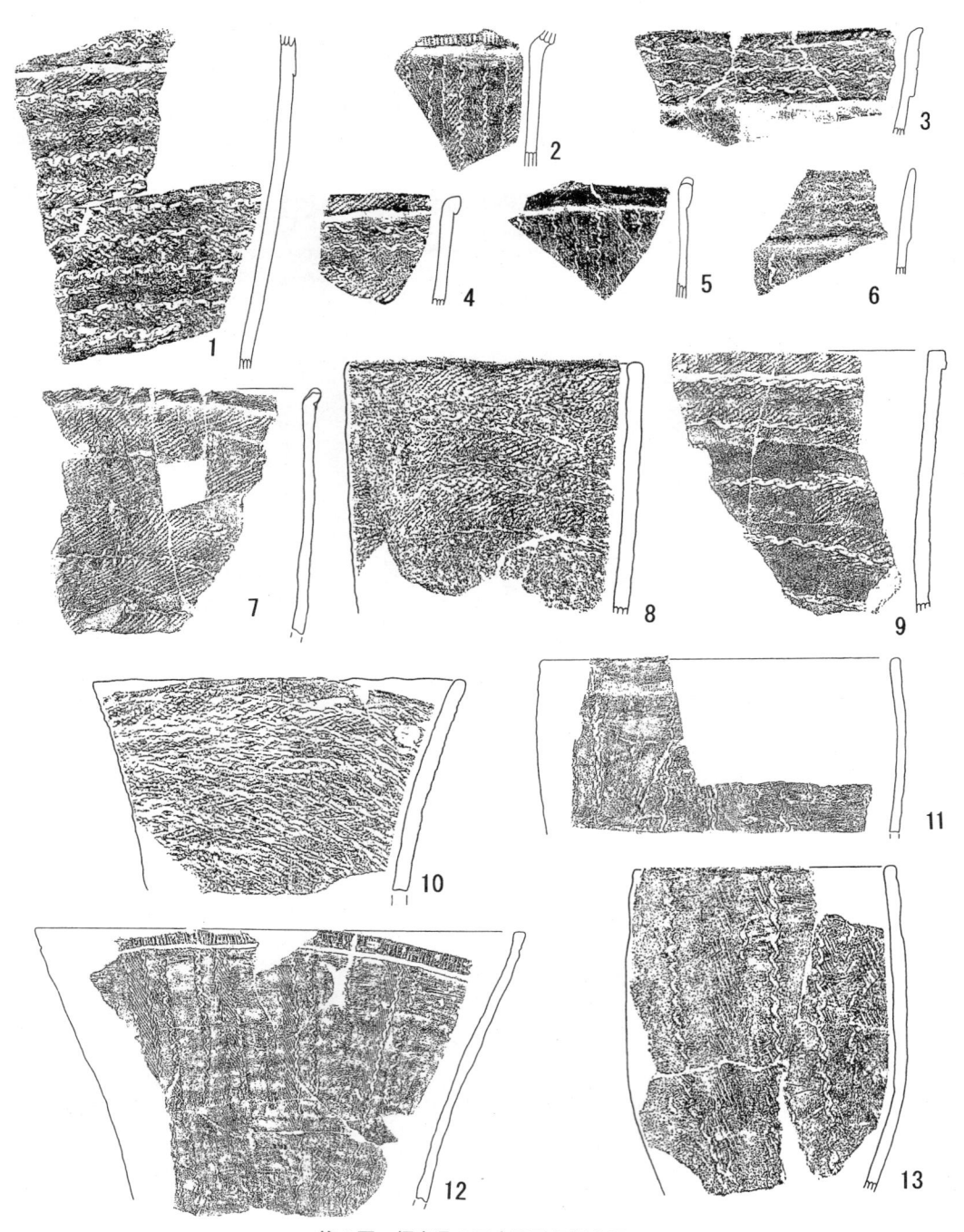

140　第Ⅲ部　地域と年代で分ける基本的編年

第9図　福島県の下小野系粗製土器
1-6：福島県法正尻，7-13：福島県浦尻（1-10, 13：1/4, 11, 12：1/6）

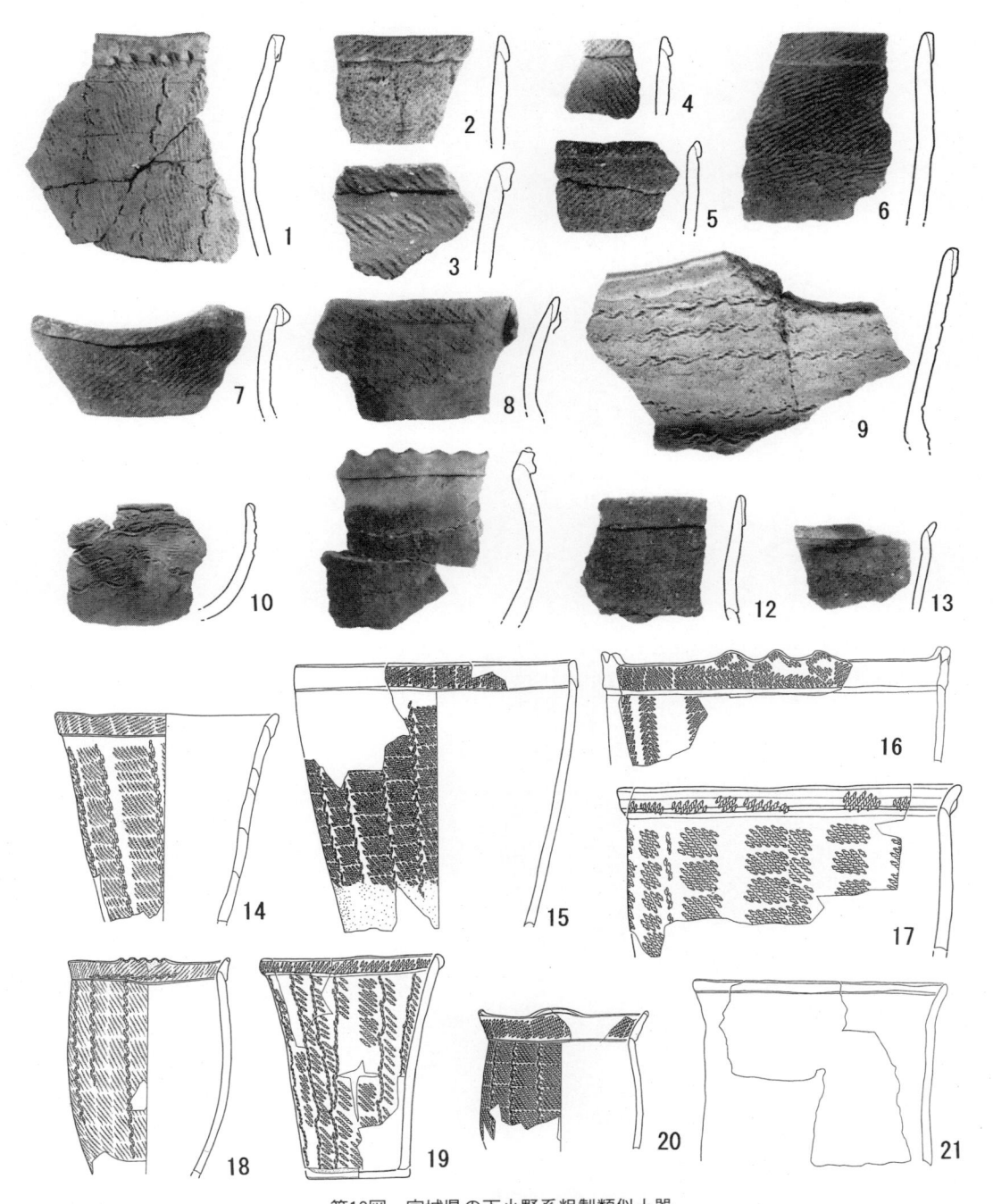

3 E 章　前期末〜中期初頭の粗製土器　141

第10図　宮城県の下小野系粗製類似土器
1−13：宮城県嘉倉貝塚，14−16，21：宮城県中ノ内，17−20：同県小梁川（1−13：1/4，14−21：1/6）

第Ⅳ部　系統的変遷の把握

4 A章　松原式土器の位置と踊場系土器の成立

はじめに

松原遺跡と「松原土器」

　筆者は2000年に諸磯c式の系統別変遷について（今村啓爾2000，本書5B章），2001年に十三菩提式前半期の系統別変遷について（今村啓爾2001，本書5C章）見解を述べた。続いてすぐに十三菩提式後半期について論ずる予定であったが，この時期になると土器の系統関係は以前にも増して複雑になり，動きも激しく，整然とした把握が容易でない。そして日ごろの繁忙に紛れているうちにかなりの年月が過ぎてしまった。

　十三菩提式後半期の理解が遅れている原因のひとつに，この時期の資料の要ともいうべき長野県松原遺跡の良好な一括資料の位置付けが正しく行われていないことがあげられる。先行型式から松原式がどのように成立するのか，松原式がどのように変わって踊場式になるのか，この一連の変化の過程に関東や北陸の土器がどのように対比されるのか，これらの問題を順番に整理していくと，中部日本の十三菩提式後半期の土器の変遷が自然に明らかになる。中部日本の土器すべてについて書こうとすると記述が過度に煩雑になるおそれがあるので，拙論では，松原遺跡の土器を中心において，前後左右を見渡すように見ていくことにより，この時期の土器の理解を進めたい。

　長野市松代町松原遺跡は1989年〜1991年にかけて発掘調査され，1998年に発行された大部な報告書によって遺構と遺物の詳しい内容が公表されている（長野県埋蔵文化財センター1998）。この遺跡では従来あまり類例の多くなかった縄文土器が大量に発見され，「松原土器」として報告された。その位置づけは，三上徹也・上田典男両氏（三上徹也・上田典男1995）によると，「中期初頭の梨久保式の範疇に含まれる地域性の明確な土器群」で，「千曲川流域に分布する」という。

　しかし本当の年代的位置は，十三菩提式を3分したときの新段階の前半に位置づけられるものであり，中期の梨久保式とは関係がなく，完全に前期の中にある。また踊場系土器の祖形としての「先踊場系」と呼ぶべき部分を含む型式（系統群）であること，分布も中部高地と関東に広がり，北陸では地元の土器に貫入的に進出することを本稿で明らかにしていきたい。

基本的概念：型式と系統

　本論に入る前に，拙稿の論理構成を理解していただきやすいよう，用いられる「型式」，「系統」，「段階」の概念について簡単にふれておきたい。

　筆者は縄文土器，少なくとも前期末・中期初頭の縄文土器型式を「系統の束」として理解することが有効と考えている。土器の器形や文様帯，文様の変遷は系統ごとにたどらなければ理解が

できない。系統は１つの地域で連続的に変遷するばかりでなく，他の地域に広がることが珍しくない。そのため，基本的に地域ごとに設定されるところの「型式」複数にまたがって同じ系統が共有されるようになることがある。そして本来同一であった系統も，地域を分かつことになった分派どうしが相違を強めていくのは当然のなりゆきであるし，同一地域に共存することになった別の系統どうしが影響しあったり融合したりすることがあるのも当然である。このような系統の振舞いは，土器の変化を複雑なものにする。しかしだからといって，土器の変化を系統性で理解することが不適当ということはけっしてない。系統の集まりであることが土器の実態である以上，系統ごとに変化を追わなければ土器は理解できないのであるから。

　このような系統の流れを時間的に横切りにするのが「段階」という時間の概念である。本稿で使う「段階」は，関東の型式区分をものさしとして用い，十三菩提式古・中・新の３段階を基本にし，さらに必要に応じて細かく分ける。この区分をまったくの時間的区分として，十三菩提式が主体的に分布しない地域に対しても同じ名前で用いることがある。

　「型式」は地域と時間で区切られる概念で，その型式が１つの系統のみからなる場合には，「系統」を時間的段階に区分したものと同じになるが，「型式」が系統の束として存在する場合には状況が異なる。同じ地方でも遺跡ごとに系統の組み合わせが異なることがあり，それは型式内容が異なるわけで，別の型式とみなすのが筋である。しかし厳密にこれを行いはじめると多数の「型式」が乱立し，用語が複雑になりすぎる。現状でもそのような小さな違いを無視して，あるいは気がつかずに相当広い地域に同一型式名が用いられるのが普通である。あらかじめ地域を区切り，時間の棚を作って機械的に型式名を入れていくことが普通に行われている。私も各「型式」内容のあいまいさを残したまま現状に従うことが多いが，もちろん組み合わせの違いや本当の分布を指摘することもしばしば必要になる。

　前期末・中期初頭の土器研究では，結節浮線文とか平行沈線文とか施文の技法をもって「系統」を立て，その変遷を追う人が多い。私も技法を軽視するわけではないが，むしろ器形や文様帯の配置といった，大きく基本的で連続的に変化するものを重視して系統分けをしている。この時期の施文技法は，しばしば他の方法で代用されたり置換されたりするので，技法の区別にこだわりすぎると，かえって本当の系統関係が見えなくなることがある。

松原式位置づけの方法

　本稿では松原式を構成する系統の１つ１つについて，松原式に先行する段階のものから松原式への変化を明らかにし，また松原式から後続する段階のものへの変化を明らかにすることによって，松原式の年代的位置を新段階前半に確定する。そして松原式の主要な系統が次の段階へどのように変化するのかを解明することは，とりもなおさず踊場系の成立過程の解明そのものとなる。

　松原式の問題を前期末か中期初頭かという設問としてとらえると水掛論のように聞こえるかもしれないが，「踊場系の祖形」か「踊場系の新しい時期に並行」か，という設問なら，理解のし

---

(1) 本稿では系統としての「踊場系」の名称以外に，新段階後半における踊場系主体の土器群を「踊場式古段階」と呼んでいる。「踊場式古段階」はほとんど「踊場系」の土器からなるので，実体はほぼ一致する。

古段階	中段階	新段階

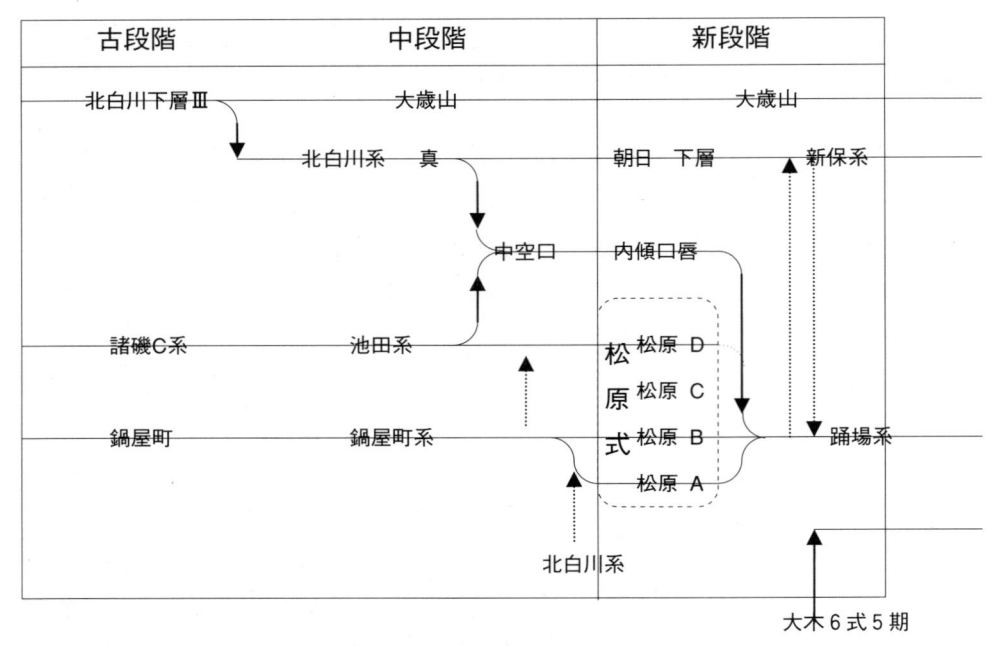

第1図　松原式周辺の系統関係（点線で囲んだ中が松原式）

かたが全く逆であることがわかるであろう。

1．松原遺跡資料の分類

　以下の議論はかなり複雑になるので，見通しが良くなるように系統関係の模式図（1図）を先に掲げておく。点線で囲んだ中が松原式で，そのA・B・C・Dはこれから述べる各類に対応する。松原式E類は図では内傾口唇と書いている。松原遺跡では1点しか報告されておらず，この遺跡では外来的なものとみなすべきであろう。

資料全体の概要

　まず松原遺跡の状況から見ていきたい。膨大な資料を再録するわけにはいかないから挿図は小論の理解を助けるための最小限にとどめ，報告書の図をそのままの番号で引用する。

　松原遺跡では諸磯c式なども大量に出土しているが，ここでは十三菩提式並行期（以下「十三菩提式」を略して「古段階」「中段階」「新段階」とする）の土器だけを見る。

　遺構別のまとまりであるが，住居址と認定されて一定量の遺物をともなったものとして，SB1173，SB3009，SB3013，SB3025，SB3027，SB3028がある。これらの一括性は，松原式内部で顔つきの異なるものどうしの共存であって松原式の型式内容を確認するという以上の意味はなさそうである。そのほか土器集中区SQ3025では松原式に先行するもの（古段階と中段階）が集中しており，その出かたからも松原式とこれらの間に時間差があることが分かる。

　松原式と同時期ではないが，時期が比較的近く，一応見ておいたほうがよい土器として，古段

階の復元された土器2個体と破片数点（192図-183，193図-185，186，231図-475，232図-486），中段階の土器数個体（191図-181，193図-184，232図-485，487）がある。

上記のようにSQ3025において，松原式に先行する土器が集中して出土したのは，なんらかの意味があるまとまりといえるが，時間的には古段階から中段階にわたっているので，厳密な意味での一時期の一括ではない。この遺跡全体として中段階はそれほどの量があるわけではないが，鍋屋町系の沈線文土器が大部分で，ふつうこれに伴う北白川系の結節浮線文土器がほとんど見られないことが注意される。次の松原式を構成する系統が鍋屋町系を主とし，完全な北白川系を含んでいないことに対応するように見えるからである。

以上の「松原式に先行するもの」以外の，膨大な資料がすべて松原式に属する。拙論の結果を先取りして言うなら，量が膨大であることに加え，前後の時期のものをまったく含まない純粋性がこの資料の価値を高めている。前後の時期のものが一緒に出土し，時期区分に悩まされることが多い中部高地にあって，従来十分認識されていなかった型式の資料が大量かつ純粋に出土した点で，この遺跡は稀有のものである。

この松原式は，1．ソーメン状浮線文を多用する土器（A類），2．集合平行線を多用する土器の2種類に大きく分けられ，後者は器形と文様に着目して4類（B・C・D・E類）に分ける。この分類はとりあえず松原遺跡の土器を記述するための便宜的なもので，前後の時期とのつながりで認識する本当の系統性は，第2節から説明することになるが，結果は1図の模式図のようになる。

A類（ソーメン状浮線文を用いる土器）

はじめにソーメン状浮線文を多用する土器について見よう。

2図-1（182）（カッコ内は報告書の資料番号，以下同じ）の頸部の，指先で押した太い隆起線は，中段階の鍋屋町系によく見られる文様である。普通中段階には地文がないが，これには縄文がある。口縁にある平行するソーメン状浮線文は，中段階に先行形態があるが（2図参考16（武藤雄六1968）），これほど細くなったものはないであろう。口縁に2つ並んだ耳形の貼付文も鍋屋町系（2図参考15（長野県埋蔵文化財センター1987））だが，平板で間のびしたものになっている。胴部に鍋屋町系の沈線による文様は無く，器形も口縁が内湾し，胴下部がずんぐり膨らんだ形に変化している。さまざまな点で中段階の範囲を逸脱した資料といえよう。

2図2（482）の指先で押した水平の太い隆起線は上例と同じ。器形は十三菩提式鍋屋町系から少し変化している。口縁の下地の平行沈線と上に乗るソーメン文の結合は，以後踊場式など前期終末に広く見られるようになる（2図16の籠畑例では下も上も浮線）。胴部文様も鍋屋町系から逸脱し，感覚的には踊場式に近い。中段階を脱し新段階に入る資料とみるべきであろう。

2図4（481）は縄文地上に水平の太い結節浮線文を有する。十三菩提式中段階の北白川系（今

---

(2) この呼び名は鍋屋町式に似ているという意味ではなく，その起源を遡っていくと北陸の鍋屋町式に至るという意味である。時間的にいって十三菩提式中段階が本来の鍋屋町式－平行沈線文化する時期を含まない－より遅れることは，1974年以来繰り返し述べてきたことである。（今村啓爾2001）

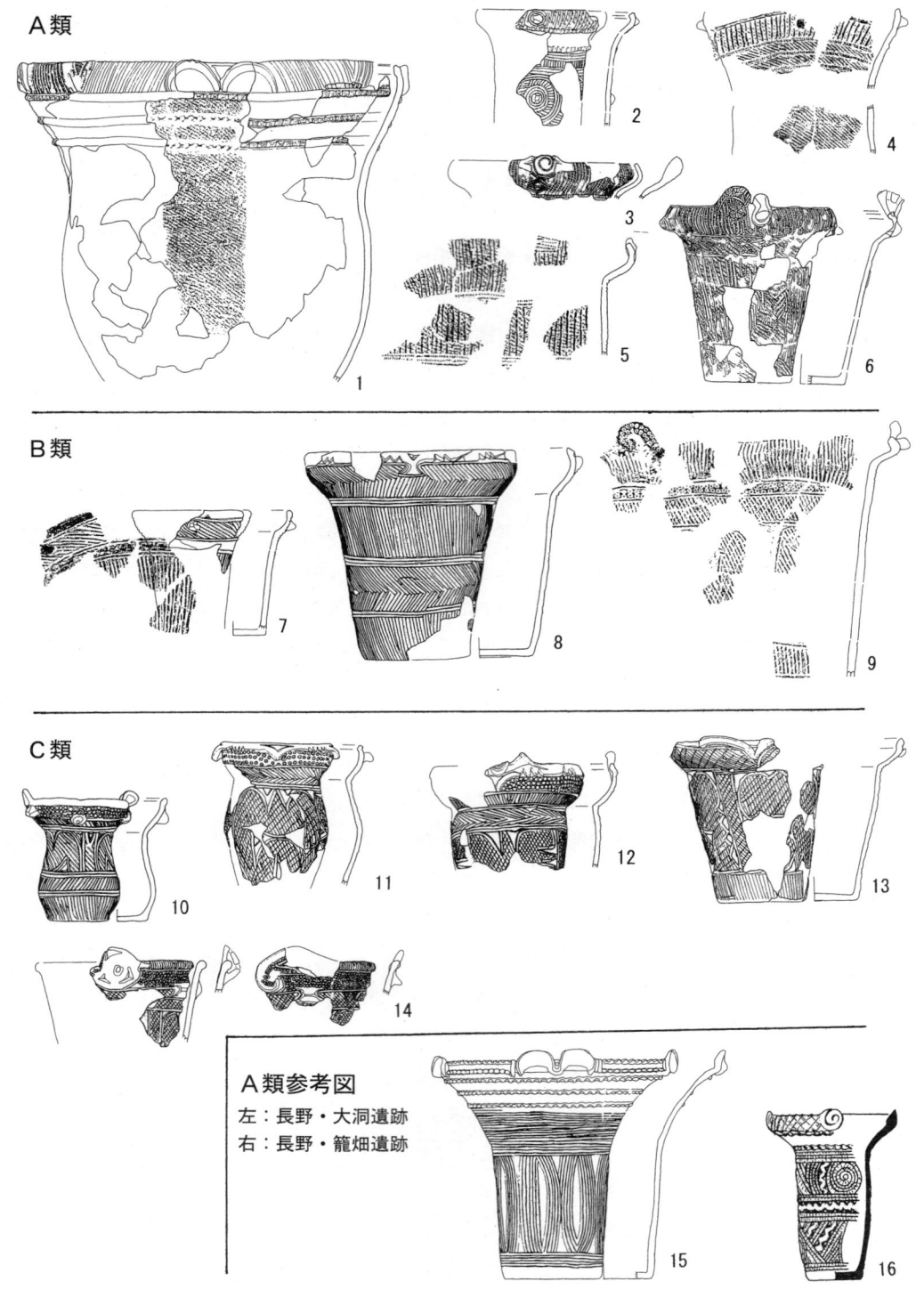

148　第Ⅳ部　系統的変遷の把握

A類

B類

C類

A類参考図
左：長野・大洞遺跡
右：長野・籠畑遺跡

第2図　松原遺跡A類・B類・C類と参考資料（5：1/5, 15：1/12, 他：1/8）

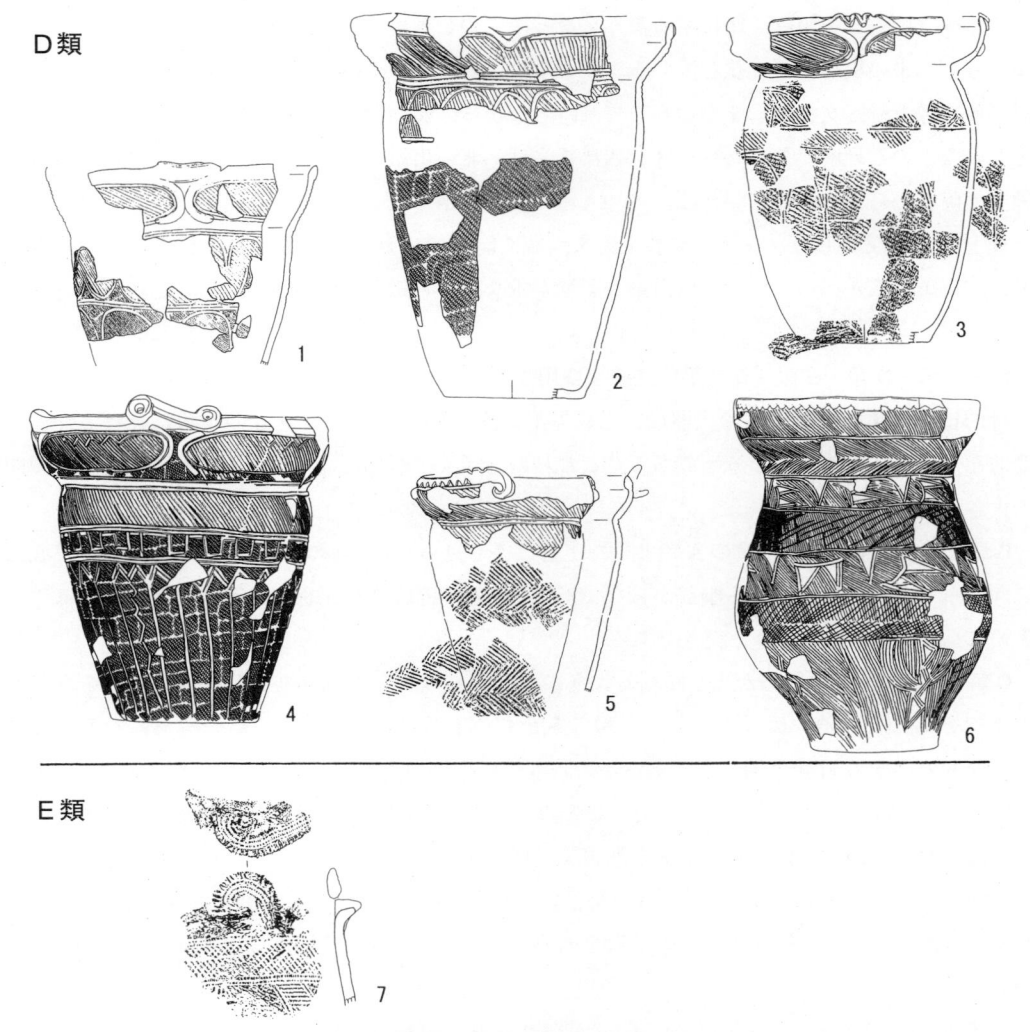

第 3 図　松原遺跡 D 類・E 類（7：1/5，他：1/8）

村啓爾2001）に多い文様だが，口縁直下の多数縦に平行するソーメン文は中段階にはあまり見ない。1・2との共通性が注意される。よってこれも新段階に入るといえよう。

　以上見たように，これら3点はなんらかの点で十三菩提式中段階の特徴を維持しながらも，普通の中段階から逸脱する要素が見られる。それはみな新しい方向への変化である。

　2図3・5（同一個体483）・6（484）は上記のものと類似の器形であるが，縄文地に細いソーメン状浮線文によって全面が覆われている。縄文地浮線文は北白川系であるが，器形は2図2が典型的であったように，中段階の十三菩提式鍋屋町系が少し変化して口縁が内湾するようになったものといえる。縄文地ソーメン文の多用は北陸の朝日下層式と共通し，とりあえずそれに近い時期と見当をつける手がかりになる。6では口縁部直下の本来無文部であった部位に横向きに矢羽文が挿入されている。胴部の縦分割を基本とする文様図形の配置は鍋屋町系のものとみてよいが，3・5の場合には平行線だけになっている。こちらはむしろ北白川系十三菩提式の縦に平行

する浮線文の流れを汲み，密接するようになったものと理解されるが，そのような区別に意味がないほど本来の文様から変化している。要するにこの2点の土器もまた中段階以来の鍋屋町系の器形と文様配置，文様図形をかろうじて維持しながら，文様がすべてソーメン状浮線文に置き換えられたものと理解できる。ソーメン状浮線文は，北白川系の結節浮線文と鍋屋町系の口縁の浮線文の両者から来るものといえる。

　以上のような器形のソーメン文の土器を，続く記述の必要からA類とする。このA類は全体として鍋屋町系がベースで，北白川系の影響が重なっているといえる。

B類・C類・D類・E類（集合平行沈線を多用する土器）（2図，3図）

　量的に多い集合平行沈線の土器は，主に器形の区別からB・C・D・Eの4類に分けるが，中間的なものもある連続的な分類である。これらの分類では器形だけでなく使われる文様にも傾向の大きな違いがある。

　B類：すでに述べた浮線文のA類とした土器に多く見られた器形である。内湾する口縁，底部に向かって直線的にすぼまる胴部からなる形で，A類の浮線文を沈線文に置き換えるとほぼこのB類になるから，A類とひと続きである。

　C類：B類の器形の胴部が少し膨れるようになったものからはっきりとしたふくらみをもつものまでをC類とする。はっきりとした膨らみをもつ土器は，細長く背の高い器形になる。このようなものは次のD類と同じ形であるが，基本的に小型のものをC類，大型のものをD類として区別する。加えられる文様が異なり，C類は精製，D類は並製の傾向があるからである。C類の特徴は地文に縄文を持たず，全面を沈線文で埋め尽くす点にある。文様は口縁部と胴部に分かれ，胴部は水平に数段に区分されるものが多い。そのうちの幅広の帯には複雑な文様が加えられ，雲形に区画した中に平行線または格子目を充填し，雲形の外側の余白部分は削り取られることが普通である。

　D類：C類に似た形で大型のもの。胴部が膨れるものが多い。個体数が多いが，付図は選択しているので全体の量的比率を反映していない。胴部文様はC類に近いものもあるが，やや単純で削り取りがないもの，地文に縄文があるものが普通である。縄文地上にY字文の一種が加えられたものが多い（3図1，3）。

　そのほか，口縁の内湾部が省略された器形や瓢箪形（中段階末に多い器形の残存）など数の少ない器形もあるが，煩雑になるのでここではとくに分類はしない。C類，D類のような器形やD類の文様は前後の時期には少ないのに松原式では量的に主体を占めている。松原式を特徴づける類といえよう。

　E類：報告書中にたった1片しか見られないが，後述（8節）のように系統が異なるので，一つの類とする。口唇が外側に折れ曲がり，その内面の一部（全周に及ばない）に文様が加えられている。外面は縄文地に細い平行沈線からなる文様が加えられている。

　もとに戻りB類の土器をいくつか見ることから始めよう。

　2図9（167）の口縁部はA類諸例でソーメン文であった部分が平行沈線に置き換えられてい

る。胴部は鍋屋町系とは認めにくい。格子状の沈線は鍋屋町系にもあり，削り取り手法も見られるが，ここに見る文様図形の周りを大きく雲形に縁どる文様は，次の節で述べる中段階の「池田系」から来るものである。胴部の横分帯は中段階の鍋屋町系にもその動きが見られる（2図－参考16）が，同時期の池田系には一層顕著である。口縁部と胴部の間の帯に小円刺突が並ぶ文様がある。

　A類の口縁のソーメン文がこの土器の口縁の平行沈線に置き換えられたとみなすならB類はA類より遅くなる理屈であるが，先にA類2図6（484）の胴部の文様において沈線文が浮線文におきかえられる逆方向の変化を見た。松原遺跡の一括性の強い資料の中で沈線文→浮線文→沈線文とめまぐるしい入れ替わりは想定しにくい。むしろ沈線文と浮線文は共存し使い分けられたのであろう。要するにこれも中段階のすぐ後，新段階の始めにおかれる資料といえる。

　2図7（37）は上例と類似の器形で，同じく円形刺突文帯を有するが，胴部文様は単純な1段である。2図8（62）は逆に胴部の分帯を有するが，円形刺突文帯をもたない。そして2図7と8は口唇外面のやや幅のある，9にはない無文部分を有する。このように検討してくると2図7・8・9は一定の違いと共通点を併せ持つ一群の土器ということになる。

　C類は器形でいうとB類に近いものとD類に近いものがあるが，やや小型で全面を平行沈線で埋め尽くすことはB類に共通する。雲形文様や削り込みはこの類に多く見られるが，他の類にもある。ほとんどのものにB類の一部やD類と同じ口唇外面の無文帯とその上の貼付文が見られる。B類と共通する円形刺突文も多い。

　D類の例を見る。器形は分類の基本ですでに述べたように，やや大型で口縁が内湾し，胴部も膨らむ器形を基本的特徴とする。多くが胴部地文として縄文を有するが，沈線で全体を埋めるものもある（3図5・6（517，209））。C類の大型として分類すべきかもしれない。D類では口縁部に楕円の枠状区画を有するものが多い。その成立過程については後述する。口唇部にやや幅のある無文の帯状部分があることがすべての土器に共通する著しい特徴である。この無文部の下に三角形の刻みをいれたものもある。このD類は次節で述べる「池田系」の流れを汲むものであり，池田系についての説明でまたとりあげる。

　先にA類とB類の類似性を指摘した。そして今B類の一括性，またB類とC類の類似性，C類とD類の類似性を述べた。よってここに提示した土器群は，浮線文・沈線文の区別や器形の変化を超えて多くの共通点を有する，不可分な一群の土器と認められる。

　ところで土器を編年的に位置づける場合，遺跡における一括性の認定から議論を展開することがしばしば混乱と誤った結果をもたらしたことを学史は教えている。松原式の型式吟味による一括性の認定はそのようなものではないと私は考えるが，やはり型式変遷の観点からの裏付けが必要であることは言うまでもない。以下その作業に進もう。

2．松原遺跡B・C・D類の成立にかかわる先行資料

静岡県池田遺跡の池田系土器（4図）

　静岡県長泉町池田B遺跡（静岡県埋蔵文化財調査研究所2000）でまとまって出た土器の一部について，遺跡名をとって「池田系」と呼ぶことから始めたい。出現にかかわる系統性が現段階ではあまり明確でない（諸磯c系統を引くものと予想される理由は「付論3」で述べる）ことも，とりあえずこう呼ぶ理由である。池田遺跡は十三菩提式中段階単純の遺跡で，北白川系（4図上段）と池田系（4図3段目）が共存し，鍋屋町系（4図2段目）も少しある。そのほか大歳山式がまとまってあるが図示してない。

　池田系というのは，図からもわかるように口唇部に特徴的な幅広の無文部を有し，以下縄文地に沈線文を加えることが普通の土器である。

その他の先行遺跡（中段階並行）における池田系土器

　資料の概観をかねて同じころの池田系土器の分布を見よう。山梨県御坂町桂野遺跡（破片），長野県岡谷市大洞遺跡（5図1），石川県能都町真脇遺跡（5図3），同県金沢市上安原遺跡の類似資料（5図2）など（各，山梨県教育委員会2000，長野県埋蔵文化財センター1987，能都町教育委員会1986，金沢市〈埋蔵文化財センター〉2003）中部高地・北陸の中段階の遺跡に点々と見られるが（北陸については第7節でくわしく扱う），量的には多くない。しかし東海や神奈川県の同じ時期の遺跡にはかなり見ることができる。まとまって出ているのが始めに示した静岡県池田B遺跡のほか，同県伊東市東大室クズレ，横浜市金沢区室ノ木（5図4，5，6）・港北ニュータウン桜並（J2号住居，5図7），同花見山（5図8）の各遺跡である（伊東市教育委員会1988，赤星直忠・塚田明治1973，横浜市ふるさと歴史財団1995a，横浜市ふるさと歴史財団1995b）。東京都町田市三矢田遺跡（鶴川第二地区遺跡調査会1991）（5図9，10），八丈島の倉輪遺跡（東京都教育委員会1986，八丈町教育委員会1987）にもある（5図11）。三矢田遺跡・倉輪遺跡では共出した土器に時期の幅があるが，それ以外の遺跡では中段階単純あるいは中段階を主体とする資料に伴っている。

　池田B遺跡，東大室クズレ遺跡には少量の鍋屋町系もあり，室ノ木遺跡では池田系・北白川系・鍋屋町系・大木6系・下小野系の粗製土器などがにぎやかに共存する。

中空口縁の池田系土器

　池田系土器の1種に，池田遺跡には出土していないが，器壁を内側に2回折り曲げて，中空部分を包み込む形の特殊な口縁がある。探していくとかなりの遺跡数になるが，南関東に多く，中部高地，北陸にもある。細い沈線による文様が池田系と共通し，結節浮線文を有するものもあり，遺跡で一緒に出ている土器からみて中段階の新しい部分～新段階の初めという限られた時期に存

---

(3)　何らかの関係性をもって伴に出土した遺物を伴出というのに対し，とにかく同じ場所から出たというレベルの事実を共出と呼ぶことを提案している。

4A章　松原式土器の位置と踊場系土器の成立　153

北白川系

鍋屋町系

池田系

その他

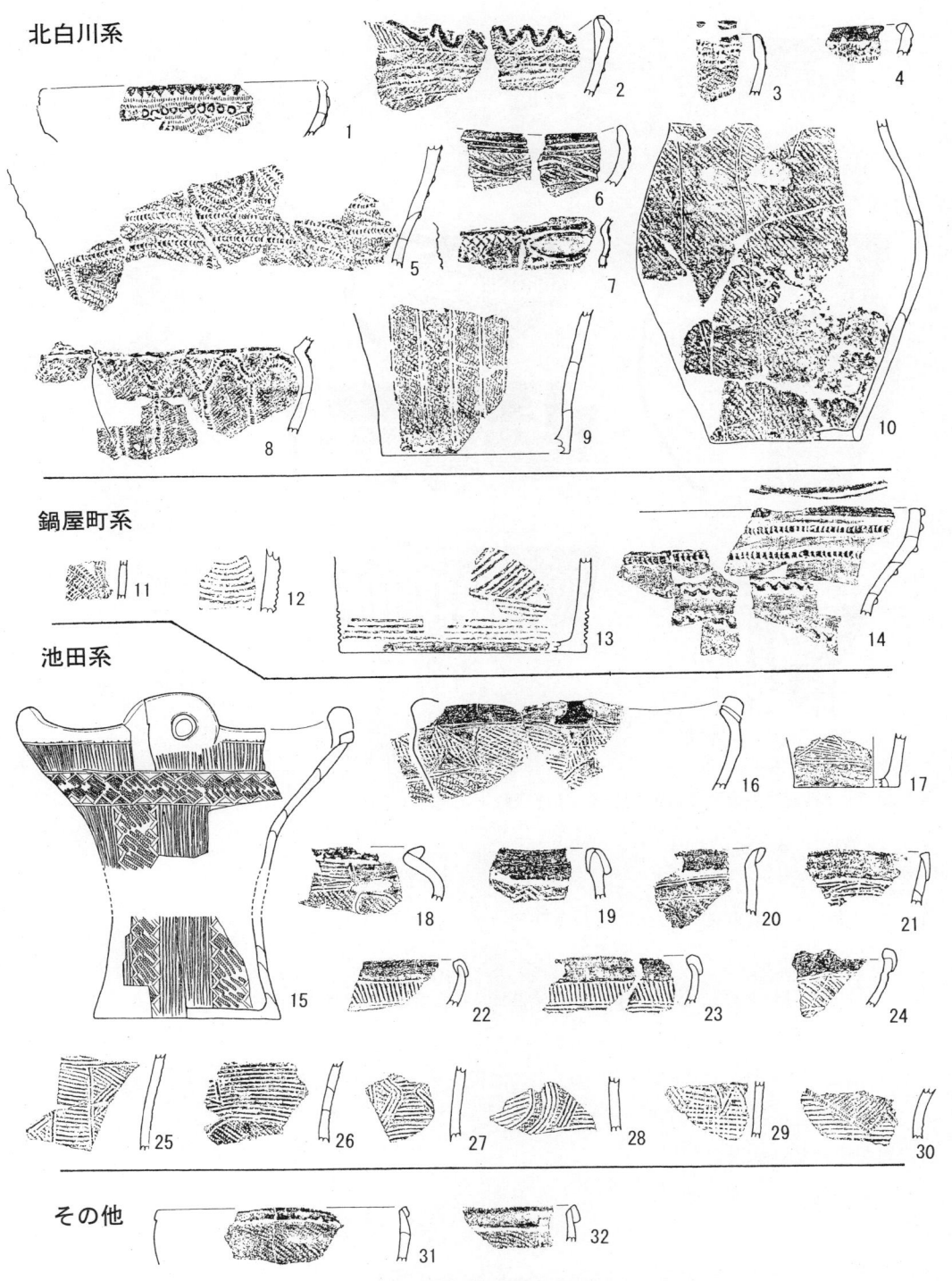

第4図　静岡県長泉町池田遺跡の土器（1/5）

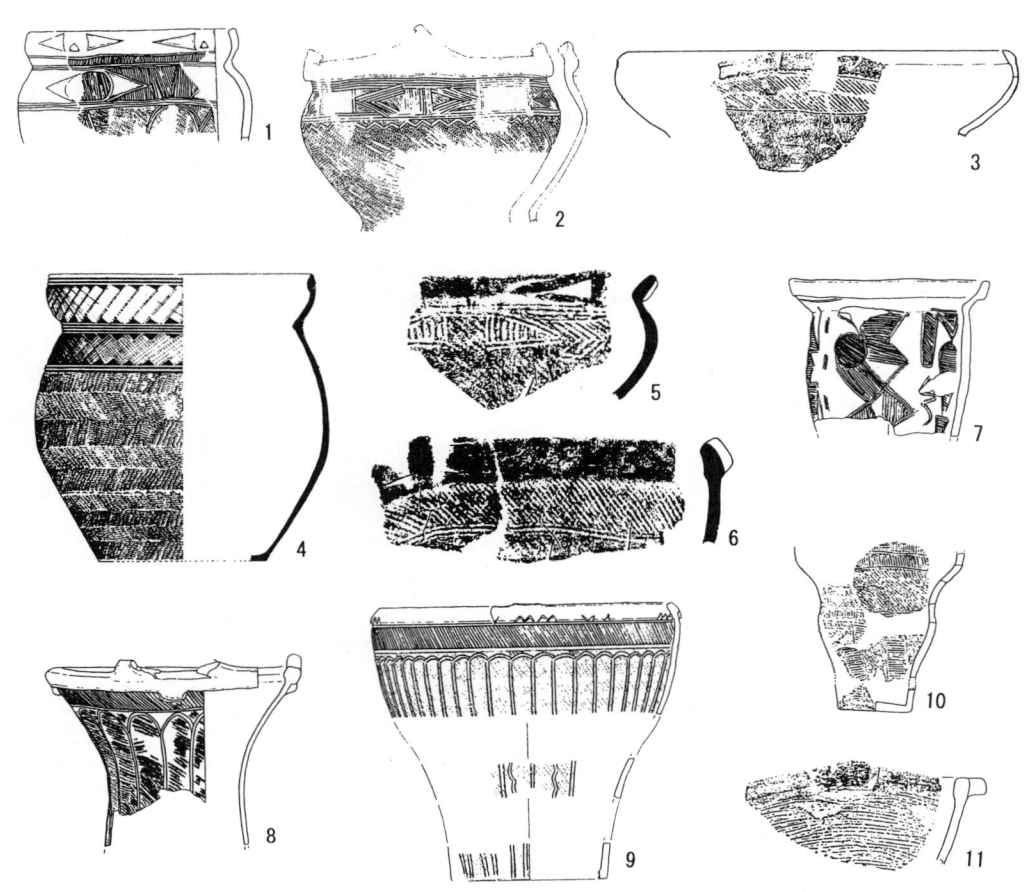

154　第Ⅳ部　系統的変遷の把握

第5図　十三菩提式中段階の池田系土器（1：長野・大洞，2：石川・上安原，3：石川・真脇，4～6：神奈川・室ノ木，7：神奈川・桜並，8：神奈川・花見山，9，10：東京・三矢田，11：八丈島・倉輪）（5，6，11：1/5，他：1/8）

在した特徴と認められる。これに関わる問題は第8節で取り上げる。

3．松原遺跡以外の松原式資料（松原遺跡に見られない種類のものも含む）

　次に新段階前半の松原式段階に移り，主に池田系をとりあげながら資料の分布を見よう。

長野県長野市松原遺跡
　本稿の主題である代表的資料を提出した遺跡である。

長野県茅野市城遺跡（茅野市教育委員会1992）
　6図1は波状口縁を有する。括れ部に内部が中空な隆起帯があり，その一端が蛇の頭のように口縁に這い登る。技法的に上で述べた中空口縁と関連するものであろう。

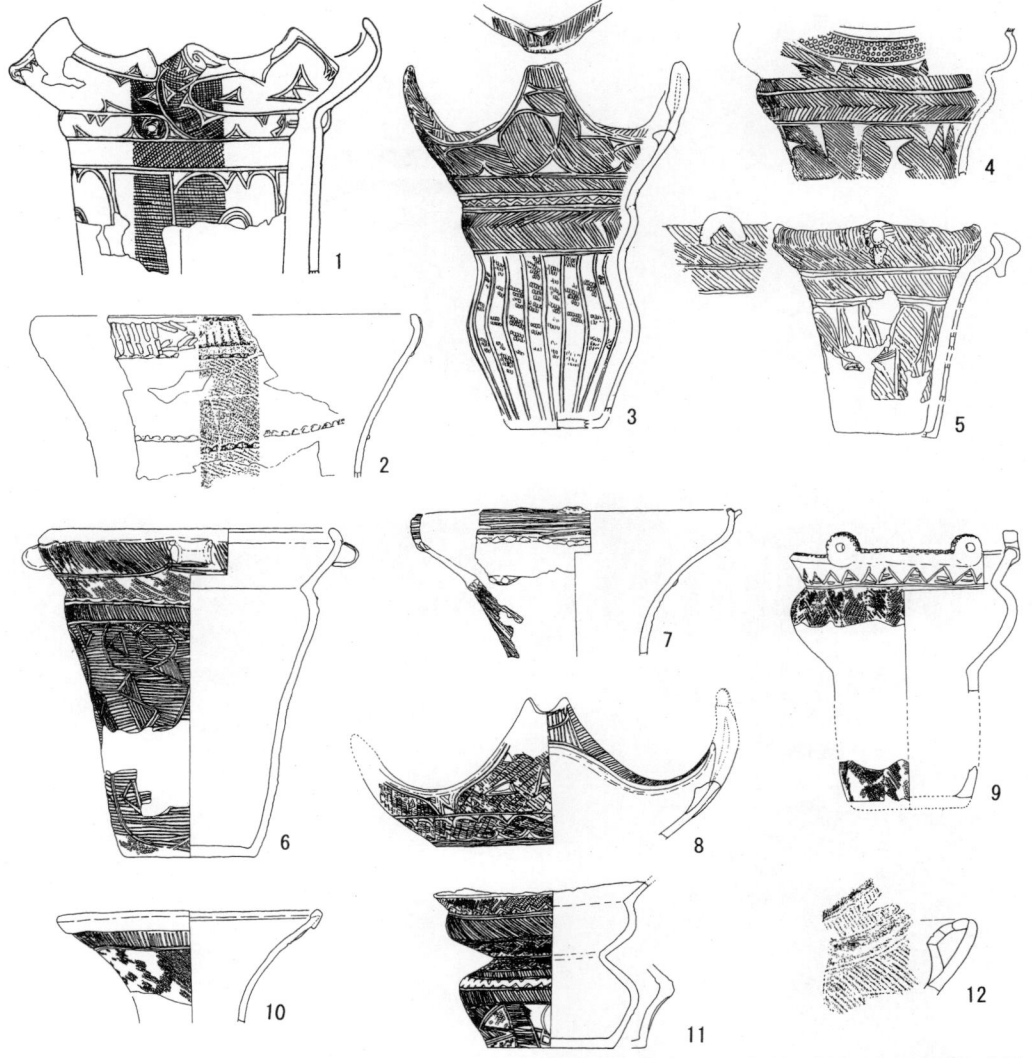

第6図　各地の松原式土器(1)（1：長野・城，2，5：山梨・獅子之前，3：山梨・上野，4：長野・中村，6～12：神奈川・茅ヶ崎）（12：1/5，他：1/8）

山梨県塩山市獅子之前遺跡 （山梨県教育委員会1991）

　松原A類の浮線文土器（6図2）とB類の沈線文の土器（6図5）各1点が出土している。沈線文土器は踊場式古段階にかなり近づいたもの。

長野県松本市坪ノ内 （松本市教育委員会1990）

　13号住居から松原A類の浮線文土器，C類の沈線文土器，鍋屋町系で新段階まで下るものなどが出ている。浮線文土器には小円貼付が多く見られる。朝日下層式の古い様相に似るものがある。

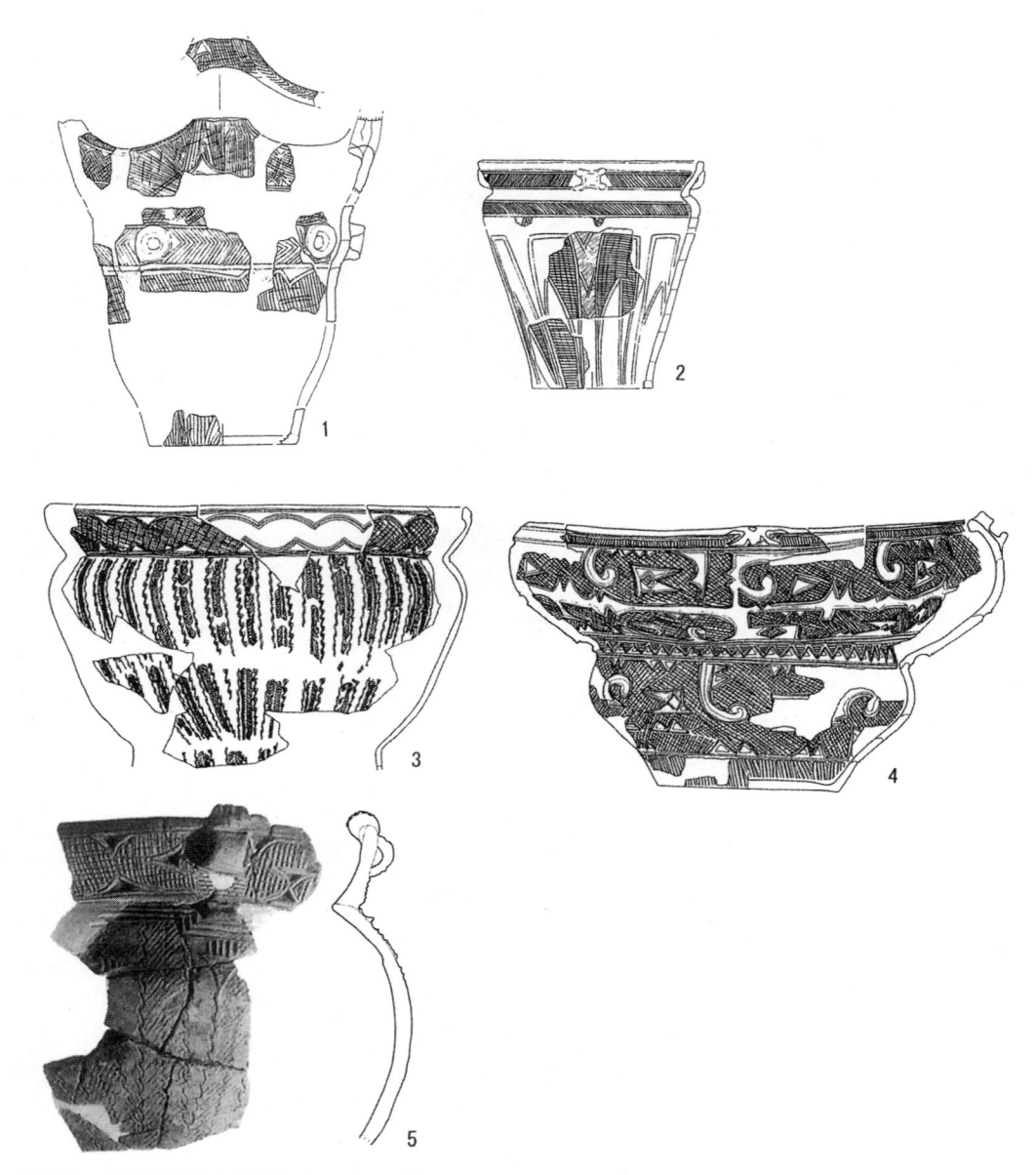

156 第Ⅳ部 系統的変遷の把握

第7図 各地の松原式土器(2) (1, 2：東京・三矢田, 3, 4：群馬・中尾, 5：宮城・嘉倉貝塚) (1/8)

その他の中部高地の遺跡

　山梨県三珠町上野遺跡（三珠町教育委員会1989）に東京三矢田例（7図1）に似る截頭波状口縁の例（6図3）がある。これらは松原遺跡には見られない種類であることを第8節で述べる。長野県辰野町堂ヶ入遺跡（長野県教育委員会1974a），伊那市中村遺跡（長崎元廣1998）（6図4）にも松原式がある。

横浜市港北ニュータウン茅ヶ崎遺跡（横浜市ふるさと歴史財団2002）

　この遺跡の土坑出土の土器は五領ヶ台式まで時間幅があり雑多であるが，前後の時期のものを除くと中段階の十三菩提式から新段階前半の松原式への移行期に集中している。松原式の成立過程を知るのによい資料なので池田系に限らず紹介しよう。松原遺跡資料より少し古い時期に集中しているので，以下の説明でも先の松原式の説明に一致しない部分がある。

　6図7は鍋屋町系の大きく崩れたもの。6図8は中段階の北白川系（結節浮線文土器）に見られた立体的な截頭波状口縁が扁平に変化した器形に池田系の沈線文が施されている。沈線文は太い格子目をなし，池田遺跡より松原遺跡資料に近い。6図12とともに中空口縁を有する。同6図11は中段階末に発達した瓢箪形の器形に，池田系の文様が加えられている。この器形は松原遺跡にも1例ある。帯状に区画された中を充填する細い平行線は五領ヶ台Ⅰa式の細線文に近く，それが東海地方の前期末に由来するのではないかと予想した見通し[4]を一歩前進させる。6図6は松原式の，口縁が内湾し胴部が膨れる器形に近づいている。中段階の池田系の文様は，他の遺跡の例にも見られるように，何を描いたらよいのかわからなくなったような混乱した文様図形が多いが，本例もそれに該当する。松原式ではとにかく雲形に枠取りをする形で落ち着く。したがって本例は中段階に近い。口縁部の枕形の貼付文は松原遺跡にもあるが，そこでは4隅が伸び，X字形になったものが多い。6図6・9・10の口唇部無文帯は池田系に特徴的。6図9は大木6式球胴形の器形。上記の土器群と同時期だとすると推定復元図は器高が高すぎると思う。口縁のV字文は松原式には見られないが，北陸の朝日下層式によく用いられる。6図10の口唇の無文帯下の縦に並べたソーメン状浮線文は松原遺跡A類と共通する。この部分を沈線に置き換えた土器は池田B遺跡を含め池田系によく見られる。本資料群に結節浮線文土器は見られないが，松原遺跡でもほとんど無かった。

東京都町田市三矢田遺跡

　時期幅があり，中段階の池田系，新段階松原式の池田系，さらに踊場式古段階の資料が連続的に出ている。7図1・2は茅ヶ崎遺跡と同様，中段階と新段階の境に位置する。8図8,9は踊場式の古段階まで下ると思われる。

群馬県中尾遺跡（群馬県1988a）

　正規の調査ではないが，竪穴床面から7図3と4が出土したとされる。後者は松原式に特徴的な器形の高さを縮めた形だが，前者は大木6式の球胴形にも近い形で，胴部に大木6式系の縦方向の羽状縄文を有するなど，松原遺跡には見られない特徴を有する。宮城県築館町嘉倉貝塚（宮城県教育委員会2003）の類例を示しておく（7図5）。大木6式4期または5期（今村啓爾2006a，本書4B章）に伴ったとみられる。これから変化したと思われる土器が東北地方に点々と見られ，東北地方に定着してひとつの系統をなした。

---

[4]　五領ヶ台Ⅰa式は沈線の梯子形文様が特徴的であるが，Ⅰb式の細線文とは区別される細線文を伴うことを指摘している。今村啓爾1985

横浜市北部の諸遺跡

　横浜市の宮の原貝塚（吉田格・今村啓爾ほか1972）・霧ヶ丘遺跡（今村啓爾編1973）・東方7遺跡（横浜市埋蔵文化財調査委員会1972a, 1974a）・池辺4遺跡（横浜市埋蔵文化財調査委員会1972b, 1974b），藤沢市稲荷台地遺跡などで，破片であるが松原式が点々と見られる。集合平行線の土器類は破片になるとみな同じように見えてしまうが，口縁部断面形や口唇の無文帯，貼付文，地文の縄文，雲形に区画し平行線や格子目を充填する文様の形などに注意して見れば判別はそれほど困難でない。

東海地方

　管見ではいまのところ資料を欠くのは東海地方に十三菩提式新段階の良好な遺跡が報告されていないためであろう。

北陸地方

　かなり多くの資料があるが，地元の土器に伴い，従の要素として出るのが普通。第7節で中部高地との並行関係を見ながら紹介するのでここでは省略する。

4．松原式の成立過程：松原遺跡のC類（池田系＋鍋屋町系）とD類（池田系）

　第2節で中段階の池田系の資料を，第3節で新段階（松原式）の池田系の資料を紹介した。このように段階分けをして資料を紹介すること自体が，時期区分と変遷についての私の理解に基づいているわけであるが，両方の段階を比較しながら松原式の各要素，とくに松原遺跡C類とD類によく見られるものについて成立過程をまとめておこう。時間的に前後する両者の間にはいろいろな違いもあるが，連続し継承される要素のほうが顕著である。

口唇の無文帯とその上の貼付文

　幅広の無文の粘土帯を口唇の外側に貼り付けることは，中段階の池田系・新段階前半（松原式）の池田系に共通して普遍的に行われており，もっとも特徴的に両者のつながりを示す。中段階のほうが幅広の傾向である。中段階ではこの無文帯上につまみ状の突起（4図16）や幅広の隆起線を三角形などに貼り付けたもの（5図5）などがあり，松原式ではそれがさらに発達するとともに中段階からあった無文帯下端の刻み（4図1）も多く見られる（2図8, 12, 3図6）。

口縁の楕円形区画

　松原式に特徴的な口縁の楕円形区画は，この型式を中期と誤認させる一因になったのであろう。これは隆起線だけで楕円を形成するわけではなく，X字形隆起線の下を沈線でつないで楕円形にしていることに注意しなければならない。このような区画は中段階の池田系には今のところまったく知られていないから中段階から新段階にかけて急速に誕生したと考えなければならない。この過程を示すのが東京都三矢田（7図2）や横浜市茅ヶ崎遺跡の土器（6図6）である。前者で

は中段階の池田系に多く見られる。無文帯の下の縦の集合平行線帯の中にX字形貼付文が入り，帯を区分する形勢である。X字が腕を伸ばすことにより楕円形区画とその中に充填される平行線になると予想されるが，茅ヶ崎例では実際につまみ状の貼付文の下から沈線が両側に伸びて楕円形区画を構成している。次には貼付文自体が伸びていくのであろう。

雲形図形

　格子形に交差する平行沈線の周りを半截竹管による平行線で雲形に縁取る文様も，中段階の池田系と新段階前半の池田系を強く結びつける。区画の外側を削り込むものも多い。鍋屋町系の同じ技法と関係するが，それだけではないであろう（付論3参照）。中段階には線の細いものが多く，松原式では太く深くなる。これも鍋屋町系の深くしっかりした平行沈線の影響であろう。

地文の縄文

　これも池田系を特徴づける。中段階では池田系と鍋屋町系の区別が明瞭であり，地文の縄文についても，池田系ではこれがあるのに，鍋屋町系にはない（胴下半部に縄文を加えることは一般的）という区別が守られている。松原式では両系統の区別があいまいになることをすでに述べたが，それでも鍋屋町系の系統色が強いB類，C類の沈線文土器で地文の縄文がほとんど見られないことは，その区別がなおも維持されていることを示す。踊場式に地文の縄文が見られないことは，それが池田系より鍋屋町系の流れを強く引くことを示すのであろう。

小円貼付文と小円刺突文

　小円形の刺突を多数加える文様は松原遺跡資料に特徴的であるが，これを浮線で表現したものが北陸・中部高地・関東に点々と見られる。北陸では朝日下層式の古い様相の土器に多く見られる。伊那市中村遺跡に松原式で浮線のものがある（6図4）。

器形

　松原式A類，B類に見られる器形が鍋屋町系からの変化であることはすでに述べた。松原式に特徴的なもうひとつの器形である，口縁が内湾し胴部が膨らむものは，池田B遺跡，大洞遺跡など先行段階から見られる。中段階の真脇式などに顕著な截頭波状口縁は，中段階～新段階の初めに茅ヶ崎・三矢田・上野など南関東地方には多く見られるが，松原遺跡にはまったく見られない。これは時期差だけでなく系統の差が影響しているらしい。大きな問題につながるので，改めて第8節でとりあげる。

　以上いくつかの点をあげて両段階の連続性を示した。要するに中段階の池田系と新段階前半（松原式）の池田系の間には類似しながらも少し異なる要素が多数見られるが，この類似性と相違は時間的に連続し，少し変化したものとしてのみ理解できるのである。

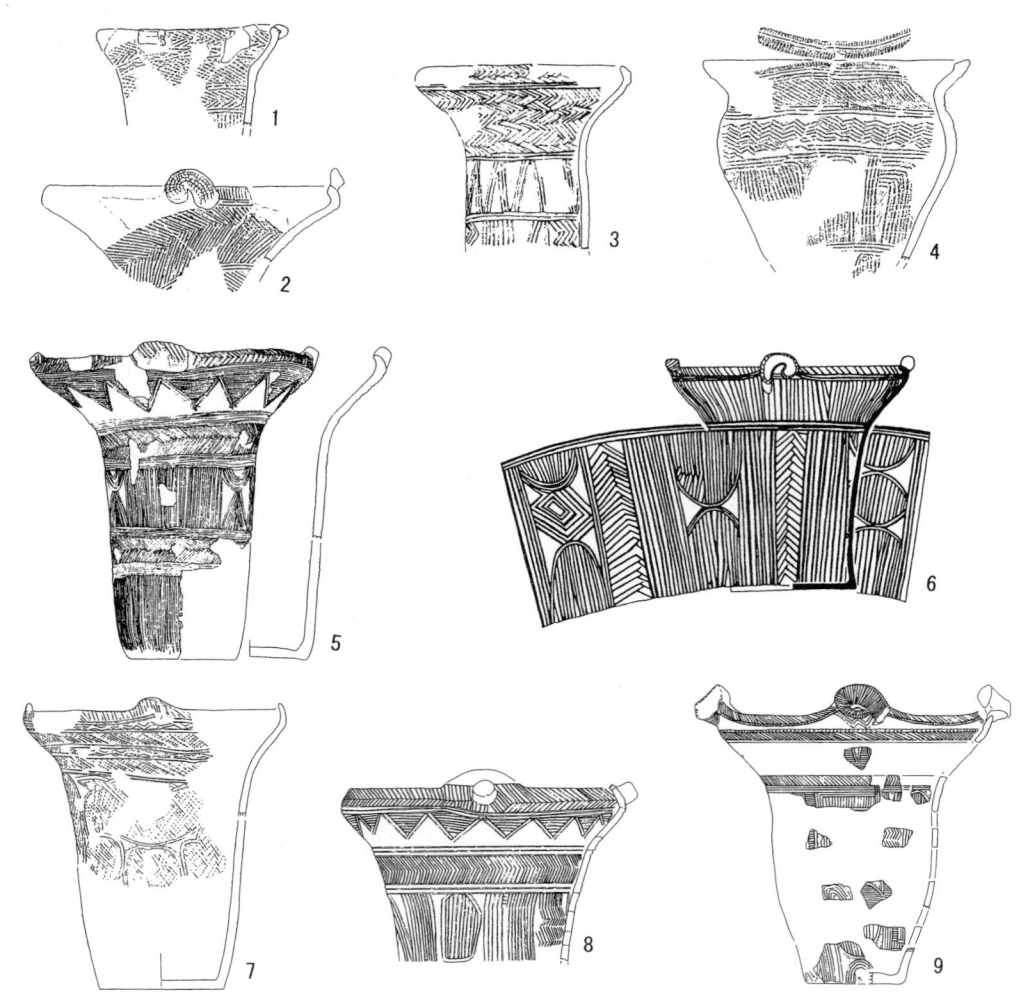

第8図 踊場式古段階の土器（1〜5：山梨・上の平34号住居址上層，6：長野・羽場下，7：八丈島・倉輪，8，9：東京・三矢田）（1/8）

5．踊場系の成立過程：松原式から踊場式へ

　次の検討項目は，松原式土器がどのように変化して次の型式になるかである。
　今なお成立過程が十分解明されていない踊場系土器の特徴は次のようである。上半が漏斗形に開き，口縁部がくの字形に内折する器形。波状口縁は少ないが，口唇部に渦巻形貼付文などが見られる。文様の水平分割配置が基本で，文様として平行沈線文を多く用い，器面をほとんど平行沈線で埋め尽くすが，雲形に囲った中に格子目を充填する文様も部分的に用いられる。地文に縄文はない。
　このような特徴の多くはすでに松原式B類・C類に見られたものである。しかし松原遺跡の全類を通して，口縁は丸みをもって内湾し，踊場系の特徴というべきくの字形の屈折や口唇部の文様帯が見られない。松原式は踊場式に先行するが，松原式がこれらの特徴を獲得して踊場式に

なるという見方はあまり正確ではない。第8節で述べるように，くの字形の屈折と口唇部文様帯は松原式の段階ですでに他の系統の土器に成立していたとみられるからである。もうひとつの問題は松原遺跡におけるD類の存在である。C類の文様はともかく，D類の続きは踊場式にはっきりした形では残らない。

　要するに，松原式から踊場式への変化を松原式全体から踊場式全体への変化として捉えようとするとうまくいかないのである。松原式の中のB類・C類すなわち踊場系にもっとも類似するものから踊場系が生まれ，それ以外のものが減少ないし脱落していく過程として捉える必要がある。いくつかの系統のうちでもっとも精製の系統が次の時期の主体になることは，縄文土器の変化においてしばしば見られるところである。そしてこのとき，松原遺跡には見られない，口唇部文様帯をすでに獲得していた別の系統が関わってくることを第8節で見る。

　松原式と踊場式古段階の間をつなぐのがすでにあげた山梨県獅子之前の資料（6図5）である。松原遺跡にはこれほど踊場式に近づいたものは見られない。

　踊場式古段階（十三菩提式新段階後半に並行）のまとまった一括資料として山梨県上の平遺跡（山梨県教育委員会1987）34号住居覆土内のものがある（床面や炉体土器は十三菩提式中段階）。8図1は口縁の内折が無く，枕状の貼付文もまだ松原式と見たいが，口唇の矢羽状沈線文はすでに踊場式古段階の特徴である。8図2，3，5は円筒形胴部の上が開く器形と口縁の内折が踊場系であり，口唇部の文様帯も成立している。しかし口縁はまだ丸みを残し，鋭角でくの字形に折れていない。この時期の口縁は，他の同時期の遺跡を見ても（神奈川県藤沢市稲荷台地遺跡（稲荷台地遺跡群発掘調査団1996）など），単純に1回内折するものが大部分で，内折した口唇端がまた折れて立ち上がる2段の屈折はあまり見られない。8図5，8の口縁下の大きなV字文は，この段階に北陸まで広く特徴的に見られるものである。この器形の類例として長野県羽場下（駒ヶ根市教育委員会1972）（8図6），東京都倉輪（8図7），三矢田（8図8，9）をあげておく。8図7の胴部文様は松原式の雲形文系統であり，口唇直下のジグザグは朝日下層式に見られるジグザグ浮線文を沈線で写したもの。

　8図4のように口唇上に内傾する平坦面を作り，そこに細密な文様を加える土器の起源については第8節で説明する。新段階前半に多く，後半になると単純化する。

6．松原式内部での時間差

　以上，十三菩提式中段階－松原式－踊場式古段階という編年を念入りに裏づけてきた。そして細かく見ると松原式自体の中にも三矢田・茅ヶ崎・上野のようにやや古い様相，松原のようにやや新しい様相，獅子之前のように踊場式古段階に移行する様相といった時期差が含まれることも明らかになった。このような微妙な違いについて系統差と時期差をみきわめて整理することはまだ難しいので，私はこれらをまとめて松原式と呼ぶのがよい，というより，そうせざるをえないと考えている。

　松原式がそのままの形で新段階後半に残ることはないと考えている。すくなくともそう考える

べき資料の存在を知らない。しかし8図7の倉輪の土器に池田系から続く松原式の文様が用いられているように、その文様手法は残っていく。北陸の新保式、新崎式にも多く見られる。

9図の梨久保遺跡の土器は古くから有名であるが、位置づけの難しいものである。胴部に松原式C類の文様手法が用いられている。ただし削り取り部分の面積が全体の過半を占め、文様の形は富山県極楽寺（上市町教育委員会2004）の土器に似る（10図2、5）。口縁を廻る爪形隆起線は中期を思わせるが、松原式にも少しはあるので（2図14）必ずしも中期まで下げる理由にはならない。口縁の特徴的な瘤状装飾は技法的に中空口縁と関係があろう。類例は山形県吹浦遺跡の朝日下層式（山形県教育委員会1988の71図274）にあり、細長くなった例が富山県辻坂の上遺跡にあり、加藤三千雄氏は新保式第Ⅲ段階としている（加藤三千雄1995）。

第9図　長野県岡谷市梨久保遺跡の土器

7．北陸との並行関係

次に以上の編年を北陸地方と対比する。十三菩提式新段階並行期に関する限り、北陸が早くからこの時期の資料を有し、編年研究を先導してきたからである。

北陸の編年については別に論じたので（今村啓爾2006b、本書5E章）ここでは簡単に触れるに留めるが、大きく、真脇式（中段階）→朝日下層式（新段階前半）→新保式上安原段階（新段階後半）とする。十三菩提式中段階に並行する部分を真脇式という名称で広くとらえるが、真脇遺跡の資料は中段階の終わりの部分、すなわち朝日下層式の直前の部分が乏しい。この空白の段階には、新潟県南赤坂遺跡（前山精明ほか2002）の状況や、次の朝日下層式の古い部分に大木6式の要素が強く残っている状況から判断して、大木6式系の球胴形の影響が強く及んだのではないかと予想している。

朝日下層式内部の時間差

ところで、富山県朝日貝塚の朝日下層式と真脇遺跡で朝日下層式とされた資料を比較すると、内容に少しずれがある。真脇遺跡に見られる古そうな部分（水平方向ではまだ結節浮線文を用い、浮線文が比較的太く、細密でない）や、大木6式的な球胴形が朝日貝塚にはほとんど見られないのである。この真脇遺跡の古い様相の朝日下層式は、新潟県重稲場第3遺跡（前山精明1994）にまとまって存在し、長野県松本市坪ノ内遺跡でも類似のものが多く出ている。微妙な差で、明確な分離もできないのであるが、朝日下層式の古い様相と見ることができよう。朝日貝塚の資料（新

保式上安原段階を除いた部分）は，ほぼ朝日下層式の新しい様相となる。前者が横浜市茅ヶ崎遺跡などの松原式の古い部分に，後者が松原遺跡の資料にほぼ対応すると思われる。

新保式上安原段階

　朝日貝塚には縄文地にソーメン状浮線文を有する土器と沈線文の土器があり，後者では口縁がくの字形に折れ曲がるものが多い。この両者が同時共存か前後関係かしばしば問題にされたが，最近報告された金沢市上安原遺跡では前者をほとんど伴わずに（もう１段階古い真脇式はある）後者の膨大な資料が出土し，この問題は自然解決を見た。朝日貝塚の前者は朝日下層式の新しい部分で，後者は新保式の初期の部分（上安原段階）ということになる。上安原遺跡の内容は加藤三千雄氏の「新保式第Ⅰ段階」(加藤三千雄1995)の設定に近いが，加藤氏は浮線文を有するものをすべて除外し前の段階に含めるなど，完全に同じとらえかたではない。また加藤氏は中期最初頭に置くが，私は関東や中部高地との対比から前期最終末とし，小林謙一氏(小林謙一2001)と同じである。このような違いがあるのでここでは「新保式上安原段階」の語を用いて区別するが，将来的には「上安原段階」を新保式「第Ⅰ段階」とし，前期末に位置づけるのがよいと考える。加藤氏の第Ⅱ段階以後は氏の見解を尊重し，第Ⅰ段階については内容と位置づけを少し変更して用いようという提案である。

　ところで朝日貝塚には上にあげた２種類のほかに雲形に区画した内部に格子目を充塡する土器片が少しある。小片しかないが松原式とみてよい。よって朝日貝塚の資料は，＜朝日下層式の新しい部分＋松原式＞→＜新保式上安原段階＞の２段階を含むものといえる。新保式上安原段階は踊場式古段階に並行し，器形や文様も非常に近似するが，地文に縄文や撚糸文があり，踊場系はそれがないのが基本的な差と考える。単純なくの字形断面形の口縁（まだ口唇に太い隆起線が乗るものがほとんどない）は，新保式上安原段階と踊場式古段階に特徴的に見られるものであるから時間的にも対応するであろう。

北陸に見られる松原式の要素

　最近報告された富山県上市町極楽寺遺跡資料には真脇式がなく，朝日下層式からはじまる。これに松原式の破片（10図６）があり，また松原式の要素を有する朝日下層式が多く見られる。10図８ではふつう木目状撚糸文が加えられる胴部に松原式類似の文様が入れられている。10図１は文様が単純で胴部が木目状撚糸文になっているが，全体の器形，口唇部の幅広無文帯，貼付文，口縁部の区画は松原式である。横浜市茅ヶ崎の６図６に近い。10図３は胴部に結節のある羽状縄文が用いられるが，口唇部の幅広無文帯と口縁の文様は松原式である。

　真脇遺跡にも松原式の文様を用いた土器があるが（加藤1995の図７に集められている），器形の少し異なるものが多く，時期が少し下るものが多いように思われる。

　金沢市上安原遺跡は真脇式がある程度まとまってあり，次の朝日下層式が無く，続く新保式上安原段階で大きく復活する。ここで出た池田系は中段階のもの（５図２）がわずかにあるだけで，松原式段階のものがない。これは次の対応関係を裏づける（四角で囲ったものが上安原遺跡にあ

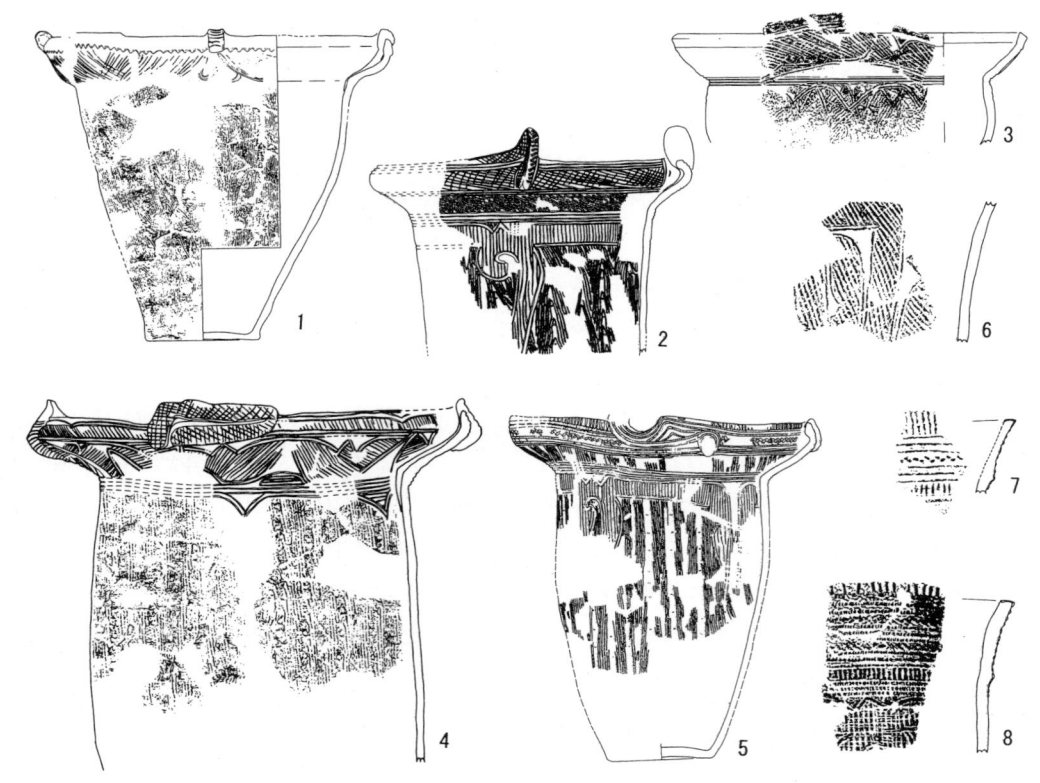

第10図　富山県上市町極楽寺遺跡の土器（6，7，8：1/5，他1/8）

るもの）組み合わせである。朝日下層式がないから同時期の松原式も無いのだと理解できる。

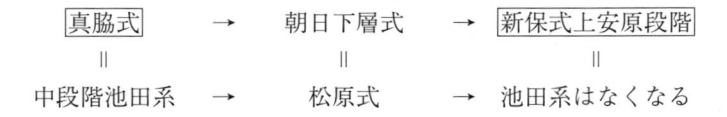

真脇式	→	朝日下層式	→	新保式上安原段階
‖		‖		‖
中段階池田系	→	松原式	→	池田系はなくなる

　信濃川下流域の新潟県巻町に所在する重稲場遺跡群では3地点から少しずつ様相の異なる資料が得られている。第1遺跡は真脇式末期を主体とする。これに池田系が少し混じる。池田系土器は小破片になると細かい時期判定が難しいが，十三菩提式中段階は線が細く，とくに格子目の後から加えられる線が細いが，松原式段階になると深くはっきりした沈線で，平行線だけのものと格子にするものの区別が明瞭になることが目安になる。第1遺跡の池田系土器は細いものと太いものが混じるが，細いもののほうが多い。第2遺跡・第3遺跡は朝日下層式が多く，ともなった池田系は，松原式段階と思われる太い線のものが多い。

　以上のような共伴関係は，最初に1図で示した北陸の型式と松原式の時間的関係を裏づけるものである。

8. 遠距離間交流－北陸と南関東の交流と千曲川流域の孤立

　松原式を編年的に位置づけるために広く資料を見渡しているなかで，私は1つの興味深い事実に気がついた。この時期，北陸と関東の土器の間にいろいろな要素が共有されているが，そのような要素のいくつかが，地理的にほぼ中間にある松原遺跡にほとんど現れてこないのである。松原式という型式自体は，すでに見たように関東から北陸にまで広く分布するので，孤立的なものではない。松原遺跡という，この時期に関する限り圧倒的な土器量を誇る遺跡に北陸・関東共通の要素がほとんど入っていないのである。これはなぜであろうか？同じように孤立的な状況を示す遺跡が松原遺跡から千曲川に沿って60km下った新潟県津南町にある。その道下遺跡の状況から見ていこう。

新潟県道下遺跡 (津南町教育委員会2000)（11図）

　長野県に接する新潟県津南町に所在する道下遺跡では，A地区から3軒の住居址が発掘されている。出土土器は純粋とはいえず量も多くないが，1号は中段階の池田系，3号は新段階前半，つまり松原式段階の池田系，2号は新段階後半の踊場系古段階をそれぞれ主体とし，1遺跡内でこの系統の段階的な変化が追える稀な例である。どの段階も朝日下層式の浮線文土器をまったく伴っていない。同じ新潟県内なのに，北陸系を主体とし池田系（松原式を含む）を副次的に伴う巻町の重稲場遺跡群と対照的なありかたである。

　松原・道下とわずか2遺跡しか知られていないが，千曲川流域に松原式以外の系統をほとんどともなわない排他的なありかたの遺跡群が存在したことを暗示する。報告者が松原式を正しく位置づけられなかった原因のひとつは，この遺跡に，時間的位置づけが明瞭な周辺地域の土器が搬入されていなかったことにあるのかもしれない。

截頭波状口縁と中空口縁の系統

　次に北陸と南関東の間で共有される典型的な要素であるにも関わらず松原遺跡にはまったく現れない截頭波状口縁と中空口縁について考えたい。

　石川県真脇遺跡における真脇式（中段階）の中ごろの資料では，大きく立体的で富士山形をなす截頭波状口縁が顕著である。この把手はおそらく北白川下層Ⅲ式の内湾する口縁部の上に乗る円錐形の突起（結節浮線文を同心円状に巻き付ける）に起源するものと予想されるが，十三菩提式中段階中ごろや真脇式の中段階に大きく発達する。この種の土器では口縁が内側に向けてほぼ水平に折れ曲がり，平坦面を形成する。この平坦面は，截頭波状口縁に向かって上昇し，波状部の裏側で両側から連結し，立体的把手を形成する。上から見ると楕円形か長方形の穴が開くことになる。これは北陸に特有というわけではなく，関東にも同種の波状口縁が少なからず見られる。（12図1・4）（東京都埋蔵文化財センター1988）

　やがて関東ではこのような口縁内側への折れ曲がりが，もう一回折れ曲がり，中空部を取り込

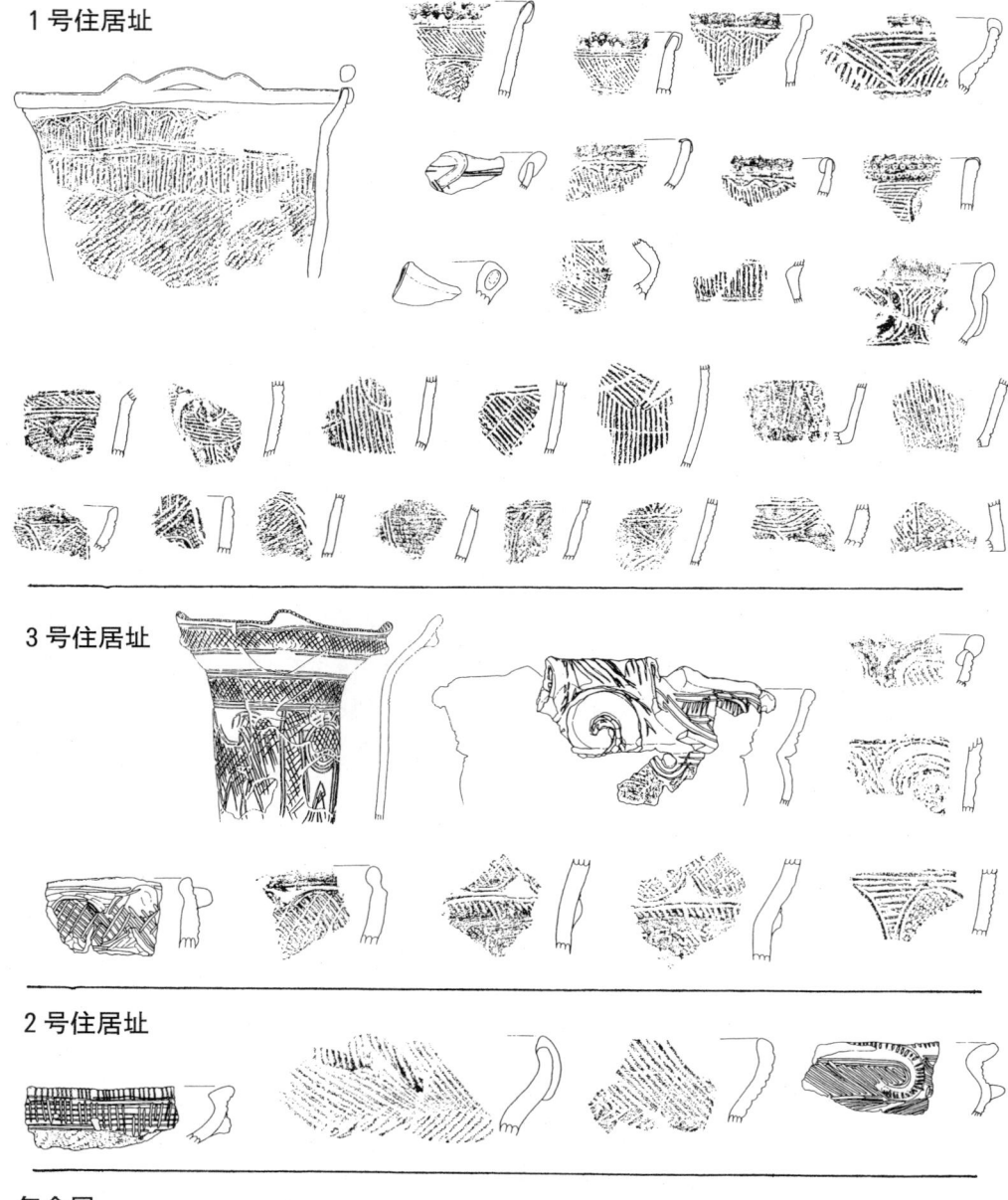

166　第Ⅳ部　系統的変遷の把握

1号住居址

3号住居址

2号住居址

包含層

第11図　新潟県津南町道下遺跡の土器（3号の復元土器：1/8，他：1/5）

んだ口縁を形成するようになる（中段階末）（12図2～3，5～7）。その文様には真脇式と同じ北白川系の縄文地結節浮線文のものと，池田系の細い沈線文があるが，後者が多い。このような資料は富山県立山町吉峰（12図21，22）(富山県教育委員会1980)など北陸にもあるが，数は少ない。[5]

　この形の口縁は次に中空部が圧縮され狭くなり（12図9～10），截頭波状部分も扁平化し上部の穴が閉じる（新段階初め）。さらに波状口縁は高さを減じ，例も少なくなるとともに中空部がつぶれ，中実で口縁内側に向いて傾く平坦面のある口唇（内傾口唇と呼ぶ）に変わる（新段階前半）（12図8，11～13）。このような内傾する口唇は，南関東や中部高地で新段階に広く見られ，同じころの北陸にも見られる（12図14）。新段階前半は平坦面上の文様が複雑で，粘土紐で作った微小なドーナツ形の小円を並べる文様がよく用いられる（12図8）。この小円文自体は池田遺跡など中段階から見られるが（4図1），新段階の前半に北陸から南関東，一部は東北地方にわたり広く用いられ，時間的並行関係をよく示す。[6]施される位置は異なるが，松原遺跡に多い小円の刺突も関連することをすでに述べた。新段階後半にも上面の文様が単純化した内傾口唇が残る（12図9～13，15，8図4）。この内傾する平坦面には水平のものや外傾するものもあり，踊場式で普遍的になる口唇部文様帯の形成に関連する。

　注意すべきは，松原遺跡の膨大な資料の中に，この＜中空口縁→内傾口唇・口唇部文様帯の形成＞と続く一連の変化の過程の中にある口縁の形が，わずかに1点（E類としたもの3図7）しか見られないことである。道下遺跡は資料全体の量がそれほど多いわけではないが，ここでも見られない。この稀少性は時間の前後関係では説明できないものであり，この地域の孤立性を意味するものと考えなければならない。

口唇部文様帯とY字文

　5節で踊場系の口唇部文様帯形成過程について触れたが，この文様帯はやや先行して別の系統で形成されるのを見ることができる。朝日下層式の古い部分に多い丸く内湾する口縁では，口唇に沿う水平の浮線文の間に小さなジグザグ文様を加えたものが多い（10図5）。この部分はまだ独立した文様帯を形成しているとは言えないが，やがてこの部分がくの字形に内折したものが現れ，口唇部文様帯と言ってよいものになる。この北陸における一連の変化の過程に関連する土器は，中部高地・南関東にも点々と見られる（12図16～19）(茅野市教育委員会1986)。浮線による表現だけでなく，やや遅れて2本の水平線に挟まれた小さなジグザグをすべて沈線で表現したものも見られる（8図7）。この要素についても北陸と南関東のつながりが指摘できるのであるが，松原遺跡にはこの変化の過程に属するものもまったく見られない。

　截頭波状口縁は新段階前半の時間幅の中で急激に衰退したものなので，松原遺跡にそれが見られないことは時期的な問題（松原遺跡の段階ではすでに無くなっている）として説明できるかもしれない。しかし内傾口唇や口唇部文様帯は新段階前半に形成され，新段階後半にも続くもので

---

(5) 新潟県巻町の重稲場第1遺跡，南赤坂遺跡に数点あるが，小片のため報告書には掲載されていない。資料閲覧の機会を与えられた巻町教育委員会前山精明氏に感謝申し上げる。
(6) 金子直行1996で指摘されている。

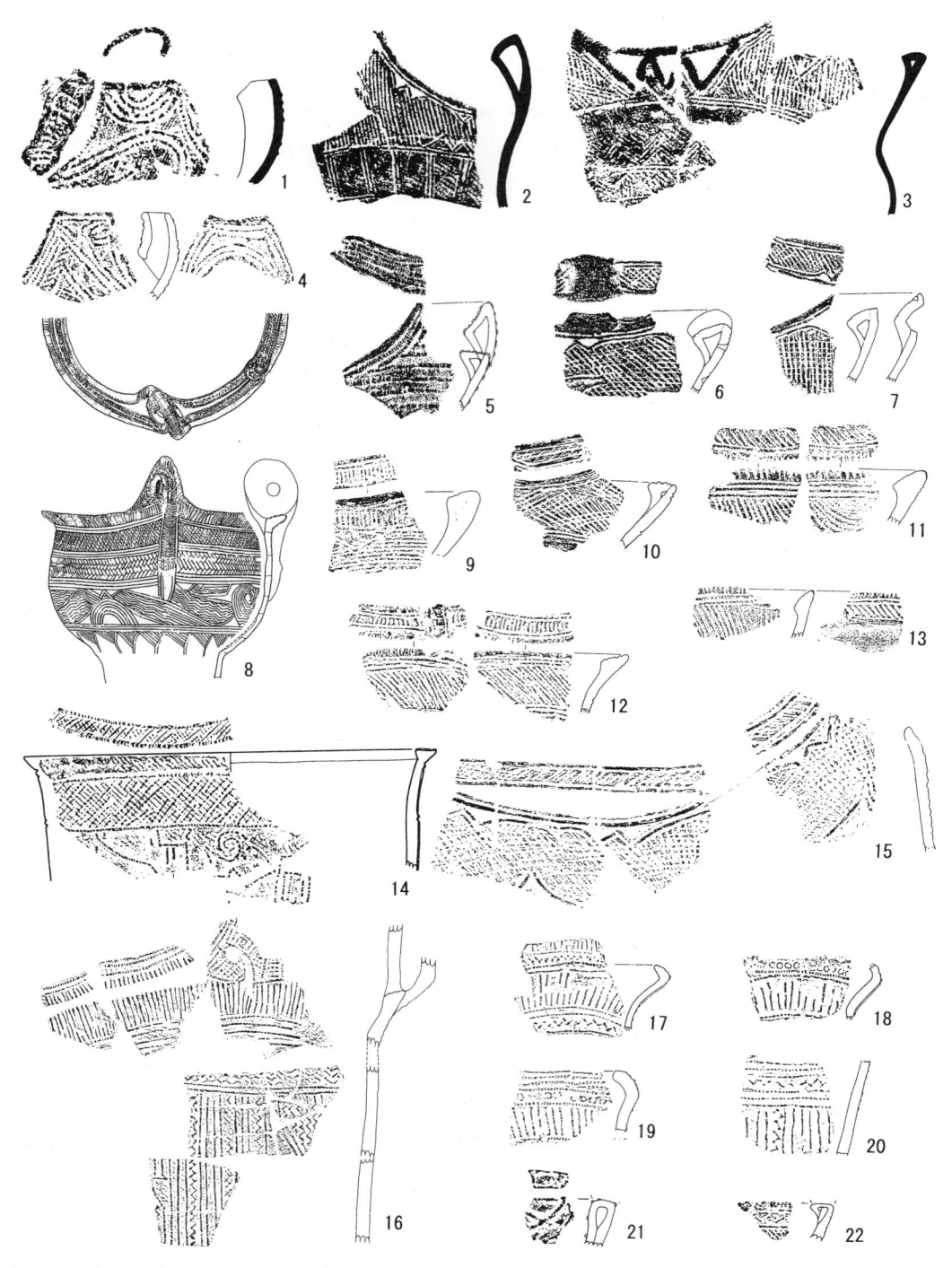

168　第Ⅳ部　系統的変遷の把握

第12図　中空口縁・扁平口縁・くの字形に屈折する口縁の土器（1〜3：神奈川・室ノ木，4：東京・TNT354，5〜7：神奈川・臼久保，8，9：神奈川・東方7，10：神奈川・池辺4，11，12，15：東京・郷田原，13，16：神奈川・稲荷台地，14：石川・真脇，17，18：八丈島・倉輪，19，20：長野・高風呂，21，22：富山・吉峰）（5：1/8，他：1/5）

あるから，それが松原遺跡でほとんど欠落することは，時間差では説明できない。

決定的なのは，截頭波状口縁と口唇部文様帯を併せ持つ土器（6図3，7図1）の存在である。これらは截頭波状口縁の末期と口唇部文様帯の出現の時期が重なることを示す。そのどちらも見られない松原遺跡の膨大な資料を，時間的位置の問題として解決することを不可能にする。

このような北陸と南関東のつながりは，朝日下層式に多いY字文，V字文についても言えることで，北陸に多く，南関東にも見られるのに，松原遺跡にはやや類似した程度のものがあるだけで，定型化したものが無く，道下遺跡にも1点あるだけである（Y字文は新段階後半には北陸・中部高地・関東全体でさらに一般的になる）。

松原遺跡の孤立性

北陸と南関東に共通して見られるのに，松原遺跡に現れない要素－截頭波状口縁・縄文地に結節浮線による細かいジグザグ・口唇部文様帯－などはいずれも十三菩提式北白川系と何らかの関連をもつ要素である。第1節の「資料全体の概要」で指摘した，松原遺跡では松原式以前の段階から北白川系の要素を欠くという事実が思い出される。

遠方からの搬入品という点でも，松原遺跡では膨大な資料中に1個体の大歳山式が見られるにすぎない。この前後の時期には北陸から関東まで多くの遺跡において，相当な頻度で大歳山式・大木6式・円筒下層d式の系統が見られるのと対照的である。

松原遺跡が松原式の生成基盤という点においては周辺の広い地域と共通のものを有し，また踊場式の生成に参与していたにもかかわらず，松原式期そのものの時期における広範な地域間の土器の交流からは外れていたことになる。このようなありかたは，土器の類似度というものが，遺跡間の距離の近さに単純に比例するとは限らず，離れた地域どうしで親密な交渉関係が維持されたり，意外に近距離間での交渉が乏しい場合があったりすることを示す。ここであげた北陸と南関東の間のつながりは，中段階末から新段階前半という一定期間にわたって変化する土器の中に維持されていたものであるから，一方から一方への一回きりの情報伝達によってもたらされたものではなく，相互の交流関係が一定期間継続したことを意味する。同じ松原式を共有しながらも，千曲川流域の遺跡は，北陸－南関東間の情報交換ネットワークから外れていたことになる。その交流路が千曲川の谷を通らなかったとすると，北陸から糸魚川に沿い，諏訪から甲府盆地に抜けるものであったことが想像される。

遠距離交流の他の例

この前後の時期に同じように中間地域を跳び越す遠距離交流が維持された例として，真脇式の終わりから朝日下層式にかけて，石川・富山と秋田市周辺地域が緊密な交流を保った例がある（今村啓爾2006b）。（この交流は，次の新保式上安原段階から北陸主導で発展し，北陸から東北地方の日本海沿岸の大部分を北陸系土器によって染めあげる。）

ただしこの2つの現象は同じものではないと考えている。前者の場合には，広い地域で土器情報の交換が活発な中にあって，千曲川流域のみが孤立的であったように見えるのに対し，後者の

場合には，石川・富山と秋田市周辺が，非常に遠く離れながらも特殊な連絡関係を維持したように見える。このような現象は，縄文社会の本質を解明する手がかりを提供する可能性があるものなので，今後検討を重ねたいと思っている。

付論1　十三菩提式「新段階」という設定

　松原式が十三菩提式「新段階前半」並行というとらえかたは，どこからどこまでを新段階とみなすかという認定が基礎になっていることはいうまでもない。

　私は1974年（今村啓爾1974）に結節浮線文や細かいジグザグの浮線文が密接して平行する土器を十三菩提式の「第3段階」とした。朝日下層式の古い部分と最近大木6式4期（十三菩提式新段階前半並行）として位置づけた土器の一部が相当する。十三菩提式の「第4段階」すなわち前期の最終末としては，朝日下層式のソーメン状浮線文の土器や横浜市霧ヶ丘遺跡第2地点のソーメン状浮線文を多用する土器を当てた。前者は朝日下層式の新しい部分になり，後者は最近大木6式5期としたものである。

　以上の分期は，地域差の認識が不足し，文様手法を重視しすぎたきらいがあるが，年代的位置づけはかなり的確であったと思う。霧ヶ丘第2地点の土器は，大木6式5期（今村啓爾2006a）そのものを主体とするので，東北地方の編年とストレートに対応できる。これは東北地方の日本海側に朝日下層式が広がったのよりも後の型式で，新保式上安原段階や踊場式古段階に並行する。よって朝日下層式の一部を前期最終末においたことは訂正しなければならず，大木6式5期・霧ヶ丘第2地点・踊場式古段階・新保式上安原段階をもって前期最終末となる。

　南関東でこの時期に伴うのが大木6式のうちであり，金沢市上安原遺跡で新保式上安原段階に伴ったのはまだ大歳山の範囲に入る土器であるから，東北地方や西日本との広い並行関係でも前期になる。

　大木6式5期の浮線文がすべて沈線化した土器が，東北地方南部の中期最初頭の土器で，五領ヶ台Ia式と同じものである。これには横浜市東方7遺跡・池辺4遺跡などで，踊場式古段階に非常に近いがわずかに変化した土器を伴っている。

　微妙な違いであるが，この間が前期と中期の境目になる。ただ幸いなことに，東北・関東・北陸でソーメン状浮線文の消滅という分かりやすい共通の現象が同時に起きている，というよりもこの広範囲にわたり分かりやすい現象を私は前期と中期の境界として捉えたのである。

　1974年からしばらくしてから，やや反省するところがあって十三菩提式の第3段階と第4段階を合わせて「新段階」とした。そして新段階の始まりのメルクマールとしては，東北地方の影響の強まりを上げた。しかし厳密に見ると，東北地方の影響は前期末でも前後していろいろな形で起こっているのが実態なので（今村啓爾2006b），その複雑な経過を「東北地方の影響」と一つにくくる表現は不適当であった。

　北陸では円筒下層d式の影響の出現と朝日下層式の成立という顕著な現象が見られるが，最近この朝日下層式から縄文中期とする意見がある（南久和2003）。土器が一変する朝日下層式の成立は，たしかに北陸では分かりやすい変化である。しかし本稿でも見たように，この時期の中部

高地や関東では土器の変化は非常に連続的で，東北の大木6式や西日本の大歳山式もそうである。時期区分は1地方だけの都合で行うのでなく，広い地域間の並行関係を十分に把握したうえで，学史を尊重しつつ線引きしなければならない。

山内清男は「踊場式」を前期末とし，「新保式」も前期末に位置づけたことがある[7]。現在の踊場式全体，新保式全体を前期とすることはもちろんできないが，私の区分は学史とあまり矛盾しないと思う。もし朝日下層式を中期にしたら，この型式と続く踊場式古段階，新保式上安原段階も中期になり，それらに伴出して並行関係が確実な西日本の大歳山式末期や東北地方の大木6式の4期と5期，円筒下層d式の新しい部分まで中期に移さざるをえなくなる[8]。問題外の提案である。

付論2　型式の概念と型式名称について

私はこれまで主に「十三菩提式」という名称を関東・東海・中部高地にわたる広い地域の型式名かつ段階区分として用い，地域ごとの型式名，とくに長野県で提唱されてきたそれをあまり用いなかった。各型式名が含む範囲がはっきりしなかったり，時間的変化と矛盾する型式名が設定されていたりしたことが直接的な理由である。このような状況の中で「松原式」の設定は混乱を増すばかりに見えるかもしれない。しかし従来の混乱の原因は時期的に不純な資料を1型式としたり，ほとんど同じ土器群に少し離れた場所で別の型式名を与えたりしたことが大きい。土器の実態の解明が不十分なのに，あらかじめ用意した小地域ごとの棚に適当な型式名を入れることによって研究が綿密になっているかのような幻想を抱いていたように見える。このような中では，すぐれた一括資料に基づく，ある地域のある段階を確実に指示する型式名の設定が，混乱の収拾に役立つであろう。

松原式はこれまで正しい位置づけがなされず，「松原土器」などと呼ばれて型式名といえるものも与えられてこなかった。中部高地でもっとも整備された長崎元廣氏の編年（長崎元廣1997・1998）にあてはめるなら，籠畑Ⅰ式とⅡ式（古）の間に割って入ることになろう。ただし当初籠畑Ⅱ式とされた資料には前期終末と中期最初頭が混在し，松原式の個体も含んでいるから抜本的再整理が必要になる。どうせ基準資料が不純なら，新段階後半の型式名としては学史を尊重し，便宜的に「踊場式」を用いるのがよいのではないかというのが個人的な考えで，本稿もそれに基づいて書いてきたが，型式名は現地の研究者の判断にまかせたい。

私が今頭に描いているのは，十三菩提式期という大きな時間を画する枠組みの中に，実体としては多くの系統の流れが移動や分岐や合流を複雑に展開している状態である。各遺跡や各地域にそれぞれ系統の組み合わせが存在するので，それを「型式」として捉える。松原遺跡の場合は鍋

---

[7] 山内清男1937で踊場式を信濃の前期末に位置付け，九学会連合1955『能登』における「山内班長による」という編年表で富山の朝日下層式と石川の新保式を前期末に位置づけた。この場合の「朝日下層式」は，新保式並行とされているところから，朝日貝塚で出土した私の言う新保式上安原段階を含むものであることがわかる。

[8] 上安原遺跡の報告書で南久和氏は大歳山式を「真脇Z5式」と呼び，諸磯c式並行とする。氏の土器の変化の認識の仕方，地域間の並行関係，学史の把握などすべての項目にわたり理解不可能である。前期・中期の区分以前の問題が多すぎる。（南久和2003）

屋町系と池田系から踊場系につながる系統を主体とし，この時期に北陸から南関東にまで広がった別の要素を共有していないのであるから，厳密に言うと千曲川流域における独自な「松原式」の存在ということになる。しかし拙論の冒頭でも述べたように，系統の組み合わせの違いによる「型式」の乱立は，土器研究を複雑にするばかりである。要は存在するのが系統であり，各遺跡，各地域で複数の系統が集合しているのが実体であることを認識することであり，目前の状況を便宜的に地域的型式名で呼ぶとしても，厳密な範囲は決め難いことになる。

　十三菩提式期の中段階では北陸に北白川系と鍋屋町系を主とする真脇式がある。静岡県池田B遺跡や神奈川県室ノ木遺跡の土器は，北白川系，地域的変化をとげた鍋屋町系，そして池田系の3者を主体とするが，山梨県上野原遺跡（吉田章一郎ほか1989）の資料ではこのうち池田系を欠いている。

　新段階前半は北陸に朝日下層式があり，北白川系から続くものを主体とし，前の段階に進入した大木6系が残り，さらに円筒下層d系が加わる。千曲川流域の松原式は，すでに述べたように，鍋屋町系と池田系を主体として北白川系の影響がわずかに残っている。そしてこのころ関東から北陸にわたって共有される別の要素を受け入れていない。

　新段階後半には中部高地から関東まで踊場系の古段階が主体となり，北陸にあってかなり類似する新保系上安原段階と分布を分ける。南関東では遺跡によっては大木6式5期がまとまって進入している。

　南関東では次に，東北地方南部で大木6式5期に続く土器が広く踊場系と共存する事態になり，これを五領ヶ台Ⅰa式と呼び，ここから中期としている。

　このように見てくると，この前期末という時期は，北陸・中部高地・東海・関東の全域にわたりさまざまな系統の土器があって移動しあい，各地，各遺跡で複雑に共存する状況なのである。諸系統の流れを確かに捉えるにはまだ時間がかかり，その結果提示されるものはかなり複雑な姿になるであろう。とりあえず表面的・擬似的に状況を記述するために，地域的型式名の使用が依然として必要である。

　松原式は系統の集まりであるから「型式」であり「松原系」というとらえかたは不適当であるが，その主体的部分が異質な外来要素として進入してきた北陸地方や東北地方では「松原系」と呼びたくなる。土器の分類と命名法自体を根本から検討しなおす必要があると思う。

付論3　池田系の起源についての予察

　松原式が十三菩提式中段階の池田系から多くの要素を引き継ぐことは本論で述べたように明白であるが，それを指摘しただけでは落ち着かない。池田系自体がどのように生まれたのか知りたくなるからである。池田系の中心地と目される東海地方では直前の十三菩提式古段階後半の資料がきわめて乏しいという実情があり，現状では難しい課題であるが，予備的な考察を試みよう。

　池田系には縄文地文が一般的である。すでに述べたようにこれは鍋屋町系の胴下半部の縄文とは関係がなさそうである。とすると，北白川系の結節浮線文の下地の縄文との関係を考えるよりほかないであろう。実際，池田遺跡をはじめとして中段階の池田系には北白川系の浮線文を沈線

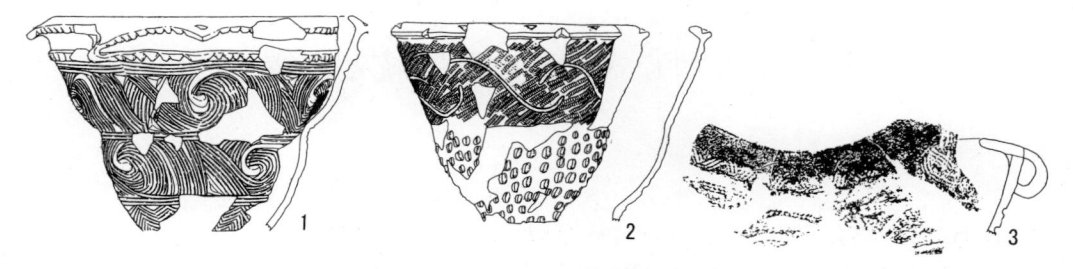

第13図　池田系の成立にかかわると思われる十三菩提式古段階後半の土器（1，2：長野・女夫山ノ神，3：長野・扇平）（3：1/5，他：1/8）

に置きかえた土器が少なくない（4図10）。しかしながら池田系の複雑な文様すべてを比較的単純な北白川系の文様からの変化で説明することは不可能である。中段階池田系の平行沈線は細いものが多いが，先行する古段階後半において，諸磯c式の流れを汲む系統では，櫛状工具による細い平行沈線が一般的であり，文様図形が複雑で，文様図形の余白を削り取ることも普通に見られ，池田系に近い要素が指摘できる。文様図形部分をあらかじめ枠取りすれば池田系文様にぐっと近づく。

　十三菩提式古段階前半の諸磯c系のトロフィー形土器では水平幅広の口唇が特徴的であるが，その上は複雑な文様で飾られる。この部分は古段階後半になると簡素になり無文となるものもある（13図1，2，3）(塩尻市教育委員会2002，会田進ほか1974)。その口唇部の上や下にX字形貼付文が見られるものがある。ここに池田系の大きな特徴である口唇部無文部分と貼付文の起源が考えられる。胴部の文様部分に縄文を使用したものもある（13図2）。池田系の成立自体が，諸磯c系を主体にしてさらに複数の系統がかかわっていると予想される。

4B章　大木6式土器の諸系統と変遷過程

　筆者は最近,「縄文前期末における北陸集団の北上と土器系統の動き」(今村啓爾2006b, 本書5E章)という論文で次のように述べた。

　縄文前期末に北陸の土器系統を担う集団が現在の秋田市周辺に移住したが,彼らはしばらくの間,故地との間で往復を維持したらしい。進出した集団はまもなく東北地方北部の円筒下層d式と接触したが,その影響はこの往復によって富山・石川の北陸西部にもたらされ,朝日下層式が生まれた。まもなく日本海沿岸は朝日下層式と円筒下層d式の系統によって席巻されることになるが,後者の要素は青森・秋田から直接南下するものと,北陸西部から朝日下層式の要素として東に拡がるものがあった。北陸に対する円筒式土器の新たな影響はまもなく見られなくなるが,秋田市周辺まで海岸線に沿って主体的に分布した北陸系土器は,北陸における変化とほとんど同じ変化を中期初頭まで維持した。円筒下層d式と北陸の土器の中間地域である東北地方中・南部には,普通大木6式が分布したと考えられているが,東北地方の日本海沿岸部では,実際には大木6式は不完全なありかたでわずかに分布していただけであった。そして上記のような事態の進行とともにその地域からほとんど姿を消したのである。

　以上の現象は主に大木6式の分布(といわれる)地域内で大木6式の時間幅の中で進行したものであるから,その研究の前提として大木6式内での地域差や細かい年代的変遷過程の解明が必要であったことはいうまでもない。しかしいくつかの系統的流れからなり,地域差・年代的変化がともに大きい大木6式は,上記研究の一部として扱うには内容が複雑すぎる。そこで上記論文とは切り離して記述したのが本稿である。

　私は20年前に大木6式の細分に簡単に触れたことがあり(今村啓爾1985, 本書3D章),今回は十倍近くに増えた資料をもとに詳しく検討しなおしたわけであるが,基本的な点で変更は必要なかった。大木6式の変遷について最近松田光太郎氏がまとまった研究を発表され(松田光太郎2003),従来になく詳しく広い分析を示した。本稿と重なる部分は相当大きく,細分の各段階も最後の5期に相当する部分を松田氏が中期に繰り入れてしまった点を除いてほぼ同じである。しかし松田氏の研究は上記の北陸系土器の移動現象を分析する土台としては不十分であるし,一括出土例を重視する松田氏に対し,私は土器の連続的な変遷過程を解明し,それを一定のメルクマールで区切る方法をとるため,土器の変遷を分かりやすく説明していると思う。「浮線文系球胴形」という,東北地方と中部日本の土器情報交換の媒介になった特殊な系統の存在も指摘した。内容を比較していただければこの論文を発表する意味がないわけではないことが理解いただけるであろう。松田氏は続く別の論文(松田光太郎2004)で,太平洋側の地域における大木6式と円筒下層d式の融和的な関係を明らかにされたが,私は上記論文で,日本海側ではまったく異なり,両者が排他的とも見えるあり方を示すことを明らかにした。

筆者はこれら2編に加え「松原式土器の位置と踊場系土器の成立」(今村啓爾2006d, 本書4A章) という第3の論文をまとめた。これら3編は中部日本・日本海沿岸部・東北地方と, 中心をずらしながらも3者一体となって全体を形成し, 東日本における前期終末を描写するように計画されたものである。

　はじめに節の区分についてふれておきたい。大木5b式から大木6式初期の段階では地域差も長胴形と球胴形の分化もそれほど大きくないので, 第1節として一括して論じるが, 次の段階から地域差も2種類の器形の分化もしだいに顕著になるので, 別々に見たほうが連続的変化を説明しやすい。器形の区分を優先させるべきか地域差を優先させるべきか迷ったが, 結果的に長胴形と球胴形の区別を第1としてそれぞれ第2節と第3節として扱い, 各節の中で地域差を説明することになった。長胴形には岩手・宮城北部を中心とする地域色と, 山形・福島を中心とする地域色がある。それぞれ「北部」・「南部」と書くが, 大木6式の分布圏内での北と南という意味である。球胴形の中にも2つか3つに分けられる系統があるが, これはとりあえず北部に中心をおく系統と南部に中心をおく系統, 両者の折衷的な系統といってよい。ただ本来の北部の系統は南部からの影響を受けて折衷的なものに変わる。球胴形と長胴形はもともと北部でも南部でもそれぞれ近似性を有し, 明確な区別のないものであったが, 第2期, 第3期と進むにつれて北部でも南部でも区別が明確になる。しかし第4期になると再び使われる文様の区別がなくなり始め, 融合に向かう。

　大木6式の分期にあたっては, まず資料の充実している岩手県の長胴形を基準にして5期に区分し (第2節), 次にこの系統と共通する文様を有するため対比のしやすい北部の球胴形 (長胴系文様の球胴形) をこれに対比させた (第3節a)。独立性の強い南部を中心とする球胴形 (浮線文系球胴形, 第3節b) はもっとも分期と対比のしにくい系統なのであるが, これについては, 器形など一般的な類似性のほか, 北部と南部の中間的な姿を示す一群の球胴形 (浮線文系球胴形に属するが沈線文を用いる) が手がかりになる。

　北陸に進出する大木6式は浮線文系球胴形を主体とするから, 北陸系の土器は以上の対比の順序を逆に進む3段階の対比作業をへて大木6式の細分に対応させられることになる。秋田に進出した北陸系土器と大木6式を時間的に対応させるのは, 近距離に存在したにもかかわらず意外に面倒なのである。大木6式末期については北陸系土器と円筒下層系土器の伴出事例が多い (今村啓爾2006b) ので, その対比が北陸系と大木6式末期の対比にも役立つ。

　結論を先取りする形で従来の分期との関係を述べておく。今回の1期は1985年の古段階, 2期は古段階と中段階の間, 3期は中段階, 4期・5期は新段階にほぼ対応する。松田氏の分期に対比するなら, 1期が古段階, 2期が中段階古相, 3期が中段階新相, 4期が新段階で, 松田氏には5期に相当する部分がないが, 氏が大木7a式としたもの中に5期の資料が含まれている[1]。関

---

[1] 松田光太郎氏は2002年の「関東・中部地方における十三菩提式土器の変遷」で横浜市中駒遺跡出土の大木6式5期と区別できない土器やこれに並行する踊場系土器を「十三菩提式新2段階」として前期終末に位置付けた。これと翌2003年の「大木6式土器の変遷とその地域性」における前期・中期の境界は明らかにずれがある。

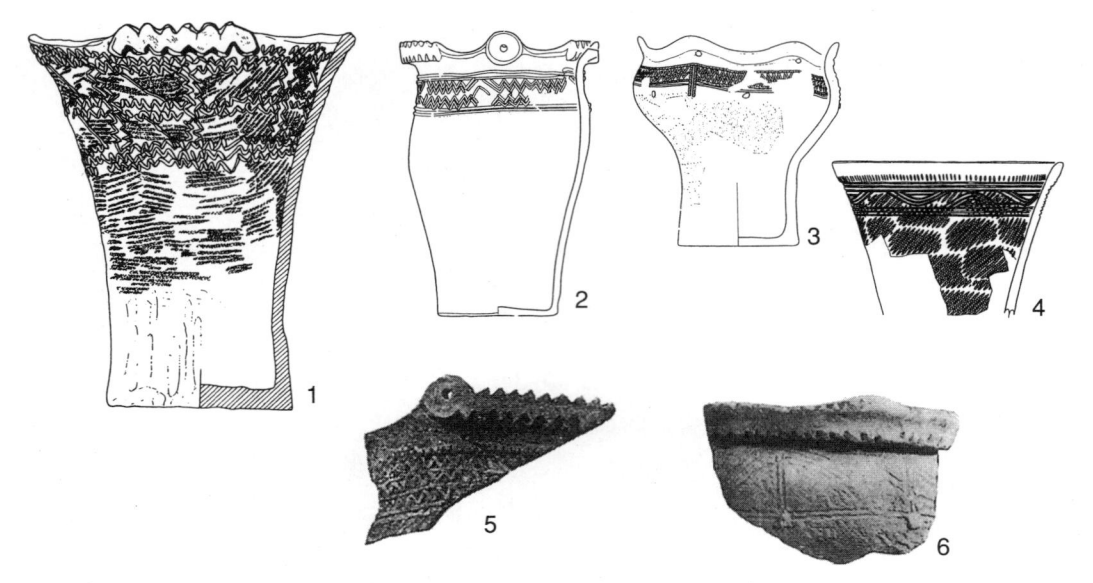

176　第Ⅳ部　系統的変遷の把握

第1図　大木5a式と5b式参考図（1は5a式，他は5b式）1，5：宮城糠塚，2，3：宮城嘉倉，4：岩手滝ノ沢，6：岩手中島（写真以外1/8）

東の十三菩提式との対比では，1期が古段階，2期は古段階または中段階，3期は中段階，4期・5期が新段階となる。3期に並行する十三菩提式中段階や北陸の真脇式（小島俊彰1986）は相当な時間的変化を含む型式なので，将来的にはその細分にあわせた大木6式3期の細分も必要になるであろう。

　日本海側とくに秋田県の沿岸部では，内陸や太平洋側と比べて大木6式の資料が顕著に少ない。そして時期が下るほど一層少なくなる。この地域の大木6式の最大の問題は，変遷というよりそれがこの地域から退去する経過であるが，この現象自体，大木6式の細分によって明らかにされたものである。しかしすでに別稿で扱ったので，今回はあまりとりあげない。最後に第4節として，関東の編年との対比と前期と中期の厳密な境界線の問題を扱う。

1．大木5式から6式へ

大木5b式と6式1期の区分（1図，2図）

　大木6式が成立する時期にはまだ地域差がそれほど大きくないし，球胴形と長胴形の区別もそれほど明確ではないので，全体を一括して大木5式から6式への変化を見よう。

　大木5式は興野義一氏によって5a式と5b式に分けられた（興野義一1970a）。大木5式から6式への変化を理解するうえで文様帯の変化と連続性という視点が重要であるが，5b式の場合，口縁の折返し部（1図2の口縁部分）とその下の幅の狭い頸部文様帯（1図2，3，4）からなり，それより下は縄文となるものがほとんどである。折返し部は5a式でジグザグ貼付文であったとき（1図1）の面影が上下端の刻みとして残っている。縄文部に5a式の名残の文様が貼付文で

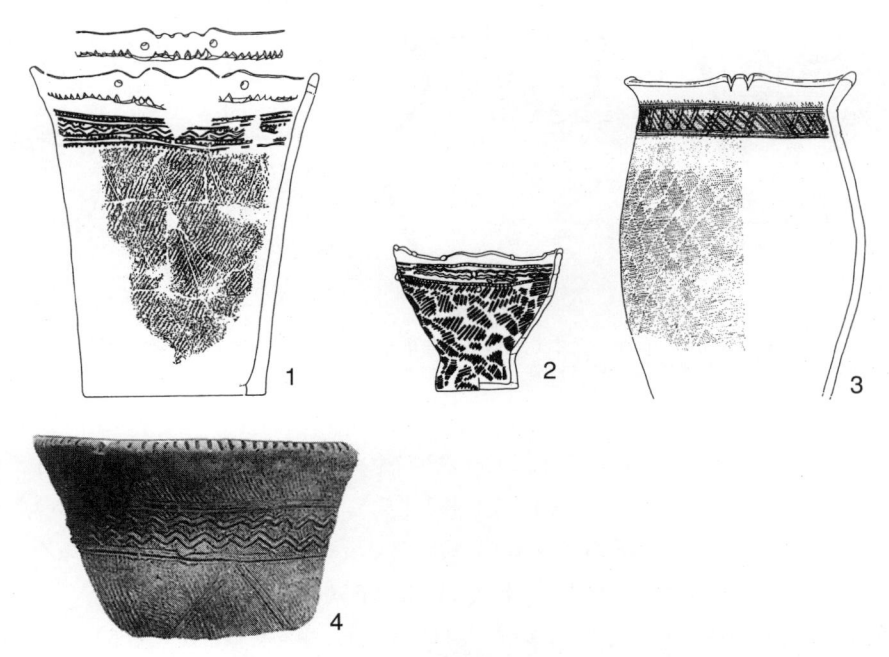

第2図　大木5b式と6式の過渡的な土器　1：山形大檀，2：福島上道上B，3：宮城小梁川，4：山内清男資料写真の「大木5式チ」（写真以外1/8）

表現されるものが稀にある。口縁の折返し部が省略され，平滑になったものは半数以上におよぶが，口唇の厚みを少し増したものが多い（1図3）。頸部文様帯を宮城県北部築館町の嘉倉貝塚（宮城県教育委員会2003）の豊富な資料で見ると，上限を刻みのある浮線文1本，下限を刻みのない細い浮線文1ないし数本で画するものが普通であるが，約束は厳密でなく，ほかにもいろいろな場合があり，浮線文が沈線文におきかえられたものもあるし，ときには区画しないこともある。頸部文様帯の中は，浮線文で構成されるものと沈線文で構成されるものがあり，前者の場合は細かいジグザグ文がほとんどで（1図2，3，5），後者の場合は上下に対向する弧線が多く（1図4），山形（大きなジグザグ），水平線などもある。沈線文が用いられる場合，下の区画線も沈線が用いられることが多いが，上限の刻み浮線文は沈線化しないことが多い。これは大木6式頸部の刻み隆起線につながる。大木5b式における頸部文様帯の扱いの多様性が大木6式初期におけるその多様性につながったのであろう。

　このような大木5b式からわずかに変化した土器を以下に見る（2図）。

　山形県米沢市大檀例（山形県教育委員会1986）（2図1）は一見大木5b式そのものであるが，頸部文様帯上下の区画の刻み浮線が沈線で，胴部縄文の上に重ねて浅い沈線による交叉文が見られる。胴部における沈線の交叉は大木6式のもっとも初期に多く見られる文様であるから，まさに5b式と6式の境目の土器ということになる。

　福島県上道上遺跡（会津高田町教育委員会1983）の2図2も，頸部文様帯の区画が，刻み浮線に替えて結節沈線になっている。宮城県小梁川（宮城県教育委員会1986・1987a）の2図3も大木5b式といっ

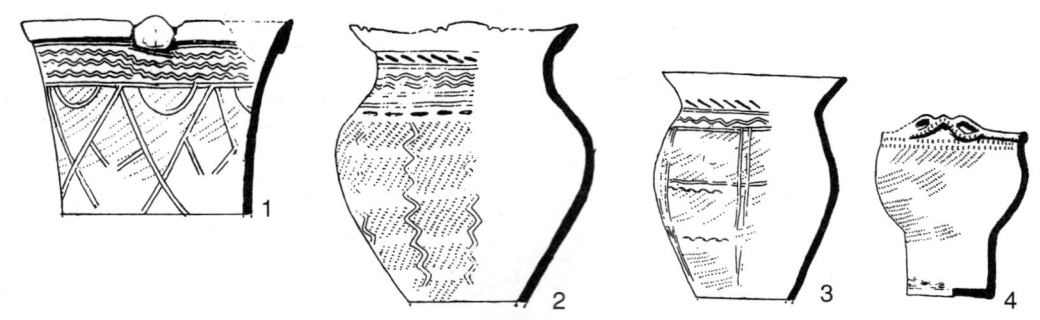

第3図　草間俊一氏が「大木6式のはじめのもの」とした大木6式1期の資料
　　　　岩手県中島遺跡（1/8）

てもいいような土器であるが，口縁無文部下の刻みは痕跡的で，頸部文様帯の中は大木5b式には例を見ない交叉線で，これは5b式の山形と関係するとともに大木6式初期の胴部の交叉線とも関係するのであろう。小梁川遺跡は大木5b式が全く出ていない（大木5a式はある）遺跡であるから，この点からもこの土器は大木5b式ではなく6式に属するであろう。

　山内清男基準資料の「大木5式」写真のチ（2図4）は，頸部文様帯が大木5b式のジグザグ浮線の沈線化したもので，これは大木5b式には少なく，大木6式の前半に大いに用いられるようになるものである。口唇には刻みが残っている。胴部文様は一部しか見られないが，交叉線または大きな山形であろう。胴部文様は岩手・宮城の大木6式で発達し，大木6式前半に文様の中心になるが，その誕生を示すものである。ただ厳密にいうと，大木6式の胴部文様には嘉倉遺跡例（5図2）のように大木5b式から続くものも確かにあるので，すべてが新生とは言えない。胴部文様帯の発達の差は北部と南部を分ける大木6式の地域色のなかでももっとも顕著なものである。

　以上のような境界線上ともいうべき土器と同時か，すぐ後に来るのが岩手県中島遺跡（水沢市教育委員会1965）で草間俊一氏が早くに「大木6式のはじめのもの」（草間俊一1974：図版15の注記）と指摘した土器群で（3図），大木6式初期に特徴的な厚みの強い口縁部文様帯（無文の場合も多い）の成立とともに，頸部文様帯と胴部文様帯の対比など北東北における大木6式の基本形を獲得している。

　ここで「境界線上」と形容した土器については，胴部文様帯の確立を大木5式と6式区分の基準として採用し，すでに大木6式に入っているとみなしたい。山内写真のチの所属型式は，山内氏とわずかにずれて大木6式に入ることになる。松田氏もそう分類している。このような変更に対し拒否反応を示す研究者もあろうが，山内氏の「大木5式」の写真には明確な大木6式4期の土器も含まれているのであるから，山内氏の分類を冒すべからざる聖典として信仰の対象にするならば，大木5式と6式の区分自体が不可能になってしまう。

----

(2)　山内清男作成「青森県是川一王寺貝塚出土円筒下・上層土器の型式別写真」「宮城県大木囲貝塚出土大木式型式別写真」（山内先生没後25年記念論集刊行会1996『画龍点晴』に掲載）

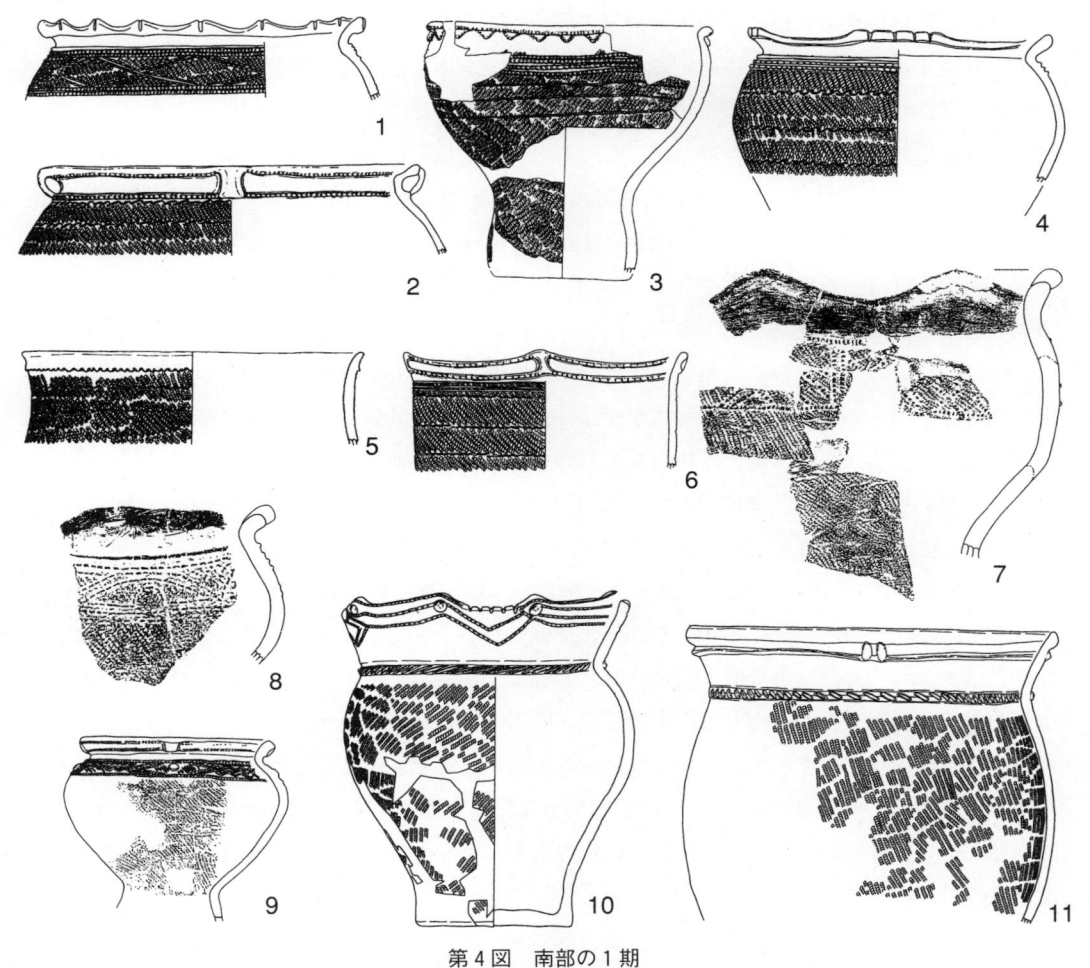

4B章　大木6式土器の諸系統と変遷過程　　179

第4図　南部の1期
1〜6：福島上ノ原，7：福島鴨ケ館，8：福島法正尻，9：山形大檀，10，11：福島上道上B（7，8：1/5，他1/8）

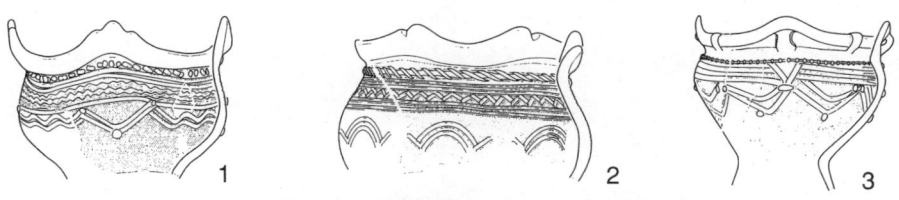

第5図　北部1期の球胴形土器　1〜3：宮城嘉倉（1/8）

北部と南部の地域色および長胴形・球胴形の分化

　大木6式には北部と南部に中心をおく二つの地域差があり，また器形や文様における球胴形と長胴形の区別があることを初めに述べた。本節ではその分化が進んでいく初期（大木6式1期）の状況を見る。器形分化はそれほど進行しておらず，地域差のほうが顕著である。

　まず南部の資料から見よう。福島県山都町上ノ原遺跡（山都町教育委員会1983）（4図1～6），都路村上道上B遺跡（4図10, 11），山形県米沢市大檀遺跡（4図9）で，先に大木6式最初期として挙げた例を含む土器群が発掘されている。いずれも前後する土器をほとんど含まない，一括性の強い優れた資料である。福島県東和町上台遺跡（東和町教育委員会1990）もこの時期のものが多い。これらによって，南部では北部と類似のものを含みつつも全体として相当に異なる土器が存在したことが知られる。全体的に文様が少なく，頸部で強く外折する器形や，その括れ部を水平に回る刻みのある隆起線（結節浮線になるものもある）が特徴的である。口縁に肥厚帯が付くものと付かないものがあり，肥厚に替えるように2本の隆起線を加えたものもある（4図6）。口縁が小さく波うつものもある。全体に水平方向の結節回転文がめだつ。

　大木5b式ですでに分化の傾向にあった長胴形と，胴下部が縮約し球胴形に向かう形の違いがより明瞭になっているが，まだ完全な分化とはいえない。下部が縮約するものも，まだ球胴形と呼ぶにはふさわしくない形であるが，分類名として「球胴形」を用いる。この球胴形土器頸部に，上下を水平に区画したしっかりした文様帯（4図1, 7, 8, 9）が多いことは，精製土器としての球胴形のありかたを示す。この文様は刻みのある浮線で表現するものが多いが，沈線文での表現もある。この水平に区画された文様帯は言うまでもなく大木5b式の幅の狭い頸部文様帯（6図参照）から続くもので，南部の球胴形の特徴をなすとともに，時間の経過とともに北部にも広がるものである。

　上ノ原4図1は下部を欠くがおそらく球胴形で，くびれ部直下に幅の狭い文様帯を結節浮線で描く。上ノ原4図3では水平に4本の結節浮線であるが，同じ文様帯であろう。鴨ヶ館例（福島県教育委員会1994）（4図7），福島県猪苗代町法正尻例（4図8），大檀例（4図9）も同じように結節浮線による幅の狭い文様帯を有する。以上のような土器の原型は，宮城県築館町嘉倉貝塚の大木5b式の資料中によい例がある（1図3）。胴下半部がくびれ，球胴形に近くなった土器で，浮線文による幅の狭い文様帯を有する。岩手県中島遺跡1図6は沈線文を用いた例。

　大木6式初期に遺跡全体として単純時期一括の出土例が多い南部に対し，岩手県と宮城県では集落が安定し継続的であるためか，単純な様相での出土例が乏しい。そのため前後の時期と混じった資料からの抽出という作業が必要になる。前節であげた岩手県中島遺跡資料があるほか，岩手県金ヶ崎町和光（岩手県文化振興事業団埋蔵文化財センター1987），江刺市新田（岩手県文化振興事業団埋蔵文化財センター2002），宮城県築館町嘉倉貝塚，七ヶ宿町小梁川にも大木6式初期の資料が多い。

　北部の長胴形の場合（3図1～3），大木5b式以来の頸部文様帯を持つものが多く，その下に胴部文様帯が発達し始める。南部の長胴形では先に述べたように頸部に刻み隆起線があるくらいで，ほとんど無文で，先にあげた大檀遺跡例のように（2図1），この文様帯を持つのは珍しい。長胴形における頸部・胴部文様帯の不振傾向は山形盆地や会津盆地など東北地方南西部で顕

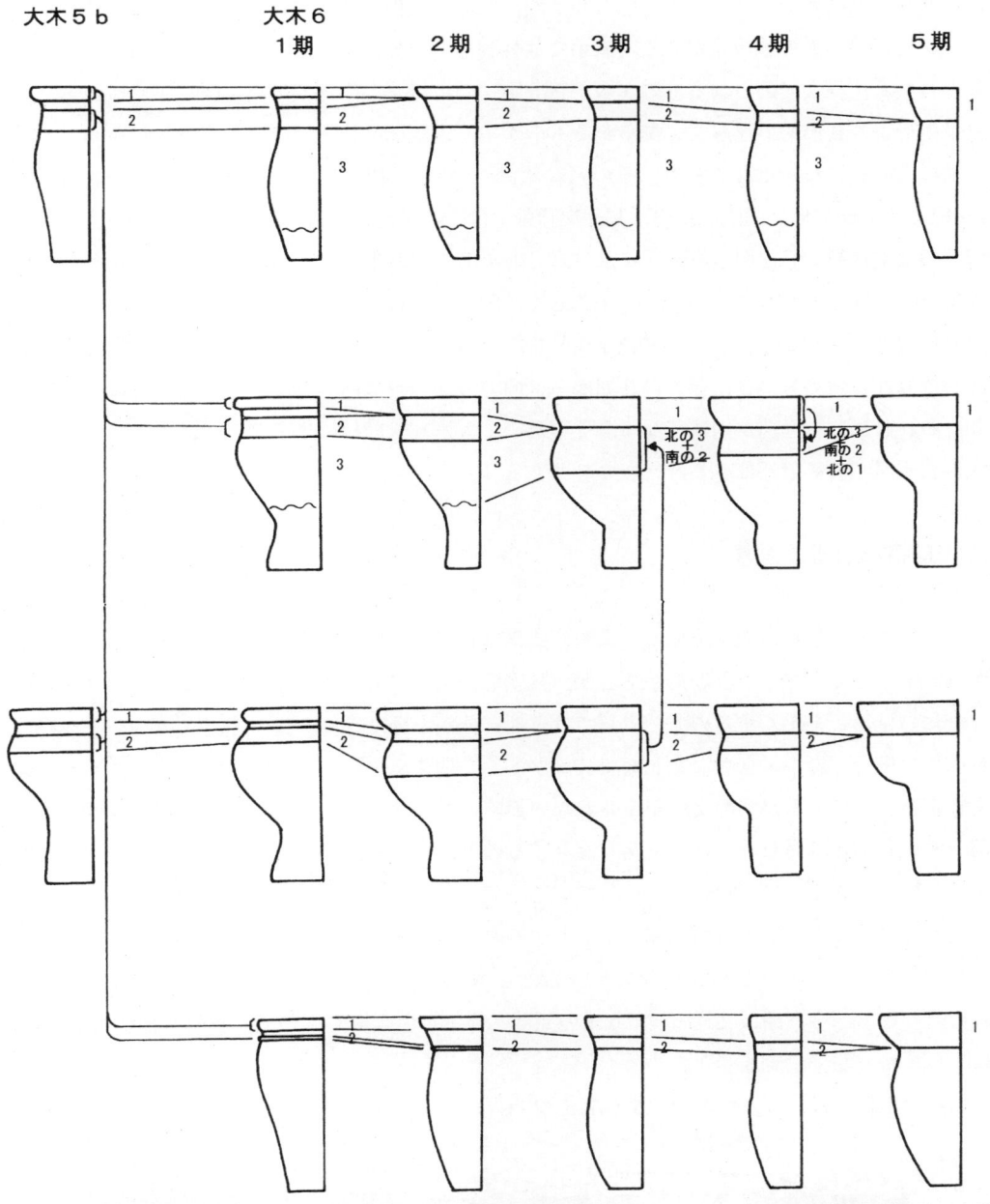

第6図　大木6式の器形と文様帯配置の変遷　1段目：北部の長胴形，2段目：長胴形文様の球胴形，3段目：浮線文系球胴形，4段目：南部の長胴形

著であり，以後南部の長胴形の特徴となるが，口縁部文様帯は北部と軌を一にして発達する。

　球胴形についても地域差がある。岩手では長胴形との分化が弱く，それとほぼ同じ文様帯の重畳からなる沈線文で飾られるものが多い（5図）のに対し，南部では（4図）すでに述べたように長胴形より装飾的で浮線文で飾られるものが多く，胴部文様帯はほとんど見られない。

　文様帯の話になったところで，その系統関係について説明しておく（6図参照）。本稿で南部（浮線文系）球胴形（3段目）の「胴部文様帯（図中の2）」と呼ぶものは，系統的に大木5b式の「頸部文様帯(2)」を引き継ぐ。これに対し北東北の球胴形（2段目）では大木5b式の頸部文様帯を受け継ぐとともに，その下にまさしく「胴部文様帯(3)」が生まれる。したがってこれら2つの地域の「胴部文様帯」は，系統発生的に異なるものである。しかし，以後北部と南部の球胴形が近似性を強めていき，とくに3期からは両方の文様帯は同じ部分として意識されるようになり，われわれにも区別が困難になる。そのため，大木6式の初めまで遡って，どちらも「胴部文様帯」と同じ名前で呼ばざるをえないのである。

2．長胴形土器の変遷

　この節では長胴形の変遷を見る。大木6式には長胴形，球胴形以外にも，胴がまっすぐ立ち上がる直胴形とでも呼ぶべき器形があるが，長胴形の変遷に準じて理解できることと，細かい分類は全体の見通しを悪くするので，本稿ではとくに分類を分けない。
長胴形の場合，岩手・宮城など北部で装飾が多く，変化を追跡しやすい。南部では北部と口縁部文様帯を共通にするが胴部文様がふるわない簡略形を基調とし，これに独自の長胴形が伴ったり，部分的に北部とは異なった特徴を示したりするので，まず北部の長胴形を詳しく見た後，南部について補足することにしたい。

　大木6式のうち岩手・宮城北部を中心とする北部の長胴形土器の文様は，口縁部文様帯・頸部文様帯・胴部文様帯の3部分からなる（7図）。すでに述べたように，口縁部文様帯は大木5b式の折り返し部を，頸部文様帯は5b式の頸部文様帯を引き継ぐもので，胴部文様帯は大木6式に入ってから北部で発達した。

　個々の土器では，これら3つの文様帯をフルコースで有するもの（7図左）のほかにいくつか

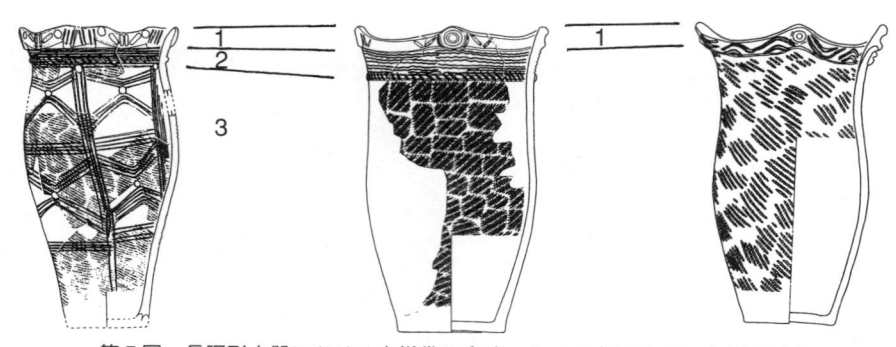

第7図　長胴形土器における文様帯の省略　すべて岩手滝ノ沢（縮尺不同）

が省略されたものも多い。胴部文様帯を省略して縄文だけにしたもの（7図中），さらに頸部文様帯も省略して口縁部文様帯だけのもの（7図右）もある。それさえも省略されると粗製土器ということになる。この文様帯の省略は，北部における作り分けとして存在するだけでなく，南北の地域差としても現れる。宮城県南部の小梁川遺跡までは，頸部文様帯・胴部文様帯を有する土器がかなりあるが，山形盆地や会津盆地では，頸部文様帯はある程度見られても胴部文様帯を有するものが少ないのである。南部の球胴形に胴部文様帯が無いことと通じる点がある。

　時期ごとに3つの文様帯に用いられる文様の種類の対応関係を見るためには，当然フルコースの土器で検討する必要がある。このようなフルコースの土器は大木6式の前半には多いが，しだいに減少し，4期になると頸部文様帯は面影をとどめないほど簡略化し，胴部文様を持つ個体は少なく，5期には胴部文様帯もすっかり見られなくなり，代わりに羽状縄文などの装飾的縄文を用いることが多くなる。よって文様帯の省略は時間的にも進行することになる。

　以下北部の長胴形土器について5期に区分し（8図，9図），土器の要素ごとに記すが，これは可能な限り多数の土器について文様の組み合わせを分類した結果得られたものである。

口縁の形

　口縁の形には双頭波状，普通の波状，平縁があり，前者ほど文様が豊富で精製の傾向がある。したがって文様帯がフルコースの土器を選ぶと，双頭波状，波状の土器が多くなる。双頭波状の古い例は1期の大檀（2図1）に見られる。大木5b式では5a式の口縁のジグザグ貼付文（1図1）が横長になり，ほぼ口縁を一周するものも出てくるが，とぎれ部を残すものが多い（1図2）。その途切れ部の両端には有孔円形が置かれることが多い（1図5）。大木4式以来のドーナツ形突起が収縮したものである。この2つの円形が近づき，間に刻みが加えられたのが大檀例で，上道上（4図10）では大木6式に普通の双頭波状（8図1，2）に近づいている。大木5b式の折り返し部が1個の有孔円形を挟みこんでつながったものが普通の波状口縁頂部の円文（8図5）になる。

　双頭波状は2期に発達し，3期に簡略化した形があるが，4期にはなくなるので，大木6式前半の分かりやすい指標となる。

口縁部文様帯

　大木4式・5a式の口縁に見られるジグザグの貼付文（1図1）は，大木5b式では口縁を一周近くめぐるものが一般的で（1図2,5），次に大木6式1期の折り返し部となる。この部分の上下両端に刻みが加えられたものがあるが，いうまでもなく大木5b式のジグザグの名残である。この刻み部分を強調するため，折り返し部の中央に沿って水平に凹ませたものがあり（1図6），刻みのないものもある。この凹みが2期の特徴である厚みの強い口縁上の太い凹線文になる。

　2期では口縁肥厚部は厚く幅狭で，文様は無文，凹円のみの場合もあるが，普通には凹円の間を太い凹線がめぐり，中間で縦の貼付が区切るものが多い（8図2,4,5,7）。

　3期にはこの口縁部はしだいに厚みを減じ幅広となり，その上に中太の沈線で複雑化した文様

184　第Ⅳ部　系統的変遷の把握

2期

3期

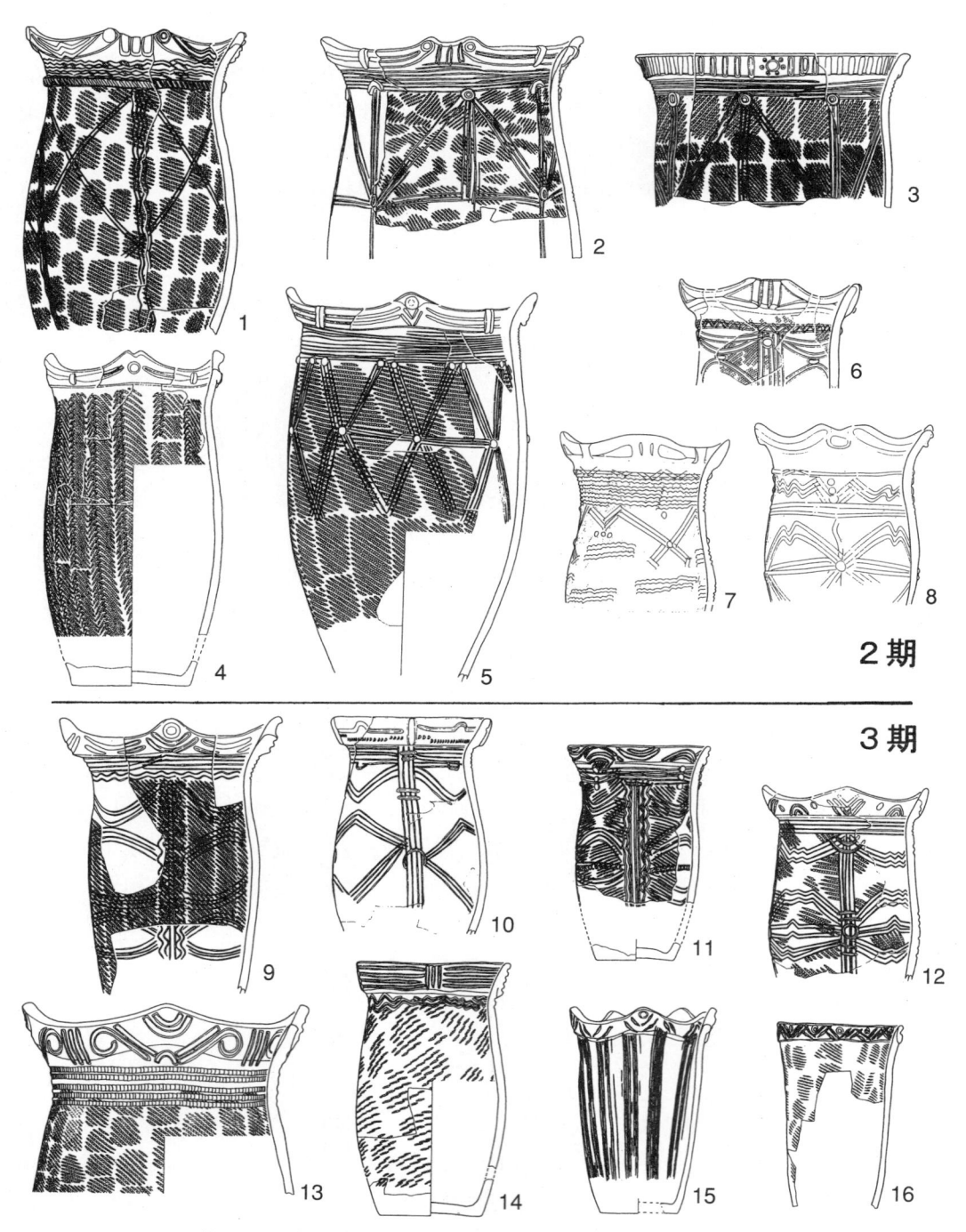

第8図　北部の長胴形土器(1)　上段2期，下段3期
　　　　1～5，9～16：岩手滝ノ沢，6～8：宮城嘉倉（1/8）

4 B章　大木6式土器の諸系統と変遷過程　185

4期

5期

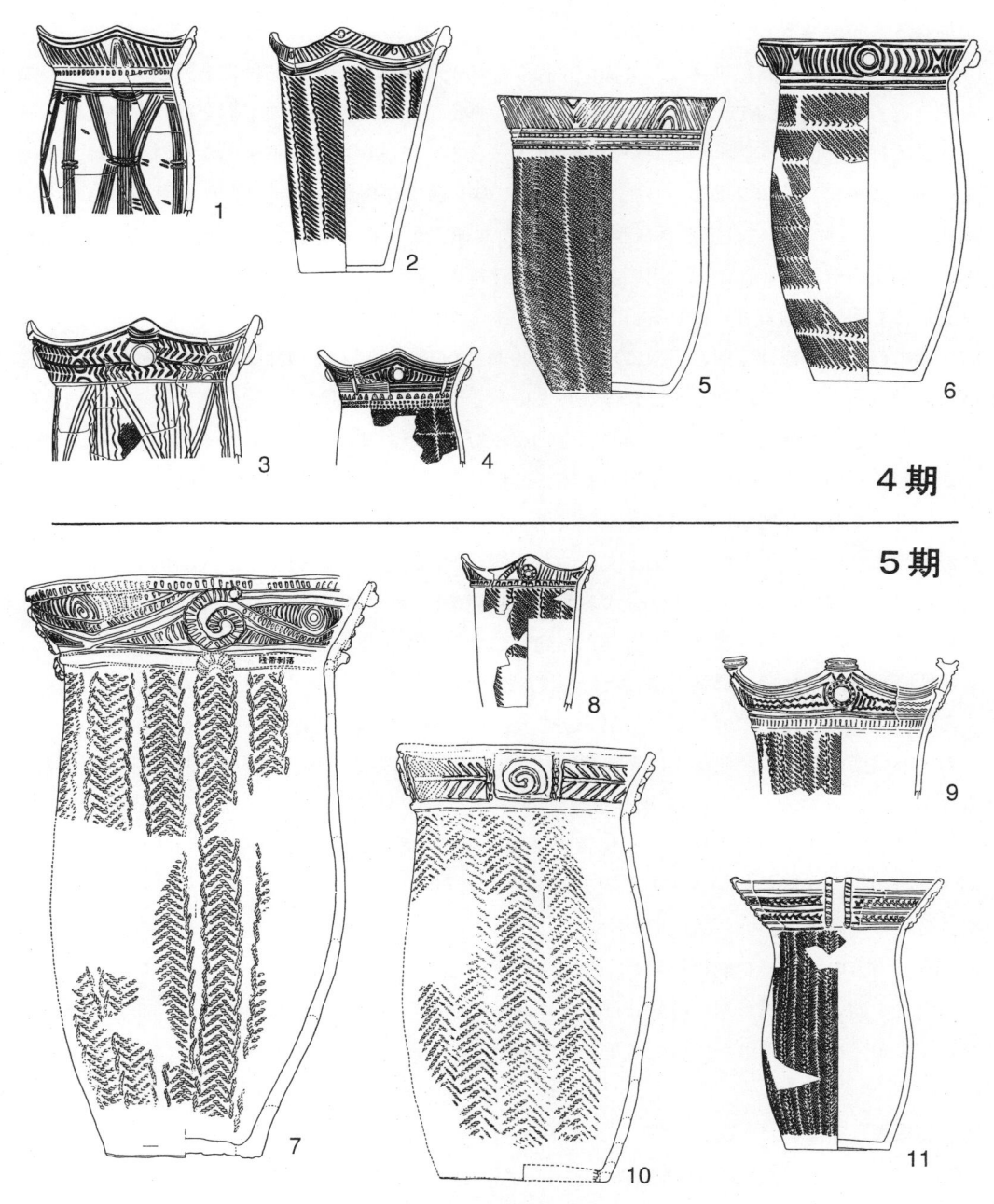

第9図　北部の長胴形土器(2)　上段4期，下段5期
　　　1～6，8，9，11：岩手滝ノ沢，7，10：岩手鳩岡崎（1/8）

を加えるものが増える（8図9〜16）。

 4期になると3期で複雑化した文様が単純な形に整理される。円形貼付文を囲むように縦の弧を繰り返す文様（9図4，6）が特徴的で，弧に替えて斜線や「く」の字形を繰り返すものもある。初めは口唇に沿う沈線がないが，やがて1〜3本の沈線が口唇直下を廻るものが現れ，文様帯上限の区画になる（9図1，3，4，6）。この文様は球胴形にも同じように用いられる（12図10〜12）。このように長胴形と球胴形の文様の共通化が進行するなかで，それまで南部の球胴形（浮線文系球胴形）に限って用いられていた浮線のジグザグ文が，沈線に置き換えられた形で長胴形にも用いられるようになる（5期の例であるが，9図9，11）。

 5期の口縁部文様は4期と同様に球胴形と共通である。ほとんどの種類の文様が4期からの続きなので微妙な違いで区別しなければならない。4期にはまだ胴部より幾分厚く作られた口縁部が，5期になると胴部とまったく同じ厚さになってしまう。また区別にあたっては，長胴形は手がかりが少ないので，球胴形の4期と5期の器形の明瞭な差（6図）によって区別するのがひとつの方針になる。5期では口縁部文様帯に用いられる沈線が細くなり，さらに本数が増える傾向にある。これは東北地方中期の細線文につながる。また，弧線，斜線などが直線化する傾向にある。口縁部文様を斜めに大きく区分するもの（9図7），水平に2段，3段に区分する（9図10）ものも多く，このため縦線は短くなり，点列化したものが生まれ，中期に続く。

 鳩岡崎（9図7）では渦巻形貼付文に短沈線の刻みが入り，口縁部文様帯を大きく斜めに区分する帯の中にも短沈線の刻みが入る部分があり，梯子形文様の成立が見られる。梯子形文様の分布の中心は南部にあり，北部では単純化したものが多い。球胴形からの借用である細かい波状線も4期から続いて多く見られ（9図9，11），これも水平線と交互に加えられたものが多くなる。

 口唇外面に隆起線を貼り付けて文様帯上限を区画した個体が増える（9図7，10，11）。口縁部文様帯の下限を隆起線で画することが普通になるが（9図7，8，10，11），1〜3期の頸部文様帯中の刻み隆起線は4期に押引文になっているので，それとは関係なく新しく成立したのであろう。両方の隆起線を橋状把手でつなぐものが現れる。

 5期と中期の糠塚式の初めの部分は非常に連続的であり，細かい特徴の違いで区別しなければならないが，球胴形の場合について第3節で述べる。

頸部文様帯

 頸部文様帯は大木5b式から続くものであるが，長胴形では2期に盛んで，3期ではやや衰退し，4期には口縁部文様帯の下限を画する境界線にすぎなくなる。

 文様は大木5b式のジグザグ浮線文を沈線文におきかえたもの，水平の平行線，刻み浮線の太くなったもの（刻み隆起線と呼ぶ）の集合からなる。上から順に沈線群，刻み隆起線，沈線群と重ねるのがもっとも丁寧であるが，隆起線下の沈線群を省略したものは普通で，隆起線自体も省略したり，頸部文様帯を全て省略して口縁部文様帯の下にすぐ胴部文様帯が来たりするものもある。頸部文様帯は時間の経過とともに簡略になる傾向があるが，ひとつの時期でもきちんと加えられたものと省略された土器が共存するので（7図），時期判定の根拠にはなりにくい。

3期にも刻み隆起線，沈線文は継続するが，後者は波状でなく平行線の束になってしまったものが目立つ。隆起線のないものでは頸部文様帯の独立性が薄れ，頸部文様帯は衰退に向かう。

4期の頸部文様帯では刻み隆起線からの変化とみられる竹管外面による押し引き（9図1，5，6）が特徴的で，稀に5期にも残る（9図9）。一本の場合が多いが数本重ねるものもある。ほかに平行沈線を重ねるもの（9図2）もあるが，頸部文様帯全体として幅狭なので，口縁部文様帯下限の区画のように見える。5期からこの境界線が隆起線化の傾向を強める（9図7，8，10，11）。

胴部文様帯

胴部文様帯は縄文地の上に半截竹管で平行沈線を加えるもので，各時期を通じて縄文だけのものも多い。1期には斜格子やY字形など単純であり，2期から斜格子や×字形の交点を縦や横に直線の束や波線で結ぶものが現れ（8図1～3,5），3期では縦の平行線や縦のジグザグ線が優先して器面を先に分割し，その間を弧線や截頭山形で結ぶものが普通（8図9～12）。截頭山形文の頭もジグザグになるものが多い（8図12）。3期には縦線の上に太い弧状沈線（稀に隆起線）（8図10，12）を加えるものが特徴的に見られ，4期に続く。

1～3期には大木5b式から続く粘土粒の貼付が胴部文様の基点や交点に見られるが（8図2，3，5，6～8，11），すべての個体にあるわけではない。

4期には胴部文様帯を有する土器が激減するが，それを有するものを見ると，沈線を縦方向に引く傾向が強く，その間をつなぐ横線はほとんど見られなくなる（9図1，3）。3期から引き続き太沈線で加えられた弧が見られる（9図1）。

胴部文様の減少は，装飾的な縄文の使用と表裏一体である。装飾的な縄文というのは羽状縄文・結節の回転・木目状撚糸文などで，2期にも少数見られるが，3期には胴部文様帯を省略した土器にかなり見られるようになり，4期・5期では大部分の土器に用いられる。長胴形では一般に縦方向が多いが，4期には横方向が一時的に増え，5期では大部分が縦方向になって中期初頭に続く。

円筒下層式との関係

大木6式の球胴形やそれを模した土器がしばしば東北地方最北部の円筒下層d式に伴うことはよく知られている。逆に円筒下層d式は形の近い大木6式の長胴形に影響し，口縁部文様帯と胴部の装飾的な縄文からなる土器が，時間の経過とともに北のほうから増えていく。大木6式5期には長胴形がほとんどそのようなものになることを上に述べた。一方，円筒下層d式から上層a式への変化で，口縁部文様帯の幅が増し，口縁部が外折したりして器形のうえで胴部と区分されるのは，大木6式の側からの影響であろう。このころから中期初頭にかけて，口縁部文様帯の内容も共通性が高まり，水平線とその間の刺突列，縦の隆起線，湾曲する隆起線，円形や枕形の貼付文，橋状把手，口唇と頸部の隆起線などが両地域の型式に見られる。この現象の経過は，混乱している円筒下層式・上層式の細分型式名の整理をせずに扱うことができないので，概況を

述べるに留める。このような大木6式と円筒下層式の親和性は太平洋側の特徴で，日本海側では大木6式の存在が種類・量ともにきわめて限定されている。

南部の長胴形（10図，11図）

　会津盆地や山形盆地など南部の1期には，北部と異なり，刻みのある浮線・隆起線が頸部を回る以外の文様に乏しい長胴形が分布することをすでに述べた。山形県寒河江市高瀬山ST1341住居址（山形県埋蔵文化財センター2004a），福島県磐梯町法正尻遺跡（福島県文化財センター1991）SK311号土坑ではこれからやや変化した土器がまとまってある。口唇部の隆帯とその下の隆帯の間を円形の貼付文や数本の隆起線で装飾的に結ぶものなど，口縁部が複雑化している。上ノ原や上道上にはそのようなものがないので時期差を示すのであろう。このような口縁部文様の複雑化は，北部における変化と軌を一にし，同時性を示すものと考え，2期とする。10図1，2，8などの頸部文様は大木5b式以来のもので，北部の2期と一定の類似性を保つ。

　南部の2期には口縁から底部まで揃う資料が少なく，球胴形と長胴形の分化の状況が判断しにくいが，長胴形でありながら胴部の膨らみが強く，どちらとも言いにくい形が北部より多いような気がする。

　南部の2期には北部と異なるいくつかの特徴が指摘できる。南部の1期には口縁の肥厚帯上または2～3本の隆起線の間につまみ状の縦長突起が見られたが（4図6，9，11），これが双頭波状口縁の間に挟まって数本並列し，立体的な装飾を構成する（10図6,7，11）。他にもいろいろな形があり，文章では表しにくい（10図3～11）。要は，北部では幅広の折り返し口縁上の太い凹線が文様変化の元になったのに対し，南ではこれに替わる2本の隆起線が変化の元になったため，北部よりも立体的な口縁部文様の発達が見られるのである。またこのような隆起線の中心線に沿って撚糸を押し付けたもの（10図5，6，11）が山形と会津に特徴的に見られる。また南部では折り返し口縁の下端に刻みを加えただけの土器（10図10の頸部・胴部文様を省略したようなもの）が多く見られる。

　このような2期の土器とそれから少し変化したものは新潟県巻町の豊原（小野昭1994）・南赤坂など（前山精明ほか2002）にも見られ，この時期には会津方面の大木6式が新潟北半に広がっていたとみられる。同時期の鍋屋町系は豊原にわずかに見られるにすぎない。

　3期（11図1～7），4期（11図8，9）にも南部では北部と同様の口縁部文様を有するが，胴部文様を欠く土器が多い。胴部文様は宮城県南部までかなり見られる。4期ころと思われる土器に，円筒形で口縁に浮線文系球胴形と類似の文様を有し，胴部は縄文だけになる円筒形の土器がある（11図10～12）。これは従来の長胴形とは形制が大きく異なるので，由来がはっきりしないが，4期，5期に球胴形と長胴形が統一され，文様の区別がなくなる現象のさきがけをなす。5期は北部がそうであるように南部でも長胴形と球胴形で使用される文様の区別がなくなり，胴部が球形に膨らむかどうかだけの区別になり（そのため南5期の長胴形は，15図で球胴形と一緒に図示した。），その膨らみの程度も減退していくことは次節で述べる。むしろ北部と南部の地域的な違いのほうが顕著である。

4B章 大木6式土器の諸系統と変遷過程　189

2期

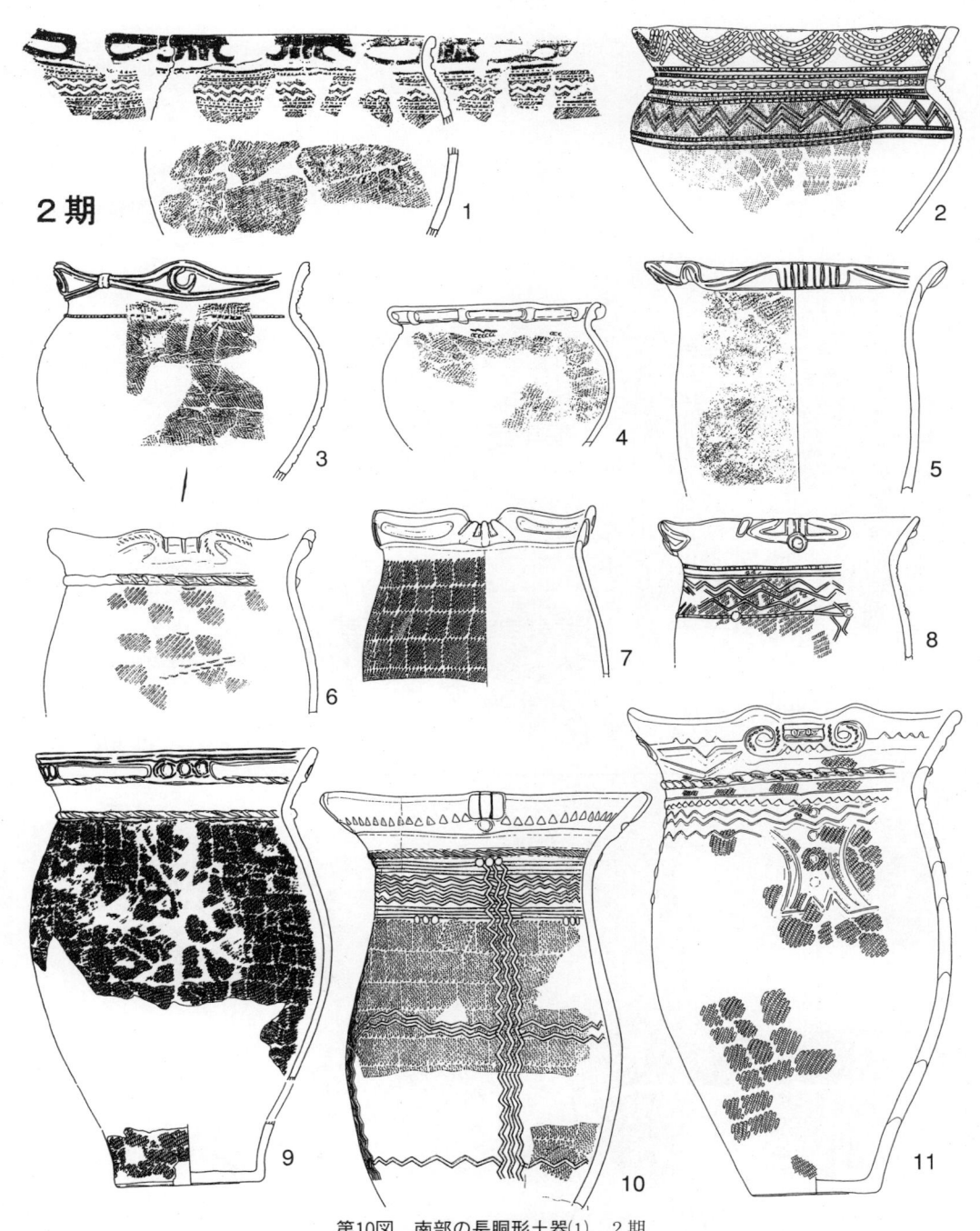

第10図　南部の長胴形土器(1)　2期
1，3：福島法正尻，2，7，10：宮城小梁川，4，5，6，8，11：山形高瀬山，9：福島鹿島　(1/8)

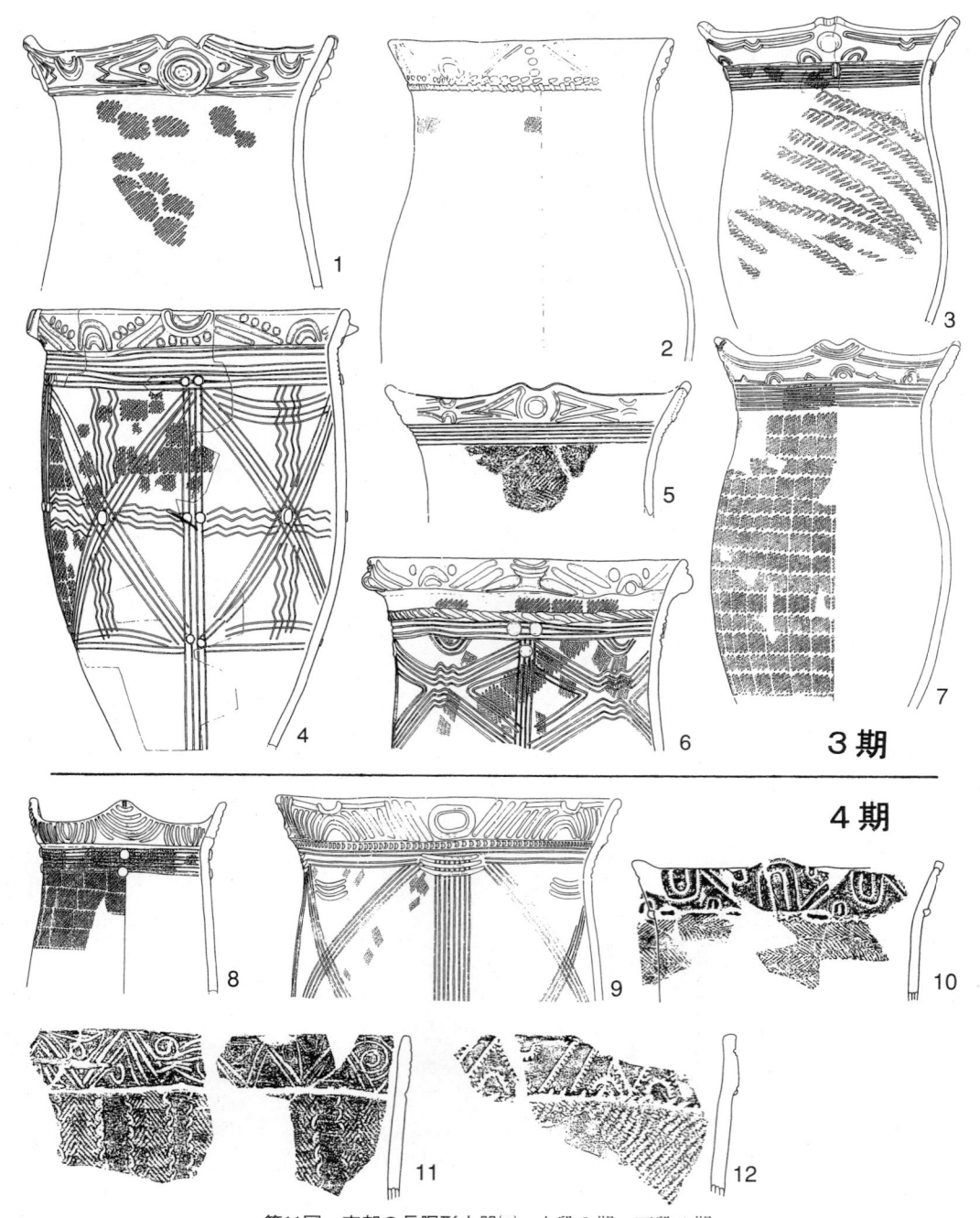

190 第Ⅳ部 系統的変遷の把握

第11図 南部の長胴形土器(2) 上段3期,下段4期
1,5:山形高瀬山,2〜4,6〜9:宮城小梁川,10〜12:福島法正尻（1〜10;1/8,11,12:1/5）

3．球胴形土器の変遷

　球胴形土器は2つの系統に分けて変化の過程を理解する必要がある。第1節で長胴形・球胴形を合わせて南部における大木5b式から6式への変化を見たが，第1の系統はこれに発するもので，大木5b式の頸部文様帯の流れを引く文様帯が胴部に幅を広げていくものである（6図3段目）。下限を水平に区画することが明確な特徴で，大木5b式以来の浮線文を多く用いる傾向があるので「浮線文系球胴形」と呼ぶ。ただし系統名であって，浮線文だけが用いられるという意味ではない。大木6式の中でもっとも精製の土器であり，本節4で見るように，中部日本の土器と共通要素を有するようになり，進出力・土器情報の伝達力が強い系統である。

　第2の系統は岩手県を中心に分布するもので，北部の長胴形土器を上下に圧縮した形で，長胴形と共通する口縁部・頸部・胴部の文様帯を有する（6図2段目）。器形は球胴形であっても，文様は長胴形とほとんど共通するのである。このため長胴形との時間的対比が容易にできる。「長胴系文様の球胴形」と呼びたい。

　先にも触れたが，これら2つの系統の土器の文様帯の関係についてもう1度注意しておきたい。第1の系統（6図3段目）のくびれの下に位置する文様帯(2)は，大木5b式の頸部文様帯に起源する。一方第2の系統（6図2段目）の胴部に位置する文様帯(3)は，大木5b式の頸部文様帯(2)の下に新しく生まれたものである。よって両者は本来系統発生的に異なる文様帯であるが，当時の人々は球胴形のほぼ同じ位置にある文様帯を同じものとして意識するようになったようで，両者折衷の文様を有する文様帯も生まれ，区別がなくなっていく（北の3＋南の2）。このため第1の系統の文様帯名を「頸部文様帯」ではなく，第2の系統の文様帯名に合わせて「胴部文様帯」と呼ぶ。中間的折衷的な土器は第3の系統と呼ぶべきものであるが，記述が煩雑になるので第1の系統に含めておきたい。

　以下の記述では，すでに説明した北部の長胴形土器の分期を基本におき，それに長胴系文様の球胴形の分期を対応させ，さらにそれに浮線文系球胴形土器の分期を対比させる（本節c）という順序で考える。

a．長胴系文様の球胴形土器（12図，13図）

　岩手県を中心とする「長胴系文様の球胴形土器」では，口縁部文様帯，胴部文様帯が，3期を除き長胴形とほぼ同じ変遷をたどるので，長胴形と球胴形の時間的対比が容易である。以下の2～5期は，これによって長胴形と対比させた分期である。

器形の変化（6図2段目）

　1期は底部近くで急に縮約する形が見られ，長胴形と区別される。2期にも胴下部が縮約したのち底部に向かって再び開くものが多く，まだ球胴形という表現がなじみにくい形（12図1,2）である。この形は3期まで残る（12図4～6）ようであるが，そのころ南部から浮線文系球胴形

が広がってくるようで，器形もそれと共通するものが増え，胴部は大きく球状に膨らみ，下を小さな脚台状の部分が支える典型的な球胴形になる（12図7～9）。4期に入ると球胴部がやや縮まり，胴径が口縁より少し小さくなるとともに，それまで直角に近く折れ曲がっていた脚台部とのつながりが滑らかになる（12図10～12，13図3，4）。5期では器形の変化が大きい。球胴部はさらに収縮し，脚台部が高く太くなる結果，球胴を脚台が支えるというより，胴の中位が膨らむという表現が適切な形になる（13図6～11）。球胴部がさらに収縮した形が，東北地方から関東地方（五領ヶ台Ⅰa式）まで中期初頭に広く見られる特徴的な器形である。

文様帯の配置（6図2段目）

「長胴系文様の球胴形」は本来，口縁部文様帯・幅の狭い頸部文様帯・胴部文様帯の3つが重なり，頸部文様帯の下に刻み隆起線があることが多く，胴部文様帯の幅が広く，その下限が水平に区画されないことなど，みな長胴形と共通する（12図1～6）。3期に大きな変化がある。頸部文様帯が無く，胴部文様帯の下限が水平に区画されたものが増える（12図7～9）。南部から浮線文系球胴形の影響が及んだのである。口縁部文様もそれまでと違って長胴形とは異なるものが多くなる。4期にはほとんどすべての球胴形において胴部文様帯下限が水平に区画される（12図10～12，13図1～5）のは，浮線文系球胴形の文様帯の方式に従うわけで，もはや本来の長胴系文様の球胴形は途絶え，折衷型が支配的になると言ってよい。また4期になると球胴形と長胴形で用いる口縁部文様が統一される。浮線文系球胴形のジグザグ文（13図1，3，5）が北部の長胴形にも用いられ，北部の長胴形に発する弧を重ねる文様が北部の球胴形に用いられる（12図10～12）。球胴形と長胴形の口縁部に用いられる文様が共通になった結果，1期～2期とは別の形で球胴形と長胴形の類似性が再生する。

3期から5期へと口縁部文様帯の幅が広がる方向で変化し，これに従うように胴部文様帯は4期には幅が狭まり，5期にはほとんど見られなくなる。そしてこれに替わって，4期から縦の羽状縄文が増え，5期にはほとんどの個体に使われる。5期には，使われる文様の共通性に加え，口縁部文様＋胴部縄文という文様帯配置まで球胴形と長胴形の区別がなくなり，球胴形主導の形で再び融合するわけである。

口縁部文様帯

1期については第1節で触れた。2期は厚みが強く，上に太い線で文様が加えられる（12図1～3）。この口縁部は3期では厚みが弱まり，上下の幅が広がり，それまでより複雑な文様が加えられるようになる（12図4～6）。しかしこの時期に多いのは南部から広がった浮線文系球胴形（浮線文系といっても北部で使われるのはほとんど沈線文）で，別の系統の文様を有する（12図7～9）。4期には再び長胴形と共通の文様が一般的になる。それは沈線の弧をくりかえす文様が多く（12図10～12），3期に北上した浮線文系球胴形のジグザグ文もあり（13図1，3，5），このようなものは土器全体として南部のものと違いがないので，ここに提示した（13図2～5）理由は，北部の遺跡で出土したという点だけである。

4B章　大木6式土器の諸系統と変遷過程　193

2期

3期

4期

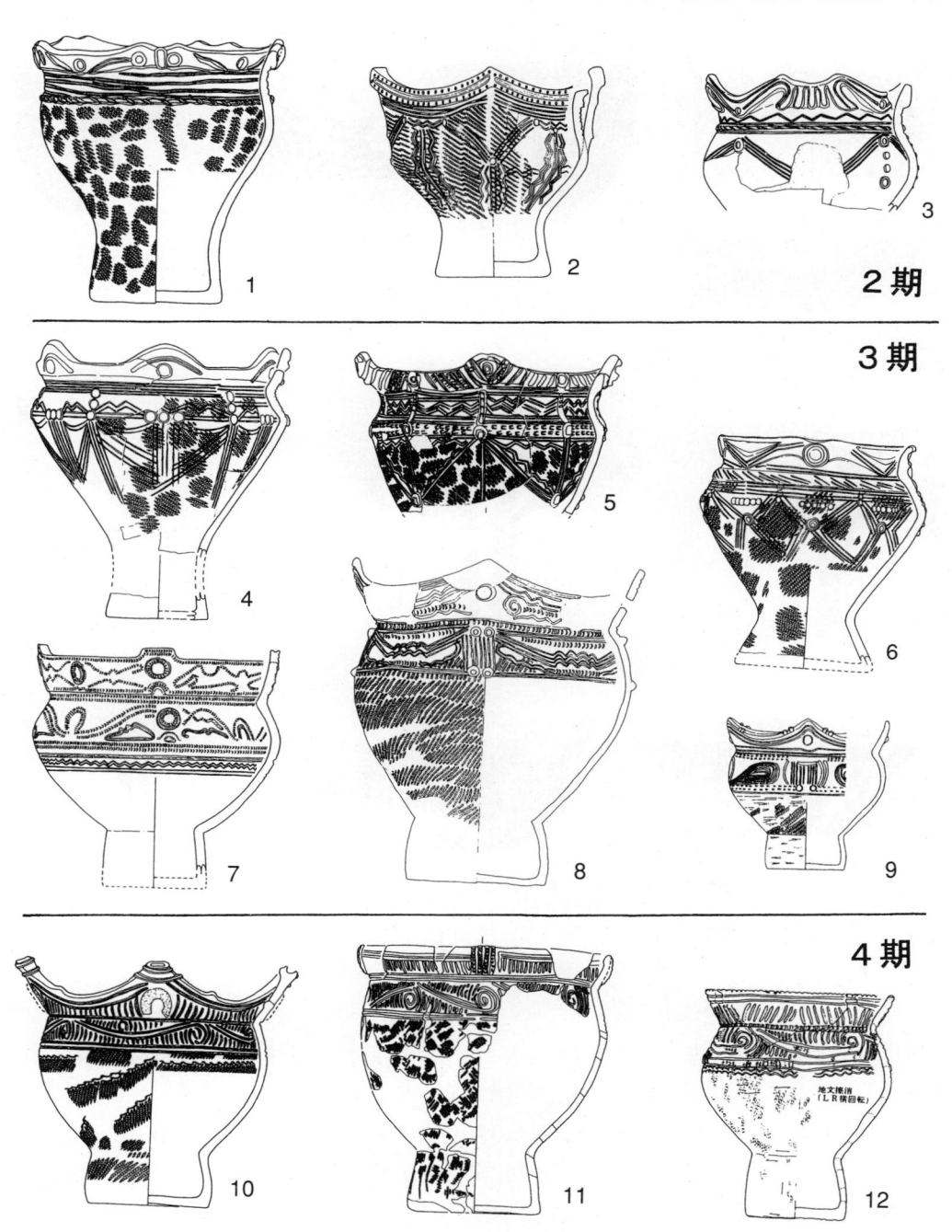

第12図　北部の球胴形土器(1)　上段2期，中段3期，下段4期
1～4，6，7，10：岩手滝ノ沢，5：岩手樺山，8：岩手大館，
9：岩手浅野，11：岩手塩ケ森，12：岩手鳩岡崎　(1/8)

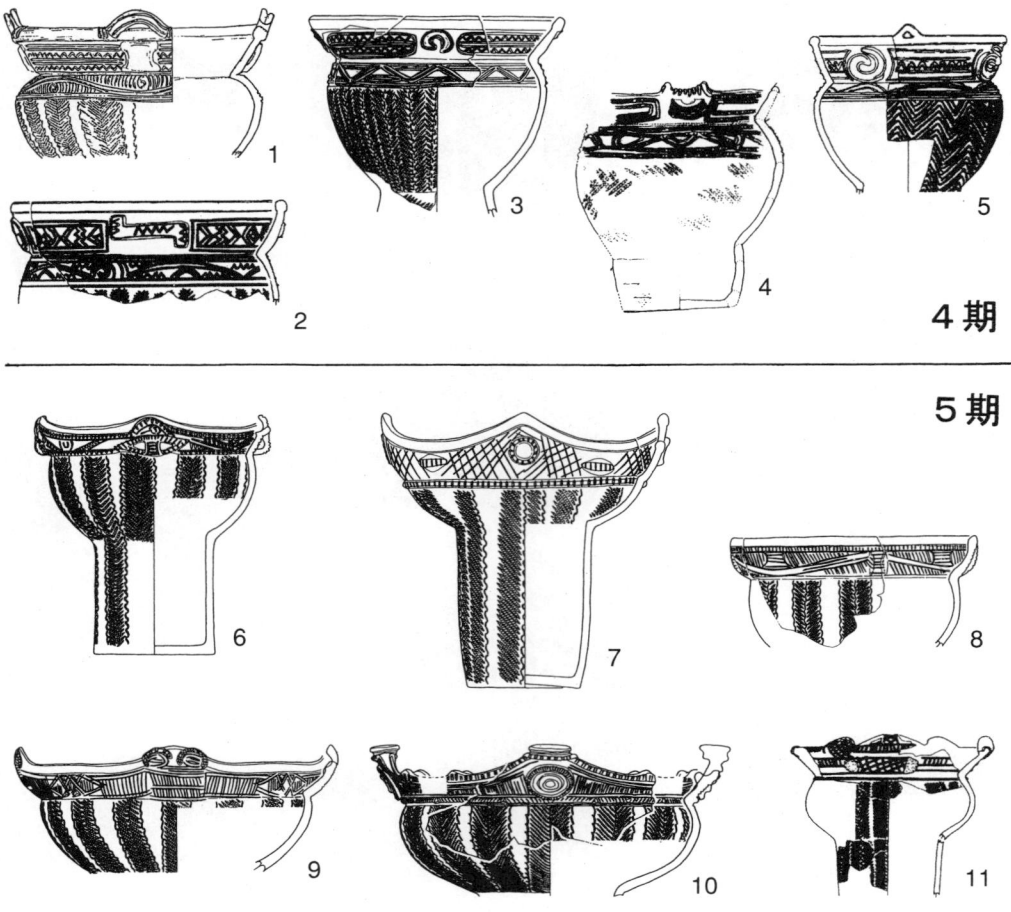

第13図　北部の球胴形土器(2)　上段4期，下段5期
　　2，3，5〜9，11：岩手滝ノ沢，1：岩手滝ノ沢，1：岩手清水，4：岩手鳩岡崎，
　　10：岩手樺山　（1/8）

　5期には，4期の縦の弧から変化した縦の平行線（13図8），ジグザグがあり，ジグザグ沈線と水平線を交代に加えたり，縦の平行線と水平線を交互に加えたりするなど変化に富む。半截竹管を施文具として，縦の平行線を密接して加えるもの（13図9，10）は，南部にも点々と見られるが，大木6式内部における平行線化，細線化の傾向に加え，後述するように中部高地の松原式から来る要素が関係すると考えられる。中期に続く梯子形図形（13図6）やドーナツ形貼付文に刻みを入れること(13図10)は南部と共通し，南部の梯子形沈線文を単純化したものも見られる。長胴形と同様に口縁部文様の下限を画する隆起線の出現（13図6，7，10）は，このようなさまざまな文様の違いを超えて当てはまる第5期の指標となり，中期にさらに発達する。

　このように1期，2期と4期，5期は口縁部文様の共通性から北部の球胴形と長胴形を容易に対比することができるが，3期については共通でない文様が多い。しかし2期と4期にはさまれる位置であるから，3期についても無理なく対比が可能である。

頸部文様帯

　長胴形と共通性の高い1期～3期に頸部文様帯（6図の2部分）があり（12図1～6），多くの個体に刻み隆起線があるが（12図1，3，5，6），文様帯全体の幅（高さ）は長胴形より狭く，文様も単純である。3期には浮線文系球胴形が広がり，頸部文様帯をもつ土器(12図4～6)は減少する。

胴部文様帯

　2期には同時期の長胴形の胴部文様を上下に圧縮したような文様が多い。3期にもこの文様は残るが，多くは北上してきた浮線文系球胴形によって置き換えられたり，両者の中間的なもの(12図8)になったりする。4期の口縁部文様は長胴形と共通するものが多いが，球胴形ではそれとほぼ同じ文様が胴部にも転移し，くりかえして加えられる（12図10～12）。ただしここで注意すべきは，胴部文様帯の下限が水平に画される点で浮線文系の流儀に従い，文様の形も（渦巻きから伸びる無文の帯が画面を斜めに区切り，それによってできた三角形内に円文や渦巻を置く）浮線文系の胴部文様の基本を受け継いでいる。よって4期の北部の球胴形は全体として，北部の伝統の球胴形と南部の伝統の球胴形の折衷という形なのである。

　5期には胴部文様を有する土器はほとんどなくなり縦の羽状縄文が配され，中期に続く。

b．浮線文系球胴形土器の変遷（14図，15図）

　浮線文系球胴形は大木5b式のうちでは文様にもっとも手の込んだ浮線文の土器を起源とする。南部の大木6式1期は土器群全体としては文様が少ないながら，球胴形に変わっていく種類の土器では，浮線文の使用頻度が高い。浮線文系の球胴形が南部に多く，北部へ行くほど少なくなるのはそのような成立地域の中心と関係があり，また本節dで述べるように，北陸との関係も影響している。

　上で長胴形と，長胴系文様の球胴形土器について要素ごとに項目を分けて変遷を記したが，浮線文系球胴形は，各要素の連続性が強く，要素ごとに明確に時期区分することが難しいので，以下要素別に項目を分けずに変遷を記す。

　浮線文が用いられるのは，1期～3期では球胴形に限られるが，球胴形と長胴形の区別が薄れるにつれ5期には長胴形でも普通に用いられるようになる。

1期

　第1節でこの種の土器の成立について触れた。1期は浮線文系の球胴形（南部に分布の中心がある）とその地域の長胴形が未分化であるため，ここで独自に書くべきことは少ない。口縁部文様帯は未発達で，頸部のくびれの下に浮線文からなる幅の狭い文様帯がある。大木5b式の浮線文は浮線の上を縦に刻んだり刺突したりするのが普通であるが，この時期から半截竹管を押し引きした結節浮線文に類似していく。十三菩提式の浮線文に類似するが，それが起源というわけではない。法正尻遺跡4図8の胴部文様は，大きな弧の内側に半円形が出っ張り（この部分が次に

渦巻きなどになる），その後の浮線文系球胴形胴部文様の基本形を示す。

2期（14図1～9）

この時期にも南部では球胴形と長胴形の分化が不明瞭で，底部まで残らない破片ではどちらか区別しにくいものが多い。よって2期についても先に述べた（2節d）南部の長胴形の説明があてはまる。すなわち口縁部文様帯の発達傾向を主たる理由として2期とするのである。

器形は北部のものに似て，底部近くが縮約して再び開くものと，胴部から円筒状の脚台状部への移行がゆるやかであるもの（14図4，8，9）があり，後者の円筒状の部分は3期に続く。14図1，2，5では結節浮線文が用いられ，文様が発達する傾向が見られる。

3期（14図10～17）

5E章で詳しく記述するように（今村啓爾2006b）山形県吹浦遺跡（柏倉亮吉ほか1955）では，この遺跡の古段階と新段階（土器編年の段階ではなく，この遺跡に固有な土器組成の大きな状況の変化）に，大木6式といえるものが少なく，中段階にのみ一定量の球胴形土器がともなう（14図10，11）。この球胴形は多くが類似の器形・類似の文様で1つの時期に属すると見られる。器形は2期の後半に書いたものから胴部がさらに丸く膨らんだもので，球胴部から台状部へ直角に近く折れ曲がる形である。口縁の幅が広がり，その上の文様が発達する。胴部文様帯の幅も広がりが見られ，下限は胴径最大部付近に達するものが多い。文様は主に結節浮線文からなり，線の間に余裕の空間がある配置である。結節浮線文を結節沈線文やただの平行沈線に置き換えた土器も少なくない。

3期・4期・5期の変化の傾向

この3つの時期はきわめて漸位的に変化し，分期しにくいが，ほぼ次のような傾向で変化する。
・使用される浮線文が，結節浮線文 → 結節浮線文とソーメン状浮線文の併用 → ソーメン状浮線文の順でほぼ移り変わる
・浮線文によるモチーフのうち，大きなジグザグ → ジグザグの小型化と端重ねジグザグ → 梯子形，とほぼ入れ替わる。
・口縁部文様帯の拡大傾向とそれに対応する胴部文様帯の収縮と消滅。3期は胴部文様帯の幅が広く，4期で狭くなり，帯をなさない懸垂文になるものもあり，5期では懸垂文が少し残るだけである。
・内外に突出のない口縁 → 口唇部が肥厚突出したものが増える。これは中部日本の影響をこの種の球胴形が受け入れた結果とみられる。
・横方向回転の縄文 → 縦方向回転の縄文。新潟県南赤坂遺跡の浮線文系球胴形には3期末に置きたい様相の土器が多く，ほとんどすべて横方向回転である。

4期（15図1～7）

13図上段は北部に進出した浮線文系球胴形としてここに図示したが，浮線文系球胴形であるこ

4B章　大木6式土器の諸系統と変遷過程　197

2期

3期

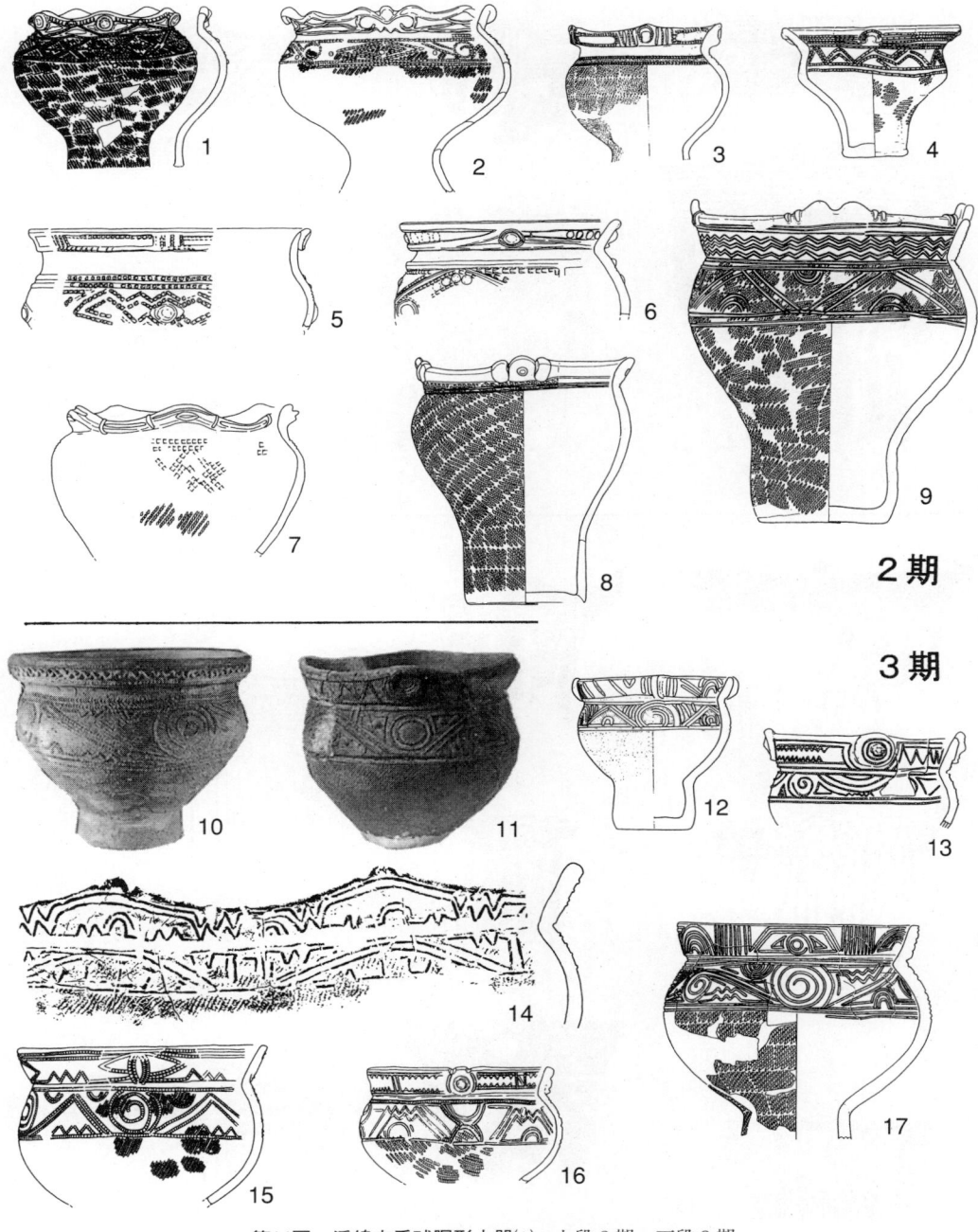

第14図　浮線文系球胴形土器(1)　上段2期，下段3期
1：福島鹿島，2，5〜7，15，16：山形高瀬山，3，4，8，9，17：宮城小梁川，
10，11：山形吹浦，12：宮城嘉倉，13：福島法正尻，14：宮城長根　(11，12：不定，他1/8)

198　第Ⅳ部　系統的変遷の把握

4期

5期

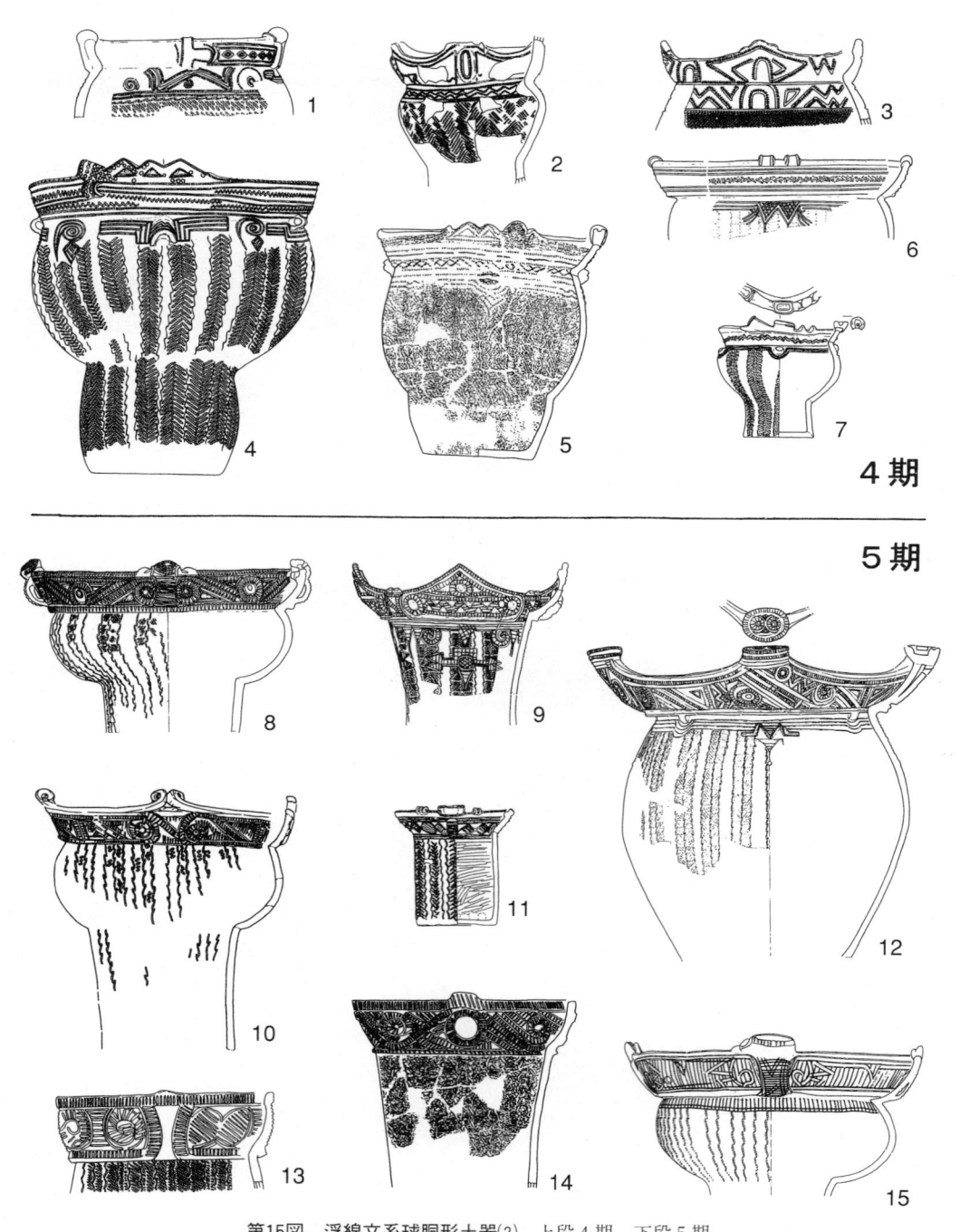

第15図　浮線文系球胴形土器(2)　上段4期，下段5期
1：宮城小梁川，2：福島地蔵原，3：福島法正尻，4：山形吹浦，5：秋田岱Ⅱ，6：宮城嘉倉，
7，8，9，12，15：宮城小梁川，10：福島愛宕原，11：福島関林，13，14：福島法正尻（1/8）

とに変わりはなく，15図上段に入れてもよいものである。13図上段で示したものは4期でも古い様相のものが多く，15図4～7は4期でも新しい様相のものである。後者では胴部文様が帯をなさない懸垂文になっており，ジグザグは短い浮線の端と端を重ねるようにしたものが特徴的である。

4期には口唇が内外に突出した断面を有するものが多い。新しい特徴である。羽状縄文を横に配した土器もあるが，縦に配したものが大部分となる。

5期（15図8～15）

球胴形と長胴形の文様上の区別がほとんどなくなる点は北部と同様であるが，北部と南部で使われる文様がかなり異なることは続く。球胴形は器形において球胴部分が収縮し，台状部が太く高くなるため，球胴形というより口縁部の下が膨らむという表現があてはまる。これがさらに収縮したものが中期最初頭に典型的な器形であることは，長胴系文様の球胴形の節でも述べた。口唇の断面形が内外に突出するものが多いことは4期と同じであるが，さらに複雑になって内側では階段のように1段低い位置から突出するものが見られる（15図8，9，11）。これも中期最初頭に続く。括れ部の直上，口縁部文様帯の下限をわずかな隆起線で画するものが多い。大きな橋状把手が多く用いられる。

この系統は「浮線文系」と一括して呼んでいるが，文様には浮線によるものと沈線によるものがある。5期には浮線を2本平行に貼り付けて文様を描き，その2本を短い浮線で梯子形につなぐ文様が特徴的に現れる（15図9，11，12）。この文様を沈線文で置き換えたものもある（15図8，10，13，14）。中期初頭には浮線文のものがなくなるので，浮線文を持つ個体を大木6式5期と判断するのは容易であるが，沈線文のものがこの時期から中期まで続くので，沈線文の個体については前期末と中期初頭の判別が容易でない。要は浮線文を沈線に置き換えたのが前期の段階なので，沈線を用いていても，浮線文という手法の制約が生み出す文様の硬直感のあるもの（15図8が典型的）が前期末である。前期末には太く上が平らな隆起線で文様帯内部を区分し，その隆起線の上を短線で刻むものがあるが（15図10，13，14），中期初頭になるとそのような隆起線部分がなくなり，橋状把手以外の部分が平面化する。

前期終末と中期最初頭の沈線文土器の区別については，遥かに離れた南関東の例になるが，横浜市霧ヶ丘遺跡第2地点が中期初頭を含まない資料なので，前期末の範囲の認定に役立つ。

15図15も5期に属するであろう。北部も含め（13図9，10）類例は点々と出土している[3]。この種の土器は宮城県嘉倉貝塚SI320住居跡に4期末に遡りそうな関連資料があり，それは群馬県中尾遺跡（藤岡一雄1988）の類例を介して，中部高地の松原式（今村啓爾2006d）につながる。この種の文様の祖形が東北地方にないこと，松原式（大木6式4期並行）と15図15例などの間にある時間差からも，中部日本からの伝播が認められる。

15図の5期には球胴形以外の器形も一緒に示した。器形以外の要素がほとんど共通することが

---

[3] 須原拓2005が岩手県の資料を集成しているが，中期初頭に下るものも多く，系統的に一括すべきでないものも含まれる。宮城県，福島県にも類例は多い。

わかるであろう。

c. 浮線文系球胴形と長胴系文様の球胴形の時期的対比

　以上の分期名称は長胴系文様の球胴形の分期に合わせるように命名したものであるから，ここで対比の理由を述べるのは前後が逆になるのであるが，対比のポイントをあげると，1期，2期における両者の間の広くさまざまな共通性，3期における両者の器形・文様帯配置や文様帯幅，文様の近似性，4期，5期における器形の共通性や球胴・長胴の融合現象である。次節で述べるように，1期，3期，5期はそれぞれ関東の十三菩提式古段階，中段階，新段階末に高い確実性をもって対比できるから，大木6式細分各期と中部日本の対応関係は相当な信頼がおけるはずである。

d. 浮線文系球胴形と中部日本の土器の共通要素

　上に変化の過程を述べた浮線文系球胴形土器は，さまざまな点で十三菩提式や真脇式と共通の要素を有し，それらと一定の共通性を保持しながら変化する点で，大木6式中でも特殊な系統である。以下その共通要素を列挙する。

1）球胴形という大木6式の特徴と考えられている器形が，大木5b式から6式にかけて深鉢の底部近くが縮約して生まれてくることを上に見た。典型的な球胴形は球形の胴部を小さな円筒形の台形部分が支える形をとるもので，東北地方では大木6式3期ころから見られる。ところがそのようなまさに球胴形と呼ぶべき器形は，数こそ少ないが中部・関東においては，十三菩提式古段階前半（大木6式1期並行）に遡って見られる。東北地方における出現よりわずかに早いらしい。西日本で並行する北白川下層Ⅲ式や続く大歳山式にも底部が縮約する器形は少なくない。大木6式の典型的な球胴形が中部日本と共通要素を有する浮線文系球胴形として現れることについて，中部・関東からの影響を考えてみる必要があろう。

2）上記のような古段階の十三菩提式土器には胴部に橋状把手が見られ，古段階後半には口縁部に移動する。大木6式の球胴形では1期には橋状把手が見られるので，ほとんど同時である。同じころに同じような把手が現れるのは無関係ではないであろう。大木6式の橋状把手は以後球胴形土器にしばしば用いられ，中期まで続く。十三菩提式新段階後半に関東で再出現する橋状把手は，これが再び南下したものである。

3）浮線文系球胴形に限って見られる（5期には球胴形と文様の区別がなくなる長胴形にも見られる）特徴に，口唇の外側（または内外両面）の狭い部分が無文で肥厚するものがある。これは中部日本の十三菩提式池田系（今村啓爾2006d，本書4A章）に特徴的に見られる，口唇外側の一定の幅を肥厚させた無文部と関連するものであろう。本節bの「5期」で触れた中部日本からの松原式の文様の広がりに関係するように思われる。

4）十三菩提式・真脇式・大木6式の口縁部に見られるドーナツ形や渦巻形の貼付文は，大木6式は2期から，十三菩提式は中段階から見られ，類似の形になる。

大木6式の浮線文は大木5b式の刻みのある浮線文から来る。また中部日本の結節浮線文は西日本から侵入（よって「北白川系」と呼ぶ）したものであるから，両者の系統的由来は異なる。しかしやがて両者は結節浮線文という共通の形に統一された後，結節浮線文主体からソーメン状浮線文主体の方向で軌を一にして変化する。ジグザグ浮線文の細密化の動きも共通する。

大木6式浮線文系球胴形の胴部文様についてもやはり大木5b式から変化したものと認められるが，3期ころからその中に見られる渦巻き文や同心円文が十三菩提式・真脇式のそれにかなり類似していく。このように浮線文系球胴形土器には，東北地方内における伝統性と東北―中部日本をつなぐ共通性がともに存在するのである。

整理不十分のまま列挙したが，大木6式は浮線文系球胴形という特別な部分を通して中部日本の土器と型式的特徴のつながりを維持したのである。大木6式系と見られる球胴形土器そのものが，十三菩提式中段階・真脇式期の関東・中部高地・北陸の遺跡に点々と入っている。

北陸と大木6式の交渉は単純でなく，4期～5期には大木6式が日本海沿岸部から撤退するような形で北陸と円筒下層式の交流が展開するが，その時期にも内陸から太平洋側では，大木6式と関東の十三菩提式との交流が維持された（今村啓爾2006c，本書5E章）。それは大木6式5期から糠塚式初期にかけて一層強まり，東北地方南部の土器が南関東へ進出し，五領ヶ台式の主要系統となる展開を迎える。[4]

4．広域での対比

a．中部日本との編年の対比

大木6式を5期に区分してきた。これは連続的に変化する各系統について対応関係に注意しながら区切ってきたのであり，分期の線が別の系統間でぴったり対応する保障はないが，完全にずれてしまうようなことはないはずである。次にこれらが関東地方の十三菩提式の古・中・新の3段階区分にどう対応するか検討したい。関東の十三菩提式古段階は前後2段階に，新段階も前後2段階に分けられる。中段階もいくつかに分けられることは確かであるが，区分について明確な提案は行っていない（今村啓爾2001）。関東と中部高地や北陸との対比は出来ているので，これによって東北地方と中部日本全体の緊密な時間的対応が可能になる。

1期

上道上遺跡から出た十三菩提式古段階の破片（報告書17図73）は大木6式1期ほぼ単純の様相に伴ったものである。やはり大木6式1期単純の上ノ原遺跡に，かなり崩れているが北陸の（関東経由で変形したものでない）鍋屋町系とみられる土器（報告書8図14）がある。口縁部の三角形を並べた文様は鋸歯文の模倣であろう。その下の文様はよくわからないが，胴部は鍋屋町系文様の単純化したものとみられ，胴下半部が縄文なのも鍋屋町系に従っている。福島県会津高田町

---

[4] 大木6式5期における進出は，横浜市中駒遺跡，霧ヶ丘第2地点など特定の遺跡に限定されながらも大きな比率を占めることがある。五領ヶ台Ⅰa式期には南西関東に広く展開する。（今村・松村1971）

中丸遺跡（会津高田町教育委員会1981：図版13-6）の十三菩提式古段階の破片も，伴った可能性のある東北の土器としては大木6式1期があるだけである。

2期

山形県高瀬山遺跡ST1341住居址は他の時期の混在もあるが，2期を主体としており，ここに十三菩提式古段階の破片（報告書110図150）がある。

3期

宮城県小梁川遺跡には関東系の土器，とくに十三菩提式中段階のものがかなり出ているが，東北側の土器に時間幅があり，遺構などでの共伴関係もはっきりしないため細かい編年の対応を見るのには向いていない。山形県吹浦には大木6式3期と真脇式の遺構内共伴例がいくつかあるが（山形県教育委員会1988），真脇式は十三菩提式中段階に相当する。関東では神奈川県室ノ木遺跡（赤星直忠・塚田明治1973：9図1・2，17図21，22図2）で十三菩提式中段階のほぼ単純な様相に大木6式3期の球胴形・長胴形土器が伴っている。群馬県富岡市内匠諏訪前A10号住居でも3期の球胴形が十三菩提中段階と伴出している（群馬県教育委員会1992）。

4期

最近報告された新潟県巻町南赤坂遺跡の主要部は真脇式末期に位置づけられる。浮線文系球胴形土器は3期末に集中している（というよりも，ここまでを3期としたい。）ので，真脇式（十三菩提中段階並行）が3期に，次の朝日下層式から4期に対応することになる。

真脇遺跡では朝日下層式に4期の球胴形（報告書図4の33）が伴ったとされる。朝日下層式と大木6式4期の間で浮線の細かいジグザグが共通することも同時期を示すものであろう。朝日下層式は関東では十三菩提式新段階前半に当たる。朝日下層式，十三菩提式新段階前半に見られる細密な浮線による円形の貼付は，吹浦遺跡の球胴形4期の土器（15図4）（山形県教育委員会1985）にも見られる。

5期

南東北における5期の主体となる土器は，横浜市霧ヶ丘遺跡第2地点（今村啓爾編1973）の前期末の土器と同じものといってよい。霧ヶ丘第2地点はまだ浮線文を多用し，私の十三菩提式の分期では新段階の後半であり，前期の最終末となる。

対応関係

以上から1期，3期，4期，5期がそれぞれ十三菩提式古段階・中段階・新段階前半，新段階後半に高い確実性をもって対応されることになる。2期は古段階後半に並行する可能性が高い。

b．前期と中期の境界

大木6式各段階と周辺地域の型式の対応関係

	関東	北陸	東北中・南部	東北北部
前期末	十三菩提式古段階前半	鍋屋町式第1段階	大木6式1期	円筒下層c式
	十三菩提式古段階後半	鍋屋町式第2段階	大木6式2期	円筒下層c式？
	十三菩提式中段階	真脇式	大木6式3期	円筒下層d1式
	十三菩提式新段階前半	朝日下層式	大木6式4期	円筒下層d1式
	十三菩提式新段階後半	新保式上安原段階	大木6式5期	円筒下層d2式
中期	五領ヶ台Ⅰ式	新保式第Ⅱ段階	糠塚	円筒上層a1式

　時期の区分というものは本来存在するものでなく，現在の研究者が研究の必要上設定するものであることは言うまでもない。その設定にあたっては，他の地域とずれないように注意することが一番重要であるが，境界線の変更は多くの問題を起こすので，学史が正当である範囲において学史に忠実であることが要求される。東北地方中・南部では大木6式までを前期，大木7a式を中期とした山内清男氏の設定が基本的な学史となる。大木7a式は零細な資料から設定されたため，その資料をもって型式の範囲を決めることは難しい。もともと範囲がはっきりしないのだから東北の中期初頭をすべて大木7a式と呼ぼうというのもひとつの提案であろう。しかしそれが後に糠塚式として提案されるものを含んでいなかったことも確かである。糠塚式がほぼ関東の五領ヶ台Ⅰ式に対応することのほうが，大木7a式の範囲よもむしろ確かなことであった。糠塚式の内容が十分検討されてこなかったという問題はあるが，糠塚式の位置づけに関する各氏の主張（林謙作1965，小笠原好彦1968）は正しいものであったのだから，やはり五領ヶ台Ⅰ式に対応する糠塚式と五領ヶ台Ⅱ式に対応する大木7a式として型式設定すべきと考える。(新註1) いうまでもなく東北地方の中期初頭は，糠塚式と大木7a式の区分だけでは十分でない時間的変化がある。

　前期終末と中期最初頭は南東北と南関東でまったく同じ土器を共有している。よって私が1974年以来主張してきた（今村啓爾1974，本書3B章）ように十三菩提式新段階後半と五領ヶ台Ⅰa式の間に前期と中期の境界を引くなら，自動的に大木6式の5期と糠塚式初頭の間が東北地方における境界線になる。関東で大木6式5期に伴出する踊場式古段階は北陸の新保式上安原段階に並行し，これに石川県上安原遺跡でまとまった量の大歳山式末期の土器がともなっている。大歳山式は山内氏によって前期末に位置づけられた型式であるから，地域間の対応においても学史に対しても矛盾するところはない。

（新註1）　本書5F章6節における再検討の結果，山内清男氏の大木7a式当初資料は竹ノ下式並行と認められ，五領ヶ台Ⅱ式並行とすることも不適当になった。これに対処するため，東北地方の五領ヶ台Ⅰ式・Ⅱ式・竹ノ下式並行期を便宜的にすべて大木7a式と呼び，これを細分することを提案した。

図のみ使用した文献

秋田県川辺町岱Ⅱ遺跡	秋田県教育委員会2001a
岩手県盛岡市大館	盛岡市教育委員会1982
岩手県岩手郡雫石町塩ヶ森Ⅰ・Ⅱ遺跡	岩手県教育委員会1982a
岩手県北上市滝ノ沢	北上市教育委員会1983・1991
岩手県北上市樺山	北上市教育委員会1990a・1996
岩手県北上市鳩岡崎	岩手県教育委員会1982b
岩手県大船渡市清水貝塚	岩手県文化財愛護協会1976
岩手県胆沢町浅野遺跡	胆沢町教育委員会1988
宮城県遠田郡涌谷町長根貝塚	宮城県教育委員会1969
宮城県登米郡新田村糠塚	興野義一1970b
福島県福島市愛宕原	福島市教育委員会1989
福島県会津高田町鹿島遺跡	福島県教育委員会1991
福島県須賀川市関林	福島県教育委員会1999

第Ⅴ部　土器系統の動きと人間の生態

5A章　縄文前期末の関東における人口減少と
それに関連する諸現象

　関東地方の縄文前期末に十三菩提式と呼ばれる土器型式が設定されている。この型式とその前後の時期（諸磯c式－十三菩提式－五領ヶ台Ⅰ式）に属する遺跡，遺物は少なく，前期の高揚期と中期の大高揚期の谷間になる目立たない時期になっている。この時期には大きな集落址も大きな貝塚も知られておらず，まとまった数の完形土器が出土した遺跡も無い。話題に乏しく，研究テーマとしてとりあげられることの少ない時期である。考古学は遺跡，遺物を研究する学問であるため，しぜんに大集落や多くの遺物の出るところに研究者の目が向く。そしてその豊富な材料をもとに縄文時代の生活描写が試みられる。そのような場合，資料の少ない十三菩提式前後の時期は「過渡期」として研究の主な対象から外されるのが通例である。しかし高揚期だけが縄文時代のすべてではない。十三菩提式前後のような衰退期もその一面である。むしろそのような変動を内包するのが縄文文化の真の姿であり，両方のありかたの総合によって本当の縄文時代像が描き出されるであろう。

　十三菩提期に属する遺跡，遺物の少なさを，継続時間の短かさとして説明することはできない。詳しく見ると，諸磯c式から後，五領ヶ台Ⅰ式の前までに3～4段階の土器の変遷が認められる。（諸磯c式も2段階，五領ヶ台Ⅰ式も2段階の時間的細分が可能である。）しかもその変遷は，北陸，西日本，東北地方からの相次ぐ影響によって1段階ごとにめまぐるしく変化したのである。このように複雑な変化の数段階を有する時期を，何かと何かの間という意味で「移行期」と性格づけることは明らかに不適当である。

　十三菩提式が細分されるということが継続時間の短かさに対する反証にならないという人がいるかもしれない。そのような疑問に対しては，次の証拠をあげることができる。東北地方南部の大木6式は十三菩提式と同じ期間継続した型式であるが，この型式に属する遺跡，遺物は，関東の場合とは逆に，前の段階より急増し，非常に豊富である。やはり，関東では遺跡が減少し，東北地方南部では増加したとするのが妥当な理解であろう。

　遺跡の減少ということについて言うならば，東関東～北関東における減少は西南関東よりはるかに激しい。遺跡減少の問題をとりあげながら，小論の中心をそこに設定しないのは，その地域の遺跡，遺物が乏しすぎて何かを論じるための材料にも不足するためである。

　この十三菩提式期は遺跡の数の減少，規模の縮小，他地域の土器の影響の他にもいくつか注目すべき現象がある。その第1は遺跡規模の縮小ということとも関連するが，十三菩提式の細分の数段階にわたって継続するような遺跡が少なく，ごく短期間で廃絶するものが大部分を占めていることである。これが生活の不安定さを示すことは言うまでもない。地域によってみられる，微小遺跡の群在という現象はこれに関わるものであろう。

第2は遺跡立地の変化である。広く平坦な台地面に立地する縄文時代の安定的集落に一般的な立地を選ぶものが少なく，丘陵地や外洋に近い場所への立地傾向が強まる。伊豆七島に十三菩提期の遺跡が多いのは，この立地傾向と結びついた現象であろう。

　第3に上の遺跡立地とも関連するが，石器組成などから推定される生業活動に狩猟と外洋での漁撈の役割の増大が指摘できる。

　このような一連の現象は偶然同時に起こったものではないであろう。人口を減少させるような自然条件の変化が，それに対応する人間の側での生業活動の変化とそれに適した居住地の選定，居住形態の変化（移動性の高さ）を生み出したのであろう。土器が他地域の影響を受けやすくなるのも，おそらく生活の不安定性に関係するのであろう。

　このような理解はすでにスケッチのような形で示したことがあるが（今村啓爾1987），まとまったデータを出したうえでの議論ではなかった。以上の諸現象はどれもはっきりしていてわざわざ論じる必要もないと思われるほどであるが，これを客観的なデータによって示せと要求されると，データの収集，整理の難しさもあって必ずしも容易ではない。ただし本当に整備の難しいデータは，十三菩提期のデータよりもむしろ，比較対象として必要な縄文時代一般のデータである。

　縄文文化が安定したものであり，人口もゆっくりとしか変化しなかったという通念に対して，私は人口が自然条件の変化の中で激しい増減を繰り返してきたと主張してきた（今村啓爾1977a）。縄文時代の人口が細かく増減しないようにみえるのは，得られているデータの目が粗く，これまで行なわれてきた「前期」「中期」とひとまとめにするような大ざっぱな把握ではこの現象をとらえられないことに原因すると考えられる。縄文時代の人口は，今日よりもはるかに高い出生率とはるかに高い死亡率のせめぎあいのなかにあり，両者のバランスのわずかの変化によって急激に変化する可能性を内包していた。事実，しばしばそのバランスは崩れたと思われるのである。

　関東の縄文前期末の人口減少という現象は，諸磯c期にはじまり五領ヶ台I期まで続くが，小稿では十三菩提期を中心にこの問題を論じ，前後の段階については必要に応じて言及するにとどめる。その理由は，この現象が十三菩提期において典型的であるためである。諸磯c期は南関東における遺跡規模の縮小という点では著しいが，北関東にはc式前半まで規模の大きな遺跡もあり，また諸磯b期から同じ場所に位置し続けている遺跡も多く，十三菩提期のような遺跡立地の変化が把握しにくい。五領ヶ台I式，II式では遺跡の数，規模ともゆっくり増大に向かう。

1．編年と土器の変化

　十三菩提式の細分編年についてはかつて簡単に論じたことがあるが（今村啓爾1974，本書3B章，1985，本書3D章），資料の乏しさもあって十分確実なものではなかった。とくに諸磯c新式直後と十三菩提式後葉について問題が多く残されている。しかしその変遷が大筋で正しいことは，その後の増加した資料によって確実さを増している。十三菩提式はたしかに資料が少ないが，遺跡の継続性が弱く，細分した各段階についての単純遺跡が多くあることが，この型式の編年作業を比較的容易なものにしている。十三菩提式の変遷，他地域の型式の影響，東北関東における空白に近い

遺跡の少なさ，これらの事実を論証するには確実な編年が不可欠であるが，限られた紙面で編年問題に深入りすることはできないので，ここでは十三菩提式各段階の内容の概要を示し，その詳細は別稿に譲りたい。

十三菩提式前葉　　a　諸磯c新式から変化したもの
　　　　　　　　　b　北陸の鍋屋町式に近似するもので中部高地の遺跡に多い。
十三菩提式中葉　　a　前葉のbから変化し，浮線文が類似の文様図形の沈線文におきかえられたもの。
　　　　　　　　　b　西日本の土器に近似するもので，縄文地文上に間隔をとって加えられる浮線文に特徴がある。
十三菩提式後葉　　a　中葉のaから変化して生じた踊場式の古い部分で，浮線文を併用するものが多い。
　　　　　　　　　b　中葉のbがとくに東北地方の土器の影響を受けて変化したもので，主たる文様が口縁部に圧縮され，胴部には羽状縄文が多く用いられる。

以上の他に西南関東で条痕文の粗製土器，東北関東で縄の側面圧痕や結節回転文を多用する土器が伴い，大木6式系の土器が東北関東で多く伴う。関西系の移入土器としては北白川下層Ⅲ式と大歳山式がある。

2. 遺跡数の減少と規模の縮小

遺跡の数を数えるという作業は簡単なようで実際は非常に難しい。とくに土器型式ごとに遺跡の数を数えるということになると，土器編年の正しい理解が不可欠である。研究者間の型式内容把握の違い，異なる地域の型式間の並行関係の把握の違いが困難な問題をひき起こす。細分研究が進行しつつある土器型式ではどこまで細分して数えるかが問題になる。そしてそれを行なうためにはいつも当初の土器資料にもどって分類しなおす必要に迫られる。しかも遺跡の数は調査の進展によって限りなく増え続けており，十三菩提式といった資料の少ない時期についてさえもこれを十分に行なうのは相当の作業量である。

さらにこれに社会的な意味づけをするということになると，遺跡の大小や継続性の評価が大きな問題になる。継続時間も大小もまったく異なる遺跡を等しく「1」という単位で数えて満足できる楽天家は幸せである。十三菩提期の場合，知られている遺跡の大部分は土器片が数片しか出ていないような遺跡とも呼びにくい地点が大部分なのである（それらの多くは他の時期の遺跡調査の副産物として検出されたものである）。しかも多摩丘陵や下末吉台地ではそのような非常に散漫な土器の散布が広い面積に亘っているようである。極端に言うと，この地域の遺跡の数は，地点を幾つに分けて数えるかによって変わってくる。土器の分布地を分けて地点数を増やすほどに「遺跡数」も増えることになるのである。次に，これまでの十三菩提式の遺跡数が先人によっ

てどのように把握されてきたかを見てみたい。

　十三菩提式は川崎市野川十三菩提遺跡で採集されたわずかばかりの土器片によって甲野勇氏によって1932年型式設定された（甲野勇1932）。1956年の『日本考古学講座』3（吉田格1956）で，吉田格氏は十三菩提式について「南関東にわずかに分布しているのみで，大きな遺跡はない。」と書いている。また1965年「日本の考古学」Ⅱ（岡本勇・戸沢充則1965）で岡本勇氏は「この土器は多摩丘陵一帯にやや多く分布しているが，資料はいずれも零細であり，内容的には不明の点が多い。」とした。

　1968年樋口清之，麻生優氏は十三菩提遺跡の一部を緊急調査したが，その報告書（樋口清之・麻生優1968）の中で前期末葉（十三菩提式と興津式）出土遺跡の地名表と分布図を示し，「関東地方における十三菩提式土器の時期の遺跡分布をみるときわめて少ないことがわかるであろう。先にふれたように，それらの遺跡から遺物（土器）の組成を示すものが少ないとすれば，この関東平野を離れた他地域にこの時期の分布の中心があったと考えざるを得ない。恐らく中部山岳地帯が濃厚な遺物・遺跡分布をもつことから，生活圏の中心をなしていたのであろう。」と論じた。埼玉を中心にこの時期の遺跡分布をまとめた青木義脩氏は，「その少なさは，まさに驚嘆に価しよう。」と述べている（青木義脩1981）。

第1表　関東地方の十三菩提式期遺跡一覧表（第1図付表）

茨城県
1 伏見（鹿島町）
2 新治村 No.2（新治村）
3 沖餅（竜ケ崎市）
栃木県
4 木下（那須町）
5 鹿島脇（那須町）
6 中丸（鹿沼町）
7 山向（上三川町）
群馬県
8 大竹（月夜野町）
9 房谷戸（赤城村）
10 清里・長久保（前橋市）
11 柳久保 No.10（前橋市）
12 佐久間（甘楽町）
13 平井地区（藤岡市）
千葉県
14 木間ヶ瀬中学（関宿町）
15 尾崎南（野田市）
16 中野久木（流山市）

17 法蓮寺山（船橋市）
18 五本松（鎌ケ谷市）
19 復山谷（白井町）
20 一本桜（白井町）
21 高根北（印西町）
22 六角（印西町）
23 池上1（栄町）
24 日吉倉1区（富里村）
25 日吉倉2区（富里村）
26 子ノ神（成田市）
27 三里塚 No.13（成田市）
28 新空港 No.10（成田市）
29 弥右エ門（大栄町）
30 多々羅堂（大栄町）
31 小六谷台（佐原市）
32 東野（佐原市）
33 荒野台（銚子市）
34 川崎山（八千代市）
35 腰巻（佐倉市）
36 宝導寺台（千葉市）

37 台B（市原市）
38 高千穂古墳（木更津市）
39 苗見作（君津市）
40 鉈切（館山市）
41 加茂（丸山町）
42 大溝（千倉町）
43 滝ノ口（白浜町）
埼玉県
44 わらび沢（吉田町）
45 彦久保（吉田町）
46 浦山岩合（荒川村）
47 台耕地（花園町）
48 船山（川本町）
49 楽上（桶川市）
50 ささらⅡ（蓮田市）
51 帆立（蓮田市）
52 風早（庄和町）
53 米島（庄和町）
54 奈良瀬戸（大宮市）
55 西大宮バイパス No.4（大

宮市）
56 寿納（大宮市）
57 南中丸下高井（大宮市）
58 鎌倉公園（大宮市）
59 大丸山（大宮市）
60 諏訪山（岩槻市）
61 西原（岩槻市）
62 川崎（上福岡市）
63 東台（富士見市）
64 針ケ谷北通（富士見市）
65 中里前原（与野市）
66 大古里（浦和市）
67 北宿（浦和市）
68 鶴巻（浦和市）
69 駒前（浦和市）
70 梅所（浦和市）
71 和田（浦和市）
72 本田（浦和市）
73 行谷（浦和市）
74 大門（浦和市）
75 井沼方（浦和市）
76 白幡方本宿（浦和市）
77 須黒神社（浦和市）
78 野伝場（川口市）
79 赤山（川口市）
80 天神山（川口市）
81 城山（朝霞市）
82 内畑（飯能市）
83 中矢下（飯能市）
84 板東山B（入間市）
85 お伊勢山（所沢市）
86 高峰（所沢市）
東京都
87 登計原（奥多摩町）
88 二宮神社（秋川市）
89 前田耕地（秋川市）

90 高燥（八王子市）
91 石川インター（八王子市）
92 椚田Ⅴ（八王子市）
93 下寺田（八王子市）
94 南八王子（NO.12）
95 南八王子（No.13）
96 南八王子（No.14））
97 下宿内山（清瀬市）
98 野火止野塩（清瀬市）
99 多聞寺前（東久留米市）
100 向山（東久留米市）
101 溜淵（練馬区）
102 徳丸森木（板橋区）
103 庄仙（大田区）
104 前原（小金井市）
105 御岳塚（府中市）
106 向ヶ岡（多摩市）
107 相模原線2（稲城市）
108 平尾（稲城市）
109 小山田 No.12（町田市）
110 小山田 No.15（町田市）
111 小山田 No.24（町田市）
112 小山田 No.26（町田市）
113 小山田 No.27（町田市）
114 すぐじ山（町田市）
115 川島谷 No.3（町田市）
116 川島谷 No.12（町田市）
117 本町田（町田市）
118 三輪南（町田市）
119 南大谷M（町田市）
120 成瀬（町田市）
東京都多摩ニュータウン
121 No.4
122 No.5
123 No.91b
124 No.92

125 No.145
126 No.146
127 No.182
128 No.278
129 No.279
130 No.352
131 No.390
132 No.406
133 No.419
134 No.454
135 No.457
136 No.463
137 No.466
138 No.482
139 No.484
140 No.510
141 No.511
142 No.544
143 No.591
144 No.622
145 No.638
146 No.659
147 No.661
148 No.665
149 No.674
150 No.675
151 No.680
152 No.699
153 No.726
154 No.740
155 No.759
156 No.769
157 No.852
158 No.861
159 No.863
東京都島嶼部

160 鉄砲場（大島）
161 田原（新島）
162 吹之江（式根島）
163 西原（三宅島）
164 ゾウ（御蔵島）
165 倉輪（八丈島）
神奈川県
166 仲町（川崎市）
167 風久保西（川崎市）
168 南原（川崎市）
169 西耕地（川崎市）
170 十三菩提（川崎市）
171 南加瀬（川崎市）
172 中駒（横浜市港北区）
173 宮の原（横浜市港北区）
174 大口台（横浜市神奈川区）
175 あざみ野（横浜市緑区）
176 川和上サ原（横浜市緑区）
177 地蔵堂C（横浜市緑区）
178 霧ケ丘1（横浜市緑区）
179 霧ケ丘2（横浜市緑区）
180 霧ケ丘3（横浜市緑区）
181 霧ケ丘6（横浜市緑区）
182 三本杉沢（横浜市緑区）
183 小池（横浜市旭区）
184 山王台（横浜市南区）
185 細田（横浜市戸塚区）

186 室ノ木（横浜市金沢区）
187 船越（横須賀市）
188 東正院（鎌倉市）
189 十二天（藤沢市）
190 明王堂下（座間市）
191 御伊勢森（伊勢原市）
192 山之台（秦野市）
193 下り畑（小田原市）
194 釈迦堂（真鶴町）
横浜市港北ニュータウン
195 C1
196 C7
197 F4
198 F6
199 G1
200 G9
201 G14
202 イ12
203 イ16
204 イ21
205 イ23
206 ロ3
207 ロ5・26
208 ロ11・12（折本西原）
209 ロ13
210 ロ16
211 ハ1

212 ハ3
213 ハ4・5（新羽4・5）
214 ハ14
215 ニ・1・12
216 ニ3
217 ニ39
218 ニ38
219 ヘ1
220 ヘ2
221 ヘ5・26
222 ヘ6（川和6）
223 ヘ17
224 ト1・3
225 ト2
226 ト4
227 ト6
228 ト7（東方7）
229 ト13
230 ト17
231 ト34（源東院）
232 ト43
233 ト56
234 チ4（池辺4）
235 リ4
236 リ6（荏田6）
237 リ8
238 ヌ1

　多摩ニュータウンは現在では十三菩提期遺跡の集中地として認識されるが，1973年という早い時点ではあるが，この地域の遺跡群の動向を概観した小林達雄氏は「前期の最終段階にさしかかると遺跡は急激に減少して，ほとんど見当たらなくなってしまう」と述べている（小林達雄1973）。最も遺跡の多いこの地域でも前後との比較でみるとこのような状態なのである。

　日本考古学協会の「シンポジウム縄文時代の集落の変遷」のために集成された資料をもとに中部・南関東の集落の変遷を具体的に追った鈴木保彦氏の論文（鈴木保彦1986）から関係する部分を引用すると，「このような前期中葉のいちじるしい隆盛と後葉の極端な低落というような集落のあり方は，縄文集落変遷の中でも際立ったものであり」（神奈川），「このような諸磯c期におけ

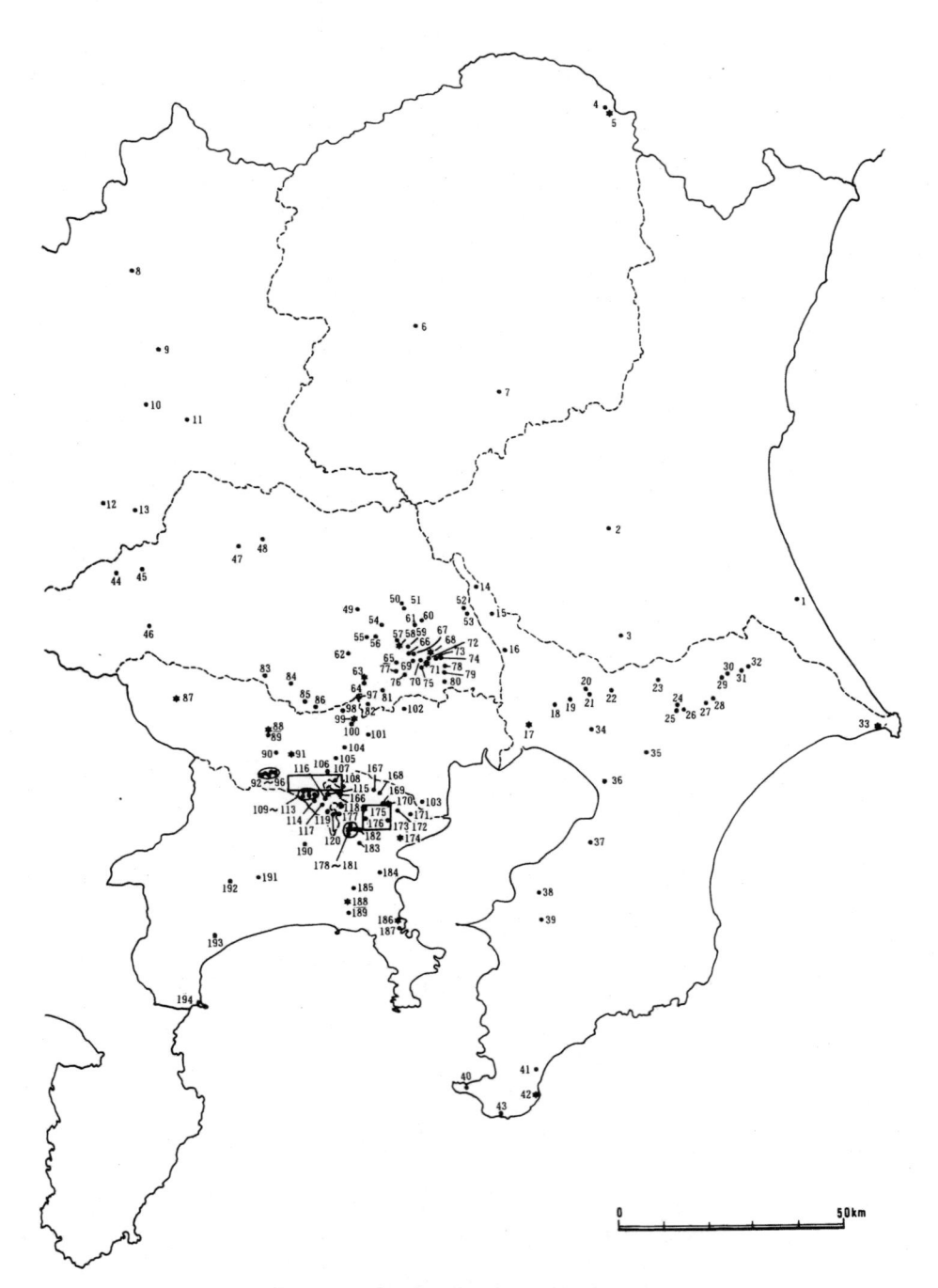

212　第Ⅴ部　土器系統の動きと人間の生態

第1図　関東地方の十三菩提式期遺跡分布図
(★は主要遺跡，四角で囲ったのは多摩ニュータウン地域と港北ニュータウン地域で1-a図，1-b図に相当する。)

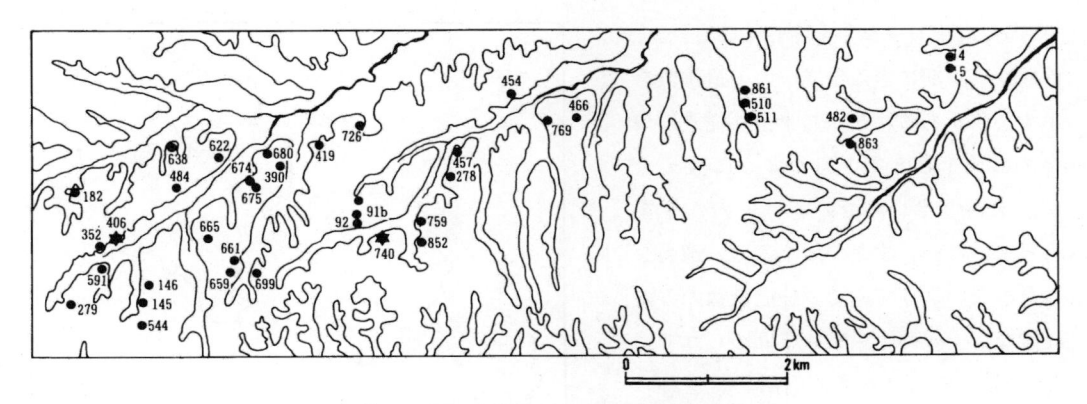

第1-a図　多摩ニュータウン地域拡大図
（多摩ニュータウン地域内の遺跡は第1表の121〜159に相当するが、この地図には多摩ニュータウンでの遺跡番号を記入してある）

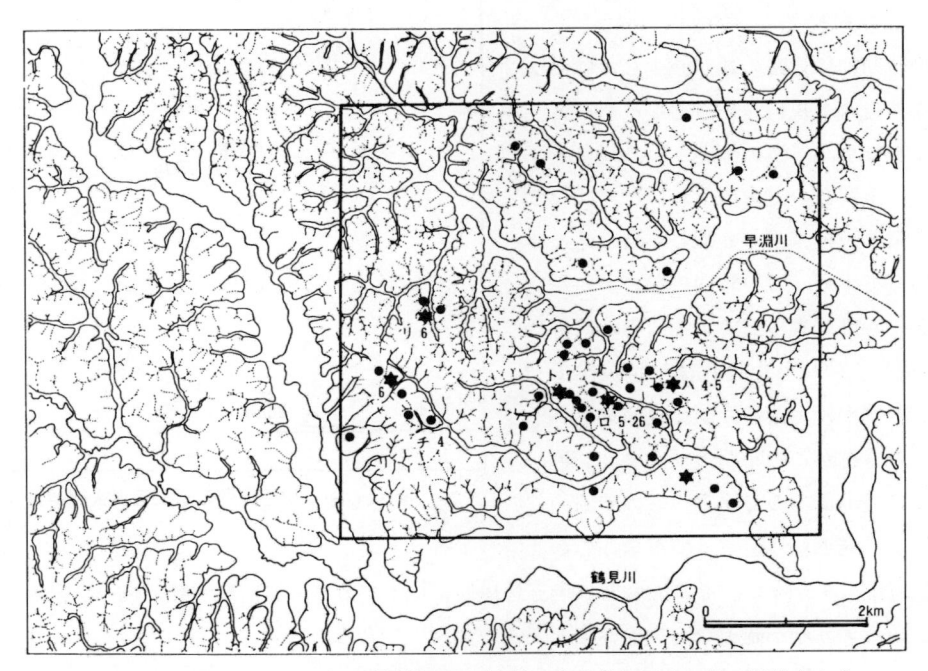

第1-b図　港北ニュータウン地域拡大図（太線の枠が第1図内の枠に相当する。）

る急激な集落の減少傾向は……南関東における一般的傾向といえるかもしれない。前期最終末の十三菩提期の集落も諸磯c期と同様に低落傾向にある。」（東京）、「まさに集落の壊滅状態ともいうべき現象であり、前期末から中期初頭のすさまじい低落傾向をよくあらわしている。」（埼玉）。

このように、私が指摘するまでもなく、十三菩提期遺跡の少なさ、小ささは繰り返し指摘されてきたのであり、このことは縄文時代全体の資料が著しく増大した今日でも関東地方で縄文文化の研究をする人の間では常識になっている。発掘件数の増加は十三菩提期の遺跡も数だけは増加させたが、それは同時にこの時期の遺跡の規模の極端な小ささ、地域的な偏りを一層確実に示すようになってきたのである。

さて，遺跡の少なさを論じている以上，前期から中期に至る型式ごとの遺跡数を示す必要がある。しかし十三菩提式については第1表と第1図のように数えたが，ほかの時期についてはこの作業を行っていない，また引用するのに適当な統計もないようである（住居址数のみの統計なら上記鈴木論文にまとめられている）。先人の言葉を多く引用して遺跡の少なさを強調したのは，実はこの統計的なデータの欠落をカバーする目的もあってのことである。

　この時期には遺跡の数が減少したばかりでなく遺跡の規模も小さくなった。というよりは，小遺跡の群在という現象があって，遺跡数の減少はそれほどではないが，遺跡規模はずっと激しく落ち込んだといってよい。この時期の遺跡がいかに小さいかは，次の節で示すこの時期の「主要遺跡」の規模を見れば一目瞭然である。わずかに土器破片が20程採集されただけの遺跡がこの時期の「主要」30遺跡の中に登場するのである。この時期の住居址が発見された遺跡は関東全体でわずか11遺跡にすぎない。それも厳密に十三菩提期に比定することに問題が残る例や「床面のみ検出」というような不確実な例を拾い集めてこの数なのである。

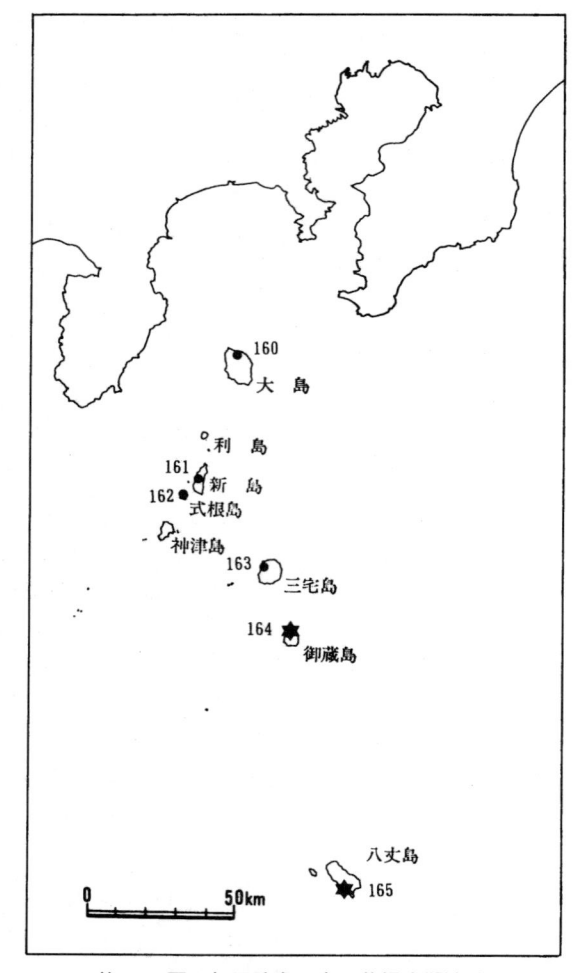

第1-c図　伊豆諸島の十三菩提式期遺跡

　遺跡の規模は遺跡の継続性とも関係がある。一般に縄文時代の大きな遺跡というのは単一時期からなることは少なく，土器の数型式にわたるような居住によって，多数の住居址からなる大集落址が形成されているのが普通である。十三菩提期の場合，この時期の住居址が少ないだけでなく，前後の時期と複合して大集落址を形成している例がないことも，この時期の集落規模の極端な縮小を印象づけているのである。

　北～東関東の遺跡は，諸磯c古式（西南関東）－興津式（東北関東）の時期をもって以後急減する。それまで比較的豊富であった遺跡，遺物とも諸磯c新期にはきわめて少なくなる。小論は編年に関する議論に深入りすることを避ける方針で書き始めたが，東北関東の状況を把握するためにはここで少し編年に触れておく必要がある。東北関東で型式設定されている前期最後の型式である興津式が諸磯c式に並行することは，伴出土器から確実である（西村正衛1961，1967，1968，1980

b)。それもc式の古であってc式の新まで下がる確実な証拠はない。興津式の下限を諸磯c新式(新註1)どころか十三菩提式まで下げる考えかたは，一般的といってもよいほど流布しているらしいが（たとえば『縄文土器大成』第5巻＜続縄文＞(1)の編年表，房総考古学ライブラリー2『縄文時代(1)』(2)の編年表)，これは編年に空白ができてはおかしいという状況判断から来るもののようであり，確かな資料的，論理的根拠があるとは思えない(3)。

これとは別の考え方として，和田哲氏の考え方がある。西村正衛氏によって興津式の一部として報告された，羽状縄文を多用し，縄文が口唇上に及ぶことが多く，縄の側面圧痕がよく用いられる一群の土器を興津式に後続するものとして，前期末，十三菩提式並行とする意見である（和田哲1973)。和田氏はこの「未命名型式」内にも変化があることを認めており，口唇上に縄文のあるものを古い傾向，それがないものを新しい傾向としてとらえているようである。安藤文一氏による「粟島台式」（安藤文一1977）はほぼ和田氏の「未命名型式」に相当するもので，大体口唇上に縄文のあるものをⅠ式，口唇上に縄文のないものをⅡ式としているようである。筆者としては粟島台Ⅱ式という設定には縄の側面圧痕があるという以外に積極的な型式特徴の指摘がなく，安藤氏が示した土器も本当に単一時期といえるかどうか危ぶまざるをえない。筆者は以前，和田氏の考える「未命名型式」→「下小野式」の変化を認めたうえで，各遺跡の出土状態を見渡し，「未命名型式」が盛行するのは「十三菩提の主要部分より前」で，十三菩提式の大部分にともなうのは「下小野式」のほうであるとした（今村啓爾1985）。

この問題に関し，最近報告された栃木県鹿島脇遺跡（塚本師也1988）のまとまった資料は重要である。浮線文の土器と縄文を主とする土器がまとまって存在しており，浮線文の土器は十三菩提式というより大木6式的であり，大木6式のなかでも新しい様相を示している。縄文を多用する土器には「下小野式」と呼んでよいものと，縄の側面圧痕をもつ土器がある。後者は「未命名型式」に似るが，口唇上に縄文を加えたものは見られず，口縁の少し下に段や隆起線を加えて口縁部文様帯を区画するくせがある。これは「下小野式」の段状の口縁に似ている。この遺跡の縄文を主とする土器は粟島台式がさらに「下小野式」的になったものと「下小野式」からなるといってよいであろう。

芳賀英一氏は福島県の遺跡でのありかたから，大木5a式と興津Ⅱ式，粟島台式の古い部分の並行・共存関係を明らかにしている（芳賀英一1985）。諸磯c新式と十三菩提式前葉に並行する段階における東関東の状況がはっきりしない現状では断定的なことはいえないが，諸磯c式（古）の段階には粟島台式は出現しており，十三菩提式前葉まで粟島台式的なものが残り，それがしだいに「下小野式」的なものに変わることを推定してもよいであろう。

(新註1) 今村啓爾2000で諸磯c群馬D期とした諸磯c中部高地系新段階初頭に並行する部分には伴う。
(1) 『縄文土器大成』第5巻＜続縄文＞講談社1982
(2) 房総考古学ライブラリー2「縄文時代(1)」1985
(3) 十三菩提式・興津式並行説の根拠としては，横浜市室ノ木遺跡の当初の表採資料に両型式があることがあげられたが（麻生優1956），その後発掘された大量の十三菩提期資料に興津式はまったく伴っていない（赤星他1973）。また埼玉県米島貝塚では11号住居址から興津式にともなって1個体に属する十三菩提式が伴出したとされるが（柳田敏司ほか1965），資料が少ないこと，住居址はプランが不明で床面のみ検出されたとされているところからも，信頼性は低いと考えている。)

以上土器編年の議論に立ち入ってきたのは，次のことを言うためである。この時期の状況がはっきりした暁には，「粟島台式」の一部が十三菩提式並行となり，東北関東の遺跡・遺物の少なさを多少緩和することになるであろう。しかし，この時期の遺跡でもある程度の量の土器片があればその中に浮線文の土器があることが普通と思われるので，これによって東北関東の十三菩提式並行期の遺跡数が倍加するというようなことは期待できない。とくに多くの時期において東北関東の土器の主体的分布の外であることが普通な西北関東，群馬県の遺跡数がこれによって大きく影響されることはないであろう。

北関東，東関東の遺跡の少なさは，諸磯c新期に始まり，五領ヶ台Ⅰ期まで続くが，かなり回復する五領ヶ台Ⅱ期でもその少なさは尾を引いている。地域的に見るならば，茨城，栃木，群馬の3県は遺跡，遺物とも非常に乏しく，千葉県がこれに次ぐが，遺跡の見つかっているのは主に東京湾岸や，房総半島である。埼玉県ではこれに比べると遺跡の数だけは多い。しかし，まとまった量の遺物が出ている遺跡は少ない。遺跡の数，遺物の量とも比較的まとまっているのは，東京都と神奈川県の西南関東であるが，これも他の県にくらべると多いということであって，前後の時期に比べると，著しく少ないのである。

3．主要遺跡

これまでに知られている十三菩提期の遺跡分布を示し（第1図），そのうちから主要な遺跡を選別することから始めたい。原則として遺物が報告されている遺跡のみをとりあげ，遺跡地名表にその出土が記されているだけのものはとりあげない。この遺跡拾いはかなり熱心に行なったつもりであるが，個人による情報の入手には限界があり，遺漏も多いかと思う。より完全なリストの作成のために皆様のご教示をお願いする次第である。

この時期の遺跡では住居址が発見された例が少ない。（そのため報告は発表されていないが，住居址の発見があったという港北ニュータウン内のいくつかの遺跡を表に加えている。またこれに合わせて，港北ニュータウンについては十三菩提式出土の記事のみの遺跡も第1図と付表に加えた。港北ニュータウン地域は十三菩提式期遺跡の分布の中心地とみられるので，そのデータの発表が待望される。）一般に住居址の数は遺跡の大小を判定する際の重要なメルクマールと言えるが，この時期に関してはあてはまらない。この時期の関東でもっとも多くの住居址が発見された例（港北ニュータウンロー5・26遺跡，未報告）(新註2)でも4軒にすぎないのである。住居址の検出された遺跡が少ないので，住居址が1軒でも発見された遺跡は「主要遺跡」として数えなければならないほどである。遺物のありかたが非常に散漫なこの時期の遺跡に対して面積の大小を論じることは無意味であろう。結局この時期については遺跡の規模を決める条件は，土器の存在量よりほかには考えられない。この時期の土器片が20片以上報告されていることを基準とし，これに住居址の発見されている遺跡を加えて「主要遺跡」とする。20以上というのは，「主要遺跡」が

(新註2) その後「桜並遺跡」として報告された（横浜市ふるさと歴史財団1995b）。

第2表 十三菩提式期の主要遺跡

遺跡名	位置	土器の量	住居址数	文献
栃木県				
鹿島脇	那須郡那須町	約100		栃木県文化振興事業団1988
千葉県				
法蓮寺山	船橋市藤原町	約20		日本鉄道建設公団ほか1973
荒野台	銚子市西小川町	約5		国学院大学考古学資料館1983
大溝	安房郡千倉町	約40		朝夷地区教育委員会1981
埼玉県				
台耕地	大里郡花園町	約20		埼玉県埋蔵文化財調査事業団1983
鎌倉公園	大宮市大字御等蔵	約100		大宮市遺跡調査会1984
東台	富士見市大字水子字東台	約30		富士見市教育委員会1976
鶴巻	浦和市大字大門字鶴巻	約60		浦和市遺跡調査会1978
和田	浦和市大字大牧字和田	約30		浦和市遺跡調査会1982
東京都				
登計原	西多摩郡奥多摩町登計原	約50	2＊	吉田格・今村啓爾2004
二宮神社	秋川市二宮	約20		秋川市教育委員会1974
多聞寺前	東久留米市南沢1丁目	約20		多聞寺前遺跡調査会1982
多摩740	多摩市落合棚原	約20		東京都埋蔵文化財センター1984a
多摩406	八王子市南大沢	約20		東京都埋蔵文化財センター1986b
石川パーキング	八王子市石川町	約5	1	石川パーキングエリア遺跡調査1983 麻生優1958
東京都島嶼				
ゾウ	御蔵島村大字里	約40	1＊＊	東京都八丈町教育委員会1987
倉輪	八丈町樫立	約100	2＊	
神奈川県				
十三菩提	川崎市野川十三菩提	約100	2	樋口清之・麻生優1968・1971
大口台	神奈川区松見町1丁目	約20	1	神奈川県県史編集室1979
あざみ野	あざみ野2丁目	約20		国学院大学1986
霧ヶ丘第2	横浜市緑区霧ヶ丘	約20		今村啓爾編1973
室ノ木	横浜市金沢区六浦町	約300		赤星直忠ほか1973
東正院	鎌倉市関谷東正院	約80		東正院遺跡調査団1972
港北NT				
東方7	横浜市緑区東方町	約50		横浜市埋文調査委員会1972a，1974a
池辺4	横浜市緑区池辺町	約20		横浜市埋文調査委員会1972b，1974b
ハ-4・5	港北区新羽町	不明	2＊＊＊	鈴木保彦・山本暉久・戸田哲也1984
ヘ-6	緑区川和町	不明	2＊＊＊	同上
ロ-5・26(桜並)	緑区折町本町	不明	4＊＊＊	同上
リ-6	緑区荏田町	不明	1＊＊＊	同上
折本西原	緑区折本町	約40	1＊	横浜埋文調査委員会1980・折本西原遺跡調査団1988

＊ は時期の判定に多少問題がある。
＊＊ は壁面やプランの認定ができなかったもの。
＊＊＊は未報告であるが，文献鈴木保彦他1985に住居址の発見があったとされる遺跡。

20～30ヶ所になるように選んだ数である。住居址の発見されている遺跡は，多くが土器片20という条件を満たすが，東京都石川インターチェンジのようにこれを満たさない遺跡もある。このような低い基準にもかかわらずこの条件を満たす遺跡が約30ヶ所にすぎないことは驚くべきことである。

　土器片の数の認定にとって問題になるのは，発掘された土器のうちどれだけが報告されているかということと個体数の問題であるが，この時期の土器は珍しいのでどの遺跡でもかなり小片まで報告されており，あまり心配する必要はなさそうである。報告書の図から土器の個体数を知ることは難しいが，接合されているもの，あきらかに同一個体のものは1と数えることにする。

　なお，遺跡規模の比較のため，この基準を小林達雄氏によるセツルメントパターンの分類（小林達雄1973）にあてはめてみよう。小林氏のあげたいくつかのメルクマールにあてはめることが難しい場合も多いが，同氏が規模を基準にして分けたA～Dに対比すると，十三菩提期の「主要遺跡」はCないしDにほぼ相当し，それ以外の小遺跡はみなDに相当することになろう。この時期にはAやBに相当する規模の遺跡は全関東でも知られていない。

　上記の基準を満たす「主要遺跡」としては，北関東3県では栃木県に1ヶ所あるだけである。千葉県荒野台は土器片20という基準に達していないが，かつての浮島・興津式の分布の中心地にあっては最もまとまった遺物があり，十三菩提期から五領ヶ台Ⅰ期（この地域では五領ヶ台Ⅰ期の遺跡も少ない。）に継続するという点でも重要な遺跡なのでとりあげておく。東関東の遺跡の土器片数を数える上で難しいのは，組成の大きな部分を占める縄文系の土器（下小野式的なもの）の時期判定が難しいことである。千葉県法蓮寺山は十三菩提式が比較的多くあり五領ヶ台式は少ない。「下小野式」も十三菩提期のものが多いと考えたい。千葉県復山谷の縄の側面圧痕をもつ土器は，口縁に段を作る傾向が顕著である。十三菩提期に属するものであろう。しかしこれを加えても20片にはならない。土器片の数がもっとも多いのは神奈川県三浦半島の室ノ木であるが，それでも，縄文時代一般の遺跡に比べたら中規模の遺跡といわざるをえない。

4．遺跡の継続性

　連続する2つの時期に属する住居址があったり，両時期に属する大量の土器が残されている場合，その遺跡はその2つの時期にわたって継続居住されていたとみなされることが一般的である。もっともこの場合にも，短期間の無住期間や季節的な無住期間の存在を否定することはできないし，間欠的な繰り返し居住によってこのような遺跡の状態が生じることもあり得る。

　このように遺跡の継続性の認定には難しい問題があるが，ここでは2つの時期にわたって一定量の遺物がある場合にはその地点が当時の人々の意識から消えることがなかったとみなし，これを「遺跡の継続性」としてとらえることにする。これに対し，2つの時期にわたって遺物があっても，その両方または片方の量が少ない場合には，2つの時期の一時的な居住の場所が偶然重なったにすぎない可能性がある。ただこれは一般論であって，具体的にどれほどの遺物があれば遺跡の継続とみなしうるのかといった基準を示すことは困難である。いずれにしても遺物量の非常に

少ない遺跡について継続性を議論することは問題が大きいと考えられるので，上に選んだ「主要遺跡」についてのみ「継続性」を検討することにする。

諸磯 c 式から十三菩提式へ続く遺跡としては，埼玉県鎌倉公園，東台，東京都二宮神社，多摩ニュータウン No.740 にわずかに可能性が認められる。

十三菩提式から五領ヶ台Ⅰ式へ続くものは，千葉県荒野台，大溝，東京都倉輪，神奈川県あざみ野，東正院，東方 7，池辺 4，折本西原に可能性が認められるが，倉輪と東方 7 以外は両時期にわたってまとまった量の土器があるわけではない。

十三菩提式を細分してみた場合も同様で，（古）（中）（新）の 3 段階の土器が何とか揃うのは，神奈川県十三菩提，東正院，折本西原だけであり，このことは十三菩提期の遺跡のほとんどが，その型式内でとぎれていることを示している。（古）と（中）を有する遺跡として埼玉県鎌倉公園，和田，東京都多摩ニュータウン No.740，（中）から（新）へ続く遺跡として千葉県荒野台，大溝，東京都倉輪，神奈川県あざみ野，霧ヶ丘 2，室ノ木，東方 7，池辺 4 があり，比較的多い。これらはとくに下末吉台地に集まっている。このように遺跡の継続性は，継続の認定の問題や編年の不備から不確実な部分が残るとはいえ，十三菩提式の全段階を通して維持された遺跡は非常に少なく，まして諸磯 c 式から十三菩提式を経て五領ヶ台Ⅰ式に続く遺跡は関東中で 1 ヶ所も知られていないことは強調してよいであろう。

5．遺跡の分布と立地

a．基礎的な問題

次に十三菩提期の遺跡の分布と立地について考えてみたい。この時期の遺跡分布や立地にどのような特徴があるのかを知るためには，縄文時代のほかの時期の遺跡が一般的にどのような分布や立地条件を有するかを把握したうえで，それと比較してみる必要がある。しかし縄文時代全体の遺跡の分布や立地傾向の分析，比較というようなことは，過去に十分な方法論的検討やデータの整備が行われていない。とくに立地条件については，その把握，分類の仕方といった基本的な方法すら確立していない。十三菩提期との比較のためにそのような一般的研究をここで急遽行うことは非常に困難なので，やむをえずここでも多分に主観的，記述的な把握を提示するに留めざるをえない。

われわれが遺跡の分布や立地から知りたいのは，何よりも当時の人々がどのような場所を居住地に選んだかという傾向であるが，これには，現在までの遺跡発見の偏りという大きなバイアスがかけられているため真の姿をみきわめにくい。先述のように近年における遺跡の発見，調査の原因の圧倒的に大きな部分は行政調査であり，それは都市の「開発」と不可分に結び付いている。そして実際，十三菩提期の遺跡も行政調査が綿密に行われている地域に多く発見されている傾向が顕著である。

現在までに知られているこの時期の遺跡分布では，多摩ニュータウン地域，港北ニュータウン両地域に遺跡が密集しているように見えるが，これは明らかに開発に先立つ調査と報告の密度の

高さに関係している。しかしこの分布状態を調査密度の反映とだけみなすことはできない。たとえば先にあげた考古学協会のシンポジウムのために用意された資料集（鈴木保彦・山本・戸田1984）によって縄文中期の遺跡分布，とくに規模の大きい集落址の分布を見るならば，十三菩提期遺跡ほどにこの両地域に集中しているわけではないことが分かる。

十三菩提期の遺跡がいかに東京・神奈川に偏っているかは，たとえば羽生（羽生淳子1988）によって示された諸磯期における住居址の発見された遺跡の分布図と比べてみてもはっきりする。

したがって多摩ニュータウン，港北ニュータウン両地域を含む多摩丘陵～下末吉台地に十三菩提期遺跡の濃密な分布があり，その上で綿密な遺跡分布調査が行なわれたためにこの両地域にみかけ上の遺跡の密集が現われた。そう考えられるのである。

当時の人々がどのような立地条件を好んだかについて考えるとき，遺跡規模の問題にも注意しなければならない。主要な遺跡の立地は，当時としてはもっとも安定的な生活が可能であった場所の条件を示すものといえよう。これに対し，群小遺跡の分布は，移動性の高い生活の行なわれた地域と関係するように思われ，少なくとも，当時まったく遺跡が残されなかった地域よりは恵まれた条件の存在した地域である。もちろん主要遺跡の分布と群小遺跡の分布は無関係ではない。たとえば港北ニュータウン内の一定地域に主要遺跡が集まっているが，その集中地を中心にして周辺の多摩丘陵を含む広い地域に群小遺跡の分布がみられる。

b．遺跡の分布

以上の認識の問題をふまえたうえで，まず全遺跡（この時期の土器片が発見されたすべての地点）について関東全体での分布傾向をみてみたい。先述のように北～東関東に少なく，西南関東に比較的多い。県別に比較すると，群馬，栃木，茨城に非常に少なく，これに千葉が続き，埼玉，東京，神奈川の3都県に比較的多い。東京から神奈川にかけて広がる多摩丘陵，下末吉台地一帯がこの時期最大の遺跡集中地帯になっている。

次に「主要遺跡」について同じく全関東的な分布をみると，やはり上記の全遺跡での分布と同じ傾向を示し，北関東の3県では栃木県鹿島脇遺跡（この遺跡は福島県境に近く，東北地方の分布の延長とみたほうがよいかもしれない）以外に該当するものがなく，以下，千葉，埼玉，東京，神奈川と順に多くなっている。

「主要遺跡」は，ある程度安定した生活が営まれた地点といってよい。このような地点は多い順に神奈川，東京，埼玉であり，千葉県の房総半島の最南部にもある。全体として南のほうに多いという傾向を明瞭に示している。これは後でも論じるように，南という条件と海に近いという条件が重なっていると考えたい。伊豆七島における「主要遺跡」の多さもこの傾向の延長線上にあることは間違いない。

分布傾向という点に関してとくに指摘したいのは，この時期の遺跡がもっとも集中する多摩丘陵から下末吉台地に至る分布の傾向がすでに先行する諸磯式の時期にも似たような形で認められることである。諸磯期について東京都・神奈川県に限定して遺跡分布をみると，多摩丘陵から下末吉台地にもっとも遺跡が多く，そのうち多摩丘陵に小遺跡が群在し，下末吉台地で大集落を含

む遺跡群が分布することが指摘されている (小薬一夫1985, 羽生淳子1988)。この状況は, 十三菩提期の遺跡分布に似ている。十三菩提期の場合, 遺跡の規模が全体として諸磯期よりはずっと小さくなるが, 南関東のうちでもとくに多摩丘陵から下末吉台地に遺跡が濃密であり, 多摩丘陵では小遺跡が群在し, 下末吉台地で比較的規模の大きい遺跡が混じる。つまり東京・神奈川における十三菩提期遺跡の密度, 大小の分布傾向はだいたいにおいて諸磯期における分布傾向を受け継ぐものといえるのである。もちろん, このつながりはこの地域全体として前の時期を踏襲する傾向であって, 個々の遺跡についてはあてはまるものではない。個々の遺跡で諸磯期から十三菩提期に同じ場所に存在し続けたものがほとんどないことは先に指摘した通りである。

　また, 諸磯期と十三菩提期にも小さくはない違いがある。石井寛氏(石井寛1982), 小薬一夫氏(小薬一夫1985)によって指摘されているように, 下末吉台地地域内でも, 諸磯期に海岸に近く存在した規模の大きい遺跡が, 諸磯c期に消滅する。これについてはあとでとりあげる。

　大事なことは, どの地域でもこのような諸磯期から十三菩提期に遺跡分布が続く傾向があるわけではないことである。諸磯式とそれに並行する浮島式の時期には, 埼玉県の東部, 北部, 群馬県の西部, 千葉～茨城の利根川下流域・霞ヶ浦地域にも大遺跡を含む遺跡の濃密な分布があった。しかし十三菩提期になると凋落が著しく, たとえば埼玉では諸磯a, b式各時期にそれぞれ50軒ほどあった住居址の数が0になる。[(4)] 茨城, 群馬は微小遺跡すら少なく壊滅的状況となる。多摩丘陵, 下末吉台地でも相当な遺跡規模の縮小があったにもかかわらず, 縮小の程度が他地域に対して軽かったために相対的に浮かび上がり, この地域が関東でもっとも遺跡分布の濃い地域になったのである。

　その後東京・神奈川では五領ヶ台Ⅰ期になると下末吉台地, 多摩丘陵地域を中心に遺跡規模の回復が認められるが, 北関東と埼玉, 千葉は十三菩提期と変わらない状況であり, この地域がかろうじて回復に向かうのは五領ヶ台Ⅱ期からである。それでも住居址の検出はほとんどない。

c. 遺跡の立地傾向

　この時期の遺跡が立地する地形の特徴として次の2点が指摘できる。(1)丘陵地に多く, 広く平坦な台地面に立地するものが少ない。(2)外洋に面するものが多い。

　この時期の遺跡が丘陵地に多いように見えるのは, 発見された遺跡が多摩丘陵に圧倒的な集中をしている以上当然のことである。関東のすべての遺跡をならして立地傾向を分析しても, 多摩丘陵の多さが効いて丘陵地への立地傾向が強くあらわれることは目に見えている。遺跡立地の問題も遺跡分布とまったく別の問題として設定することはできないのである。問題はこれをこの時期の遺跡立地の一般的傾向とみなすべきか, たまたま多摩丘陵に遺跡が多いという具体的分布の反映にすぎないのかの判断である。下末吉台地も遺跡の密度が高い。規模の大きい遺跡の数では多摩丘陵をはるかにしのいでいる。この地域は多摩丘陵に比べ, 台地の平坦面が広くなるが, それでも, 武蔵野台地などに比べると起伏に富み, 谷による刻みが複雑であり, 丘陵的な地形とい

---

(4) (註3)

えよう。この時期の遺跡立地は複雑に開析された地形を好む傾向があるといえそうである。この時期における遺跡立地が丘陵地への好みを有すると判断させるもうひとつの理由は，武蔵野台地，下総台地などの広く平坦な台地面にこの時期の遺跡が少ないことにある。

　縄文時代の大集落は広く平坦な台地上に多い。丘陵地に大遺跡がないわけではないが，大集落が武蔵野台地，下総台地，下末吉台地など広く平坦な台地の縁辺に多く存在して，このような地形が縄文時代の代表的な遺跡立地として認識されている。大集落の立地をもって縄文時代の典型的な遺跡立地とするならば，たしかに十三菩提期の遺跡立地は特殊である。

　しかし気をつける必要があるのは，縄文時代の集落遺跡として知られているものには中期に属するものが圧倒的に多く，とくに大規模な集落址がそうであることである。したがって縄文集落立地の一般的傾向を考えるとき，この圧倒的多数派である中期の遺跡のありかたが全体の傾向を左右することになる。東京，神奈川についての中期の集落の分布を見ると，下末吉台地が第1の集中地となっているものの，さらに広く，武蔵野台地，相模野台地にも広がっている。しかし縄文時代全体をみた場合，集落遺跡がこのように広く分散分布するのはむしろ例外的なのであり，ほかの時期には下末吉台地における集中度が高い。縄文遺跡が広い台地面を有する場所に多く立地するように思われているのは，実は中期の大集落遺跡の立地イメージが大きく影響しているのである。

　このようにみてくると，中期の遺跡立地のほうが縄文時代全体としては特別な傾向を有すると認識すべきではないかという疑いもおこってくる。そこで視点を変えて諸磯期の遺跡立地が縄文時代として普通のものであると仮定して出発してみよう。東京・神奈川で諸磯期と共通の分布傾向をもち，多摩丘陵，下末吉台地に多い十三菩提期遺跡は，この地域に関する限り，ほぼ諸磯期と同じ立地条件を有し，縄文時代としてとくに変わった立地ではないということになる。しかしすでに触れたように十三菩提期の遺跡分布は諸磯期とまったく同じなわけではない。この地域の諸磯期とほぼ立地の共通する遺跡を除いてみよう。そのときに残るこの時期の「主要遺跡」にははっきりした傾向が見えるのである。それは外洋に面するか，外洋にごく近く立地する遺跡が多いことである。千葉県大溝，荒野台，東京都倉輪，ゾウ，神奈川県大口台，室ノ木がこれに属する。(5)（第2〜4図）

　縄文時代の遺跡全体では外洋に面するものはそれほど多くない。とくに一定時期の主要遺跡をとりだしてみるとそれがはっきりする。しかるに十三菩提期の場合，遺跡として最大量の遺物を

---

(5)　御蔵島ゾウ遺跡と八丈島倉輪遺跡は現在でも外洋に面している。ただし海蝕の進行分を差し引いて考える必要がある。室ノ木は大正10年頃の測量図では外洋と内湾を画する岬の内側になっている。しかし，縄文前期にはもっと海がひろがっていたと考えてよいであろう。大口台は入江を少し入った位置になるが，横浜市北部の縄文前期貝塚群のうちではもっとも外洋に近い位置である。周囲の水田は標高5メートルほどで，沖積層の堆積を考慮すれば，当時は海であったとみてよいであろう。この遺跡の住居址内貝塚は十三菩提期に知られる唯一の貝塚と思われる。荒野台は北方の現利根川側から入る入江に面していたであろう。この地域における地盤の隆起傾向（遠藤邦彦ほか1983）と遺跡直下の水田の標高が10メートル以下であることからみて，遺跡の直下まで海が広がっていて付近全体が半島状の地形であったと思われる。大溝は現在の付近の標高だけみると海に近かったとは考えにくいが，この地域の顕著な地盤の隆起傾向（横田佳代子1978，中田高1980），からみると前期末には現在より15〜20メートル標高が低かったであろう。遺跡直下まで海であったと考えてよいであろう。

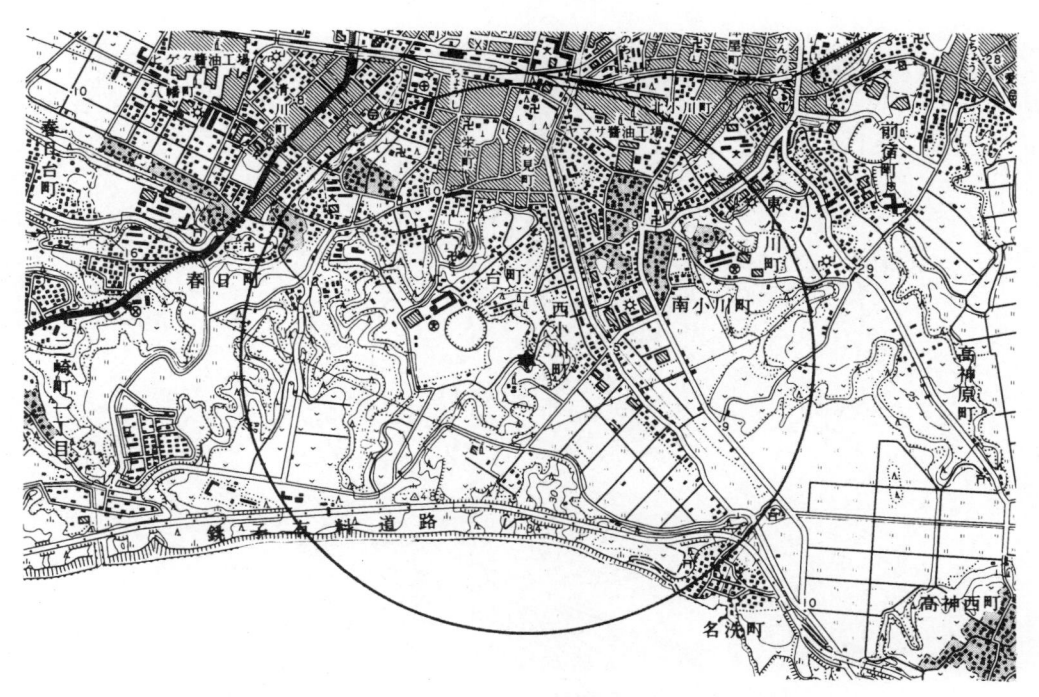

5A章　縄文前期末の関東における人口減少とそれに関連する諸現象　　223

千葉県荒野台遺跡（2万5千分の1地形図　銚子，円は半径1km）

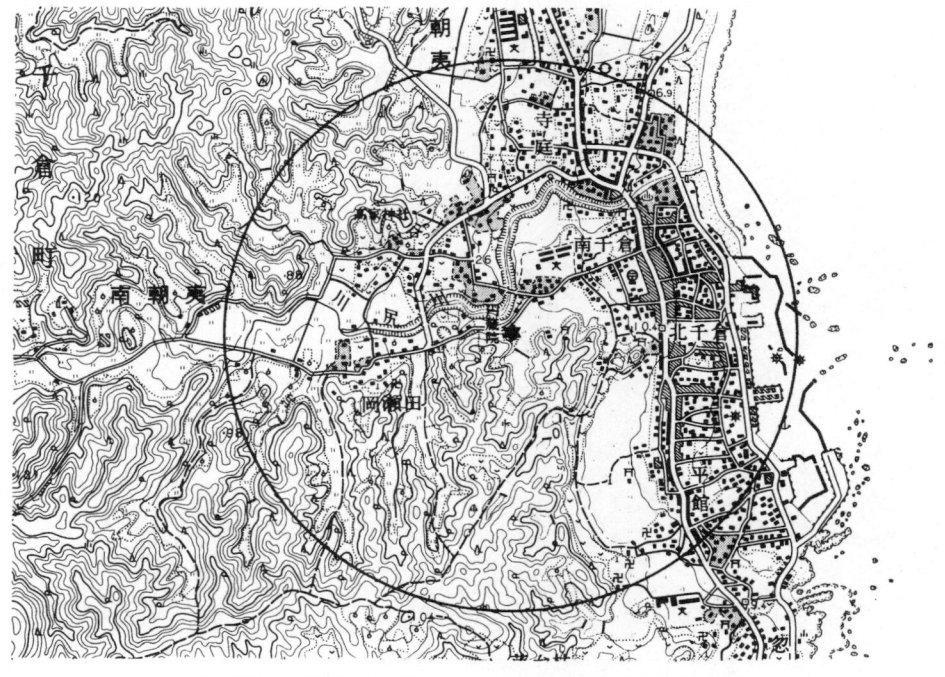

千葉県大溝遺跡（2万5千分の1地形図　千倉，円は半径1km）

第2図

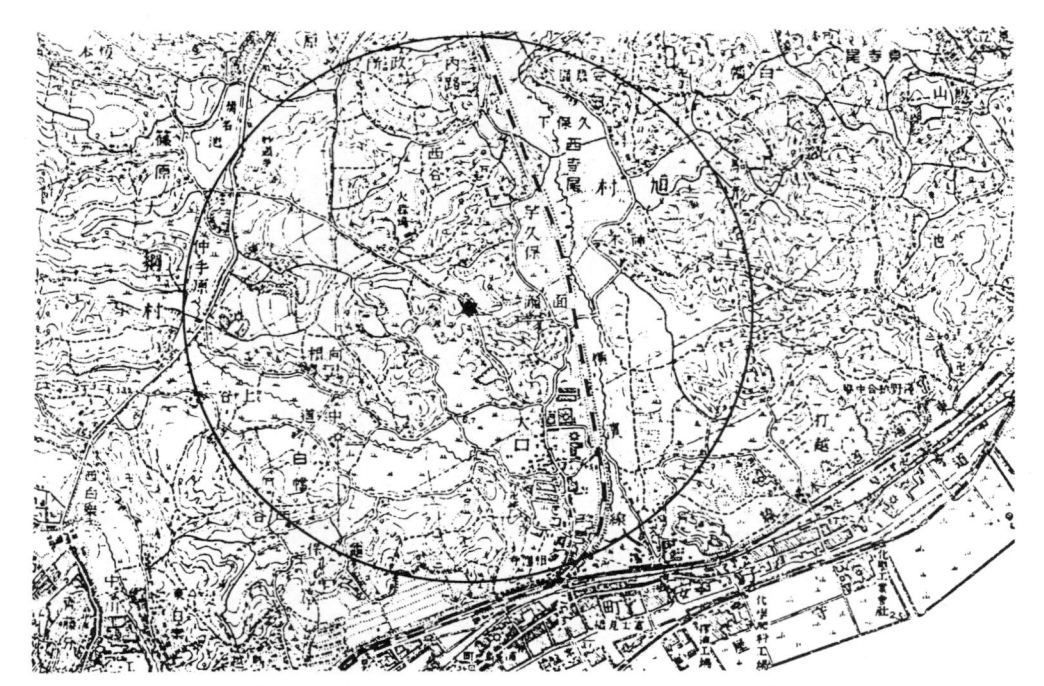

224　第Ⅴ部　土器系統の動きと人間の生態

横浜市大口台遺跡（2万5千分の1地形図　横浜東部, 円は半径1km）

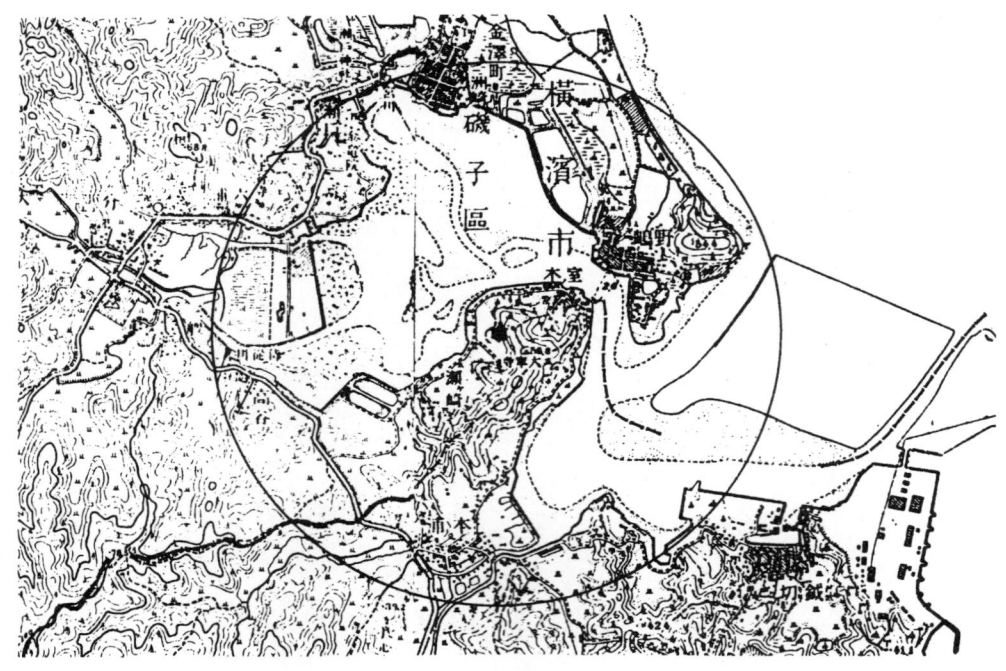

横浜市室ノ木遺跡（2万5千分の1地形図　横須賀, 鎌倉, 円は半径1km）

第3図

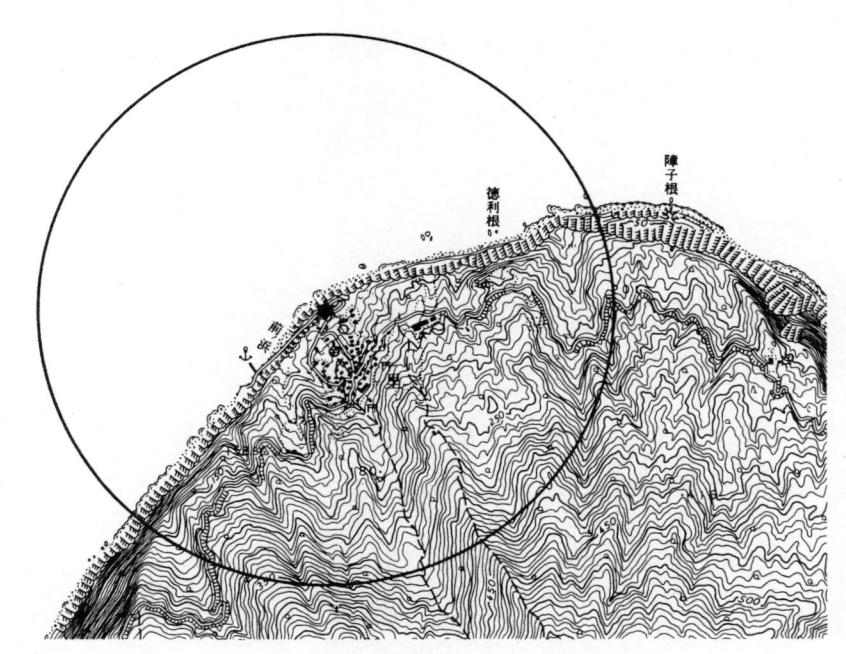

5A章　縄文前期末の関東における人口減少とそれに関連する諸現象　225

御蔵島ゾウ遺跡（2万5千分の1地形図　御蔵島，円は半径1km）

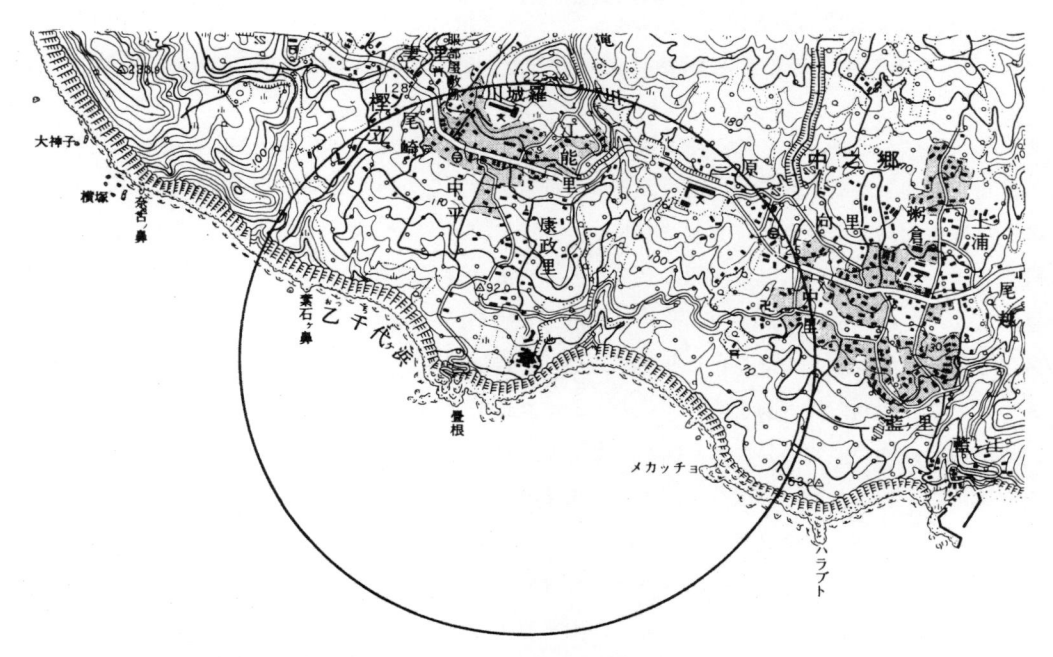

八丈島倉輪遺跡（2万5千分の1地形図　八丈島南部，円は半径1km）

第4図

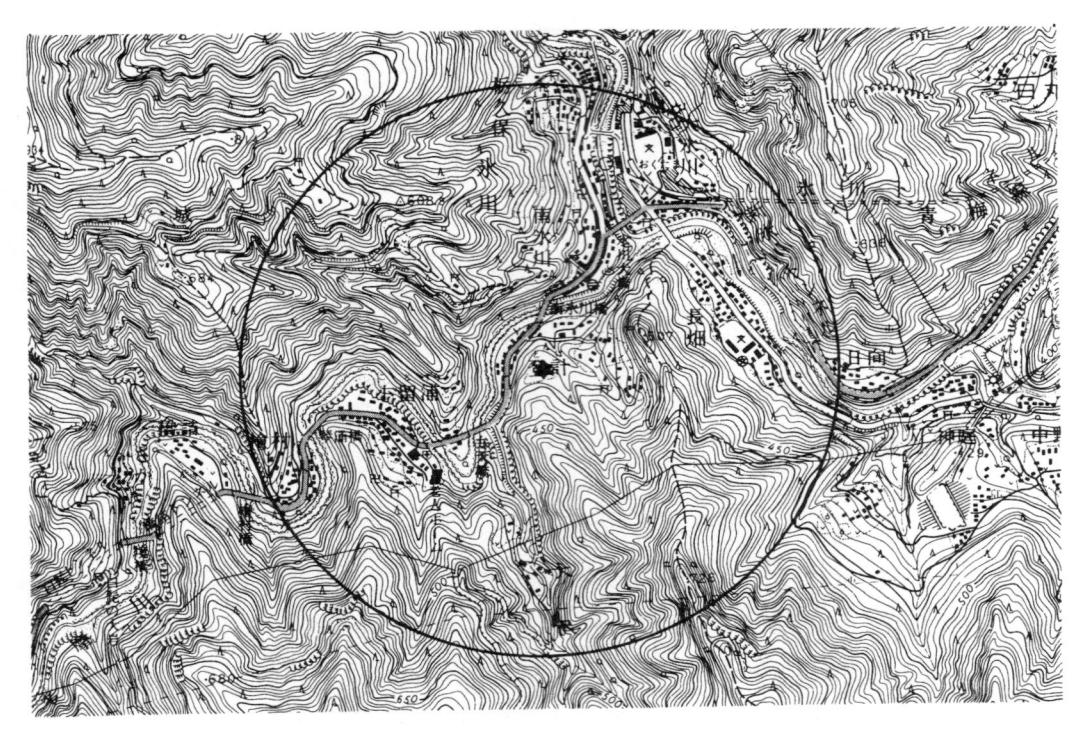

第5図　東京都登計原遺跡（2万5千分の1地形図　奥多摩湖，円は半径1km）

出土した室ノ木遺跡，これに次ぐ重要遺跡の倉輪遺跡，千葉県では稀な主要遺跡として選ばれる大溝遺跡や利根川下流域でもっとも大きい荒野台遺跡などがみなこのような立地である。しかもこれらはただ外洋に近いというだけでなく，外洋に突き出した岬，あるいは入江が外洋に接する地点のような外洋に対して積極的な立地が多く，海に近く立地するとしても小さな入り江の奥を選ぶことの多い，関東の前・中・後期の大遺跡一般の傾向とは大きく異なっている。諸磯期の遺跡にも外洋に面するものは少なくない。しかしそれは諸磯期としては比較的小規模な遺跡なのであって，この時期の代表的な遺跡がそのような立地をもつわけではない。

　以上の立地についてのいささか錯綜した記述を整理する。縄文時代の遺跡がいつもの同じような立地傾向を有したわけではない。中期と諸磯期では傾向が少し異なっている。十三菩提期は諸磯期に近い。しかし，諸磯期と完全に同じではなく，その違っている部分—「主要遺跡」が外洋に近く立地する—が十三菩提期のもっとも特徴的な部分として抽出できるのである。もちろん十三菩提期を中期とくらべるとさらに違いが大きくなる。十三菩提期の遺跡立地が特殊であるようにみえるのはこのためなのだといえよう。

　島嶼部を除く東京都における十三菩提期最大の遺跡，奥多摩町登計原（とけっぱら）遺跡は山間部の小台地に立地している（第5図）。十三菩提期以外のもっと遺跡の多い時期にもこのような山間部に立地する遺跡は少ない。たった1例ではあるが，東京都で最も主要な遺跡がこのような立地をとることは，やはりこの時期の特別な立地傾向に関係するように思われる。

d. まとめ

　この時期の遺跡分布の基調をなすのは，全体的に少なくなり小規模化した遺跡が関東西南部，とくに多摩丘陵〜下末吉台地に集中することである。この地域はすでに諸磯期に東京・神奈川における最大の遺跡集中地となっているからその分布を受け継ぐものである。この地域が十三菩提期に関東最大の遺跡集中地になったのは，遺跡が増えたためではなく，他の地域の遺跡が衰退，壊滅してここだけが残ったのである。遺跡立地という点でも関東西南部にあって十三菩提期と諸磯期には共通性がある。しかしそのような諸磯期と共通する立地の遺跡を除外すると十三菩提期の外洋に近い遺跡の多さが目立つ。そしてその中に室ノ木，倉輪のようなこの時期の代表的な遺跡が入っているのである。十三菩提期にこのような場所の居住条件が急に良くなったとは考えにくい。他の場所の条件が全体に悪くなった結果，このように縄文時代全体としては特殊な立地が相対的に安定した生活のできる場所として浮上したのであろう。これは，遺跡の激減によって関東の遺跡分布が減少程度の少ない地域に偏ってしまう経過とよく似ている。

6．石器組成

　生業の形は縄文時代の各種遺物のうちでは石器と骨角器にもっともよく反映されると考えられている。この時期の骨角器が検出されている遺跡は八丈島の倉輪遺跡だけである。またこの時期の石器組成を把握できる例もきわめて少ない。この時期の遺跡の多くが他の時期の遺跡に重複し，しかも土器の量で十三菩提式が多数を占める遺跡がごく少ないためである。上記主要遺跡のうち相当に無理な例も含めて次の遺跡の石器組成を参考にすることができよう。東京都登計原，ゾウ，倉輪，神奈川県室の木，十三菩提，霧ヶ丘2。この中に十三菩提期の単純遺跡はひとつもないが，十三菩提式土器が主体となる点で，登計原，倉輪，室の木が比較的良いであろう。倉輪は十三菩提式を主体とし，以下五領ヶ台Ⅰ式，Ⅱ式という時期的に続く遺跡であるからもっとも信頼度が高い。しかしこれらの遺跡は多くが縄文時代の遺跡としては特殊な部類の立地をとるものであり，その点が石器組成にも反映している可能性は高い。もっとも，十三菩提期の主要遺跡に特殊な立地をとるものが多い以上，そのような遺跡がこの時期の石器組成の代表例を示すことになるのは当然かもしれない。以下それらの遺跡ごとの石器数を示すと

登計原（2号住居）　石鏃3，石匙1，スクレイパー1，

ゾウ　石鏃75，石槍5，石匙3，スクレイパー4，打製石斧2，礫器1，磨石・叩き石1，石皿2

倉輪　石鏃38，石錐1，スクレイパー類18，加工，使用痕ある剥片20以上，石匙1，打製石斧3，磨製石斧13，磨石・叩き石9，石皿3，大型掻器・削器12以上，有溝砥石5以上，軽石製品7以上，そのほか石核28を含む大量の黒耀石剥片が採集されている。

室ノ木　石鏃12，大型鏃2，石錐2，不定形剥片石器18以上，打製石斧1〜2，礫器26，磨石・叩き石4，そのほか黒耀石断片がすこぶる多いことが注意されている。（礫器は茅山式にともなうものが多いか？）

十三菩提第2地点　石鏃9，スクレイパー3，L字形の石器1，打製石斧5，礫器1，磨石3，

石皿3，そのほか600の剥片が採集されている。

霧ヶ丘第2地点 石鏃12，石匙1，石製釣針2，石錐1，礫器5，打製石斧1，磨製石斧2

　全体として石鏃の量が多いこと，打製石斧の量が少ないことが目立っている。また磨石・叩き石も数が少ない。以前，関東の前期と中期の石器がまとまって出土している遺跡について石鏃：打製石斧：磨石・叩き石の量を比較したことがあるが (今村啓爾1989)，諸磯期，中期中葉～後葉の遺跡ともにこのような石器組成の遺跡は非常に少なかった。一般に石鏃が中心になることはなく，打製石斧と磨石・叩き石の量比が全体的な傾向を律していた。この点からみても十三菩提期の石器組成が関東としては特殊な傾向をもつことが分かる。これは外洋に面するゾウ，倉輪，室ノ木などの遺跡ばかりでなく，台地に立地する十三菩提第2地点，霧ヶ丘第2地点についても言えることは重要である。

7．総合

　以上十三菩提期の諸問題を概観してきた。さまざまな問題を取り扱ったため，個々の問題については分析や突っ込みが非常に不足している。今後はそれら一つ一つについて分析を深めていかなければならない。

　最後にとりあげたいのは，これらの諸現象の相互の関係と原因である。

　以上の諸現象は，この時期に人口の極端な減少を起こすような事態が生じ，それによって人々がそれまで以上に狩猟，外洋的漁労に大きな比重をおく生活に移行せざるをえなくなり，居住形態も不安定で頻繁な移動を繰り返す形になったものと理解される。そのような中にあって，先行する諸磯期に安定した様相を示した下末吉台地においてかろうじて数軒の住居址（同時共存かどうかはわからない）を有するような集落の存続が可能であった。また外洋に面する立地が，この時期，相対的に生活条件のよい場所として浮上したのである。

　石井寛氏 (石井寛1982) は下末吉台地の集落分布の変遷を描写する中で，黒浜～諸磯b式の集落に2種類のものがあることを指摘した。第1は「河川下流域（海浜部）に位置し，貝層を形成する集落址」で，「存続期間が長く，多くの住居址を残す」ものである。第2は「内奥部に位置する集落址」で，「存続期間が単一時期で，住居址も2軒前後に限られる」ものである。しかし，これが諸磯c式－五領ヶ台期になると，多数の住居址を有する遺跡は見られなくなり，「住居址の検出される遺跡は台地内奥部に集中」するようになる。黒浜～諸磯b期における第1のタイプが消滅した状況といってよいであろう。

　小薬一夫氏は，先に紹介した諸磯期遺跡の分布についての分析の中で，この時期の大きな集落址は海岸部に限られることを指摘している。しかし諸磯c，十三菩提期になると，そのような大遺跡は姿を消してしまうのである。下末吉台地の諸磯期の主要遺跡がこの地域の主な河川である鶴見川や早淵川に直接面する（したがって，海進期には海に直接面した可能性が高い）台地上に位置するのに対し，十三菩提期には住居址を有する「主要遺跡」は，それらの川の支谷の奥など，海に対するアプローチが悪い場所に位置するのである。この時期にはそれまでのようなありかた

での海への近さも生活を安定させる条件ではなくなったと考えざるをえない。海とのかかわりでは，それまでの主要遺跡が立地することのほとんどなかった，直接外洋に面するような場所が比較的生活条件のよい場所として浮上したのである。

　石井氏の指摘する黒浜～諸磯ｂ期の２つのタイプの遺跡が何らかの意味で補完的なものであるならば，十三菩提期の場合には内陸の中小遺跡と外洋に近い遺跡が補完的な関係をもつのかもしれない。しかし黒浜～諸磯ｂ期の場合，第１のタイプが拠点的な意味をもつのに対し，十三菩提期の２つの立地タイプの遺跡はどちらも小さく，拠点的なものとは言い難い。この時期はむしろ外洋に近い中小遺跡，内陸の中小遺跡，その周囲から丘陵地にかけて展開する微小遺跡群が全体で補完的関係を結んでいるのかもしれない。これは重要な問題であるが，具体的な分析は今後の課題である。

　なお最近，渋江芳浩，黒尾和久両氏は，前期末を住居址の少ない時期としてとらえることからさらに進んで，それに代わるものとして焼土，土器の集積，竪穴状遺構が普遍的な時期としてとらえられると指摘している（渋江芳浩・黒尾和久1987）。この時期における居住形態の変化は正しい指摘であろう。しかし筆者は生活を不安定にする何らかの原因によって遺跡の減少，移動性の高まり（生活形態の変化），竪穴住居の減少が起こったと考えるのである。移動性の高まりが竪穴住居という定住性の高い居住施設を減らしたことは十分考えられる。しかし居住形態の変化を原因に，竪穴住居の減少を結果として設定する説明の仕方には問題の本質が見落とされていると言わざるをえない。

　最後にこの諸現象の中でももっとも根本的なものである人口の減少はどのような原因で起こったのか考える必要がある。人口の減少の原因として一般的には，(1)何らかの原因による食料の欠乏。(2)疫病や戦乱。(3)他の地域の条件が良くなり人々が移住してしまった。ということが考えられる。十三菩提期の人口減少の特色は，生業の変化，遺跡立地の変化，移動性の高い生活への移行が伴っていることである。(2)や(3)の原因で人口が減った場合，残った人々が生業の形を変えたり移動性の高い生活に移行する必要性が生じるとは考えられない。この点から考えると，もっとも妥当な原因は食料の欠乏である。それも植物質食料の欠乏によって生活の中心を狩猟・漁撈に移さざるをえなくなったとすると多くの点が理解できる。

　この時期の生業の変化としては，石器にみられる植物質食料の比重の低下，狩猟の活発化，そして遺跡立地にみられる入江奥での漁撈の不振と外洋での漁撈の活発化が指摘できる。

　多摩丘陵～下末吉台地は，時代は違うが，縄文早期末を中心とする陥穴群の濃密な分布地域として知られている。これに対し，たとえば武蔵野台地では陥穴の検出例ははるかに少ない。多摩丘陵～下末吉台地の複雑な地形は，狩猟，すくなくともある種の狩猟の適地だったのではないだろうか。これがこの地域において十三菩提期を含む多くの時期に安定的な生活が可能であった理由の１つになるであろう。

　漁撈については内湾性の（入江奥）漁撈と外洋性の漁撈をはっきり区別して考える必要がある。この時期の内湾漁撈条件の悪化は，黒浜～諸磯ｂ期に下末吉台地の拠点的集落であった河川流域（当時はおそらく海岸部）の貝塚を伴う規模の大きな集落が消滅することがよく示している。

同じ頃，やはり黒浜～諸磯 b 期を中心に繁栄した奥東京湾，利根川下流域・霞ヶ浦周辺の内湾の遺跡群が壊滅状態になるのも同じ原因が関係するのであろう。西村正衛氏は利根川下流域・霞ヶ浦周辺の遺跡に興津式をもって終るものが多いことを指摘し，遺跡の位置関係から「その変動の要因の一つとして，海退という水域の環境変化が推測される。」(西村正衛1980b) としている。

これを裏付けるように，埼玉県寿納の低湿地遺跡における珪藻分析の結果，縄文前期末層には汽水の要素が大きくなり，海退傾向が認められる。[6]

一方，外洋での漁撈条件には大きな変化がなかったため，相対的に生活条件の安定した立地として浮上したとみられるのである。

十三菩提期の代表的な遺跡に八丈島の倉輪遺跡がある。この遺跡で発見された土器の量は，関東の遺跡としては 3～4 番の量ではないかと思われるが，2 基の住居址が発見されていることを考えるならばその重要性はさらに高まるし，ほとんど全掘された他の遺跡とは違って遺跡の一部しか発掘調査されていないことを考慮するならば，その規模の大きさ，遺物の豊かさはこの時期第 1 かもしれない。(これに加えて，獣・魚骨，人骨，各種骨角器が検出されていること，この時期の石器組成が他のどの遺跡よりも確かに把握でき，生業のありかたを復元する手掛かりが多いという点でも考古学上重要である。)

この倉輪遺跡で推定される生業は，漁撈，狩猟に重点をおくもので，植物性食料の比重が比較的低く，とくに根茎類の比重の小さいものと考えられる。漁労については，その立地とともに多くの釣針，魚骨の資料がよく物語るところである。釣りまたは網の錘とみられる土錘も検出されている。狩猟については大量の石鏃，その製作に用いられた黒耀石の石核，剥片，イノシシの骨，狩猟の補助に用いられた犬の骨の存在が物語っている。狩猟対象としては，以前に人によってもちこまれたイノシシがこの島で繁殖していたと考えられる。植物性の食料の利用については，磨石と石皿が比較的多く，おそらく堅果類のすり潰しを主とする用途に用いられたのであろう。しかし根茎類の採集に用いられたと考えられている打製石斧は関東地方の前期から中期の遺跡一般と比べると非常に少なく，3 点あるそれも厚手で土掘り用と一般にみなされている打製石斧とは様子が異なっている。

伊豆諸島の島々のうち御蔵島までは飛び石状に 20～30km の距離しか隔たっていないのに対し，御蔵島と八丈島の距離は 80km 隔たっているばかりでなく，その間を黒潮の早い流れが横切っている。八丈島へ渡る難しさはそれ以外の島々よりはるかに大きなものがある。そのようのところにこの時期の関東第 1 級の遺跡があることは驚きである。しかしふりかえってこの時期の遺跡の全関東的な分布・立地傾向を思い出すと，それは北に薄く，南に下るほど濃いものであった。また比較的規模の大きい遺跡は外洋に近いものが多かった。倉輪遺跡はまさにこの条件にぴったり該当するものなのである。倉輪遺跡の存在は不思議どころかこの傾向をもっとも端的に表現していると言えるのである。隣の御蔵島でも転げ落ちそうな斜面にへばりついて「主要遺跡」の 1 つであるゾウ遺跡がある。

---

[6] 地質調査を担当した堀口 (1984) 氏らは黒浜式以後を海進最盛期とするのに対し，珪藻分析を担当した安藤一男 (1982) 氏は「縄文前期ころは海退はほぼ終了し」と述べ，意見が一致していないようである

植物質食料の欠乏や内湾の漁撈環境の急激な悪化をもたらした原因はわからない。北関東の極端な遺跡減少については，浅間山や榛名山など西北関東の火山の爆発を考えたいところであるが，実際にはこれに対応するテフラは知られておらず，無理な想定である。気候の悪化については，たとえば阪口豊氏（阪口豊 1983）による花粉からみた気候変動のグラフの中に対応するピークを具体的に指摘することは難しい。漁労環境の悪化については，前期初頭をピークとした海水準がしだいに低下していったことや沖積作用の進行をあげることができる。ただし，その条件悪化がこの時期に急速に進行したことの原因は分からない。
（新註3）

海水準の変化は地球規模での気温の変化と関係していると言われるから，この両方の現象の同時進行を予想したいところであるが，問題になるのは，もっと寒いはずの東北地方でこの時期に大木6式期の繁栄が見られることである。

最後に人口の減少という見方に関連してとりあげておく必要があると思うのが西田正規氏（西田正規1985）の意見である。彼は西日本が東日本より人口が少なかったという通説に疑問を示し，また関東の縄文晩期の人口減少についても疑い，これらは遺跡の保存条件や発見の難易の問題，居住地が後退する海を追って移動するといったことが原因になっての見かけ上の減少にすぎないと主張している。個々の説明の妥当性はさておき，彼の考え方の根本は環境決定論である。現在からみて推定される自然環境に応じた人口があったに違いないと主張するのである。このように現在からみた主観を無理矢理過去に押し付けることが正当であるならば，考古学は存在する必要がない。もちろん民族誌や歴史上の記録からの類推，自然というものについての洞察から過去を想像することもそれぞれに意味のあることは認めるが，過去を知るためのもっとも正当な手段とは言えないであろう。過去に本当に何があったのかは，過去が残した資料だけが語りうることである。小論でとりあげた縄文前期末の諸現象は，まだその根本的原因をつきとめることはできないが，人口の減少を中心として相互に矛盾しない因果関係を有している。この時期の激しい人口減少は実際にあったことなのである。このような例が1つでもある以上，西田氏の人口が急激に減少することはないという基本的な想定は根拠を失うはずである。

縄文文化研究の意義は縄文文化という地域的，年代的に限定されたひとつの文化の解明に留まるものではない。世界で最も豊富で整備されたデータによって，先史時代の狩猟採集民の実態を同時代の材料によって解明できることが重要なのである。これは現生狩猟採集民からの情報では得ることができない長い時間的経過と奥行をもった把握なのである。

追記

小論は1990年10月に成稿にしたものであるが，1992年6月に一部字句の修正を行なった。しかし，この間に出版された報告書や論文にあたる時間的余裕がなかったので，小論中のデータは1990年までに筆者が参照することができた範囲のものである

（新註3）　阪口氏の研究はこの頃としては珍しく較正年代を用いていた。土器編年についても較正年代を用いて対比するとこの結論とは違ってくることを第6部5節で論ずる。

5B章　諸磯c式土器の編年と動態

（「諸磯c式の正しい編年」を改題し，末尾に「関東南西部」を追加した。）

　筆者は1981年に諸磯c式を古新2段階に細分した(1)。新しい文様が古い文様の上に発達し，古い文様が単純な地文と化し，ついに失われていく経過をとくに重視した，施文順序と文様変化の方向性を論理の中心におく編年であった。この細分案はその後しばらくはおおむね好意的に受け入れられたようであるが(2)，それまで諸磯c式の資料がほとんど知られていなかった群馬県方面での発掘調査が進み，この地域での諸磯c式の資料が増えてくると，その多くが私の言う古段階の土器に似ているものであったこと，中部高地では私のいう古段階の資料が少なく（実際はそれほど少ないわけではない），新段階の資料が多いということを根拠に，私のいう古段階，新段階は年代差ではなく地域差であるという主張がなされるようになった。この誤った発想は，中部高地においては諸磯b式からc式古段階をとばしてc式新段階への型式変化をこじつけ（赤塩仁1996, 細田勝1996），群馬県においてはc式古段階からc式新段階をとばして十三菩提式への変化をこじつける（赤塩仁・三上徹也1993）編年操作がともなったため，その弊害は前後の型式にまで及び，前期後半の編年を大混乱に陥れる主張となった。さらにこの方向を旧説に対する新説だから正しいと思ったのか，若手研究者の多くがこれに従い，真理を背中に向けて進みながら自分たちでは前進だと思っている（石原正敏1989, 関根慎二1995, 中野純1998）。その方法といえば，一見，土器を細かく分析しているようであるが，実は大ざっぱな感覚的2大分類が先行し，土器自体が語るところに素直に耳を傾けず，二大地域差にあうように資料を振り分け，その操作の過程で切り捨てた部分の意味を考えない（赤塩仁氏の分布図がこの誤りを典型的に示す）。無理な系統関係を設定するため，他人の空似の強引な親子縁組が行われる。個々の遺構，あるいは個々の遺跡で出土した土器の組合せをほとんど無視し，自説に都合のよい組み合わせだけをとりあげている。

　このような不幸な状況も，この時期と後続する十三菩提式期の編年(3)をきちんと説明しなかった私の怠慢に由来する部分があろう。しかし私の言にもう少しまじめに耳を貸す態度があれば，このような無意味な後退は避けられたのではないだろうか。なぜなら，この間着実に増え続けた群馬の諸磯c式や中部高地の十三菩提式各段階の資料には，理想的ともいえる単純な時期を示す様相のものが多く，それは，私の言った通りの組合せで出ており，そのことにさえ注意すれば私の編年に疑問をはさむことはなかったであろう。

---

(1)　今村啓爾1981b　なお初版では図2と7が入れ替わっていたが再版以降で改められた。

(2)　今村啓爾1981a　この変遷は現在からみると中部高地の変遷であったが，群馬県の変遷と矛盾するものではない。ただし諸磯c式の結節浮線文の続きとして十三菩提式古段階に鍋屋町式の資料を代入したことは不適当であった。確かにこの時期中部高地に鍋屋町系の結節浮線文が広がるが，これは諸磯c式系統の浮線文が沈線化したあとで新しく北陸から入ったものであり，別系統の浮線文としなければならない。これに地文がないのは，もともと鍋屋町式の浮線文が地文をもたないからである。

(3)　今村啓爾1974において概略を記したが，説明の図もない不親切なものであった。

必要なのは，土器の変化をあくまで忠実にたどる決意である。過去にあった事実を今から変えるわけにはいかない。どれほど細分型式が多くなっても，それが過去にあった土器の変化をたどるのに必要なら，実行をためらってはならない。細分を自己目的にするというのではない。土器の変化を知るのに必要なら地域的にも年代的にも細分をためらうわけにはいかないのである。

今からみると，1981年の編年は中部高地の編年であった。群馬県の土器の変化は異なる部分があるので，それとは別に考える必要があるが，中部高地における古新の時期区分を前提にしたうえでの地域差の検討でなければならない。

本稿では諸磯ｃ式古段階と新段階を同じ時間帯の中に詰め込もうとする新説とは正反対に，ｃ式古段階を3期に，新段階も3期に細分することをもって土器の具体的な変化を示す。諸磯ｂ式終末は群馬でも中部高地でも諸磯ｃ式の古段階のはじめにつながり，諸磯ｃ式終末の新段階3期は群馬でも中部高地でも十三菩提式古段階に漸移的に変化する。私の編年は細分段階の数が多く，その点では確かに複雑である。しかし1段階の内容は比較的単純で，型式の時間的変化はいつも漸位的である（他地域の型式の侵入を除いて）。新説とは比較にならないくらい単純な土器の変化の過程である。細分の数は少ないけれど，1時期の土器の内容がきわめて複雑で，ある段階から次の段階への変化を説明するのに「土器型式の矛盾と改編」といった大袈裟な土器理論を展開させ，読者を納得させようとする人たちとは対照的な変遷観である。

本稿は準備中の「十三菩提式土器の編年」(新註1)と対になるものである。本稿でも必要に応じて十三菩提式に言及するが，それは諸磯ｃ式の行く手を見るのと，前期後葉における関東，中部高地の全体的状況を示すのに必要な限りであり，十三菩提式の説明としては舌足らずなものになろう。続編と合わせ読まれたい。

学史については紙面の都合で別の機会に扱いたいが，1997年長崎元廣氏（長崎元廣1997・1998）が中部地方前期末中期初頭の編年を見なおす中で，諸磯ｃ式について時期差と地域差の両面を正しく指摘したことは近年における重要事項として高く評価しなければならない。この論文の出現が私をして小稿の発表を急がせることになった。

本稿の内容は1999年10月23日埼玉県立博物館で開催された土曜考古学研究会で発表した。当日話した南関東の状況については紙面の都合で割愛する(新註2)。北陸の状況は当日も時間不足で話せなかった。当日配布した資料は24枚であるが，これも紙面の都合で16枚に削らざるをえなかった。

1．群馬県における諸磯ｃ式の変遷

最近言われているような形での地域差説にはまったく賛成できないが，私のかつての編年は中部高地を中心とする編年であり，これに比較すると，後から出るようになった群馬の土器資料が中部高地とは相当に異なる地域差を持った時期があることは確かであるので，古段階，新段階の

(新註1) 2001年に「十三菩提式前半期の系統関係」『土曜考古』25号として発行された。十三菩提式後半期については2006年「松原式の位置と踊場系土器の成立」『長野県考古学会誌』112号で扱った。
(新註2) 本章の追加「関東南西部の諸磯ｃ式，とくに短浮線文の土器について」として収録した。

区分はひとまず中部高地だけに適用を限定し，群馬については別の時期区分名称（群馬A期，群馬B期……と書く）を当面用いて話を進め，しかるのちにそれを中部高地の編年に対応させるのがもっとも混乱の少ない方法であろう。結論が先になるが編年表を示しておく。

```
        （中部高地）            （群馬県）
        古段階1期              群馬A期
        古段階2期              群馬B期
        古段階3期              群馬C期
        新段階1期 → 新段階1期 ＼ 群馬D期
        新段階2期              新段階2期
        新段階3期              新段階3期
```

諸磯b式新段階の後半（第2図）

かつて私は諸磯b式を3細分した（今村啓爾1980d・1981b，本書3A章）。その新段階をさらに2分したときの後半から話を始めたい。

群馬県昭和村糸井宮前遺跡（群馬県埋蔵文化財事業団1986）にはまとまった量の諸磯b式新段階の土器があるが，その中に浮線文の量は極めて少ない。新段階の中でも新しい様相を示す。[4] 糸井宮前にも古手の土器は混在するが，基本的に糸井宮前の浮線文を伴わない住居址の資料をもって新段階の後半とみるべきであろう。この段階をさらに細分する向きもあるがここでは触れない。[5]「c式直前」といったあいまいな用語が使われることもあるが，c式でないならb式の一部とすべきである。

この段階には波状口縁と平縁がある。波状口縁は断面形で比較的緩やかな湾曲や屈折をもつものと，断面形で強く屈折して波頂部が大きく高く突出するいわゆる靴先状を呈するものである。波状口縁は4単位である。平縁はまっすぐ開くもの，緩やかに内湾するもの，内側に折れ曲がるものがあり，折れ曲がりかたは新段階の前半より緩やかなものが多い。

波状口縁の直下または平縁の4か所に貼付文を有する土器が多い。貼付文は縦長のつまみ状または押捺のない円形ボタン状である。

---

[4] この遺跡には諸磯b式中段階の住居址はなく，遺構外出土の土器にもその段階のものは少ない。b式新段階のセット関係をみるのに良い条件が整っているのである。そこで，b式新段階の土器がまとまって出土している住居址に注目すると（諸磯b式の出土量が少ない住居は数に入れない），浮線文の土器が伴っていない住居址は22軒に上り，1～2の小片が混じる程度のものが9軒，残り5軒の住居址において浮線文がやや多いが土器全体の10分の1にも達しない。最後の浮線文土器が少しともなう5軒には，b式新段階でも古手の土器（沈線が比較的深く，並行する沈線の本数が少ない）が多く混じっているから浮線文はそれと一緒と見るべき状態にある。関根慎二氏（1999）も諸磯b式の最後の時期に浮線文が見つかっていないと述べている。

[5] 関根慎二氏は糸井宮前遺跡の報告（1986）でこの遺跡の諸磯b式を2段階に分けた（ⅠaとⅠb）が，糸井宮前資料は諸磯b式については新段階の後半が主体であるため，b式新段階後半のそのまた2細分という無理な細分の観がある。細分のメルクマールも明示されていない。氏は1995年に，旧稿の2細分の第1に他遺跡のもっと古い土器を加えたうえで「b3式終末（Ⅰ期）」，第2を「c式直前（Ⅱa期）」とした。「c式直前」は記号からみるとb式の仲間というよりc式の仲間と判断されているらしい。1999年には「諸磯b5（諸磯b新段階）」と「諸磯b6～c」とした。ほぼ私のb式新段階の前半と後半にあたる。

文様は多くの場合細い半截竹管による多数並行する沈線で加えられ，水平平行線の束が段状に重なる文様が特徴的で，その段の間に矢羽状の沈線が加えられることもある。複雑なモチーフとしては，諸磯ｂ式の伝統的な渦巻文が多数の弧線で表現されるもの，渦巻から変化した弧線による文様があり，波状口縁の下や胴部の平行線の束の間に挿入される。平縁の土器では口縁部の文様が単純になり，胴部の平行線の間に複雑な文様が加えられたものが多くなる。これは新段階前半から強まってきた傾向で，諸磯ｃ式の胴部文様を生み出す動きである。この時期沈線の下の地文の縄文は健在であって省略されたものは少ない。

◎諸磯ｃ式の範囲

　諸磯ｂ式からｃ式への変遷はかつて論じたことがある。その後資料は飛躍的に増えたがとくに変更すべき点はないと思う。最近では関根慎二氏が糸井宮前遺跡の資料を中心にあつかって細かく論じている。諸磯ｂ式ｃ式の区分と無関係なⅠ，Ⅱ，Ⅲの区分の設定には賛成できないが，ｂ式からｃ式への変遷は正しく捉えている。

　ｂ式とｃ式の境界を定めるにあたって諸磯ｃ式の基本的特徴は何かを考えてみる必要がある。その候補として，とりあえず(1)半截竹管による沈線文の盛行，(2)貼付文・浮線文の発達，(3)縄文使用の少なさ，(4)胴部文様の縦分割，があげられよう。このうち(1)は諸磯ｂ式から続くものだし，(2)の貼付文もｂ式から続いているので区分の指標にはならない。そこで，(4)の諸磯ｃ式の胴部にみられる平行沈線による縦区画が，諸磯ｂ式の横帯の１段の中にはめ込まれた文様の拡大によって成立したものであることに注目すると，従来からの区分点とよく一致する。その後知られた中間的な土器はこの基準に従ってｂ式かｃ式か判定することにしたい。ただ問題は，胴部の縦区画が多くの土器に採用されても，まだ横区画の土器も残る場合があるようで，このようなものは横区画でも注意深く諸磯ｃ式として扱わなければならない。(3)の沈線の地文の縄文であるが，(4)の特徴とともに，すなわちｃ式の成立とともに急速に減る。しかし完全に無くなるわけではなく，横分割の土器と同様にｃ式にも残る。

　なお諸磯ｃ式の末期には縦区画が崩れてしまうが，後述する十三菩提式の特徴が現れるまでの部分は便宜的に諸磯ｃ式のうちに含めることにしたい。

諸磯ｃ式　群馬Ａ期（第３図）

　富士見村広面Ｊ１Ａ号住居（富士見村教育委員会1992）の一括資料は重要である。２の把手状の高い波状口縁をもつ土器は，明らかに前段階の靴先形の波状口縁からの続きである。１のなだらかな波状口縁も先行する類似の器形からくる。諸磯ｂ式新段階前半では折れ曲がりが強いものが多かったが，後半で弱まり，この時期にいっそう弱まったものが多くなるようである。３の開きながらまっすぐ立ち上がる器形も前段階からの続きである。一般に波状口縁が少ない諸磯ｃ式の前半にあってもこの時期はまだそれが多いらしい。口縁部のつまみ状の貼付文も前の時期からの続きであるが，まだ付加される数が少ない。

　これら３個体に共通して胴部文様の縦分割が成立しているが，分割する縦の帯状文様の起点は

4単位の波状口縁または平縁の4ヵ所に付けられた貼付文で，4単位の意識の強いことは，4単位波状口縁の卓越する諸磯b式から続くこの時期の特徴である。

　b式新段階の内折する口縁部であった部分が，胴部とはっきり区別される文様帯となるが，この文様帯の上と下，またはどちらか一方の端に水平に押捺列を加えている。3個体を通して沈線文の地文に縄文がない。地文の縄文はこの時期に急減したのであろう。

　広面遺跡ではJ3号がb式新段階の後半単純，J1A号が群馬A期単純，J5号が群馬B期前半ほぼ単純，J7号が群馬B期後半単純と住居址ごとによいまとまりで土器が出ており，この遺跡だけで群馬の諸磯c式初頭部分の編年ができてしまう。中部高地系の土器は，J5号に古段階2期〜3期に似たものがあるが，中部高地系新段階のものはこの遺跡全体でまったく見られない。並行する時期ではないのだから当然のことなのである。

　吉井町黒熊3号住居（吉井町教育委員会1983）の一括資料は，広面J1A号より少し新しくなるが群馬A期に含めておきたい。極めて高い波状口縁(3)は広面J1A号の2と同様，諸磯b式新段階のいわゆる靴先状波状口縁の続きであるが，平縁の急速な席捲の中にこのような極端な波状口縁が少しだけ残り，群馬B期ではほとんどなくなってしまう。広面J1A号と黒熊3号の資料を比較すると，貼付文の4単位は共通しているが，黒熊ではそこから縦の分割線を垂下させて胴部を区分する意識が弱まっている。黒熊で平縁が支配的であることと合わせ新しい特徴を示している。この住居址には並行沈線で胴部を横方向に分割した完形土器(2)が出ている。b式新段階のものと似ているが，口縁は緩やかに内湾し，折れ曲がらない，貼付文が器面から高く出っぱるなどの違いがあり，地文の縄文も失われているなど新しい要素を指摘できる。このようなものがこの段階にまで残るのであろう。

　なお十分な例数について観察したわけではないが，群馬A期の波状口縁の下の貼付文や平縁の貼付文は，沈線に先立って加えられているものが多い（沈線が後から加えられるため突起の両側で線が続かない）ようである。突起部を器体の一部として初めに作る諸磯b式の獣面把手以来の伝統である。

　ほかにA期の単純な様相の出土例を知らないが，上記のような特徴に照らし合わせて他の遺跡から同時期の資料を抜き出すことは難しくない。糸井宮前遺跡にもこの時期の土器は多いが，この遺跡ではほとんどの住居址から諸磯b式新段階と諸磯c式が混じって出ていることからも言えるように，資料の一括性という条件においては好適でない。なおこの段階は中部高地の土器とよく似ており，地域差が見えてくるのは次の時期からといってよい。

諸磯c式　群馬B期（第4図）
広面J5号住居の資料では口縁の貼付文の数が多くなる。貼付文は沈線文の後から加えられたものが多いようで，この変化が貼付文発達の条件を用意した（貼付文が最後の工程なので，少数で止めずにたくさん貼付する。）といえる。湾曲する口縁に巻きつけるように貼付文を加えたものが特徴的で，ボタン状貼付文と交互に併用したものも多い。ボタン状と棒状の貼付文が胴部にまで加えられたものもあるが，群馬B期の中でも新しい傾向であろう。この時期，多くの貼付文

を口縁に並べるものが多いといったが，そのうちの4個（完形土器が少ないので確実でないが）を少し大きく作る点において4単位の意識が残っているらしい。貼付文を4個にするものもある。

　低い波状口縁はわずかに見られるが，高い波状口縁はほとんど見られなくなり，平縁が支配的である。口縁の断面形は変化に富み整理しにくいが，口縁の小部分が急角度で内湾したり，またその部分を肥厚させたり，上面に平坦面を作ったりするものが多く，そこに矢羽状の沈線文と貼付文が加えられる。ほかに緩やかに内湾する口縁，緩やかに内湾したあと外側に折れる口縁などがある。口唇の出っぱり上に直接または隆起線を加えて押捺列を加えるのは前の段階からの続き。ボタンの上を半截竹管や細棒の先で刺突したものはこの時期と次のC期に多く見られる。中部高地でも古段階2期から3期に見られる手法である。

　広面J5号住居8の土器は口縁部の下にふくらみがあって，貼付文はそこに加えられる。9の土器では内湾する口縁部とその下のふくらむ胴部の上部にも2段目の貼付文列が加えられている。2段貼付文の先駆けをなすものである。

　広面J7号住居では2個体の資料しか報告されていないが，どちらも二段の貼付文，胴部まで広がるボタン状貼付文など新しい要素が強い。これもB期のうちとする。そのほか量は少ないが芝山3号住居（北橘村教育委員会1993）や大下原7号住居（安中市教育委員会1993）（ともに他時期の混入多い）もB期の組み合わせである。

諸磯c式群馬　C期（第5図）

　赤城村六万遺跡1号住居（山武考古学研究所1993）では貼付文列を1段配した土器と2段配した土器が共存するが，後者が多い。B段階後半からさかんになったものである。この場合，上段の貼付文列を大型にし，さらに1個おきに耳状（器面に対して直角でなく斜めに加えられたものをこう呼ぶ）にすることによって口縁の装飾をいっそう派手にする。もはや4単位区分の意識はまったく認められない。器形はほとんどが平縁で，口縁が内湾するものが多い。なおこの住居址の資料7は異なった器形と文様の系列を構成するもので，時期的にも少し新しいかもしれない。

　富岡市内出第1遺跡6号住居（群馬県教育委員会ほか1992）資料もよく似ており，貼付文を2段に配したものが多いが，耳状把手を含めて貼付文の突出が弱く，太い隆起線のように退化しはじめている。貼付文に長くなったものもあり，口縁外側の地文が単純な水平平行線となったものが多く，ボタン状貼付文に押捺を加えたものが少ないなど，次の群馬D期への接近を示すが，ここまでをC期とする。内出6号住居と次のD期との間にはまだ多少の空隙が残っているように見える。

諸磯c式群馬　D期（第6図）

　大胡町上大屋・樋越（大胡町教育委員会1986）と前橋市芳賀北曲輪（前橋市埋蔵文化財発掘調査団1990）は遺跡全体としてこの時期のほぼ単純な様相を示す。前橋市二宮千束・吉井町神保植松にもまとまった資料がある。土器の多くは前段階の2段の貼付文列をもつ土器から変化したもので，組成が単純である。この段階には口唇から下の段の貼付文列の加えられる出っぱりまでの幅が増し，出っぱりも弱いものが多くなる。この口縁部の幅の広がりにともない，1段目の貼付文が長い棒

状になる。口唇上の団子状の貼付文とこの長い棒状貼付文が交互に加えられる。この長い棒状貼付文を貼付するとき，両側を強くなすって器壁に接着させるため，両側の地文沈線が擦り消されものが見られる。2段目の貼付文も長くなったものが多く，さらに胴部にもべたべたという感じでしまりのないボタン状貼付文が多く付けられる。

　以上の変化で重要なことは，群馬県の土器は貼付文が発達する方向で変化し，貼付文が，半截竹管で刺突を加えた押捺浮線文や結節浮線文に変わる様子がない。そこに結節浮線文の土器の生まれる契機を認め難いが，群馬には別種の結節浮線文が少しあるようである。C期の土器のうちに糸井宮前77号などや新羽今井平例（群馬県史編さん委員会1988）など口縁やその直下に水平に押捺浮線文を加えたものがあり，そのようなものの中にまれに結節浮線文と言ってもよい形のものがある。そのようなものから六万遺跡5図7例のようなものが出来，D段階には芳賀北曲輪12号住居（第7図a）や埼玉県川口市赤山陣屋遺跡にあるような土器になる。それはD期の一般的な土器とは少し違って，口縁が肥厚しないで内折し，その上に水平方向に弧状の貼付文を加えたもので，口縁部に横方向の結節浮線文を有している。このD期に至って群馬の伝統の土器にしっかりした結節浮線文や結節沈線文が併用される土器が見られるようになったようである。中部高地のものとは使われかたが違うので，その影響かどうかわからないが，時間的にはほぼ並行している。

　以上群馬県の諸磯c式の古い部分を4期に分けてその変遷を見たが，各期の記述でふれたように，それぞれがなお無理をすれば細分される可能性を有している。

　[その後の群馬県の系統]

　D期の土器に似るが棒状貼付文がさらに細長くなったものは，おそらくD期に続くものであろう。埼玉県針ケ谷北通遺跡（第7図右上）（土肥孝1975）や群馬県富士見町田中2号住居（富士見村教育委員会1987a）に見られるこのような退嬰的様相をもって群馬県の系統を追うことがむずかしくなる。

◎中部高地系結節浮線文土器との共出

　群馬C期までは中部高地系諸磯c式新段階の結節浮線文土器の共出例がほとんどない。広面，黒熊では出土なく，糸井宮前の25軒ほどの諸磯c式群馬A～C期の土器を主体とする住居でもわずか1軒（16号）の覆土から1片が報告されているにすぎない。ところが群馬D期になると遺跡や遺構において結節浮線文が共出する例が急増する。このことは群馬D期が中部高地の新段階に時間的に近接し，群馬A～C期はそれに先行していることを示すが，群馬D期を単純に中部高地新段階並行というわけにはいかない。ここでひとまず中部高地に目を移し，その編年を見た後に，第3節で群馬D期が中部高地編年のどこに対応するか検討し，しかる後に群馬のD期以後の状況を見よう。

---

(6)　金箱文夫1989　この器形は十三菩提式古段階との関係で注意すべきものがある。
(7)　同一遺構や同一遺跡でとにかく一緒に出たという単純な事実をこの語で表現したい。廃棄の同時性など過去に意味のある関係をもった遺物が一緒に出た「伴出」関係はその一部の特別な場合ということになる。なお戦時に政府に物資をさし出したのは，「供出」である。

2．中部高地の編年

中部高地　諸磯b式　新段階（第10図）

　中部高地の諸磯c式の成立をみるにあたって，まず先行するb式新段階から見る必要がある。この段階の資料は従来少なかったが，近年山梨県大泉村天神遺跡（新津健ほか1994）のまとまった資料が報告された。ほかに三宅島西原遺跡（伊豆諸島考古学研究会1975）の資料もまとまっている。伊豆七島で中部高地の土器を論ずるのはおかしいと思う人も多いであろうが，胎土分析によるとすべて島外からの搬入品であることが確かであり（今村啓爾1980b），型式的にも諸磯b式新段階，c式古段階とも中部高地のものとほとんど区別できない。そのほか長野県大町市上原，駒ケ根市赤穂，岡谷市小坂城址，原村阿久など（各，長野県教育委員会1957，林茂樹編著1966，長野県教育委員会1975a，同1975b）に若干の資料を見る。

　天神遺跡の資料では口縁の渦巻文が多数並行する弧線に変わり，胴部はあっさりした並行沈線が加えられるだけの土器が目立っている。中部高地の地域色なのであろう。類似のものは三宅島西原にも見られる。しかし同じ天神や山梨県一宮町釈迦堂遺跡（塚越北A区）（山梨県教育委員会1986）の，新段階でも後半と見られる土器（第10図7，8）は群馬のものとよく似ている。中部高地にはこの段階から次の段階にかけて，まっすぐに口縁が開く器形で，口縁にボタン状貼付文を加えた土器が多くある。

　天神の資料は全体として新段階後半に偏っているようには見えないのに浮線文の土器が少ない。関東より浮線文の消滅が早いのであろうか。

中部高地　諸磯c式　古段階全般

　ここで古段階全般の状況を見，しかるのちにその中の小変化を見よう。

　諸磯c式古段階の資料も引き続き少ない。しかし赤塩仁氏の作為的な分布図がイメージさせるほどに少ないわけではない。長野県大町市上原，松川村有明山社（長野県考古学会1969），山形村唐沢（長野県考古学会1971）各遺跡では新段階に匹敵する量の古段階の資料があり，量的に十分とは言えないものの岐阜県下呂町峰一合，長野県伊那市城楽，山梨県銚子原（各，紅村弘・増子康真1977，長野県教育委員会1974b，長沢宏昌1979）の資料は古段階単純である。山梨県沢中原（小林広1972）も古段階が中心の資料である。山梨県天神42号，52号，55号はいずれも資料が少ないが古段階1期，2期の住居址であろう。この遺跡には32号，37号，45号といった新段階の住居址とみられるものもあるが，いずれも資料は少ない。もっともまとまっているのはやはり三宅島西原である。そのほか茅野市下島，茅野市丸山，塩尻市竜神平（各，宮坂英弌1950，中村龍雄1980，長野県埋蔵文化財センター1988）に完形の資料がある。どういうわけか下島と丸山の資料は群馬県の土器（C期）であるので，ここでは説明から除外する。破片で見ても群馬C期土器は比較的多くの遺跡に散見するので単に搬入品というだけでは説明できないかもしれない。逆に群馬にはこの時期中部高地系の土器は少ない。

古段階の器形にはまっすぐ開くものと口縁が内折するもの，内湾するものがある。波状口縁は，諸磯b式から続くものが初期にわずかに見られるだけで，圧倒的に平縁が多いのは群馬と同じである。

口縁部文様は平行沈線の地文上につまみ状の貼付文，棒状貼付文，ボタン形の貼付文が加えられ，胴部文様としては縦割りの平行沈線による文様が加えられることも群馬と同じである。ただし中部高地の古段階では胴部に貼付文が加えられることはほとんどないらしい。つまみ形や棒状の貼付文の上には半截竹管の先端による刺突が加えられることが多く，おそらく器面への接着を良くする目的もあるのであろう。ボタン状貼付文の上に半截竹管によるC字形，横切りにした竹管による円形刺突が加えられたものが古段階2期と3期に多く見られる。

これら中部高地の古段階の土器は，さきほど見た群馬県の古段階の土器とよく似ているが少し違いがある。それは，1．口縁部がゆるやかに内湾する器形が多く，強く内折するものが少ない。2．口縁下に突出があって貼付文が2段になる器形が少ない。3．つまみ状貼付文や棒状貼付文の上に刺突を加えたものが多い（ボタン状貼付文上の刺突は群馬にも多い）。そして古段階1期，2期，3期と進むほど群馬と中部高地の地域差が大きくなる。

群馬のc式古段階と中部高地のc式新段階を同時期の地域差と主張する人たちは中部高地で出土したc式古段階の土器を群馬からの搬入品とみなすのであろうが，以上のような違いがあって群馬の土器とはいえないものを群馬からの搬入品とするわけにはいかない（群馬C期など群馬系の土器もあるが，中部高地独自のものが主体である）。

群馬県において古段階に時期差があったように中部高地においても3つほどの時期差が認められるようなので仮にこれを1，2，3期とするが，まだ資料不足で境界のメルクマールを明確に示すことができない。今後の検討が必要である。

中部高地　諸磯c式　古段階1期（第11図）

公表された資料が少ないが，岐阜県峰一合，山梨県銚子原がこの時期の単純な様相を示す。山梨県天神52号，55号はこの時期の住居址であろう。

器形はまっすぐ開くもの，口縁が弱く内折するもの，口縁がゆるく内湾するものがある。現在の段階で2期との区分のメルクマールを明示することはできないが，群馬の状況を参考にして，貼付文の数が少ないこと，それに押捺を加えることが少ないこと，口縁部の上下の境界に連続押捺を加えることなどがこの時期の特徴のめやすとなる。今後良好な単純資料の出現に期待したい。なお，5，7，8は沈線文に先行して貼付文が加えられているようであるが，1，2は沈線が先である。

中部高地　諸磯c式　古段階2期（第12図，第13図上左）

古段階2期からの変化は山梨県御坂町・八代町花鳥山遺跡の資料で追うことができるので，この遺跡から見ていきたい。ここでとりあげるのは1987年に山梨県埋蔵文化財センターが発掘した資料である（長沢宏昌ほか1989）。花鳥山遺跡の住居址は，密接重複した住居址群で，条件が悪いに

もかかわらず混入は比較的少ないように見える。時間的には9号→15・18号→13号→23号の順になろう。これらの間に切合い関係はない。

9号の土器1は棒状貼付文に厚さがあり，口縁部の地文と胴部文様をはっきり区別している点でも花鳥山の土器の中ではもっとも古い様相である。古段階2期とする。同じ住居の土器2は次の3期に下るものであろう。天神42号もこの古段階2期の住居址であろう。

中部高地　諸磯c式　古段階3期（第13図）

15・18号の資料は，重複住居であるにもかかわらず土器の内容が単純である。口縁部文様帯の幅が広くなったものが多く，屈折弱く，口縁部と胴部の区別の意識が弱まる。浮線文は，あとで問題にする土器8を除き，棒状貼付の上から粘土紐より幅の狭い半截竹管で押捺する押捺浮線文（第1図）である。土器6はこのような浮線文で渦巻文を作っている。渦巻文の出現についてはあとで考える。粘土紐の貼付を省略して地文の上にいきなり竹管の連続押捺を加えるもの（結節沈線文，第1図）がこの段階から早くも現れる（2）。この土器群には再び波状口縁が現れるが（2，6），まだそれとわかりにくいほど低い。この15・18号の資料をもって古段階3期とする。

中部高地　諸磯c式　新段階1期（第14図上）

13号住居の資料では，口縁部文様帯の幅はさらに広がり，そこに浮線文が細く長く多数平行して加えられる。口縁部と胴部の地文の沈線文の区別が弱くなり，器形においてもそこにはっきりした屈折を作ることがない。波状口縁が増えるが山の高さがまだ低い。口唇に沿って1本の結節浮線文または結節沈線文を加えるのは古段階3期の15-18号住居にはあまり見られなかった新しい要素である。浮線上には浮線より幅の広い半截竹管で押捺が加えられ，いわゆる結節浮線文となる。平行に垂下するモチーフにくらべ，渦巻文はまだ少ないようである。前者のモチーフでは結節浮線文を結節沈線文に置き換えたもののほうが多いが，後者の渦巻文はまだ結節浮線文だけで加えられるようである。ボタン状貼付文は押捺のない小さなものが2個ずつペアで加えられる強い癖がある。以上を新段階1期とする。

中部高地　諸磯c式　新段階2期（第14図下）

23号住居の資料においては結節浮線文による渦巻が顕著な存在となっている。13号住居に多かった浮線文の垂下する文様の土器1は床面出土で，他は覆土出土なので時間差があると報告者はいう。土器5はこれに似ているが，口唇の結節浮線文が3本に増えているのは新しい要素といえる。波状口縁が多くなり，その高さが増す。下半部にも，上半部と同じ渦巻文を繰り返すものがあり（14図3）器形は胴部中ほどに屈折をもつ。

このように23号住居の資料はさまざまに13号より新しい様相を示すと言えるので，これを新段階2期とする。ただし1期と2期の違いは前者が垂下する平行線文様を主体とするのに対し，後者が渦巻文を主体とするという量的な比率であって，ほぼ同じような垂下する平行線が1期にも2期にもあり，結節浮線文による渦巻文も1期にも2期にもあるので，個々に土器の所属を判定

することは困難な部分がある。しかし，すぐあとで述べるように1期と2期の渦巻文の土器には違いがある。

◎中部高地における諸磯c式新段階の成立過程

　花鳥山遺跡の資料によって古段階から新段階への変化を見たところで，少しもどって新段階の成立過程をまとめておこう。

　諸磯c式新段階には波状口縁が顕著であるが，これは諸磯b式から続くものではなく，一度とぎれた後，古段階3期にごく低いものが生まれ，次第に高くなってきて成立したことが上記の変遷からわかる。新段階にキャリパー形器形がないことも，古段階2期，3期と口縁部の湾曲が弱まっていく変化によって説明され，屈曲が無くなるのとともにその上と下の部分の地文を変える意識も弱くなる。結節浮線文の下地に平行沈線の地文がある理由も，古段階における沈線と貼付文の関係から了解される。

　このように諸磯c式新段階の土器は，器形，文様要素，文様図形のいずれにおいても切れめを見つけるのが難しいほどの古段階からの連続的，漸移的な変化によって成立したことが認められるのであり，三上・赤塩氏らの深遠な哲学的型式論による諸磯b式からの変化の説明は不必要である。

中部高地　諸磯c式　新段階3期（第15図）

　すでに述べたように文様の大きな分類と時期区分は一致していない。以下では各遺跡の文様の比率を破片で見るために，厳密な時期差から少し離れることになるが，結節浮線文が垂下するものを1類，結節浮線文が渦巻をなすものを2類，結節沈線文による渦巻を3類，この渦巻が並行沈線に置きかえられたものを4類（第15図7）と便宜的な分け方をしたい。1類と2類は文様の形が別の系統であるが，2類，3類，4類は同じモチーフを表現する施文技法が順次変化して生れたと想定される。この時期について単純な様相の資料は多くないが，花鳥山で1類を主体とする13号住居の時期を新段階1期，2類を主体とする23号住居の時期を新段階2期とした。これらの資料には3類や4類が見られない。同じことは東京都あきる野市雨間遺跡（雨間地区遺跡調査会1998）のまとまった資料にもいえる。この2つの事例から，2期はまだ新段階の終末ではなく，次に3類出現以後の段階を設定することができる。これを新段階3期とする。

　現在この時期に相当する単純な資料は知られていないが，長野県諏訪市荒神山（長野県教育委員会1975c）の資料を見ると，結節浮線文の土器はほとんどが渦巻文を形成し（2類）量が少ない。縦に垂下する結節浮線文（1類）はいっそう少ない。他に結節沈線文が多く，その多くは渦巻文をなす（3類）。さらにこの渦巻をただの平行沈線文に置き換えた土器（4類）も多い（渦巻が変形して凸レンズ形になるものが増えるが，これは諸磯c式古段階の凸レンズ形文様とは関係がない）。この様相を下表のように花鳥山，雨間と比較して荒神山に3類の多い時期（3期）の存在を認めることができよう。花鳥山13号と23号住居には十三菩提式はないが（遺跡全体では荒神山遺跡並行や十三菩提式古段階に下るものが少しある），荒神山にはそれが大量にある。このこと

c式新段階の土器を多く出土した遺跡における各文様の相対的な量

	新段階1類	新段階2類	新段階3類	十三菩提古
花鳥山13号	++	+		
雨間地区	++	+		
荒神山	+	+	++	++
神保植松	+	++	++	++

も3類と十三菩提式が近いことを暗示している。4類は後述するようにほとんど十三菩提式まで下るものである。

　後でとりあげる群馬県神保植松遺跡では，中部高地系の新段階1類は多くなく，新段階2類から増え，3類，4類を含む十三菩提式古段階へと安定した量が維持される。

◎結節浮線文による渦巻文様の出現（第16図）

　諸磯c式新段階を代表する文様のひとつである縦に並行に垂下する結節浮線文が，古段階の棒状貼付文，押捺浮線文からの変化で生み出されたものであることを先に見た。もうひとつの代表的文様である渦巻文がどのように出現したのかを見ることは，c式新段階がどのように成立したのかを理解するために重要である。

　かつて私はこの渦巻文の成立を多数平行する浮線文が巻き込んでできたと説明したことがある（今村啓爾1981b，本書3A章）。これは渦巻文の発生を示すような先行資料が未発見の状態でのとりあえずの解釈であった。しかし現在では以下にあげるようにこの種の渦巻文の早い時期の資料が知られるようになり，考えを改める必要がある。

　新段階に先行する可能性のある渦巻文の例は，古段階3期の花鳥山15・18号住居に見ることができる（第13図6，8）。6では粘土紐の上を少し幅の狭い竹管で押捺した「押捺浮線文」が使用されており，まだ結節浮線文の形をとらない。浮線文の形自体が古段階3期であることを示している。ただし胴部の2個で対をなす貼付文は古段階3期には少ない。同様な例は東京都多摩ニュータウンNo419遺跡（第16図8），群馬県水上町北貝戸（第16図7），上野村新羽今井平（第16図5，6），伊勢崎市下吉祥寺（第16図2～4）にもある（各，東京都埋蔵文化財センター1983a，山武考古学研究所1975，関根慎二1993）。

　ところが同じ花鳥山15・18号住居で出た土器8は押捺浮線文ではなく結節浮線文が渦巻文をなす。新段階1期から盛んになる2個で対になった小さなボタン状貼付文とともに古段階3期に位置させるのを躊躇させる土器である。しかしこの土器にも普通の結節浮線渦巻文より古い要素がある。土器6もそうであるが，波状口縁の高さが低く，渦巻文を含む文様帯の幅が狭い（次の段階と比べて）。また渦巻も新段階に一般的な波状口縁下に2つ並ぶ形でなく単独である。土器6との差を考えると，8は新段階1期まで下げるべきと思っているが，15・18号住居は古段階3期のよいまとまりを示す資料であり，土器8だけを除外するのは抵抗がある。古段階3期のうちに

あってもこのような渦巻文の土器だけは早くから新しい特徴を獲得した可能性を考えるべきかもしれない。

やはり早く結節浮線文による渦巻文を使用した例が長野県竜神平にある（16図10）。共出土器には古段階2期，3期，新段階1期までの時間的幅があり，それから時期を決めることはできないが，この土器が丸みのある波状口縁下に単独で渦巻文を置かれている点，文様帯の幅が狭い点，胴部文様がしっかりして口縁部文様帯と区別されている点はみな古い要素といえ，併用された押捺貼付文の形から，古段階2～3期とみるべきであろう。ただこの土器は口径が1メートルを越えるような大きな土器で，器壁の厚さは2センチ，浮線文の太さも1センチ近くあるらしい。器形や文様も類例がないのでどこまで一般的に扱ってよいのか迷う。細田勝氏はこの土器を私のいう古段階と新段階の文様が併用された土器であって，古段階と新段階が同時であることの証拠とするが，上記のように渦巻文自体に古い特徴があり，渦巻文が古段階までさかのぼって早くから少数存在したことの証拠とすべきである。新段階に一般的な双渦文（波状口縁下に2つの渦巻が並ぶ）は，ここにあげたような古段階の末期～新段階初期の渦巻文から変化してできたものであるから，かえって双渦文が古段階より新しいものであることがわかる。

このようにして，結節浮線文による渦巻文の古い形を，波状口縁の下の幅狭の文様帯に加えられた単渦文にさかのぼることができた。時期的には古段階3期，あるいは2期までさかのぼる可能性もある。ところでこの渦巻文のあり方は，波状口縁の下の幅狭の文様帯に単独で加えられる点において，諸磯b式中段階の浮線文土器の渦巻文に似ている。しかし両者の間には，浮線文の存在のはっきりしない，そして口縁の内折部分に渦巻文が加えられることが少ないb式新段階後半と，浮線文も渦巻文も知られていないc式古段階1～2期が横たわっており，両者がつながると積極的に言うわけにはいかない。仮につながったとしても，型式変化の本流とは外れて特殊な文様が細々と続いたあとc式古段階末期から再生し，新段階2期に盛行したのであって，編年体系に影響するようなものではない。

中部高地における諸磯c式から十三菩提式へ

長野県荒神山遺跡の前期末資料は，諸磯c式古段階から十三菩提式にわたる。したがって細分時期の組合わせを見るには適していないが，中心は諸磯c式最末期から十三菩提式最初期の，もっともまとまった資料である。

すでに述べたように荒神山の資料には，諸磯c式古段階3期のもの，新段階1類のものも含まれるが，どちらも少ない。新段階2類は比較的多くあるが，その手抜きの手法としての3類の結節沈線文双渦文や4類の平行沈線文がさらに多い。

結節沈線文や平行線によるモチーフを浮き上がらせるため余白部分を削り取る手法は，従来から十三菩提式の始まりのメルクマールとしてきたものである。折り返し状の口縁も同じころから出現したようである。3類の土器には削りとり手法や折り返し口縁はほとんど見られないが，4類の渦巻文やレンズ文の土器にはそれらが見られるのは，3類の土器がほとんど諸磯c式のうちに納まり，平行沈線の土器がそれと次の十三菩提式初期にわたって存在したためであろう。3類

から変化したキャタピラ文（第1図）は削り取り手法を伴うものが多いから，ほとんど十三菩提式に入ってからのものといえるが，類似の幅狭の結節沈線文はもう少し前からあったかもしれない。以上の割り振りは大まかな推論の段階にあり，今後継続時期の短い単純遺跡の発見によって一時期の組合せが確認されることが望まれる。

　十三菩提式のはじまりについては，削り取りの手法のほか，従来から鍋屋町系土器が大量にともなうようになることをメルクマールにしてきた。しかし長野県松本市白神場遺跡（松本市教育委員会1985）の理想的なセットの出現と荒神山資料の比較によって，削り取り手法の出現と鍋屋町系土器の本格的進出の間には時間差があることがわかった。荒神山は鍋屋町系が本格的に進出する前の遺跡であり，白神場はそれが進出した後の遺跡であると考えられる。(新註3)したがって十三菩提式古段階も前後2時期に分けなければならなくなった。荒神山にも1片だけ鍋屋町系土器があるが，それは白神場で大量に伴出した鍋屋町系土器より古い特徴を示すものであり，たぶん搬入品であろう。関東地方に鍋屋町系の土器が出現するのは，東京都奥多摩町とけっぱら遺跡を除くともう少し遅れる。群馬では中段階までその系統のものがほとんど見られない。

3．中部高地の編年と群馬県の編年の対比

　さきほど中断した群馬県の系統に戻り，中部高地の編年との対比をしてみよう。

　群馬県では多いとは言えないがそれでも相当量の中部高地新段階の結節浮線文土器と同じものの存在が知られている。これを中部高地の土器とする説に従うならば，このような土器は搬入土器として主体となる群馬の土器に少量ともなう出かたをすることが期待される。また群馬の各段階に偏りなく伴なうであろう。では実際にそのような出方をしているであろうか。

　住居址単位，遺跡全体の単位で共出関係を検討してみると，群馬A・B・C期にはほとんど共出が見られないのに対して，群馬D期になると多くの共出例が見られる(8)という顕著な傾向が認められる。中部新段階と群馬D期が年代的に近接することはまず疑う余地がない。(9)

　では中部高地新段階と群馬D期を並行とみればよいのであろうか。残念ながらそう簡単にはいかない。群馬県で中部高地新段階と類似の土器を出した遺跡，遺構を個々に見てみると，そのような土器が大きい比率を占める例，それだけが出ている例もあって，主体となる群馬のD期の土器に客体としての中部高地の土器が伴ったとは理解できないものが相当にある。たとえば吉井町神保植松遺跡（群馬県埋蔵文化財調査事業団1997a）という中部高地系新段階の土器を群馬でもっとも多く出土した遺跡では，報告書によると群馬D期の資料6ページ，中部高地系新段階の資料

(新註3)　5C章の今村啓爾2001では荒神山の十三菩提式古段階と白神場はともに古段階前半に位置し，諸磯ｃ式の伝統を残す地域と鍋屋町系の進出した地域の違いと考えるようになった。

(8)　中部高地系を伴出した可能性が認められそうなもっとも古い例は，内出Ⅰ遺跡6号住居址であろう。群馬C期後半を主とする土器16個体と7片の中部高地系結節浮線文土器が報告されている。中部高地系の土器は新段階2類が多い。しかし他の遺跡で共件の可能性があるのは，群馬D期と中部高地古段階3期か新段階1類，2類である。従ってこの遺跡の両者は，他遺跡において共件の可能性を持つ2者に比べて時期が離れ過ぎている。よってこれは混在とみなすべきであろう。

(9)　大胡町上大屋，前橋市二之宮千足，吉井町白石根岸，吉井町黒熊，前橋市熊野谷，小野上村萩久保，前橋市・群馬町上野国分寺，赤城村勝沢中ノ山，古井町神保植松など。

10ページで(十三菩提式12ページが続く)、とても主体となる群馬系に中部系が伴ったとは言えない状況である(第8図、第9図は資料の一部)。

一方群馬D期の遺跡で中部高地新段階の土器を伴わない例もある。たとえば芳賀北曲輪という群馬D期の資料をもっともまとまって出土した遺跡では、報告書による限り中部高地新段階の土器はまったく出土していない。

この神保植松と芳賀北曲輪の状況の違いを、地域差や遺跡ごとに起きた状況の違いと考えるのでないなら、芳賀北曲輪は中部高地系進出以前の遺跡、神保植松は群馬D期に群馬系と中部高地系がともないつつ急速に入れ替わった状況として理解される。

今視野を広げて群馬県の遺跡全体における中部高地系の土器の出土例を概観すると、古段階3期はほとんどなく、新段階1類は神保植松にややまとまってあるが、遺跡の数でも量的にも増えるのは新段階2類からである。古段階3期は群馬系が健在で中部高地系が入り込む余地がなく、新段階1期になると状況の変化が始まり、新段階2期には中部高地系が入れ替わりに主体的存在となったことが想定される。

同時期の伴出としてよさそうな例が山梨県天神山遺跡にある。37号住居で群馬D期とみられるものと新段階1類が共出している(第7図d)。32号住居の群馬系土器は、群馬C期が極端に崩れた形である(第7図c)。このような例は群馬自体にもなく判断が難しいが、C期末よりむしろD期であろう。これにも新段階1類が共出している。これらの例は、神保植松や芳賀北曲輪で導かれた並行関係を裏付けることになる。

群馬の遺跡全体でD期と共出した新段階の土器は、1類より2類がずっと多い。多数決でいえばD期と新段階2期が並行と結論されそうな状況である。しかし群馬には1類より2類が絶対量においてはるかに多く存在するのであるから、ルーズな共出関係においては2類が共出することが多いのは当然といえる。そして重要なことは、この時期に起こった現象は、群馬の系統がとだえ、中部高地の系統が侵入してくる交替の現象であるのだから、両系統が共出する場合、同時性を背景とする伴出関係なのか、時間的に前後して交替した跡なのか十分注意する必要がある。私はむしろ神保植松・芳賀北曲輪・天神から導かれる群馬D期が新段階1期に並行という判断をとりたい。

群馬県榎木畑、半田南原、平塚台はいずれも資料が少ないが、群馬D期の土器が無く、新段階2類、3類、十三菩提古段階がある。群馬D期をともなわず十三菩提期に続く遺跡が新段階2期から始まるのは、D期が新段階1期までであったことを思わせる。

そのほか考慮すべき例として、埼玉県針ケ谷北通遺跡の群馬D期の流れを汲むと見られる土器(群馬E期?)は、新段階2期の土器が伴った可能性がある。

この並行関係の問題は、将来的にはD期の細分と中部高地系新段階の編年を確実にすることによって解決されなければならない。

4．群馬の諸磯c式新段階

　上に見たように新段階になると地域差の強まりつつあった古段階とはうって変わって中部高地の土器と群馬県の土器が一体化する。これは型式の均一化の結果ではなく，群馬系がほとんどとだえ，代わりに中部高地系が広がった結果である。

　群馬の諸磯c式新段階は神保植松遺跡の資料によって相当な充実をみたものの，それだけで中部高地のような細分はできないし，中部高地の細分自体まだ不完全である。群馬の新段階の土器をみると，中部高地にある施文の種類がほとんどそろっており，両地域の土器に大きな地域差はないようなので，中部高地とほぼ同じ変化をたどったと推定できる。

　なお，群馬ではD期までの資料が非常に豊富なのに新段階の資料が少ない，一方が多く一方が少ないのだから両者は時期差ではないという判断が，地域差説の根本にあるらしいが，これに対しては，減ったものは減ったのであって現代の我々にはどうしようもないことであると答えるよりほかない。減るのはおかしいという人たちに対しては，では次の十三菩提期に資料が乏しいのはおかしくないのかと問いたい。むしろ次のように理解するほうが合理的であろう。群馬の遺跡はD期の中で急激に壊滅的状況となった。これにより，群馬の系統の土器伝統はほとんどとだえ，中部高地系土器が侵入した。この群馬の衰退状況は十三菩提式からさらに中期初頭の五領ヶ台式の時期まで続いた。

5．まとめ

　小稿には本来群馬の十三菩提式期の概要，南関東の諸磯c式期，北陸の諸磯c式並行期の記述が続いたが，紙面の都合で割愛する。別に発表の機会を得たいと思っている。(新註4)

　私の1981年の諸磯c式の編年は，今振り返ってみると，当時資料が存在した中部高地の編年であった。今回その古段階を3期に，新段階を3期に細分したが，単純時期の資料が十分でないため予想的な部分もある。近年群馬方面での資料が非常に充実し中部高地をしのぐようになったが，その資料の多くが古段階に属するものである。これはその変化と単純な様相の資料の検討によって4期（A～D）に分けられた。この諸段階は，中部高地と類似する型式から地域的独自性の強い型式に変化する過程であった。群馬D期は中部高地の新段階1期頃に並行する。群馬県ではこのD期の中に遺跡数，遺跡規模の急減があり，群馬の系統はほとんど途絶えるらしい。そこに代わって中部高地の結節浮線文を特徴とする新段階の土器が広がる。ここに人口の急減と他地域の土器型式の侵入という現象が典型的に見られる。この地域における人口の減少は，南関東でそれが起こった諸磯b式新段階より遅れて起こり，以後前期末から中期初頭まで復活することなく続いた。復活は南関東のほうが早い。

（新註4）　南関東の諸磯c式期は本章の「追加」として収録し，群馬の十三菩提式と北陸の諸磯c式並行期については本書5C章（今村啓爾2001の再録）で論じた。

群馬で遺跡が急減し，群馬系の諸磯ｃ式がとだえ，中部高地系の諸磯ｃ式が入ってくる頃，群馬の縄文人は死に絶え，中部高地の人たちが入ってきたのだろうか。中部の人たちが入ってきたことは否定できないだろう。しかし群馬の土器を担った人たちと中部高地の土器を担った人たちは神保植松遺跡などで接触していたとみられる。また群馬の人たちが生き残り中部系の土器の製作に関与した証拠がある。そのひとつは神保植松遺跡で唯一の押捺浮線文をもつ土器片である（第８図上10）。これは中部高地系古段階３期の文様であるが，これに群馬Ｄ期に特徴的な一面にべたべたと加えた貼付文が併用されている。また榎木畑９号住居（第７図ｅ），神保植松（第８図５），富士見村向吹張（富士見村教育委員会1987b）などには新段階の結節浮線文と群馬県の土着の文様である蛇行する浮線文が併用された土器片がある。(10) また群馬Ｅ期とでも呼ぶべき群馬系統の土器の存在も知られているが，まとまって出たことはない。

　現在の編年は，中部高地の古段階や群馬県の新段階において細分作業が十分確実ではないが，中部高地においても群馬県においても諸磯ｂ式新段階からｃ式各段階を経て十三菩提式古段階までスムーズに移行したことは疑う余地がない。

　最後に土器編年の細分について一言したい。こんなに分けたら細かすぎると思う人も多いであろう。私自身もすべての土器をこの細分に当てはめることができるとは考えていない。細分は土器をわりふるためにあるのではない。無理に分類しなくても一般の報告書では諸磯ｃ式古段階，新段階の分類で十分であろう。ただし賢明な読者は，これくらいの細分がなければ土器変化の経過を正しく把握することができないことを理解されるであろう。試しに私の細分のうちのどれか２つを入れ替えただけで土器の変化はほとんどたどれなくなってしまう。そしてもうひとつ重要なことは，ここまで細分してはじめて土器型式が広がっていくときの過程が明確につかめるようになることである。編年が土器型式の羅列から人間集団の動きと生態を表現するものへ質的な変化をとげるのである。

　中部高地の土器が群馬県に広がる過程は，これを地域差と考えたひとたちには驚きであろう。しかしそれは十三菩提式期に起きるはるかに大規模でたび重なる動きの先駆けにすぎない。

---

(10)　この蛇行浮線文は群馬にはわりあい多くみられる土器で，古段階には縄文を地文とするものが多く（糸井宮前ではほとんど縄文地文），時期が下るにつれて平行沈線を地文とするものが増えたようである。蛇行浮線文は東北地方の大木５式の系統を引くものであろうが，地文の変化は群馬での土着化を示している。

＜5B章追加＞
関東南西部の諸磯 c 式，とくに短浮線文の土器について

　本章の以上の部分は1999年10月23日埼玉県立博物館で開催された土曜考古学研究会で発表し，翌年発行の『土曜考古』24号に掲載していただいた部分である。研究会で簡単にふれた南西関東（埼玉・東京・神奈川）の状況については，紙面の制約から同誌上では割愛せざるをえなかった。ここにその割愛した部分を書きなおしたものを掲載する。

　南西関東では諸磯 c 式のまとまった資料が少ないが，埼玉県北部は群馬県の続きとして諸磯 c 式古段階の土器や住居址が比較的多く見られる。関東南西部の概要としては，古段階については群馬県の系統と中部高地の系統とが重なり，多摩ニュータウンの No.88B（多摩ニュータウン遺跡調査会1968），No.740（東京都埋蔵文化財センター1984a）遺跡例のような貼付文が発達するが，ボタン状貼付文の加えられない土器が古段階1期，2期のこの地域の地域色としてあると考えればよいであろう。新段階については中部高地系の土器の広がりを基本に，ここにとりあげる「短浮線文」土器や粗製土器（3E章参照）がより狭い地域性を示す。

　短浮線文土器は，円筒形または樽を細くしたような単純な器形が多く，櫛歯でこすったような粗雑な条線（縦方向の羽状にするものが普通）を地文にし，短く途切れる結節浮線文を口縁部，しばしば胴部全体に散らすように加えた土器である。器形の単純さ，地文の粗雑さ，文様の単調さなど粗製傾向の土器であるが，波状口縁など装飾的な要素もあり，強いて言えば並製という表現になろう。口縁において地文を水平に加えて胴部と区別したり，縦の浮線を並べたり，その方向を変えてハの字形に配置するなど文様帯を意識した扱いも見られるが，口縁部文様帯を胴部以下と明確に区分することはほとんどない。短浮線文初期のもの（18図1，4，9，10）を除いて，諸磯 c 式に多用されるボタン状貼付文が用いられない。

　南西関東，とくに神奈川県の諸磯 c 式には，群馬県には見られない中部高地系の古段階3期の縦長の押捺浮線文がかなり見られる（18図2）。その中には口縁部だけでなく胴部にも短い押捺貼付文を加えたものがあり（17図1，2，18図1），短浮線文の起源をなすものとみられる。押捺を加えられたボタン状貼付文が古段階であることを保証する。このように短浮線文土器は中部高地系の諸磯 c 式の中から生まれたと見られるが，中部高地にはほとんど見られず南西関東で独自に発達したものである。短浮線文の初期の部分は古段階3期にさかのぼるが，量的には少ないので，短浮線文土器はだいたいにおいて諸磯 c 式の新段階の土器として取扱ってよいであろう。

　東京都あきるの市雨間遺跡は古段階の終わりから新段階の初めにかけての一括性の強いまとまった土器を出土した点，この段階の南西関東としては稀有の遺跡であるが，そこの短浮線土器は，太めの隆起線の上を隆起線より細い半截竹管で押捺したり（18図3，4），真横の刻みを加えたりする（18図7，8）くせが顕著で，短浮線文の古い様相を示すと見られる。短浮線を半截竹管の押捺で押しつぶし，薄く短くした新しい様相のもの（18図15，16）は，この遺跡にはほとんど見られない。その少なさは，新段階3期の特徴であるヘラ切り浮線文や結節沈線文による渦

巻がこの遺跡に見られないことと符合している。

　神奈川県藤沢市代官山遺跡（神奈川県立埋蔵文化財センター1986）では，新段階単純の資料に上記のような新しい様相の短浮線文が伴っている。短浮線を加えることも省略してしまい，羽状の条線だけになった土器はさらに新しい傾向かとも思われるが，明確に時期区分ができるようなものではないであろう。条線を乱雑に加えただけのものは粗製土器として扱うことになる。

　短浮線文の分布であるが，北関東の諸磯 c 式新段階にはほとんど見られない。比率的に一番多いのは埼玉県南部で，新段階の遺跡には必ず見られ，大宮市深作東部遺跡（大宮市遺跡調査会1984b）のように量的に主体となる遺跡もある。東京にも多いが，さらに南下して神奈川県に入ると減少し，ここでは中部高地系の丁寧な作りの諸磯 c 式新段階の土器に少し伴う程度である。そのような中に上記代官山遺跡のような短浮線文土器の多い遺跡があるのは，時期的な差，あるいは人間集団の移動を示すのであろうか。房総半島を除いて諸磯 c 式自体が少ない千葉県では，短浮線文は少数の遺跡から各1～2片報告されているくらいである。

　南西関東の諸磯 c 式期は，土器編年よりも生活形態という点で興味深い分析対象になる。中期中葉の非常に安定した時期とは正反対の，一番衰退した時期にどのような生活がなされていたかという問題である。これについては第Ⅵ部5節「衰退期における人間の生態」で論じる。

図を引用した文献（本文で引用したものを除く）

埼玉県浦和市井沼方	浦和市遺跡調査会1998b
埼玉県飯能市西川小	飯能市教育委員会1992
埼玉県上尾市在家	埼玉県埋蔵文化財調査事業団1991
埼玉県白岡町タタラ山	白岡町教育委員会1996
埼玉県大井町東原	埼玉県大井町遺跡調査会1990
埼玉県愛宕	埼葛地区文化財担当者会1999
東京都新宿区妙正寺川	妙正寺川 No.1 遺跡調査会1987
東京都練馬区中島	中島遺跡調査会1995
東京都北区袋低地	東北新幹線赤羽地区遺跡調査会1992
東京都あきるの市雨間	雨間地区遺跡調査会1998
東京都多摩ニュータウン No.406b	東京都埋蔵文化財センター1986b
東京都多摩ニュータウン No.709	東京都教育委員会1983c
東京都多摩ニュータウン No.737	東京都埋蔵文化財センター1986c

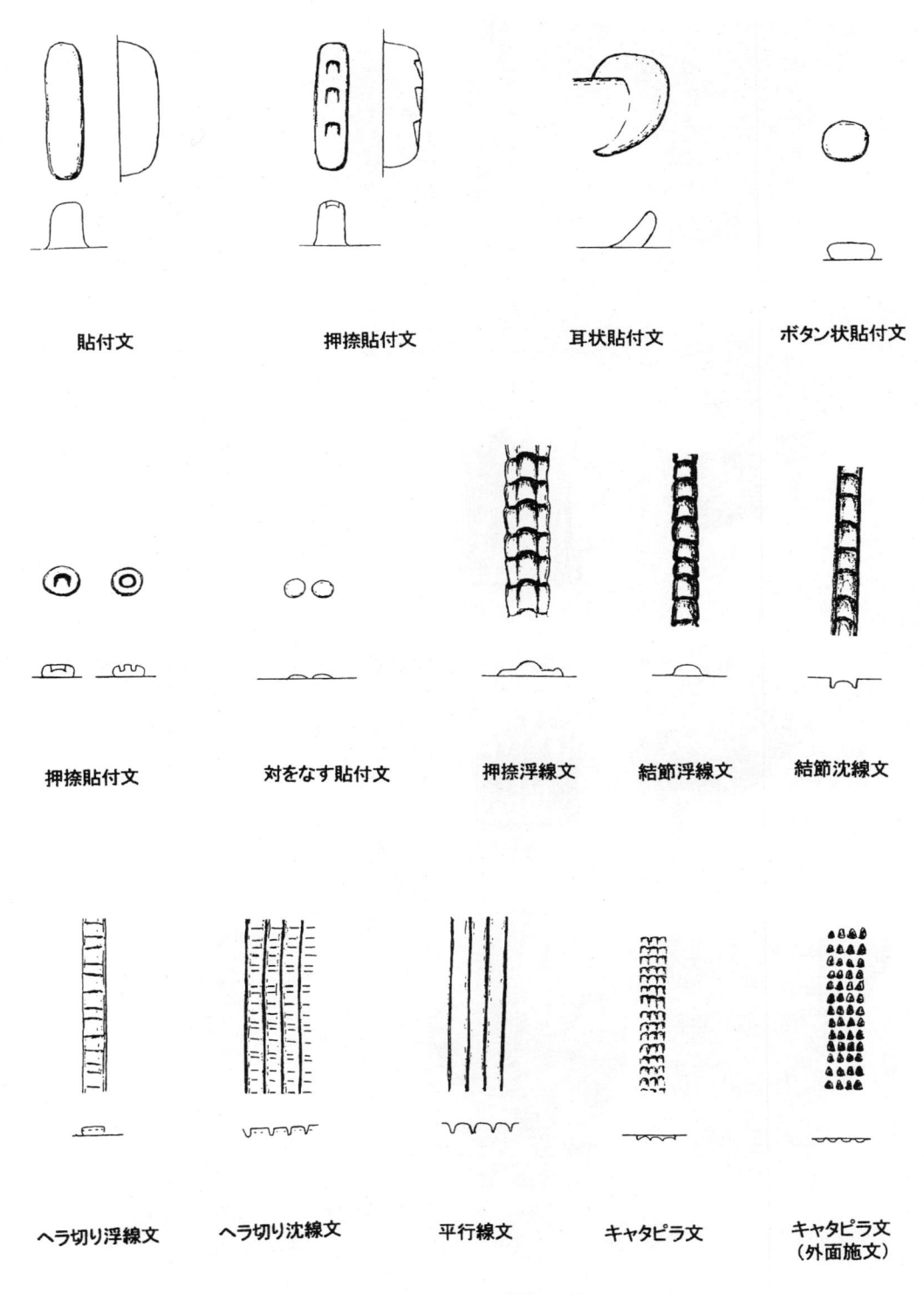

5B章　諸磯c式土器の編年と動態（追加）　251

| 貼付文 | 押捺貼付文 | 耳状貼付文 | ボタン状貼付文 |

| 押捺貼付文 | 対をなす貼付文 | 押捺浮線文 | 結節浮線文 | 結節沈線文 |

| ヘラ切り浮線文 | ヘラ切り沈線文 | 平行線文 | キャタピラ文 | キャタピラ文（外面施文） |

第1図　諸磯c式の主な文様手法（一部十三菩提式）

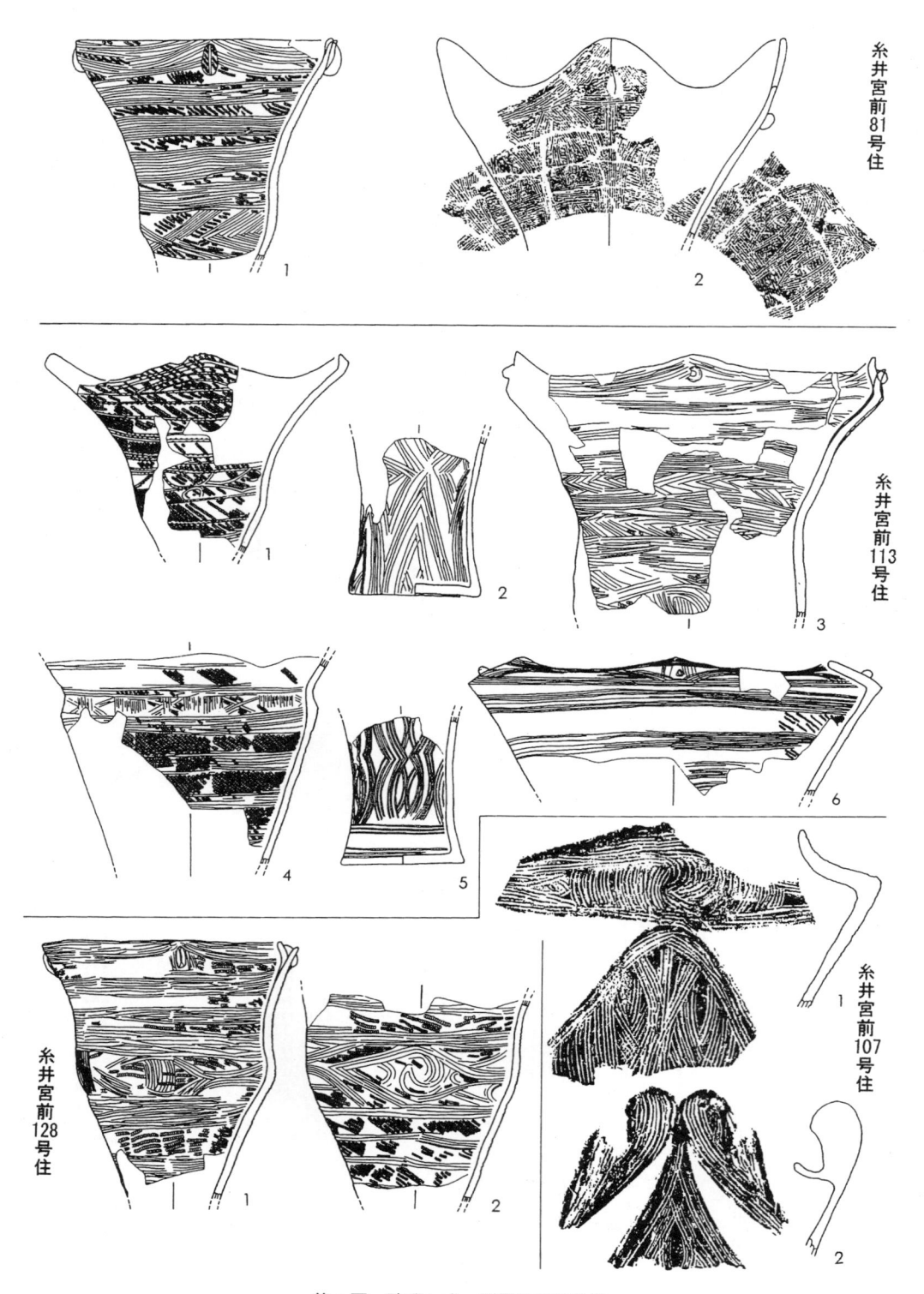

252 第Ⅴ部 土器系統の動きと人間の生態

第2図 諸磯b式 群馬新段階後半

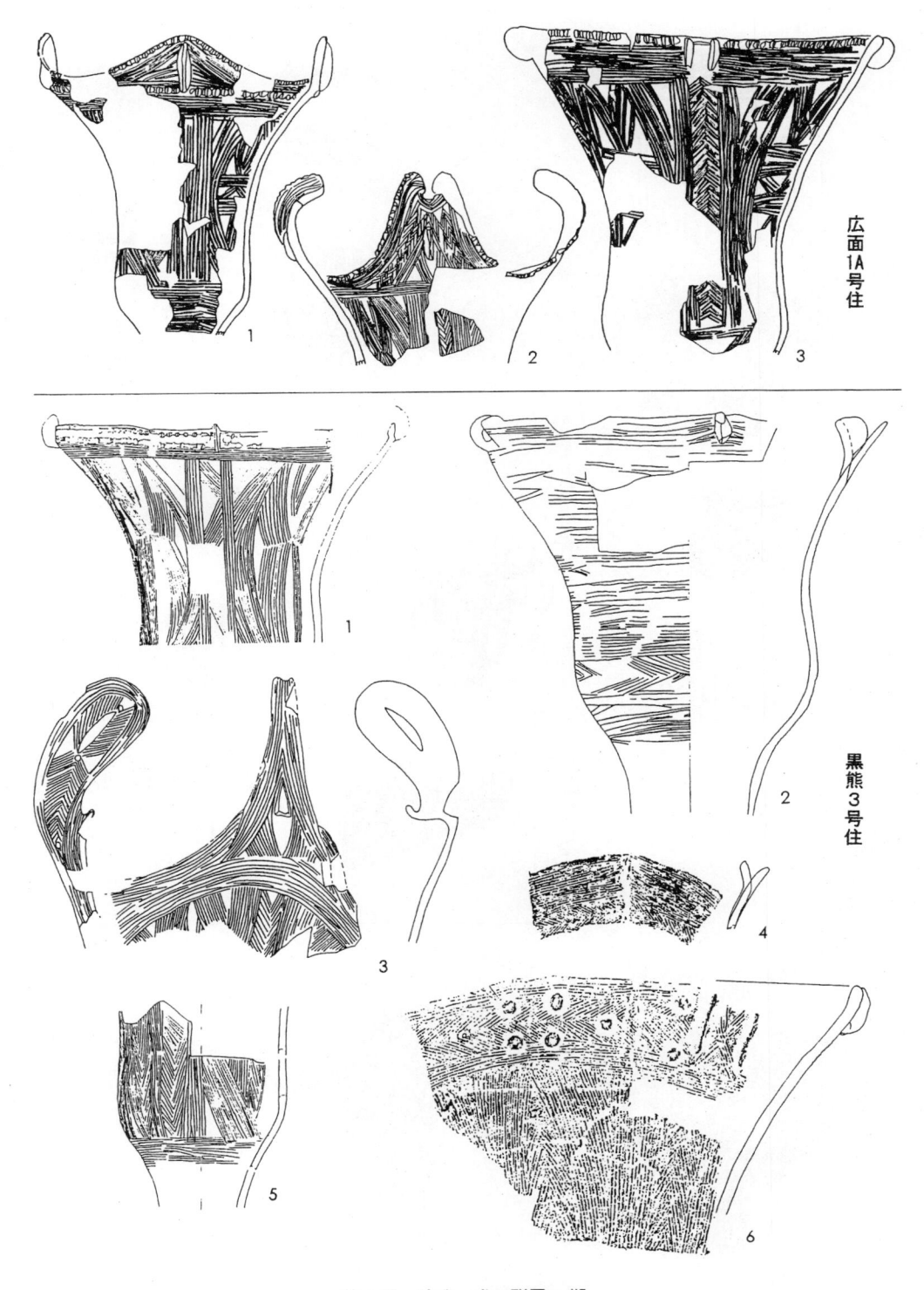

5B章　諸磯c式土器の編年と動態（追加）　253

広面1A号住

黒熊3号住

第3図　諸磯c式　群馬A期

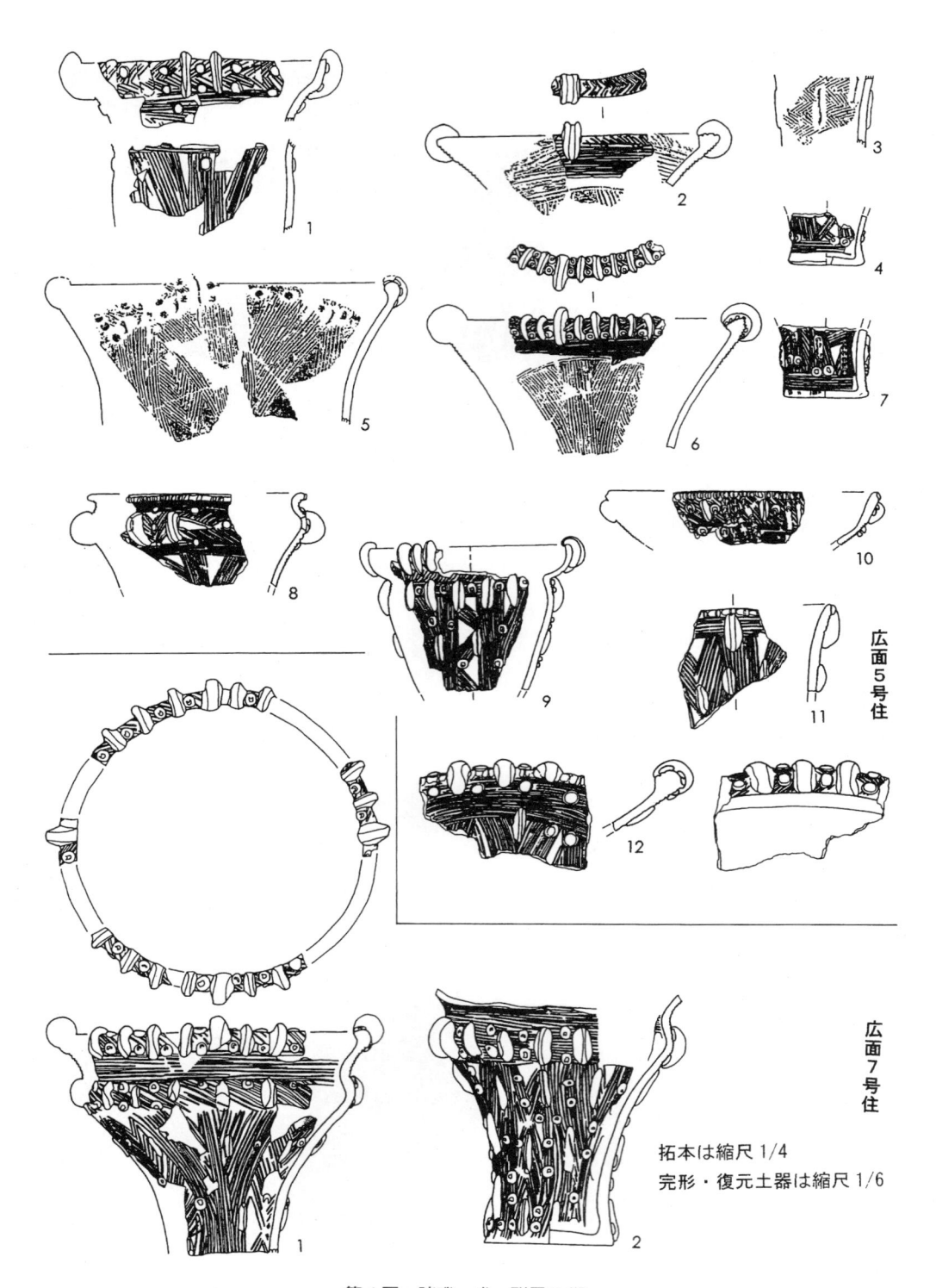

254　第Ⅴ部　土器系統の動きと人間の生態

広面5号住

広面7号住

拓本は縮尺1/4
完形・復元土器は縮尺1/6

第4図　諸磯c式　群馬B期

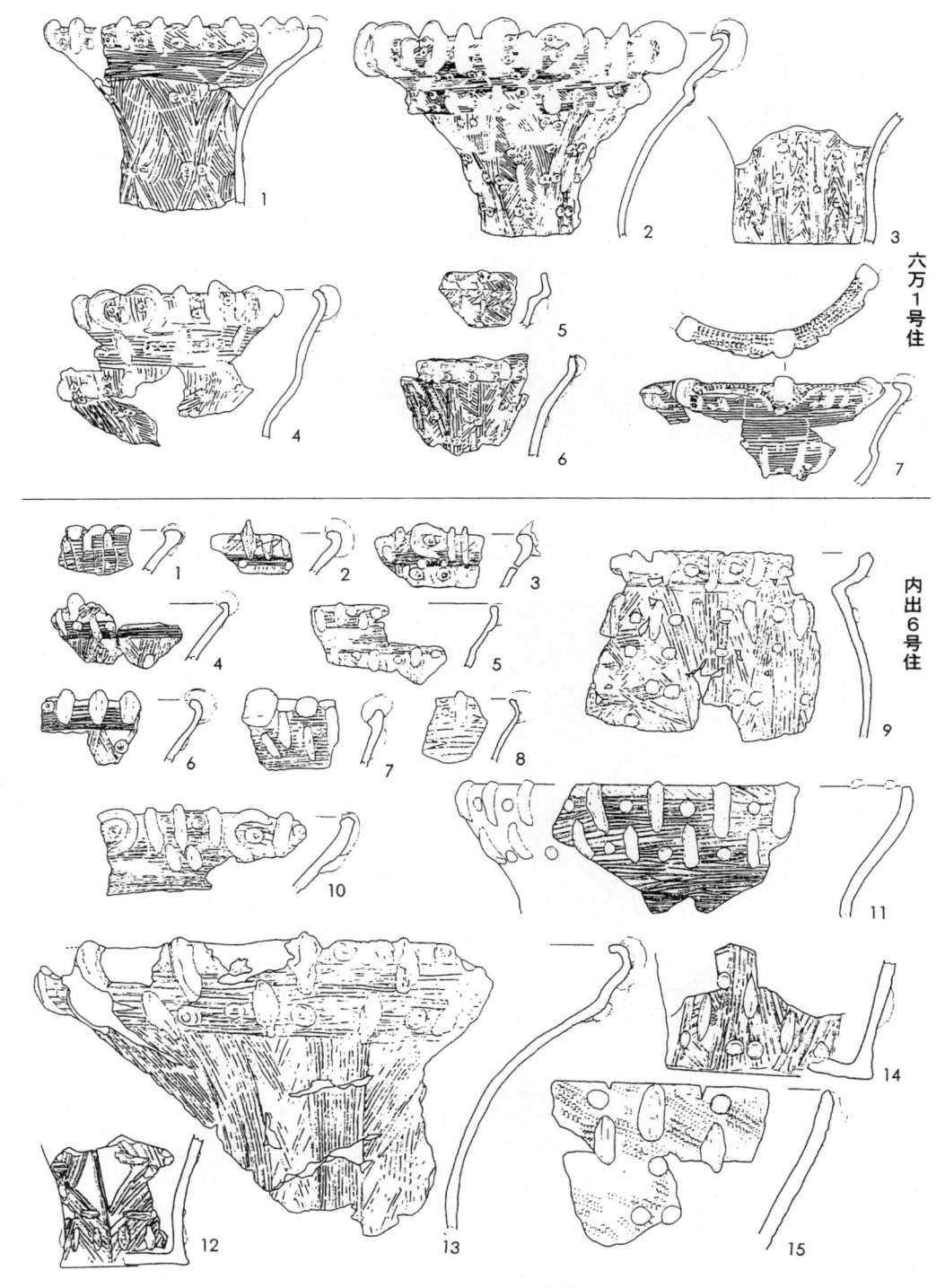

5B章　諸磯c式土器の編年と動態（追加）　255

六万1号住

内出6号住

第5図　諸磯c式　群馬C期

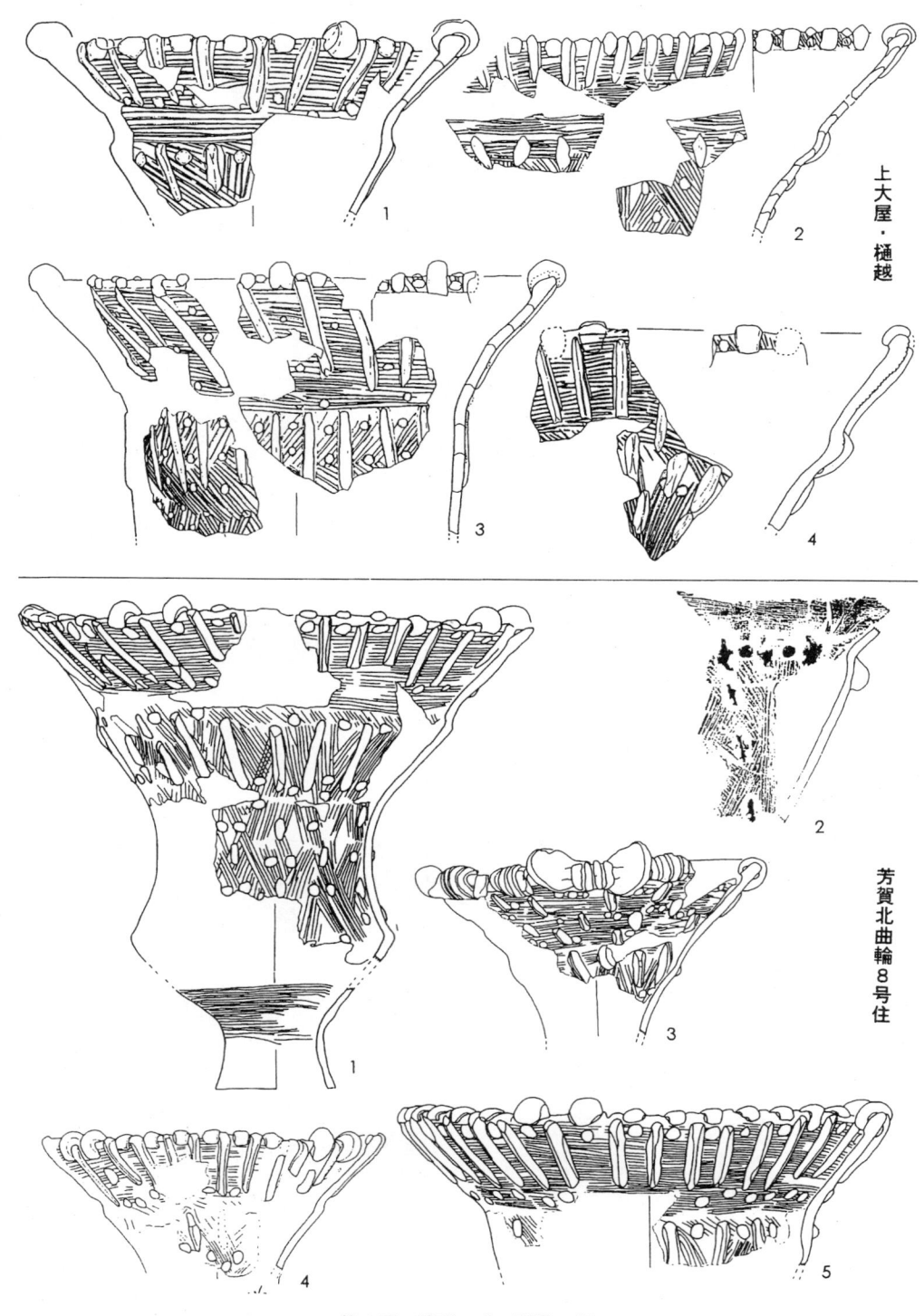

256　第Ⅴ部　土器系統の動きと人間の生態

上大屋・樋越

芳賀北曲輪8号住

第6図　諸磯c式　群馬D期

5Ｂ章　諸磯ｃ式土器の編年と動態（追加）　257

7図ａ　芳賀北曲輪12号住

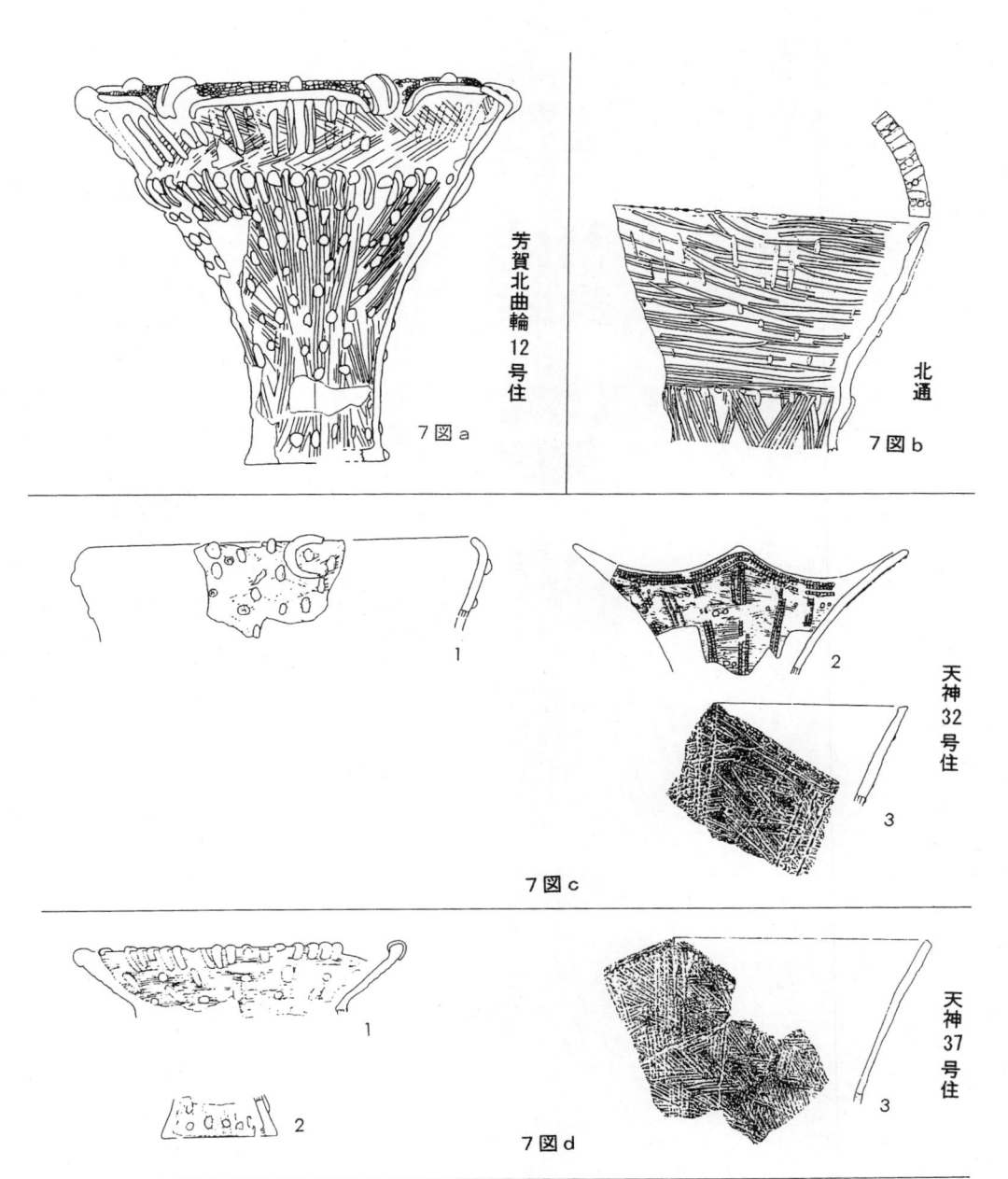

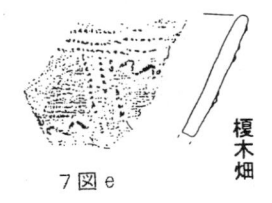

7図ｂ　北通

7図ｃ　天神32号住

7図ｄ　天神37号住

7図ｅ　榎木畑

第7図　a：群馬県前橋市芳賀北曲輪12号住居　群馬Ｄ期
　　　　b：埼玉県富士見市針ケ谷北通　群馬Ｄ期以降か？
　　　　c：山梨県天神遺跡32号住居
　　　　d：同37号住居
　　　　e：群馬県榎木畑9号住居

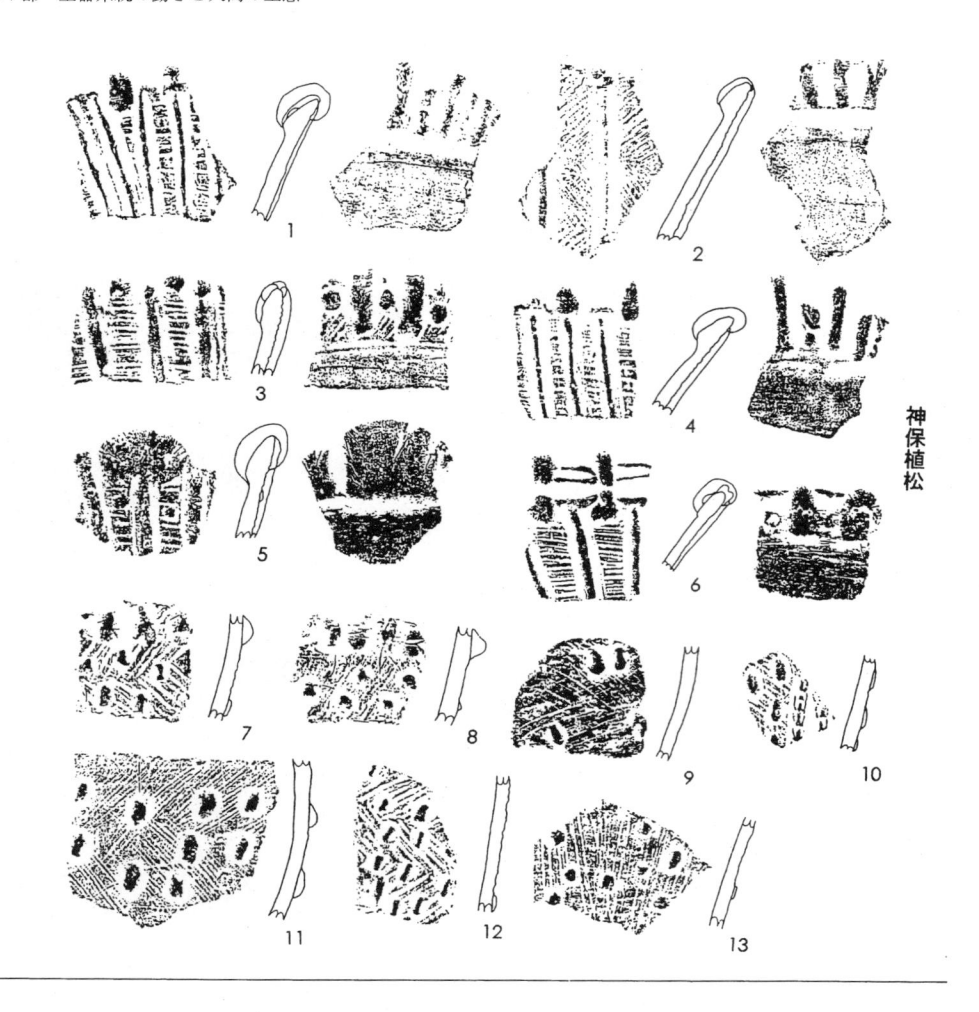

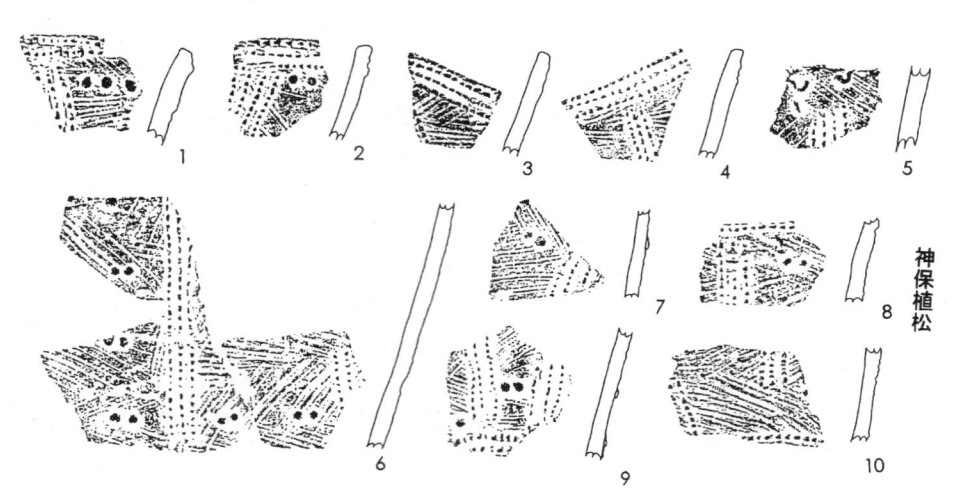

258 第Ⅴ部 土器系統の動きと人間の生態

神保植松

神保植松

第8図 上：群馬D期，下：新段階1類

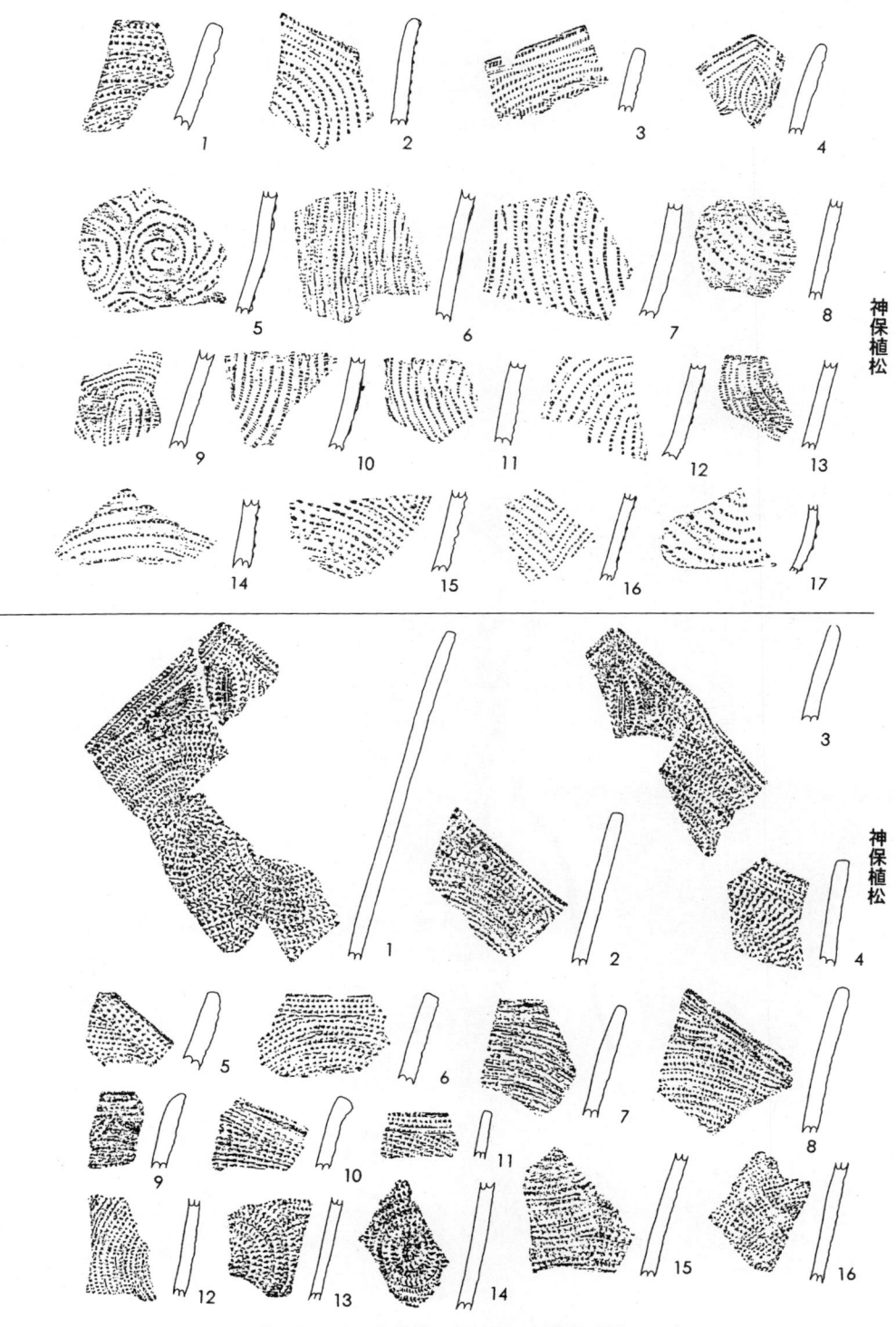

5B章　諸磯c式土器の編年と動態（追加）　259

神保植松

神保植松

第9図　上：新段階2類，下：新段階3類

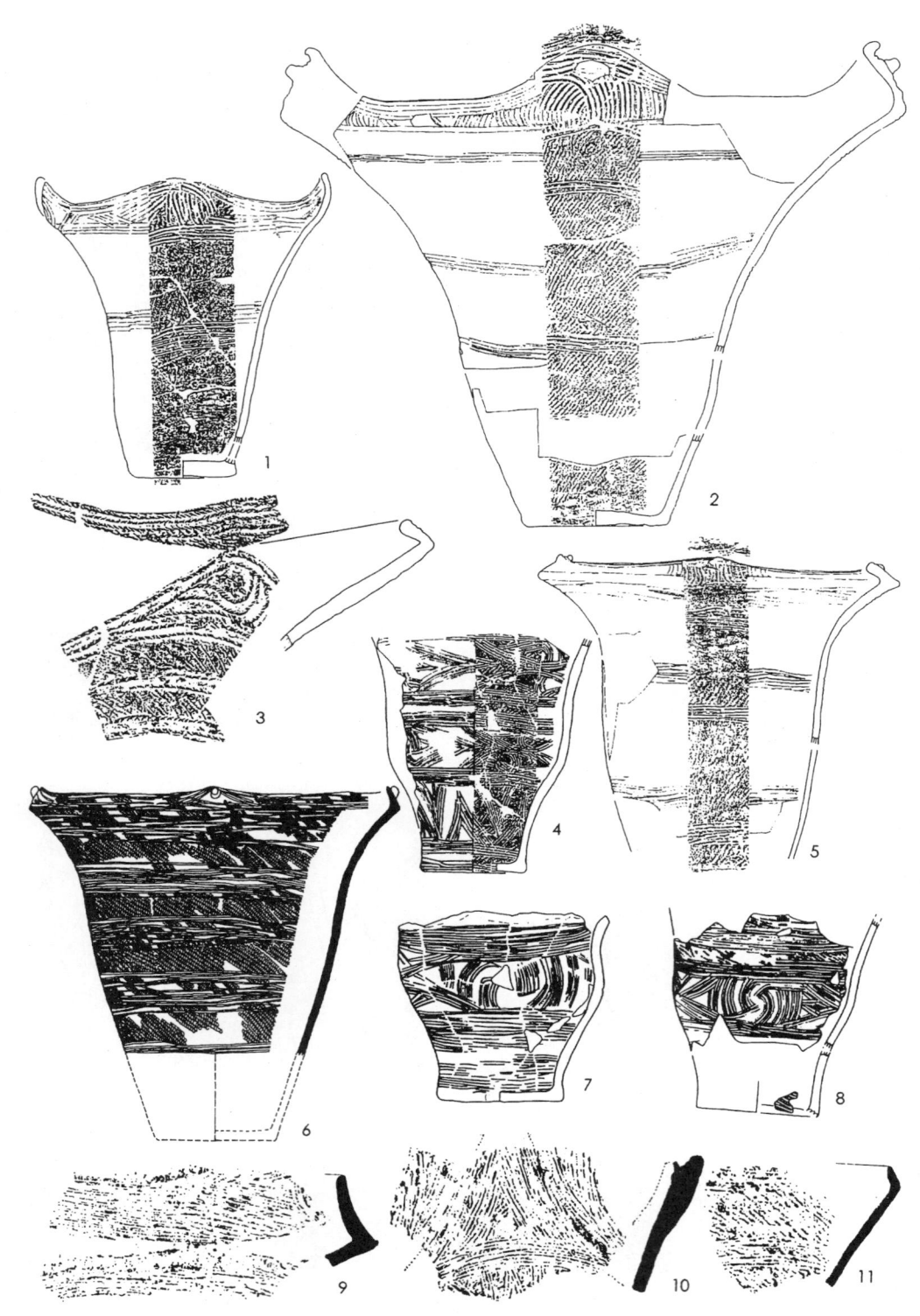

260　第Ⅴ部　土器系統の動きと人間の生態

第10図　中部高地　諸磯ｂ式新段階
　　　　１〜５：山梨天神，６：長野阿久
　　　　７，８：山梨釈迦堂塚越北 A20号住居，９〜11：長野上原

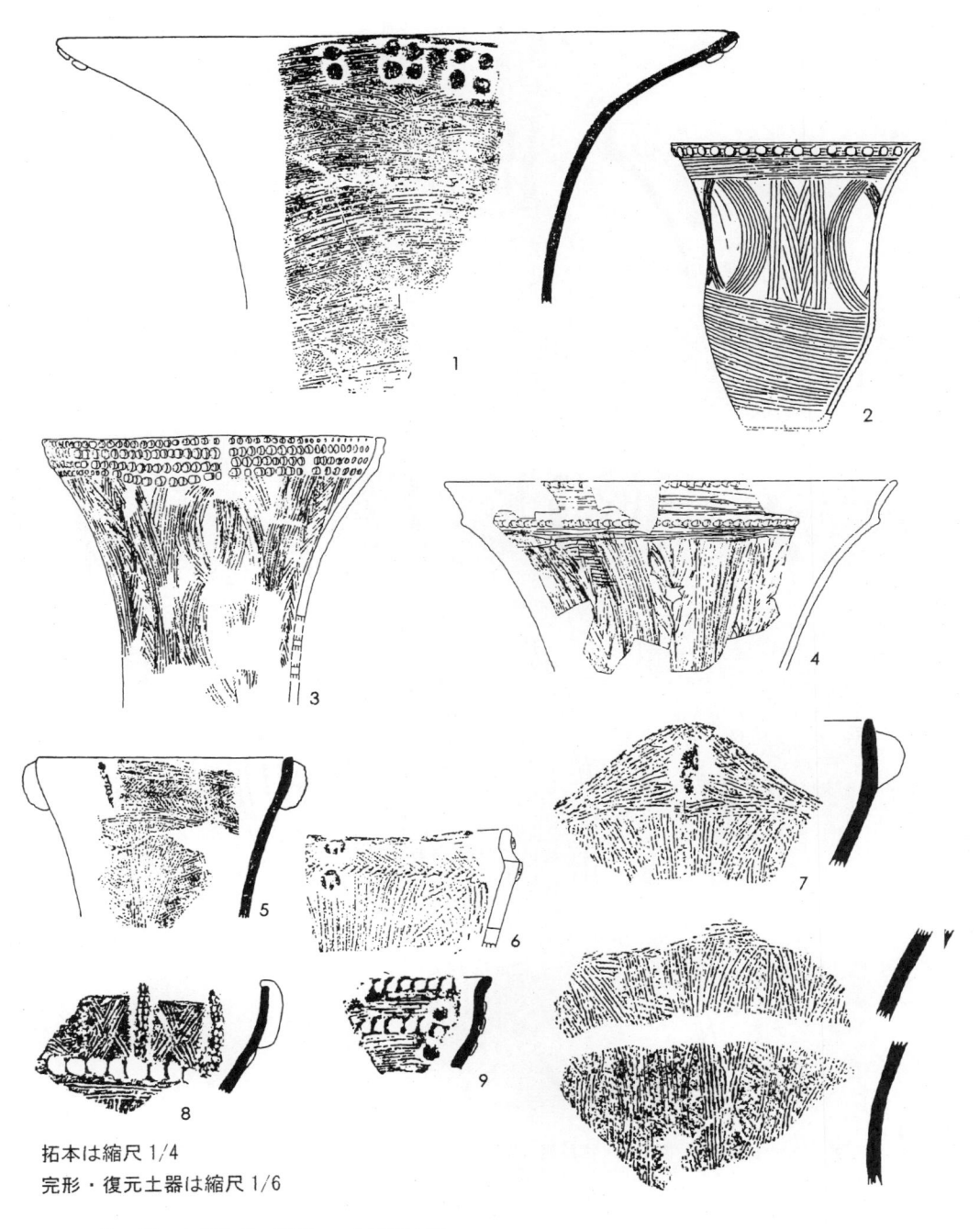

5B章　諸磯c式土器の編年と動態（追加）　261

拓本は縮尺 1/4
完形・復元土器は縮尺 1/6

第11図　中部高地　諸磯c　古段階1期
　　　1，5，6：三宅島西原，2：岐阜県峯一合，
　　　3，4：山梨県天神，7：長野県小坂城址，8：長野県唐沢，9：長野県上原

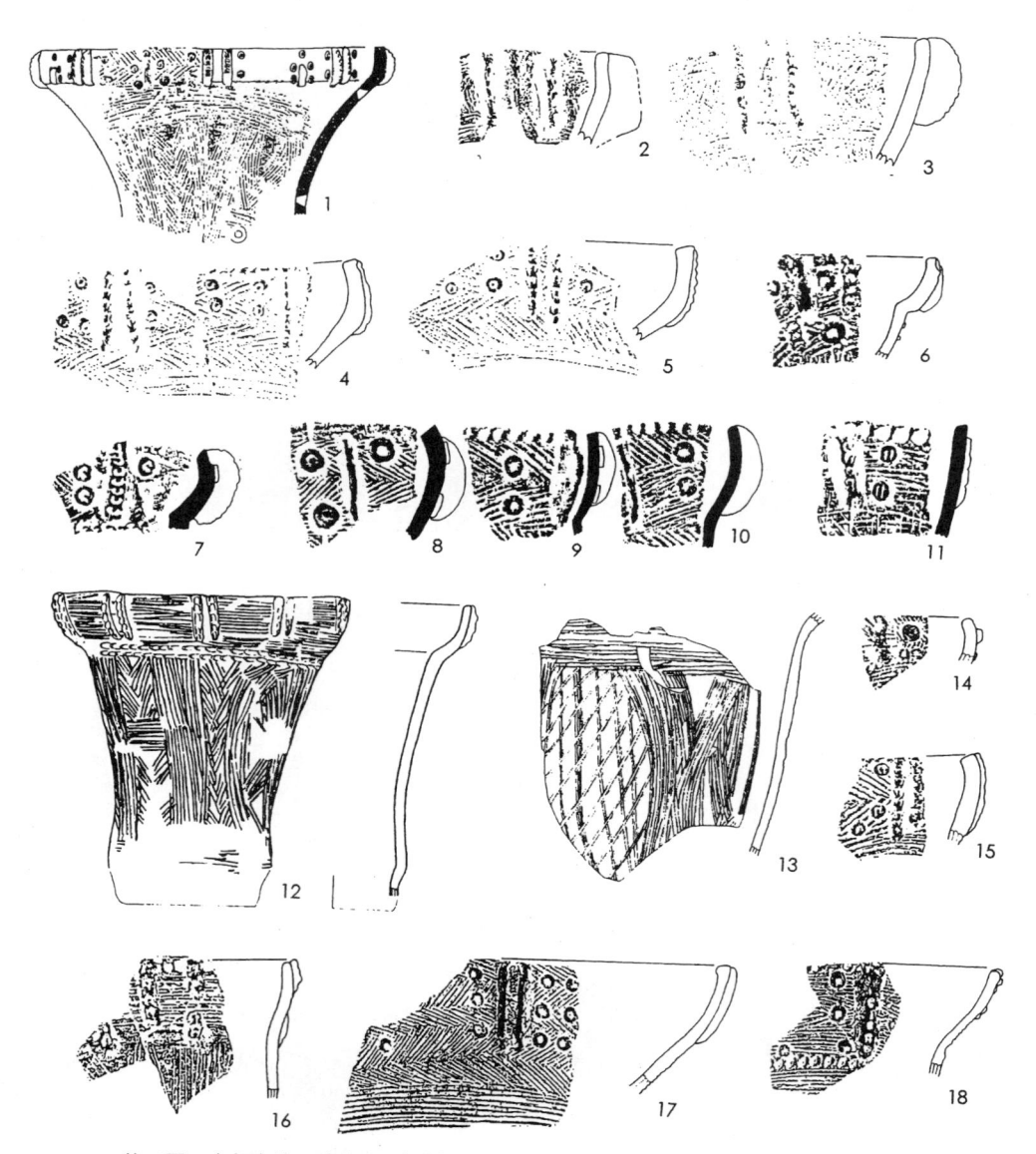

262　第Ⅴ部　土器系統の動きと人間の生態

第12図　中部高地　諸磯c　古段階2期
　　　1〜5：三宅島西原，6：長野県城楽，
　　　7〜11：長野県有明山社，12：長野県竜神平，13〜18：長野県天神

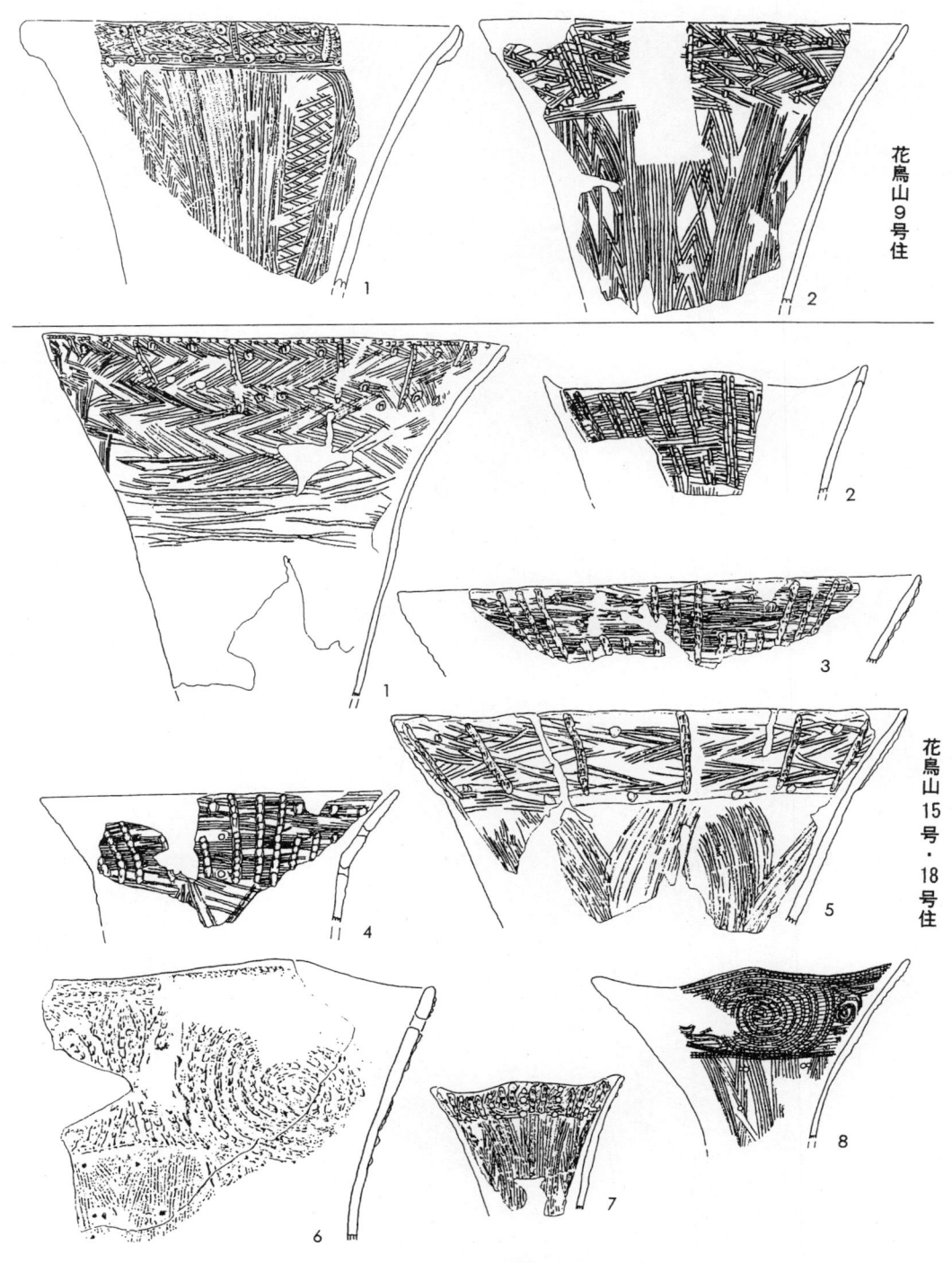

5Ｂ章　諸磯ｃ式土器の編年と動態（追加）　263

花鳥山９号住

花鳥山15号・18号住

第13図　上左：諸磯ｃ　中部高地　古段階２期
　　　　上右と下：諸磯ｃ　中部高地　古段階３期

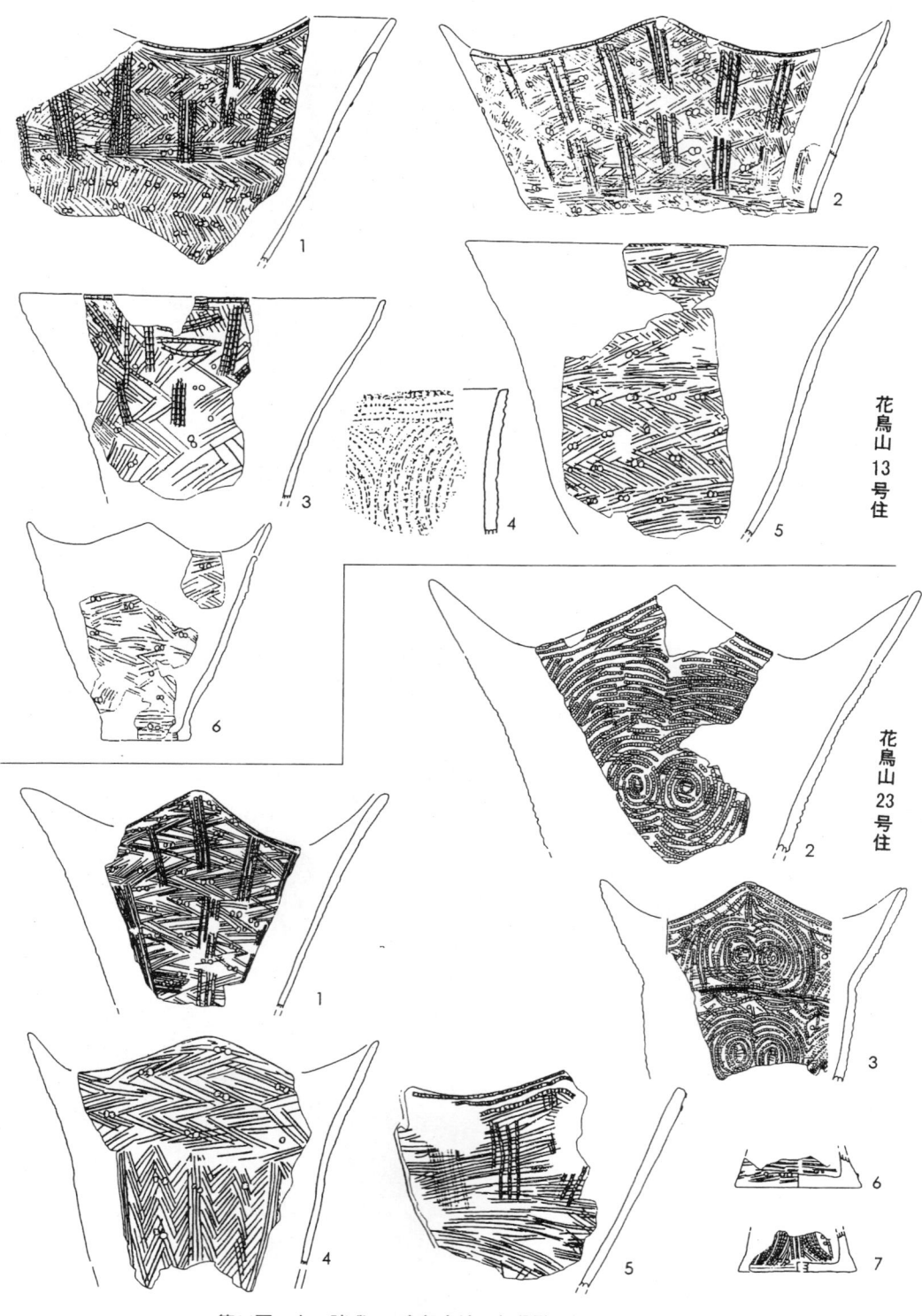

264　第Ⅴ部　土器系統の動きと人間の生態

花鳥山13号住

花鳥山23号住

第14図　上：諸磯 c　中部高地　新段階 1 期
　　　　下：諸磯 c　中部高地　新段階 2 期（1 は 1 期）

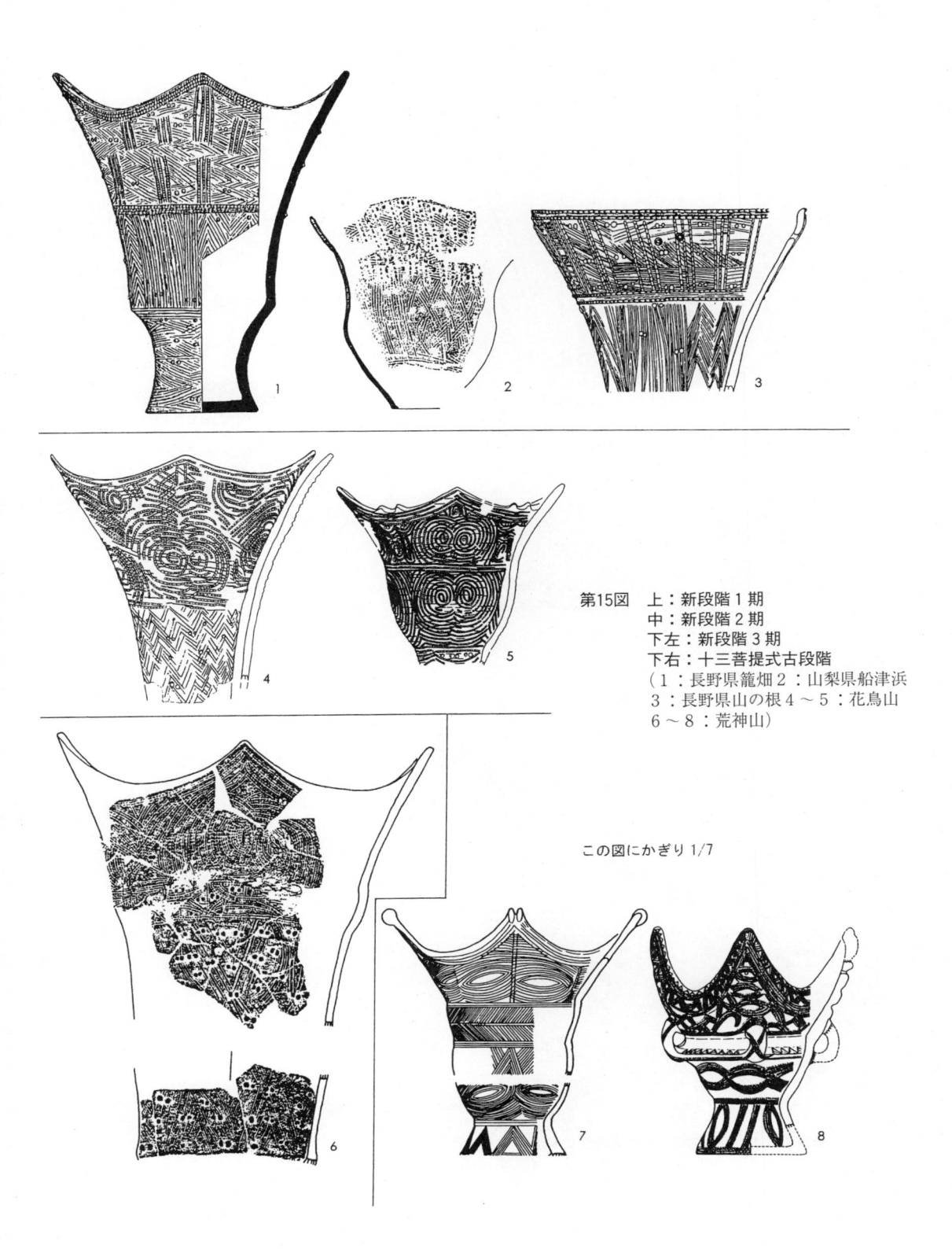

5B章　諸磯c式土器の編年と動態（追加）　265

第15図　上：新段階1期
　　　　中：新段階2期
　　　　下左：新段階3期
　　　　下右：十三菩提式古段階
　　　（1：長野県籠畑　2：山梨県船津浜
　　　　3：長野県山の根　4〜5：花鳥山
　　　　6〜8：荒神山）

この図にかぎり1/7

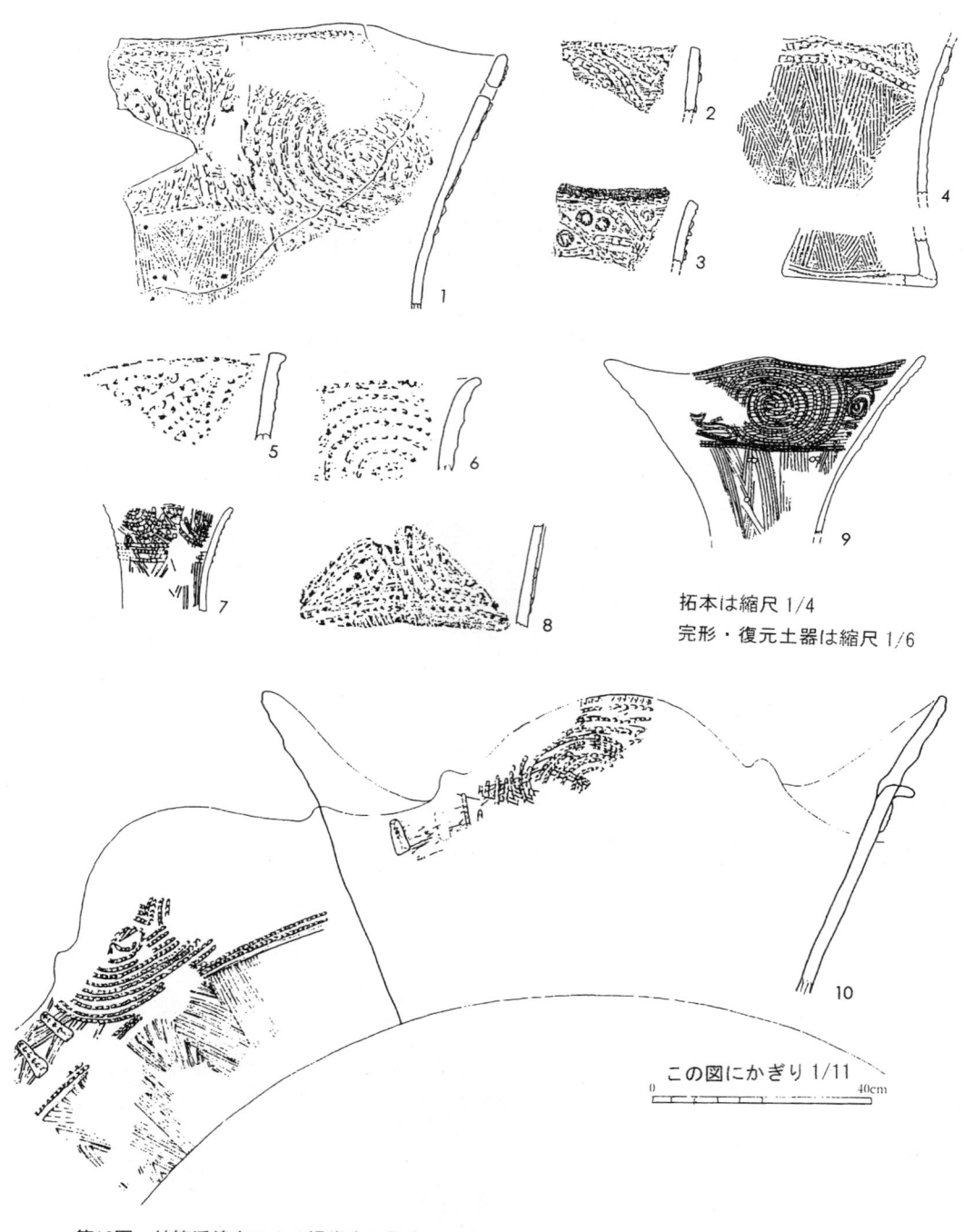

266　第Ⅴ部　土器系統の動きと人間の生態

拓本は縮尺 1/4
完形・復元土器は縮尺 1/6

この図にかぎり 1/11

第16図　結節浮線文による渦巻文の発生
　　　1，9：山梨県花鳥山，2～4：群馬県書上下吉祥寺，5，6：群馬県新羽今井平，
　　　7：群馬県北貝戸，8：東京都多摩ニュータウン No419，10：長野県竜神平

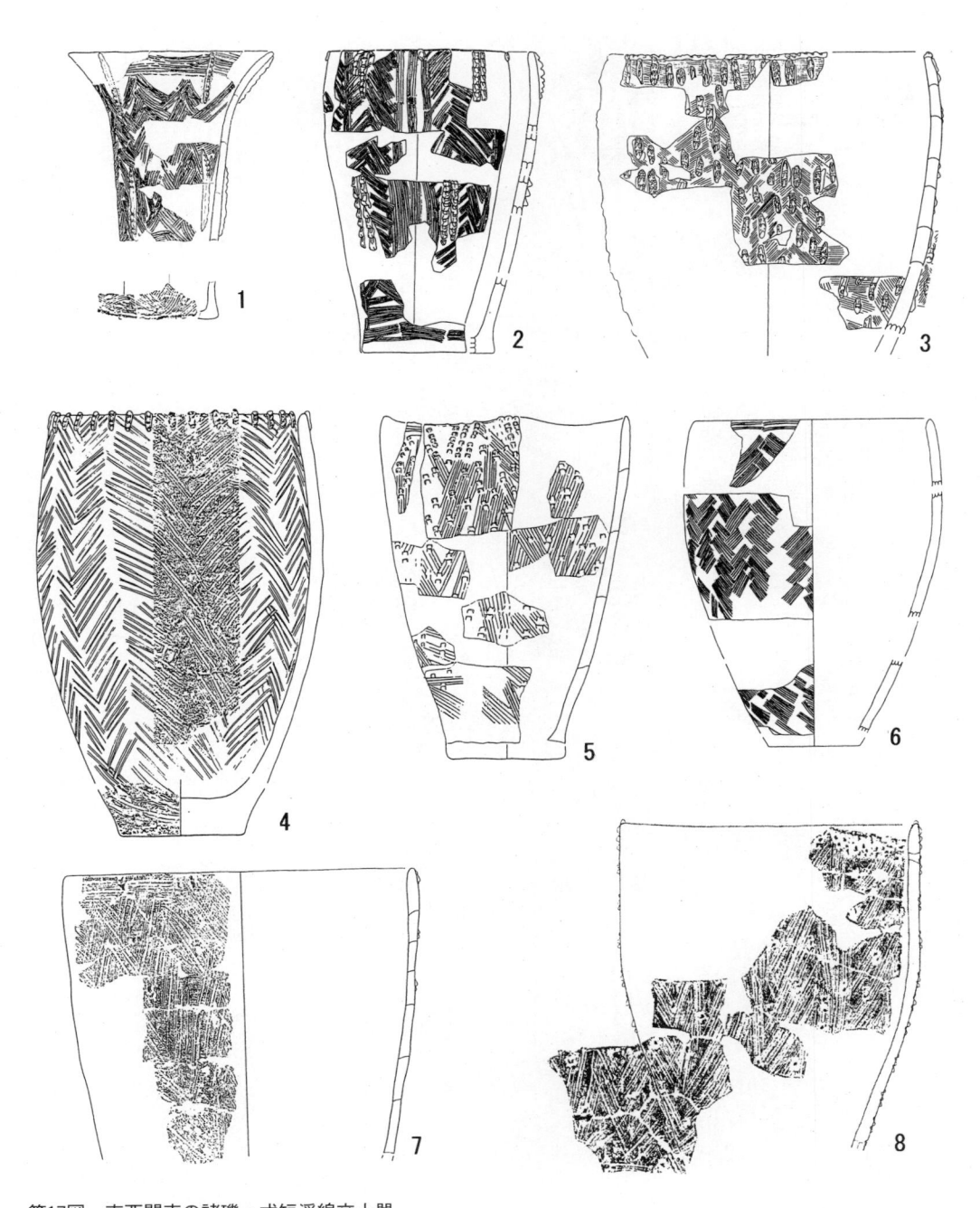

5B章　諸磯c式土器の編年と動態（追加）　267

第17図　南西関東の諸磯c式短浮線文土器
1：東京都多摩ニュータウンNo737，2：埼玉県タタラ山，3：同県東原，4：東京都多摩ニュータウンNo709，5：東京都妙正寺川No.1，6：東京都袋低地，7：埼玉県愛宕，8：同県井沼方
（1-8：1/6）

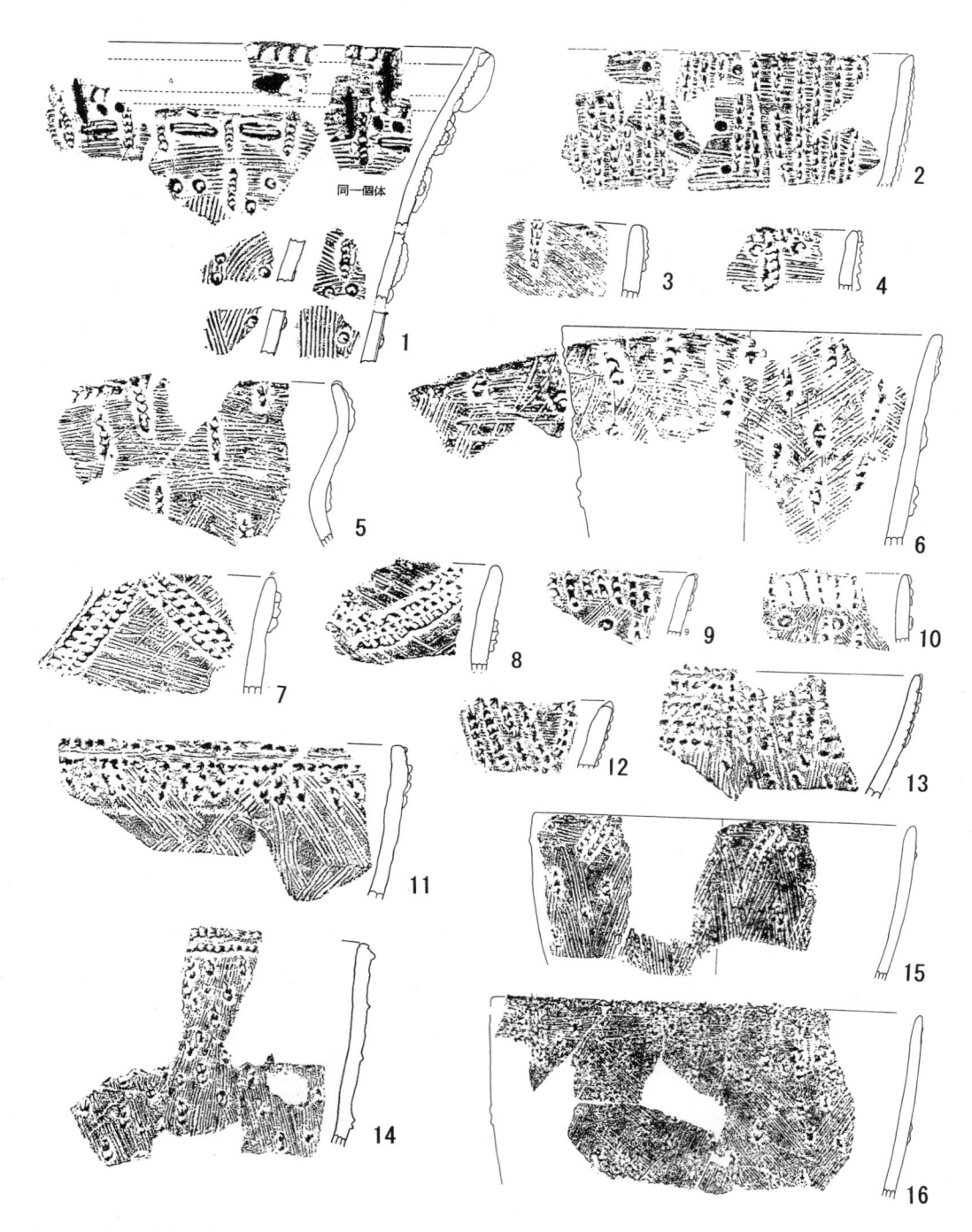

268　第Ⅴ部　土器系統の動きと人間の生態

第18図　南西関東の諸磯ｃ式短浮線文土器
　　1：埼玉県西川小，2：東京都多摩 No406，3-8：東京都雨間，9，10，12：埼玉県在家，11，13：
　　同県深作東部，14：東京都中島，15-16：神奈川県代官山（1-16：1/4）

5C章　十三菩提式前半期の系統関係[新註1]

はじめに

　諸磯c式から十三菩提式への変遷の解明は，相当に整備されてきた関東や中部高地の編年の中にあっても，もっとも弱い部分の一つではないだろうか。正しい理解が研究者の間に確立していないため，個々に似たものを見つけてきては親子関係として結びつける短絡的なことがさかんに行なわれている。

　たとえば三上徹也氏は第1図のような変遷を示している[1]。線で結んだ部分が対応する部分だという。左は私のいう諸磯c式の古段階の終わり頃の土器，右は十三菩提式の中ごろの土器であり，私はこの間を5段階ほどにわけて考えているので，三上氏はそれだけの変化の段階をとばして結びつけていることになる。三上氏の立場からすると，このような親子関係があるのだからこの間に私のいう諸磯c式新段階や十三菩提式古段階が介在する時間的余裕がないというのである。

　本当の土器の変化はどうであろうか。左の土器がその後どうなるかは5B章で述べたが，胴部のボタン状貼付文は，群馬ではまもなく刺突を失い，胴下半部に団子のような粒がべたべたとたくさん加えられるようになる。中部高地でもこの種の貼付文は刺突を失い，小さなものがペアになって加えられるようになり，十三菩提式のはじめまで続いて十三菩提式の中ごろには完全になくなるから，十三菩提式中段階の215の土器の刺突文につながることはけっしてない。

　では215の土器の刺突文はどこからくるかというと，容易に鍋屋町式の口縁部の鋸歯状文からの変化をたどることができる（第6図）。この変化が起こる過程でも，文様の配置は維持されて

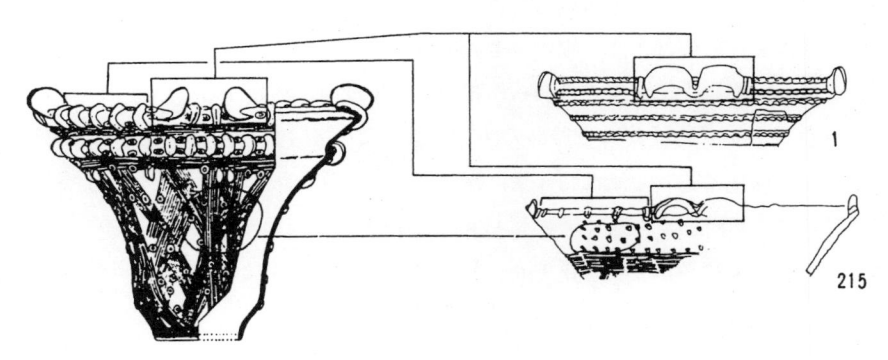

茅野市下島遺跡

第1図　三上徹也氏による諸磯c式と十三菩提式の文様の関係（『長野県埋蔵文化財センター発掘調査報告書』1「大洞遺跡」1987より）

[新註1]　本稿は2000年10月28日土曜考古学研究会で話した内容に，2，3新しい点をつけ加え，『土曜考古』25号に掲載されたものの再録であり，内容的に24号の「諸磯c式の正しい編年」（本書5B章）の続編である。
[1]　他にも同じような例を図示しているが，みな同種の誤りである。（三上徹也1987）

いる。上から順に，1．口唇部の貼付文，2．口縁部の鋸歯文（→刺突文に変わる），3．胴部の渦巻を中心とした文様，4．胴部下半の羽状縄文，の位置関係である（中段階では，3．部分の拡大によって4．部分がなくなるものが多い）。文様の変化を追うとき，施文される位置に注意するのは土器の見かたの基本である。左の土器の口縁部に見られる大きな貼付文は，5B章で述べたように，このあと細長い棒状になり，胴部上半に大きく加えられたあと消えていく。そして，右の土器の口縁部の大きな貼付文は，鍋屋町式の口縁部に別に発達してくる過程（第6図4，5）が見られるから，両者の間につながりはない。土器はいっときも止まらずに変化し続けるものであるから，離れた時期に同じような文様があるときには，かえってつながりがあるのか疑ってみる必要がある。

三上氏のように時期のかけ離れたものを親子とみなすと，実際には時間的にその間に存在した土器が，親か子のどちらかと同時に存在したとせざるをえなくなるから，結局さまざまな土器が同時に存在したと主張せざるをえなくなる。十三菩提式（氏は違う名前を用いるが）は時間的に1段階で，そのバラエティーをなすあらゆる土器が同時に存在し，遺跡によって出てくる土器の組み合わせが違うだけだという三上氏の混乱した主張は，このようにして生れるのである。

たしかに十三菩提式ではいくつかの土器系統が共存するという現象が見られる。しかし無秩序にどんな組み合わせでもあるわけではない。細分された各段階のうちの同じ時期に属するものどうししか共存することはない。A系統がA1→A2→A3と変遷し，B系統がB1→B2→B3と変遷するとき，A1とB1，A2とB2が同時期ならA1とB2が共存するといったことは起こらないのである。

細田勝氏(2)の論点は錯綜し，考えも頻繁に変わるので理解が困難。とっくに明示された文様変化の本質（今村啓爾1981a，本書2A章）を理解せず，表面的な類似を探しては諸磯bとcの浮線渦巻をつなげようとすることだけは変わらない。c式古段階，新段階，鍋屋町式みな同時期としていたが，私の前々回発表後，急遽半分折衷したような編年を試みる。私と同じ名前を使い内容を少し変えて混乱の原因を作るのは迷惑。思いつきの系統論が先行するから時間的整理ができない。結果として三上氏と同様に十三菩提式のあらゆる要素が1段階に混在するという。

最近金子直行氏も十三菩提式の土器群の関係を論じている（金子直行1999）が，交渉関係図で見ると，三上，細田両氏の誤りを無批判に受け継いだ上に自分の新しい誤りを付け加えている。あらゆる土器群がときに時間差も超えて関係しあうということのようである。「前期終末」の出土例を列挙し，さまざまなタイプが共存するとしたあと，追記で諸磯c新段階と十三菩提中段階の「一括性の強い」出土例をあげ，これらまで同時期とする。

似ているものを結びつけることより大事なのは，少しでも違っているものを区別することである。少し違っているが何故だろうかときちんと考え，具体的に変遷の順序を追って行く。当然そのような系列がいくつも浮かび上がってくる。それら複数系列の縦の進行と横の共存関係に矛盾

---

(2) 細田勝1996，この論文の中で細田氏は十三菩提式の「多段区画」が諸磯b式に起源するとし，私もそう書いているという。似ているものを安易に結び付けないのは，私の考え方の基本であるので，驚いて細田氏に聞いたところ，『とけっぱら遺跡』で読んだというが，もちろんそのような記述はない。

がないよう整理する，そのような秩序だった理解が必要である。幸いなことに，十三菩提式にはごく短時間のまとまりを示す良好な資料が多く知られている。これを有効に利用することによって，この複雑な系統関係を内包する型式の横の関係を整然と把握することができる。もちろん短時期の一括なのか，異なる時期の混在なのかの判定には，各系統の変遷について的確な理解が先行しなければならないが。

個人的な研究の経過

今回も紙数の制限から学史を十分ふりかえる余裕がないが，筆者がこれまで示してきた編年と本稿の関係を示すことは最低限必要な事項に属する。

筆者は1974年に奥多摩の登計原（とけっぱら）遺跡の資料の位置付けを試みるなかで，十三菩提式を4細分して考えた（今村啓爾1974，本書3B章）。図もついていない不親切なものだったので，あまり理解されなかったようであるが，その眼目は，北陸の鍋屋町式を時間的に諸磯c式と従来の十三菩提式の間に位置づけ，それに並行する中部高地・関東地方の土器を「十三菩提式の第1段階」としてとらえる，ここまでさかのぼって十三菩提式と呼ぼうという提案であったわけである。この考えかたの基本は，私自身は今に至るまで少しも変わっていない。

1985年に五領ヶ台式の変遷についてまとめた際（今村啓爾1985，本書3D章）には1974年の第3と第4段階をまとめて後葉とした。これらはある部分では分けられてもある部分では分けることが難しいと感じたためである。

現在私は古段階を前半と後半に分け，中段階については，連続的ではっきりとは分けられないが，3段階かそれ以上の変化があることを認めており，新段階もかつての第3と第4の区分を復活させて前半と後半にわけ，十三菩提式全体について5段階あるいは7段階以上の変化を考えている。非常に細かくなって面倒だと思われるであろうが，土器自体がこのように変化した以上しかたないことである。むしろこう分けることによって土器の変化は連続的に無理なく理解できる。この分け方でいうと，本稿では古段階と中段階への移行をとりあげることになる。

1992年に，これは土器を主題としたものではないが，十三菩提式の各時期の土器内容について次のように箇条書きに書いた（今村啓爾1992，本書5A章）。原文のまま引用するが，前葉は本稿における古段階，中葉は中段階，後葉は新段階と単純に読み替えていただきたい。

前葉　a　諸磯c式から変化したもの。
　　　b　北陸の鍋屋町式に近似するもので中部高地の遺跡に多い。
中葉　a　前葉のbから変化し，浮線文が類似の文様図形の沈線文におきかえられたもの。
　　　b　西日本の土器に近似するもので，縄文地上に間隔をとって加えられる浮線文に特徴がある。
後葉　a　中葉のaから変化して生じた踊場式の古い部分で，浮線文を併用するものが多い。
　　　b　中葉のbがとくに東北地方の土器の影響を受けて変化したもので，主たる文様が口縁部に圧縮され，胴部には羽状縄文が多く用いられる。

1. 時期区分と系統関係の概略

1　系統関係

　上記3段階における系統関係を図にすると第2図のようになる。はじめ諸磯c式の系統があって，次に鍋屋町式の系統が侵入する。次いで北白川下層式の系統が侵入し，最後に東北地方の影響が及ぶということになる。

　系統関係をたどるとき注意しなければならないのは，最初ははっきりとした別の系統の顔をもって入ってきて，しばらくは在地の土器と同化することなく存在していても，時間がたつうちに在来の系統と影響しあって，中間的なものが生まれたり全体的に区別しにくいものになっていくことである。また本来の系統から枝分かれして別の方向へ変化するために，本来の系統の土器とは別の外観を呈するようになっていく。北陸から入った鍋屋町系がいつまでも鍋屋町式の顔をしているわけではないのである。[3]

2　時期区分

　中部高地や関東には，諸磯c式から続いている系統が先行して存在したが，ここに北陸から鍋屋町の系統が入ってくる。古段階前半期には長野西部に入るが，東部にはあまり入っていないようで，これが古段階後半になると山梨・関東地方にも入ってくる。第2図で鍋屋町系の進出を斜めに表現したのはこの時間的経過を意味するためである。次に北白川系が入ってきたときをもって中段階とみなす。東北地方の大木6式系統の土器は中段階から関東にも少なからず存在するが，新段階にはその影響が非常に強まる。この段階から新段階とする。はじめ北陸を経由しての影響が強く，その背後には円筒下層式の影響がある。おくれて太平洋側を南下する影響が強まるよう

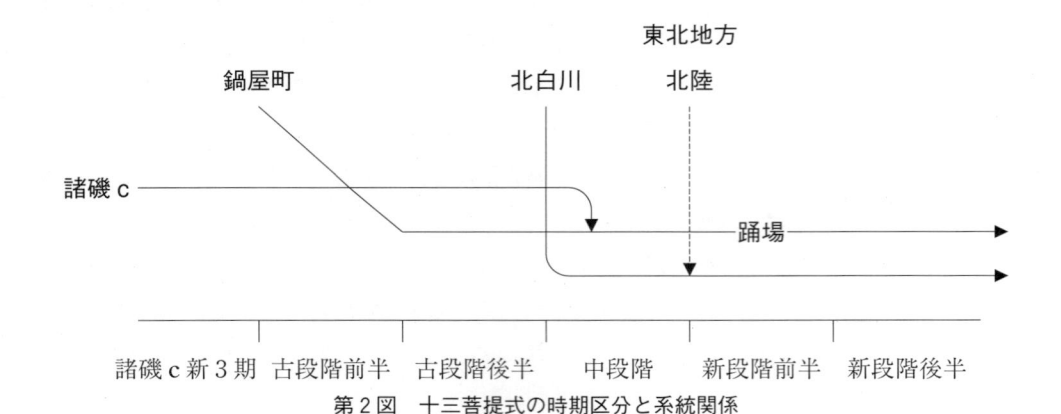

第2図　十三菩提式の時期区分と系統関係

---

[3]　三上徹也氏は鍋屋町式の中部高地に対する影響は小さなものにすぎないというが（1993），侵入当初の北陸とそっくりのものだけを鍋屋町の系統とする不適切な理解に原因がある。北陸のものと大きく変わっても，鍋屋町式から分岐したものは鍋屋町の系統なのである。

である。

　このように私の時期区分は，他の地域の系統が入ってくる現象と密接な関連がある。他の地域の土器が入ってくることによって土器のありかたが大きく変わるのであるから当然のことではあるが。

　他の地域の系統が入ってくる現象と，個々に搬入土器(4)が運ばれてくる現象は区別しなければならない。前期末という時期は他の地域からの搬入も非常に盛んな時期で，中部・関東の遺跡にいわゆる「関西系」の土器が頻繁にともなうことが知られている。私の時期区分は，他の地域の系統が大規模に入ってきてこの地の土器の一部として定着したとみられる時点をもって分けている。

3　用語の問題

　本稿で〇〇系統というとき，それはその土器の仲間がどこから来るか，比較的近い親が何であったかを示すために使う（搬入品と考えられるものは，生産地の型式名で〇〇式と呼び，〇〇系とは呼ばない。〇〇式そのものとしてとらえるからである）。諸磯c系統という言葉は，十三菩提式の中にあって，その地で先行する諸磯c式から主たる血筋をひく土器をさす。中部高地・関東の鍋屋町系統は，北陸の鍋屋町式から枝分かれして侵入してきた部分をこう呼ぶ。ところが北陸の鍋屋町式自体の中に，鍋屋町式の主体をなす系統と，先行する刈羽式から来る系統が共存しているため，実態は「鍋屋町系」の一語でくくるには不適当な面がある。あるいはまた中部高地・関東に侵入した鍋屋町系の新しい部分が，「踊場式」とか「踊場系」とか呼ばれて，かなり定着した用語になっている。系統の命名については，土器そのものが内包する複雑な系統性をどう表現するかという問題や，系統性の表示と慣用名をどう整合させるかという問題があり，適当な名称を考案しにくいことが少なくない。また「型式」と「系統」の呼び分けかたの原則を確立する必要がある。この問題は近いうちに別に考えてみたいと思っている。

4　十三菩提式の範囲

　次に十三菩提式と呼ぶ土器の範囲について考えたい。どこからどこまでを十三菩提式と呼ぶか決めておかなければならない。かつて「十三菩提式」というのは，だいたい私の中段階の部分をそう呼んでいたと思う。関東ではとけっぱら遺跡の発掘以前に十三菩提式古段階の資料はわずかしか知られていなかったから。しかしそのような零細な土器を十三菩提式と呼んだ報告書も散見し，十三菩提式の範囲は不明瞭なものであった。

　とけっぱらの資料を発掘したとき，それを何と呼ぶかが問題になったが(5)，私はそれを「とけっぱら式」と呼ばずに，十三菩提式を拡大し，そのはじめの部分に位置づけることを提案した。縄文時代全体を叙述する場合，小さな型式名が乱立すると叙述しにくくなる。このときから私は，

---

(4)　搬入土器の認定には胎土分析が必要であるが，胎土分析は作業が大変なだけでなく，行なっても確実に認定できるとは限らない。本稿では他地方の土器とまったく同じ外観のものが，在地の土器に少量混じる場合，不確実は承知のうえで搬入品としている。

諸磯c式よりあとで五領ヶ台Ⅰa式以前を，「十三菩提式」と呼び，その内部を細分する立場をとってきた。

　十三菩提式の定義を勝手に拡大するのは問題であるというような批判もあったが，そもそも十三菩提式については型式設定当初の資料で範囲を決めることはできない。ほんの数片の土器が示されただけで，その中には中期まで下りそうなものも含まれていたから。この資料を離れて十三菩提式の内容と範囲を定義した人もいないであろう。中部高地では，十三菩提式とほぼ同じ型式にいろいろな名称が提案され，使用されてきたが，もともと正しく編年をとらえた上での名称でなかったので，それらを採用することは混乱の原因となる。当初の内容とは変更して約束ごととしてそのような名前を使う方法もあるが，それまでして残す利点があるだろうか。[6]

　その後川崎市十三菩提遺跡の何度かの調査で出土した土器を見てみると，私の中段階のものを主体としているが，少量であるが，古段階，新段階のものを含む。私のいう十三菩提式の範囲と矛盾はないと思う。ともかく私は約束ごととして諸磯c式から後を十三菩提式と呼ぼうと提案してきたのである。

　ところで登計原遺跡発掘以前に新潟県の鍋屋町式はその報告書中で2分され，鍋屋町Ⅰ式が諸磯c式に，鍋屋町Ⅱ式が十三菩提式に対比された。今でもそう考える人が多い。この問題はあとで詳しくとりあげるが，実際は，鍋屋町遺跡の「鍋屋町式」には，諸磯c式並行期にまで遡るものや，十三菩提式中段階に下るものは少ししかない。だから鍋屋町式が2分できるなら，それはほぼ十三菩提式古段階に並行する部分を二分したことになる。

2．系統別に変遷を見る

　はじめに，具体的な土器の内容にふれずに時期区分と系統の流れの話をしたが，次に具体的に土器を見ながら系統別に土器の変化を見ていきたい。十三菩提式前半期については主に3つの系統が問題になる。①諸磯c式から続くもの。それが諸磯c式の段階以後どう変化していくのか。②北陸に成立した鍋屋町式の一部が中部高地，関東へ侵入し変化する過程。③北白川系の中部地方（東海・中部高地・北陸）・関東地方への広がりと定着の過程。

　本節では系統ごとに変化の過程をたどる。しかる後に第3節で，これら諸系統を横断して，各系統の変遷過程のどの部分とどの部分が個々の遺跡や住居址で共存していて時間的に同時であるか検討する。2節で縦に系統別に見て，3節で横に系統を横断する同時性を見るわけである。

1　系統別に変遷を見る(1)：諸磯c系統

諸磯c式新段階3期（第3図上半）

　諸磯c式の終末には結節浮線文の渦巻が退化して結節沈線文の渦巻の土器が増えるであろうと

---

[5]　とけっぱら以前に比較的近似の内容の土器群として桜沢遺跡の資料があった。（鈴木孝志1957）しかし「桜沢式」は長野県で十三菩提式に並行する型式として提案され，時間的位置付けの不適当な型式名であった。篭畑編年は各型式内容が重複し，まったく時期の異なるものを含むので，採用不可能。（武藤雄六1968）
[6]　長崎元廣氏の使い方はこのようなものだと理解している。（長崎1997・98）

第1表　本稿掲載資料の所属時期と所属系統一覧

		諸磯c式新段階			十三菩提式		
		1・2期	3期	古段階前半	古段階後半	中段階
北陸	刈羽系統	5図					
	鍋屋町系統	5図 蜆ヶ森式中の先鍋屋町系		5図 鍋屋町式第1段階		5図 鍋屋町式第2段階	5図 鍋屋町式第3段階
	主要遺跡	真脇・鍋屋町	鍋屋町			鍋屋町	真脇
中部高地 西関東	諸磯c系第1系列			3図上段	3図下段		
	諸磯c系第2系列				4図上段	4図下段	
	鍋屋町系統				6図上段	6図中段	6図下段
	北白川系統						7図3〜5
	主要遺跡	花鳥山	荒神山	荒神山・白神場・小垣外辻垣外	寺平・砂原山 登計原・八木上	大洞 上野原

推定し，ほとんど想像的なものであるが諸磯c式新段階の3期というものを前回設定した。世の中には結節沈線による渦巻文の諸磯c式がかなりあるが，山梨県花鳥山遺跡（長沢宏昌ほか1989）の諸磯c式新段階資料にはこれがわずかしかない。東京都雨間遺跡（雨間地区遺跡調査会1998）のもっともまとまった資料にはこれが皆無である。だから結節浮線文による渦巻を多く用いる2期より後にこのようなものが多く存在した時期があると考える。また長野県白神場（松本市教育委員会1985）のような十三菩提式古段階の単純遺跡での出方からみて，この種の土器が十三菩提式にまで多く残ることも考えられない。このように前後から押していって，間に第3期を設定しているわけであるが，設定の根拠は十分でない。荒神山の111号住居と扇平の2号住居が大体この時期といえる組み合わせであるが，十分な量のよい資料がないので，一括出土の資料からこの時期の存在と組み合わせを示すことがまだできないのである。この時期にはヘラ切り浮線文，そして浮線を省略したヘラ切り沈線文が特徴的に存在すると考えている。

　この時期の土器の基本的な変化には2つの方向性がある。(1)結節浮線文→結節沈線文→平行沈線文の順序で置き換えられていく方向。(2)結節沈線文を多数同時に平行して加えることからキャタピラ文(7)が生れ，これに余白部分の削り取り手法が加わり，キャタピラ文部分を浮きあがらせるようになる変化の方向。十三菩提式を諸磯c式と区切る最大の特徴は，削りとり手法の出現だと以前から考えてきた。

十三菩提古段階前半（第3図. 下半，第4図上半）

　いま，諸磯c式第3段階から十三菩提式への変遷として2つの流れをあげたが，ここでその内容をもう少し詳しく見たい。

(1)諸磯c式系統第1の系列（第3図下半）

　器形も文様図形も諸磯c式新段階の形を忠実に受け継いだもので，高い波状口縁と大きな渦巻文を特徴とする。これは結節浮線文→結節沈線文→平行線文という表現手法の変化をたどったものであるが，完全にこの順序で入れ替わったわけではなく，流行の山がずれるような形で入れ替わったのであろう。しかし十三菩提式古段階前半には浮線文はほとんどなくなり，結節沈線文も

---

(7)　細い結節沈線文を数本同時に平行して加えた文様をこう呼ぶ。中期に別種の文様を同じ名前で呼んでいるため紛らわしいが，適当な名前を思いつかないのでこう呼びたい。

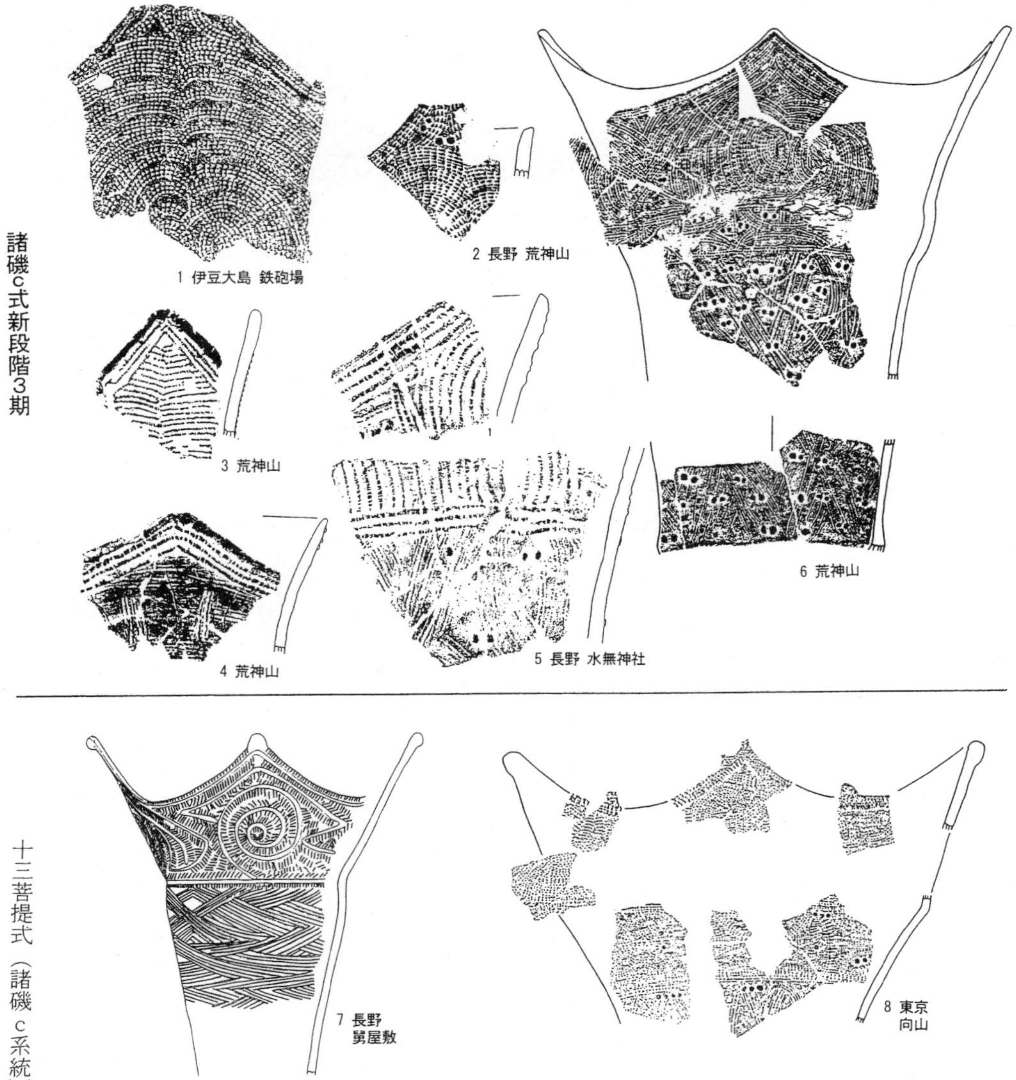

276　第Ⅴ部　土器系統の動きと人間の生態

諸磯c式新段階3期

1 伊豆大島 鉄砲場
2 長野 荒神山
3 荒神山
4 荒神山
5 長野 水無神社
6 荒神山

十三菩提式（諸磯c系統）古段階前半

7 長野 莇屋敷
8 東京 向山
9 長野 白神場
10 白神場
11 荒神山

第3図　十三菩提式諸磯c系統の変遷⑴（復元土器は1/8，拓本は1/5）

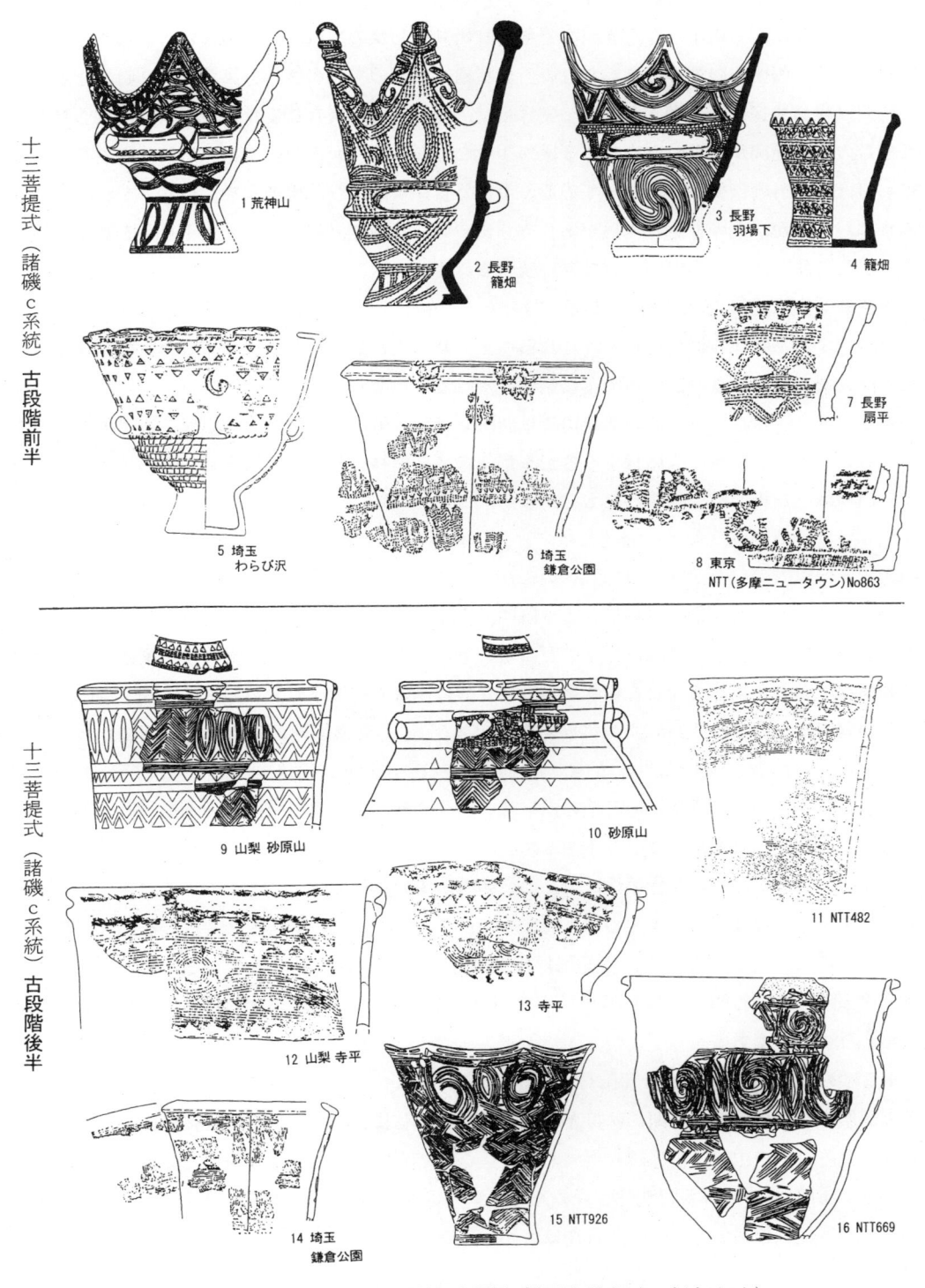

5C章 十三菩提式前半期の系統関係　277

十三菩提式（諸磯ｃ系統）古段階前半

1 荒神山
2 長野 籠畑
3 長野 羽場下
4 籠畑
5 埼玉 わらび沢
6 埼玉 鎌倉公園
7 長野 扇平
8 東京 NTT（多摩ニュータウン）No863

十三菩提式（諸磯ｃ系統）古段階後半

9 山梨 砂原山
10 砂原山
11 NTT482
12 山梨 寺平
13 寺平
14 埼玉 鎌倉公園
15 NTT926
16 NTT669

第4図　十三菩提式諸磯ｃ系統の変遷(2)（復元土器は1/8，拓本は1/5）

少なく，平行沈線化した土器が主体となる。器形は，高い波状口縁が諸磯 c 式新段階からの続きであり，幾段にも屈折する器形も同様である。折り返し状の肥厚した口縁は新しく現れる要素。肥厚口縁下に鋸歯状の刻みを加えたもの，波状口縁頂部の二股の突起（第 3 図 9，11）などがこの時期に現れ発達したと考えられる。文様帯は，前の段階と大きな変化はない。以前から見られた段数の増加傾向がさらに強まり，3 段，4 段と重なるものがある。文様図形は，渦巻文が中心で前の段階からの伝統が強く残っている。半截竹管による平行沈線で渦巻を描くことは，やってみればわかるが，手の動きに無理がありやりにくい。そこで渦巻の上半分と下半分を別々に描くことがおこなわれ，渦巻が凸レンズ形に変化する。

(2) 諸磯 c 式系統第 2 の系列（第 4 図上半）

上の第 1 の系統から派生したとみられるキャタピラ文と削り取り手法の結合を特徴とする非常に装飾的な土器であるが，そのような系統性だけでは説明しにくい要素がみられる。**器形**には高い波状口縁と平縁がある。高い波状口縁は諸磯 c 式新段階からの続きであるが，波頂部が丸みを持つものが多い。幾段にも屈折する器形も第 1 系列と同様，諸磯 c 式新段階からの続きで，折り返し口縁は下を鋸歯状に刻まれたものが多い。口縁が直角に内折し，平坦な面を形成する器形（第 4 図 5）は，前の段階からの発達だけでは，出現過程が説明しにくい。諸磯 c 式の群馬 D 期の内折する口縁とのつながりを予想しているが，時期的に少し離れており，中間を繋ぐ資料が未発見なので今のところ変化の連続をうまく説明できない。この系列に普遍的にみられる胴部の二本の隆起線とそれをつなぐ橋状の把手がどこから来るのかはわからない。**文様帯の配置**では，口縁に鋸歯状の刻みが現れることと橋状把手部分以外は諸磯 c 式新段階からの続き。胴下半部の文様が全面刺突文に置きかえられたものがある（第 4 図 5）。**文様図形**は前の段階と同様，渦巻を中心とするが，渦巻は小さくなり，レンズ形と併用され，諸磯 c 式の終末期に見られる鋸歯状文（折り返し口縁部の切りこみや鍋屋町系の口縁部の鋸歯文とは違うもので，キャタピラ文・平行線文によるジグザグ）などが削り取り手法と結合して多く用いられる。これらの組合せにより文様の構成が複雑である。この**文様手法**が第 2 の系列の最大の特徴である。上記のように複雑化した文様図形を結節浮線文で表現するのは大変なので，キャタピラ文で描き，余白部分を削り取り，文様部分を突出させることによって結節浮線文と同じ効果をねらうことが工夫されたのである。キャタピラ文には竹管の内側を使ったものと外側を使ったものがあるが，後者には削り取り手法が伴わないようである。

十三菩提古段階後半（第 4 図下半）

上記第 1 の系列はこの時期にはほとんどなくなってしまうが，文様が粗雑になったものが少し残り，鍋屋町系の中にこの系統の要素が入り込むこともあるらしい（2 節中の「十三菩提式古段階後半」参照）。これは平行沈線がなくなるという意味ではなく，諸磯 c 式の流れを引く大きな渦巻を平行沈線で描いた土器，これがほとんど見られなくなるということである。第 2 の系列は

---

(8) この系統の土器には，口縁内折部分の太い隆起線，下半部の刺突文（群馬 D 期のダンゴ状貼付文と関係するか）など，群馬 D 期の系統を引く可能性が考えられる要素がある。

後半に続くが，かなり大きな変化を示す．それは，前半段階ではしっかり深いキャタピラ文と削り取りによって，結節浮線文と同じ効果をあげるものとして生れたが，後半期にはキャタピラ文がいいかげんになり，とても結節浮線文の代用には見えないようなものとか，ただの櫛引の平行線になってしまうのである．キャタピラ文の施文具が櫛歯状だから手抜きによってこうなったのである．そしてこの後半期にはキャタピラ文はかろうじて口縁部や特徴的にでっぱった部分だけに用いられる．**器形**は，高い波状口縁がほとんど見られなくなり，前半期のしっかりした屈曲のトロフィー形の土器は屈曲のメリハリがはっきりしないものになり，単純な深鉢形とか円筒形の土器が増える．前半期に胴部のくびれ部にあった橋状の把手がなぜか口縁部に移動するという現象が見られる．**文様帯**の段数の増えたものが多く，各文様帯内の**文様図形**の種類に大きな変化はないが，形は単純化する．

十三菩提式中段階

この段階になると，諸磯c式の系統を追うことが難しくなる．諸磯c系の第1系列が前の段階にほとんど見られなくなることはすでに述べたが，この段階には第2系列の続きもはっきりしなくなる．それは前の時期に広がり諸磯c系と共存した鍋屋町系の土器が，この時期にさらに地域的にも量的にも広がって一般的な存在となり，十三菩提式の重要部分を占めるものになるとともに，諸磯c系統の要素がそこに吸収され，独自の系統をなさなくなるからである．諸磯c第1系列の大きな渦巻文は，古段階後半ですでにほとんど見られなくなっていた．第2系列の後半に見られた文様要素は，この「鍋屋町系」の一部として残るが，櫛引きではなく太目のしっかりした沈線文で引かれるため鍋屋町式との類似性のほうが強く感じられる．削り取り手法は本来鍋屋町式にはなかったものと思われ，諸磯c系統第2系列との接触で鍋屋町系に採用されたものであろう．平行沈線文の多用も同様に理解できないことはない．中段階における胴部文様帯の拡大と羽状縄文の消失も諸磯c系の伝統であろう．したがって厳密には，この系統の土器は鍋屋町系と諸磯c系の融合によってできたものというべきであるが，土器の全体的な姿，器形，文様帯の配置，文様図形において，諸磯c系統とのつながりよりも鍋屋町系統の要素がはるかに強いので「鍋屋町系」と呼ぶ．

群馬県の諸磯c系統

関東北西部，群馬県地域はこの時期の資料が不足しているが，上記の変遷とは少し異なるようなので補足しておく．この地域では古段階に諸磯c系が多少独自の特徴を持つようになるが，以後平行沈線が櫛引き状にならずに中段階につながるらしい．中段階になるとこの地域にも鍋屋町系の侵入はあるが，中部高地や南関東より弱く，この地域では諸磯c系の平行沈線と削り取り手法の土器が鍋屋町系のそれと近似性を強める形で変化する．

2　系統別に変遷を見る(2)：鍋屋町系統（第5図，第6図）

北陸における鍋屋町式の成立と変遷

鍋屋町系統の変遷と広がりについては山口明氏の優れた研究がある（山口明1980a）．鍋屋町系が中部高地・関東に広がってくる過程を見るには，まず北陸でこれがどのように生れ，

どの段階に分布の拡大を開始するのか見る必要があるが，これについては別に原稿を用意しているので，ここでは石川県真脇遺跡と新潟県鍋屋町遺跡の資料をとりあげ，要点だけを記す。

北陸の蜆ヶ森式は，口縁部の水平方向の浮線文と胴部の羽状縄文から構成される斉一性の高い型式である。これはさらに浮線文の比較的太いⅠ式と細くみみずばれ状の微隆起線のⅡ式に分けられる。Ⅰ式はほぼ諸磯b式に並行し，Ⅱ式はほ諸磯c式に並行する（山本正敏1999）。Ⅱ式の中には，みみずばれ状の浮線文が退化してほとんど無文帯になっているものがあるが，その部分に諸磯c式の貼付文や結節浮線文を借用したものがある。第5図1,2は諸磯c式新段階の1期に多い浮線文，3は1期から2期ごろであろう。これらは鍋屋町式につながる要素をもち，鍋屋町式によく似ているが，蜆ヶ森式の内容の一部を構成するもので，蜆ヶ森式→鍋屋町式の編年の順序からいっても鍋屋町式に含めるべきではない。鍋屋町式の母体になったという点で，蜆ヶ森Ⅱ式の中の「先鍋屋町系」と呼びたい。蜆ヶ森Ⅱ式には微隆起線が渦巻になったものも知られているが，これも諸磯c式の影響であろう。

鍋屋町式の基本的要素は，上から順に，1．口唇上の貼付文，2．口縁の鋸歯文，3．胴上部の渦巻文，4．胴下部の羽状縄文，であるが，「先鍋屋町系」はこのうちの3．と4．の要素を獲得している。鍋屋町式の渦巻文は，結節浮線が単純な渦巻きとして重なるだけの諸磯c式の渦巻文と異なり，まず結節浮線で幅太帯状渦巻の輪郭を描いたあと，中に結節浮線を充填するのが特徴で，結果的に浮線文数本ごとに空白部が介在することになる。また原則として地文がない。この点に注意すれば小さな破片でも認定できる。

この「先鍋屋町系」から，鍋屋町式の古い部分（第1段階）の，結節浮線文がややまばらな土器が生れる。結節浮線文の施文が密になったものやこれを結節沈線文と削り取りで表現するものを鍋屋町式第2段階とする。結節沈線文で余白の削り取りのない土器は削り取りのあるものより基本的に古い様相とみられる。おそらく第1段階にも存在するのであろう。鍋屋町式は時間幅が小さいのに内容が複雑で，細分各段階の組み合わせを確認できる単純遺跡も十分知られていない。鍋屋町式がさらに細分できることは確かであるが，組み合わせをきちんと把握したうえでの細分は難しい。

これに続く結節沈線文が平行沈線化した土器が真脇遺跡に多く見られる。ここでは福浦上層Ⅱ式と呼ばれているが，鍋屋町式の続きであることは明らかで，鍋屋町式第3段階としたほうが成立ちはわかりやすい。

以上見たように，真脇遺跡は先鍋屋町系と鍋屋町式第3段階が多く，その間の資料は少ない。一方鍋屋町遺跡は，第1段階と第2段階が多く，第3段階は見られない。両遺跡の資料がちょうど補完しあう関係になっている。

次にこの鍋屋町式第1～第3段階を中部高地や関東地方と対比しよう。ここで従来見落とされてきた重要な視点は，鍋屋町遺跡に見られる中部高地系土器の主体が，十三菩提式古段階の土器であるという点である。たしかに諸磯c式も少なくないが，量的には従である。鍋屋町遺跡には鍋屋町式に先行する刈羽式[9]が大量に存在するから，諸磯c式は基本的に刈羽式にともなったものと理解される。従来，鍋屋町式にともなう十三菩提式古段階の土器を鍋屋町式の一部とみなし，

5C章 十三菩提式前半期の系統関係　281

蜆ヶ森式・刈羽式中の先鍋屋町系統

刈羽系統

1 富山 真脇
2 真脇
3 真脇
4 真脇
5 新潟 鍋屋町
6 鍋屋町
7 鍋屋町

鍋屋町式第1段階

8 鍋屋町
9 鍋屋町
10 真脇
11 鍋屋町
12 鍋屋町
13 鍋屋町
14 鍋屋町
15 鍋屋町

鍋屋町式第2段階

16 鍋屋町
17 真脇
18 鍋屋町

鍋屋町式第3段階

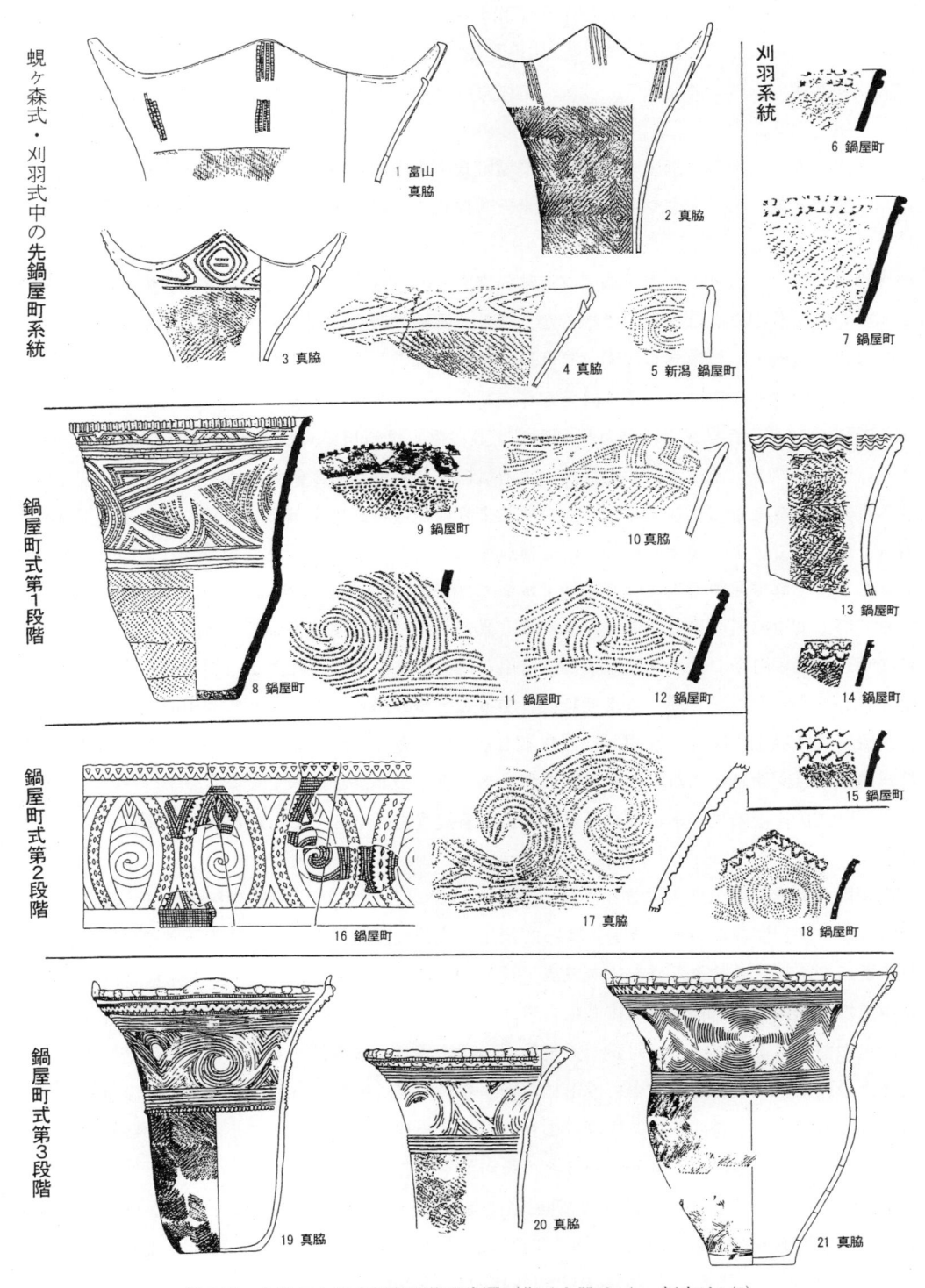

19 真脇
20 真脇
21 真脇

第5図　北陸における鍋屋町式の変遷（復元土器は1/8，拓本は1/5）

この拡大「鍋屋町式」に諸磯 c 式が伴うと解釈されたが，実際は，

刈羽式	鍋屋町式中の刈羽系	鍋屋町式中の刈羽系
蜆ヶ森Ⅱ式		
蜆ヶ森Ⅱ式中の先鍋屋町系 →	鍋屋町式第1段階 →	鍋屋町式第2段階
諸磯 c 式	十三菩提式古段階前半	十三菩提式古段階後半

の3段階の組み合わせの変遷が鍋屋町遺跡の実態とみられ，これはこの遺跡の層位別，地点別のまとまりの検討からもほぼ確認できるが，詳しくは別の機会に回したい。また鍋屋町遺跡には十三菩提式中段階の土器は見られず，それ以前に生活地としての存在を終わらせたようである。このことはこの遺跡に鍋屋町式第3段階が存在しないことと対応する。

　この両者（十三菩提式中段階と鍋屋町式第3段階）は石川県真脇遺跡（能都町教育委員会1986）に大量にある。ただし十三菩提式中段階の土器は搬入品ではなく，鍋屋町式第3段階の一部を構成する重要な系統として存在する。だから同じように鍋屋町式第1・第2段階の「十三菩提式」土器も，搬入品ではなく鍋屋町式の一部を構成する土器とみなすべきなのかもしれない。そうであるとしてもそれは北陸で生まれた系統ではなく，中部高地で生まれ侵入してきた系統なのである。

　さて時間的な位置づけであるが，蜆ヶ森Ⅱ式が諸磯 c 式に並行することは問題あるまい。これに伴う「先鍋屋町系」は，諸磯 c 式から借用した貼付文や結節浮線文から判断し，諸磯 c 式古段階の終わりから新段階2期ごろまでに並行することがわかる。蜆ヶ森Ⅱ式の中の「先鍋屋町系」と，鍋屋町式第1段階という相当に異なる土器を同時存在という無理な主張をしない限り，鍋屋町式の始まりが諸磯 c 式新段階の終末より大きく遡ることはないのである。

　鍋屋町式第1段階は松本市白神場遺跡で十三菩提式古段階前半の単純な様相の中にともなっている。

　鍋屋町式第3段階はすでに述べたように真脇遺跡において十三菩提式中段階の土器を大量に伴っており並行関係に疑問はない。よって鍋屋町式第2段階が十三菩提式古段階の後半に並行することになるが，このことは，山梨県寺平遺跡（山梨県境川村教育委員会1986）や東京都登計原遺跡といった古段階後半の単純遺跡で確認できる。

　以上の整理によって，鍋屋町式の系統的原型は諸磯 c 式に並行する蜆ヶ森Ⅱ式段階に生れ，諸磯 c 式の終末期～十三菩提式の古段階に並行する鍋屋町式第1段階と第2段階，中段階に並行する第3段階として系統的変化を遂げたことになる。それが中部高地に広がるのは鍋屋町式第1段階のうちで，十三菩提式の側からいうと古段階前半のことであった。

　なお私の鍋屋町式第3段階は寺崎裕助氏（寺崎裕助1993）がすでに用いられている鍋屋町式第3段階と同じであるが，第1，第2段階は内容に少し違いがあり（というよりもまだ厳密にとらえることは難しい），中部・関東の編年との対比のしかたは大きく異なる。

---

(9)　刈羽式が黒浜式でなく諸磯 b 式，c 式に並行することは早くに私が指摘している。（今村啓爾1981b）

中部高地・関東地方での鍋屋町系統の変化（第6図）

鍋屋町系は十三菩提式古段階に中部高地に侵入し，以後本貫の北陸での変遷とは別の変遷を開始する。

（十三菩提式古段階前半）（第6図上段）

松本市の白神場遺跡で十三菩提式古段階前半の土器と単純時期の様相で大量にともなっている。口縁の鋸歯文，胴部上半の渦巻文，下半の羽状縄文，渦巻文の形など，北陸の鍋屋町式とほとんど同じように見えるが，すでに独自の特徴も獲得しており，北陸のものと同じではないし，搬入品でないことはいうまでもない。その独自性とは，主要な文様帯の複段化，縄文使用の減少であり，ともにこの地域の諸磯c式新段階に見られた特徴であるから，侵入した鍋屋町系が在地土器の作り方の影響を受けた結果といってよいであろう。

飯田市小垣外・辻垣外遺跡（矢口忠良1973）では諸磯c系は少なく，北白川系土器と組み合う状況で出ている。鍋屋町系の進出力の強さを示すのであろう。更埴市池尻遺跡（米山一政ほか1964）は小資料であるが，諸磯c系の存在がはっきりせず鍋屋町系だけが出ている。鍋屋町式（の中の刈羽系）に特徴的な波状の隆起線文の土器が他の遺跡でもしばしばともなう。この段階の資料は長野西部に多い。

なお，十三菩提式古段階前半に諸磯c第2系列のキャタピラ文（細結節沈線文）＋削り取りの土器があり，古段階後半に鍋屋町系の結節沈線文＋削り取りの土器があるので紛らわしいが，両者は使われる文様図形が異なり，系統と成立の時期も異にするものなのではっきり区別しなければならない。ただし手法自体は諸磯c系から鍋屋町式への影響があったとみてよいであろう（279頁の「十三菩提式中段階」と次節）。

（十三菩提式古段階後半）（第6図中段）

篦畑遺跡の2点の完形土器（第6図4,6）は主たる文様帯の中への鋸歯文の侵入からみて，鍋屋町式第2段階に並行するであろう。第6図6,7は全体の文様構成は鍋屋町系であるが，口縁の折り返し下の刻みや平行沈線による渦巻は前半段階の諸磯c系第1系列に見られたものであったから，その要素がこの段階になって鍋屋町系にまぎれこむ形で残っているとみなしてよいであろう。山梨県寺平・東京都とけっぱら・埼玉県八木上（金子直行1996）など，諸磯cの系統で見て十三菩提式古段階後半になる遺跡に，この時期の鍋屋町系が見られる。まだ一見して鍋屋町系といえる特徴を保っているが，同じ時期の北陸の土器とはかなり違うものになりはじめている。

（十三菩提式中段階）（第6図下段）

鍋屋町系の施文手法の基本的変化は，結節浮線文→結節沈線文→（ヘラ切り沈線文）→平行沈線文，であるが，十三菩提式中段階の始まりを北白川系十三菩提式の出現によって画すると，鍋屋町系では，ヘラ切り沈線文と平行沈線文の段階がほぼ中段階に相当するであろう。古段階後半の鍋屋町系から中段階の鍋屋町系に移り変わる様子は，横須賀市室の木遺跡（赤星直忠ほか1973）の資料を見るとわかりやすい。この遺跡の結節沈線文をどちらの段階に入れるかは微妙。長野県大洞遺跡の鍋屋町系も古段階末から中段階に続いている。

器形としては，円筒形の胴下部，その上の外反する胴上部に分かれたものが多く，さらにその

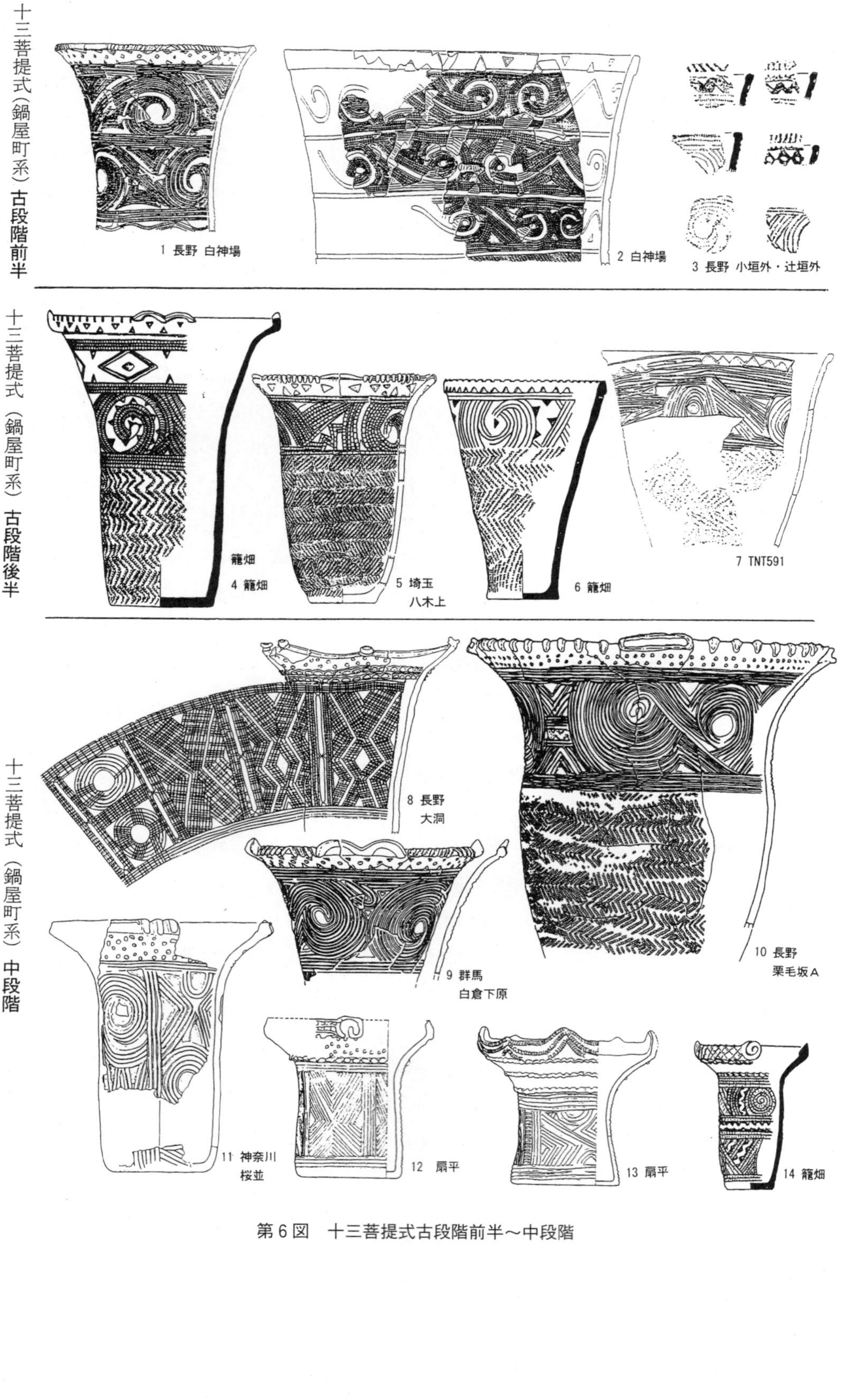

284 第Ⅴ部 土器系統の動きと人間の生態

十三菩提式（鍋屋町系）古段階前半

1 長野 白神場
2 白神場
3 長野 小垣外・辻垣外

十三菩提式（鍋屋町系）古段階後半

4 籠畑
5 埼玉 八木上
6 籠畑
7 TNT591

十三菩提式（鍋屋町系）中段階

8 長野 大洞
9 群馬 白倉下原
10 長野 栗毛坂A
11 神奈川 桜並
12 扇平
13 扇平
14 籠畑

第6図 十三菩提式古段階前半〜中段階

上に内折する口縁部が乗るものがある。時期が下るほど胴上部の外反する部分の高さ（占める大きさ）が増す傾向があり，踊場系（鍋屋町系の後裔）に一般的な器形に近づくわけである。

すでに述べたように，鍋屋町系には一般的な**文様帯**の重ね方の規則性がある。上から順に，1．口唇上の貼付文，2．鋸歯文（しばしば刺突文に変わる。また省略されることも多い），3．胴部の渦巻を中心とする主要文様帯，4．羽状縄文，であるが，この時期には，胴部の文様帯が何段かに分かれて底部まで広がるものが増え，このようなものでは胴下部に羽状縄文が使用されなくなる。口唇上の貼付文，口縁の鋸歯文（刺突文）が鍋屋町式のそれを引くものであることはいうまでもないが，その下に1条または2条の太めの隆起線を貼付け，その上を押捺するものがある（第6図8，12，13，14）。これは本来の鍋屋町式にはほとんど見られない要素で（第5図19には似たものがある），中部高地に入ってから出現した要素らしい。はじめは文様帯の上か下を限るように1本ないし2本であるが，同じ中段階のうちにこの隆起線の数が増えたものが現れる（第6図13）。北白川系十三菩提式と共存するため，その影響を受けて，押捺隆起線が結節浮線文によって置きかえられた土器も少なくない。

主要文様帯は渦巻文とそれから変化した円や半円，三角形，斜め十字などで，余白部分が削り取られることが普通である。主要文様帯内を縦分割したものが多いが，その起源はよくわからない。

(十三菩提式新段階)

新段階の詳細については稿を改めなければならないが，上記の押捺隆起線文は，十三菩提式新段階で縄文地のものが一般的になる。それよりも重要なのは踊場系の成立であるが，中段階に，押捺隆起線文帯に代って平行沈線文が入った土器があり，これは踊場式に非常に近いものになっている。また胴部文様がせりあがり，胴上部の文様帯が縮小した土器もあり，これも踊場式に近い。中部高地で前期終末から中期初頭にまたがる踊場系（もとをたどれば鍋屋町系）と北陸中期初頭の新保式はよく似た土器であるが，その類似のもとをただせば，十三菩提式古段階に血を分けた鍋屋町系に発する系統関係にあるといってよい。

3　系統別に変遷を見る(3)：北白川系統

十三菩提式の北白川系の成立

ここで十三菩提式のうちの北白川系としたものは，縄文地に結節浮線文を有する土器で，十三菩提式という言葉から第1に思い出される土器といってよい。このような土器は十三菩提式古段階には存在しないので，土着の土器の中にその祖形を求めることは困難である。しかしながら古段階には，相当な頻度で搬入品と考えられる北白川下層Ⅲ式がともなう。この型式は上記の土器と基本的特徴を共有している。いうまでもなく「北白川系」の名称はこの系統観に由来するものであるが，搬入品ではなくこの地で作られた土器をさす。

さて，各遺跡における北白川系の搬入土器と思われるものを見ると，十三菩提式古段階前半に

---

(10)　これについては中野純氏の指摘がある（1998）が，文様帯の配置に関する限り，この共通性は「型式間交渉の累積」というより，鍋屋町式に生れ，一方的に広まったものである。

は北白川下層Ⅲ式の古手のものをともない，中段階のはじめまでは下層Ⅲ式の範囲のものを伴うようで，中段階中頃の上野原4号住居では大歳山式に入りそうなものに変わり，新段階には大歳山式を伴う。

　十三菩提式の北白川系は以下の諸点で北白川下層Ⅲ式に共通点をもつ。1．キャリパー形器形，2．先の尖る波状口縁，ただし諸磯c式のように高くならない。3．縄文地上の結節浮線文（北白川下層式では特殊凸帯文と呼ぶ，これは粘土が両側にはみ出したようになるのが普通）。4．ゆったりと間隔をとって加えられる結節浮線文，5．同心円モチーフ（渦巻でない）など。しかし土器全体として見た場合，両者にはかなりの距離がある。

　この系統の起源を求める場合，当然のことであるが，北白川下層Ⅲ式全体と十三菩提式の北白川系全体を比較するのでなく，この系統が成立する最初の部分，誕生の時期のものに絞り込んで，その時期の北白川下層Ⅲ式と比較しなければならない。

　山梨県寺平遺跡は古段階後半の遺跡なので，まだ十三菩提式の北白川系はみられないが，北白川下層Ⅲ式自体はかなりある。そのうちに1点興味深い土器がある（第7図1）。口縁内側の縄文帯は北白川下層Ⅲ式であるが，口唇の形などからみて搬入された本当の北白川下層Ⅲ式ではなさそうである。口縁部の間隔をとって加えられる結節浮線文は，十三菩提式の北白川系と共通する。胴部の連続する渦巻文は北白川Ⅲ式にはあまり見ない鍋屋町的な文様のようである。同じ遺跡の第7図2も縄文地を有し，渦巻文はもっと鍋屋町式に近い。結節浮線文の下に縄文を加えないのは，鍋屋町系の原則であった。このようなものの出現は北白川系の影響が及び始めた徴候であろうか。

　以上のように判断の難しいものを除き，現在までに知られているもっとも古そうな十三菩提式の北白川系を探すと，長野県大洞遺跡が目につく。鍋屋町系，北白川系ともに中段階の古い部分が目立つ遺跡であるが，より新しいものや，新段階の土器まで共出しており，古い部分の量はそれほど多くない。この遺跡の古い部分の資料には，先にあげた5項目に加え，6．口縁内側の縄文帯や結節浮線文（第7図4，5）。7．口縁に縦に平行して加えられる短い結節浮線文（第7図5）。8．結節浮線文の構成する文様が単純。というさらに3点においても北白川下層Ⅲ式に近い。

　第7図6は横浜の桜並1号住居（横浜市ふるさと歴史財団1995b）の土器で，この住居には中段階末頃の資料が多いので，たぶんその時期にともなったとみられる大歳山式である。胎土などは在地の土器に近いので必ずしも搬入品とは言えないけれど，このような波状口縁の下の同心円は十三菩提式にもよく見られる。大洞遺跡にもある（第7図3）。年代的には桜並例のほうが新しくなっ

---

(11)　この型式は本来直良信夫氏による大歳山式に含まれていたという春成秀爾氏（1987）の指摘がある。またこの型式は上層出土として報告されており，山内清男氏はこのため前期土器を「北白川1式」と呼んだのではないかという小杉康氏（1991）の指摘もある。このような学史上の問題ばかりでなく，北白川下層2式の細分と後続する多数の型式の名称にかかわる混乱を避けるため，北白川下層2b式より後は北白川下層の細分型式名を避け代表的遺跡名で表記することが望ましい。この場合北白川下層Ⅲ式は大歳山Ⅰ式，近来の大歳山式は大歳山Ⅱ式となり，十三菩提式に並行して大歳山Ⅰ式・Ⅱ式が存在することになる。ただし本稿では従来の型式がどのように編年的に対応するかについての私の考えが誤解されることを恐れて，従来の名称を用いた。

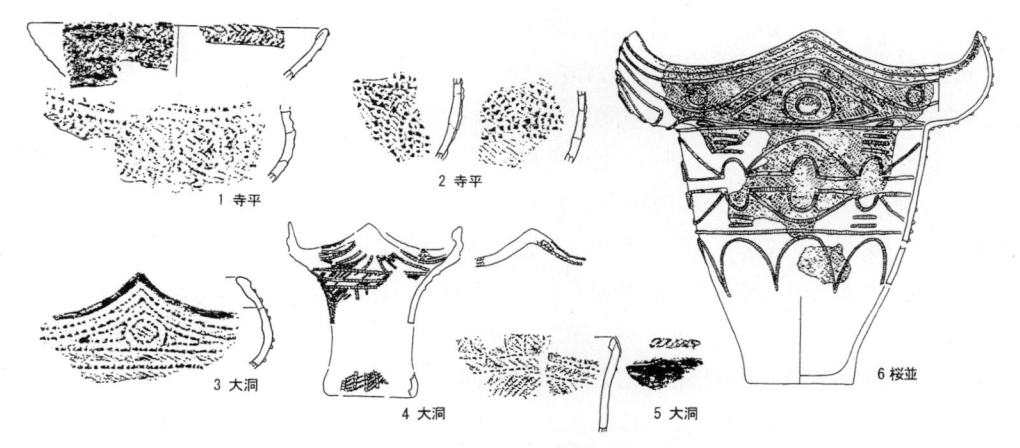

第7図　十三菩提式北白川系の成立にかかわる資料（復元土器は1/8，拓本は1/5）

てしまうので，起源を説明する例としては不適当であるが，中部高地在地の土器にはこのようなものを生み出す下地はないから，桜並例のような西日本の土器から十三菩提式の北白川系が生れたと考えなければならない。

　間隔をとって水平に加えられる結節浮線文は北白川下層Ⅲ式に多く見られるが，胴下部に加えられる間隔をとった縦の浮線文のほうは少ない。これは大歳山式の段階になると普通に見られる。十三菩提式北白川系の要素のすべてが北白川下層Ⅲ式に見られるわけではなく，十三菩提式内において生れる文様要素や，大歳山式と十三菩提式が一緒に生み出してくる文様要素もあるのであろう。

十三菩提式中段階の状況

　前節で成立を考えた十三菩提式北白川系は，十三菩提式の中段階に突然のように各遺跡で広く大量にともなうようになる。中部地方・関東地方だけでなく，東北地方でも類似の文様をもつ土器が大木6式の一部をなすようになる。北陸でも真脇式と呼ばれたものは，北白川系十三菩提式とほとんど同じものである。中段階としては新しい様相の土器が多い。結節浮線文よりソーメン状浮線文が多いのは，地域差ばかりでなく時期的要素が関係しているのであろう。

3．時期ごとに見た組み合わせ（275頁第1表参照）

　2章では系統ごとに分けて変化を見てきたが，本章ではこれらが各遺跡において，時期ごとにどのような組合せで出ているかを見ていこう。

1　十三菩提式古段階前半の遺跡

　この時期に属する遺跡には，諏訪市荒神山のように鍋屋町系をほとんど含まない遺跡と，対照的に大量の鍋屋町系を含む松本市白神場のような遺跡がある。

諏訪市荒神山遺跡[12]

このあたりの時期にかかわる住居址は1軒だけ（111号）であり，遺構の一括資料に恵まれない。遺跡全体としては，諸磯c式の新段階の結節浮線文，それがヘラ切り浮線文に置き換えられたもの，また結節沈線文，細い結節沈線文が束になったキャタピラ文，結節沈線文の簡略化である平行沈線文，キャタピラ文に削りとり手法が加わったものと一連の変化の過程にある多彩な土器があり，時間的な幅があるが，諸磯c式の末期から十三菩提式の初期の部分にわたる部分が中心の資料といえる。

どこで諸磯c式と十三菩提式の区分線を引くかが難しいが，111号住居はだいたい諸磯c式末期の組み合わせを示すといえよう。今のところ境界線を引くのに役立つ一括資料がほかの遺跡にもない。古段階前半の単純な様相を示す白神場の資料を基準として，そこに見られなくなっている要素を諸磯c式とするのも一案ではあるが，白神場は前半期の中では後のほうに寄っているとみられ，このように分けると，従来諸磯c式以後に現れたとしてきた要素のいくつかが諸磯c式の中に入ってしまうので適当でない。

岡谷市扇平遺跡 （会田進ほか1974）

この時期の資料を主体とする遺跡で，12軒の住居址が発掘されている。しかし資料は多くの住居址で諸磯c式に遡るもの，古段階後半に下るものと混じっており，一括性において良好ではない。この遺跡でもっとも注意すべきことは，中段階の鍋屋町系土器の混在が多いことで，この種の土器が「扇平タイプ」などと呼ばれ扇平遺跡を代表するかのごとく言われているが，この遺跡の主体をなす土器とは時期が違う。この遺跡では十三菩提式古段階の土器はほとんどが小さな破片で出ているのに，中段階や五領ヶ台式はみな完形土器や全体が推定できる大きな破片として出ている。住居址の覆土にあとから土坑が掘られ，その中に埋められた土器が住居址一括として取り上げられたのであろう。「扇平タイプ」は白神場・小垣外・寺平・砂原山・とけっぱらなど古段階前半・後半の単純遺跡にはまったく見られず，荒神山でも混入の1片しか報告書に見られない。古段階にともなうのは「扇平タイプ」になる前の，鍋屋町式の基本形をとどめる土器である。扇平遺跡の十三菩提式古段階にだけ「扇平タイプ」になったものがともなうことはありえないのである。

松本市白神場遺跡

諸磯c系とともに鍋屋町系が大きな比率を占める。遺跡全体として諸磯c式新段階や十三菩提式中段階の要素をまったく含まない良好な一括性を示す。6軒の住居址が発掘されている。7号住居にやや古い要素がめだち，古段階前半に属する。そのほか古段階後半としたほうがよさそうな破片を少し含む住居もあるが，全体として相当均一な様相であり，まとめて古段階の中ごろに位置付けたい資料群である。諸磯c系は第1系列の平行線のものが多く，第2系列のキャタピラ文と削り取りのものが少ない。地域差なのか，本来これが占めるべき部分に鍋屋町系が入り込んだような状況であるのか判断がむずかしい。

小垣外・辻垣外遺跡

---

(12) 岡田正彦ほか1975。前稿（『土曜考古』24号）で荒神山遺跡を鍋屋町系が本格的に進出してくる以前，白神場遺跡以前の遺跡としたが，最終段階は白神場に並行する部分があると考えを改めた。

4軒の住居趾がある。住居址外の資料を含めて非常に限定された時期に属する。諸磯ｃ系が少なく，北白川下層Ⅲ式が多いのは地理的位置との関係であろうか。ただし鍋屋町系は多く存在し，その強い進出力を物語っている。この遺跡の北白川下層Ⅲ式は本来のものから崩れた感じがある。

南西関東ではこの古段階前半は遺跡の数が少なく，規模も小さく零細化したようである。比較的良い資料として，埼玉県**鎌倉公園**（大宮市遺跡調査会1984），横浜市**細田**（神奈川県教育委員会1981）をあげておく。

2　十三菩提式古段階後半の遺跡

この時期に入る遺跡として山梨県境川村**寺平，砂原山**（境川村教育委員会1986），東京都奥多摩町**登計原**，埼玉県狭山市**八木上**，横浜市**桜並Ｊ8，Ｊ9住居**，静岡県三島市徳倉**片平山Ｊ遺跡**（三島市教育委員会1992）がある。いずれも良好な時期的一括性を示す。古段階前半の要素がほとんど見られず，中段階の要素もまったく見られないのである。登計原と八木上に高い比率で鍋屋町系土器があるのに対し，寺平ではその比率は小さく，近くの砂原山ではまったくともなっていない。桜並，片平山Ｊ地点にも鍋屋町系はほとんど見られない。この時期の微小遺跡は東京都多摩ニュータウンなどに相当数あるが，全体として諸磯ｃ系土器が多く，鍋屋町系は少ない。

3　十三菩提式中段階の遺跡

山梨県中道町上野原遺跡（吉田章一郎・田村晃一・金井安子1989）

この時期の理想的な単純資料を出した4号住居がある。鍋屋町系（すっかり変化して「扇平タイプ」になってしまっているので，これだけ見ても，とても鍋屋町系には見えないが）の十三菩提式と北白川系の十三菩提式がセットになっているだけでなく，両者の中間的な土器の存在によって両者が連続的な存在になっている。中段階の中でも中頃の様相なので北白川系の成立を見るのには適していない。これに少量の大歳山式と大木6式がともなっている。

岡谷市大洞遺跡

大量の鍋屋町系十三菩提式中段階とそれよりやや少ない北白川系十三菩提式中段階を中心とする資料。純粋な諸磯ｃ系はない。この時期の住居址1軒がある。遺跡全体として前後の時期の資料がかなり混じるので一括性はよくない。鍋屋町系古段階が少しあり，中段階の古い部分に連続している。このことは，この遺跡に北白川系十三菩提式の初期の部分が見られることと時期的に整合している。比較的多くの北白川下層Ⅲ式があるが，北白川系十三菩提式とははっきり区別できる。大木6式が1個体ある。諸磯ｃ系がみられないのは，この時期にはほとんど消滅しているからであろう。

このほかにも多くの遺跡で鍋屋町系十三菩提式と北白川系十三菩提式がともなって出ており，この時期に普遍的な組み合わせになっている。東海地方では鍋屋町系は少ない。

すでに述べたように，石川県真脇遺跡では鍋屋町式第3段階に北白川系がセット関係で共存する。中部・関東で並行する中段階に鍋屋町系と北白川系がセットになるのと同じ関係である。そして中部・関東の鍋屋町系と北陸の鍋屋町式第3段階は，主要文様の平行沈線化や口唇部貼付文

4．まとめ：土器系統の移動の背後にあるもの

　土器の成立ちにおいて，一見似ているものが必ずしも親子の関係にあるわけではない。綿密に変化を追っていって，ある土器を生み出す母体となったことが突きとめられたものが親で，そこから生れたのが子である。

　本稿で取り上げた時期の場合，1地方，1遺跡に複数の系統が共存しながら変化するのが普通なので，親子関係は系統ごとに見ていく必要があり，同時に他の系統からの影響にも注意する必要がある。いくら似ていても，別の系統的変化の脈絡の中にあるものどうしを親子というわけにはいかないし，時間的に離れていればなおさらである。

　複数系統間の横の同時性は，各系統ごとの変化の順序と矛盾してはならない。私は本章第2節で個々の系統の変化をたどり，第3節で横の同時性を時間的に限定された資料によって確認した。その縦と横の関係にはまったく矛盾はなかった。

　この時期には結節浮線文とか結節沈線文，平行沈線文のようにそれぞれの系統的変化の中から別の時期に別の脈絡で現れる非常に類似した文様手法がある。たとえば中部高地で諸磯c系の結節浮線文がとだえたあと，鍋屋町系の結節浮線文が侵入し，それがとだえたあと北白川系の結節浮線文が現れる。それらの浮線文は，別々の時期に別々の系統として来たものであるから，いくら似ているといっても一連の変化の過程として並べることはできない。ただしもともとの起源をただせば，それらは中部高地の諸磯c式新段階の結節浮線文に発し，周辺の型式に採用されたものであり，しばらくしてから別々の系統に乗って別々の時期に中部高地や関東地方に帰ってきたのである。ヘラ切り沈線文も諸磯c系と鍋屋町系では別の時期に現れる。この系統の違いと時期の違いをしっかり認識しないで，似ているからといってつなげてしまうと，系統関係がもつれてしまってこの時期の土器の変化は理解できなくなる。

　誤った編年を正すという後向きの活動に時間を費やしてしまった。再び前を向いて進もう。

　この前期末という時期には，他地域の系統の土器が侵入する現象が顕著で，その現象がおきるたびに土器のありかたが大きく変化することがくりかえされた。このような土器の系統の大きな移動は，どのような原因によって起きるのであろうか。端的に言って，土器作りをになう人間集団が移動したのであろうか，それとも土器の作り方の影響が伝播したにすぎないのであろうか。

　私は土器研究の目的は土器そのものにあるのではなく，土器を手がかりに人間を解明することにあると思っている。しかし土器自体の解明に時間がかかり，なかなかその背後にある人間に迫る段に達することができない。小論をまとめた現在も状況はあまり変わっていないが，土器の変

---

(13) 先鍋屋町系の結節浮線文が諸磯c式からの借用であることは確実である。諸磯c式並行の北白川下層式には特殊凸帯文がほとんど使用されていないが，特殊な器形について諸磯c式類似の結節浮線文が用いられるらしい。（坂祝町教育委員会1988）また先鍋屋町系の結節浮線文が北白川下層式に影響を与えた可能性がある。

化のしかたの実情に立ち入って分析的に解明するという点で少しの前進はあったと思う。そこで不確実は承知のうえであえて人間の活動と土器の変化の関係を推定してみたい。結論的なものではなく，土器研究を人間の研究として意味のあるものにするための冒険的予察と了解していただきたい。

前章で論じた問題にもどるが，諸磯c式新段階のはじめに中部高地系の土器が群馬県に広がる現象があった。このとき群馬では，それまで繁栄，安定していた遺跡群が突然衰退し，以後は群馬独自の土器の系統をたどることも難しくなる。そして入れ替わるように中部高地の土器がこの地域に広がったのである。この時期に中部高地系の人間集団の侵入があったことは確実といえよう[14]。

ところが，鍋屋町系土器が中部高地に侵入する時点では，中部高地に遺跡群の顕著な衰退は認められない。また侵入した鍋屋町系はそれまで中部高地にあった諸磯c系統と各遺跡で共存するのであるから，交替したわけではない。中部高地に現れたもっとも古い鍋屋町系土器も，すでに北陸の鍋屋町式とわずかに違ったものになっている。その違いは土着の諸磯c系の影響による変化であった。

また重要なことは，鍋屋町系の侵入は一方的な現象ではなく，新潟県鍋屋町遺跡自体において，十三菩提式古段階に属する諸磯c系土器が少なからず存在するという逆の現象が認められる。このようにこの時期の土器の動きは，相互の交換といった状況であって，その背景に一過性の民族移動のような一方向の現象を想定することはできないであろう。

しかし相互に土器系統が動いたということは，背後に人間集団の動きがなかったことにはならない。人間集団が相互に動けばよいのだから。中部高地の十三菩提式古段階前半にみられるいくつかの遺跡における突然のそして全土器の半ば近くを占めるような大量の鍋屋町系土器の出現，それが長野の西側に顕著で，同時期に鍋屋町系をほとんど受け入れない東側の遺跡と対峙する状況は，土器作りの影響というより，人間集団の進出として理解しやすい。池尻遺跡はほとんど鍋屋町系だけであるが，白神場では諸磯c系と組み合い，小垣外・辻垣外では主に北白川系と組み合うありかたも，鍋屋町系の強い進出力を物語っている。

さらにこの見方を補強する事実がある。遺跡の継続性という視点で見ると，鍋屋町系を多量に有する遺跡は，遺跡自体がこの時期に突然現れる，つまり人の移動によって成立したものが多いのである。といっても十三菩提式期全体を通して，ごく短期間しか存続しなかった遺跡が多いので，単に十三菩提式期に普通のありかたの遺跡という見方もありうる。しかし次の事実は重要である。——十三菩提式古段階前半期に属するが，鍋屋町系をほとんど含まない逆のタイプの遺跡である荒神山，唐沢（長野県考古学会1971），上原（長野県教育委員会1957），有明山社（長野県考古学会1969），桜沢などの遺跡が，みな諸磯c式から続いてきた継続性のある遺跡であり，上記の新たに出現し鍋屋町系を多量に有する遺跡と対照的なありかたを示している。

古段階後半になっても山梨県寺平・砂原山では鍋屋町系土器が少ないのに対して，かえって

---

[14] 群馬地域の土器系統と人間集団がある程度は維持されたかどうかという問題について諸磯c式群馬D期と諸磯c系統第2系列のつながりの問題がある。

もっと東の東京都とけっぱらや埼玉県八木上に鍋屋町系土器が高い比率で存在する。関東全体でもこの時期鍋屋町系は少数派であって，主体は諸磯c系の土器である。にもかかわらず，その中に鍋屋町系を大量に有する遺跡が点在する。

このような遺跡ごとに見られる鍋屋町系の現れ方の違いは，鍋屋町系土器をになった人間集団の具体的な動きを反映するものとして理解しやすいのである。

関東で古段階後半に現れる鍋屋町系は，まだ一見して鍋屋町系と認められる姿を留めているが，同じ時期の北陸の土器とくらべるとすでに相当に異なったものになっている。鍋屋町式の分派が別の地域で別の方向に変化しているのである。しかし鍋屋町式の本体と完全に土器情報が切り離されたわけではなく，たとえば平行沈線文化という基本的な変化の方向性や口唇部貼付文の変化の方向は中段階になっても共有している。

規模の小さい遺跡が短期間しか続かなかったのなら分かりやすい。しかしここにあげた鍋屋町系を多くともなう遺跡は，白神場6軒，小垣外4軒，とけっぱら1軒，八木上2軒と，時期がきわめて短いわりには，相当数の住居址をもち（十三菩提期に住居址をもつ遺跡は少ない），継続時間が非常に短い単独時期としてはけっして小規模な集落ではない。まさに一定規模の人間集団が動いている観がある。その移動性の高さが鍋屋町系の急激な広がりの背景にあることはまず間違いない。

前の話にもどるが，この段階における鍋屋町系の進出は北陸から中部高地への一方的なものではなく，諸磯c系十三菩提式が北陸にも入り，動きは双方向であると言った。また中部高地にあっても鍋屋町系土器だけをもつ集団が動いているのではなく，鍋屋町系統と諸磯c系統を併せ持つ集団が動いているように見える。そこにあったのは，異なる系統の人たちを巻き込み広い範囲を動きまわる現象なのであろう。

古段階後半から中段階にかけて鍋屋町系と諸磯c系が鍋屋町系主導で融合していくこと，中段階における鍋屋町系と北白川系の共存から融合への傾向は，一つの土器作りの場面に両方の土器作りの伝統をもった人たちが共存した，というよりもおそらくは一人の人が両方の系統を兼ね備えることがあったからこそ起こったことであろう。土器系統の共存は，必ずしもそれぞれの系統をになう集団規模での共存を意味しない。鍋屋町系をになう人たちと諸磯c式を担う人たちが混じりあって集団を構成し，動いていたのかもしれないし，両方の土器系統をになう個人が存在し，それによって系統の融合が起こった。そう理解すべき部分もある。

特定の遺跡に鍋屋町系土器が多くともなう十三菩提式古段階に対して，中段階になると鍋屋町系のありかたが違ってくる。この時期には，前の段階に鍋屋町系が強くなかった西関東においてすら，鍋屋町系が主体的存在になり，ほとんどすべての遺跡から大量に出るようになる。この時期に新たに北陸からの影響が強まったとは考えられないし，そもそもこの時期には北陸の土器は別の方向へ変化してしまっているのだからこの種の土器の起源にはなりえない。十三菩提式の内部で，諸磯cの系統と新来の鍋屋町の系統が共存し，競争した結果，後者が勝って，主体として前者を融合していく現象なのである。

この融合を考える場合，本来の諸磯c式や鍋屋町式にまで遡って理解しようとするとおかしな

ことになる。あくまで中部・関東の中段階の直前における諸磯c系と鍋屋町系の関係の把握でなければならない。この時期に鍋屋町系をになう人々の力が諸磯c系統より強まったとは考えられない。だから土器系統間の競争は，それをになう人間集団間の力の競争であるだけでなく，系統ごとの土器の魅力の競争でもあったのであろう。古段階前半には諸磯c系の中に二つの流れができたことを述べた。大きな渦巻文を平行沈線で描く系列と，キャタピラ文と削り取り手法の結合による華麗な土器の系列である。後者は非常に魅力的な土器であったが，作るのに手間がかかるためであろう，発見される個体数の少ない特殊な土器あった。ところが古段階の後半になると第1の系列より第2の系列の土器がはるかに多く作られるようになる。第2の系列が人気を博し，需要が大きくなったためであろう。しかしこの大量生産の要請で，第2の系列の土器つくりに手抜きが行なわれ，全体に質が低下した。小半截竹管を並べた工具で結節をつけずに引くため，文様の大部分が櫛引沈線になってしまったのである。こうなると文様の複雑さがかえって災いして，櫛引沈線と意味のとらえにくい削り込みの集合からなる魅力の薄い土器になってしまった。これに対して鍋屋町系のほうは，結節浮線文から変化した太い竹管で加えた半隆起線による渦巻文は分かりやすく，文様としても魅力的であった。もともと両者の文様図形に一定の近似性があったこともあるが，鍋屋町系が主体になり諸磯c系の文様や技法を取り込む形で融合する過程は，集団の力関係の問題ではなく土器の人気の問題であったと理解される。

　このように，土器系統の移動とひとことで言っても，その背景や原因はひとつではないことが明らかになってきた。これまで取り上げた範囲で見られた土器系統の動きという現象を単純化して並べてみよう。

(A)　諸磯c式新段階の始めに群馬県では，群馬県の土器系統がほとんどとだえ，かわりに中部高地の系統が広がった。この広がりと，ちょうどそのころに起こった群馬の遺跡群の壊滅的な衰退は，関係のある現象であろう。

(B)　中部高地・関東地方の十三菩提式古段階前半，諸磯c系土器の中に2つの作り分け（系統内の流れまたは系列）が生じた。諸磯cから漸位的に変わった第1の流れと，手の込んだ精巧な土器を少数作る第2の流れであったが，古段階後半になると人気のある第2の流れが量的に主体となり第1の流れを圧倒するものの，大量生産のため土器の質は低下した。

(C)　北陸の鍋屋町系が中部高地・関東地方に進入してくる現象は，一定の時間的傾斜を伴っておこっており，また同一地域内で鍋屋町系を多くともなう遺跡とあまり伴わない遺跡が混在した。ともなわない遺跡は諸磯c式の段階から継続してきた遺跡が多く，大量に伴う遺跡の多くは新しく始まる遺跡である。後者のような遺跡の場合も鍋屋町系だけが存在する例は少なく，土着の系統と同一遺跡内で共存した。

(D)　鍋屋町系は，十三菩提式中段階になると諸磯c系を圧倒する形で融合したあと，ほとんどの遺跡で北白川系と並んで主体的土器として存在するようになる。

(E)　中段階のはじめに十三菩提式内の北白川系が成立し，北陸・中部高地・東海・関東の多くの遺跡で鍋屋町系とともに主体的な土器として存在するようになる。非常に突然にしてかつてなく広範囲に及ぶ現象である。

これらの現象を，想定される原因別に整理してみよう。

Ⅰ．他地域の系統が新たに侵入して広がる場合

　Ⅰ－1．空白に近い状態になってしまった地域に他地域の系統が広がる　→　他地域の人間集団の侵入が想定される。

　　実例）上記（A）。ただしこの場合の移動は，一過性の民族移動的なものではなく，群馬が，中部高地の人間が進出していく活動領域に含まれたということではないだろうか。

　Ⅰ－2．侵入した系統が土着の系統と共存するが，共存のしかたは遺跡ごとに異なる。→侵入した他地域の人間集団がさまざまな形で土着の集団と混在したことが想定される。

　　実例）上記（C）

　Ⅰ－3．侵入した系統が土着の系統と共存するが，その広がりは急速かつ広範囲におよび，すべての遺跡で土着の系統と共存する。→　上の2．の原因に加え，受入側に新系統を積極的に受容する体制ができていたのであろう。

　　実例）上記（E）

Ⅱ．すでに共存している複数の系統の関係

　Ⅱ－1．ある系統または系列が量を増して他の系統を圧倒する。→　ある系統が人気を得て量産されるようになるのであろう。

　　実例）上記（B），（D）。

　Ⅱ－2．共存する複数の系統を折衷した中間形が安定的に存在する。→　複数の系統の土器の作り手がひとつの製作の場に共存するか，一人の作り手が複数の系統を担った。

　　実例）上記（E）の新しい段階。山梨県上野原4号住居資料が典型的。本章とは時期が離れるが，五領ヶ台Ⅱb式では折衷土器が量的に主体を占める（今村啓爾1985，本章3D章）。

　これらの現象は，土器の系統別がいつも地域別を基本的原因としているわけではなく，一つの系統内における作り分けとしても生じる場合，ひとつの製作の場でも作り分けられる場合があり，またその間で地域的系統間に見られるのと同じような生存競争が行なわれることがあったことを示している。

　最後に，いうまでもないことであるが，これまで論じてきた系統性の異なる土器の混在を即人間の混在と見なすわけにはいかない。第1に土器の生産地と消費地の問題がかかわってくる。すべての遺跡で土器が作られていたと考えることはできない。土器を作った遺跡と作らなかった遺跡があったにちがいない。ある遺跡でA系統とB系統の土器が出た場合，両方ともその遺跡で作られたのか，どちらか一方が作られたのか，どちらも作られずともに他の地点から供給されたのかを判断することは困難である。確かなのは，その遺跡内またはそれほど離れていないところにそれらの供給源があったということまでであるから，出土した土器からその遺跡自体の居住者の系統的所属を論ずることは困難である。第2に，Ⅱ－2．の場合からみて，別の系統の土器が別の場所で作られたとはいえないし，別の人によって作られたともいえない。時間がたつうちに別系統の土器が影響しあったり，中間的な折衷土器が作られたり，別系統の区別があいまいになっていく状況は，おそらく本来別の場所で別の人間集団によって生み出された別系統の土器が，同

一遺跡内というよりも同一人によって作られるようになったために起こる現象であろう。

　土器系統の移動，広がりは，人間集団の動きを基本的原因とする場合もあるが，Ⅰ-3．の場合からみても，大規模な集団の移動がなくても，作り方の流儀として広く受け入れられることがあったと考えられる。そして系統間の競争は，それをになう集団間の力の競争の場合もあったが，美しさを淘汰の要因とする生存競争という面もあったようで，これがこの前期末中期初頭という時期に次々に華麗な土器が生み出される原因のひとつになったように思われる。

　土器系統というのは内部に情報のネットワークを維持する不思議な存在である。十三菩提式中段階に典型的に見られるように，この時期北陸の鍋屋町式（第3段階）と中部高地・西関東の鍋屋町系土器は，分布地域が分かれたために相当に違う形のものになっている，それにもかかわらず一部の文様や施文手法は，共通性が維持されながら変化する。もともと同じ土器だったため，同じように作らなければならないという意識が，弱くなりながらも数百キロ離れてなお共有されているのである。これと同じ原因であるが対照的な現象が，一つの場，一人の人によって複数の系統が作り分けられる場合である。別の土器なのだからきちんと作りわけなければならないという意識が頑固に維持されているのである。もちろん時間がたつうちに影響しあったり折衷型が生じることは避けられないのであるが。

　いずれにしても，縄文前期末～中期初頭における土器系統の動きは非常に激しく，それはこの時期全体としての人間集団の激しい動きを基本的な原因としていることは間違いない。人の動きが激しいから土器自体の搬入という現象も起こりやすかった。今ここで数量的なデータは提示できないが，前期末～中期初頭という時期が，中部高地や関東地方の遺跡でともなう関西系土器の比率が最も高くなる時期であることは，報告書に頻出する資料から確実である。

　ではなぜこの時期，人間集団の移動性が高まったのか。その原因の追究は，土器だけでは不可能であり，さまざまな縄文研究の分野，自然科学的分析との共同研究が必要である。21世紀の縄文研究は，土器研究から生業・生態研究への転換ではなく，土器研究を中心として生業・生態研究と一体化した総合的科学として進まなければならない。

5D章　縄文土器系統の担い手
――関東地方から東北地方を北上した鍋屋町系土器の場合――

　私は最近別の論文（今村啓爾2006b，本書5E章）で次のように論じた。縄文前期末の真脇式の末期（関東の十三菩提式の中段階末に並行）に，北陸から現在の秋田市周辺への集団的移住という出来事があった。その集団は，もう少し北で円筒下層d式集団と接触した後，その土器の影響を北陸にもたらすことになった。故郷との往復を維持していたからであろう。

　ところでこの出来事にわずかに先行して，北陸の鍋屋町系土器が中部高地を通って関東地方に入り，それらの地域で変形した後，東北地方を北上する現象が指摘できる。一見類似の現象のようであるが，前の場合には，純粋な北陸の土器が東北地方在地の土器をともなわずに秋田市周辺に出現するのに対し，後の場合には圧倒的な量の東北地方土着の土器の中にわずかな量の鍋屋町系土器が混じるだけで，しかも中部高地や関東で変形した鍋屋町系がさらに変化しながら北上するのであるからまったく別の種類の現象である。このように変化した土器は，大元の北陸のものと比較したら，「どうしてこれが鍋屋町系なのか？」と問われそうなものであるが，それらは東北地方で土着の土器から生まれることが説明できないものであり，比較しながらルーツをたどると，関東地方，中部高地，北陸へと遡ることができる。だから「鍋屋町系」と呼ぶのである。

　本稿では第2の移動だけを取り上げるが，本当の目的は両者を対比することによって，それぞれの現象の違いと背景にあるものの大きな違いを際立たせるところにあるので，ぜひ両方を読み比べていただきたい。

1．山梨県上野原遺跡4号住居の十三菩提式土器（第1図）

　北陸の鍋屋町系土器が中部高地と関東地方に侵入し，その地における主要な系統として定着する経過はすでに論じているので（今村啓爾2001，本書5C章）繰り返さない。ここでは山梨県上野原遺跡4号住居址（吉田章一郎・田村晃一・金井安子1989）出土の，十三菩提式中段階の理想的といってもよい一括資料を見ることによって，十三菩提式中段階の諸系統がどのように組み合って存在するのかを見ることから始めたい。資料は抜粋しているので，量的比率は反映していない。

A　鍋屋町系（1～9）

　1図1は北陸における鍋屋町式本来のものにもっとも近いが，すでに違いも大きい。鍋屋町系の中心的な文様の施文手法は，ほぼ，1．結節浮線文→2．結節沈線文→3．ヘラ切り平行沈線文→4．平行沈線文の順番で簡略化する。明確に時間的段階を分ける変化ではないが，新旧の傾向として捉えられる。本遺跡で見られるのは3と4だけであり，本来の鍋屋町系では胴下半分に加えられた縄文(7)がこの遺跡にほとんど見られないなど，相当に変化している。この遺跡に見ら

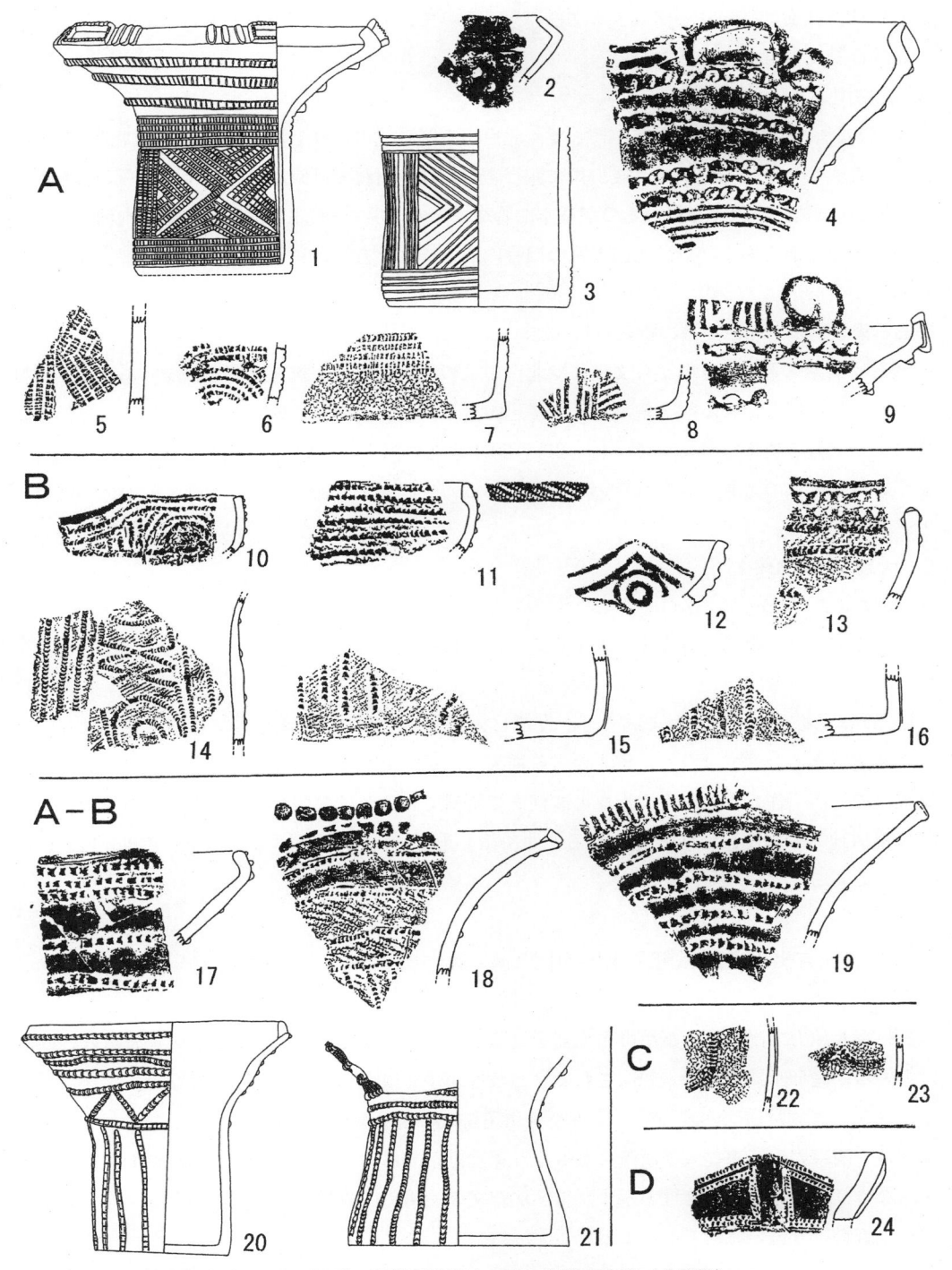

第1図　山梨県中道町上野原遺跡4号住居址出土の十三菩提式土器（中段階）
　　　A：鍋屋町系，B：北白川系，C：大歳山式，D：大木6式（実測土器：1/5，拓本：1/4）

れる結節浮線文は，それが構成する文様の形からみて，すべて北白川系のものであり，鍋屋町系の結節浮線文はもはや存在しない。

B　北白川系（10〜16）

　十三菩提式を構成する諸系統のうち，北白川下層Ⅲ式の流れを汲むもので，時期的には北白川下層Ⅲ式から変化した次の大歳山式に並行する。この遺跡では鍋屋町系の半分くらいの量がある。縄文地に結節浮線文を用いるのが基本的特徴である。10〜13が北白川系の口縁が内湾するキャリパー形の器形である。11は北白川系の口唇内側の縄文を有し，14は北白川系の胴部文様の特徴を示す。

A-B　鍋屋町系と北白川系の折衷（17〜21）

　器形は鍋屋町系でありながら文様には北白川系のものを用いた折衷土器がかなりある。本来は指で連続的に押し窪めるべき鍋屋町系の隆起線（4，9のようなもの）が，北白川系の結節浮線文によって置き換えられている（17〜21）。20に地文の縄文がないのは，浮線文の下に縄文を加えない鍋屋町系の影響かもしれない。折衷といっても器形や文様手法という部分的要素の交換にとどまっている。

C　大歳山式（22〜23）

D　大木6式（24）

　東北地方中部〜南部に分布する大木6式（今村啓爾2006a，本書4B章）。

　C，Dは量も少なく搬入品であろう。ただし必ずしも西日本や東北地方で作られて運ばれてきたと断定できるわけではなく，東北地方に進入した鍋屋町系土器の場合のように，進入者が上野原集落の近傍で作ったというような可能性まで排除できるわけではない。なお本遺跡ではこの段階に東海地方や南関東に広く見られる「池田系」土器（今村啓爾2006d，本章4A章）が出土していないようである。

2．東北地方出土の鍋屋町系土器の例（第2図）

　次に東北地方で出土した鍋屋町系土器を見る。全体の構成を問題にするため破片資料はとりあげないが，完形土器の数から想像されるほど破片が多く出土しているわけではない。

　1〜3は宮城県南部内陸の七ヶ宿町小梁川遺跡（宮城県教育委員会1986）の土器であるが，1が中部高地や関東の十三菩提式中段階にともなう鍋屋町系であることは一見して明らかであり，その正確な作りは搬入品の可能性を示す。結節沈線文の使用や口縁外反部分が狭い点は，上野原4号住居址資料より古い時期であることを示す。

　2はこれだけ見てもわからないが，1と比較することによって，やはり鍋屋町系の流れを汲み変化したものであることがわかる。X字形の文様分割や押捺された隆起線は1と比較することによって理解される。V字形の分割部の中に半円や渦巻きを充填するのは，大木6式の基本的文様図形のひとつであるから，鍋屋町系の文様を大木6式流に解釈しているといってもよい。

3の器形は1に近く，本来大木6式にはないものである。結節沈線文の使用，縦の分割線，渦巻きから分岐する斜線などは鍋屋町系の崩れたものとみられる。しかしこれらの要素は大木6式3期前後の球胴形土器，たとえば山形県吹浦遺跡 (柏倉亮吉ほか1955) などにかなり見られるので，どちらの系統と言いにくい。このような大木6式の要素自体，先行して日本海沿いに鍋屋町式の影響があったことを思わせる。沈線に沿う小三角の刺突も同じころの大木6式に見られる。胴部文様が上半分に収まっているのは本来の鍋屋町系の文様の位置を思わせるが，これもまた，大木6式球胴形（3期の球胴形は外反する口縁部の下の胴部上半に文様帯があり，文様帯の下限が水平に区画される）に合わせているのかもしれない。器形は関東の鍋屋町系でありながら，いろいろと大木6式の影響が感じられる土器である。

4は山形県内陸の寒河江市高瀬山 (山形県埋蔵文化財センター2004a) 例で，文様は関東の原形に近いが器形が円筒形になっている。文様帯をこのように何段も重ねるものは北陸にはあまり見ないが，中部高地や関東では少なくない[(1)]。

6の福島県磐梯町法正尻 (福島県文化財センター1991) 例は，下半分が鍋屋町系で，上半分が北白川系と，みごとなまでの折衷である。さきほど山梨県上野原遺跡で鍋屋町系と北白川系の器形や文様の相互の借用例が多くあることを見たが，これほどまでに北白川系の器形や文様の相互の借用例が多くあることを見たが，これほどまでに大胆な折衷は中部高地や関東ではほとんど見ない。

5は宮城県北部の築館町嘉倉貝塚 (宮城県教育委員会2003) 出土品で，器形と胴部文様がほぼ鍋屋町系であるが，富士山形の波状口縁をめぐる浮線文は十三菩提式北白川系である。このような立体的波状口縁は，石川県真脇遺跡に発達したものが多く見られるものの原形と見られるから，時期的には十三菩提式中段階の初め頃まで遡るであろう。土器1についても言えることであるが，東北地方に現れる鍋屋町系土器について，本場から離れるにつれて時間も後れるといった時間的傾斜を伴う広がりと捉えるべきではなく，本場からの拡散と表現するなら，繰り返し起こった波状の拡散と見るべきである。本例も本場には見られない折衷土器である上に，口縁の文様は土着の大木6式球胴系のものを借用しており，3つの系統の折衷ということになる。

7はさらに北，秋田県北東部の大館市池内遺跡 (秋田県教育委員会1997) 出土品で，円筒下層d式分布圏に深く入っての出土例となるが，器形はもちろん，胴部文様の縦分割と円弧を重ねた文様，頸部の指で押捺を加えた隆起線など，鍋屋町系の基本をよく保持している。とくに口唇部を1と比較すれば鍋屋町系の特徴を完全に維持していることがわかる。ただしその直下の口縁部の文様は大木6系である。

3．土器系統の移動にかかわる諸問題

以上の土器は大木6式・円筒下層d式分布圏に深く入り込んだ鍋屋町系の土器であるが，北陸のものより関東のものに多くの類似を示すのであり，基本的に関東から北上したものと考えら

[(1)] たとえば長野県富士見町籠畑遺跡8号住居址出土例 (武藤雄六1968)

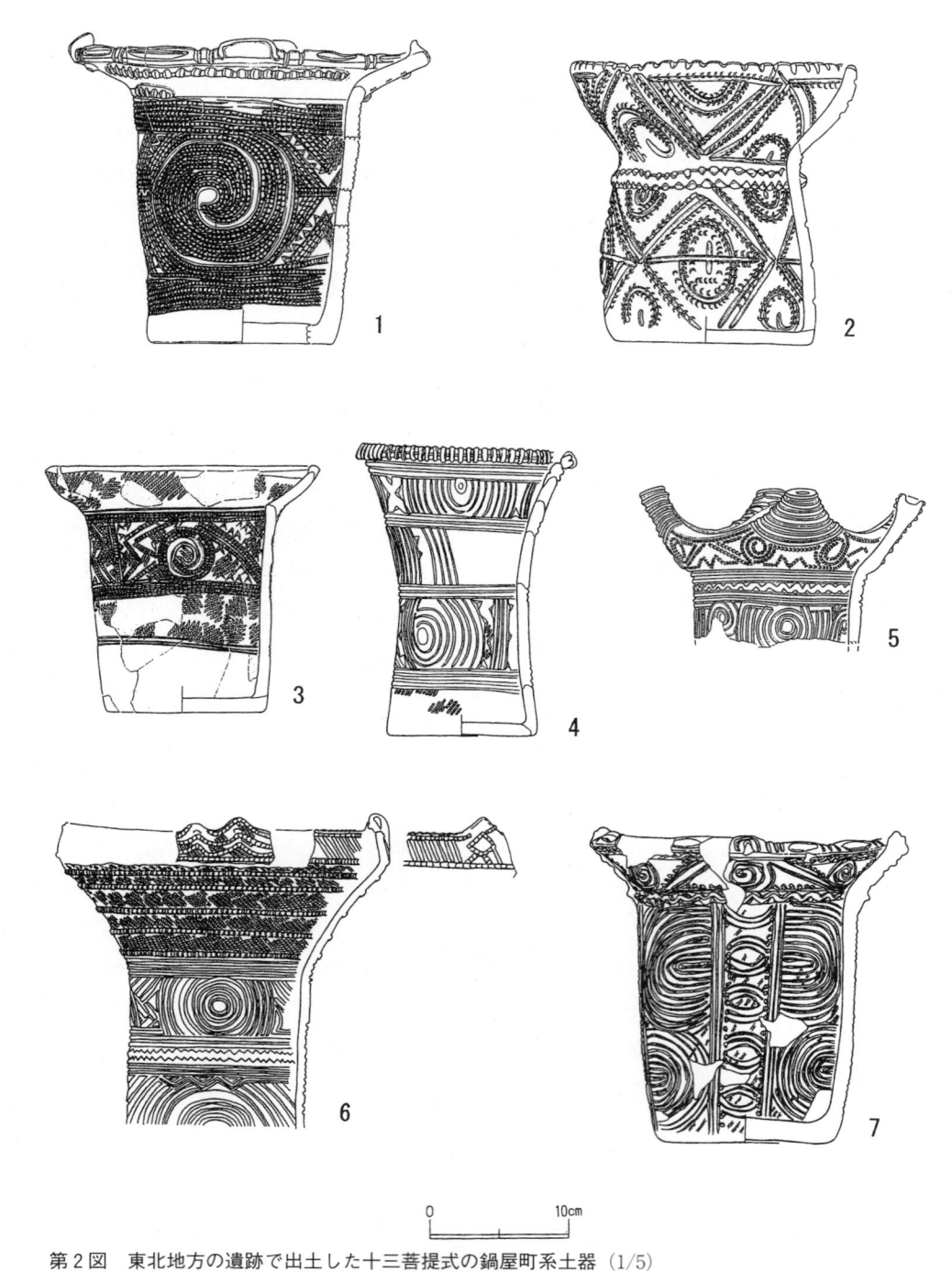

第2図　東北地方の遺跡で出土した十三菩提式の鍋屋町系土器 (1/5)
　　　1, 2, 3：宮城県小梁川，4：山形県高瀬山，5：宮城県嘉倉貝塚，6：福島県法正尻，
　　　7：秋田県池内

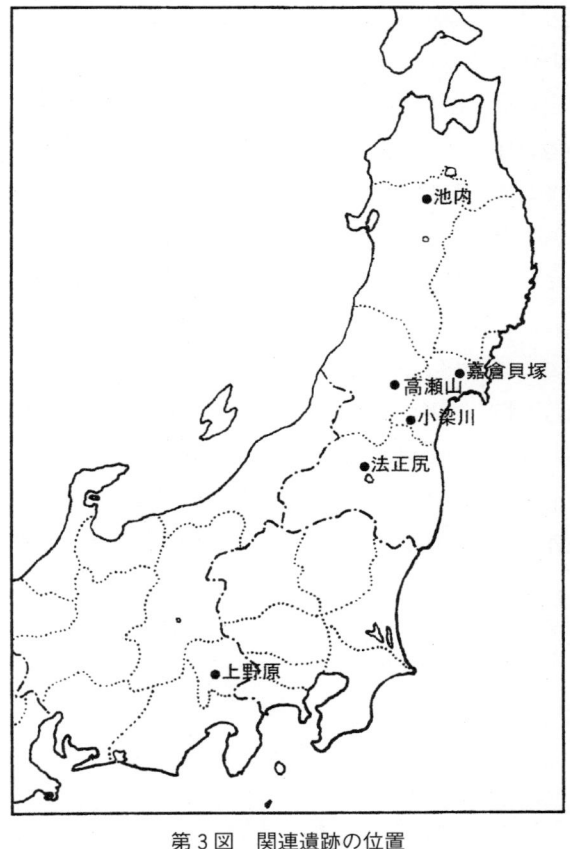

れる。この十三菩提式中段階という時期には北関東にほとんど遺跡が発見されていないので，移動はほぼ素通りの状態であったことが想像され，このことがまた，関東の鍋屋町系が原形をよく維持したまま東北地方北部にまで至ったことのひとつの理由になろう。しかしながら１を除いて関東には見られない文様の崩れ，大胆な折衷，大木６式の要素の取り入れなどが認められ，ほとんどが東北地方で作られたとみてよい。

この時期東北地方太平洋側と内陸部の遺跡は急増し，規模も大きなものが増えたが，そのような遺跡でこのような土器がまとまって出土した例は知られていない。搬入品であるにせよ，模倣品であるにせよ，土着の伝統の土器に混じってごく少量存在するのであって，他地域の系統の土器が入り込むときに普通に見られるありかたである。冒頭にあげた，日本海側に見られる人間集団の移住を示すよ

第３図　関連遺跡の位置

うなまとまった出方とはまったく違っている。

次に注意すべき点は，これらの土器を出した遺跡の多くが内陸部に位置することであり，集団移住の結果と見られる秋田市周辺の遺跡群やこれに続いて日本海沿岸を席巻する北陸系土器が海からあまり隔たらないところに分布し，内陸深くにはほとんど入っていないことと対照的である。

４．複数系統の共存と作り手の問題

１遺跡に複数の系統の土器が存在するとき，作り手と土器系統の関係はどのようだったのであろうか。東北地方におけるこの系統の土器の希少性と，関東にはみられない特徴を備えていることの２点を合わせて考えると，関東からの移住者が遠方で関東本来の土器作りや約束ごとを忘れかけながら作ったと判断するのが妥当であろう。５と６では北白川系と鍋屋町系が折衷されている。関東発の鍋屋町系土器の少なさからみてそのような移住者が大勢いたとは思われないから，これらの土器に見られる北白川系と鍋屋町系の２つの系統の折衷は，１人の人間が両方を保持していた結果と思われる。この判断が正しいとすると，それは出発点の関東でも同じであったと考えなければならない。先に山梨県上野原遺跡で北白川系と鍋屋町系の２系統が存在し，両者の折

衷土器もかなり存在することを見たが，折衷といっても異系統の要素を遠慮がちに取り入れる程度であった。別系統の土器は別の人が作ったわけではなく，同一人が作ったのであるが，きちんと作り分けるのが約束事で，たまに別系統の文様要素を入れ替える程度であった。ところが本場から遠く離れた東北地方に移住した孤独な土器の作り手は，作り分けの約束を忘れ，自分が保持する2つの系統を完全に折衷した土器を作ってしまったのであろう。

　この東北地方における事例を一般化すると，1遺跡で複数の系統の土器が共存するとき，そこにそれぞれの系統を保持する人たちが同居していたと考える必要はなく，1個人が複数の系統を保持し，見事なまでに作り分けていたと考えればよいことになる。しかしそうだとしても異系統土器の共存の背景がすべてこのようであったことにはならない。異系統土器がそれの無かった土地に広がり始める局面では，系統の異なる土器を担った人たちの移住と，かれらと土着人との共存という事態を想定しなければならないであろう。そして何よりも本稿でとりあげた土器の作り手たちは，関東の土器作りの系統を担って東北地方に移住し，大木6式土器でいっぱいな集落の片隅で暮らしたに違いない。大きく崩れた土器の存在を見ると，彼らはしだいに大木6式の要素や作りを学び，関東の土器作りを忘れていくことが多かったのであろう。

---

(2)　佐藤達夫氏（1974）は中期の五領ヶ台式に続く土器について，1個体に異なる系統の文様が併用されることがあるのは，同一人物が複数の系統の文様を伝習していたためであるとした。

5E章　縄文前期末における北陸集団の北上と土器の動き

1　結論をはじめに

　縄文前期末の日本海沿岸部の土器に活発な交流の跡が見られることは，冨樫泰時氏（富樫泰時1984・1986），小島俊彰氏（小島俊彰1986）らの研究が明らかにしてきた。北陸の真脇式に見られる東北地方の大木6式の影響，山形県・秋田県沿岸部における北陸の真脇式・朝日下層式の出現，北陸に見られる東北地方北部の円筒下層式土器の影響，東北地方の日本海沿岸部に中期初頭まで見られる北陸系土器などが数えられる。これらは日本海に沿う東北地方と北陸地方の間の「影響」という言葉でとりあえず無難に表現される。しかし「影響」というあいまいな表現で済まさず，いったい人間の行動として何があったのか。それを解き明かすのが本研究のねらいである。
　それを知るためには，まず各現象がおきる順序をきちんと整理し，「影響」の実態を正確に捉え，そのあり方を比較していく必要がある。扱う地理的範囲は非常に広く，編年は細密になる。そして資料的空白部に存在するはずのものを推定で補い，土器の動きを一般的な型式分布からではなく，動く直前にどこにいた土器か？　で判断するなど，従来の土器研究には無かった見方も導入される。記述が細かく複雑になることは避けられないので，読者の理解を助けるために結論を先に提示しておくことにしたい。
　1．最初に見られるのは，北陸の真脇式の一部に，東北地方の大木6式の一部の影響が不正確な形で現れる現象である。距離が遠いことがやや特殊であることを除き，縄文時代一般に見られる隣接地域間の土器の影響関係と変わらない。
　2．次に見られるのは，現在の秋田市周辺において北陸の真脇式そのものがまとまって，しかも東北地方土着の土器を伴わずに現れるという現象であり，人間集団の移住と理解される。出発点は石川・富山など北陸西部とみられる。途中の山形をほとんど跳び越すようにして秋田に現れることも，人間集団の移動であることを示唆する。
　3．前期末に東北地方中・南部に分布した大木6式を見ると，太平洋側の岩手・宮城・福島の各県，山形県内陸部において多数の大集落が出現し，顕著な繁栄を示す。ところが日本海の沿岸地域，とくに秋田県海岸部では発見された遺跡がきわめて乏しく，ほとんど無人の地になっていた可能性がある。この人口希薄地域に北陸の真脇式末期の土器を担う集団が移住し，新たに集落を拓いたのであろう。
　4．進出した集団は大木6式集団と接触することがほとんどなかったらしいが，秋田市より北の地域まで北上した集団は，円筒下層d式集団と接触した。この接触のすぐ後に，北陸地方西部に円筒下層d式の強い影響が出現し，朝日下層式の成立が見られる。この現象が2．と大きく異なるのは，東北地方の円筒下層d式そのものが来たわけではなく，円筒下層d式によく似

た土器が，北陸土着の土器に混じって現れるにすぎないことである。

　5．円筒下層 d 式の情報の出発点が秋田県北部であることは言うまでもないが，2．の場合と同じように，途中の新潟をとびこえて富山・石川に先に現れることの原因を次のように推定する。北陸から東北地方に移住した集団は，北陸西部を出発点としたが，その後も故郷との間で往復を維持していた。この往復によって北陸の土器は正確，純粋な形で秋田にもたらされ続け，北陸での変化を刻々と反映した。彼らはまた円筒下層 d 式の影響を北陸にもち帰った。だからこそ不正確なありかたで，初めに北陸西部に現れることになったのである。

　6．北陸の集団は進出・移住し，東北地方奥深くまで彼らの土器をもたらした。しかし東北地方在来の土器は，至近距離までやって来た彼らの土器から影響を受けることがあまりなかった。これに対し，円筒下層 d 式の影響は獲得されたものとして北陸に持ち帰られ，北陸の土器全体に大きな影響を与えた。一見相互の進出と相互の影響関係のように見えるが，実際はまったく非対称な関係で，一方が進出し，進出先の土器作りを積極的に受容して持ち帰るという一方的な行動であった。

　7．朝日下層式成立の影響は甚大で，すでに先行集団が点在した日本海沿岸部を塗りつぶすように北上し，南下する円筒下層 d 系土器とともに日本海沿岸の長大な地域を席巻した。
　朝日下層式内部に取り込まれた円筒下層 d 式の要素の広がりと，円筒下層 d 系の直接的な南下を区別しなければならない。前者はまず富山・石川など北陸西部に現れ，そこから時間をかけながら日本海沿岸の北陸系土器の分布の中を東進した。後者は変形しつつ日本海沿岸を南下し，かろうじて新潟まで到達した。

　8．時間的に見ると北陸西部に対する円筒下層式の影響はまったく一時的なもので，朝日下層式成立後に新たな影響がもたらされることはなくなるが，木目状撚糸文など円筒下層式から北陸にもたらされた要素は，本家の東北地方北部でそれが途絶えた中期になっても維持された。

　9．円筒下層系の影響が一時的であったのとは対照的に，東北地方日本海沿岸における北陸系の進出は継続的であり，秋田市周辺まで進出した土器が中期前葉の新崎式の時期まで北陸とほぼ同じ変化をたどることは，その背景にあったのが，北陸集団の単発的な移動といったものではなく，日本海沿岸地域が北陸系の人たちの活動の場になったと表現すべき現象である。しかし北陸系の人たちが本当に活発に動きまわった時期は長くなかった。早くも中期最初頭に，秋田市近辺の新保式第Ⅱ段階の土器が北陸とは異なる微妙な地域差を示し始めるのは，土着化を意味するし，新崎式の段階になると秋田市周辺でも大木 7 a 式の復活が見られる。

　10．以上のような一連の現象を引き起こした発端の出来事である北陸集団の北上は，日本海の海岸線に沿って行われ，ほとんど内陸部に入っていない。漁民の舟による移動を想定せざるをえない。

　11．以上のような現象はおそらく縄文時代にあっても類例の少ないものであろう。対比のため，北陸から中部高地を経て関東に入った鍋屋町系土器が，東北地方内陸の地域において，変形しながらも，少量，在地の土器に混じり，秋田県内陸部にまで到達する現象を別稿で指摘した（今村啓爾2006c，本書5D章）。これは距離が長いことを除けば，縄文時代に普通に見られる土器系統の移

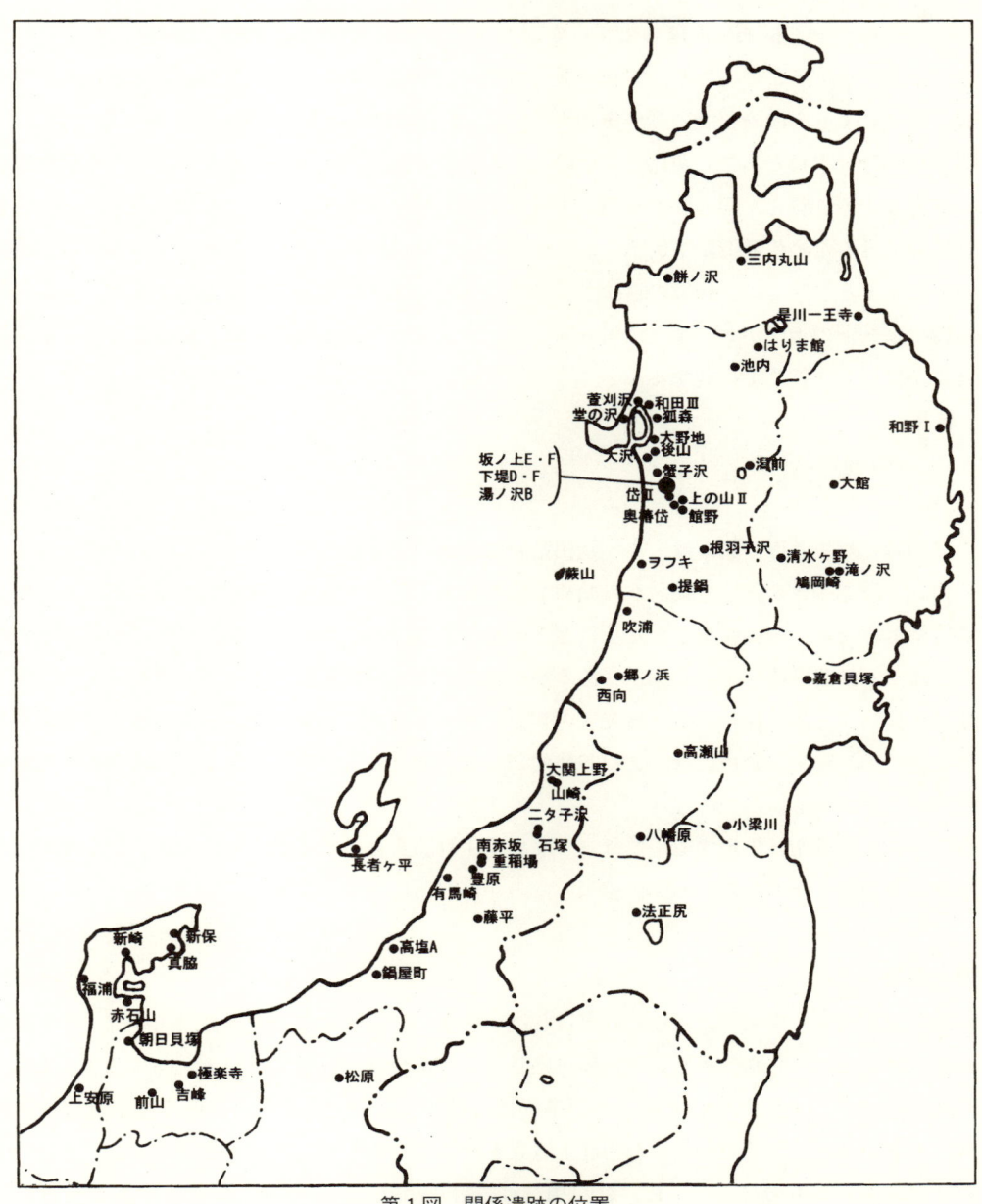

第1図　関係遺跡の位置

動現象と異なるところがない。

　以上のような一連の出来事は，縄文前期末という，ともすればごく短いものとして一括されそうな時間幅の間に，東北地方北部から北陸地方西部に至る広い地域を巻き込み，めまぐるしく展開した。そのため，この結論に至るには，これらの地域と関東・中部高地を含む広大な地域の土器を編年的に詳細に整理し，土器の変化を系統別にたどり，その地理的な移動を明らかにする作業が必要であった。以下それについて述べるが，大木6式の5細分編年（今村啓爾2006a，本書4B章）

と中部高地の十三菩提式新段階の編年にかかわる部分（今村啓爾2006d, 本書4A章）は，多くの枚数が必要なので別にまとめており，本稿はその結果だけを引用する。十三菩提式中段階に並行する真脇式についても5段階程度の細分を考えているが，資料は不足し，作業も完了していないこと，その前半部分は本稿とあまり関係がないので，関係する部分だけをとりあげる。また小論にかかわる広範な土器資料を，限られた紙面で十分に図示・解説することはとてもできないので，読者の理解を助けるための最低限の例示しかできないことをお断りしておかなければならない。編年の説明に関する部分では，複数の遺跡から適当な資料を選んで型式ごとに表示するが，各遺跡や各遺構で系統別の土器がどのように組み合って出土したかを見る場合には，遺跡ごと，また遺構ごとに小破片も一括して掲載する。

2　北陸の編年

　この問題に対する取り組みは，まず秋田県北部に出現する当初の土器がどこのいつの土器であり，何式と呼ぶべきかという検討から始める必要がある。この検討は東北地方の編年によって行うことはできない。秋田に出現する土器がその地の土器伝統とほとんど関係のないものであるから。出現する土器は明らかに北陸系であるが，北陸の既成の編年をあてはめればよいというほど簡単でもない。北陸の編年は地元研究者の努力によって着実に前進しているものの，この現象の開始と経過を追跡するためには，まだ年代的にも地理的にも目が粗く，北上開始期の絞り込みもできないからである。

　秋田市周辺に最初に出現する土器は，とりあえず真脇式といえるが，真脇式はかなり時間幅がある型式なので，そのうちのどこに相当するのかが問題になる。

変遷の概要

　前提になる大きな枠組の話から始めなければならない。関東地方の十三菩提式は古・中・新の3段階に区分され，北陸の土器もこれに対応して3分される（今村啓爾1974, 本書3B章・1992, 本書5A章・2001, 本書5C章・2006d, 本書4A章）。十三菩提式古段階に対応するのが新潟県で設定された鍋屋町式，あるいは石川県で設定された福浦上層式と呼ばれるもので，さらに細分できる。北陸で中段階に対比されるものについては，私が1974年に論じた際（今村啓爾1974）にはまだまとまった資料が知られていなかったので，富山県吉峰遺跡（富山県教育委員会1970）の零細な資料からその存在を指摘するに留まったが，後に石川県真脇遺跡の膨大な資料が発掘され，「真脇式」と名づけられることになった（小島俊彰1986）。新段階は朝日下層式と新保式のはじめの部分である。

真脇式　（第2図）

　北陸の十三菩提式中段階並行の土器を大きく「真脇式」と名づけることは，一般の研究者が理解しやすい枠組として適当であろう。ただ厳密にいうと真脇遺跡の資料には中段階の初頭までさかのぼるものは少なく，[1]新段階の朝日下層式との間も資料的に弱くて，つながっているとは言え

第1表　前期末の編年

東北北部	円筒下層c式	円筒下層c式？	円筒下層d1式	円筒下層d1式	円筒下層d2式	円筒上層a1式
東北中・南部	大木6式1期	大木6式2期	大木6式3期	大木6式4期	大木6式5期	糠塚式
北陸	鍋屋町式	鍋屋町式	真脇式（数段階）	朝日下層式	新保式上安原段階	新保式第Ⅱ段階
関東	十三菩提式古段階前半	十三菩提式古段階後半	十三菩提式中段階（数段階）	十三菩提式新段階前半	十三菩提式新段階後半	五領ヶ台Ⅰ式

ない。後者の資料的に弱い部分に相当するのが新潟県巻町の重稲場第1遺跡（前山精明1994）や南赤坂遺跡（前山精明ほか2002）の資料と考えられる。

並行する十三菩提式中段階がそうであるように，真脇式の時間幅にはかなりの変化が含まれ，概略次のように変遷すると考えられる。加藤三千雄氏による福浦上層Ⅱc（加藤三千雄1997）→富山県前山遺跡（八尾市教育委員会1981）の中心的部分 → 真脇遺跡真脇式の中心的部分 → 重稲場第1遺跡の真脇式 → 南赤坂遺跡の真脇式。

真脇遺跡の真脇式には時間幅があるが，資料は中ぐらいの段階（真脇段階）に集中している。大きな立体的波状口縁が発達し，縦方向の浮線文は横ジグザグ線の頂点から始まるようになり，下半部の膨らみがまだ小さい段階である。この資料の一番の問題は，結節浮線文よりもソーメン状浮線文が多用されることである。ソーメン状浮線文は朝日下層式に多く用いられるから，それにつながる新しい特徴のように見えるかもしれない。しかし南赤坂の資料では，結節浮線文が多いのに，それを何本も密接して並べる特徴において朝日下層式に近い。また朝日下層式でも重稲場第3遺跡など初期のものは結節浮線文が多く用いられ，とくに水平方向の浮線文についてはほとんどが結節を有するから，真脇遺跡の真脇段階でソーメン状浮線文が多く用いられることを，朝日下層式につながる新しい様相とみなすことはできないのである。真脇という同一の遺跡に真脇式と朝日下層式の両者がまとまった量で出ていることも，前者から後者への直接的変化を想定させる原因になるのであろうが，両者の器形・文様における隔たりは相当に大きく，そのような変化は考えにくい。むしろ両者の間に南赤坂資料などを介在させると，文様のつながりはスムーズになる。

真脇式と十三菩提式における鍋屋町系の残存の問題

ところで「真脇式」は真脇遺跡の報告書における第6群（第2図），すなわち縄文地浮線文の

---

(1) 今村啓爾2001では真脇遺跡の真脇式には十三菩提式中段階のはじめまで遡るものを欠くように書いたが，報告書に集録された資料に偏りがあったことから生じた誤った認識であった。加藤三千雄1997を参照して（これはすでに発表されていたが，見落としていた。）気がついた。

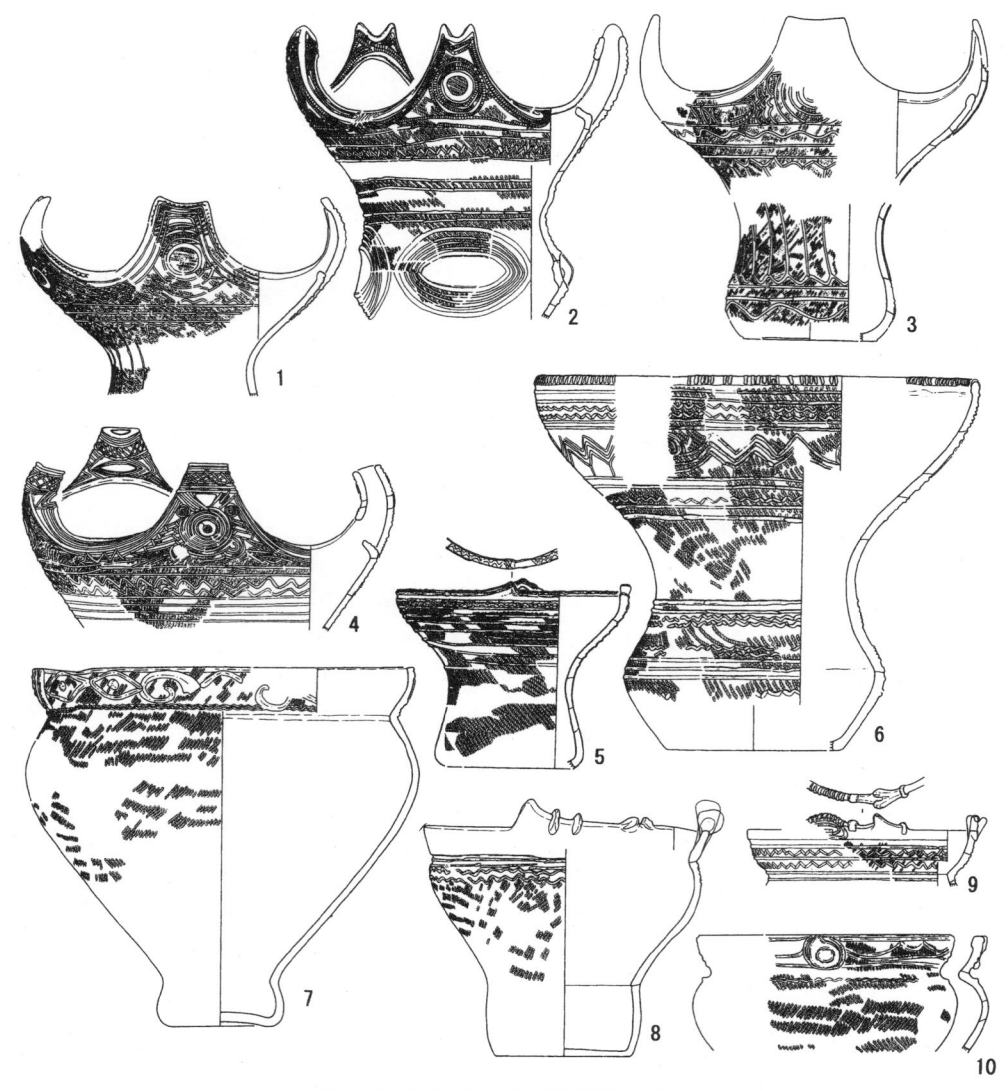

308　第Ⅴ部　土器系統の動きと人間の生態

第2図　真脇式　石川県真脇遺跡 (1/8)

土器に対し小島俊彰氏によって与えられた名称である。命名者は容認しないかもしれないが，ここでは少し用法を変更し，第5群のうちの「新しい類」（報告書の用語）も真脇式に含めたい。もちろん両者がセットになるのが真脇式の実態と考えるからである。報告書に記載された発掘の所見でも，出土位置や層位といった「発掘状況からは分離できない」が，「文様の違いなど相違点は大きく」，分離したという。このような私の位置づけの根拠は，遺跡現場での共伴の認定より，北陸と中部高地の編年の対比にある。第5群を十三菩提式古段階から中段階にかけて連続的に変化する1系統の土器（鍋屋町系）としてとらえ，その第1段階と第2段階は十三菩提式古段階に並行し，第3段階（報告書のいう第5群の「新しい類」）は十三菩提式中段階にあたると判断する。だから真脇遺跡の状況は，新たに出現した第6群の縄文地浮線文の土器（私の用語では

「十三菩提式北白川系」）が，土着の鍋屋町系と共存するようになった状況と考える。第5群は北陸では中段階の途中で途絶えるらしい。重稲場第1遺跡（第10図）や南赤坂遺跡（第13・14図）の真脇式には鍋屋町系の伴出がまったく見られない。第5群と第6群の関係は加藤三千雄氏も同じように考えている（加藤三千雄1997）。

　中部高地・関東地方の十三菩提式中段階（真脇式と並行する）には，鍋屋町系の流れを汲む，しかし北陸とは別の形に変わった系統が主要な構成部分として存在することが多くの遺跡で知られている。そしてそのような中部高地・関東地方の中段階の鍋屋町系土器と，北陸の鍋屋町系第3段階は，全体の形や文様が相当異なるにもかかわらず，口縁部貼付文がほとんど同じ形で，その時間的並行関係を示している。中部高地や関東地方に進出した鍋屋町系は，本家の北陸でそれが途絶えた後も十三菩提式新段階まで維持され，中段階に東北地方内陸部を北上する現象も見られる（今村2006c，本書5D章）。

重稲場第1遺跡と南赤坂遺跡の真脇式

　新潟県重稲場第1遺跡の土器（第10図）は，小さな破片ばかりで全体の構成がわかりにくい。しかし主体になるものは結節浮線文とソーメン状浮線文が併用され，文様が細密化し密接平行することに特徴があり，真脇遺跡の真脇式より新しい傾向が感じられる。類例は北陸西部では石川県七尾市赤石山（七尾市教育委員会1983）に少量ある。真脇式の浮線文土器や十三菩提式北白川系の特徴は，ゆったり間隔をとった浮線文にあるから，対照的な方向へ変化していることになる。この傾向は朝日下層式でさらに進行するとともに，結節浮線文の多くがソーメン状浮線文に置き換えられる方向で変化するが，地文に縄文が施されることは維持される。

　重稲場第1遺跡の資料が断片的であるため比較しにくいのであるが，わずか3kmの距離にある南赤坂遺跡の真脇式（第13・14図）とかなり違いがあるように思われる。南赤坂では真脇式に伝統的な深鉢の胴下部の膨らみが著しく，ひょうたん形となり，太い浮線文と細い浮線文を併用することによって文様に変化をつける（第13図9〜12）。さらに真脇や重稲場第1遺跡には少ない球胴形が組成の半分以上を占める（第13図中段）という著しい特徴がある。

　重稲場第1遺跡や南赤坂では鍋屋町系が無い。もともと新潟県北半は十三菩提式古段階並行期に大木6式が分布し，鍋屋町系が乏しい地域であったが[(2)]，真脇式が西北陸から進出するこの時期における不存在は，真脇式内部での時間差も関係するのであろう。

朝日下層式（第3，4図）

　真脇式の次は朝日下層式である。この型式名の元になった富山県氷見市朝日貝塚の資料には大きく異なる2種類の土器があり，それが時期差なのか同時共存なのかしばしば問題にされてきた（小島俊彰1985）。これは朝日下層式について考えるときまず取り上げなければならない問題であった。ところが2003年に報告書が刊行された金沢市上安原遺跡（金沢市〈埋蔵文化財センター〉2003）

---

(2)　新潟県巻町豊原遺跡の古い部分では大木6式（1期，2期）が主体でわずかに鍋屋町式が伴う。

では，そのうちの1種が他の1種をほとんど伴わずに膨大な量で出土し，この問題は自然に解消するところとなった。ただしこれをどのような型式名で呼ぶか（朝日下層式の一部とするか，新保式の一部とするか），他地域の編年とどのように対応させるか（前期末か中期初頭か）という問題は自然には解決しない。これについては次の節で述べる。

朝日下層式は系統的に大きく3つの部分に分けられる。

A：北陸土着の真脇式を引き継ぐ系統で，まっすぐの胴部の上半分が外に開いたあと口縁で内湾するもの。胴の上半部の大きく開く部分には，縄文地に縦のソーメン状浮線文が平行して加えられるものが多い。口縁がくの字形に内折するのは新しい傾向で，口唇部文様帯が独立の形勢にある。次の新保式上安原段階に近づいたものである。

B：大木6系の球胴形の系統であるが，この系統は真脇式段階から存在する。大木6式とそっくりなものもあるが，土着の文様を使用したものが多い。

C：東北地方北部の円筒下層d式の強い影響のもとに成立したもので，円筒形で口縁部文様帯の幅が狭く，胴部には木目状撚糸文または縦方向（古いものには横方向もある）の羽状縄文が加えられることが普通。円筒下層d式に非常に類似したC1と，口縁部文様が浮線文などによる北陸の系統になったC2に分ける。C2で口縁や口縁部文様帯下限の隆起線に浮線を並べて巻きつけたものは古い形で，ほぼ朝日下層式にあたり，それが爪形文の加えられた隆起線に変わり，その隆起線が口縁部文様帯を上下から区画したり，また縦に区分するようになるのは次の新保式上安原段階といってよいであろう。

大事なことは，朝日下層式の中で，大体の組み合わせにおいて，＜A＋B＞または＜A＋B＋C1＞から＜A＋C2＞へと変化することである。

この判断の理由を記す。朝日下層式のうちでも重稲場第3遺跡の土器（第11図）と朝日貝塚の土器には違いがある。前者は組み合わせにおいて＜A＋B＞であり，後者は＜A＋C2＞である。文様において重稲場第3遺跡には結節浮線文が多く見られ，小円の貼付も多く（27，28），古い様相であるが，朝日貝塚はソーメン状浮線文が主体で，小円の貼付は1点しか報告されていないので新しい様相。小円の貼付は，ある限定された時期に北陸から関東，東北にまで広く流行したもので[3]，その有無は時間差を意味するであろう。真脇遺跡の朝日下層式には古い様相と新しい様相が混在する。

C1については重稲場第3遺跡，朝日貝塚のどちらにもほとんどなく，真脇遺跡，富山県極楽寺遺跡に多くあるので，北陸西部で古い部分に伴うと判断する。

B（大木6式系の球胴形）については，重稲場第3遺跡と真脇遺跡に多くあり，朝日貝塚には変化したものが少しあるだけである。これも前後の時間差にかかわることであろう。

少し遡った時点からBの系統を概観すると，北陸では真脇式真脇段階に見られ，南赤坂遺跡に見るように真脇式の末期に急増した。それが朝日下層式のはじめまで残って，以後急減という経過が推定される。後述のように，東北地方日本海沿岸部でも並行する時期に，Bが急増のあと

---

[3] 金子直行1996で指摘されている。

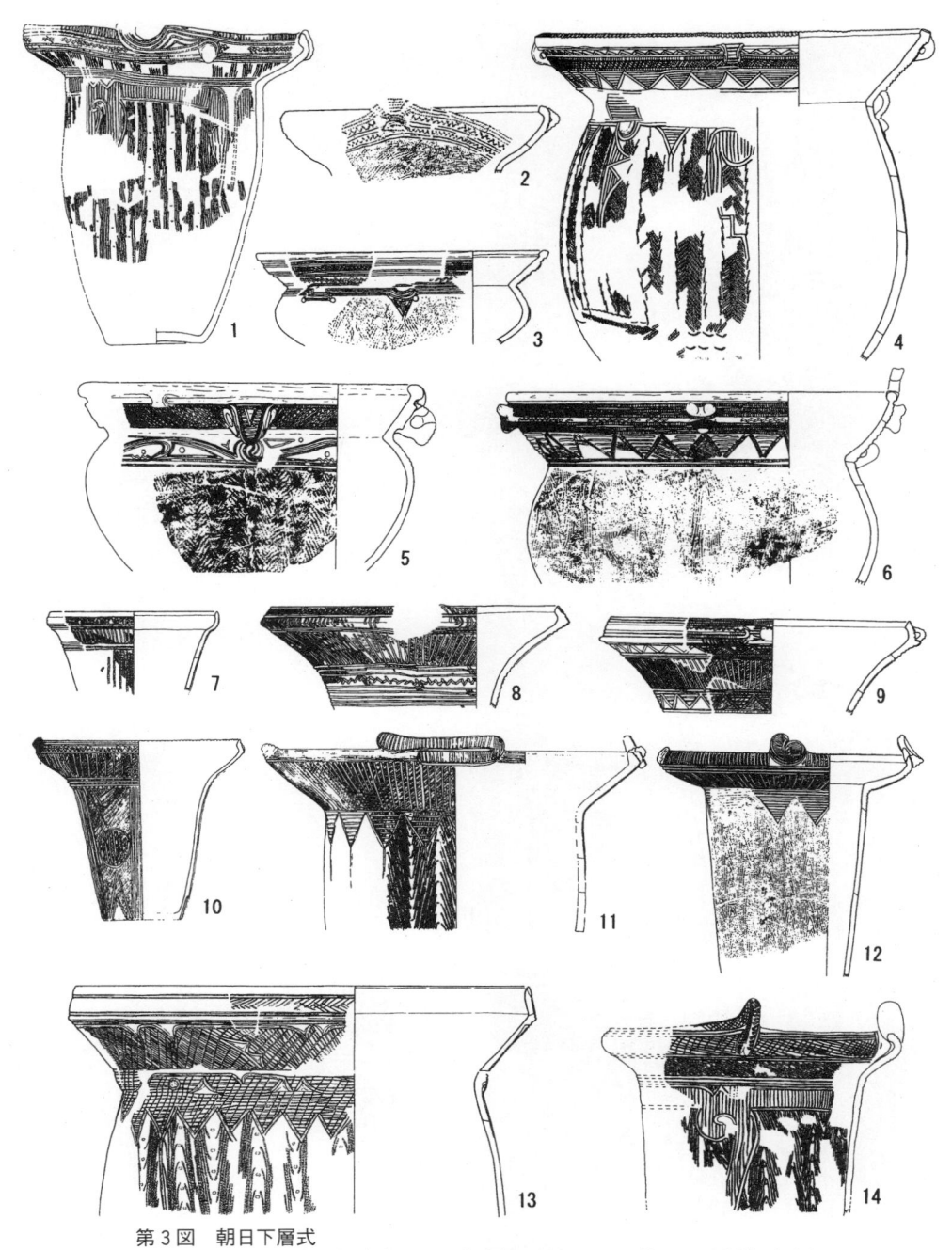

第3図　朝日下層式
　　　1, 14：富山極楽寺，10：富山朝日貝塚，その他：石川真脇　(1/8)

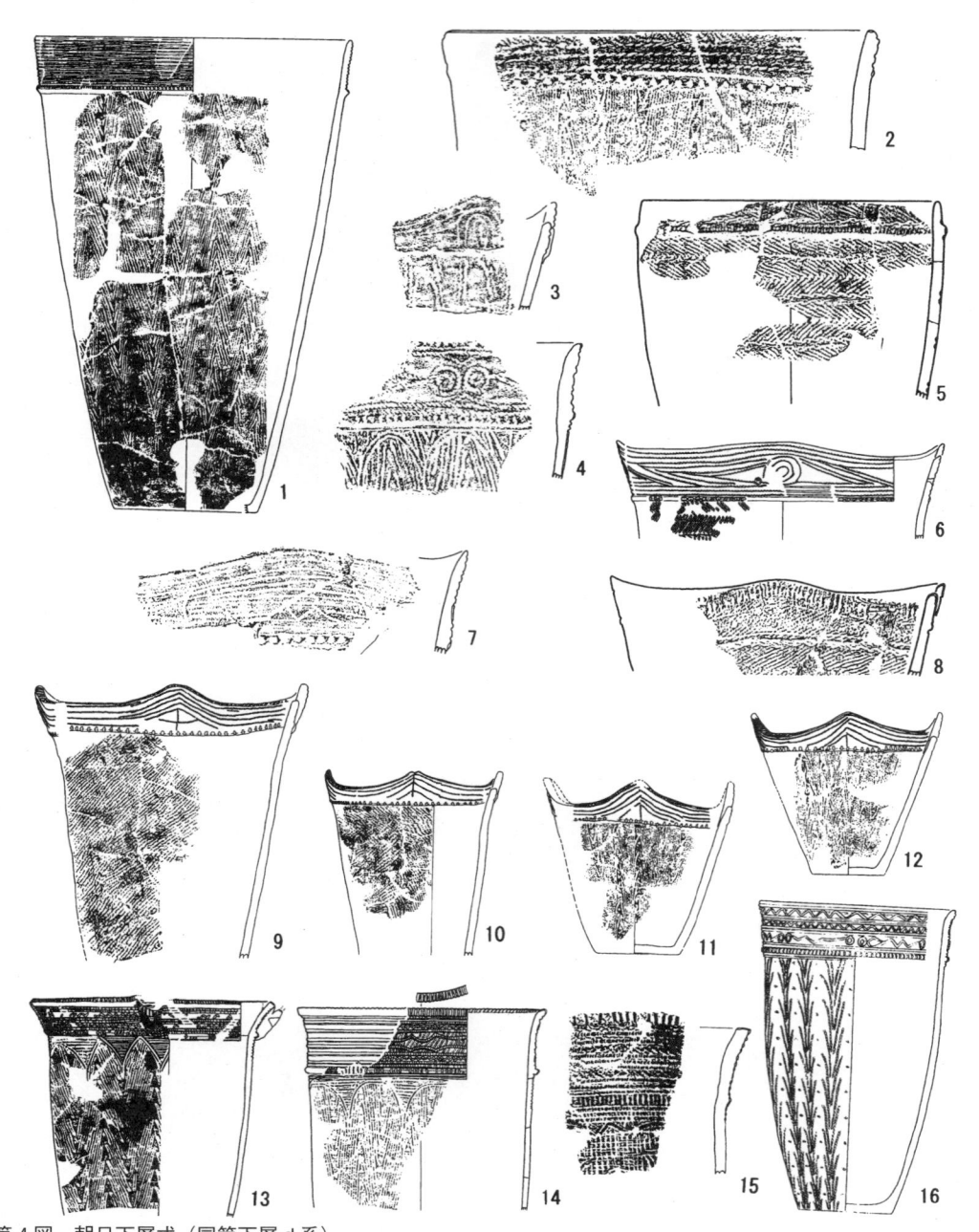

312　第Ⅴ部　土器系統の動きと人間の生態

第4図　朝日下層式（同筒下層d系）
　　2，9～12，15：富山極楽寺，16：富山朝日貝塚，その他：石川真脇（2，3～5，7，8，15：1/5，その他：1/8）

で急減という同じ動きが見られる。

　北陸西部で真脇式と朝日下層式の違いが大きく隔たって見えるのは、中間の南赤坂並行期の資料がほとんど発見されていないためと、この地域の朝日下層式が、東北地方の円筒下層d式の影響を受けて急激に変わって生まれた型式であることが原因と思われる。

　くりかえしになるが、C1とした本来的な円筒下層d系の量は、真脇や極楽寺など西北陸の朝日下層式に多く、新潟県の朝日下層式では少ない。これは円筒下層系の影響がどのような経路で及んだかを解く鍵になる現象と考えられ、第5章でまたとりあげる。

　そのほかの系統として朝日下層式には、中部高地・関東の松原式（今村啓爾2006d、本書4A章）の要素を持つ土器（第3図13、14）が伴う。

新保式上安原段階（第5図）

　金沢市上安原遺跡の資料は真脇式から中期に及ぶが、前期末の部分についてみると、量的には膨大なのに朝日下層式を数片しか含まず（もうひとつ前の真脇式はかなりある）、加藤氏による新保式第Ⅱ段階もほとんど含まないという、新保式初期の部分の認定にとって理想的な資料である。そのためこの資料の整理と記述がそのまま新保式のもっとも古い部分（新保式第Ⅰ段階と呼ばず、上安原段階と呼ぶ理由はあとで述べる）の説明になる。朝日貝塚の資料は、朝日下層式と新保式上安原段階が混じったものとして無理なく理解できる。

　新保式上安原段階は、器形のうえでは朝日下層式のうちの、口縁がくの字形に内折する器形から続くものが主体で、胴の上半部の文様帯が省略され、胴下半部の木目状撚糸文や羽状縄文が口唇部文様帯直下まで広げて施された土器（1、6、7）も多い。前の時期から続く円筒形（上の系統別分類のC2の続き）（10、12、13、14）もある。文様は主に平行沈線で加えられ、浮線文の使用は無いか、用いられるのが口縁部などに限定された土器が多いが、一部には沈線文に替えて広く使用するもの（3）も残っている。このような沈線文主体への変化には、前の段階においてすでに沈線文が文様の主体になっていた中部高地からの影響があったのかもしれない。新保式と踊場式は器形・文様とも近似するが、新保式は縄文・撚糸文の使用が盛んで、踊場式は全面を平行沈線で埋めるものが多い。新保式上安原段階の口縁部の形は単純なくの字の折れ曲がりが普通で、まだ口唇の隆起線が太く発達して2段に折れ曲がるものが少ないことも踊場式古段階と共通する。

　口唇には特別な縁取りのないものもあるが、一定幅の無文部による縁取りが多く、その中には無文の薄い粘土帯を貼り付けたものが多く含まれるようである。この特徴は朝日下層式では少ないが、朝日下層式並行の中部高地松原式に盛んであったから、これも中部高地からの影響であろう。また口唇の端（貼り付けた粘土帯の上端）に刻みを加えたり、竹管による爪形文を加えたりしたものもある。これは次の新保式第Ⅱ段階で発達する要素なのであるが、その有無をもって新保式上安原段階をさらに細分することはできない。このような土器の中にも、結節浮線や細かいジグザグ浮線など朝日下層式に共通する古い要素を有するものがあるからである。このような口唇に爪形文を有するものは、新保式第Ⅱ段階の一部と判別が難しいが、爪形を加えられる隆起線

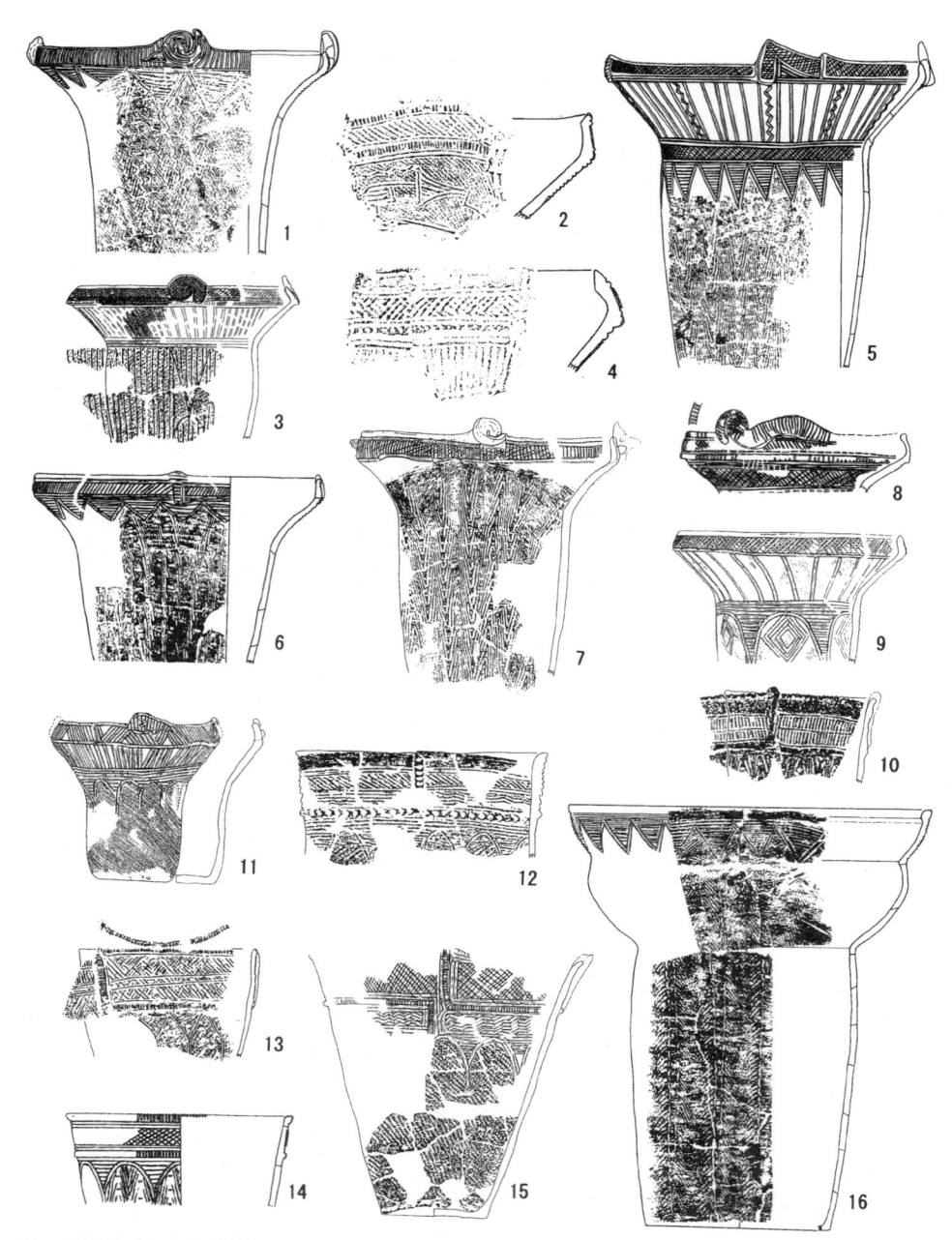

314　第Ⅴ部　土器系統の動きと人間の生態

第5図　新保式（上安原段階）
　　　1, 2, 4〜6, 16：石川真脇, 3, 7, 9〜13, 15：石川上安原, 8：富山極楽寺, 14：富山朝日（2, 4, 10, 12, 13, 15：1/5, その他：1/8）

の発達の程度や，平行沈線に使用される半截竹管の太さ（第Ⅱ段階のほうが太い）などから判断することになる。

　上安原の資料から浮線文を有するものを抜き出すと，確かに古そうな特徴を持つものが多いが，そうでない土器で浮線文を有するものも少なくない。浮線文の有無で機械的に時期を区分することは無理と思われ，浮線文はこの新保式上安原段階の時間幅の中で使用頻度が下っていったと理解すべきであろう。

　このような新保式上安原段階の土器は，山内清男氏や高堀勝喜氏が新保式の一部としたことがあり（高堀勝喜1952・1955，奈良国立文化財研究所1993），近年加藤三千雄氏が「新保式第Ⅰ段階」と呼んでいる（加藤三千雄1995）ものと共通する部分が大きい。ただ加藤氏の分期では，浮線文の有無をもって朝日下層式と「新保式第Ⅰ段階」を機械的に区分したため，浮線文を有する新保式（上安原段階で浮線文を有するもの）や浮線文を有する踊場式古段階の土器が朝日下層式に含められたり，朝日下層式並行であるが浮線文を持たない松原式が「新保式第Ⅰ段階」に下げられたりしているので，内容が完全に一致するわけではない。ここで「新保式第Ⅰ段階」に替えて「新保式上安原段階」と呼ぶのはこのためであるが，将来的には私の示す内容で「新保式第Ⅰ段階」の用語が用いられるのが望ましいと考えている。

　小林謙一氏は朝日下層式を2分し（氏の編年の北陸4期後半？と5期），続いて加藤氏の「新保式第Ⅰ段階」（小林6期），中期に入った新保式第Ⅱ段階（小林7期）とする（小林謙一2001）。分け数は私と同じで，小林6期（≒上安原段階）の位置づけも，私と同じ前期終末であるが，加藤氏と同じ問題，すなわち浮線文の有無での時期区分と，伴出した松原式・踊場式の位置づけに問題があるように思われる。

　私と小林氏の前期・中期の区分線が一致するのは，関東に合わせ，また汎日本的な区分に合わせているからである。前期と中期の線引きの問題は別に触れたが（今村2006d，本書4A章），上安原遺跡で新保式上安原段階に伴出した大歳山式末期はもちろん前期のうちであり，新保式上安原段階に並行する踊場式古段階に南関東で伴出する大木6式5期の土器を私は以前から前期終末に置いていた。東北地方北部では円筒下層d2式が並行する。「新保式」という型式名がかつて前期末におかれ，朝日貝塚の資料が前期末とされた北陸の学史（高堀勝喜1952・1955・1965）とも矛盾しないであろう。

新保式第Ⅱ段階以降

　本稿では新保式第Ⅱ段階以降については加藤三千夫氏の編年に従う。

浮線文系球胴形土器

　東北地方の大木6式の変遷については別稿に譲るが，「浮線文系球胴形」と名づけたものは，振る舞いが単純でなく，秋田に出現する北陸系土器の系統性を考えるうえで重要なので，本稿でもとりあげる。

　大木6式では南と北の地域差が大きいが，両地域を通して球胴形と長胴形の2種類を主体とす

るセットからなる。球胴形で，刻みのある浮線文を文様に用いるものは，大木 5 b 式以来の系統で，南東北に多い。

　東北地方の日本海沿岸で大木 6 式期初期の状況が見られる遺跡は，山形県の吹浦しかない。しかしここでは大木 6 式 1 期，2 期の時間幅に相当する時期に，意外にも大木 6 式といえる土器がほとんどなく，独特の粗製土器を主体とする組成である。かえって新潟中部の豊原（小野昭1994）・南赤坂には会津を中心とする南東北系の大木 6 式がある。3 期になると吹浦遺跡ではそれまでの粗製土器に加えて，大木 6 式のとくに球胴形（浮線文系球胴形を含む）が多く見られるようになる。これは遠く石川県真脇遺跡にも現れている。

　浮線文系球胴形の変化は非常に連続的であるが，3 期から 4 期にかけての変化は，まず胴部文様帯の幅が狭くなる傾向にあり，文様帯の下限の水平線が胴部最大径より上に移る。口唇部の内面・外面または両面が突出するようになり，文様としてはジグザグ文が細かくなる方向で変わり，結節浮線文とソーメン状浮線文の併用が目立つようになる。胴部の縄文は横方向回転から縦方向回転が主になる。

　大木 6 式 3 期に並行する段階に，新潟中部の豊原・南赤坂ではそれまでの大木 6 式主体（1 期，2 期）から真脇式主体への転換が見られる。真脇式の東進である。それに続く南赤坂遺跡の主要部では，この時期の浮線文系球胴形がきわめて高い比率で存在する。南赤坂資料は 3 期から 4 期への過渡的な様相であるが，縄文がほとんど横回転であるので，3 期の末に入れて，十三菩提式中段階，真脇式，大木 6 式 3 期の時間幅を意図的に一致させたうえで，それぞれの細分を考えたいと思っている。

　この時期，太平洋側も含む東北地方北部から北陸西部に至る広大な地域一帯で，浮線文系球胴形に十三菩提式や真脇式の文様と類似する浮線による文様が用いられる。大木 6 式球胴形の誕生は東北地方にあったが，3 期末の浮線文系球胴形は，大木 6 式とくにその球胴形の西進，真脇式の東進の結果，東北・北陸折衷系統になったとみなすべきで，両地域で広く共有される特殊な土器になったのである。大木 6 式のほかの系統がほとんど分布を拡げないのと対照的に，この浮線文系球胴形の系統だけは北陸に広がり，東北と北陸を結び付けることになった。

　すぐ次に見るように，秋田市周辺の北陸系土器の遺跡に見られる大木 6 式は，3 期末〜4 期の浮線文系球胴形という特殊なものに限られる。この土器を，もともと東北地方の大木 6 式の系統なのだからという理由で秋田土着の土器とみなすことは疑問である。以上の経過からわかるように，北陸からの北上が始まる時期にはすでに北陸の土器組成の一部をなしていたのであるから，ほかの北陸系土器と一緒に北陸から移動してきた人たちがもたらしたと考えてよいのである。

　ただしこの浮線文系球胴形は日本海沿岸に広がった後，その地から急速に姿を消す。

3　秋田県北部における北陸系土器の出現

　秋田県で前期末の北陸系土器を出した遺跡は，いまのところ秋田市と八郎潟周辺の比較的狭い，海からあまり離れていない地域に集中して発見されている。この章ではそのような諸遺跡につい

第2表 秋田市周辺の各遺跡の出土土器の時期と系統（●●：多い，●：まとまってある，○：ある）

系統別 時期区分		下層d1			下層d2	上層a1
	円筒系	3期		4期	5期	糠塚
	球胴形					
	北陸系	真脇式 重稲場1段階	真脇式 南赤坂段階	朝日下層	新保式 上安原段階	新保式 第Ⅱ段階
下堤D6号焼土	円筒系					
	球胴形					
	北陸系	●				
下堤F	円筒系					
	球胴形		●			
	北陸系		●			
坂ノ上E	円筒系			●	○	
	球胴形					
	北陸系			●	●	
湯ノ沢B	円筒系			●		
	球胴形		●	○		
	北陸系		●●	●●	●	●
萱刈沢Ⅱ	円筒系	●				
	球胴形		○			
	北陸系		●	○		
堂の沢	円筒系			●		
	球胴形					
	北陸系			○		
大沢	円筒系			○		
	球胴形					
	北陸系		○	○	○	
後山	円筒系			○	○	○
	球胴形			○		
	北陸系			○	○	○
奥椿岱	円筒系				○	○
	球胴形					
	北陸系				○	○
坂ノ上F	円筒系					●●
	球胴形					
	北陸系					●●
狐森	円筒系				●●	
	球胴形					
	北陸系				●	
和田Ⅲ	円筒系				●	●●
	球胴形					
	北陸系				○	●
蟹子沢	円筒系					●●
	球胴形					
	北陸系					●

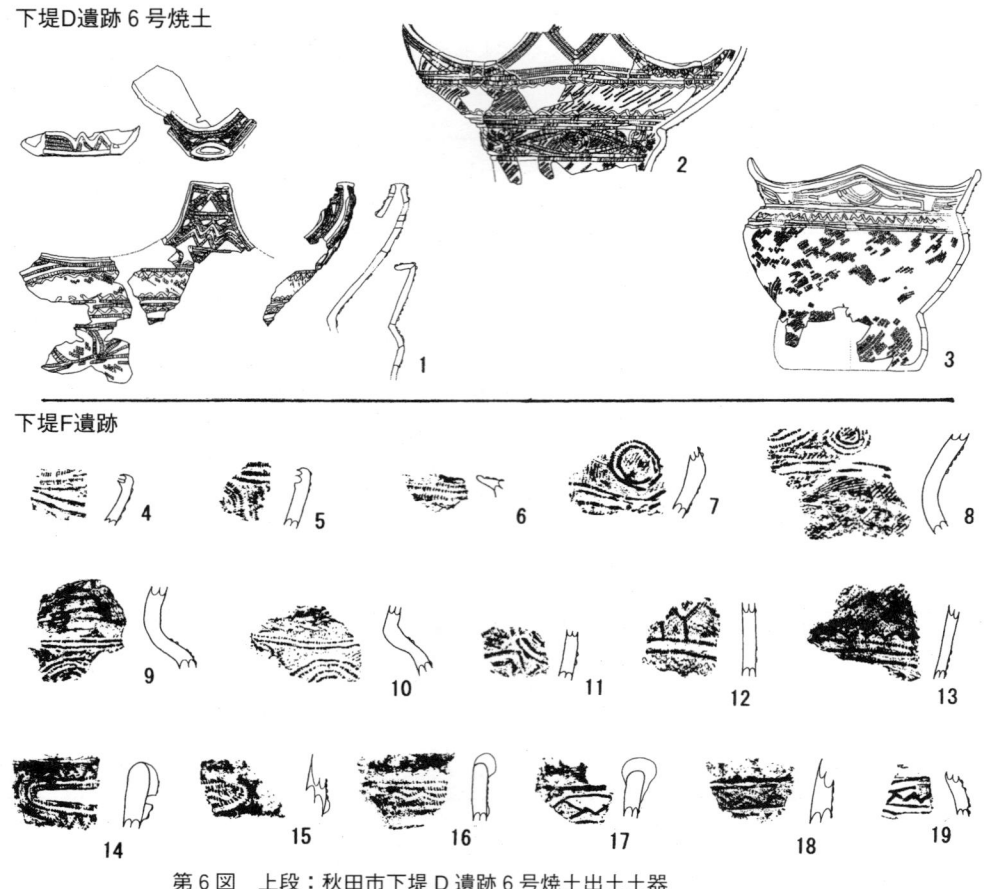

318　第Ⅴ部　土器系統の動きと人間の生態

第6図　上段：秋田市下堤D遺跡6号焼土出土土器
　　　　下段：下堤F遺跡出土土器（1〜3：1/8，その他：1/5）

て検討し，その変化を整理する。

関連遺跡

　このような遺跡は秋田市南東部の秋田臨空港新都市開発関係の工事に伴って事前調査されたものが多く，下堤D，下堤F，坂ノ上E，坂ノ上F，湯ノ沢B，奥椿岱等の遺跡がある。地形的には雄物川の河口に近かったであろう低地に面する台地上である。秋田市北に大沢遺跡，後山遺跡があり，八郎潟の北に萱刈沢遺跡，西に堂の沢遺跡があるが，後の2遺跡は位置が北ということもあり，円筒下層式のほうが主体である。

　第2表にはやや時期が下り円筒下層d2式，上層a1式が主体になる秋田市蟹子沢，八郎潟北の狐森，和田Ⅲなども含めてあるが，これらは第5章でとり上げる遺跡である。同表には，やはり第5節で整理する円筒下層d式，上層a式の細分や北陸系との対応関係なども先取りして記入してある。

　そのほか冒頭にあげた論文で，富樫泰時氏は秋田県における北陸系の土器の資料として，小坂町ニタ渡北方，鷹巣町摩当，男鹿市大畑台，若美町中角境をあげているが，系統別の比率が不明

であったり，中期が主体の遺跡であったりするのでここでは積極的にとりあげることはしない。

これらの遺跡の年代的整理は，前章で行った北陸の編年によって行うことになる。ただし東北地方土着の土器分布圏に北陸の土器が進出していく過程を捉えるためには，やはり北陸と東北地方の詳細な並行関係の把握が必要である。東北地方の大木6式は4B章で5期に分け，関東や北陸との対比を示した。1期，3期，4～5期がそれぞれ十三菩提式の古・中・新段階に相当することは確かである。2期はおそらく古段階並行であろう。

これらの遺跡にも時間差が認められ，下堤D，下堤Fは古い土器，坂ノ上E，後山は新しい土器が多い。湯ノ沢Bは両方にまたがる。前2遺跡をもって北陸系の出現期の様相ととらえる。将来さらに古い遺跡の発見の可能性を見込むべきかとも思うが，下堤D・Fの進出当初を思わせる様相から見て，北上時期が大きく遡る可能性はあまりないと考えている。

下堤D遺跡（第6図上段）（秋田市教育委員会1982）

遺跡全体で破片を含め70点ほどの土器が報告されている。土坑出土の中期の北陸系完形土器類（新保式第Ⅲ段階に似るがやや変形している。）は，今問題にしている時期ではないから触れないが，土坑からも1点円筒下層d式が出土している。

6号焼土遺構はおそらく住居址とされ，概形がわかる波状口縁の土器2点と完形土器1点が出ている。前2者は真脇式で真脇遺跡の資料にきわめて近いが，胴中部が膨らみ，そこに文様帯が独立する傾向が真脇遺跡より進み，浮線文が何本も密接する傾向が出ているので，やや新しく，重稲場第1遺跡並行頃とみる。秋田市周辺で知られるもっとも古い北陸系土器である。完形土器は大木6式の球胴形を呈するが，単純に大木6式とはみなせない。頸部のくびれ部の浮線文によるジグザグ文様は東北地方の大木6式には類例が乏しく，かえって真脇遺跡に似たものが多くある（第2図7，8，10）。もともとは大木6式系統の器形であったとしても，北陸に行って北陸の要素を獲得した北陸系の土器と判断すべきであろう。この遺構で出土した土器はたった3個体であるが，すべて北陸系の土器であることが注目される。その他のこの遺跡の土器は小片が多く，朝日下層式，新保式，中期に下るものまで含め時間幅がある。円筒下層d式が少しあるが，この遺跡の出方だけでどの型式に伴ったのか判定することはできない。

下堤F遺跡（第6図下段）（秋田市教育委員会1985b）

3×5mほどの小判形の竪穴住居址と周辺から出土したわずかに15片ほどの小破片からなる資料であるが，少なくとも7個体はある。小破片のため個々に細かい時期の判定は難しいが，真脇式でも胴下半が大きく膨らむ器形が目立ち，南赤坂に近い。また半数近くが球胴形に属するらしいことも，南赤坂と共通し，その主要部に並行することは間違いない。円筒下層d式は伴っていない。

坂ノ上E遺跡（第7図）（秋田市教育委員会1984）

40点ほどが報告されており，北陸系は朝日下層式が多いが，ソーメン状浮線文の新しい様相のものが多い。次の新保式上安原段階もある。全形のわかる2個体を含む少なくとも12個体の円筒下層d式を伴う。真脇式と大木6式の系統はない。この遺跡で朝日下層式と円筒下層d式（d1式を主としd2式が混じる，細分については第5節参照）の共伴が確認できる。

朝日下層式

新保式

円筒下層d式

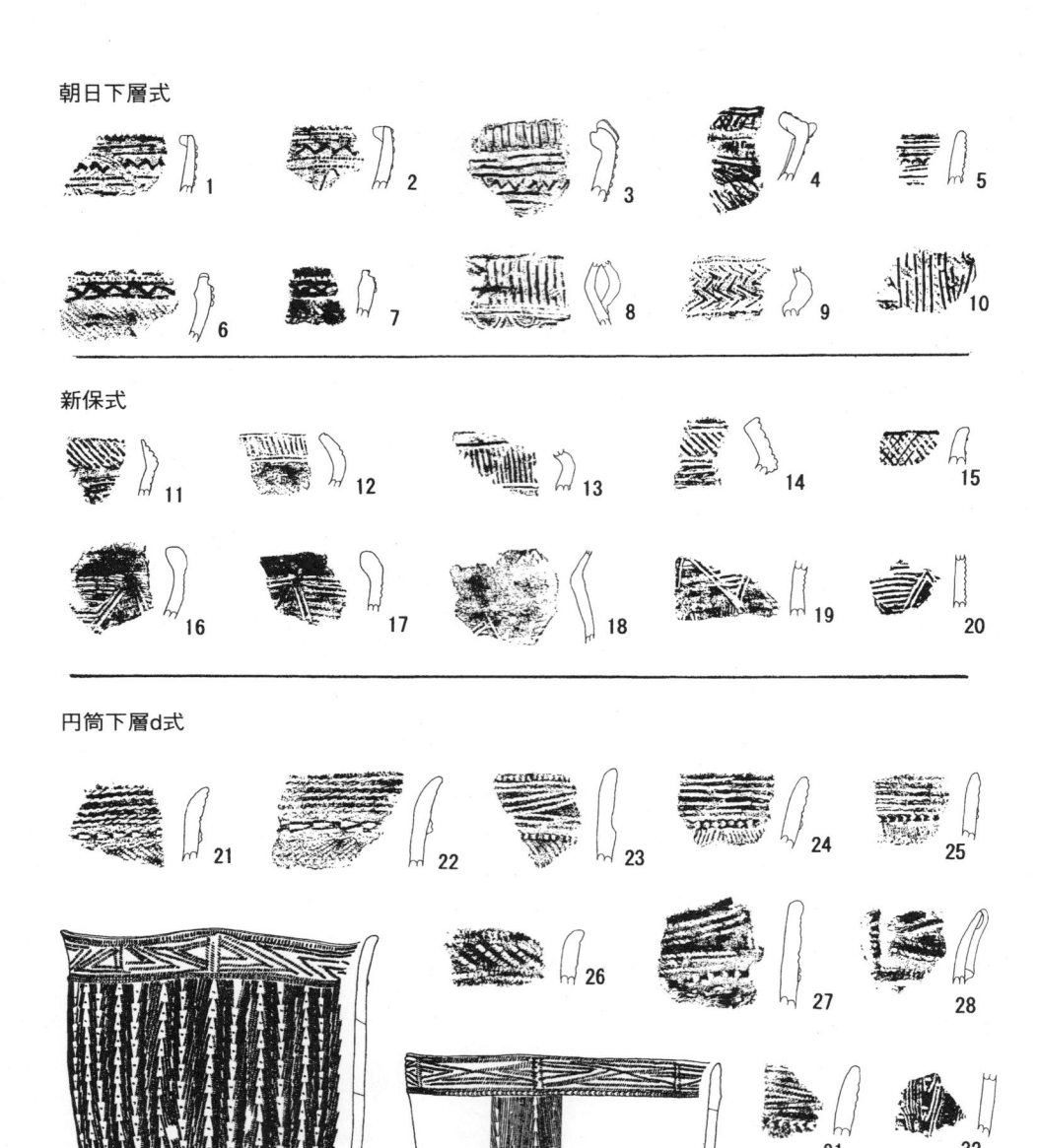

第7図　秋田市坂ノ上E遺跡出土土器（29，30：1/8，その他：1/5）

5E章 縄文前期末における北陸集団の北上と土器の動き　321

真脇式

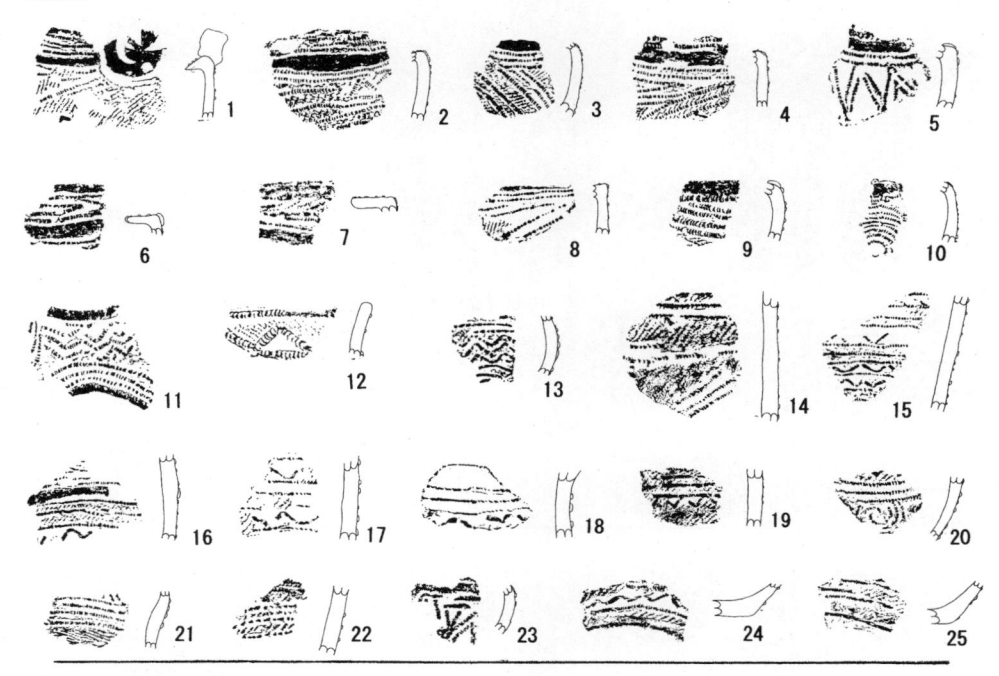

大木6式浮線文系球胴形

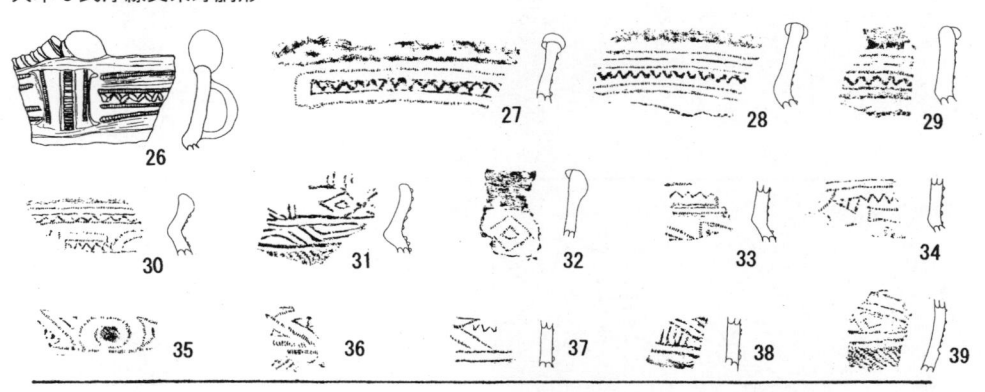

その他

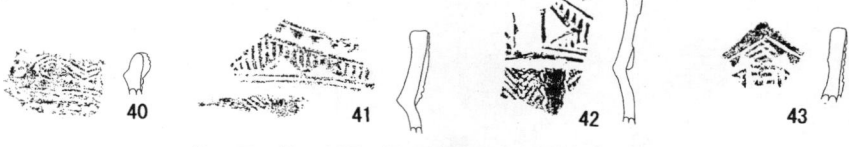

第8図　秋田市湯ノ沢B遺跡出土土器(1) (1/5)

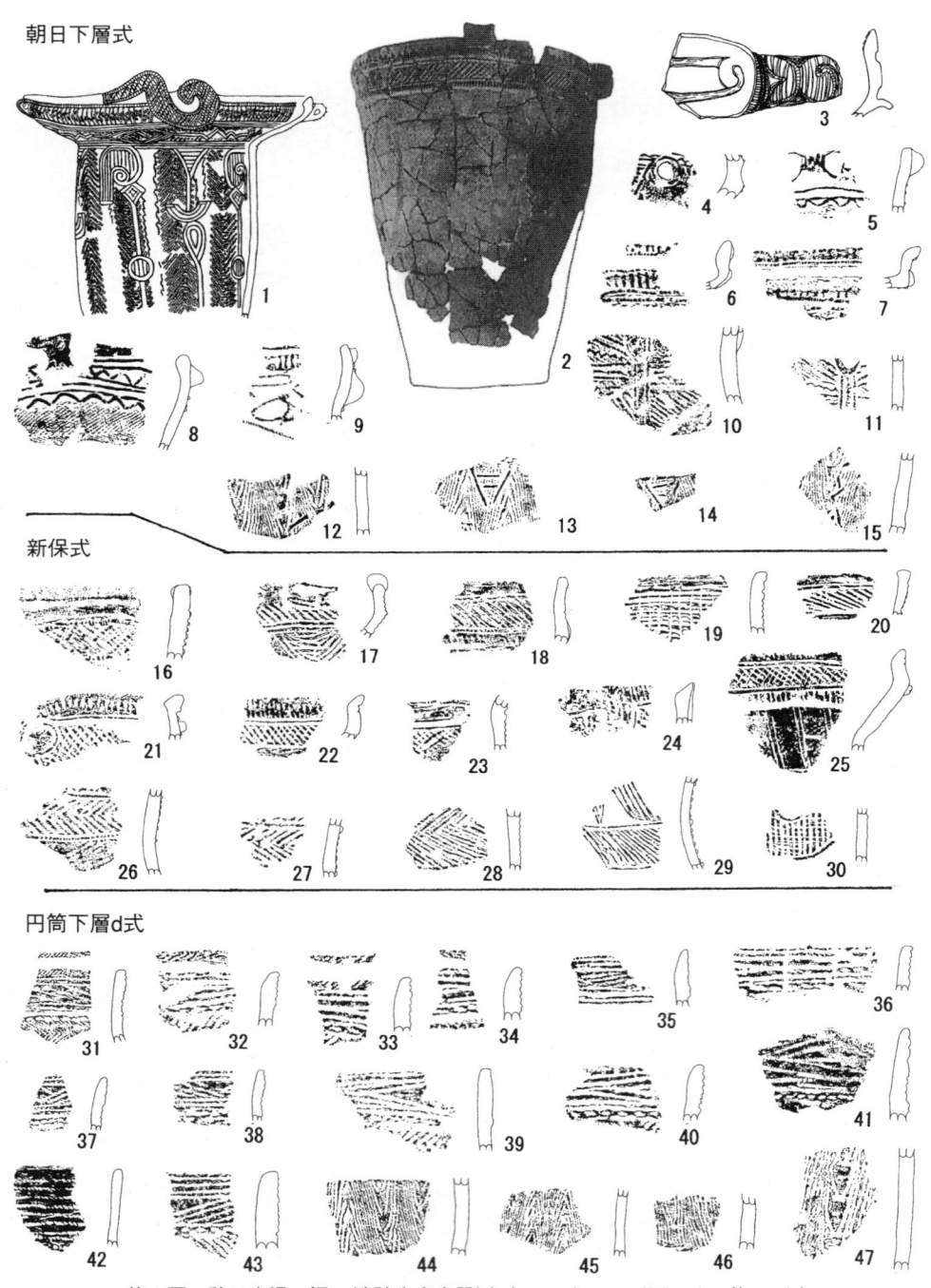

322　第Ⅴ部　土器系統の動きと人間の生態

朝日下層式

新保式

円筒下層d式

第9図　秋田市湯ノ沢B遺跡出土土器(2)（1：1/8, 2：不同，その他：1/5）

湯ノ沢B遺跡（第8・9図）（秋田市教育委員会1983）

破片，完形を含め150点ほどが報告されている。真脇式と浮線文系球胴形があり，比率は2対1ほど。朝日下層式も多く，北陸のものと区別がつかない完形個体を含む。新保式上安原段階に続く。円筒下層d式口縁部破片13点があるが，木目状撚糸文の胴部破片は円筒下層式の破片か朝日下層式の破片か区別できない。

珍しく大木6式長胴形土器の破片1（第8図40）があるが，口縁の形から見て大木6式2期頃のものなので，先行時期の遺物がこの地点にわずかに残されていた，他の土器類とは時期が異なると判断される。

萱刈沢Ⅱ遺跡（秋田県教育委員会1993）

時期の下るものを除き50点ほどが報告されているが，小破片のため判断が難しいものが多い。全体の3分の1ほどを円筒下層d式が占める。球胴形と判断できるものは少ないが，真脇式南赤坂段階頃の土器の量がこれに次ぐことは確かである。朝日下層式もある。下堤Fには無かったが，ここでは南赤坂段階に円筒下層d式が伴ったとみてよいであろう。八郎潟の北側という地理的位置が関係するのであろう。この章で紹介する遺跡のうちでは一番北にある。

大沢遺跡（秋田県教育委員会1991）

20片ほどが報告されている。真脇式らしい小片もあるが朝日下層式が主体。3個体以上の円筒下層d式を伴う。この遺跡も朝日下層式と円筒下層d式の共伴を示すとみてよいであろう。大木6式球胴形とみられる小さな破片は口唇の平坦面に短沈線の刻みがある。5期に属するであろう。

堂の沢（若美町教育委員会1986）

八郎潟の西側にあり，円筒下層d式を主体とし，少量の朝日下層式が伴う。大沢遺跡とほぼ同時期であるが，円筒系の比率が高い。また先行時期の萱刈沢Ⅱ遺跡より南に位置するが，円筒系の比率が高い。

奥椿岱（秋田県教育委員会2000a）

10片ほどの小資料。新保式第Ⅱ，第Ⅲ段階，円筒下層d式がある。

後山遺跡（秋田県教育委員会2002a）

160片ほど報告されているが，主体は円筒上層a式の新しい部分。真脇式はなく，大木6式球胴形の小片は4期であろう。北陸系は新保式第Ⅱ段階があり，北陸の土器を大きく上回る量の円筒系土器がある。下層d2式（5節参照），上層a式があるが，それ以後のものが多い。遺跡位置が北であること，時期が下ることが円筒系土器の多さの原因であろう。時期が新しいものについては細かく検討していない。

坂ノ上F（秋田市教育委員会1985a）

中期の新保式第Ⅱ段階から新崎式までの北陸系に対し，ほぼ等量の円筒上層式a・b式，大木7a式がある。中期初頭の状況を物語る。途絶えていた北陸系と大木系との交渉が中期に入って再開されることを示す。重要な資料であるが本稿のテーマと少し離れるため詳しく検討していない。

時間的変化

　遺跡ごとに見た秋田市周辺の土器の様相を時間的変化としてまとめよう。秋田臨空港都市開発にかかわる下堤D，下堤F，坂の上E，湯ノ沢Bはわずかに数百メートルずつ距離を置くだけの遺跡群であるから，これらの遺跡ごとの内容の差は，地域差ではなく時間差を示すものと考えられる。

　1）下堤D遺跡6号焼土は，もっとも古い北陸系の資料で，3個体という少なさではあるが，北陸の真脇式だけからなる。

　2）下堤F遺跡は，真脇式南赤坂段階といってよく，浮線文系球胴形土器を多く含むが，円筒下層d式を伴わない。

　3）次に来る坂ノ上E遺跡は，朝日下層式を主体とし，比較的多くの円筒下層d式を伴い，球胴形を含め大木6系はない。大沢遺跡もほぼ同じ状況であるから，わずかに時期が異なるだけで北陸系土器に伴う東北地方系の土器が全く入れ替わってしまうのである。

　湯ノ沢B遺跡は，2）と3）の両方の時期が重なったものとして無理なく理解できる。整理すると，以下の順での変化が認められる。ただし2-3の組合せの単純遺跡は発見されておらず，北陸での変化を参考にして，変化がつながるように想定して挿入した段階である。

```
　　1）　　真脇式
　　　　　　　↓
　　2）　　真脇式　＋　浮線文系球胴形
　　　　　　　　　　　　　　↓
　2-3）　　　　　　浮線文系球胴形　＋　朝日下層式　＋　円筒下層d式
　　　　　　　　　　　　　　　　　　　　　↓　　　　　　　　↓
　　3）　　　　　　　　　　　　　　　　朝日下層式　＋　円筒下層d式
```

　ここで扱っている遺跡には北陸系出現の直前の時期の土器は見られないから，北陸集団が来るまで，これらの地点は無人であったはずである。北陸系の人々は無人の地に新たに集落を開いたことになる。

　秋田市周辺に現れた最初の北陸系土器は，真脇式真脇段階（重稲場第1遺跡類似）の土器であるが，下堤D6号焼土と下堤F住居址の差が有意な差であるとすると，初めは純粋に近い北陸系が現れ，次に南赤坂段階に似て浮線文系球胴形の比率の高いものが来たことになる。浮線文系球胴形は大木6式の内容の一部であるから，土着の大木6式と進入した真脇式が遭遇した状況と考えたくなるかもしれない。しかしながら浮線文系球胴形は大木6式の多様な内容の一部にすぎないし，前章で論じたように東北・北陸共有の系統となっていたものである。両方の種類が一緒に北陸から来たと説明することが可能，というより自然である。

　同じころ八郎潟北の萱刈沢II遺跡では，真脇式末と円筒下層d式が共存するようである。本来の円筒下層d式分布圏にまで進出した北陸集団は，円筒下層d式と接触することがあったことを示す。

　次の段階になると大きな変化が起きる。北陸系の土器は朝日下層式となり，秋田市周辺でも大

量の円筒下層d式が伴うようになり，浮線文系球胴形のほうは非常に少なくなる。

　上記段階の1）が資料的に不十分であり，2-3）が想定で挿入したにすぎない点は保留を要するが，北陸の変化とほぼ同じ状況が刻々とこの地にも反映されていることが認められる。

　扱っている土器の絶対量が小さいから，このような組合せの違いは偶然の結果ではないかと疑う人がいるかもしれない。しかし北陸でも同じ組合せの変化が見られ，次に見るように山形県吹浦遺跡でも同じ時期に2）（＋大量の粗製土器）から3）の組み合わせへの変化が起きているのであるから決して偶然ではない。秋田から富山・石川に至る広大な地域の遺跡がほぼ同じ土器組成の変化を共有していたことになるのである。これは一部の土器が秋田に搬入されたとか，単発的な土器群の移動があったというようなことではけっして説明できない現象である。

　続いて付随する諸問題に進むことにする。すなわち，北陸の土器が北上する経路上の遺跡ではどのような事態が起こったのか（第4節），円筒下層d式の影響はどのように広がったか（第5節），誰がどこから移動したのか（第6節）。しかる後に縄文土器以外も含めて，土器がまとまって動く現象の背景について考える（第7節）。

4　北陸系集団進出経路上の遺跡

　出発地域の土器と到着地域の状況を見ることが先行したが，次に北陸系集団の進出はどのような経路で，また在地の集団とどのようなかかわりのうちに行われたのか，中間の経路上に位置する遺跡で見ていきたい。といっても，時間的に限定されるせいもあり，役立つ情報を提供する遺跡は大変少ない。第2節でも言及した新潟県巻町の南赤坂・重稲場・豊原の遺跡群，山形県吹浦遺跡と北上し，次はすでに検討した秋田市周辺の遺跡群になってしまう。順次これらの遺跡を見た後で日本海側地域の遺跡を広く概観する。

新潟県南赤坂・重稲場遺跡群

　新潟市の南方，巻町に南赤坂遺跡（前山精明ほか2002），重稲場遺跡群の3地点（前山精明1994），豊原遺跡（小野昭1994）がある。地理的には，南赤坂の南3kmに重稲場遺跡群，さらに1.5kmで豊原遺跡と，近距離に問題の時期の遺跡がひしめいていることになる。これらの遺跡は日本海岸に平行する角田山・弥彦山の山脈の内側，現在の信濃川低地に広がっていた湿地に面して並んでいたものと考えられる。これら各地点の資料には時期のずれがある。

　南赤坂（第13・14図）がもっとも連続的で，土器で見ると大木6式2期から始まり（図省略），真脇式真脇段階の時期までは資料が少ないが，真脇式南赤坂段階に急増し，朝日下層期には一時的に減少するが，新保式上安原段階で復活する。

　重稲場第1遺跡（第10図）は小資料であるが，真脇式南赤坂段階よりわずかに古い様相の部分に集中している。集合沈線の土器は区別しにくいが，十三菩提中段階の池田系（今村啓爾2006d）と新段階の松原式がある。

　重稲場第2遺跡はさらに資料が少ないが，朝日下層式と松原式に近いものからなる。

重稲場第3遺跡（第11図）は朝日下層式の古手のものが多く，平行沈線の土器は松原式に近いものが多いように見える。

豊原遺跡（第12図）では大木6式1期・2期がまとまってあり（図は省略），これに伴ったとみられる鍋屋町式も少しあるが，次の真脇式はほとんど見られなくなった後，朝日下層式で復活し，新保式上安原段階・第Ⅱ段階へと続く。朝日下層式は古い様相と新しい様相のものがある。

多くの問題をはらむ遺跡群であるが，私がまず注目するのは，十三菩提式古段階並行（豊原・南赤坂に見られる）から中段階並行（重稲場1）への移行の仕方である。東北地方の大木6式系主体から北陸系（この場合北陸西部）主体へ交替するのである。この遺跡群で最も古い土器は豊原遺跡の大木6式1期・2期であり，会津を中心とする南東北の地方色を有する大木6式からなる。これが主体であって北陸の鍋屋町系はわずかに伴うにすぎない。中段階の真脇式前山段階と真脇段階並行と見られる資料が新潟市より北の新発田市二タ子沢（新発田市教育委員会2003）にあるが，北陸系の真脇式主体へと変わっている。

真脇式の終わり頃の南赤坂段階になると真脇式に加え，大木6系の一部の要素である浮線文系球胴形が大量に伴うようになる。しかしすでに述べたように，これは単純に大木6系とみなすべきものではなく，北陸系の影響を受けて広い地域に広がる折衷系統と考えられる。

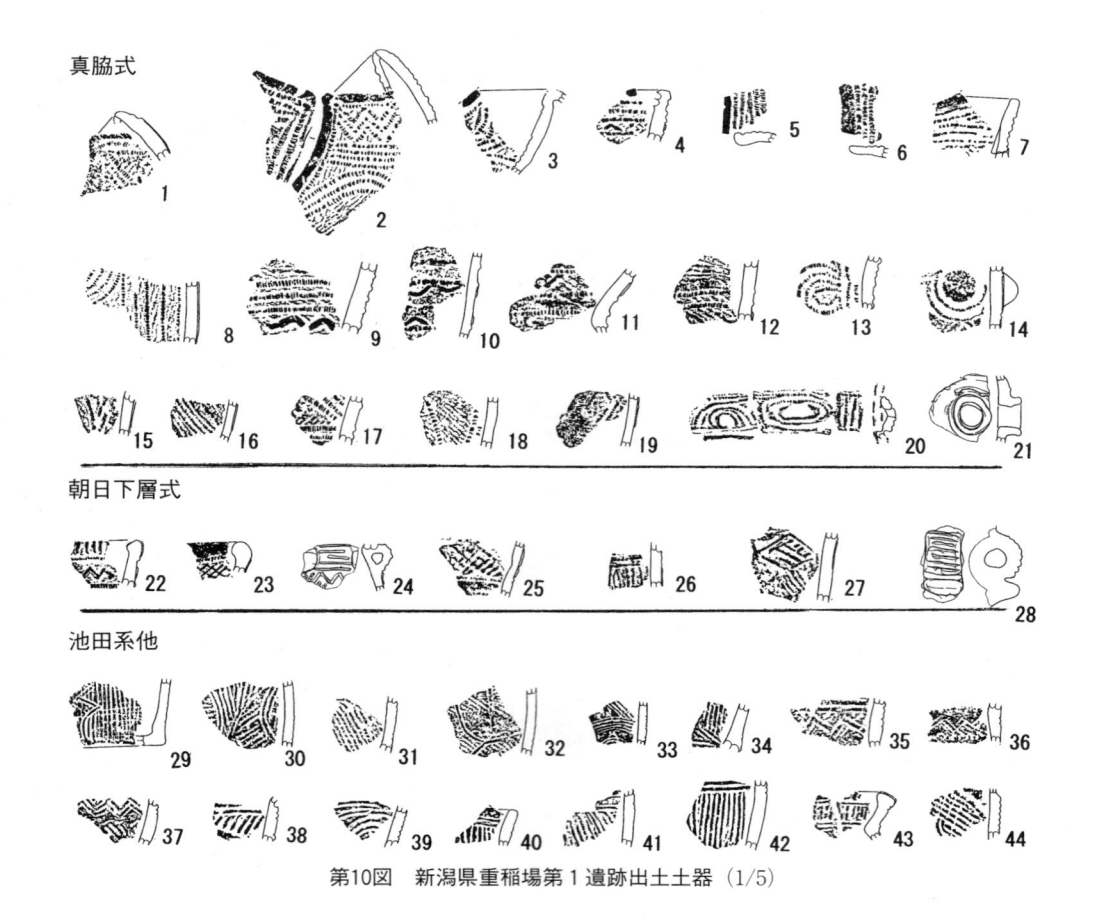

第10図　新潟県重稲場第1遺跡出土土器　(1/5)

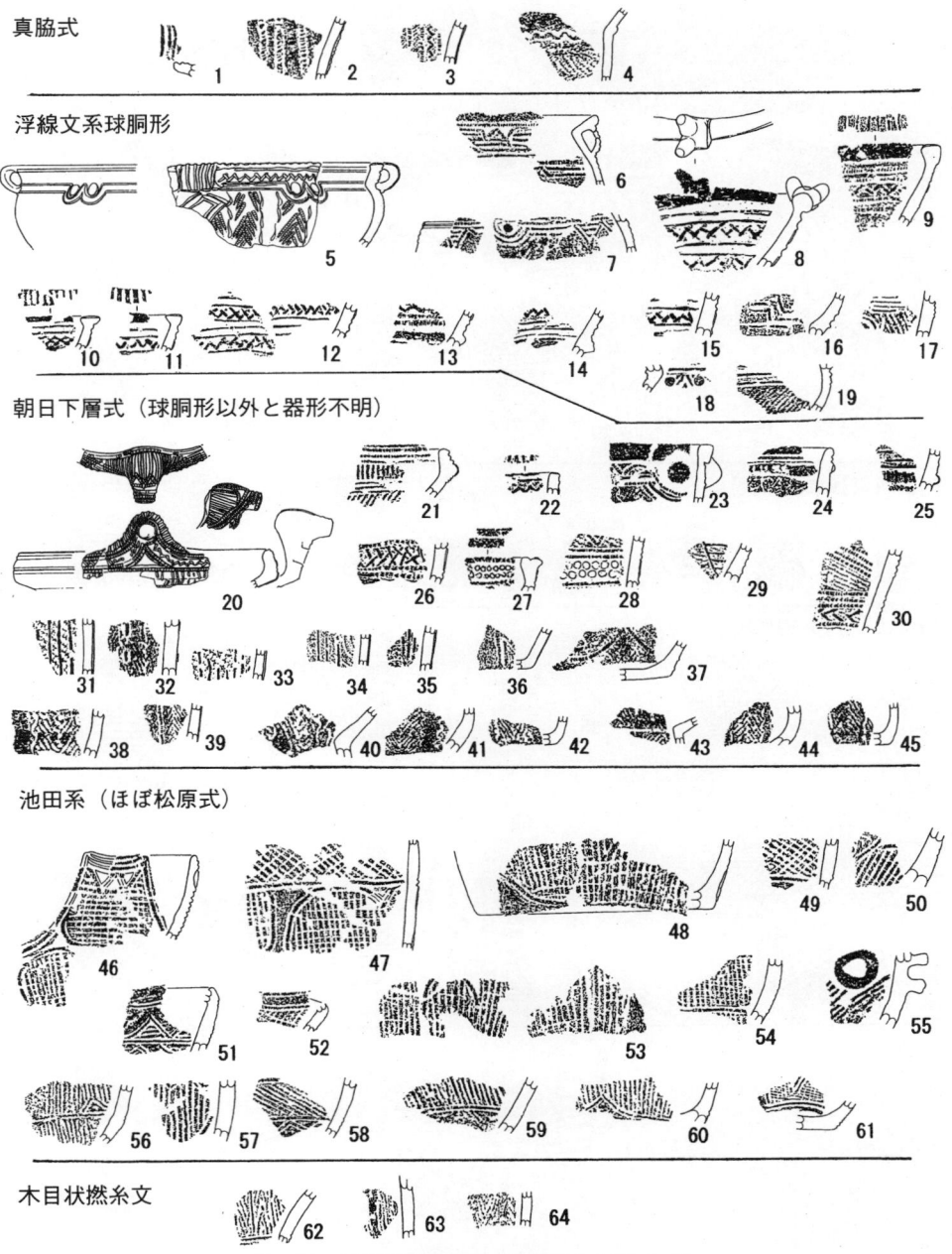

真脇式

浮線文系球胴形

朝日下層式（球胴形以外と器形不明）

池田系（ほぼ松原式）

木目状撚糸文

第11図　新潟県重稲場第3遺跡出土土器（1/5）

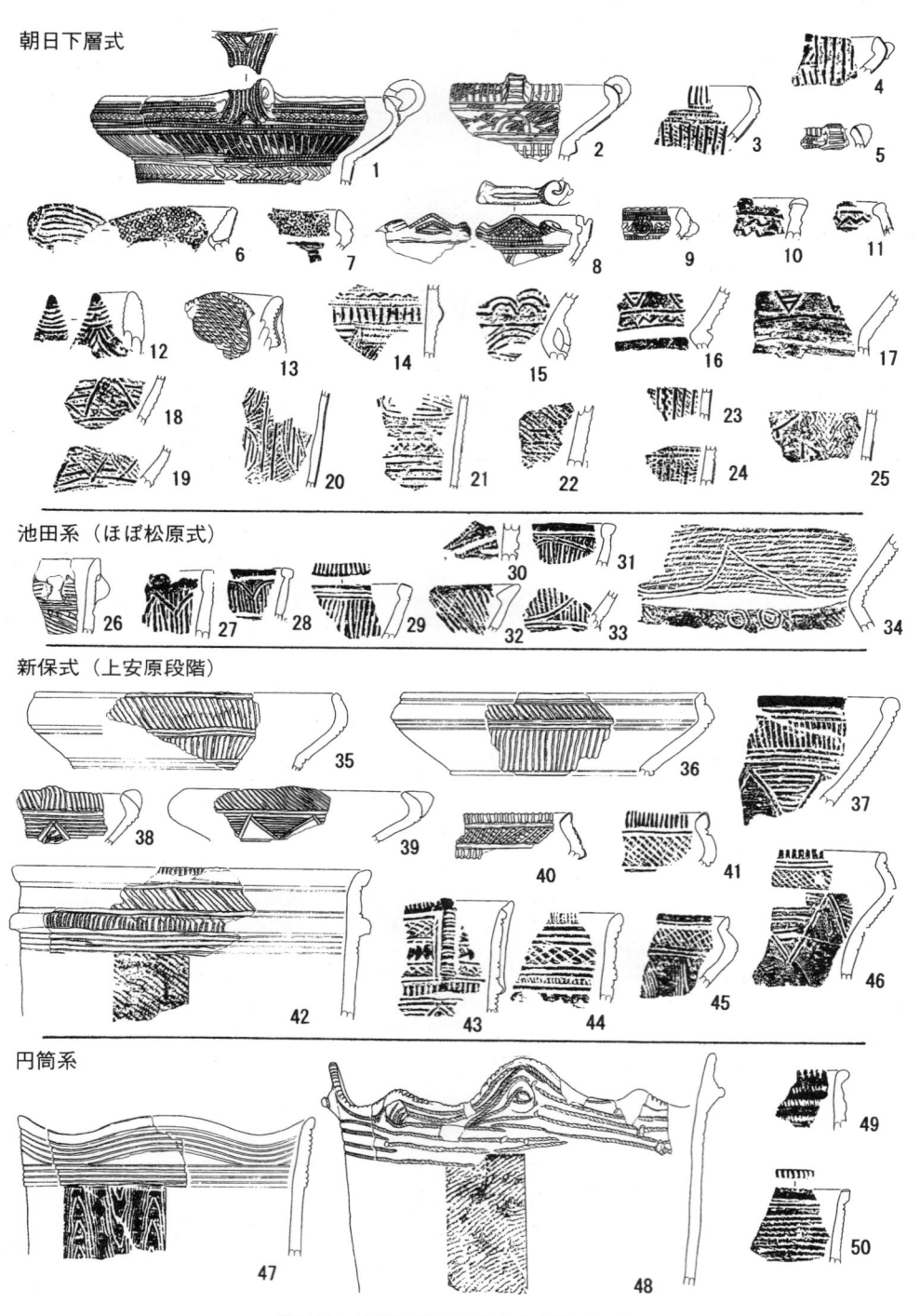

328　第Ⅴ部　土器系統の動きと人間の生態

朝日下層式

池田系（ほぼ松原式）

新保式（上安原段階）

円筒系

第12図　新潟県豊原遺跡出土土器（1/5）

5E章　縄文前期末における北陸集団の北上と土器の動き　329

真脇式

浮線文系
球胴形

南東北地方の隆起線を有する大木6式

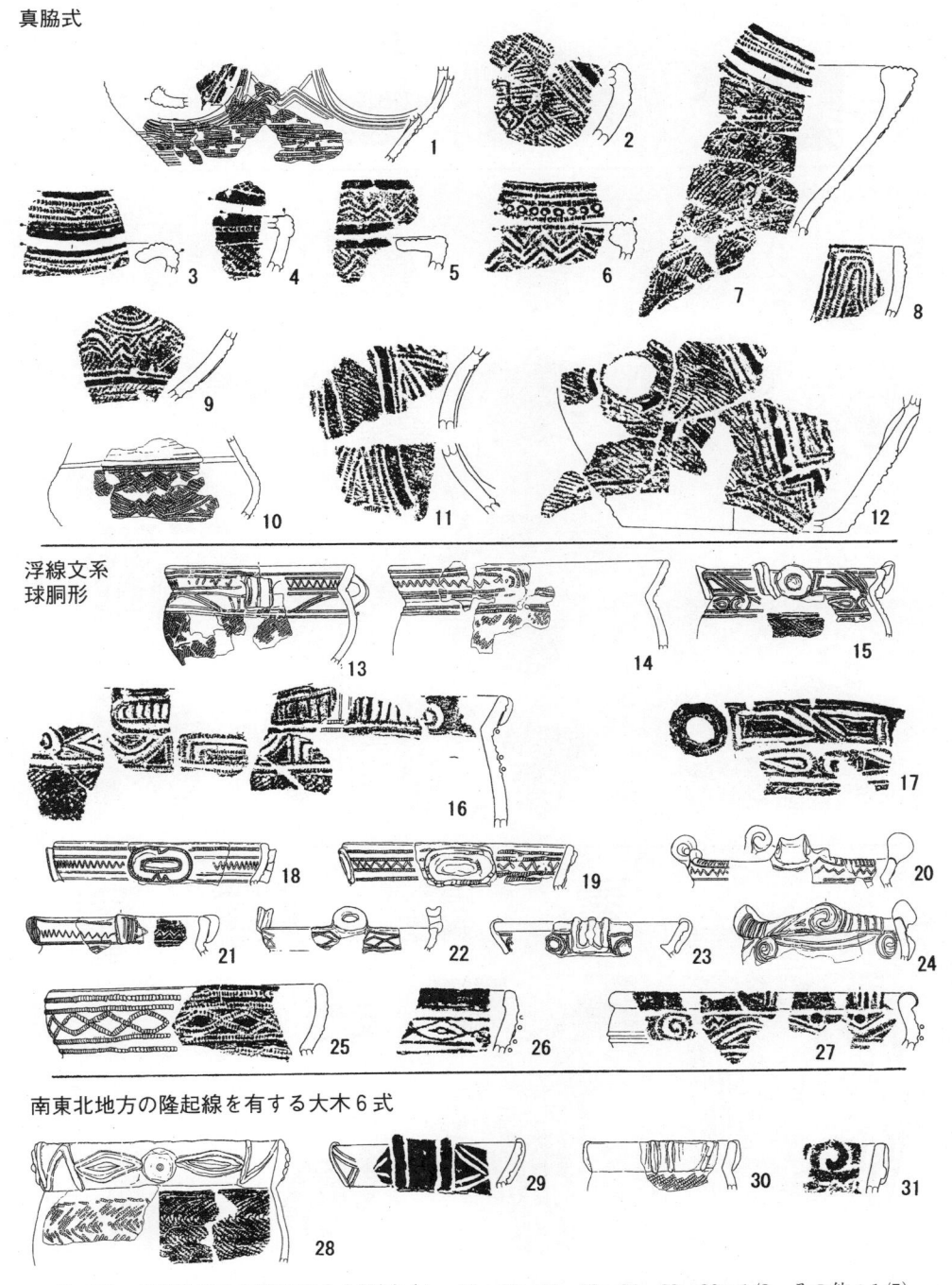

第13図　新潟県南赤坂遺跡出土土器(1)（1, 10, 13〜15, 18〜24, 28〜30：1/8, その他：1/5）

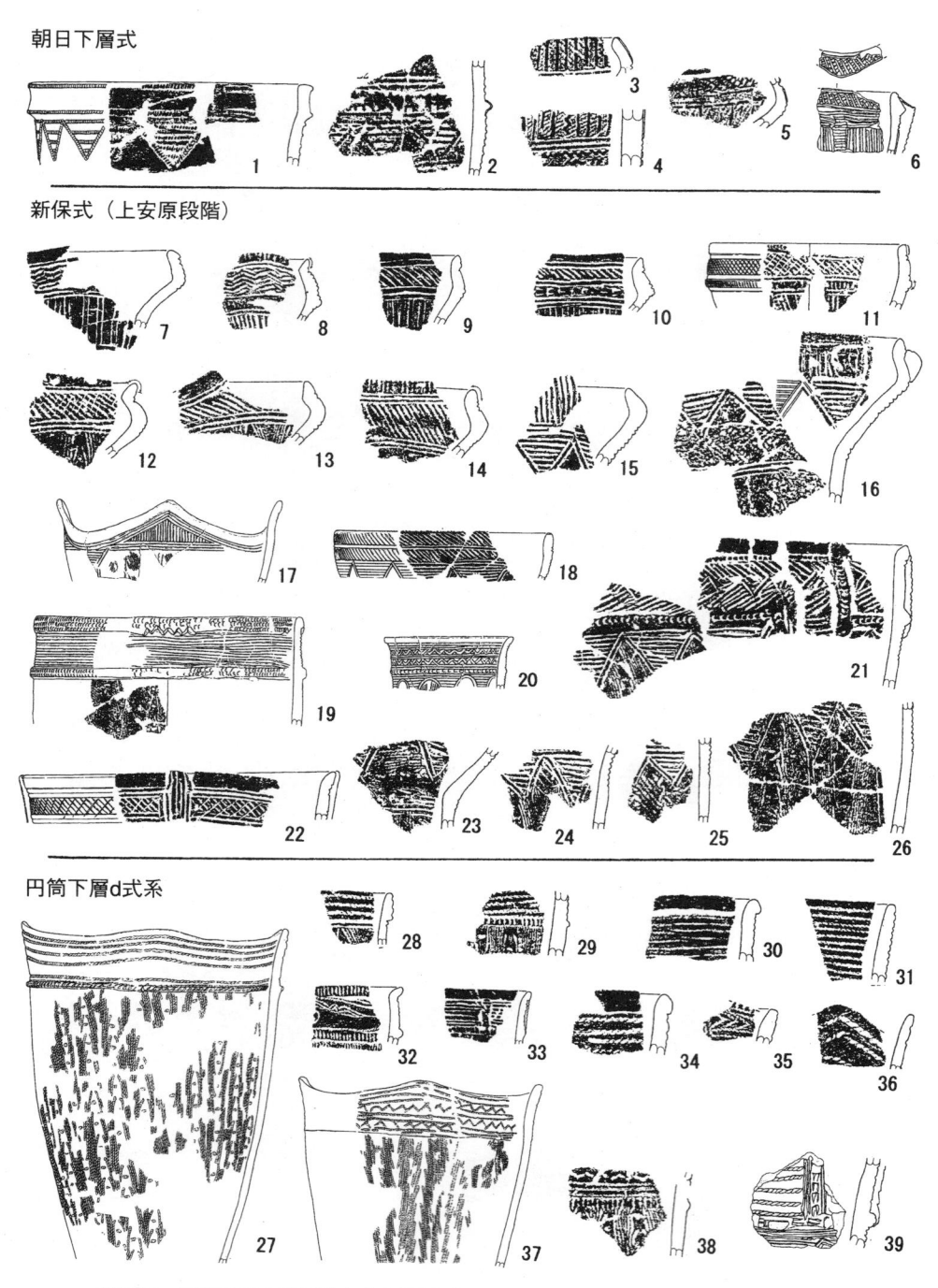

330　第Ⅴ部　土器系統の動きと人間の生態

朝日下層式

新保式（上安原段階）

円筒下層d式系

第14図　新潟県南赤坂遺跡出土土器(2)（17〜20：1/8，27，37：1/8，その他：1/5）

前後の段階を比較すると，東北系が主体であったところに西から北陸系が進出し，東北系が圧迫されるとともに，折衷系統が生まれる状況を見てとれる。そして大事なことは，重稲場第1遺跡の時期にすでに北陸集団の一部は秋田市周辺に到達し集落を拓いていることである。

以後の経過であるが，浮線文系球胴形は重稲場第3遺跡の朝日下層式の古い様相まで大量に残るが，豊原遺跡における朝日下層式の新しい様相では減少するらしい。間もなくこの地域にも円筒下層d系が現れるが，これについては次の章で取り上げる。

山形県吹浦遺跡

新潟県中部に位置する巻町の遺跡群から資料を探しつつ北上してみる。新保式まで含めればいくつかの遺跡をあげることはできるが（新潟県村上市大関上野 (村上市教育委員会2000)，同山崎 (同2000)，山形県羽黒町郷ノ浜 (山形県埋蔵文化財調査団1981)，同県鶴岡市西向 (山形県埋蔵文化財センター2004b)，同県飛島の蕨山 (山形県教育委員会1992) ほか），北上当初の真脇式に限定してみると非常に少なく，佐渡ヶ島南端小木町長者ヶ平遺跡 (小木町教育委員会1983) にわずかな資料が見られるくらいで，次は山形県北部の吹浦まで取り上げるべき遺跡が見つからない。

秋田県に隣接する遊佐町の，現在の海岸から500mの距離に前期末の遺跡として古くから有名な吹浦遺跡がある。海岸に平行する菅里の丘陵と鳥海山麓に挟まれた吹浦川の谷に沿う入江の出口に面していたと思われる。この遺跡は資料が豊富なだけでなく北陸集団の進出以前から以後にまたがって継続しており，この現象がどのように進行したかを見るうえで特別な重要性を有する。

1951～1953年の荘内古文化研究会による調査 (柏倉亮吉ほか1955)，1983 (山形県教育委員会1984a)・1984 (同1985)・1985・1986 (同1988) 年の山形県教育委員会による第1～4次緊急発掘と，繰り返し調査が行われたが，調査時・調査地点で土器の内容が異なっており，その比較によってこの遺跡における土器の変遷が組み立てられる。

はじめに言っておかなければならないが，この変遷というのは普通の土器編年のようなものではなく，急速に変化するこの遺跡の土器の様相の変化なのである。そして，大木6式の代表的遺跡とみなされているこの遺跡で主体を占めるのが，実は各時期とも大木6式とは言いにくい土器であるという意外な事実を指摘しなければならない。

具体的な時期別について言うと，1．荘内古文化研究会のB地点 → 2．荘内古文化研究会のA地点 → 3．第3・4次緊急発掘資料の一部，となり，それぞれをこの遺跡の古・中・新段階と呼びたい。時期としてはそれぞれが，ほぼ十三菩提式の古・中・新段階に相当する。

古段階は粗製土器を主とし，大木式といえるものは非常に少ないが，大木5b式末～大木6式2期の土器を少し含む。中段階には，古段階と同じような粗製土器に大木6式3期の土器が相当多く伴うようになる。その多くが球胴形土器である。新段階については遺跡地点としてのまとまりはないが，遺構における一括性で見ると，北陸系の朝日下層式と新保式上安原段階が多く，これに円筒下層d系が次ぎ，大木6式はほとんどない。この新段階への組合せの変化は，秋田市周辺の遺跡で見られた交替とほぼ同じである（変化の前は異なるが，変化の後は同じになる）。以下，地点・遺構ごとの時期別と組み合わせに注意しながら，3つの時期の土器の内容について

少し詳しく述べたい。

吹浦遺跡の古段階（第15図）

荘内古文化研究会による1951－53年調査のB地区出土土器がそっくりこの遺跡の古段階にあたるようである。土器はほとんどが円筒形で，単純な円筒形または口縁下が少しくびれるものが普通であるが，くびれ部に隆帯を廻しその上を連続的に押し窪めたものが特徴的で，その上側を文様帯としたものや波状口縁もある。胎土には繊維が含まれる。胴部は縄文（縦の羽状縄文，縦の結節回転を含む），撚糸文（網目状撚糸文，中心を糸で縛って縄を固定した原体による木目状撚糸文，軸を横断する穴の両側から縄を出して巻きつけた絡条体による撚糸文，2本ずつまとめて巻きつけた原体による撚糸文を含む），多軸絡条体の回転，半截竹管による乱雑な平行線などで，言葉で書くと円筒下層式の説明のようになるが，けっして型式としての円筒下層式のいずれにも属するものではない。

このような土器は，内容が完全に一致するわけではないが，秋田県井川町大野地（井川町教育委員会1988），協和町上の山Ⅱ（秋田県教育委員会1988a），鳥海町提鍋（鳥海町教育委員会1988），岩手県湯田町清水ヶ野（岩手県文化振興事業団埋蔵文化財センター2001b）などに大木4式，5式に遡る段階からあり，頸部の押捺を加えた隆起線の起源は円筒下層b式のそれであろう。

とくに興味深いのは遠く離れた岩手県北部太平洋岸の田野畑村和野Ⅰ遺跡（岩手県埋蔵文化財センター2004c）で，大木5式，6式にわたり，このような粗製土器を主体とする土器群が報告されている。間に広がる岩手県・宮城県ではこのような土器をまったくあるいはわずかしか伴わない遺跡が分布している。

1951～53年調査B地点（報告書キャプションはA地区だが本文説明はB地区）の第15図15は器形と，下限を水平に区画しない胴部文様帯など，大木6式の北部1期～2期の球胴形土器の特徴を有するものであるが，頸部・胴部ともに撚糸の圧痕で文様が施されている珍しいものである。このような土器を含むことから，B地区資料が大木6式1期・2期頃に並行することは確かであるが，全体的に円筒形粗製土器の要素がめだち，大木6式近似とした土器も，大木6式そのものというより，他の土器の製作者が大木6式を真似して作ったものであろう。この古段階には北陸の土器の伴出は見られない。

1951～53年当初の発掘資料は，選択されて報告されているようなので，遺構ごとのまとまりとして報告されている第3・4次緊急発掘資料から古段階の代表的なものをあげる。貯蔵穴のSK1011，SK1073，SK1075，SK1086，SK1108の一括資料が代表的である。SK1086には真性の大木6式2期の長胴形土器があるが，この遺跡のこの時期としては珍しいものである。SK1108（第15図1）には大木6式2期とみられる球胴形土器があるが，胴部いっぱいに2段に重ねる文様配置は，この時期の大木6式としては例外的である。SK1248に大木5b式，SK1187に大木6式2期の普通の球胴形土器があるが，どちらも単独の出土である。

吹浦遺跡の中段階（第16・17図）

1951～53年調査のA地区では，上述の古段階の粗製土器と同じような円筒形土器に加えて典型的な大木6式球胴形の土器が数多く見られる。大木6式は一般に球胴形の土器と長胴形の土器

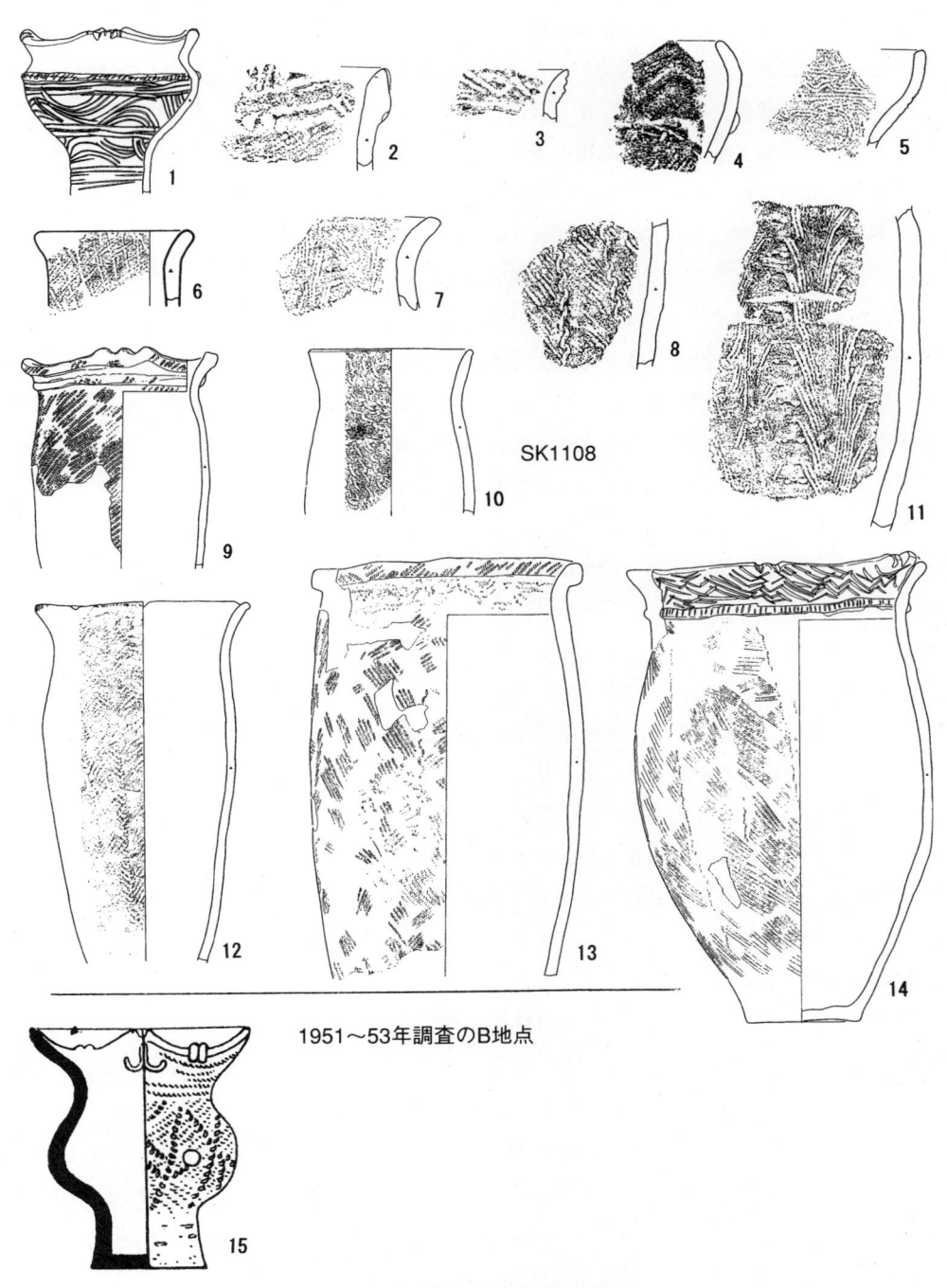

5E章　縄文前期末における北陸集団の北上と土器の動き　333

第15図　山形県吹浦遺跡出土土器（古段階）
　　　　上段：SK1108
　　　　下段：1951〜53年調査のB地区
　　　　（1，9〜10，12〜15：1/8，その他：1/5）

の2種類からなる組成であるが，この資料では長胴形の占めるべき位置を古段階以来の円筒形粗製土器がほとんど占めており，大木6式といえる長胴形の土器はあまり見られない。しかしながら球胴形土器のほうは，器形・文様帯の配置・文様の種類において普通の大木6式と変わらないものがほとんどである。胎土も円筒形のものが繊維を含むのに対し，球胴形のものは繊維を含まない良好な焼成と報告されている。また量は多くないが真脇式そのものが少し伴う。

1985〜1986年の第3・4次緊急発掘の資料で示すと，多少の時期的混在も感じられるのであるが（第15図〜19図は組み合わせを客観的に示すため，他時期の混在と思われるものも除去せずに示してある。），SK1098，SK1104，SK1164（第16図上段），SK1245が代表的な資料である。1951〜53年のA地区と同じ組成であるが，SK1098には珍しく大木6式3期の普通の長胴形が伴い，真脇段階といってよさそうな真脇式がある。SK1104（第17図上段）でも大木6式3期と真脇式（2）が伴っている。SK1245（第16図下段）は報告されているものはほとんど大木6式で，粗製土器は少ない。球胴形完形土器1点（11）は3期の沈線文の土器で，器形に古い要素を残すが，もう1点(13)は3期の浮線文で，下半を欠くが普通の球胴形であろう。

吹浦中段階における球胴形の進出は，新潟県南赤坂における球胴形の進出と似ていると思われるかもしれないが，吹浦の球胴形は3期でも古い様相のものが多く，浮線文より沈線文が多く，長胴形も一定量伴うなど，3期末の浮線文系球胴形ばかりが圧倒的な南赤坂の状況とはかなりの違いがある。

土坑1094（第17図下段）

気になるのが土坑1094の組み合わせで，大木系は混入と見られる古いものしかなく，あとは真脇式の真脇段階でもやや新しい，重稲場第1遺跡頃と見られる土器（12〜15）と粗製土器の組み合わせである。中段階の終わり，つまり秋田市周辺に真脇式が現れる時期（下堤D6号焼土の時期）に，この地でも大木6式の撤退と真脇式の進出が同時に起こったことを思わせるものがあるが，このわずかな資料だけで判断するわけにはいかないであろう。木目状撚糸文の胴部破片があるが，それは古段階の粗製土器にもあるので，この資料だけで円筒下層d式の進出を言うわけにはいかない。

吹浦遺跡新段階（第18・19図）

この時期の資料は1951〜1953年の発掘資料には見られないが，1985〜1986年の第3・4次緊急発掘資料には遺構単位での良好なまとまりが得られている。3・4次調査資料から古段階と中段階を除いたものが新段階ということになる。

この時期になると状況は一変する。主体は圧倒的に北陸系となり，中段階に進出が著しかった普通の大木6式がほとんど見られなくなるのに替わり，それまで見られなかった円筒下層d系が相当に伴うようになる。要するに秋田市周辺遺跡で朝日下層式並行期に見られたのと同じ急激な変化が，同時期の山形県海岸部にも見られるのである。この円筒下層d式の要素は，朝日下層式の中に取り込まれたそれは少なく，北から直接南下した要素が中心である。しかし円筒下層d式そのものとは言えない少し変化した土器が多い。第19図12では松原式の印刻文が加えられている。松原式自体も一定量見られ，わずかであるが大歳山式も伴出している。

5 E 章　縄文前期末における北陸集団の北上と土器の動き　　335

SK1164

SK1245

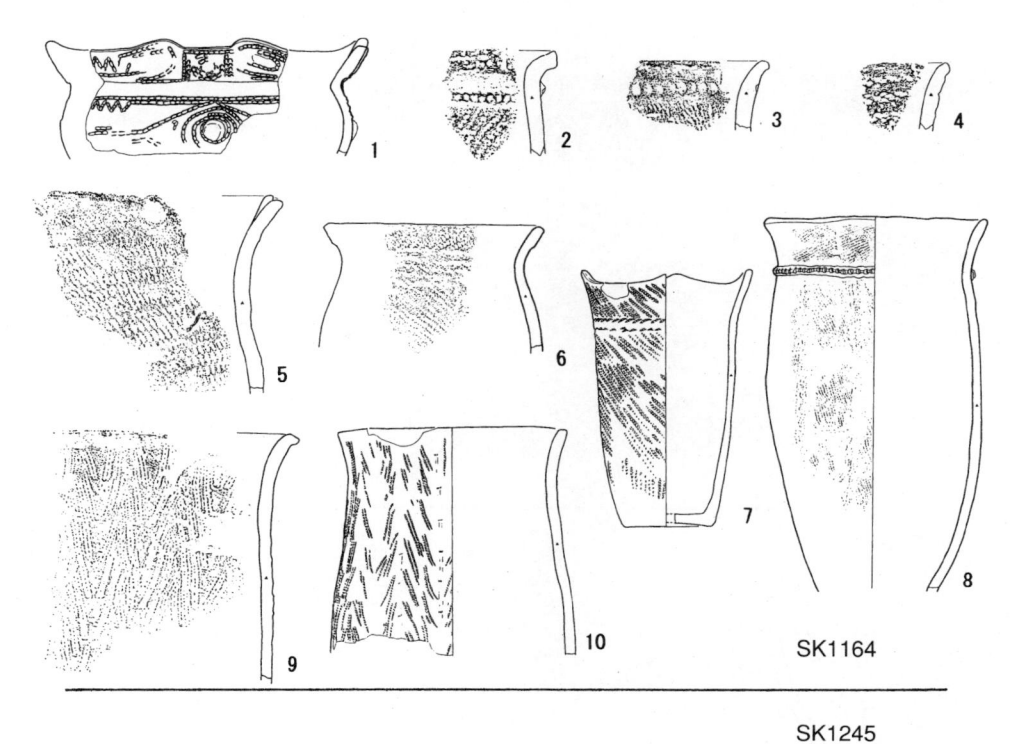

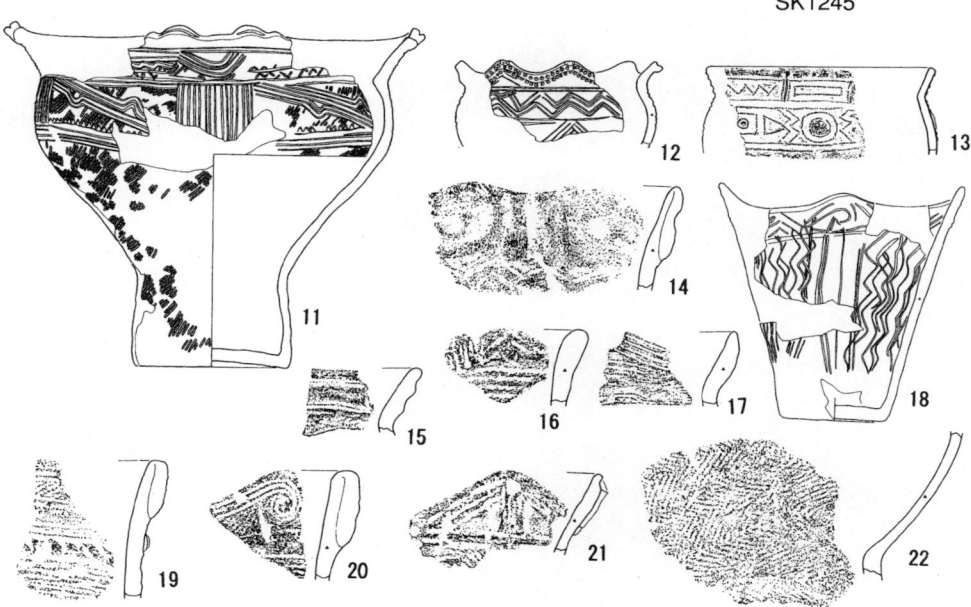

第16図　山形県吹浦遺跡出土土器（中段階）(1)
　　　　上段：SK1164
　　　　下段：SK1245
　　　　(1, 6～8, 10, 11～13, 18：1/8, その他：1/5)

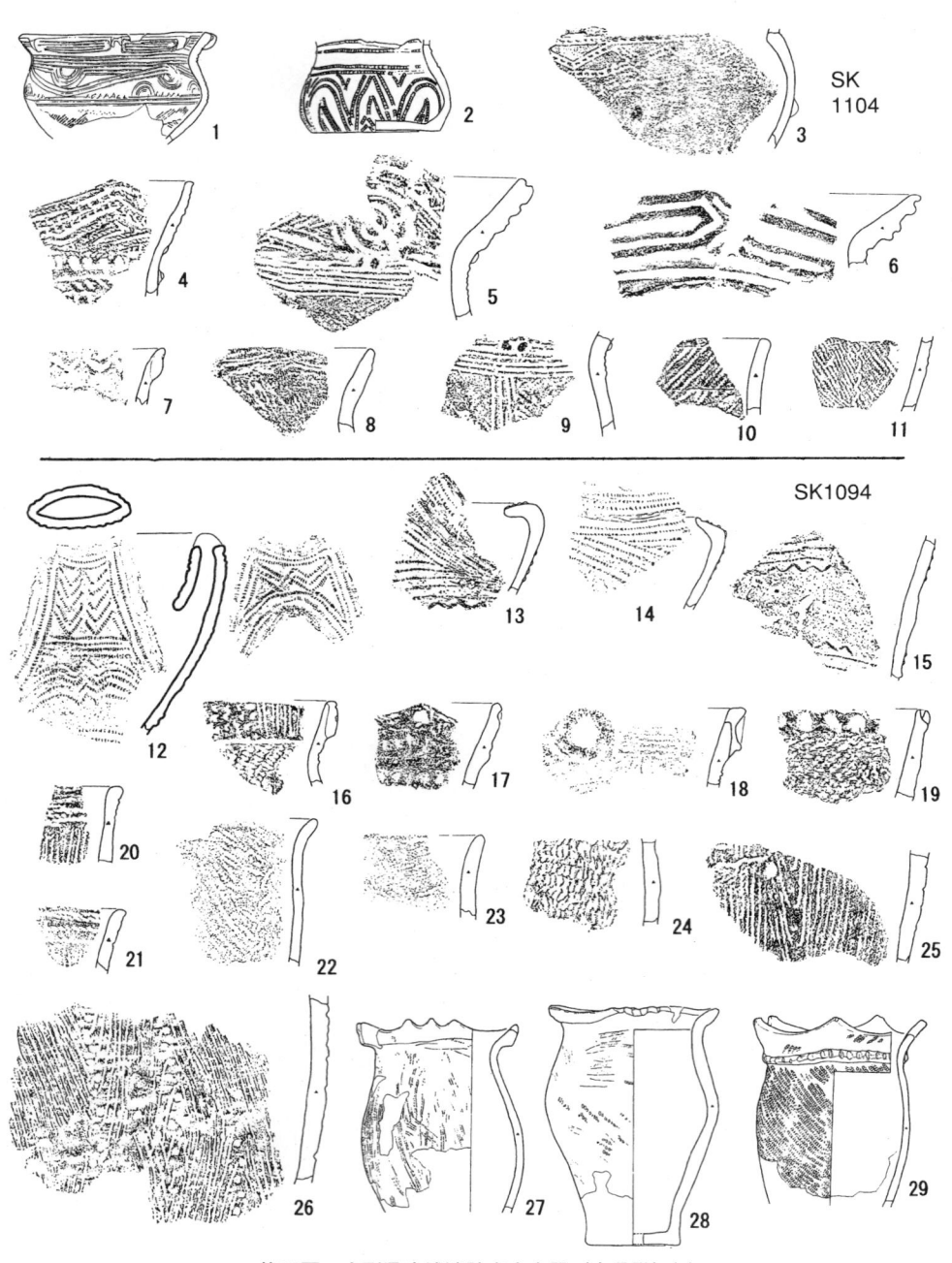

336 第Ⅴ部 土器系統の動きと人間の生態

第17図 山形県吹浦遺跡出土土器（中段階）(2)
　　　上段：SK1104
　　　下段：SK1094
　　　（1，2，27〜29：1/8，その他1/5）

遺構によっては古段階・中段階に見たような粗製の円筒形の土器も出土しているが，遺構数としては少なく，この時期にもわずかに残ったのか，埋没時の混入なのか判断がむずかしい。この時期の遺構別のまとまりとしてはSK1078とSK1079の大資料が典型的である。

SK1078では新保式上安原段階と第Ⅱ段階，円筒下層d式，大歳山式がある。この遺構から出た大木6式の球胴形の破片は1〜2期であり，時期が合わないから埋没時の混入であろう。

SK1079（第18・19図）では朝日下層式，新保式上安原段階・第Ⅱ段階がある。円筒下層d式が多く，全体の3分の1以上に及ぶ，円筒下層d式といってもほとんどが本来のものから変形しているため細かい時期の判定は難しいが，下層d1式，d2式と次の上層a1式相当とみてよいものがある。大木6式の小破片は2期〜3期であるから混在であろう。

第2次調査のSK920から完形で単独出土した大木6式浮線文系球胴形土器は，4期に属し，第2の転換の後の球胴形として稀な例である。

吹浦遺跡における系統別組成の変化

このように吹浦遺跡ではその古・中・新段階ごとに系統的な組み合わせが大きく変化する。それを第3表に示した。

この表を見ながら系統の入れ替わりを復習すると，古段階から中段階への変化は，大木6式系の進出である。この遺跡は常識的には大木6式分布圏の真ん中とみなされそうな地域にあるが，古段階における土器の実態はとても大木6式とはいえない円筒下層系が土着化した粗製土器であった。中段階ではそこに大木6式が球胴形を主体にして進出するのである。次の中段階から新段階への変化はこれをしのぐ激変である。中段階で進出した大木6式系は影を潜め，圧倒的な北陸系の進出とこれに次ぐ円筒下層系によって占められてしまうのである。

実は拙稿にとってこの第2の転換点が問題である。中段階の終わりに相当する時期に秋田市周辺では，真脇式重稲場第1遺跡や南赤坂の土器とほぼ同じものが主体をなし，在地の土器がほとんどない遺跡が出現することを前章で見た。このような様相の時期がこの吹浦遺跡にもあるだろうか。連続的に形成された吹浦遺跡にこの段階に相当するものがあるとしたら，それは中段階と新段階の間のはずである。吹浦でそこに相当しそうなものを探すと，SK1094と竪穴住居ST1070のわずかな資料において，土着の粗製土器に真脇式末期の土器が伴うらしいのであるが，そもそもこの遺跡では真脇式末期の土器自体が少ない。そして真脇式末期に浮線文系球胴形が大量に伴う南赤坂や下堤Fのような組合せの資料は吹浦には知られていない。

この継続する遺跡でこの段階だけ人がいなくなったとか，その部分だけ発掘されていないということは考えにくいことである。だとすれば，北陸から進出した第1次集団は，吹浦にわずかの土器をもたらしたが，大きなかかわりを持たずに，さらに北の地域を目指した，そのためこの遺跡では秋田市周辺に見るような北陸系統だけからなる特別な状況が見られないと理解すべきなのであろう。

新段階への転換は，次に北上する朝日下層系と南下する円筒下層系の2者によって日本海沿岸域が塗りつぶされる現象の，この遺跡における反映である。

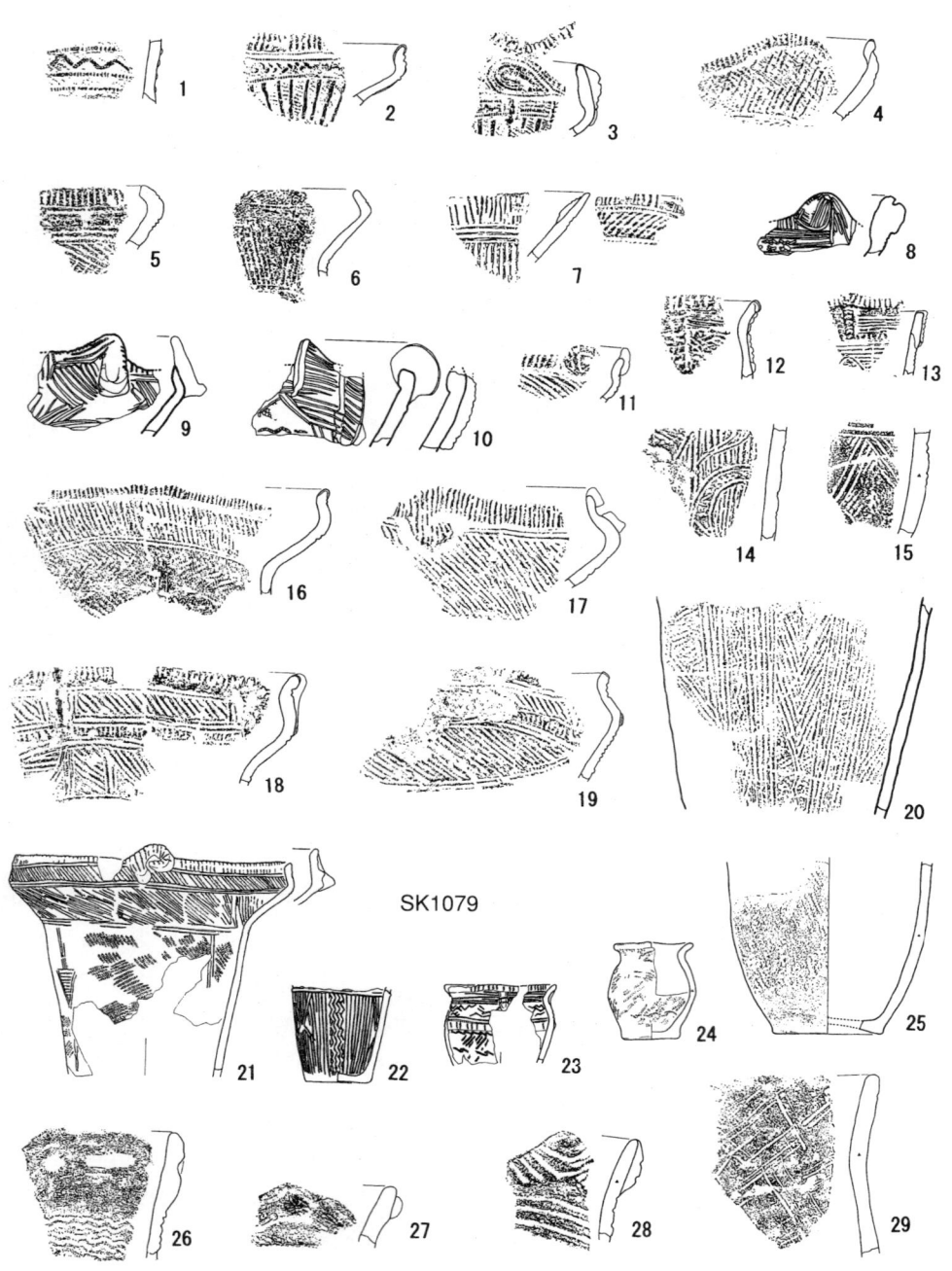

338　第Ⅴ部　土器系統の動きと人間の生態

第18図　山形県吹浦遺跡出土土器（新段階）(1)
SK1079（21〜25：1/8，その他：1/5）

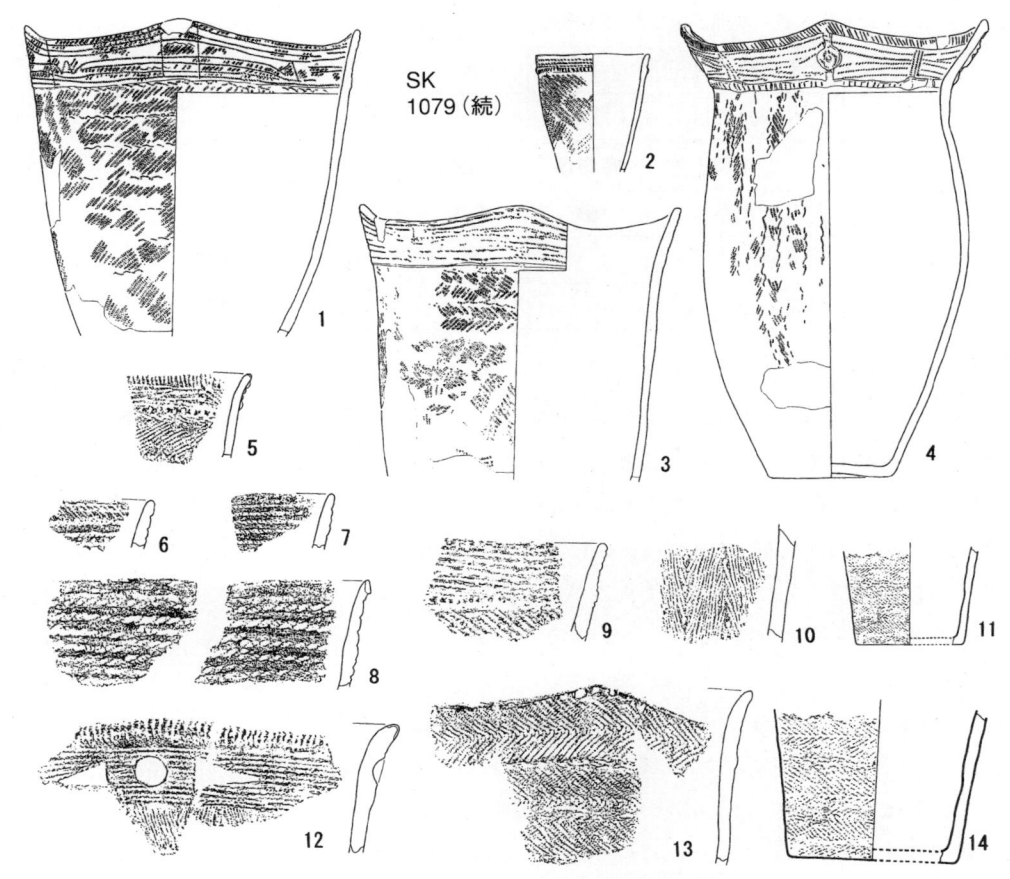

第19図　山形県吹浦遺跡出土土器（新段階）(2)
SK1079（続）（1～4：1/8，その他：1/5）

日本海側の全体的状況

　北陸系の北上にかかわる2つの海岸部の遺跡（群）を見た。ほかに取り上げるべき遺跡がないが，北陸系がどのような状況の中を北上していったのかを知るためには，地域を広げ，時期もさらに古い時期までさかのぼって広く展望する必要がある。

　大木4式，5式の段階には，秋田県八郎潟周辺から新潟県新潟市あたりまでの地域は，大木系を主体とする地域であった。続く大木6式1期～3期になるともう少し南に広がったようで，新潟市より南の巻町諸遺跡のほか，分水町有馬崎（分水町教育委員会1997），西山町高塩A遺跡（新潟県1983）などに大木6式がある。1期・2期は会津系が多く，3期になると浮線文球胴形が主体になるが，これも直接の出口は会津であろう。高塩A遺跡では大木6式3期と鍋屋町系第3段階（十三菩提式中段階並行）が遭遇しているように見える。

　山形県沿岸部では大木6式を有する遺跡は吹浦くらいしか知られていない。そこにおける土器系統の時間的交代については，すでに見た。

　山形県内陸部で大木6式のまとまった資料を出した遺跡に寒河江市高瀬山（山形県埋蔵文化財セン

第3表　吹浦遺跡各段階を構成する系統（●の数は量の多少を示す）

吹浦遺跡の区分	古段階	中段階	土坑1094	新段階
大木6式の区分	1期2期	3期	3期末	4期5期
土着の粗製土器	●●●	●●●	●●	?
大木6式系	●	●●		
北陸系		●	●	●●●
円筒下層系			?	●●

ター2004a），米沢市八幡原A・B地点（米沢市教育委員会1977）がある。大木6式1期～3期の遺跡であるが，吹浦遺跡と異なり円筒形の粗製土器は少ない。長胴形は口縁部文様において普通の大木6式に近い。大木6式に特徴的な胴部文様がほとんど見られないのは，山形・福島など南東北の地域色である。この両遺跡では北陸系や円筒下層d式はまったく見られない。時間的にそれらが進出する前の遺跡であるから当然であるが，北陸系が北上する4期，5期については今のところ山形県内陸部でも遺跡が知られていないようである。

　秋田県海岸部ではもともと大木6式の古い段階の遺跡が少ない。南部の海岸近くにヲフキ（秋田県教育委員会1990・2001b）があり，わずかの土器が出ているくらいである。この遺跡の球胴形土器（完形）は，形は球胴形でも文様は朝日下層式であるからもっと後の時期の北陸系の土器として扱わなければならない。大木6式の3期末並行期になると沿岸部に北陸系主体の遺跡が現れることは繰り返すまでもないが，それ以外で大木6式系主体の遺跡というものが探してもほとんどみつからない。秋田市に隣接する河辺町岱Ⅱ遺跡（秋田県教育委員会2001a）には大木6式4期の球胴形土器1点と浅鉢1点がある。これは北陸系進出より後のものと見られる。

　秋田県のやや内陸では協和町館野（秋田県教育委員会1988a），さらに奥に田沢湖町潟前（同2000b），雄物川町根羽子沢（同1988b）がある。館野と根羽子沢の小量の大木6式3期は岩手方面と同じものである。岩手県境に近い潟前遺跡に大木6式4期，5期の土器があるが，やはり岩手県と同じ組成で，北陸系土器はまったくともなっていない。大木6式期に岩手県では遺跡が急増するが，その広がりの続きと見るべきであろう。

　以上を要約すると，大木6式の1～3期に日本海沿岸とやや内陸にかかる地域では，吹浦という例外を除きほとんど遺跡が知られていないことになる。大木6式が最も多い吹浦の中段階でさえも土着の粗製土器に，大木6式球胴形が比較的多くともなっているにすぎない状況である。してみると，大木6式3期末並行期に進出する北陸系の遺跡は，大木6式の集落群の中に侵入したわけではなく，ほとんど人のいない地域に進出した可能性が強いことになる。

　東北地方においてこの時期に全体的に遺跡が少なくなるわけではけっしてない。統計的資料の用意はないが，太平洋側の各県で大集落を含む遺跡数が増大し，岩手県北上市滝ノ沢（北上市教育委員会1991），同市鳩岡崎（岩手県教育委員会1982b），宮城県築館町嘉倉貝塚（宮城県教育委員会2003），七ヶ宿町小梁川（同1986・1987a），福島県磐梯町法正尻遺跡（福島県文化センター1991）など大木6式から中

期に続く大遺跡がある。秋田県・山形県内でも上にあげた内陸に位置するいくつかの遺跡は，土器のありかたからいってその面的な延長上にある。この時期東北地方の太平洋側～内陸部と日本海側とでは遺跡の濃淡において極端なまでに対照的な状況があったことになる。

北陸集団と大木6式のかかわり
　次に北陸集団と大木6式集団のかかわりの経過を見よう。北陸集団の移動が始まる前の大木6式の動向についてはすでに前節で触れたので，北陸から北上した集団が東北地方で大木6式とどのようにかかわったのかを考えよう。
　まずかれらは人口が希薄であった地域を北上したことが重要である。この地域で知られる唯一の大きな集落，吹浦とは深くかかわらずに北上したらしいことをすでに述べた。こうしてみると進出した北陸系集団と土着の大木6式集団が接触することはほとんど無かった可能性が強い。実際，朝日下層式のはじめまで残っていた北陸における大木6系球胴形の影響が消滅すると，東北地方に進出した朝日下層式においても大木6式の要素は消滅する。
　この時期には，朝日下層式と円筒下層d系統が日本海沿岸を席巻し，大木6系土器は海岸部からほとんど姿を消す。それまで海岸部において唯一知られた大木6式の進出地，吹浦遺跡でさえも南北両方から来たこれら2つの系統に占められてしまう。この状況は，一見，北陸集団と円筒下層式集団が組んで大木6式集団を排除したようにみえる。しかしすでに述べたように，北陸集団が北上する前に大木6式集団が海岸部から立ち退いていたために接触が起こらなかったというのが事実であろう。そして以後大木7a式，北陸の型式でいうと新保式末期に並行する段階まで，この地域に大木系土器の姿が認められない。

5　円筒下層d系土器の南下

　人口希薄な地域を北上した北陸からの進出集団が八郎潟北方で円筒下層d式集団と接触したことが，萱刈沢Ⅱ遺跡などの土器の共伴状況から知られるが，その直後に日本海沿岸各地に相当量の円筒下層d系統の土器が現れる。はるか遠くの北陸系の本拠地，富山県・石川県にも円筒下層d系統がもたらされるとともに，その強い影響が朝日下層式に見られるようになる。
　本節ではこの前期末における円筒下層d系土器の南下がいつ，どのように進行したのかを見ていく。準備作業として，共通認識が形成されていない円筒下層d式と上層a式の細分名称と内容の整理が必要になるが，円筒式という土器群はさまざまな要素がからみ合いながら連続的，漸移的に変化し，変化の切れ目を見つけにくいだけでなく，一見同じようでありながら実は小地域間でかなりの地域差があり，地域間の対応関係が捉えにくい。このように，細分のしにくい条件を備えたこの土器群の編年をここで簡潔に整理して示すことは困難なので，議論の対象をできるだけ秋田県の海岸部に絞ることにする。
　次に北陸の編年と円筒式の編年の対比が課題になるが，ここで注意すべきは，北陸の土器のほうはほぼ本来の姿で（中期になると変形したものが増えるが，それでも北陸の型式に同定するの

は容易である）秋田県海岸部に現れ，円筒系と共伴するため，この地域で編年の対比ができるのに対し，北陸に現れる円筒系土器は本来のものから変化したものが大部分であるため，この地域で編年対比の作業に取り組むのは得策でない。むしろ北陸編年を，広く北陸から東北地方までの下敷きに設定し，その上をどのような円筒系土器がどのように南下するのかを観察することが本稿にとって有効な方針になる。

秋田県北部沿岸部の円筒下層d式と上層a式の整理

　山内清男による八戸市是川一王寺貝塚の円筒式土器基準資料の写真を見ると，この段階ですでに下層d式の細分を意図したような分類がなされていることが見て取れる。その新しい部分にほぼ相当する資料は，秋田県小坂町はりま館遺跡第１次調査分（秋田県教育委員会1984）などにまとまって存在し，１時期を画するものと認められる。これを円筒下層d２式と認定することから始めたい。江坂輝弥氏（江坂輝弥編1970），三宅徹也氏（三宅徹也1989）のd２式の範囲と大きくずれることはないであろう。

　最近松田光太郎氏がこの時期の土器について論じ，下層d１→下層d２→下層d２式新段階（ここから中期）→上層a１という編年を提案している。下層d１式には大多数の口縁部文様帯の幅の狭い土器と少数の幅の広い土器（大木６式の上２段の文様帯の影響を感じさせる土器が多い）が共存するが，氏の「d２式」はその多くがd１式から後者を抜き出してきたものであるため，時間的区分になっておらず，氏の細分に従うことはできない。従ってここで私の言うd２式は松田氏の「d２式」とは異なるもので，むしろ氏の「d２式新段階」に近いところがある。しかし氏の「d２式」が成立しないから「d２式新段階」の名称はおかしいし，円筒下層式が中期にずれ込む名称になることにも賛成できない。大木６式５期を中期に繰り入れる氏の編年（松田光太郎2003）にも関係するのであろう。

　本稿の主要な舞台である秋田県の海岸部で前期末〜中期初頭にわたる円筒系土器のまとまった資料が近年相次いで報告されている。八郎潟北東の琴岡町狐森遺跡（秋田県教育委員会2002b），八郎潟北側の山本町和田Ⅲ遺跡（同2003），秋田市蟹子沢遺跡（同1996）などである。とくに和田Ⅲは充実した資料であり，報告者の榮一郎氏はこれをＡ〜Ｄの４群に分類している。Ｄ群は上層a式のやや新しい部分なので，本稿で取り上げる必要はない。Ａ群は量が多くないが，口縁部文様帯の幅が狭く，器形からも円筒下層d式とする榮氏の判断（細分には言及しない）に問題はないが，この群には口縁部を少し厚くしたり，外折させたりして器形のうえで口縁部と胴部と区分するものが含まれ，これは次のＢ群で強調される要素である。またＡ群に木目状撚糸文は少なく，これもＢ群・Ｃ群に共通する特徴であるから，Ａ群は単純に下層d式と言うべきものではなく，Ｂ群・Ｃ群に近い要素を含むことに注意しなければならない。

---

(4)　図版43の上と下，図版48の下が新しい部分。図版42の下，48の上にも新しい様相のものが含まれる。
(5)　たとえば秋田県大館市池内遺跡の膨大な資料は，下層d２式とすべきものを含まないことに特徴があるが，松田氏はここから口縁部文様帯の幅の広いものを抜き出して下層d２式としている。あるいは青森県黒石市板留８号住居の資料をd２式として取り上げているが，これは下層c式に近いために口縁部文様帯の幅が広い土器群である。

和田B群（第21図）は口縁の幅が少し広がり口縁部を屈曲させたり厚くしたりして段差が強調されるもので，C群（第22図上段）は口縁下に隆起線が付き，そこを境に口縁が外折するもので，この遺跡には少ない。B・C群の口縁部文様は比較的単純で，絡条体を押捺した水平線を基本とし，波状口縁の形に沿う山形もある。口唇上や口縁下の段差の角に縄を連続して押し付けたものが多い。貼付文の使用が普遍的で，波状口縁頂部の下に1本または2本の縦長貼付文，横長の枕状の貼付文，円形の貼付文などがあり，それらが結合するものもある。貼付文の上を縄で押捺したものが多い。

　狐森，蟹子沢，和田B群・C群の内容は相互によく似ているが，狐森は和田A群の一部とB群の古い部分（和田遺跡にはあまり多くない）に相当するように思われる。第20図19～21は和田B群と重なってしまう。一方蟹子沢の資料は，量は多くないが和田C群に似る。蟹子沢と和田B・C群主体部は同時期であろう。時間的には，狐森 → 和田B・C群の主要部分と蟹子沢，となろう。

　日本海側の狐森遺跡と太平洋側の是川遺跡ではかなりの地域差があるが，段差や外折によって口縁部分を器形のうえで区画しはじめること，口縁部文様帯の幅広化の傾向，絡条体の圧痕や撚糸の圧痕の間隔が広がること，縦隆起線を使用するが，和田B・C群のように発達していないことなどを根拠に，狐森段階が是川遺跡の下層d2式とほぼ並行と考えられる。言い直すと，狐森段階は秋田県の日本海側の円筒下層d2式ということになる。

　円筒上層a1式という型式名は内容の検討が不十分なまま設定されたため，名前のほうが先行し，あとから発掘されてきた土器のどれにこの名称をあてはめるかという逆転した問題が起こっている。和田B・C群は胴部と口縁部がはっきり区別される器形，波状口縁下と口縁部文様帯で隆起線が発達し始めること，使用される縄文の種類の単純化など基本的要素において上層式に含めるべき土器であり，下層d2式にすぐ続く部分であることからも，榮氏の上層a1式とする判断は正当と考える。

　このように設定したa1式を江坂輝弥氏や三宅徹也氏がa1式として示してきた土器と感覚的に較べると，ほぼその直前から古い部分に相当するように思われ，かなり短いものとなり上層a式の残りの部分とバランスがとれない。従来のa1式（その範囲はあまり明確でない）の前半という把握以外に，続く部分を上層a2，a3，a4と設定しなおすことも考慮されてよいであろう。なおこの日本海側の上層a1式は，地域差を考慮しても，山内資料には時間的に対応する部分がほとんど認められない。

円筒式と北陸系・大木式との対比

　以上の記述は煩雑になったが，秋田県海岸部に関する限り，伴出する北陸系土器に注目すると明快な理解が得られる。秋田県北部では，日本海に沿う北陸系土器の進出を反映してすべての遺跡に一定量の北陸系土器が伴う。

　坂ノ上E遺跡では朝日下層式と円筒下層d1式が共伴し，堂の沢でも下層d1式に朝日下層式が伴っている。狐森では，小片で分かりにくいが新保式上安原段階とみられるものが多く，蟹子

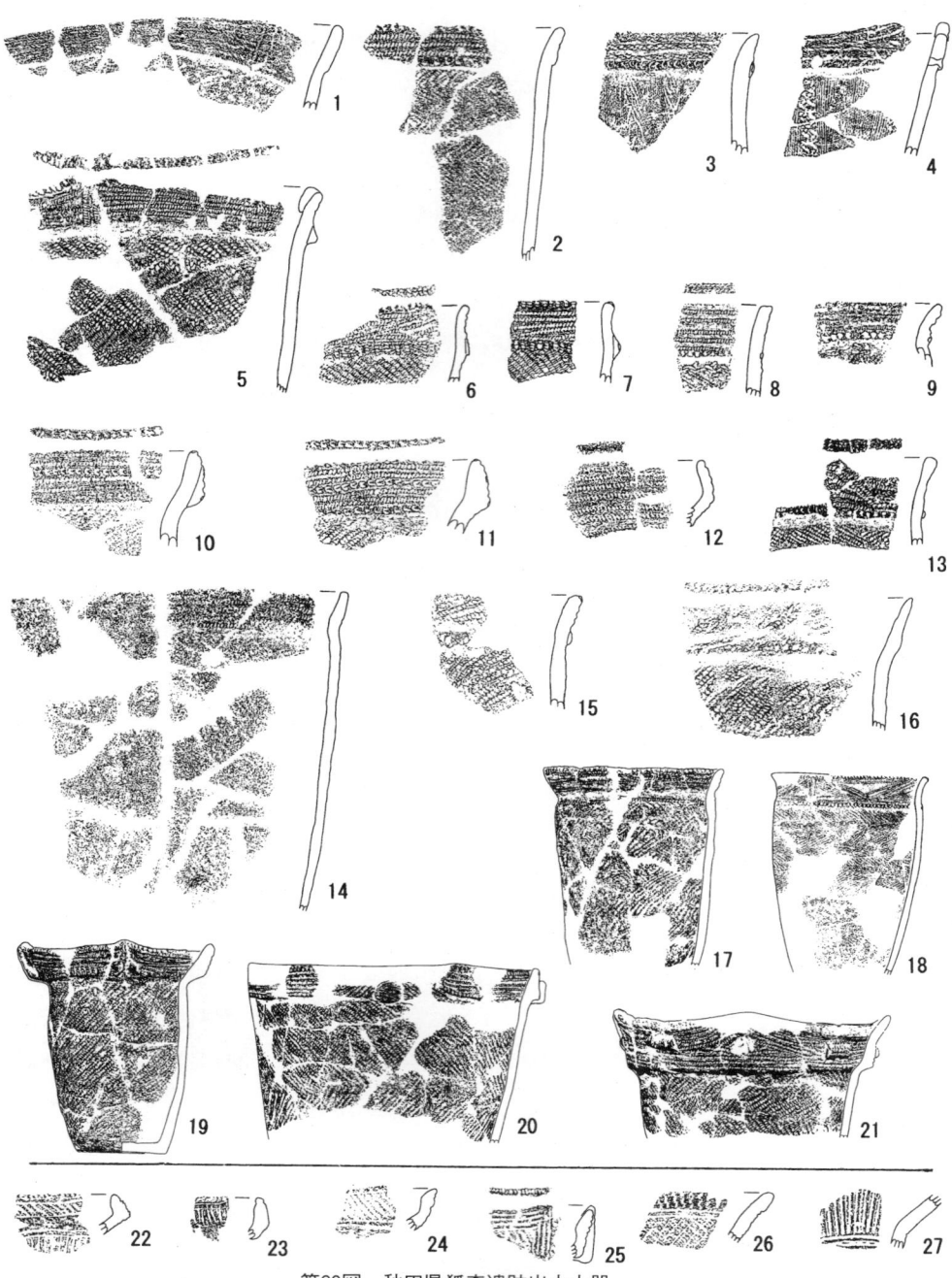

344　第Ⅴ部　土器系統の動きと人間の生態

第20図　秋田県狐森遺跡出土土器
　　　　上段：円筒下層d2式
　　　　下段：北陸系
　　　　（17〜21：1/8，その他：1/5）

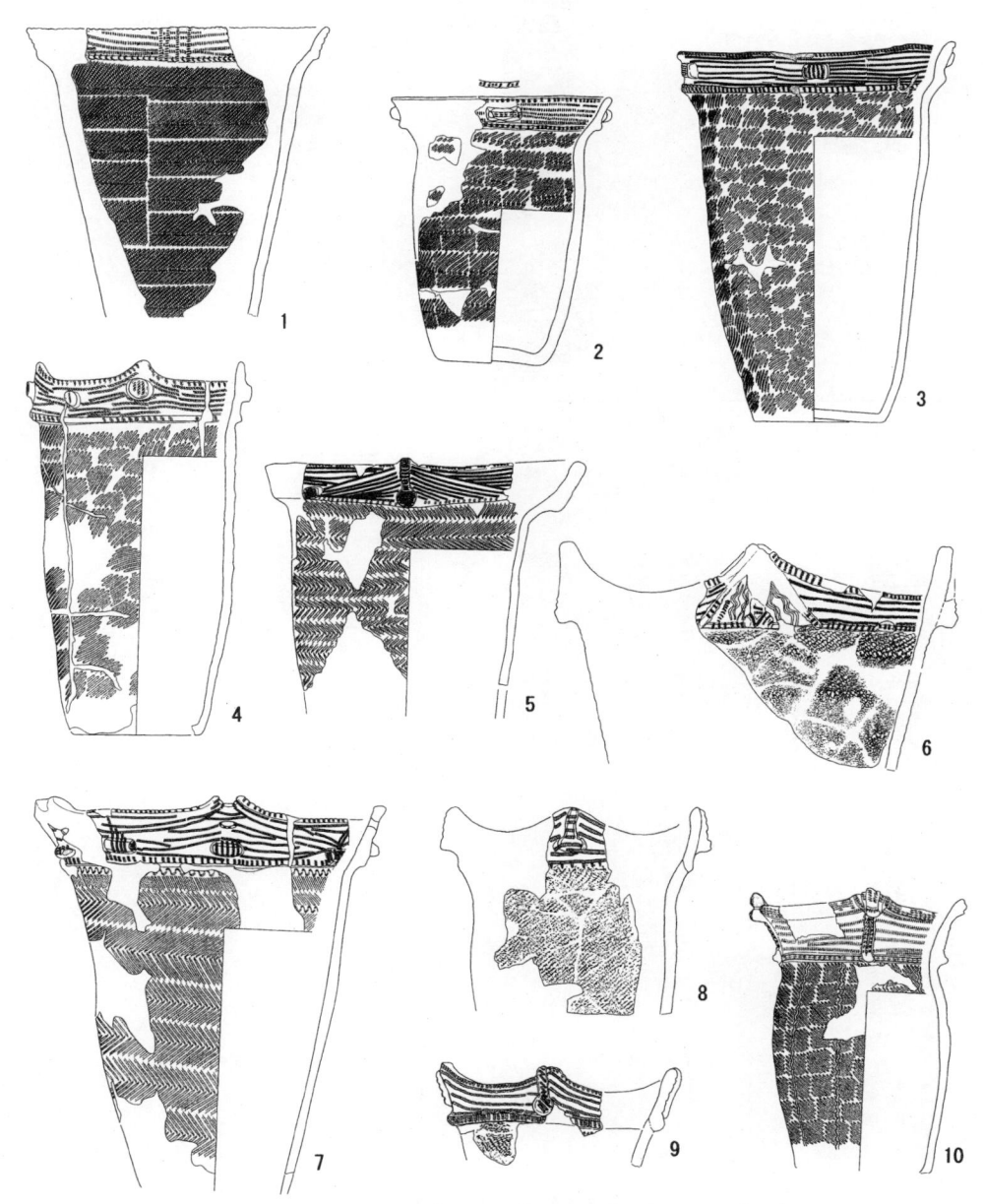

5E章　縄文前期末における北陸集団の北上と土器の動き　345

第21図　秋田県和田Ⅲ遺跡出土土器(1)　円筒上層a1式　(1/8)

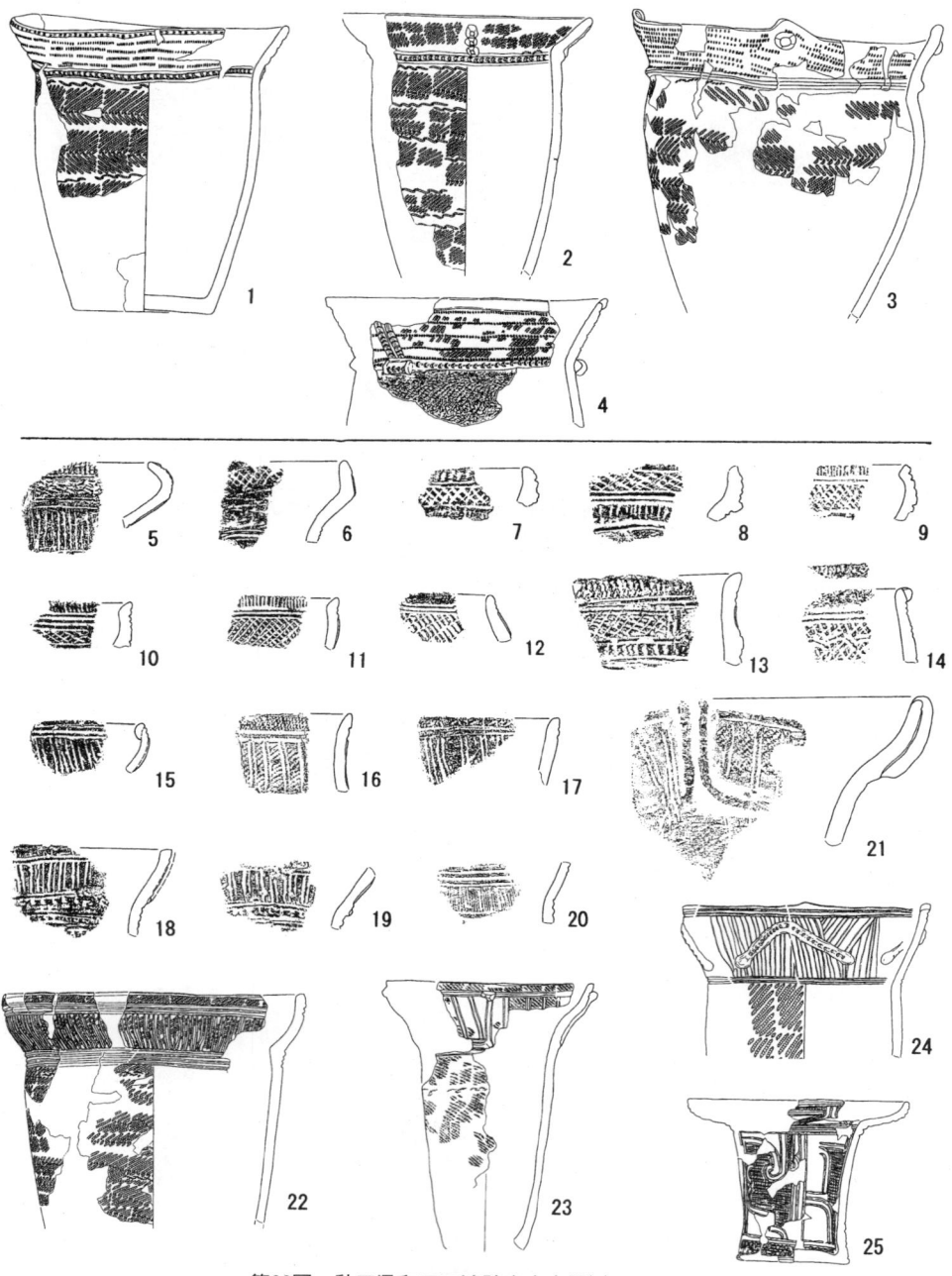

346　第Ⅴ部　土器系統の動きと人間の生態

第22図　秋田県和田Ⅲ遺跡出土土器(2)
　　　　上段：円筒上層a1式
　　　　下段：北陸系
　　　　（1～4，22～25：1/8，その他：1/5）

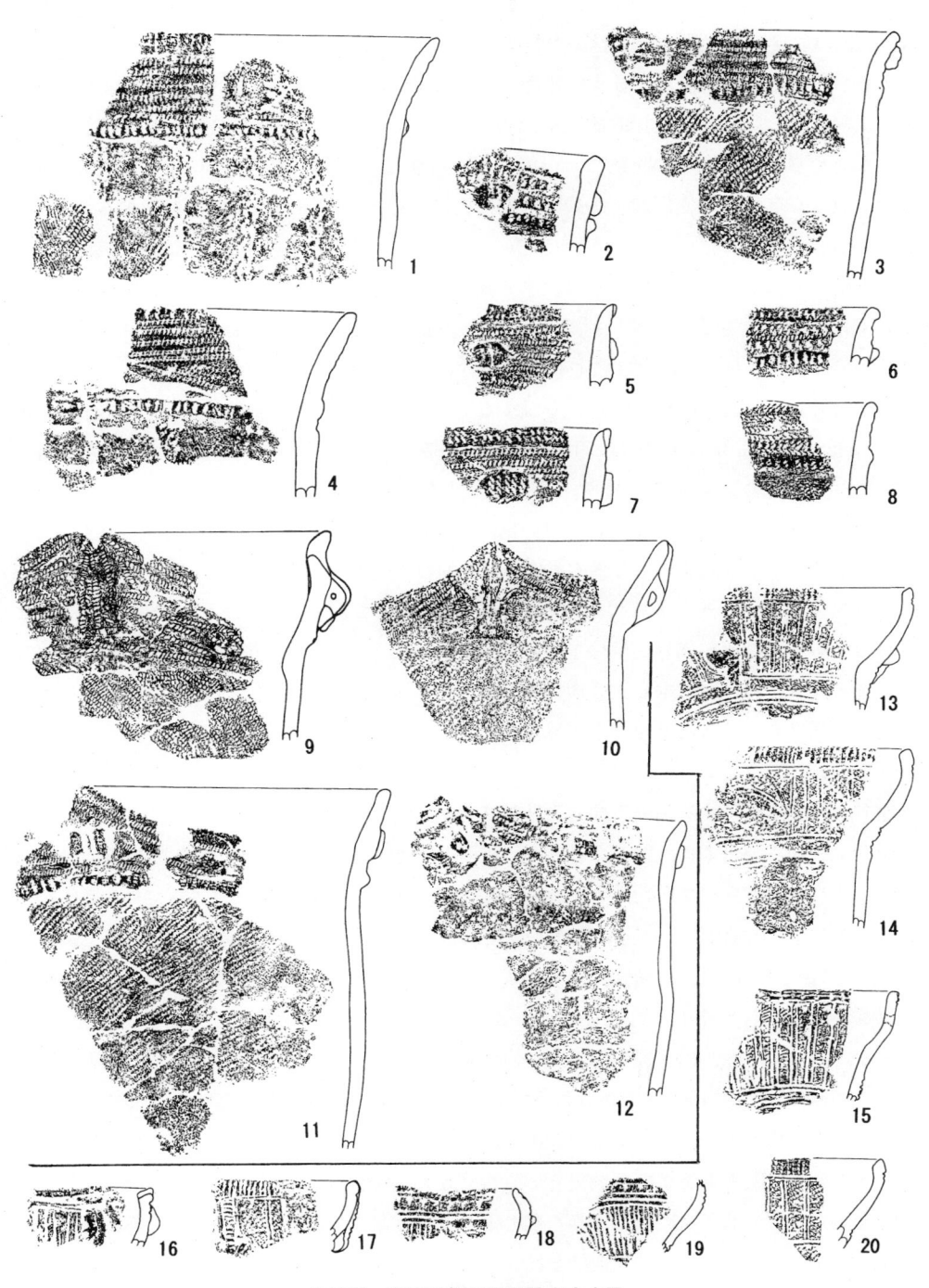

第23図　秋田県蟹子沢遺跡出土土器
　　　　上段：円筒上層 a 1 式
　　　　下段：北陸系 (1/5)

沢は新保式第Ⅱ段階と第Ⅲ段階である。和田Ⅲ遺跡は少量の新保式上安原段階と相当量の第Ⅱ段階があり，第Ⅲ段階もある。和田Ⅲ遺跡の新保式第Ⅱ段階の土器には，貼付文や隆起線など円筒上層a1式の要素を取り込んだ土器がかなり見られる（第22図21，23，24）。

以上から下層d1式が朝日下層式に並行し，下層d2式（狐森段階）が新保式上安原段階に並行し，上層a1式（和田Ⅲの主要部と蟹子沢段階）が新保式第Ⅱ段階とおそらく第Ⅲ段階にも並行すると認められ，北陸との対比においてきれいに整理される。さらにこのように型式名を配分すると，大きな名称である円筒下層式が前期，円筒上層式が中期にぴったり対応することも好ましい。

秋田県海岸部における共伴関係では大木6式がほとんど登場しないが，広い対応関係から新保式上安原段階が大木6式の5期に対応することが知られている（今村2006a，本書4B章）。よって円筒下層d2式も大木6式5期だけに並行する非常に短い段階ということになる。

円筒下層d1式の上限対比の手がかりは少ないが，岩手県西根町間館遺跡（岩手県文化振興事業団埋蔵文化財センター1991）18号土坑では円筒下層c式のみの集合に大木6式1期とみられる口縁部をもつ土器（報告書の第52図175）が伴っている。また青森県大鰐町大平遺跡（青森県教育委員会1980）に大木6式2期と見られる土器（報告書の第261図123）がある。これは遺構に伴ったものではないが，この遺跡は下層c式からc式～d式の過渡的な土器までで，確かに下層d式といえるものがあまり無い（下層c式とd式の厳密な区分が問題になるが）から，下層d式より古い土器に伴ったのであろう。間館18号土坑は下層c式でも末期までは下らないのでこの位置づけを妨げない。下層c式の終わりが大木6式2期に並行し，下層d1式が大木式の3期と4期に並行するとだいたいの見当をつけることができよう。

東北地方から直接南下する円筒下層d系土器の系統

堂の沢を円筒下層d1式，狐森をd2式，蟹子沢を上層a1式とした。従来の諸氏の分類と完全には一致しない区分になったかもしれないが，以下の記述はこの区分によって進める。

山形県吹浦遺跡SK1079号土坑は朝日下層式に続いて新保式上安原段階，そして第Ⅱ段階が少しある。円筒系の土器は，円筒式そのものよりも変化したものの方が多く，そのようなものは時期の判断が難しい。下層d1式，d2式，上層a1式類似のものがあるが，下層d2式類似（第19図1，3）といっても，口縁部の幅が広い点が似るだけの，屈曲の少ない平面的な土器で，下層d2式の特徴が積極的に示されているわけでもない。ただ狐森遺跡や青森県日本海側の鰺ヶ沢町餅ノ沢遺跡には類似の雰囲気の下層d2式が混じっているので，南下するにつれて変化したと考えるだけでなく，円筒下層式の地域差という視点からも検討する必要があろう。第19図12は円筒系の口縁部文様帯の上に松原式のような削りとり文様が加えられた破格の土器である。

山形県鶴岡市で最近報告された西向遺跡（山形県埋蔵文化財センター2004b）は北陸系を主体とするが，ほとんどが新保式第Ⅲ段階とみてよい。ここに少量の円筒上層a1式がある。

新潟県では重稲場第3遺跡のように，朝日下層式段階に円筒下層d式の影響があまり見られない。南赤坂遺跡に現れる円筒下層d系は，この遺跡に少ない朝日下層式ではなく，量の多い

新保式上安原段階に伴ったのであろう。円筒式そのものではないので細かい同定はできないが，下層 d 1 式が崩れても，これほど口縁部文様帯の幅が広がることはないであろう。豊原遺跡には，崩れてはいるものの上層 a 1 式の特徴である貼付文を有する円筒系土器がある（第12図48）が，この遺跡に多い新保式第Ⅱ段階に伴ったのであろう。新発田市二夕子沢遺跡（新発田市教育委員会2003）は新保式の上安原段階と第Ⅱ段階があるが，円筒系土器の中に下層 d 2 式そのものと見られる小片がある。

　大きく見渡すと，秋田市周辺で朝日下層式に伴う土器は円筒下層 d 1 式そのものであるが，山形県吹浦では本当の円筒下層式とは言えないもののほうが多くなっている。新潟に出現するのはほとんどが変形したものである。南赤坂や豊原の円筒系は，多くの個体を通じて，緩やかで丸みをもつ波状口縁，口縁部文様帯が幅広で，口縁部文様はほとんど撚糸の圧痕で構成され，胴部文様は多くが木目状撚糸文という共通性が見られる。東北地方北部の本来の円筒系の中には見られないもので，いわば独自の円筒系土器とでもいうべきものが，南下しながら形成されたことになる。

　新潟では円筒系の出現が，次に述べる西北陸より少し遅れること，中期初頭まで継続的に新しい影響の南下が認められることが重要である。

北陸から東に向かって広がる円筒下層式の要素

　もうひとつの動きがある。円筒下層 d 系の影響が北陸西部で朝日下層式の重要要素として取り込まれた後，そこから東に向かって広がる動きである。

　北陸西部の富山・石川で円筒下層 d 式の系統を引く土器としては，真脇遺跡や極楽寺遺跡で朝日下層式に伴うものが顕著である。その中には，器形，幅狭の口縁部文様帯，胴部の木目状撚糸文など円筒下層 d 1 式の特徴が見られるものがあり（第 4 図2, 5），新潟よりも本来の円筒下層 d 式に近い土器が多い。しかしそのようなものも，器形が本来の下層 d 1 式とは少し違っていたりして，完全に東北地方北部と同じものは見られない。口縁部文様を沈線に置き換えたものが北陸化したものであることは言うまでもない。極楽寺遺跡では互いにそっくりな円筒下層系土器が 4 個体も出土している（第 4 図 9 〜 12）。ほかの遺跡に類例が知られず，この地域に根付いた独特の円筒下層系土器ということになるかもしれない。

　これら北陸西部の円筒下層系土器は，本来のものから崩れているが，朝日下層式に伴うものである以上，起源は円筒下層 d 1 式に求められる。木目状撚糸文が多く用いられるが，東北地方では下層 d 2 式になるとそれが減少することも，下層 d 1 式を起源とすることに合致する。続く新保式上安原段階やそれに続く段階になると，円筒形や木目状撚糸文の使用に円筒下層式の影響の残存が認められるものの，まったく北陸固有の土器になっていく。また北陸西部では新潟と違って，この頃になると円筒式からの新たな影響が来なくなった。たとえば上安原遺跡の新保式上安原段階の膨大な資料中にはもはや本来的な円筒系土器が認められない。

　このように北陸西部では円筒下層系を取り込んだ土器の存在が朝日下層式から顕著なのに，地理的に東北地方に近い新潟県で，同じ時期にそのよう要素がほとんど見られず，木目状撚糸文の

頻度も低い。巻町豊原遺跡では新保式上安原段階になって円筒下層式の要素を取り込んだ新保式が見られるようになり，木目状撚糸文の使用も多くなる。ところがさらに北の新発田市二夕子沢遺跡を見ると，同じ上安原段階にそのようなものが見られず，次の新保式第Ⅱ段階においてすら北陸化した円筒形器形は増加するものの，木目状撚糸文はきわめて少ない。この地域で木目状撚糸文が普及するのは，さらに遅れる石塚遺跡の段階なのである。この新保式第Ⅲ段階のころには，さらに北の村上市山崎遺跡・大関上野遺跡にも高い比率で木目状撚糸文が見られるが，山形県鶴岡市西向遺跡の新保式第Ⅲ段階のまとまった資料には，同時期に北陸で普通に見られる木目状撚糸文や縦方向の羽状縄文がわずかしか見られない。要するに，北陸系土器の中に取り込まれた円筒下層式の要素は，西から東に行くほど出現が遅れるのである。

円筒下層式の要素や木目状撚糸文はもともと東北地方北部起源であったが，北陸の土器の要素として取り込まれたのは富山・石川などの西北陸で起こったことで，その要素が西から東に向かって広がったため，北陸でも東の地域ほど出現が遅くなる。新潟で朝日下層式段階に円筒下層系の要素がほとんど見られないのは，東北地方から直接南下する流れと，西から東への流れの谷間に位置したためと考えられる。

土器の伝播にはあまり時間がかからないのが普通であるが，これら2つの流れの場合はどちらも，すでに広がっている北陸系土器の分布の中を，時間をかけ変化しながら広がったようである。

6　移動の主体者

先行時期の影響と搬入関係

これまでの話で，分布を拡げ他の地域に影響を与えた土器群として3つのものが登場してきた。大木6式，北陸の土器，円筒下層d式である。不注意に見ると，これら3つが相互に影響しあったとして済まされかねないが，それではこの時期に起こったことの実態はまったく捉えられない。これまで明らかにしてきたように，出来事の核心は北陸系土器を担った人たちの移住であり，それ以外はほとんど付随的な出来事にすぎなかったのである。

他地域への影響という点では，大木6式3期の球胴形が真脇式に影響を与えたのがもっとも早い。しかしこれは真脇式の一部の土器に影響が見られるにすぎず，大木式そのものが入って来たわけでもない。距離が長いことを除けば縄文時代のいろいろな時期に見られる他地域からの影響という現象から大きく踏み出すものではない。このころには北陸の土器のほうも分布を東に広げるが，真脇式がとくに遠方に到達した証拠として，山形県吹浦遺跡中段階に散発的に出土した真脇式がある。

同じ頃太平洋側にも別の北上があったことを5D章で指摘した（今村啓爾2006c）。北陸の鍋屋町系土器は中部高地を経て関東地方に入り相当に異なったものになるが，さらに東北地方の内陸部を北上する。その多くは関東地方のものからさらに変化し，東北地方土着の土器に混じって少数

---

(6)　新発田市未報告資料

個体が存在するにすぎない。これもまた他地域の系統の土器が入り込むときに普通に見られるありかたである。

北陸集団の北上

　真脇式の末期になると重稲場第1遺跡に真脇式を主体とする土器群が現れ，秋田市下堤D遺跡では零細な資料であるが，北陸西部に近い土器群が現れる。

　そのすぐ後，今度は新潟県南赤坂遺跡に大量の大木6式系球胴形土器が現れる。この土器の文様は大木6式に伝統的なものと真脇式の融合からなると見られ，前の段階の2方向の動きが生み出したものであろう。そのことが，この器種に限って北陸に受け入れられた理由と思われ，ひいては純粋な大木系というより北陸・大木共通の特殊な系統になっていたと理解される。

　この真脇式末期段階の資料は，今のところ富山・石川といった本場西北陸にはほとんど見つかっていないので確かなことは言えないが，次の朝日下層式の古い部分に，朝日下層式の要素を取り込んだ球胴形が相当量存在するのを見ると，南赤坂のような浮線文系球胴形を高い比率で有する様相が，真脇式最末期の段階に西北陸にも広がっていた可能性が考えられる。

　この想像される真脇式末期の様相は，秋田市周辺では下堤F遺跡で実際に見られた。これに伴う浮線文系球胴形を，上に述べたように北陸の土器の一部になっていたと理解するなら，秋田に現れた土器は，北陸から来た土器そのものの姿であり，北陸から来た土器と土着の大木6式がここで遭遇した姿ではないことになる。そもそも秋田の海岸部には先行遺跡の存在がほとんど知られていないので，その地域本来の土着の土器といったものの姿を想定することができないのであるが，仮に吹浦遺跡の粗製土器や，秋田・山形の内陸の遺跡で見られる長胴形が過半を占める大木6式と同じようなものを，先行する土着土器として想定するとしても，実際のところ，そのようなものは秋田市周辺の北陸集団が進出した遺跡にはまったく見られないのである。

　このように北陸系が純粋な形で進出することを可能にした条件は，秋田市周辺に人口希薄な地域が広がっていたことと思われる。先住者が希薄な地域に進出したからこそ，土着の土器の影響を蒙ることなく北陸の土器の組み合わせがそのまま秋田市周辺に出現したと説明される。

　北陸系の進出が見られるのは，日本海に沿った非常に細長い地域である。北陸の系統が大木6式や円筒下層d式に影響して，東北の土器の中に北陸類似の要素が現れたのではない。北陸集団が行った先にだけに北陸の土器が現れたのである。それは「影響」と呼ぶべきものではなく，「進出」あるいは「移住」と表現しなければならない。

出発地域はどこか

　秋田に到達した集団の出発地域がどこであったか，あるいは限定された出発地域というようなものは無いのかという問題を追究することが，進出集団の姿をより明確にするであろう。

　秋田市周辺に最初に現れる北陸系土器にもっとも類似するものは，新潟県巻町の重稲場第1遺跡・南赤坂遺跡に集中して見られた。というよりも現在のところほかにはほとんど資料が知られていない。とりあえずこの地域に出発地を想定しても大過ないかもしれない。しかし私は密かに

もっと西ではないかと思うのである。以下その理由を箇条書きにする。

・石川県七尾市赤岩山遺跡の零細な資料は，北陸西部にも南赤坂に並行する段階が存在することを暗示する。この暗示される空白域に何が存在するのかが問題である。

・秋田市周辺に現れた北陸系のうちもっとも古い下堤D遺跡の6号焼土に見られる真脇式2点と球胴形土器1点の組み合わせが，資料の少なさから来る偶然でないなら，秋田に到達した第1次集団は北陸西部の土器を純粋に持っていた可能性がある。そのうちの1点の球胴形土器は，すでに述べたように，球胴形ではあっても西北陸の土器と考えなければならない。土器がどこから来たかを考えるにあたって，数世代前にどこで生まれたかを問題にしてもしかたがない。来る直前にどこにいたかが問題なのである。

・次に下堤F遺跡のように浮線文系球胴形が増えた段階があるとすると，やはりそれが多い南赤坂遺跡との関係が問題になる。しかし気になるのは，南赤坂には浮線文系球胴形のほかに，太い粘土紐のみで文様をつける土器が相当多く存在する（第13図下段）ことである。類例の分布は狭いが，会津に集中している。この種の土器は秋田市周辺にはまったく現れない。北上の途中で脱落したのであろうか？　それよりも，北陸の西部にこの種の土器が分布せず，そこから来たために秋田市周辺にもたらされなかったと説明することはできないだろうか？

・先に見たように，重稲場・南赤坂遺跡の地域は，このころ西から押し出してくる北陸系によって東北系が圧迫されつつあった。動きの大もとは明らかにもっと西にあった。

・いささか強引に石川・富山といった北陸西部を出発点に想定しようとしているように見えるかもしれない。しかし私がこの想定にこだわるもっとも大きな理由は，朝日下層式の誕生時の状況なのである。すでに前章で明らかにしたように，北陸の朝日下層式に取り込まれた円筒下層d式の要素は，富山・石川という北陸でも西の地域で古く，明瞭で，時間の経過とともに北陸の東部に広がった。このような円筒下層d式の要素の出現の仕方は，それが偶然北陸西部に上陸したというようなことでは説明し難い。秋田に進出した集団が移住後も故地との連絡と往復を保ち，この往復によって円筒下層d式の影響が北陸西部に持ち帰られたと私は考える。だから出発地も北陸西部であったことになる。

故地との往復を保ったという考えは突飛な思いつきに見えるかもしれない。しかし第3章で明らかにした秋田から北陸西部に及ぶ，土器組成が緊密に連動する変化は，緊密な連絡の維持を想定しなければ説明できない。

非対称な交流

北陸の集団と円筒下層d式の集団は対等に交流したわけではない。まず動きという点で，進出したのは北陸集団であって，円筒下層d式集団のまとまった自主的な南下は認めにくい。秋田には北陸の土器そのものが現れるが，北陸に現れるのは，円筒下層d式に似た土器にすぎない。山形，新潟に南下した円筒系土器も，ほとんどが変形したものである。その影響は，進出した北陸集団が持ち帰ったものか，せいぜい彼らに同行した少数の円筒下層式人がいたにすぎないであろう。また相互の影響力という点では，朝日下層式土器が円筒下層式分布圏の中心にわずか

しか入っておらず（茅野嘉雄2002），地元の土器に対する影響もほとんど認めがたいのに，円筒下層d系土器の影響は北陸の土器の分布圏深く進入し，北陸の土器全体に大きな影響を与えた。これは影響力の強さというより，受容する側の積極性の問題であろう。

　北陸に円筒下層式の影響が及ぶと，北陸との間に土器情報の交換を維持していた（今村啓爾2006d，本書4A章）中部高地・関東地方にも円筒下層式の影響が現れ，木目状撚糸文が象徴するその影響の広がりは，中部高地，関東地方に点々とたどることができる。最南端は伊豆の三宅島西原（岩瀬暉一ほか1975）に，西端はいまのところ鳥取県目久美遺跡（米子市教育委員会1986）までその足跡を記している。新潟県における木目状撚糸文も主として北陸西部から広がったように見えることをすでに述べた。

進出集団のその後

　進出した集団と故郷の北陸集団の緊密な連絡はその後も途絶えることなく続き，東北地方の日本海沿岸部では，中期初頭の新保式，新崎式の時期にも北陸のものとよく似た土器が作られ続け，円筒上層式との交渉も進出の接点では継続した。しかし逆方向の円筒上層式の北陸に対する影響は弱まり，新しい影響が北陸に及ぶことはなくなる。北陸側が円筒上層系を受け入れる意欲を失ったことになるが，木目状撚糸文のように，本拠地の円筒式土器分布圏で途絶えた文様が北陸で維持されるというおかしな現象も起きた。北陸系の一方的進出という非対象な影響関係はその後も継続したが，その動きはしだいに鈍くなっていった。和田III遺跡や下堤D遺跡の新保式第II段階の土器は，口唇に縄文が加えられたり，胴部に水平方向の縄文が用いられたり，円筒上層a1式の貼付文が加えられたりして，地域的な違いを示し始める。山形県西向遺跡の新保式第III段階の土器も西北陸とよく似てはいるが，木目状撚糸文の使用頻度などに違いがある。

舟による移動

　人の移動以外に土器情報の伝達手段がないこの時代に，出発地域と区別のつかない変化を維持する場合には，土器作りがその約束事に対して忠実に行われただけでなく，相当に頻繁な人の動きがないと説明できない。それだけ緊密な情報交換と人間の移動が日本海沿岸に維持されたのであろう。その地域が海岸線に沿って細く広がり，佐渡や山形県飛島などの島嶼に及ぶのに，内陸にはほとんど入っていない事実は，移動が主に海上を舟によって行われたことを示す。漁撈を重要な生業とした人たちでもあったろう。しかし上に述べたように時間が進むにつれて集団の動きはにぶくなり土器の地域差がめだっていった。

---

(7)　円筒上層a1式の口縁部の突起の一部に新保式類似のものがある。また青森県黒石市板留(2)遺跡に円筒下層式の影響で口縁部文様帯の幅が狭くなったと思われる朝日下層式類似の土器がある。（青森県教育委員会1979）

7 土器系統の動きの背景

土器現象の背景

　北陸の土器が長距離かつ急速な拡大を行えた前提条件として，このころ東北地方日本海沿岸に広がった人口希薄な地域の存在を指摘した。地域が異なり，時期は少し前であるが，中部高地の諸磯c式新段階の土器が群馬県地域に広がったのは，その地の遺跡群が土着の土器とともに急激に衰退していくときであった（今村啓爾2000，本書5B章）。一定密度の人口の存在は他地域の人間集団の進入を妨げるし，人口希薄な地域を進むときに土器は変形を受けずに進出することができるのであろう。

　似ているけれどやや異なる現象もある。十三菩提式という人口減少期に関東地方や中部高地は各地の土器系統の侵入を次々に受けた（今村啓爾1992，本書5A章・2001，本書5C章）。後期の初頭に西日本の中津式が関東に侵入し称名寺式を生み出したのも，やはり相対的には人口減少期（今村啓爾1977a）のことと見られる。これらが北陸集団の例と異なるのは，他地域から進入してきた土器だけが広がるのではなく，在地の土器と共存することである。

　なぜ前期末に日本海側に人口希薄な地域が広がったのか，その原因の追求は，土器をテーマとする拙論の範囲を越えている。はっきりしていることは，この時期日本海沿岸で遺跡が減少するのに対して，太平洋側や内陸では逆に顕著な増加と個々の遺跡の拡大があったことである。同じ時期に太平洋側では自然環境が良くなり，日本海側では悪化したということは想像しにくい。太平洋側の発展状況からみて，そこに何か特別有利な状況が生まれ，日本海側の人々が移住してしまった可能性も考えてみたい。ただし日本海沿岸地域では大木6式の初頭から遺跡がほとんど見つかっていないので，今のところ，太平洋側での遺跡増加にともなって日本海側から移動した経過を，土器や集落という証拠によって認めることはできないことも指摘しておかなければならない。

弥生土器・土師器の動きとの比較

　話は一転するが，最近比田井克仁氏は古墳時代前期における関東の土器の東北地方への北上という現象を解明している（比田井克仁2004a）。古墳時代の太平洋側と，時代も地域も異なるが，比較の対象として興味深い。比田井氏は地域ごとの遺構数の増減と土器の系統的なつながりから，主に海岸に沿った人間集団の移住を想定しているが，これは今まで論じてきた日本海側における縄文前期末の場合とよく似ている。しかし大きな違いもある。比田井氏の古墳時代前期の場合，その後の土器の変化から，「（移動した集団は）故郷との連絡関係が途絶していた」と推定しているが（比田井克仁2004b），私の解明した縄文前期末の日本海側の移動では，進出した集団と故郷の北陸集団の連絡は途絶えることなく続いただけでなく，逆方向への土器情報の伝達まで行われたのである。これはこの時期の縄文土器だけの特殊な現象ではなさそうである。関東に入った鍋屋町系土器が一定期間北陸との土器情報の交換を維持したことは前に指摘した（今村啓爾2001，本書5C

章)。中津式が関東に侵入し称名寺式が成立した後も，称名寺Ⅱ式と福田KⅡ式，堀之内Ⅰ式と西日本で並行する縁帯文土器の関係に見るように(山崎真治2003)土器情報の伝達は長距離にわたって維持されているのである。このように遠く離れても維持されるつながりこそが，他の時代とは異なる縄文時代に特徴的な土器情報の伝達のありかたなのであろう。文字や伝達機器の存在しない時代の情報伝達は，集団的であるか個人的であるかはともかく，人の移動に依存せざるをえない。縄文時代社会と古墳時代社会の経済基盤を含む本質的な違いが，人の移動形態の違いと頻度の違いを生み出し，それが縄文土器と土師器の伝播や伝播後の分布のありかたの違いを生み出したと考える。

　もちろんひとことで縄文時代といっても，また弥生時代，古墳時代といっても，その中にはいろいろ異なった形の移動があったことは上にあげた数例からも明らかである。比田井氏は上記の例以外に，弥生土器，土師器のさまざまな例について異なる広がり方をとりあげ，類型化している。縄文中期中葉の中部日本では，土器型式と分布圏が小さく分かれ，動きも小さい。動かないことも一つの動きの形である。このような違いの背景を解明するためには，縄文時代の他の時期についても今回と同じような問題意識をもった研究が行われる必要がある。さらに縄文・弥生・古墳という時代を越えた土器移動の比較研究も興味深い研究テーマである。土器の動きと土器の生態の違いから，各時代の社会のありかたの基本的な違いを解明する仕事が，今後日本考古学の大きな課題になることであろう。

付記
　本研究を進めるにあたって次の機関・研究者のお世話になったことを記し，感謝申しあげる。
　秋田市教育委員会，秋田県埋蔵文化財センター（大野憲司氏），巻町教育委員会（前山精明氏），新発田市教育委員会（田中耕作氏）

＜5E章参考資料＞
五領ヶ台式土器に見られる円筒式土器の影響について

(『宮の原貝塚』発掘報告書〈1972〉に掲載した筆者の卒業論文〈1970〉の要約で，円筒下層ｄ式の「影響」の南下を認識しながらも，まだ人間集団の動きをとらえていない研究段階を示す)

　東北地方北部では前期の円筒下層ｂ式の時期に木目状撚糸文と呼ばれる特殊な縄文の技法が考案された(山内清男1929)。これはｃ式，ｄ式へと伝えられ，ｄ式の時期には多くのヴァリエーションを生み出すが，同時に，日本海沿に南下し，福井県にまで分布するようになる。[1]長野県でも諏訪湖付近の数ケ所の遺跡で発見されている(藤森栄一1934)。関東地方でも前期最終末期から中期初頭の遺跡で発見される例があり，これまでに宮の原貝塚を含めて4遺跡で知られている。[2]太平洋岸では仙台平野北半にまで南下したことが知られているが，それが関東地方のものにまで続くものかどうかわからない。一般的に言って，木目状撚糸文は日本海側で好まれ，結節を有する原体による縄文は太平洋側で好まれたようである。この結節回転文や結束を有する羽状縄文を縦に配することは，前期末に円筒下層ｄ式と大木6式で行なわれ，関東地方，中部地方でそれに並行する十三菩提式にも少数例を見るが，やや遅れて中期初頭の五領ヶ台Ⅰ式の時期になって爆発的に流行するようになる。このように凝った原体を用いて器面を飾ることは，円筒下層式土器文化圏に強い傾向なので，これらの特殊な縄文が前期末に再発明されたのは，大木式土器の分布圏ではなく，円筒下層式土器の分布圏であったと考えられる。橋状把手もまた前期末に円筒下層ｄ式[3]と大木6式にまず現れ，続いて関東地方の五領ヶ台Ⅰ式や中部地方の梨久保式などで流行する。このように前期末から中期初頭にかけて多くの文様の要素が東北地方から南下したわけであるが，これらを用いて構成される文様帯の構成にも北からの影響がはっきりと現れる（第1図）。五領ヶ台Ⅰ式の一般的な文様帯の構成は，頸部の隆起線を境にして，その上の複雑な口縁部文様帯とその下の縦方向に施文された胴部縄文帯から成ることは前述した通りである。このような文様帯の構成は，東北地方北部で円筒下層ａ式以来維持されてきたもので，これが木目状撚糸文の南下によって象徴される円筒下層式土器の影響の南下によってもたらされたものであることは疑いえない。さらに細かい事例をつけ加えるなら，円筒下層ｄ式に見られる特殊な結束法の原体[4]を用いた羽状縄文は，糟塚式，五領ヶ台Ⅰ式にもその例を見ることができるし，[5]円筒下層ｄ式

---

[1]　日本海沿岸の木目状撚糸文の分布については多くの研究者によって書かれている（高堀勝喜1965など）。
[2]　神奈川県平塚市五領台，千葉県白浜町滝ノロ（以上は野口義麿1964による），神奈川県横浜市港北区下田町中駒遺跡（今村啓爾・松村恵司1971）
[3]　山内清男氏の御研究による。
[4]　山内清男氏による結束第2種（日本原始美術1）。同氏の御研究によると下層ｄ式に現れ，上層ａ式，ｂ式に続く。
[5]　宮城県遠田郡湧谷町長根貝塚（伊東信雄ほか1969）
　　神奈川県川崎市野川字西耕地（村田文夫1970）
　　横浜市港北区下田町中駒遺跡（今村啓爾採集）
　　横浜市緑区十日市場町霧ケ丘遺跡（今村啓爾編1973）

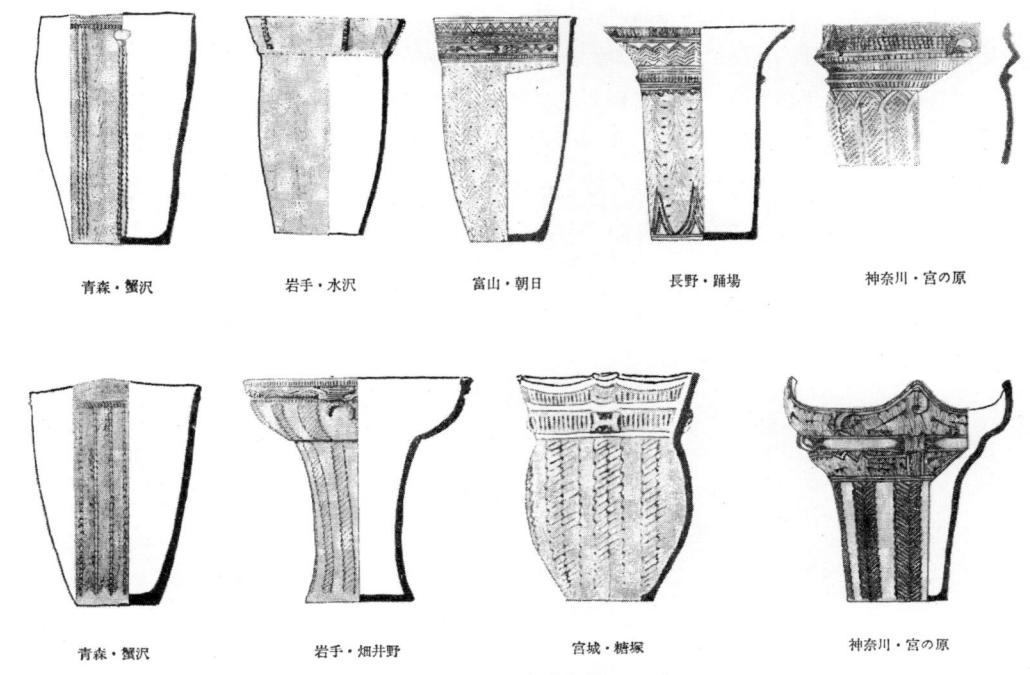

| 青森・蟹沢 | 岩手・水沢 | 富山・朝日 | 長野・踊場 | 神奈川・宮の原 |

| 青森・蟹沢 | 岩手・畑井野 | 宮城・糖塚 | 神奈川・宮の原 |

第1図　円筒式時と五領ヶ台Ⅰ式の文様構成の比較（左側を一形式古くしてある）

に現れる撚糸を口縁上に連続して圧しつける技法（江坂輝弥編1970）は，北陸の新保式（本間嘉晴ほか1958）にあり，宮の原5a類にも見られる。報告書図版二の14の土器に見られる渦巻形の粘土の貼付文は円筒上層a式や糖塚式に見られる。もっとも最後の二つについてはその発生地域は決めにくい。口縁部文様帯を区切る隆起帯が太くなり，口縁部文様帯の巾が広くなるのは円筒上層a式からの傾向である。また，五領ヶ台Ⅱ式に円筒形の器形が多いことも何か関連があるかもしれない。このように，関東地方，中部地方の中期初頭の土器は多くの点で円筒式土器の影響が指摘できるが，実際，青森県蟹沢（江坂輝弥・笠津備洋・西村正衛1958），山形県吹浦（柏倉亮吉ほか1955），富山県朝日貝塚（氷見高校地歴クラブ1964），長野県踊場，同県梨久保（宮坂光昭1965）[6]，そして神奈川県宮の原貝塚，また太平洋沿いに，青森県蟹沢，岩手県畑井野（草間俊一ほか1959），同県水沢（同1965），宮城県糖塚（加藤孝1956），長根貝塚（伊東信雄ほか1969），そして神奈川県宮の原貝塚と，それぞれの遺跡で出た土器を見較べてみるなら，それら諸遺跡の土器の間に，変形されつつも保持される強い共通性のあることを疑うことはできない。

　注意すべきことは，この中期初頭における東北地方からの影響が，個々の土器の移入という形で現れているのではなく，関東地方，中部地方の土器を変形させるという形で現れている点である。この五領ヶ台Ⅰ式の直前の十三菩提式の時期には，瀬戸内海沿岸から東北地方南部にまで，十三菩提式近似の諸型式が分布していたわけであるが，五領ヶ台Ⅰ式の時期になって，西方との近似性は断たれ，逆に北方からの影響が濃厚になるのである。このことは，近年になって縄文農

---

(6)　藤森栄一1934。その後型式内容を変更された。

耕論が盛んになり，それを肯定する諸研究者が，そのはじまりの時期を縄文中期に求め，南方からの伝播を推定する傾向が強いことを考えるとき，たかが土器の文様の類似として見のがしにできないことのように思われる。水稲耕作文化が新しい道具類とともに弥生式土器をともなって来たように，「縄文農耕」も土器の上に何らかの影響を残さなかったのであろうか。中部地方や関東地方における縄文中期文化の特殊性を論ずるばかりでなく，編年表の上に新来の文化の流入が指摘される必要があるように思われるのである。

5F章　東関東と東北地方の中期初頭土器の編年と動態
――中期中葉の繁栄はどのように達成されたか――

1．東関東と東北地方の中期初頭の概要

　東北地方中・南部の前期末～中期初頭の状況は，＜太平洋側・内陸部＞と＜日本海沿岸部＞で大きく異なる。＜日本海沿岸部＞は北陸系土器の進出が見られ，前期末から中期初頭にわたり北陸とほぼ同じ土器の変遷を示す。この地域については近年の発表である本書5E章「北陸集団の北上」で簡単ではあるがすでに触れたので，本章では円筒上層式の分布圏を除く東北地方の太平洋側と内陸部，そして東関東を扱う。これらの地域についても1985年に記述したことがある。しかし当時はとくに東北地方の資料が不足しており，整理は十分という言葉からほど遠いレベルにとどまった。現在なお資料に不足している部分もあるが，状況は大きく改善された。ここに再度取り上げる理由のひとつである。

　西関東が中部高地と緊密な関係を持つように，東関東と東北地方も緊密なつながりがあるが，五領ヶ台式対「大木7a式」といった名称と東北地方型式の内容の不明瞭さが，実際以上に両地域の土器が異なるというイメージを与え，両地域の編年対比を遅らせてきたように思う。本章で東関東と東北地方を一括して話を進めるのは，両地域の土器の間に共通性が強く，分けて書くと重複が多くなり，かえって分かりにくくなる恐れがあること，また本章末（第6節）で整理しながら論ずるように，この時期の東北地方中南部の型式名には大きな問題があり，整理をする前にそのような型式名を既定のものとして使用したくないからでもある。とりあえず誤解を避ける呼び名としては，関東地方の並行型式名で示すのがよいと考える。もちろん東関東と東北地方の並行関係が確実に押さえられていることが前提であるが，それはあまり問題がないと思う。この地域内にも地域差があるので，適宜指摘していくが，とくに岩手県は同じように扱えない型式が多いので第5節として分けて書く。

　1985年に示した南西関東の編年である，五領ヶ台Ⅰa－Ⅰb－Ⅱa－Ⅱb－Ⅱc－神谷原は，その後の相当な資料の増加にもかかわらず大きな変更を必要としない。というよりも，資料の充実，とくに単純もしくはほぼ単純な資料の出土によって，確実性が高まった部分が大きい。東関東にもこの南西関東の各段階に類似した土器があるので，その類似性を手がかりに時期をとらえ，同じ数の細分段階の存在を想定することになる。とはいっても東関東の土器がすべて西関東の土器に近似しているわけではないし，東関東は単純時期のまとまった資料に不足し，時期の区分についても確実性が落ちることをあらかじめお断りしておかなければならない。とくにⅠa式とⅠb式の区分，Ⅱa式の内容，Ⅱb式とⅡc式の区分，神谷原式と竹ノ下式の区分などいくつもあいまいな部分が残されており，それらがそのまま東北地方の細分に影響する。

小林謙一氏は，東関東における地域色の強い五領ヶ台式を，千葉県八日市場町の遺跡名から八辺（やつぺ）式と命名している(小林謙一1989)。「東関東の五領ヶ台式」という長い名前よりよいかとも思うが，本論考が1985年の編年を基礎にしてその充実を図るものであることからしても，「東関東系五領ヶ台式」という用語を維持したい。私の細分名称は全体の概念と不可分なので，「八辺式」の名称だけ借りて小林氏の細分とは異なる私の細分名称をくっつけて用いるのは混乱のもとにしかならないであろう。

　本章で扱う時期は，この地域の中期中葉の繁栄が達成されるまでの時期であり，それを土器の上から解明することが大きなテーマになる。見通しがよくなるようにこの問題に対する結論の概要を先に書いておく。この時期は，土器のありかたの大きな傾向に従い，両地域を合わせて3つに分けると理解しやすい。(1)前期末から引き続いて東北地方側の繁栄と東関東側の衰退状況が継続し，土器の影響が前者から後者に向かい続けた五領ヶ台Ⅰ式並行期。
(2)東関東側の回復と東北地方側の衰退によって土器の影響が逆に関東側から東北地方に向かうとみられる五領ヶ台Ⅱ式並行期。
(3)関東地方・東北地方ともに繁栄の軌道に乗り，大規模な集落が増え，土器の小地域ごとの違いが増大する竹ノ下式・阿玉台式並行期。

　重要なことは，東北地方が前期末の安定状態からさらに上昇して中期中葉の繁栄に至ったわけではなく，前期末の繁栄の後に一時的な衰退を経過した後，再び急激な上昇によってその繁栄が達成されたらしい点である。これは東関東が（南西関東もそうであるが）前期末の衰退からゆっくり復活して中期中葉の繁栄に達するのと大きく異なっている。東北地方で繁栄が著しい(1)と(3)の間に，衰退する(2)が挟まるのは奇妙であり，衰退が人口の減少を意味するなら，そんなに簡単に人が減ったり増えたりすることはないだろう，発掘資料の出方の偶然に起因する偏りではないかと疑いたくなる。しかし近年の資料の増加によってもその傾向が変わる気配は見られない。また土器の影響が普通，繁栄している地域から衰退している地域に及ぶことも，(2)の時期における東北地方側の衰退の想定に矛盾しない。(2)の時期が短いために土器や遺跡が少ないということはありえない。東関東では(1)の時期よりはるかに土器の量が多いし，南西関東や中部高地でこれに並行する五領ヶ台Ⅱa，Ⅱb，Ⅱc式の時期には膨大な土器資料が得られている。

2．五領ヶ台Ⅰ式と東北地方の並行型式

東関東の前期末

　東関東の前期末については3C章でまとめた。粟島台式と下小野系という粗製傾向の土器に中部高地や南西関東から進出してくる諸磯c式や十三菩提式，南東北から進出してくる大木6系土器が伴うのが前期末の東関東の状況であるが，粟島台式や下小野系自体では細かい時期の判別が困難なので，伴出する異系統の土器に依存しなければならない。3C章1～3図にはそのような東関東で出土した異系統土器を集成した。それらのうちどこまでが搬入品でどこまでが出土地近くの製作であるかを判断することは難しいが，全体として量が非常に少ないこと，大木6系では

並製の長胴形が少なく，ほとんどが精製の球胴形であることを考慮すると，多くが選ばれて運ばれた搬入品と考えてよいのかもしれない。しかしそう判定するだけの十分な証拠があるわけではないし，関東では本場の大木6式とは少し違う変則的なものが目立つような気もする。

前期終末から中期最初頭の五領ヶ台Ⅰa式への変化

　五領ヶ台Ⅰa式の中心的存在である大木6系の球胴形土器，すなわち短沈線を並べた梯子形の文様図形を特徴とする土器は，東北地方中〜南部でも，東関東でも，また霧ヶ丘など南西関東の一部でも（3D章3図），等しく大木6式の球胴形精製土器から変化して成立する過程を見ることができる。大木6式5期の球胴形土器の球胴部分が少し縮み，それまで口縁部にソーメン状浮線文で加えられていた（3図1，2，6，7）梯子形文様が沈線で加えられるようになる。時期的な線引きに苦労するほどその前後で似ているが，違いとして一番分かりやすいのは，大木6式5期（十三菩提式新段階並行期）まであった浮線文による表現が，五領ヶ台Ⅰa式並行期では無くなることだと考えている。そこで，大木6式5期を浮線文，五領ヶ台Ⅰa式並行期を沈線文として区別できれば楽なのであるが，実際には沈線文の土器が大木6式5期と五領ヶ台Ⅰa式の両方にまたがって存在するので，両者の区別の仕方を工夫しなければならない。

　大木6式5期の浮線文土器の場合，文様を加えるには，2本の浮線文で同心円や渦巻，斜めタスキなどの図形を描き，その2本の浮線文の間を短い浮線文で梯子形につないでいくわけだから，浮線文ゆえに文様図形が硬直というか，きちんとしたところがある。同時期の沈線文土器は，それを沈線に置き換えたものであるため，同じようにきちんとしている。実測図では浮線なのか沈線なのか紛らわしいほどである。沈線は太く，2本のモチーフ線の間をつなぐ短沈線は，引くというより太めのヘラの先を押しつけた感じである（3図4，8が典型的）。五領ヶ台Ⅰa式期に入ると，文様がやや安易に描いた感じになり，短沈線は少し細く，引いてつける感じになる。大木6式5期ではドーナツ形文様部分が独立的であることが多いが（3図1〜5），五領ヶ台Ⅰa式並行期では，周囲の文様の中に埋め込まれ，渦巻の端が斜めタスキに流れ込んだりする（4図6〜15）。文様の空白部の削り取りであった三角形が，沈線に沿って機械的に並べられるものが現れる。口唇外側を厚くし，縦線を刻むもの（4図2〜7，10〜12）が増える。器形的には胴部下半の円筒部分の太さが増す。これらの特徴を総合的に吟味し，個々の土器の所属を判断することになる。この変化の過程を示す資料は宮城県小梁川（宮城県教育委員会1986・1987a），福島県法正尻（福島県埋蔵文化財センター1991）など東北地方南部に多く見られる。霧ヶ丘第2地点など関東南西部にも同じ変化の前後を示す2者があるが，大木6系土器の少なさからみて，関東でこの変化が主体的に行われたとは考えにくい。[1] 東北地方南部と同じ土器の二次的な分布圏内に含まれ続けたために，関東でも資料を並べると同じ変化がたどれるということなのであろう。

---

[1]　研究の初期に横浜市中駒，霧ヶ丘などこの種の資料に遭遇したが，当時東北地方に類似の資料がほとんど知られていなかったため，関東における変遷を論じた（今村啓爾1985）。ところがその後西関東の資料はほとんど増加せず，逆に東北地方側の資料が増加した。どちらの地域でも変遷がたどれることになったわけであるが，やはり大木6式は東北地方に主体的な土器であり，関東では進入者としてとらえるべきであろう。

なお4図1は数年前に大木6式5期に分類したばかりのものであるが，口縁肥厚部に縦線がなく，ドーナツ形がかなり独立的であることを重視すべきか，胴下部の円筒部の太さを重視すべきか悩む資料である。五領ヶ台Ⅰa式並行期との違いは小さく，沈線文の土器については，個々の資料の判別に悩むことが多いことを白状しなければならない。

　この大木6系統の五領ヶ台Ⅰa式は，東関東でも東京湾を越えた横浜地域でも，下小野系粗製土器と組み合って存在し，南西関東では踊場系がこの両者に匹敵する量で共存する。踊場系の伴出は，西関東ばかりでなく東関東でも多く知られてきた。

　前期末の大木6系土器は関東全体でも量が少なく，東北地方からの搬入品である可能性を考える必要があるが，五領ヶ台Ⅰa式期には横浜周辺に相当な量があって踊場系と拮抗しており，その地で作られていたと考えられる。量だけを根拠に言うわけではない。南西関東で，十三菩提式の条痕文・撚糸文の粗製土器が五領ヶ台Ⅰa式期に下小野系粗製土器と入れ替わるのは，東北・東関東系集団の横浜方面への進出を思わせる。粗製土器は土着性が強く，製作者の移動と密接な関係にあったと考えられるからである。南西関東のⅠa式には大木6系の短沈線文土器の他に，東海系とみられる（東海地方でまだ資料が少ない現状ではこの名称の使用はためらわれるが）細線文の土器が伴う[(2)]。これは短沈線の土器とは別個体で存在するが，次のⅠb式では，この細線文が東北系文様の地文として入り込み，東北系と東海系の融合した五領ヶ台Ⅰb式となる。踊場式の口縁部文様を採用した五領ヶ台Ⅰb式も多い。このような融合の前提として，直前の時期にこの地域に2種類のⅠa式と踊場式が定着し，作られていたはずだと考えるわけである。

　なお南西関東における，大木6系の短沈線文の五領ヶ台Ⅰa式の分布には強いかたよりがあり，東京湾岸には広がるが，平塚市原口遺跡（かながわ考古学財団2002）など相模湾岸の遺跡にはほとんど見られず[(3)]，内陸の八王子市郷田原（八王子市南部地区遺跡調査会1996）でも踊場系に対する従の要素として存在するにすぎない。中部高地では山梨県釈迦堂遺跡（山梨県教育委員会1986）で踊場式に混じって1個体だけあるが，おそらく搬入品であろう。

　宮城県糠塚貝塚（加藤孝1956）で最初に報告され，林謙作氏（林謙作1965）によって中期最初頭の「糠塚式」として位置づけられた土器は，さまざまな内容からなるが，その一つに，口縁部を水平線で数段に区分し，その各段に縦の沈線を並べて挿入し，胴部はけずりとったような無文または縦方向の羽状縄文になる特徴的なものがある（6図，7図）。縦沈線の代わりにジグザグを入れたものもある（6図10，7図7～12）。胴部はまっすぐなものと膨らみを持つものがある。長根貝塚（宮城県教育委員会1969），嘉倉貝塚（同2003）にも多く，宮城県北部を中心に分布し一つの系統をな

---

(2)　山本典幸氏（2007）は私が細線文の起源について東北地方だと言ったり東海系だと言ったりめまぐるしく変わるとおかしな批判をしているが，私の考えは1985年以来少しの変更もないし，いつも文献名を明記しているのだから，批判をする前に目を通すのがものの順序であろう。山本氏は独自性を示そうとして私と細分時期名を変え，系統を系列と言い直し，私の五領ヶ台系を細線文系と呼び，細線文，短沈線文を私と別の意味で用いるなど，第三者に混乱を与えるばかりの操作を加えている。このような作為が自身の混乱まで招いたのであろう。そもそも私の1985年の論文に目を通していれば，細線文が五領ヶ台Ⅰa式段階には出現しているという25年も前に指摘された事実を，今頃になって自己の新説として発表する行為は避けられたであろう。

(3)　このような分布は今村啓爾1985で予測されていた。

す。宮城県小梁川，岩手県清田台（岩手県文化振興事業団埋蔵文化財センター2003）にもある。嘉倉貝塚の伴出例でみると，このようなものは大木6式5期には出現しているようで，五領ヶ台Ⅰ式並行期に続き，五領ヶ台Ⅱa式並行期頃には文様が単純化し，口縁部や口縁の折り返し部に縄文を加えたものが多くなる（6図11, 7図13〜14）。このような一連の変化をとげる土器を「糠塚系統」と呼びたい。関東ではほとんど見ないものである。

東関東と福島・宮城における五領ヶ台Ⅰb式並行期の問題

　南西関東では五領ヶ台Ⅰ式がⅠa式とⅠb式に2分される。それぞれの十分な資料を有する単純遺跡が近距離に存在し，時間的な細分は確実である（今村啓爾1985，本書3D章）。Ⅰb式では細線文を地文として用いるようになることが重要で，その上にⅠa式からのドーナツ形や斜めタスキなどの文様図形を沈線で描き，三角形の刻文を加える。Ⅰa式で行われた2本の線の間を短沈線で埋めていくのより手っ取り早く，一種の手抜きであるが，上記のように南西関東のⅠa式では東北地方の大木6系とは別に東海系の細線文の土器があったので，両者が融合したといってもよい。また共存する踊場系口縁部の多数密接平行するジグザグ文が，Ⅰb式の口縁部に転移したものが多く見られる。このように南西関東のⅠb式期には，前の段階に共存した系統間の融合が進んだ。

　本章の主題である東関東を見ると，南西関東と同じ基準で五領ヶ台Ⅰb式と認定できる細線文の土器もあるが，量が少なく（東関東では五領ヶ台Ⅰ式自体少ないが），細線文の扱われ方が南西関東とは違うものが多い。口縁部全体に加えるのではなく，口縁区画の厚みの部分だけに加えたものが多い。このようなものから変化して，東関東の五領ヶ台Ⅱb式・Ⅱc式にみられる口縁部の縦線縁飾りになるのであろう。中間のⅡa式にも見ることができる。

　またリボン状になった文様の両側に三角刻文が加えられ，リボン全体に短沈線が充填されるもの（1図9, 2図1）は，やがてリボンがまっすぐ1本になって，五領ヶ台Ⅱb式の複合鋸歯文につながるものと思われるが，途中をつなぐ資料は少ない。このように東関東のⅠb式とⅡa式には部分的に短沈線が残ったとみられ，南西関東のように細線文だけを指標にしてⅠb式をとらえることはできない。その原因として常識的に考えられることは，Ⅰb式の細線文は，Ⅰa式段階ですでに細線文が存在した南西関東で成立したとみられ，そこから離れる東関東や東北地方では細線文が普及せず，大木6系の短沈線の充填手法が残ったという説明である。東北地方では細線文はさらに少なく，Ⅱa式並行とみられる土器の中にまで短沈線充填の面影を残すものがある。ところが岩手県にまで行くと五領ヶ台Ⅰb式並行くらいかと見られる時期に細線文がかなり見られる（48〜50図）。これは関東とは別の文様から別の経過で生まれたものとみられ，文様の「共鳴現象」として第Ⅵ部3節で取り上げる。

　このような理由から，現在のところ，東北地方ではⅠa式並行期とⅠb式並行期の区分をひかえなければならないが，岩手県では後述する観点から五領ヶ台Ⅰ式並行期の土器が2分でき，ほぼ五領ヶ台Ⅰa式とⅠb式に対応すると考えられる。

3．五領ヶ台Ⅱ式と東北地方の並行型式

東関東系五領ヶ台Ⅱa式と並行期

　1985年の編年の，南西関東・中部高地における五領ヶ台Ⅱa式は，Ⅰb式より後でⅡb式より前とみられるものを集めた，かなり雑多な内容であった。その後長野県辰野市北湯舟遺跡（１号住居）(辰野町教育委員会1995)や松本市向畑遺跡(松本市教育委員会1990)などで，ほぼ時期的に単純な膨大な量の資料が報告され，従来から知られていた岡谷市後田原(戸沢編1970)の，単純だが小規模な資料と併せ，時間的区分として確かなものになった。

　このⅡa式の内容であるが，口縁部文様帯の地文として縄文が用いられることが基本的特徴で，これはⅠb式で口縁部の地文として採用された細線文が，施文に手間のかからない縄文に置き換えられたものと考えられる。口縁部の文様はⅠb式以上に単純化の傾向にあるが，Ⅰb式で借用された踊場系の口縁部文様が用いられるものも続く。口縁部文様が簡素化するのを補完するように胴部文様が複雑化したものが多い。沈線に沿って小さな半円形刺突が機械的に加えられるのも特徴的である。沈線は半截竹管のほかに丸棒で１本ずつ加えられるものも多い。踊場系と共存し，文様の貸借や折衷土器が多く見られる。

　このようにⅡa式の内容を捉えると，Ⅰb式（細線地文・三角刻文）→Ⅱa式（縄文地文・半円小刺突）となるが，実際には増えた資料の中に，縄文地文で三角刻文の土器や，細線地文で半円小刺突の土器という上の分類にあてはまらないものもあり，境界にはあいまいさが残る。[(4)]

　このような南西関東・中部高地の五領ヶ台Ⅱa式を念頭において東関東と東北地方の並行型式について考えることになるが，ここで茨城県土浦市壱杯清水西遺跡(土浦市遺跡調査会1997)と岩手県江刺市宝性寺遺跡(岩手県文化振興事業団埋蔵文化財センター2004b)が重要な資料として登場する。

　壱杯清水西遺跡は（８図１～７，10）小資料であるが，地文の縄文と沈線に沿って機械的に加えられる三角刻文を特徴とする単純な内容の土器群で，東関東における五領ヶ台Ⅱa式（おそらくその古い部分）の独立した存在を示す。

　宝性寺（53図，54図）はさまざまな時期の資料の集合であるが，口縁に縄文地文を有する土器が多く含まれ，これを抜き出すと関東のⅡa式の内容に近い。53図１，２は五領ヶ台Ⅰb式並行に遡るかもしれない。短沈線が用いられ，沈線で描いた三角の中を三角形に削り取っている。ところが縄文地文の土器では，沈線の三角文が弧の連続のように変わり，削り取りがない。ほかに水平のジグザグ線など，この地域の伝統的文様もあるが，それらも縄文地文を有する。口縁部における縄文の使用，線にそって機械的に並べられる三角形など関東の五領ヶ台Ⅱa式との並行関係は疑えない。

　これらに類似の土器は，きわめて断片的な資料であるが秋田県黒倉(田沢湖町教育委員会1985)（55

[(4)]　1985年の論考では，数点ではあるが，横浜市宮の原貝塚などの縄文地三角刻文の土器を，五領ヶ台Ⅰb式に含めたことがある。

図2~3), 岩手県秋浦 (岩手県文化振興事業団埋蔵文化財センター2001a) (55図4~7), 滝ノ沢 (北上市教育委員会1983) (55図1), 長根 (10図8, 10~11), 福島県法正尻 (10図1, 2) など東北地方一帯に検出できる。

　このように東北地方の五領ヶ台Ⅱa式類似土器は資料が少ないが，宝性寺遺跡におけるまとまった存在は，南西関東の五領ヶ台Ⅱa式に並行し，東関東にも東北地方にも類似する土器の段階が存在し，その分布が岩手県まで広がっていたことを示す。同時にそのような遺跡の少なさは，この時期が東北地方における遺跡減少期であることを意味する可能性が高い。中部高地・西関東の五領ヶ台Ⅱa式は，上記のように五領ヶ台Ⅰb式からのスムーズな変化によって成立が説明できる。岩手県にも確かに細線地文があるが，縄文地文を生みだす十分な先行条件になっているようには思えない。宝性寺遺跡の土器は在地の伝統に関東の五領ヶ台Ⅱa式の影響が加わって成立したのであろう。

　ところで1985年の編年で東関東と東北地方における五領ヶ台Ⅱa式並行として挙げた土器類は，以上のようなものも少し含んだが，多くは少し異なるものであった。それは，沈線に沿う半円形の刺突列，1本ずつ細い丸棒で引かれた沈線という特徴に加え，口縁部文様帯が簡素化し，複合鋸歯文帯による区画がまだほとんど見られず，懸垂文も底部にまで達しないものが多いなど南西関東の五領ヶ台Ⅱa式と類似する要素が多い土器である。口縁部と胴部の境に押捺された隆起線があるものが多く，沈線に小刺突が平行するもの，沈線と刺突列が交互に繰り返すものもある。必ずしも縄文地文があるわけではなく，帯状の区画文様が発達し始めるなど，東関東のⅡb式に近い性質も備える土器である。このような資料は千葉県の八辺貝塚 (小林謙一1989) にもっとも多く，銚子市粟島台 (銚子市教育委員会2000)，東京湾を越えた横浜市宮の原貝塚 (武蔵野美術大学考古学研究会1972) などにも見られる。東北地方で類似する土器は，宮城県の小梁川 (10図4)，嘉倉貝塚 (10図3)，長根貝塚 (10図7)，福島県浦尻貝塚 (10図9) (小高町教育委員会2005，南相馬市教育委員会2006・2008) などに少しずつあり，先行するⅡa式の古い部分に続いて東関東的なⅡa式がより明瞭な形で進出したことを物語るようである。次のⅡb式期には，東関東系の五領ヶ台式の進出がより明瞭になるが，その動きはⅡa式期の古い段階に始まり，次第に強まっていったように見えるのである。

　このように東関東のⅡa式には古い部分と新しい部分が区別できそうであり，古い部分についてはⅠc式という名称の使用も考慮したいが，この細分には次のような問題が残る。まず東北地方の縄文地文の土器には三角刻文や三角沈線文が多く，半円刺突が少ないので，南西関東のⅡa式との対比が簡単でない。また1個体で三角刻文と半円小刺突を併用した土器があり，次のⅡb式では三角刻文が2列向かい合った複合鋸歯文に半円小刺突列が平行する文様が流行するので，三角刻文と半円小刺突がその前に並行して存在していたことを想定すべきである。このようなことから，この細分には今後検討すべき課題が残る。

東関東系五領ヶ台Ⅱb式

　東関東における五領ヶ台Ⅱa式，Ⅱb式，Ⅱc式は切れ目がないほど連続的に変化する。器形

も文様もそうであるので分けにくいし，単純時期のよい資料にも恵まれていない。それでもこの3つを分けようとする理由は，南西関東にもこの3細分のそれぞれに類似する土器群が見られ，時期差を有することが確実であるので，東関東でも同じように分けられると予測されるからである。ここでは一連の変化の中でⅡb式を前後の型式と区分する視点を中心に論じてみたい。

　南西関東〜中部高地の五領ヶ台Ⅱb式は，基本的に五領ヶ台系と踊場系の折衷系統であって，土器の上半分は踊場系，下半分は五領ヶ台系の個体が多い。複合鋸歯文や胴部の縦分割などが特徴的である。東関東のⅡb式の認定としては，このような南西関東のⅡb式と同じく，複合鋸歯文の盛行と胴部の縦帯による区画を重視する。東関東における区画文は，複合鋸歯文とそれに並行する1〜3本の沈線，さらに外側の半円形小刺突列からなる画一的な文様であるところに著しい特徴がある。これの成立を以て東関東のⅡb式の始まりととらえる。千葉県柏市水砂遺跡（千葉県文化財センター1982）には複合鋸歯文が多いが，鋸歯文・沈線・刺突列が組み合っているものは少ない。ここでは，ひとつの帯の中に複合鋸歯文が単調に続くのではなく，帯中央の縦沈線を挟んでとびとびに三角が並ぶものが多くある。これは11図3の松戸市紙敷（湯浅喜代治・小山勲1984）や同図4の粟島台資料が示すように，前の時期のリボン状の懸垂文が1本棒に整理される過程で残った退化器官のような古い要素とみられる。同じものは後述する千曲川系の五領ヶ台式に一般的であるが，これは古い時期に限らず残ったらしい。

　南西関東の五領ヶ台Ⅱb式と東関東の五領ヶ台Ⅱb式は共通の文様要素を有するだけでなく，伴出事例も知られ（八王子市西野〈横山悦枝1974b〉など），時間的並行関係が確かである。

　Ⅱb式と次のⅡc式を分ける最大の特徴は，Ⅱb式からすでに見られた波状口縁下の小さな区画と区画内の玉抱き三叉文の発達で，複合鋸歯文は区画する弧が輪郭の線に接する部分にのみ加えられるようになり（14図5，6，10，15図9，10），胴部の縦区画はY字形隆起線に変わる。器形の点では球胴形（11図2など）がⅡ式の3段階にわたるが，単純な円筒形（11図4）と円筒形の上に内湾する口縁部が乗るキャリパー形（11図1，3など）がⅡb式期から増え，Ⅱc式期には口縁部の区画文にともなって波状口縁が増える。Ⅱb式の胴部の区画文に囲まれた中は無文の場合が多いが，渦巻文や二次的な区画が挿入されることもある。

東関東系五領ヶ台Ⅱc式

　五領ヶ台Ⅱc式は，上記のように玉抱き三叉文を含む口縁部の弧による区画文に特徴があり，中部高地・西関東・東関東・東北地方に広がっている。Ⅱb式段階に口縁がほとんど踊場式の系統になった南西関東・中部高地ではこのような区画文は伝統として途切れがちで，むしろ東関東で波状口縁の土器の波頂下に小さく残った玉抱き三叉文の区画が拡大したものとして，東関東側に変化の主体性があったように思われる。同じ区画文でも東関東と南西関東では違いがあり，たとえば八王子市の神谷原遺跡のⅡc式は，縄文地に太い隆起線で文様を描いたものが多く，胴部にも口縁部と同じような区画文を加えたものが多い。東関東でも口縁に地文の縄文を有するが，文様の描き方や線の細さなど違いがあり，胴部は単純な懸垂文だけのものが多い。同時に口縁部の湾曲部を持たない円筒形の器形が前の段階から続き，そのようなものでは口縁部に代わって胴

部に玉抱き三叉文の区画が加えられるものがある（15図8）。波状口縁の土器では富士山形の截頭波状で刻みの加えられるもの（14図2，10）や波状の上に三角頭（14図7），C字形のつまみ状の装飾がつくものが現れる。

　東京都の神谷原遺跡 (中西充1982)，多摩ニュータウンNo.471遺跡 (東京都埋蔵文化財センター1993)，同No.72・795・796遺跡 (同1998) などは五領ヶ台Ⅱb式が少なく，ほぼⅡc式から始まる内容の遺跡で，西関東でⅡb式とⅡc式が時間的に区分できることを保障している。多摩ニュータウンNo.471遺跡の五領ヶ台Ⅱc式は，神谷原のものとはかなり異なり，東関東のものと類似しており，西関東と東関東の時間的並行関係も確かめられる。縄文をあまり使用しなかった東関東の五領ヶ台Ⅱb式と違い，この時期には一時的に縄文を使用するものが増え，竹ノ下式の古い部分に続く。

東北地方の五領ヶ台Ⅱb式，Ⅱc式並行期

　東北地方のⅡa式並行期についてはすでに述べた。続くⅡb式のもっとも定型的なものは東関東から福島県東部に多く，ほとんど同じ土器が宮城県にまで見られ（13図），東北地方の特徴として指摘すべき点があまりない。ひとつの問題はⅡa式以来続く東北地方における土器の量の少なさである。

　一番まとまっているのは猪苗代町法正尻遺跡であろう。Ⅱa，Ⅱb，Ⅱc（16図）の各段階があるが，この遺跡におけるその前後の段階に比べると極端に少ない。報告者の松本茂氏もこれを問題にしている。同じことは宮城県小梁川遺跡についても言え，量的に多い前後の時期に挟まれて五領ヶ台Ⅱa，Ⅱb，Ⅱc，竹ノ下式並行期が極端に少ない。

　宮城県川崎町中ノ内 (宮城県教育委員会1987b)，福島市月崎 (福島市教育委員会1994・1997) などの主要遺跡も五領ヶ台Ⅱ式がほとんどなく，竹ノ下式並行期から始まる。

　会津西部でも五領ヶ台Ⅱ式の資料は多くないが，Ⅱb式の複合鋸歯文が発達した独特の地域的系統が生れてくることを本章の4b節で述べる。

千曲川系五領ヶ台式

　東関東・東北地方系統の五領ヶ台Ⅱa式は，関東東部から関東北西部，さらに碓井峠を越えて北信に続き，千曲川を下った新潟県十日町市中新田A遺跡 (十日町市教育委員会2000) にも見られるが，資料も少なく，次のⅡb式並行期との関係は明らかでない。

　千曲川流域では五領ヶ台Ⅱb式前後に並行して東関東系五領ヶ台Ⅱb式にかなり類似する土器が広がった。東関東系五領ヶ台Ⅱb式の東北地方への広がりや会津における地域的な五領ヶ台式の形成とも関連する問題と思われるので簡単に見ておきたい。

　この種の土器は，胴部の縦横の区画，区画を構成する複合鋸歯文・沈線・刺突列の束が東関東の土器に類似するが，器形や文様の細部について違いの大きいものもある。樽形に膨らむ胴部，中部高地・西関東の五領ヶ台Ⅱb式に類似する踊場的な口縁部の形態，区画文を構成する沈線の数が多いために区画文の幅が広い点などである。縄文のみの粗製土器は東関東に比べるとはるかに少ない。このような特色を有する土器を千曲川系五領ヶ台式と呼びたい。北は新潟県魚沼郡地

域，東は群馬県に及ぶ相当に広い分布を示す。中信の茅野市長峯（長野県埋蔵文化財センター2005），原村大石遺跡（伴信夫ほか1976）などにもあるが，地元の系統に従の量で伴う。

　従来の中部高地系五領ヶ台式との時間的関係を見るには，中信の遺跡に入ったものを見るのがよい。原村大石遺跡3号住居では，五領ヶ台Ⅱb式単純の中に少数の千曲川系五領ヶ台式が見られるが，東関東系五領ヶ台Ⅱb式によく似たものである（17図1，2）。茅野市長峯遺跡SB09号住居では五領ヶ台Ⅱb式とⅡc式の古手のものからなる土器群に伴っている（17図3，4）。器形や文様に中部高地の五領ヶ台Ⅱb式とのつながりを示す折衷土器である。長峯SB16号は五領ヶ台Ⅱc式を主体とする住居址で，ここにさらに変形したものが数点ある（17図11）。

　千曲川上流域では丸子町下久根遺跡（丸子町教育委員会1990）にほぼ純粋に存在する。千曲川流域に沿って下った更埴市屋代遺跡（長野県埋蔵文化財センター2000）では千曲川系五領ヶ台式が大量に存在し，中部高地系の五領ヶ台式，千曲川に沿ってさかのぼってくる深沢系統（寺内隆生2005・2006）も多い。この遺跡では，住居址や遺物集中地点の場所ごとに土器の組み合わせに差が見られる。千曲川系五領ヶ台式が量的に主体となる地点（SQ7003の中のI16地区とI17地区）と，千曲川系五領ヶ台式が少なく，中部高地系の五領ヶ台Ⅱc式と深沢系が組み合う地点（SB9015，SB9016，SQ7003の中のI21，I22）である。これは主体的な土器が，＜千曲川系五領ヶ台式＞→＜西関東・中部高地系五領ヶ台Ⅱc式＋深沢系＞へ転換することを示すものとみられる。

　千曲川系五領ヶ台式の成立過程については，この系統の最初期の資料が乏しく明確ではないが，大石3号住居が千曲川流域で起こったできごとを反映しているとみるなら，まず東関東系五領ヶ台式のまとまった進出か，強い影響が想定され，それと現地の系統が融合して独特の千曲川系五領ヶ台式が生れ，千曲川流域の主体的土器になった後，今度は深沢系と中部高地・南西関東系五領ヶ台Ⅱc式の進出があって千曲川系は衰退したという交代が推定される。なお次の段階は千曲川流域の資料が少ないが，群馬県では中信の大石式の要素を取り入れたような地方色をもつ竹ノ下系が主体になるものの，大石式自体の進出はあまり見られないようである。

　以上，きわめて煩雑な話になったが，千曲川系五領ヶ台式の成立は，東北地方に対する東関東系五領ヶ台式進出の問題と併せて考えるべきであり，同時に中期中葉に向けて小地域ごとに土器の地域差が生れる状態がこの地にもあったことを示す点が重要なので，時期尚早とは思われるが，だいたいの見通しを述べた。

　このようにⅡb式期には長野・新潟の千曲川流域にまで東関東の影響が及んだ。東関東から宮城県に至るほぼ同じ土器の分布があり，その先の岩手県にも東関東系五領ヶ台Ⅱb式に類似の土器がある。西会津にも東関東系五領ヶ台式から変化していった独特の土器が知られ，東関東系五領ヶ台式を類似の土器がとりまく大きな分布が認められる。

4a. 竹ノ下式・阿玉台式

東関東における五領ヶ台式～阿玉台式研究史の整理

　東関東の五領ヶ台式から阿玉台式の変遷過程については，西村正衛氏が精力的にとりくみ，現

在広く用いられている編年を組み立てた。しかし五領ヶ台式と阿玉台式の移行期について何度も型式内容の変更が行われたため，型式名と型式内容の関連について，はなはだわかりにくい事態に立ち至っている。私も基本的に西村氏の編年に従って議論を進める以上，煩雑を厭わずにこれまでの経過を整理しておく必要がある。

1954年の西村氏による白井雷貝塚の報告（西村1954）では，「五領ヶ台式」の次に「五領ヶ台式と阿玉台式の中間型式」（雷7類）が置かれていた。続く雷8類は「阿玉台式」であった。

1970年の阿玉台貝塚の報告（西村1970）で「阿玉台Ⅰ式a類」と「Ⅰ式b類」が前後の型式として設定されたが，それ以前の土器については触れられなかった。

次いで1972年に阿玉台式の細分にとりくんだ論文（西村1972）では「阿玉台直前型式」を設定したが，これは1954年の「阿玉台式」（雷8類）から古い様相の部分を分離したものであり，このとき「五領ヶ台式と阿玉台式の中間型式」（雷7類）のほうはどうなるのか触れられなかった。

1984年になって西村氏は白井雷資料の再整理・再報告を行ったが（西村1984b），そこでは1954年の「五領ヶ台式」が前後する「a類」と「b類」に分けられ，雷7類は「b類」に含められた。「五領ヶ台式と阿玉台式の中間型式」は廃止されたことになる。

西村氏の「五領ヶ台式と阿玉台式の中間型式」と「阿玉台式直前型式」は言葉が似ているので紛らわしいが，全く別の部分を指す言葉として作られたもので，前者は1954年に創作され，1984年に「五領ヶ台式b類（新しい部分）」に吸収されてしまい，後者は1972年に「阿玉台式」から分離して設定されたものである。

佐藤達夫氏が1974年に発表した論文「土器型式の実態－五領ヶ台式と勝坂式の間－」（佐藤1974）は，時間的に後れるにもかかわらず西村氏の1972年の変更に対応しておらず，佐藤氏が「五領ヶ台式直後」としたのは，西村氏が1954年に「五領ヶ台式と阿玉台式の中間型式」（雷7類）とした部分だという。これは西村氏が1984年に五領ヶ台式に含めてしまうことになる部分である。西村氏が1972年に分離した「阿玉台式直前型式」のほうは，佐藤氏の場合は「阿玉台Ⅰ式」の中に含めたままであった。この区分の不一致が災いしたのか，その後の図録（『縄文土器大成』など）で，西村氏の「阿玉台式直前型式」の土器が佐藤氏のように「阿玉台Ⅰa式」とされることがあった。さらに複雑なことに，佐藤氏の「五領ヶ台式直後」は「竹ノ下貝塚例が最も良好な資料」と述べているので，西村氏の「阿玉台直前型式」に食い込んでいることになる。西村氏の1972年変更前の分類を踏襲してほぼ雷7類相当としながらも西村氏の「阿玉台直前型式」の一部をとりこんだのが佐藤氏の「五領ヶ台直後」であったことになる。

私の1985年の編年（今村啓爾1985）では，前年の西村氏の五領ヶ台式改定編年（五領ヶ台式の2分）を参照する時間がなかった。西村氏の「阿玉台式直前型式」を「竹ノ下式」と呼び直し，雷7類の一部を含めたものである。西村氏の「五領ヶ台式b種（新しい部分）」は資料が少ないにもかかわらずさまざまなものを含んでいて理解しにくいが，私の五領ヶ台Ⅱc式を主体とし，一部五領ヶ台Ⅱb式や竹ノ下とすべきものまで含んでいるので，編年の単位としては使い難く，本稿では採用しない。以上の区分の変化を下表に示す，ただし各分類項目の内容には出入りがあるので，上下の行で対応する位置の欄の内容が完全に一致するわけではない。

西村正衛・佐藤達夫・今村啓爾の東関東における型式区分の対応

西村1954 (雷当初報告)	五領ヶ台		中間型式 (雷7類)	阿玉台(雷8類)	
西村1970 (阿玉台報告)	記述なし		記述なし	阿玉台Ⅰ類a種	阿玉台Ⅰ類b種
西村1972(阿玉台式編年研究)	五領ヶ台		記述なし	阿玉台直前型式	阿玉台Ⅰ類a種	阿玉台Ⅰ類b種
佐藤1974	五領ヶ台		五領ヶ台直後	阿玉台Ⅰa式	阿玉台Ⅰb式
西村1984 (雷再報告)	五領ヶ台a種	五領ヶ台b種	阿玉台直前型式	阿玉台Ⅰ類a種	阿玉台Ⅰ類b種
今村1985	五領ヶ台Ⅱb	五領ヶ台Ⅱc	竹ノ下	阿玉台Ⅰa	阿玉台Ⅰb
今村本稿	五領ヶ台Ⅱb	五領ヶ台Ⅱc	竹ノ下	阿玉台Ⅰa	阿玉台Ⅰb

以下の記述では佐藤氏の用語は用いず，西村氏の用語にできるだけ沿いながら，現在の私の考えを述べる。私の編年は西村氏のものとほとんど同じであるが，「阿玉台式直前型式」を「竹ノ下式」と呼び直し，雷7類の一部を「竹ノ下式」に含めるところだけが違う。

竹ノ下式と「神谷原式」

私の1985年の編年では，関東地方で五領ヶ台式と阿玉台式の間に挟まれる時期について，中部高地を中心とする大石式，南西関東を中心とする神谷原式，東関東を中心とする竹ノ下式を設定したが，大石式以外は基準とすべき資料がまったく不足していたので，偏った認識になっていた。その後福島県，宮城県，山形県で資料が急増するにつれて，そこにも神谷原式に近い土器が数多くあることが明らかになり，主体的な存在ではないが北信，新潟県にも存在が知られるようになった。神谷原式の地域性について再考が必要になったわけで，分布の縁辺になる東京都八王子市の遺跡名からとった「神谷原式」という名称もいささか不適当になってしまった。

神谷原式と竹ノ下式はもともと截然とした区分が困難なほど近似性が強いことを承知で設定したものであるが，神谷原式は五領ヶ台Ⅱc式との近似性が強く，いわば五領ヶ台式に続くものと

---

(5) 1985年に基準とした遺跡の土器の様相を対比して，神谷原式と竹ノ下式の違いをあげるなら，1）神谷原式では文様図形を描く押引文や沈線が複数平行することが多く，竹ノ下式では画面の縁にそって1本が普通である。2）厚く狭い口縁部文様帯・その下の文様の簡素な部分・その下の胴部文様帯の3部分の配置を持つ器種はどちらにも多いが，神谷原式では文様の簡素な部分の幅が狭く，竹ノ下式では広いものが多い。3）神谷原式では地文に縄文を有する土器が多く（縄文は五領ヶ台Ⅱb式で少なくなった後，Ⅱc式で復活していた。縄文の少ないⅡb式に続いて縄文の少ない阿玉台式が来るわけではない。），竹ノ下式では無地が多い。4）神谷原式では口縁上に短沈線を縦に刻んだ土器が多いが，竹ノ下式では少ない。これは五領ヶ台Ⅱc式で口唇の前面にあった短沈線の縁飾りが，神谷原式で口唇の上の平坦面に移り，竹ノ下式で消えていく経過とみられる。以上4点はいずれも，五領ヶ台Ⅱc式と神谷原式が形態・文様的に近く，竹ノ下式と阿玉台Ⅰa式が形態・文様的に近いことを意味するものであり，形態・文様的に，五領ヶ台Ⅱc → 神谷原 → 竹ノ下 → 阿玉台Ⅰaというつながりになる。

いった視点で探し出されたものであった。一方竹ノ下式は，西村正衛氏によって「阿玉台直前型式」とされたように，阿玉台式を生み出す先行型式として認識・設定された。これらの関係と明らかになった神谷原式の分布地域を合わせて考えると，五領ヶ台Ⅱc → 神谷原 → 竹ノ下 → 阿玉台Ⅰaとなり，神谷原式と竹ノ下式は時期差としてとらえるほうが適当ということになる。

　これを受けて本稿では神谷原式 → 竹ノ下式の編年で記述するつもりで準備を進めた。そのほうが東関東では土器の変遷をたどりやすい。しかし，もっと広い地域で見ると，神谷原式と竹ノ下式の中，とくに竹ノ下式の中に相当に大きな地域差があり，その周囲にもっと多くの地方的な型式が出現してくることを知った。神谷原式と竹ノ下式の時期区分を維持しながら段階ごとに周辺の型式との関係を論ずることは，非常に複雑で困難な作業になることが避けられない。そのため，ここでは一歩後退し，両者を合わせて竹ノ下式とし，時期差としての神谷原式 → 竹ノ下式それぞれを指す必要があるときには竹ノ下式の古い部分と新しい部分と呼ぶことにする。

　本稿では西関東まで記述を広げる用意はないが，そこでは五領ヶ台式の系統を引く竹ノ下式の古い部分（旧神谷原式）が，中部高地から進出する大石式に置き換えられていくのが基本的な図式と思われ，その進出によって次の段階である竹ノ下式の新しい部分（本来の竹ノ下式）はわずかしか存在しなくなると理解される。北西関東では群馬県富岡市増光寺遺跡などの一部の土器が竹ノ下式に並行し，これは竹ノ下式と類似点もあるが違いもあり，大石式との類似点もある。

　以下の東関東から東北地方に及ぶ土器系統の複雑な展開を理解するには，次のような概観を頭に描いておくとよい。

　五領ヶ台Ⅱc式より後は，土器のありかたそのものが変化する。それまでの，地域差が小さく，近似の土器が広く分布した状態から，小地域ごとの地域差がしだいに強まっていく過程である。地域ごとに固有の土器を「系統」としてとらえるなら，「系統」の数がしだいに増え，しかも各系統の内容が変化に富み，それぞれの中で一定の器形や文様帯の配置が多いとしても，それ以外の相当に自由な器形や文様帯配置が許され，文様の種類にも制約が少なくなる。このため，1遺跡の土器の記載さえもて余すほどで，たとえば宮城県小梁川遺跡の大木7b式はその報告書で90種類に分類されているほどである。五領ヶ台式まで見られた画一的な土器作りの規範が緩むわけで，1系統の土器を整然と整理して把握するのが難しくなるだけでなく，ある系統と他の系統の境もぼやけてしまって明瞭に区別できないことが多くなる。土器の外見が変わる以上に，土器のありかたそのものが変わるのである。

　これらの諸系統のそれぞれについて出現から終末までの変化を段階的にたどり，周辺の系統との時間的対比を行うことはきわめて困難な仕事である。しかし様々な土器が無秩序に存在するだけだと突き放すべきではない。各遺跡にはやはり量的に主体となる特定の系統があり，同時にほかの複数の系統が共存し，また2つ，3つの系統の中間的な土器や文様を併用した土器などもあって，複雑な様相を呈するのである。五領ヶ台式期とは別の形で，系統とは何かという基本的問題を突きつけている。

阿玉台Ⅰa式の成立過程

五領ヶ台Ⅱc式から阿玉台Ⅰa式にかけての土器は，器形と文様帯配置によって2種類に分けて考えるとよい。1．胴部から口縁部が外反してから内湾するキャリパー形で，この口縁部に幅の広い文様帯が置かれるもの。2．幅狭で厚みのある口縁部が，胴部から屈折せずに立ちあがり，その幅狭な口縁部文様帯の下に無文ないし文様の簡素な部分があり，その下が胴部文様帯になるもの。そのほかに，口縁部文様帯がなく，口縁直下から胴部文様帯が始まるものがあるが，これは縄文を主とする粗製傾向の土器に多いのでここでは言及しない。

　千葉県東金市稲荷谷遺跡（山武郡市文化財センター2002）は，小さいながら五領ヶ台Ⅱc式の単純に近い資料で，まだ1．の器形が多く2．の器形は少ない。沈線文と押引文が見られるが，押引文は東関東の五領ヶ台Ⅱb式に特徴的な，沈線に沿う刺突列がつながったものとみられ（15図9，10など），竹ノ下式の古い部分（旧神谷原式）では多数並行して用いられることが多いが（18図1，2，10，11など），沈線文と押引文は五領ヶ台Ⅱc式から阿玉台式まで共存し，同一個体の土器に併用されることも多いので，沈線文が古く，押引文が新しいと単純に考えることはできない。

　次の竹ノ下式の古い部分（旧神谷原式）にも1．と2．の器形が見られるが，1．が減り2．が増える。2．の土器の口縁下の無文ないし文様の簡素な部分は，Ⅱb式，Ⅱc式のその部分に注目すると，胴部文様帯のトップの複合鋸歯文ないしはそれが省略された無文部分で，これをまたぐように橋状の突起（11図9，10，11，13図多数，14図4，16図2）がついていた。この突起が竹ノ下式に入るとつぶれて平坦になり，縦に2,3本の沈線が加えられたり（横目の字形，25図2,8,21図1），円形の沈線文や貼付文（21図9〜16など多数，24図9など）に変わったりする。横長で細長い楕円形区画の間に円形または横目の字形が挟まれることになる。横長楕円どうしが直接接しあうものも多い。竹ノ下式の新しい部分ではこの文様の簡素な部分が，幅広（高さが増す）になったり（19図2，21図1，9，22図1，6），何段も繰り返したりする。千葉県東峰御幸畑（18図10）（千葉県文化財センター2004a）や茨城県陸平（19図1）（陸平調査会1989）の土器は縄文もあって竹ノ下式の古い様相を示すが，横長楕円が重畳している。東関東の阿玉台式に特徴的な口縁部下の幅の広い，文様の簡素な部分がこのようにして生まれたのであろう。

　竹ノ下式の横長楕円区画は，口縁部文様帯が退化ないし消滅した土器では口縁直下に位置することになり（21図11〜16），1．の器形の幅広口縁の上部に転移したりする（23図1，30図2，3）など多彩に変化する。2．の器形は阿玉台Ⅰa式ではほとんど見られなくなるが，2．の口縁部文様帯の幅が広がって，1．の器形と見分けにくくなったもの（30図6,31図2）があるらしい。これらの変化が整理されて，東関東の阿玉台式に特徴的な＜口縁部区画文－頸部の文様の簡素な部分－幅広い胴部文様帯＞の構成ができあがるらしい。

　2．の器形の竹ノ下式の古い部分（旧神谷原式）では，口縁部文様は縁に沿う数本の沈線または押引であるが，新しい部分では沿うのが1本になり，縁の角が強調される（22図2〜10）。この角の部分が隆起線によってさらに強調されるようになると，阿玉台Ⅰa式の口縁部の隆起線＋押引による区画になる。この口縁部の隆起線区画の成立には，もともと頸部にあった横長楕円形区画も関与している（23図1）。

1．の器形の幅広口縁部上端に横長楕円形区画が転移し，楕円形区画＋直下の無文部になったものと，2．の器形の幅狭口縁が楕円に類似した区画になり，その下が文様簡素部分のままであるものは，結果として文様帯配置が同じになるので，両者の区別はあいまいになり，阿玉台Ⅰa式でははっきりした1．でも2．でもないような中途半端な器形が増えるのであろう。

　次に記す宮城県の中ノ内系統では，逆に神谷原式の2．の器形の幅の狭い口縁部がさらに退化し，多くは無文の肥厚口縁になり，幅の狭い無文帯を隔てた胴部が樽のように膨らむものが多くなり，そこに胴部文様帯が発達する。

阿玉台Ⅰa式の地域差

　西村正衛氏による阿玉台Ⅰa式の一般的かつ基本的な特徴をあげるとしたら，口縁部の楕円形区画などを構成する隆起線とそれに沿う1本の細い押引文，精製土器における縄文の不使用，輪積痕を消さずに装飾として残す（ひだ状にするものもあるが，Ⅰb式ほど強調されない）などの点があげられる。報告書で個々の土器について確認することはできないが，金色の雲母（黒雲母の風化したもの）を意識的に胎土に混入するのも特徴的である。このような特徴をもって大づかみに阿玉台Ⅰa式を捉えると，それは千葉県・茨城県・栃木県では量的に主体をなすものとして存在し，南西関東では主体をなす狢沢系統の古い部分に対して従の関係で広く伴う。福島県の南部では他の系統と量的に拮抗するくらい多いが，その北部では地元の系統に対して従の立場で併存し，宮城県に入ると，少量伴出する程度になる。ところがこのような分布の阿玉台Ⅰa式の内容を具に検討すると，けっして一様ではなく，器形，文様帯の配置や個々の文様においてもかなりの変化が認められる。いったいどこまでを阿玉台式とすべきか迷うほどである。その地域的な違いは，この地域ではこの器形とこの文様というように地域ごとに定まったものではなく，阿玉台Ⅰa式に含めるのが妥当と思われる多様な土器のうち，この地域ではこの種のものが多く，この種のものは少ないといった比率の違いなのである。地域的な違いではあるけれど，境界線を引いて分布を区分できるような性質の違いではない。内容的に少しずつ異なる土器が，西関東―東関東―福島県とはっきりした切れ目のないグラデーションで分布する。

　いくつか例をあげるなら，西関東で狢沢式に伴う阿玉台式的な土器として胴部が樽のように膨らみ，口縁や胴部に，細長い楕円区画が先端で接し合う文様がめだつものがある（32図）。楕円の間には竹ノ下式以来のドーナツ形が挟まるものも多い。このようなものは東関東にも見られるが，福島県にはあまり見られない。千葉県のキャリパー形の土器（30図，31図）では口縁部の枠状の区画からなる文様帯の下には幅の広い無文帯が入って，その次に胴部文様が来るのが普通であるが，福島県（33図）ではこのような文様帯配置はあまり見られない。1．の器形が健在で，截頭波状口縁の下に渦巻や渦巻のほどけたような曲線,あるいは縦の隆起線などを有するもの（33図1～5，7）は，福島県に多く，千葉県，西関東へと南下するにつれて少なくなる。それでもなくなるわけではなく，もっと西の大石式の中にすらこのような波状口縁と文様を有するものがある。截頭波状の下に渦巻や縦隆起線の加えられた土器で，阿玉台式にはないはずの縄文が付されたもの（33図3，4，7）が福島県には多い。このようなものは，後述する中ノ内系統とひと

つながりで，明確に区分できない。33図4などは参照のためにここに示したが，阿玉台Ⅰa式に似る中ノ内系統というべきものであろう。中ノ内系統の隆起線に沿う沈線や縄の押捺が，阿玉台式の隆起線に沿う押引きと同じ意味を持つものと考えるなら，岩手県の土器まで，阿玉台Ⅰa式の延長線上にあるとみなすこともでき，文様の一部は東北地方北部の円筒上層b式にまでつながりをたどれる（38図1，4と6）。

要するに中部高地から東北地方北部にまで鎖のように連鎖する土器の一部を区切って阿玉台式と呼んでいることになる。

4b．東北地方における竹ノ下式・阿玉台式並行型式

編年の概要

1985年の編年以後，東北地方における竹ノ下式・阿玉台式並行期の資料の増加には目を見張るものがある。とくに福島県法正尻，同月崎A，宮城県小梁川，同中ノ内A，山形県水木田（山形県教育委員会1984b）などの資料は膨大である。これらを見ると，東北地方では五領ヶ台Ⅱ式並行期に減少していた土器資料が，竹ノ下式並行期から増え始め，阿玉台Ⅰa式並行期に急増する経過をたどるらしい。

宮城県川崎町中ノ内A遺跡で層位と地点別によって分離された（古川一明・相原淳一・鈴木真一郎ほか1987）Ⅰ群土器は，一定数の竹ノ下式をともなっており，Ⅱ群土器は阿玉台Ⅰa式を伴っている。

宮城県七ヶ宿町小梁川遺跡でも東側遺物包含層の区分から第Ⅲ群，第Ⅳ群，第Ⅴ群が区分された（相原淳一1986）。小梁川第Ⅲ群は，少しずれはあるけれど中ノ内Ⅰ群に近い内容である。小梁川Ⅳ群は中ノ内Ⅱ群に近い内容で，わずかであるが阿玉台Ⅰa式類似の土器を伴っている。

福島県猪苗代町・磐梯町の法正尻遺跡のⅡ群（前期末～中期前半）の2類（2）は，五領ヶ台Ⅱb式から竹ノ下式までを伴い，時間幅がある。3類（1）が阿玉台Ⅰa式，3類（2）が阿玉台Ⅰb式，4類（1）が阿玉台Ⅱ式並行に振り分けられているが（松本茂1991），層位や遺構による伴出関係よりも型式学的操作に頼る部分が大きいようで，区分に不安がないわけではない。しかし時期区分よりも重要なことは，法正尻が小梁川・中ノ内の2遺跡と時間的にほぼ並行するにもかかわらず，土着土器の内容がまったく異なることで，この時期における地域差の明瞭化を物語る。

福島県中通り地域北部の福島市月崎A遺跡には阿玉台Ⅰa式が多いが，これに伴った土器にも上記の宮城県南部や会津地域には少ない独特のものがある。あとで月崎系と呼ぶものである。

時期は少し新しくなるが，阿玉台Ⅱ式ころから始まる茨城県日立市諏訪遺跡（日立市教育委員会1980）は，諏訪系統と呼ぶべき独特のものを主体とする。これに類似する土器は会津を含む福島県南部に広く分布する。この系統の存在は，この時期に阿玉台式の一次的な分布が茨城県北部にすら及ばなくなったことを意味する。

本節の目的は，詳細な時間的編年の整備よりも，東北地方において五領ヶ台式以後に並び立つ諸系統と，それら相互の交渉の状況をスケッチし，五領ヶ台式並行期までとは大きく異なる土器

のありかたを描写することにあるので，詳細な分析的記述は避け，主要遺跡における主体的な系統をとりあげ，その目につきやすい特徴をいくつか指摘した上で，その系統が他の遺跡でどの程度出ているか見ていきたい。

以下，さまざまな系統名が出てくるが，これは類似のものがひとまとまりとして存在する場合に直観的に与えた名前で，一応代表的な遺跡名を選んでいるが，十分に検討して区分した系統性に基づくものではなく，A，B，Cという記号より読みやすいであろうという程度の意図によるものにすぎない。また各「系統」は，大小があったり，内部に副次的系統があったりなかったりして同格のものではない。たとえば中ノ内遺跡の主体をなす土器と水木田遺跡の主体をなす土器はよく似ていて大木7a，7b式の中核をなす「中ノ内系」としているが，両遺跡の土器の間には，胴部の形と文様に少し違いがあり，組成という点でも，文様の少ない縄文主体の粗製傾向の土器は前者には多いが後者には少ない。このようなものをひとつひとつ別系統として分け始めるときりが無くなりそうである。

会津には東関東と類似する系統以外に，外見的に大きく異なるいくつかの系統があるが，違いの一部は器形の違いにもとづく作り分けとみられ，副次的な系統に区分することが困難なので，「会津に残る五領ヶ台系統」を分けた以外は，一括して「会津系統」とした。「諏訪系統」は分布地域と系統的な変遷が明瞭で，内部にいくつかの系統を含むことからも「型式」としてとらえるのにふさわしい内容を有するが，これだけを「型式」として別に扱うのも混乱のもとなので，大木7b式の中の一つの系統とする。岩手県にも別の系統が存在するが，今の段階で無理に複数の系統に区分することが適当とは思われず，次の「岩手県の中期初頭」の節で一括して扱う。

この時期は系統の数が多いので，各系統を共通の時間の節目で区分して対比するのは困難な作業になる。ここでは縦に系統別にとらえて各遺跡における併存状態を見ることを中心とし，時間的に横に区分することについては将来の課題としたい。

はじめに時期区分の軸になる中ノ内I群とII群について概要を述べた後，そのほかの系統を見ていく。

中ノ内I群

宮城県川崎町中ノ内遺跡で層位と地点別によって分離されたI群土器は，かなりの数の竹ノ下式をともなっており（35図1，2，3など），東北地方における竹ノ下式並行期の土器の様相を知る格好の資料である。土着の土器にはいろいろな器形があるが，口縁部の幅（高さ）が狭く，胴部が樽形に膨らむものがもっとも特徴的で（35図8，36図3，4），胴部に隆起線による半円形の区画を有し，隆起線に沈線が沿い，複合鋸歯文（交互の刺突）列が沿うものもある。口縁部が高く，大きな截頭波状口縁を有する器形（36図1，2）も特徴的で，波頂下の渦巻または数本の縦線を中心に区画文が展開するものがある。胴部文様の下限は水平に区画されるものとそうでないものがある。胴部が縄文だけか文様が簡素な粗製の傾向の土器（35図4～7）には，下小野系粗製土器に類似する折返し口縁のものや，口縁部に水平に撚糸圧痕を多数並行して加えたものがあるが，下小野系との関係は3E章第4節で論じ，本章第6節でもとりあげる。

そのほかの系統として，36図7は岩手県に分布の中心がある区画文の土器で，東関東系の五領ヶ台Ⅱc式と関連を持ち，岩手県方面で変形したものと考えられる。36図2はそれが一層簡略化した文様。このような系統の土器は，量は少ないが，非常に特徴的で，Ⅰ群に伴い，Ⅱ群には伴っていないので，関東と岩手の土器の時間的関係をおさえるのに有効である。浅鉢にも大きな截頭波状口縁のものがある（35図9）。

中ノ内Ⅱ群（大木7b式）

中ノ内Ⅰ群とⅡ群は切れ目なく連続する一つの系統をなす。中ノ内Ⅱ群土器では，Ⅰ群の樽形の器形が続き，上と下から来る隆起線による弧が接し，菱形に残された余白の中に渦巻が加えられる（37図2，4）。胴部文様の下限が必ず水平に区画され，Ⅰ群で胴下部に加えられた懸垂文はあまり見られなくなる。区画文に沿って縄の押捺が加えられるものが増える（37図1，2，4，6）。複合鋸歯文や截頭波状口縁はほとんど見られない。Ⅰ群になかったキャリパー形の器形が現れ（37図1），口縁部に区画文が加えられる。口縁に縄の押捺で文様を描く粗製傾向の土器（37図3，5）が多い。

このⅡ群は阿玉台Ⅰa式を伴っている。37図7，9は器形や隆起線に沿う押引など一応阿玉台Ⅰa式としてよい土器と思われるが，文様としては関東に類例の少ないものである。阿玉台式に似ながら縄文の加えられたものもある。指頭圧痕を一面に加えたものは阿玉台式のひだ状装飾の真似であろうが，感じは相当に違っている。37図8の交互刺突文による区画がばらばらになった文様が半截竹管の押引に置き換えられたものは，岩手方面に多くあり，時間的対比に役立つ。

中ノ内Ⅱ群にはなぜか截頭波状口縁の土器の存在が明瞭でないが，この時期には東関東の阿玉台式にも，岩手県にも截頭波状口縁が残っている。Ⅱ群の浅鉢（37図6）はⅠ群のそれから大きく変わり，深鉢の文様に共通し，区画に沿って縄の押捺を加えたものが普通になる。

中ノ内系統

上で説明した中ノ内遺跡のⅠ群からⅡ群に変わっていく中心的な土器は，小梁川遺跡にも多いが，内容のとらえやすい出方をしている中ノ内遺跡の名前をとって中ノ内系統と呼びたい。大木7a式と7b式の古い部分の中核をなす系統といってよいであろう。截頭波状口縁下に区画文や渦巻文が加えられるものはⅠ群に多く，Ⅱ群に少ない。このような土器は山形県水木田遺跡（38図）にも多くあるが，胴部が直立して縄文だけで特別な文様の発達が見られないものが多い。これに対し中ノ内遺跡では胴部が膨らみ，そこに区画文の発達するものが多い。このことは，截頭波状口縁と口縁の区画文を指標にして一括しても，中ノ内遺跡と水木田遺跡の間には胴部について違いがあることになる。広く見渡せば，胴部が直立し縄文だけなのは，円筒上層式（38図6）に通じる文様配置である。

月崎系統

福島県北部の福島市月崎A遺跡（福島市教育委員会1994・1997）には関東系の土器として五領ヶ台Ⅱ

c式・竹ノ下式が少しずつあり，続く阿玉台Ⅰa式類似の土器は大量にある。この遺跡は以後も継続するが，阿玉台Ⅰb式はほとんど認められない。系統的に分けて考えると，阿玉台系，中ノ内系とここで月崎系と呼ぶもの（34図）の集まりであるが，阿玉台系と月崎系の中間的なもの，阿玉台系と中ノ内系の中間的なものもあって混然一体である。

　阿玉台系統は，縄文がなく，隆起線に沿って1本の押引文が巡るもので，阿玉台Ⅰa式といってほとんど問題のないものであるが，さきほど阿玉台Ⅰa式の地域差に関して述べたような東関東とのいろいろな違いが目につく。阿玉台系・月崎系の中間のものは，縄文がなく隆起線で文様を描くことまでは阿玉台的であるが，隆起線に沿う押引文がない。

　月崎系は，隆起線で文様を描き，それに沿う押引や沈線がないことは上のものと同じであるが，隆起線上にも地の部分にも縄文がある。東関東の阿玉台式には，Y字形など簡単な隆起線による懸垂文と縄文の粗製傾向の土器があるが，その隆起線文部分が精製土器なみに複雑化したものと考えればよいであろう。この月崎系は，月崎A遺跡で量的に主体をなすのに，同じ福島県の磐梯町法正尻遺跡には見られず，宮城県南部の中ノ内遺跡にも見られない。きわめて地域が限定される土器らしい。

　阿玉台系と中ノ内系の中間的なものは，隆起線に沿って沈線または縄の圧痕がある。この圧痕は一方で阿玉台式の押引に連なり，一方で中ノ内系の縄圧痕につながり，また一方で後述する宮城北部，岩手で主体的な大木7b期の縄圧痕にもつながる。岩手では截頭波状口縁と三角頭付き波状口縁が発達し，胴部文様が振るわない。

　月崎遺跡には中ノ内系もあるが主体的ではない。また中ノ内遺跡に多い縄文主体の粗製傾向の土器はわずかしかない。

会津の系統

　会津地域の大木7b式期の土器は，東北地方の他の地域の同時期の土器と大きく異なり，同じ大木7b式という名前で呼ぶことが適当かどうか懸念されるほどである。そして会津地域の大木7b式期の土器自体が非常に多様なので，さまざまな器形や文様の変化の過程を系統的にたどる前に，時期的なまとまりのある土器群を見つけ出しておくことが，見通しをよくするであろう。

　小資料であるが，会津美里町沼ノ上遺跡2007年報告資料（29図）（会津美里町教育委員会2007a）は，竹ノ下式の新しい部分の単純に近い（これは大木7a式期）。次に来るものとして，至近距離にある油田遺跡（同2007b）の阿玉台Ⅰa式を多く含む資料があげられる（ここから大木7b式期）。ただしこの資料には以後の新しいものも含まれているので判別が必要である。新鶴町聖の宮資料（福島県教育委員会1987）はこれに近いが，もう少し新しそうな土器が多い。これに近いものとして法正尻SK145の一括資料（43図6，8，44図5，6，7，45図4）があげられる。阿玉台Ⅰb式とみられる浅鉢を伴っている。大木7b式の新しい部分は多くの遺跡にあるが，比較的時期的なまとまりがよいものとして西会津町芝草・小屋田（西会津町教育委員会2002）の資料（42図）をあげておく。ほぼ阿玉台Ⅱ式頃であろう。法正尻遺跡の資料は膨大であるが，各時期の資料が切れ目なく出そろっているため，編年の組み立て材料としてはかえって扱いにくいところがある。

沼ノ上遺跡2007年報告分（29図）は，竹ノ下式の新しい部分に近似するが，関東とは地域差のある土器を主とする。会津地域でも竹ノ下式の新しい時期に東関東との地域色の差が明瞭になり始めるとともに，会津地域の大木7b式の萌芽を含むことがわかる。この遺跡の竹ノ下式では，東関東と違って口縁下の文様の簡素な部分（楕円形区画になることが多い部分）が幅広にならないが，これはこの地域の阿玉台式，大木7a式に続く地域色である。阿玉台式の地域色については上の4a節で論じた。

　4a節で竹ノ下式と阿玉台Ⅰa式の間で器形のセットが大きく変わることを指摘した。後者では，口縁部が幅広のものと狭いものが統合され区別が不明瞭になるのが基本的変化といえる。阿玉台式の代表的な文様とされる口縁の楕円形区画の成立過程も一応説明したが，器形の統合との関係もあって，説明は単純にはいかなかった。この阿玉台式の口縁区画文につながる例が沼ノ上遺跡にある。29図6と9で，9では隆起線による楕円区画がまだ完成しておらず，口縁直下の押引き文が細長い楕円を構成し，口縁に沿うわずかな肥厚と両脇の肥厚部が楕円に近い区画を構成している。頸部の横長楕円形区画は，これ以前から広く成立しているので，その影響や転移もあって口唇直下に楕円形区画が置かれるようになると考えられる。

　沼ノ上遺跡には，縄文地文の上に沈線文が発達しはじめるもの（29図3，5），大きな楕円区画が描かれるもの（29図10，これは実は口縁部が省略された土器で，本来頸部にあった楕円区画が口縁直下に位置することになり，大きくなったものであろう）もあり，それぞれ会津の大木7b式の中のその種の土器（43図，44図）の起源になる。このように，会津の大木7b式は会津の地方色をもつ竹ノ下式からの変化である程度説明できるが，会津にはほかに五領ヶ台Ⅱ式の基本形を維持しながらも会津の大木7b式の一部として変化していく特徴的な系統があり，両者のからみあいとして見ると，会津の土器の変化の流れが理解しやすい。

　まず五領ヶ台式の基本形を維持する系統から見よう。油田の39図1や柳津町石生前の39図2は，五領ヶ台Ⅱb式に非常に近いが，複合鋸歯文の本数が増え，刺突列が押引に置き換えられているなど，本当の五領ヶ台Ⅱb式とは違いがあり，おそらく五領ヶ台Ⅱc式か竹ノ下式期まで下るものであろう。会津独特の，五領ヶ台的様相を残す大木7b期の土器がどのようにして生まれてくるのかを示す。39図1の口縁部の蛇行隆起線は，長野県船霊社の五領ヶ台Ⅱc式または大石式（3D章13図7）に類例がある。39図4,5は南西関東・中部高地の五領ヶ台Ⅱb式に近く，その関与も疑えない。このような要素の存在は，4A章の松原式でも言及したように，文化交流ルートの問題がかかわるのであろう。上記の傾向がさらに強まり，五領ヶ台Ⅱb式の基本形をとどめながらも複合鋸歯文と並行沈線が多数平行して器面を埋め尽くすようになった土器（39図，40図）が，石生前，油田，法正尻，会津坂下町勝負沢（会津坂下町教育委員会1986），西会津町上小島C（西会津町史刊行委員会1997）など会津の各遺跡にあるが，会津以外の地域にはほとんど見ないので，松本茂氏の言うように（松本茂1991）地域的な土器で，五領ヶ台式がこの地域で独特の変化をとげたものとみられる。原型たる五領ヶ台Ⅱb式からの変化の距離や油田遺跡9号住居での出方を見ると，ほぼ阿玉台Ⅰa式並行つまり大木7b式初めに位置するとみてよいであろう。五領ヶ台Ⅱc式的な区画文や，大木7b式によく見られる2本の隆起線とそれがはさむ楕円（40図1）なども見られ

る。このように狭い地域で土器の古い形が変形しつつ残存する現象も，今後各地の土器研究の課題になるであろう。

新鶴町中江聖ノ宮（40図8～10）(福島県教育委員会1987)には，この系統の複合鋸歯文が楕円形の区画文を構成し，そのような横長の楕円区画が口縁部文様として数段重ねられるものがある。横長楕円形区画は会津の大木7b式に多用される重要な文様であるが，成立と変化の過程は先ほど阿玉台式について説明したのとあまり変わらない。

横長楕円区画の起源は，東関東についてのべたように，五領ヶ台Ⅱb式の頸部の複合鋸歯文帯またはそれが無文化した部分をまたぐ橋状突起の部分にあり，竹ノ下式では低い隆起線による頸部の横長楕円区画になる。沈線のみによる区画もあり，楕円と楕円の間に横「目」の字形をはさむものがあり，代わりに円形を挟むものはもっと一般的で，大木7b式の終りまで続く。この横長楕円は，大木7b式の中で時間とともに変わり，何段も重なるものが増えていく。楕円は本来隆起線だけかそれに沈線が沿う程度の簡素なものであったが，隆起線と沈線，波状線や複合鋸歯文の加わる複雑なものに変化する。しかし1段だけのもの，簡素な楕円も続くので，単純なものが古く，複雑化したものが新しいと簡単に言うことはできない。このような楕円区画が大木8a式の中に残ったものを稀に見ることができる。

会津地域の大木7b式は，東関東の阿玉台式とは違って，それまでのこの地域の土器と同様に，1．口縁部文様帯が幅広のものと，2．口縁部文様帯が無いか幅が狭く，文様の中心が胴部にある土器の2者に分けて考えるとよい。前者では，口縁部にコの字形区画と他の文様が加わったもの（43図6，44図5・6），隆起線や沈線による楕円形（43図1）を配したものが目立つ。後者は，竹ノ下式で口縁部が省略されたために，本来口縁部下にあった楕円形区画が最上段に位置することになった土器（28図7～17）との関連が考えられる。

聖の宮や法正尻SK145頃からこの種の幅広口縁部に複合鋸歯文が多くみられるようになるが（43図，44図），上記五領ヶ台系とのつながりで理解される文様である。この種の土器では口縁部・胴部の沈線文も時間とともに複雑化の傾向にあって大木8a式に続く。横長楕円区画は，口縁幅広の土器では，あっても口縁に1段か口縁部下の頸部に1段であるが，口縁部が収縮し胴部が膨らむ器形においては上述のような発達が著しい（41図）。複雑化した胴部・口縁部の縄文地沈線文様を押引文で表現するものは諏訪系土器の文様である（45図，46図）。

会津の大木7b式では小梁川，中ノ内遺跡（Ⅱ群）に普遍的な隆起線による半円形の区画や隆起線に沿う縄の圧痕が少なく，芝草・小屋田，法正尻，上小島Cなどの各遺跡にわずかに見られる程度である。逆に楕円の中に交互刺突文を入れた会津の土器が福島市大平・後閑にあるが，量は少ない。

諏訪系統

福島県東南部・茨城県北部を中心に諏訪系統と呼ぶべき土器群がある（45図，46図）。器形にはいろいろな種類があるが，キャリパー形の口縁が縮約して球形になり，上半が球形，下半が円筒形となるものが特徴的（45図1～6，46図1，2）で，上半がまっすぐ開く器形（45図7），

口縁部が狭く胴部が樽形に膨れる器形（46図3，4）もある。文様として縄文地に押引き文が多用される。

　この系統の原型というべき土器が法正尻SK415で阿玉台Ｉｂ式と共に出ている（45図4）。類例が相馬郡飯舘村上ノ台Ａ遺跡にある（45図5）(福島県文化財センター1984)。この口縁が縮約すると上記の特徴的な形態になる。日立市諏訪遺跡で第6群とされた早いグループの胴部文様と同じものをもつ阿玉台Ⅱ式が同遺跡に存在し（報告書50図8），年代の一端が阿玉台Ⅱ式にあることが分かる。押引きによる文様が複雑化したものが石川町七郎内Ｃ遺跡(福島県文化財センター1882)に多く見られ，類似のものが栃木県太田原市湯坂遺跡Ｔ１-Ｖ区土壙で阿玉台Ⅲ式に伴っている(海老原郁夫1979)。この諏訪系統が分布する地域からさらに福島県の北部にまで，かつて阿玉台Ｉａ式の濃密な分布が見られたが，Ｉｂ式になるとわずかになってしまうのは，この時期から諏訪系統が成立し始め，阿玉台式の分布地域から外れていくためであろう。会津では石生前にややまとまってあるが，主体的な土器ではない。

　諏訪系統は，数段階の変遷の後大木8ａ式として統合されるので，一応大木7ｂ式として包括される多様な土器群の一部を構成するものということになる。

　諏訪系統に一般的な水平の横長楕円区画と胴部の単純な垂下線は，先に月崎系統としたものにも普遍的である。会津系統にも多く見られることは上で述べた。月崎系統は隆起線だけか，隆起線に沈線が沿うものが多いが，この沈線が阿玉台式の影響で押引きに置き換えられ，若干の付加的文様が加わると諏訪系統に近づく。諏訪遺跡にも数は少ないが月崎系の土器がある。

　このほか諏訪系統にいつもともなうものとして，口縁部が内側に折れ曲がり，そこに水平の縄圧痕が何本も加えられる土器がある（46図5～7）。中ノ内系統の類似の文様とも関連するのであろう。

　このようにこの時期には，宮城県・福島県・茨城県だけとっても，外見的に相当異なる，阿玉台系・月崎系・中ノ内系・会津系・会津五領ヶ台系・諏訪系などが並び立ち，相互に入り混じって存在するし，一応ここで一つの系統としたものも少し離れた遺跡ごとに比較すると少し異なった特徴を示すことが多い。

5．岩手県の中期初頭

岩手県の五領ヶ台Ｉ式並行期

　岩手県では大木6式に地域的な特色が見られたが，それが中期にも残り，さらに変化を続けた。そのため宮城・福島とは同列に論じられない土器が多いので節を分けるが，ここまでと同様に関東の編年に対応させながら記述していく。といっても東北地方でも北へ離れるほど関東との対比が難しくなり，また時間が下るほど狭い地域間での地域色が増していくことも難しさを増大させる原因になっている。

　岩手県でも大木6式以来の球胴形の土器が，球胴部分を縮小させ，胴下半部を拡大させながら

中期に続く。しかし東北地方南部でこの器形の土器に加えられる代表的な文様である，浮線文や短沈線による梯子形の図形が，岩手地域ではもともとあまりさかんではなく，それ以外のさまざまな大木6式からの文様が，中期に入っても維持され，連続的に変わっていく。

そのような文様の一つは，この地域の大木6式4期・5期に口縁部に多く用いられた弧線を並べる文様である。この文様は中期に入ると線が細くなり，多数重ねられ，しばしば直線的になり，最終的には細線文に変わると見られる（49図，50図）。宮城県や岩手県では前期終末から中期最初頭にかけて松原式や踊場式の集合平行線に類似するものを口縁部に取り入れた土器が点々と見られるが，同じ部位に大木6式の弧状文様が細くなって多数平行するものがあり，両者は類似する文様になっている。おそらく後者の存在が，代わりに踊場系文様を受け入れる下地になったのであろう。

岩手県を中心にする別の文様として大木6式4期の口縁部に多く見られた浮線や沈線による細かいジグザグ文からの変化がある。この文様は五領ヶ台Ⅰ式並行期になるとすべて沈線で加えられる。五領ヶ台Ⅰ式並行期と見られる岩手県の遺跡には北上市滝ノ沢遺跡1977-82年度調査分（北上市教育委員会1983）・石鳥谷町高畑遺跡（岩手県文化振興事業団埋蔵文化財センター2004a）のように古い様相の土器を主とするものと，岩手町秋浦遺跡（同2001a），盛岡市大館遺跡昭和51年度調査分（盛岡市教育委員会1978）のように新しい様相を主とするものがある。

これらの時期に多く見られるジグザグ文を比較してみよう。前のグループでは上下を水平線で画された帯が1帯，2帯のものがあるが，いずれの場合もジグザグ線は1帯について1本が普通で，2本以上重ねるものは少ない（47図1，4，8，9，10，50図4，6，51図2）ところが後者のグループでは1帯だけのときにも複数のジグザグ線が入れられたり，帯自体を複数重ねたりしたものが多く，ジグザグは1帯で1本という大木6式本来の約束から離れている（51図7〜9，52図2，6〜8，10，13）。ジグザグの形についても，前者ではしっかり角のあるジグザグなのに，後者では波線に退化したものが多い。またジグザグ線の地文という点でも，前者には地文がなく大木6式の方式を維持しているのに対し，後者では細線文の地文を有するものが増えている。このような何本も並列するジグザグ線は，五領ヶ台Ⅱa式並行とみられる宝性寺遺跡（54図）にも続いている。

南西関東でも五領ヶ台Ⅰb式の口縁にジグザグが見られるが，これは踊場式からの借用であり，岩手とでは起源を異にするが，同じように口縁部文様として用いられる。類例は東関東，福島県にたどることができる。宮城県や福島県では土着の長胴形土器の口縁部（上述の糠塚系を含む）に半截竹管の刺突によるジグザグを多数平行して施された土器がある（5図3，8，7図9，11）。上記のような東北地方本来のジグザグ文の代わりに踊場系のジグザグ文を取り入れたものとみられる。

五領ヶ台Ⅱa式並行を主とすることが確かな宝性寺遺跡では，口縁部の地文に細線文が見られず，縄文が多く見られる。無地 → 細線文地文 → 縄文地文という順序での変化が想定される。南西関東の五領ヶ台式の地文の変化もまた，五領ヶ台Ⅰa式の地文なし（別に細線文の土器がある）→ Ⅰb式の細線地文 → Ⅱa式の縄文地文，である。岩手県における地文の変化の順

序は，西関東とほぼ同じであるだけでなく時間的にもほぼ対応しているように見える。すでに述べたように両地域の間に細線文の乏しい地域が広がっており，西関東と岩手県の細線文の発生の仕方が別々であることを考えると，これは不思議な現象である。

このように，関東と東北地方北部の間で，もともと別の文様であったものが同じものに統一される現象が何度も起こった。これを共鳴現象と名付けて第VI部3節「土器系統の分布と移動の類型」で論じる。

岩手県の五領ヶ台II式〜阿玉台Ia式並行期

1985年以後五領ヶ台I式並行期と竹ノ下・阿玉台並行期の資料は急増したが，五領ヶ台II式並行期とみられる資料は，上記宝性寺遺跡を除き，あまり増えていないように見える。編年に役立つ一括資料は少ないが，概略次のような分類ができる。

1．第3節で東北地方における五領ヶ台IIa式並行期のほとんど唯一のまとまった資料として江刺町宝性寺遺跡をとりあげた（53図，54図）。縄文地文の上に沈線や三角刻文から変わった弧が並ぶ文様が特徴的で，それ以前から続くジグザグ線は角のない蛇行線になっている。口縁部文様の縦区画に，以後長く用いられることになる蛇行隆線文（53図6〜8，54図6）が見られることが注目される。縄文地で幅広の口縁部に縦の隆起線を加えた粗製土器は以後も継続して存在するが，時期的な細分は困難である。

2．次のIIb式については，さすがに岩手まで離れると東関東と同じものは知られていないが，ごく近似するものはある（56図1）。時期的にはIIc式並行期まで下るであろう。複合鋸歯文による区画とともに，小さな円形や渦巻が区画文の内角に用いられることが特徴的な土器群がある（56図3〜15）。前後から押してきて，ほぼ五領ヶ台IIc式並行になろうか。この時期も資料が少ない。縦の隆起線の粗製土器の存在が，多少は少なさを緩和するであろうが。

3．次に複合鋸歯文を半截竹管の押し引きや蛇行隆起線で置き換えることが一般的になるらしい。前の時期の小円形が大きくなって区画線に接する半円になるとともに，人字形が埋め草のように用いられることが特徴的（57図〜59図）。同じものが1点，中ノ内遺跡でI群に伴っていることから（36図7），竹ノ下式並行と判断される。截頭波状口縁下の2本の隆起線も中ノ内I群で盛行するものである。この時期ころから非常に大型の土器が増える。

4．次に前段階の区画の要素が切れ切れになったものが多数並べられる段階があるらしい（60図，61図）。この文様は胴部にも広がる。蛇行隆起線も多く用いられる。截頭波状の両端が回り込み，3字形になる。関東の並行型式は確定できないが，おそらく阿玉台式の古い部分であろう。

5．口縁部で縄文地に隆起線の区画を加え，それや口縁に沿って縄の圧痕が加えられるもの（62図）。1．以来の蛇行隆線も盛んに用いられる。隆起線に沿う縄の圧痕は中ノ内II群と関連するとみられ，4．と時間的に重なる部分があろう。中ノ内I群で截頭波状口縁が発達した後，中ノ内系統（中ノ内II群）では截頭波状口縁が縮小して数も少なくなる。会津の大木7b式も同様の傾向があるが，阿玉台式や岩手県ではこれが大きいまま残っていることが確かである。

6．隆起線に沿う縄の圧痕が沈線に置き換えられたものは，5．と重なる部分もあろうが，新

しい傾向と思われる。ジグザグの隆起線はほとんど見られなくなる。この種の土器の中に，金ヶ崎町高谷野原遺跡（金ヶ崎町教育委員会1973）にまとまってあるように，口唇直下に短い撚糸圧痕を縦に並列させる大木8a式に続く要素が現れる。

　以上は，文様と器形の類似をもとにグループに分け，文様の変化の順序を推定し，同一個体における文様の共存関係，各遺跡における群としてのありかたなどを相互に比較しながら組み上げた，いわば作業仮説であり，各グループが以上の順序で交代したと考えるものではない。2つのグループが時間的に重複する場合もあろう。今後時間的に単純なあり方の資料の出現を待ち，さらに検討を進める必要がある。

6. 東北地方の中期初頭の型式名の問題

　東北地方中・南部の編年表では，中期初頭に対して「大木7a式」を置き，関東の五領ヶ台式並行に位置付けるものが普通である。山内清男氏が大木7a式を設定した（1937）編年表でそのように配列されていたのであるから当然のことといえる。しかし関東や東北地方の編年が細分されたり新型式が設定されたりするにつれて，それらをどう呼ぶべきかという問題が浮上してきた。山内氏による大木7a式の内容を知る手掛かりが，1961年に宮城県史に掲載された1枚の不鮮明な写真しかないことが，この問題をいっそう難しくした。現在では鮮明な写真が公刊され（63図），それと同時期とみられる発掘資料の増加が事態を改善しつつある。

　山内氏以後大木7a式という名称の取扱については2つの立場があった。基準資料から大きく逸脱しない範囲を大木7a式とする立場と，基準資料に拘泥せずに名称だけ借りて東北地方中南部の中期初頭全体を大木7a式と呼んでしまおうという便宜的な立場である。

　前者の立場をとったのが林謙作氏で，1965年に，内容を詳述することなく，大木6→糠塚→大木7aの編年を示した（林謙作1965）。「糠塚式」は『新田村史』の掲載資料（加藤孝1956）から，五領ヶ台Ⅰa式並行を主体に五領ヶ台Ⅱa式並行くらいのものまで含むものであったことがわかる。以後大木7a式よりも糠塚式のほうが型式内容の確かなものになったのは皮肉なことである。

　1968年に小笠原好彦氏は別の立場から糠塚式→大木7a式の編年を示した（小笠原好彦1968）。糠塚資料を2分して「糠塚式」（糠塚Ⅱ～Ⅳ群）と「大木7a式」（五領ヶ台式に類似性のある糠塚Ⅴ群）とし，前者を十三菩提式と五領ヶ台式の間に並行するもの，後者を五領ヶ台式並行と考えたのである。型式名の並びかたとしては林氏と同じになったが，この2分は，時期差とは言えない系統の違う土器を時間的前後関係とみなした不適当なものであり，かえって「糠塚式」否定論を助長することになった。

　1969年に長根貝塚の報告が出版され，「糠塚式」とほぼ同じ内容の長根三群土器が報告されたが，土器を担当した藤沼邦彦氏は型式名の使用を保留した。

　私は1972年に五領ヶ台Ⅰ式を設定したときに，東北地方との並行関係について考え，糠塚式（Ⅴ群も含む）が五領ヶ台Ⅰ式に並行することは問題がなく，型式内容は明確でないが大木7a式が五領ヶ台Ⅱ式（従来の五領ヶ台式）に並行する可能性があるとした（今村啓爾1972）。1985年にも資

料を集成し，五領ヶ台Ⅰ式並行期（糠塚式）→五領ヶ台Ⅱ式並行期（大木7a？式）とした（今村啓爾1985，本書3D章）。このときは五領ヶ台Ⅰ式を2細分，五領ヶ台Ⅱ式を3細分し，次に竹ノ下式を付け加えたが大枠に変化はなかった。大木7b式は阿玉台式並行とした。

1981年に丹羽茂氏は大木式の解説で中期初頭をすべて大木7a式とし，それを細分する立場をとり，現在に続く流派の元祖になった（丹羽茂1981）。

1986年には小梁川遺跡の報告書が刊行されたが，土器の分析を担当した相原淳一氏は（相原淳一1986），「糠塚式」相当とその前の大木6式末期を合わせて第Ⅱ群とし，小笠原氏の編年を批判して「糠塚式」の名称は使うべきでないこと，このⅡ群は中期初頭に属するので「大木7a式」の名称がふさわしいと丹羽氏に従った。次の小梁川Ⅲ群はすでに指摘したように，ほぼ竹ノ下式並行であるが，これも大木7a式とされた。この遺跡には五領ヶ台Ⅱ式並行の土器が少なく，中間がほぼ欠落する状況である。翌1987年の中ノ内A遺跡の報告でも竹ノ下式に並行する中ノ内Ⅰ群が大木7a式とされた（宮城県教育委員会1987b）。ここにも五領ヶ台Ⅱ式並行の土器はほとんどない。

以上の経過を振り返って気がつくことは，たしかに当初資料は零細であったが，その内容をよく吟味しないままに，中期の初頭という位置の対比だけで五領ヶ台式並行とか五領ヶ台Ⅱ式並行と扱われてきたことで，一度原点に戻ってみる必要がある。

大木7a式本来の内容を知る手がかりは，山内清男氏による8片ほどの土器の写真しかないようであるが，1996年に鮮明な写真が公開された（63図）（山内先生没後25年記念論集刊行会1996）。その多くは下小野系粗製土器に類似する縄文と無文の土器である。3片の有文土器のうちの1点は，口縁の段に水平に並行する半截竹管の押引が見られるが，これは竹ノ下式並行の中ノ内Ⅱ群に見られ（64図1，2など），U字形に垂下する半截竹管の押引は岩手県の竹ノ下式並行とみられる土器に見られる（56図2が最も近い）。折り返し口縁下へのへの字形の隆起線もこの時期に類例がある（64図3〜6）。難しいのは下小野系粗製土器に類似する縄文だけの土器である。下小野系粗製土器は3E章「前期末中期初頭の粗製土器」で述べたように，福島県までは五領ヶ台Ⅰ式とⅡ式に伴うが，宮城県では，その時期にはないらしく，本章で述べたように糠塚系土器が縄文だけになった土器は，口縁部の破片だけ見ると下小野系粗製土器に似るが，全体の形は違っているし，成立過程も異なるので同一視はできない。かえって東関東で下小野式が変形してしまう竹ノ下式並行期から下小野式類似土器（35図6〜7）が普及する。

つまり大木7a式当初資料は，すくなくともこれだけは確かとされてきた五領ヶ台Ⅱ式並行ですらなく，それより後の竹ノ下式並行期に集中しているのである。したがって本来の大木7a式を五領ヶ台Ⅰ式並行期まで引き延ばすことはもちろん，五領ヶ台Ⅱ式並行期にあてることも不適当であったことになる。

ここで第1の立場に固執して，山内資料に忠実に大木7a式を定義すると，それは竹ノ下式並行であり，東北地方では，その前に五領ヶ台Ⅰ式並行期とⅡ式並行期というそれぞれ様相の大き

---

(6) もっとも近いものは福島県法正尻54号住居例（竹ノ下式）であろう。岩手県清田台25号土坑（竹ノ下式並行か），同97図（時期不明），千葉県白井雷14図（竹ノ下式，西村正衛1984）がある。

く異なる2つの時期が存在したことになる。Ⅰ式並行期を糠塚式と呼ぶことは問題がないとしても，五領ヶ台Ⅱ式並行期には新しい名前を考えるのか，中途半端に大木7a式をここまで延長するのか判断を迫られる。

そうすると，糠塚式を五領ヶ台Ⅰ式並行と正しく指摘してきた私としてははなはだ不本意ではあるが，中期初頭をすべて便宜的に大木7a式と呼ぶ最近の趨勢に大幅妥協し，大木7aⅠ式（旧糠塚式で五領ヶ台Ⅰ式並行部分），大木7aⅡ式（五領ヶ台Ⅱ式並行），大木7aⅢ式（山内資料本来の大木7a式で，竹ノ下式に並行する）とするのが型式名に関する混乱をこれ以上長引かせない現実的な方策になろう。次の阿玉台Ⅰa式並行期からが大木7b式となる。

本書でこの新しく整理された型式名を使用しなかったのは，既発表の論文は字句を修正することなく再録するという本書の方針もあるが，ひとつの本の中で異なる型式名を用いることが混乱の原因になると考えたからである。

図を引用した文献（本文註にあげたもの以外）

岩手県盛岡市大館	盛岡市教育委員会1978・1989・1989・1993・1984
岩手県盛岡市繋	岩手県埋蔵文化財センター1981・1982，盛岡市教育委員会1986・1995a・1996
岩手県盛岡市畑井野	草間俊一・吉田嘉昭1959
岩手県盛岡市上平	盛岡市教育委員会・1995b
岩手県北上市滝ノ沢	北上市教育委員会1990b・1991
岩手県北上市樺山	北上市教育委員会1996
岩手県花巻市山の神	岩手県埋蔵文化財センター1978
岩手県花巻市久田野Ⅱ	花巻市教育委員会1997
岩手県平泉町北館大手門	岩手県教育委員会1980
岩手県大迫町天神ヶ丘	大迫町教育委員会1974
岩手県雫石町小日谷地	雫石町教育委員会2000
岩手県千厩町清田台	岩手県文化振興事業団埋蔵文化財センター2003
岩手県西根町間館	岩手県文化振興事業団埋蔵文化財センター1991
岩手県江釣子村鳩岡崎上の台	江釣子村教育委員会1983
岩手県田野畑村和野	岩手県文化振興事業団埋蔵文化財センター2004c
秋田県田沢湖町黒倉	田沢湖町教育委員会1985
宮城県七ヶ宿町小梁川	宮城県教育委員会1986・1987a
宮城県七ヶ浜町大木囲	七ヶ浜町教育委員会1973
宮城県涌谷町長根貝塚	宮城県教育委員会1969
宮城県丸森町下南山	宮城県教育委員会1983
宮城県築館町嘉倉貝塚	宮城県教育委員会2003
宮城県川崎町西林山	宮城県教育委員会1987c
宮城県川崎町中ノ内	宮城県教育委員会1987b
宮城県迫町糠塚	加藤孝1956
宮城県鳴瀬町里浜貝塚	東北歴史館1991

山形県最上町水木田	山形県教育委員会1984
福島県福島市愛宕原	福島市振興公社1989
福島県福島市月崎	福島市教育委員会1994・1997
福島県須賀川市関林	福島県文化センター1999
福島県大玉村長久保	吉田秀亨・戸田伸夫2000
福島県磐梯町法正尻	福島県文化財センター1991
福島県郡山市中ノ沢	福島県文化センター1989
福島県郡山市一ツ松	郡山市埋蔵文化財発掘調査事業団1997
福島県いわき市綱取貝塚	いわき市教育文化事業団1996
福島県いわき市横山B	いわき市教育文化事業団2001
福島県飯舘村上ノ台	福島県文化財センター1984
福島県石川町七郎内C	福島県文化財センター1982
福島県田島町寺前	福島県教育委員会1980
福島県三春町芝原	福島県文化センター1989
福島県会津美里町沼ノ上	福島県大沼郡美里町教育委員会2007a
福島県会津美里町油田	福島県大沼郡会津美里町教育委員会2007b
福島県西会津町上小島C	西会津町史刊行委員会1997
福島県柳津町石生前	福島県河沼郡柳津町教育委員会1991
茨城県水戸市中ノ割	茨城県教育財団1993a
茨城県水戸市塙東	茨城高等学校史学部1978
茨城県日立市諏訪	日立市教育委員会1980
茨城県竜ヶ崎市沖餅	茨城県教育財団1980
茨城県鹿島町北台	木滝国神遺跡調査団1988
茨城県石岡市餓鬼塚	石岡ロータリークラブ1982
茨城県大洗町吹上	上川名昭　大洗吹上遺跡調査団1972a
茨城県大洗町竹ノ下	藤本彌城編1977
茨城県筑波郡豊里町大境	茨城県教育財団1986
茨城県美浦村虚空蔵	国士舘大学文学部考古学研究室1978
茨城県美浦村陸平貝塚	陸平調査会1989
茨城県土浦市壱杯清水西	土浦市遺跡調査会1997
茨城県土浦市前谷	土浦市教育委員会1998
千葉県千葉市神門	千葉市文化財調査協会1991b
千葉県成田市椎ノ木	印旛郡市文化財センター1987b
千葉県白井町一本桜	千葉県文化財センター1998a
千葉県袖ヶ浦市向神納里	君津郡市考古資料刊行会1995
千葉県八千代市上谷	八千代市遺跡調査会2004　八千代市遺跡調査会2005
千葉県千葉市原市奈良大仏台	市原市文化財センター1992
千葉県木更津市久野	千葉県文化財センター1999
千葉県市川市根古谷	南山大学人類学博物館1996
千葉県八日市場町八辺	小林謙一1989
千葉県佐倉市明代台	千葉県文化財センター1987
千葉県市川市東山王	市川市教育委員会2000
千葉県山田町高宮台	高宮台遺跡調査会1985

千葉県袖ヶ浦市尾畑台	君津郡市文化財センター1994
千葉県小見川町天神後	千葉県文化財センター1992
千葉県栄町龍角寺	龍角寺ニュータウン遺跡調査会1982
千葉県銚子市粟島台	千葉県銚子市教育委員会2000
千葉県印西町高根北	千葉県都市公社1974
千葉県柏市水砂	千葉県文化財センター1982
千葉県四街道市和良比	印旛郡市文化財センター1991
千葉県千葉市弥三郎第3	千葉市文化財調査協会1996
千葉県松戸市紙敷	湯浅喜代治・小山勲1984
千葉県小見川町白井雷	西村正衛1954・1984
千葉県印西町泉北側第2	千葉県文化財センター1991a
千葉県袖ケ浦市向神納里	君津郡市考古資料刊行会1995
千葉県成田市北羽鳥	小川和博1977
千葉県佐倉市天辺松向	佐倉市教育委員会2001
千葉県千葉市高台向	千葉市文化財調査協会1989
千葉県栄町あじき台	あじき台遺跡調査団1983
千葉県松戸市根之神台	千葉県文化財センター1990
千葉県成田市宮園	千葉県文化財センター1993
千葉県酒々井町猿楽場	印旛郡市文化財センター1985
千葉県成田市東峰御幸畑	千葉県文化財センター2004a
千葉県白井町一本桜	千葉県都市公社1973b
千葉県千葉市海老	山武考古学研究所1986b
千葉県四街道市和良比	印旛郡市文化財センター1991
千葉県佐倉市向原	千葉県文化財センター1989a
千葉県小見川町木之内明神	西村正衛1984　南山大学人類学博物館1998
千葉県柏市高砂	柏市教育委員会1983
千葉県千葉市南河原坂	千葉市文化財調査協会1992
千葉県安房郡豊田村加茂	江坂輝弥ほか1952
千葉県柏市水砂	千葉県文化財センター1982
千葉県市原市草刈	千葉県文化財センター2003
栃木県上都賀郡西方村小倉水神社裏	栃木県文化振興事業団1990
栃木県那須郡那須町伊王野何耕地	塚本師也1995
栃木県那須烏山市曲畑	塚本師也1995
栃木県堀之内	塚本師也1995
栃木県藤原町高徳	塚本師也1995
栃木県宇都宮市鶴田中原	栃木県教育委員会1994
群馬県前橋市二本松	群馬県埋蔵文化財調査事業団1991
群馬県富岡市増光寺	群馬県埋蔵文化財調査事業団1997b
群馬県松井田町東源ヶ原	松井田町遺跡調査会1997
群馬県吉井町神保植松	群馬県埋蔵文化財調査事業団1997a
群馬県赤城村勝保沢中ノ山	群馬県埋蔵文化財調査事業団1988
東京都多摩 No.471	東京都埋蔵文化財センター1993
東京都国分寺市恋ヶ窪南	国分寺市遺跡1987

東京都国分寺市日影山	西国分寺地区遺跡調査会1999
東京都町田市三矢田	鶴川第二地区遺跡調査会1991
東京都府中市武蔵台	都立府中病院内遺跡調査会1994・1995
東京都八王子市神谷原	八王子市椚田遺跡調査会1982
東京都八王子市椚田Ⅳ	八王子市椚田遺跡調査会1978
神奈川県座間市飯綱上	かながわ考古学財団2001
新潟県津南町城林	津南町教育委員会1997
長野県原村大石	伴信夫ほか1976
長野県茅野市長峯	長野県埋蔵文化財センター2005
長野県更埴市屋代	長野県埋蔵文化財センター2000
静岡県長泉町柏窪	長泉町教育委員会1979

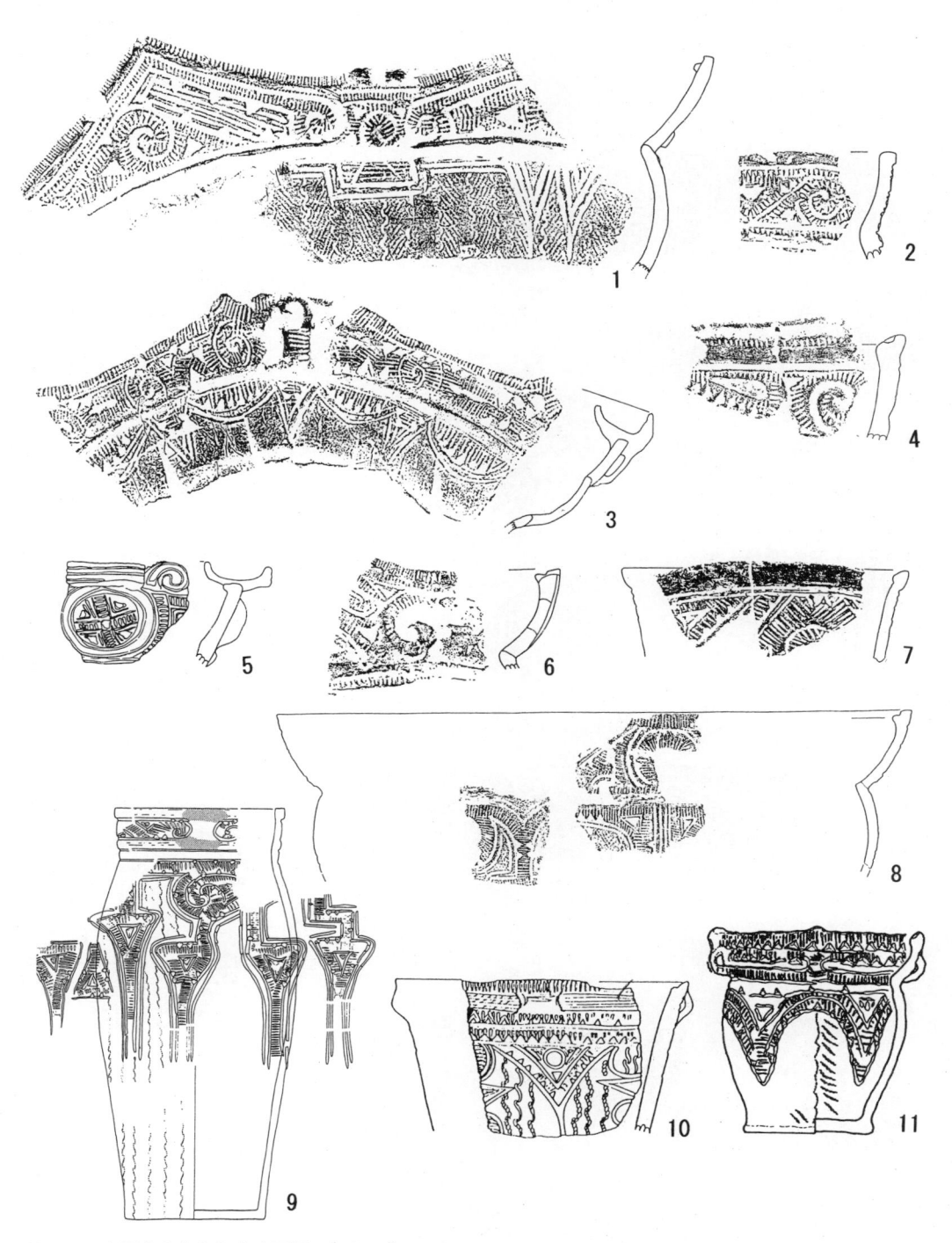

5F章　東関東と東北地方の中期初頭土器の編年と動態　389

第1図　東関東を中心とする五領ヶ台Ⅰa式
　1，3：茨城県虚空蔵，2：同県沖餅，4：千葉県一本桜，5，6：同県椎ノ木，7：同県向神納里，8：群馬県増光寺，9：千葉県神門，10：栃木県藤原町高徳，11：千葉県上谷（8，9：1/6，それ以外：1/4）

390　第Ⅴ部　土器系統の動きと人間の生態

第2図　東関東を中心とする五領ヶ台Ⅰ式（ほぼⅠb式）
　　1：千葉奈良大仏台，2：同県久野，3，10：千葉県根古谷貝塚，4，8：群馬県増光寺，5：千葉県明代台，6：同県東山王貝塚，7：同県八辺貝塚，9：茨城県虚空蔵貝塚，11：千葉県高宮台，12：同県神門，13：同県尾畑台（2-8：1/6，それ以外：1/4）

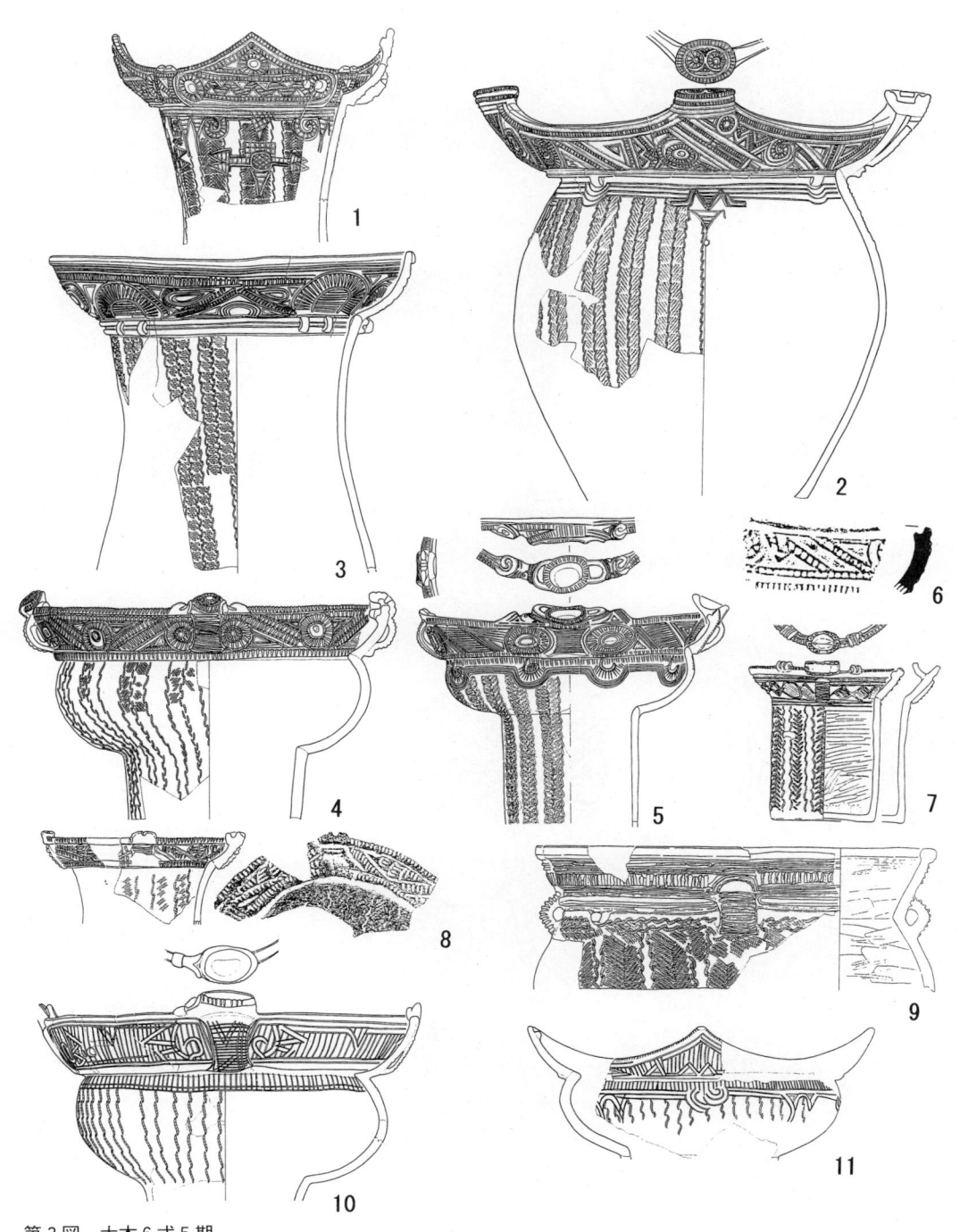

5F章　東関東と東北地方の中期初頭土器の編年と動態　391

第3図　大木6式5期
　　1-5，10-11：宮城県小梁川，6：同県大木囲，7：福島県関林，8，9：同県長久保（6：1/4，それ以外：1/6）

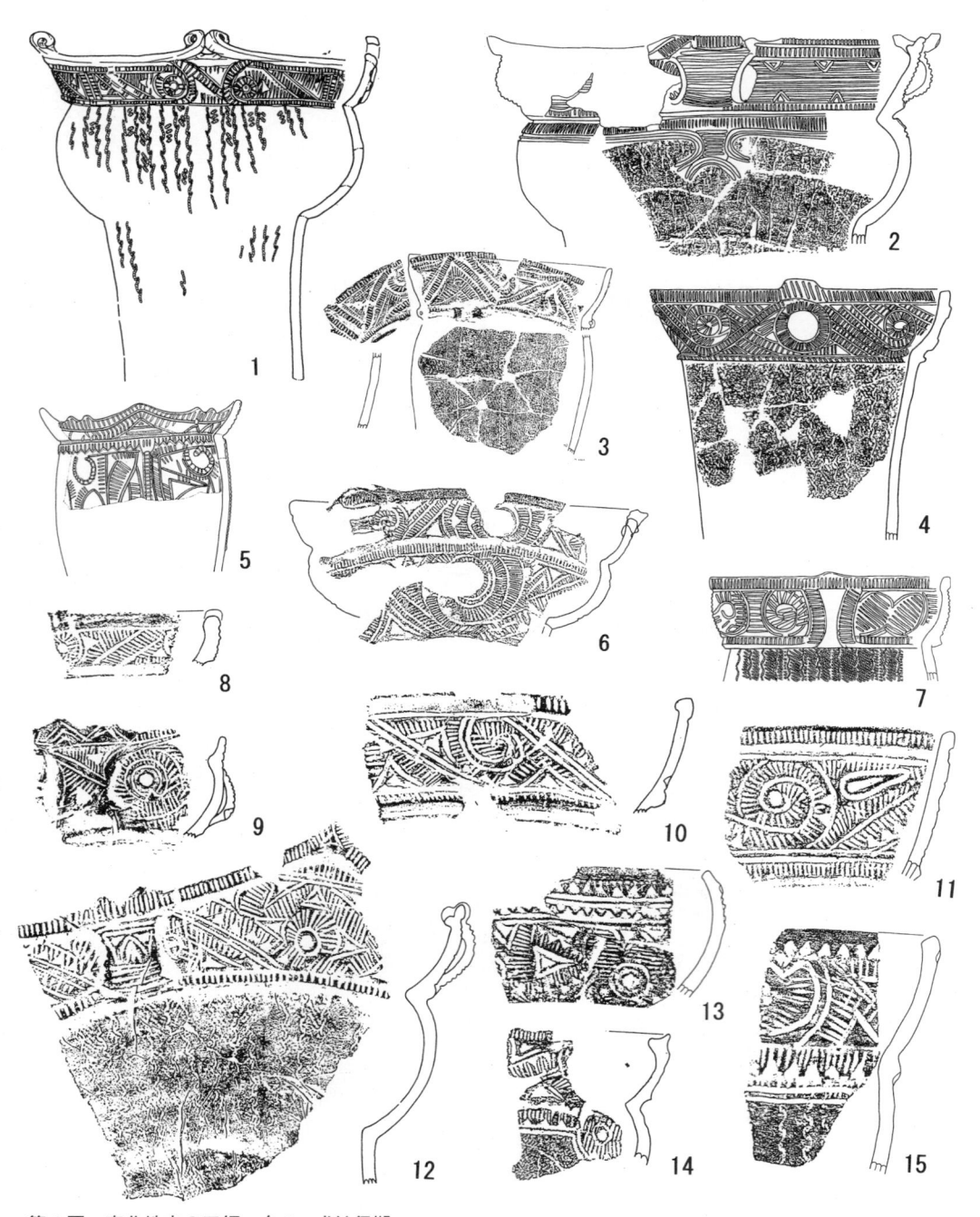

第4図　東北地方の五領ヶ台Ⅰa式並行期
　　　1，13，15：福島県愛宕原，2，4，7，11：同県法正尻，3：同県中ノ沢，5，8：宮城県小梁川，6：福島県浦尻貝塚，9，10，12：宮城県長根貝塚，14：同県下南山（1-7：1/6，8-15：1/4）

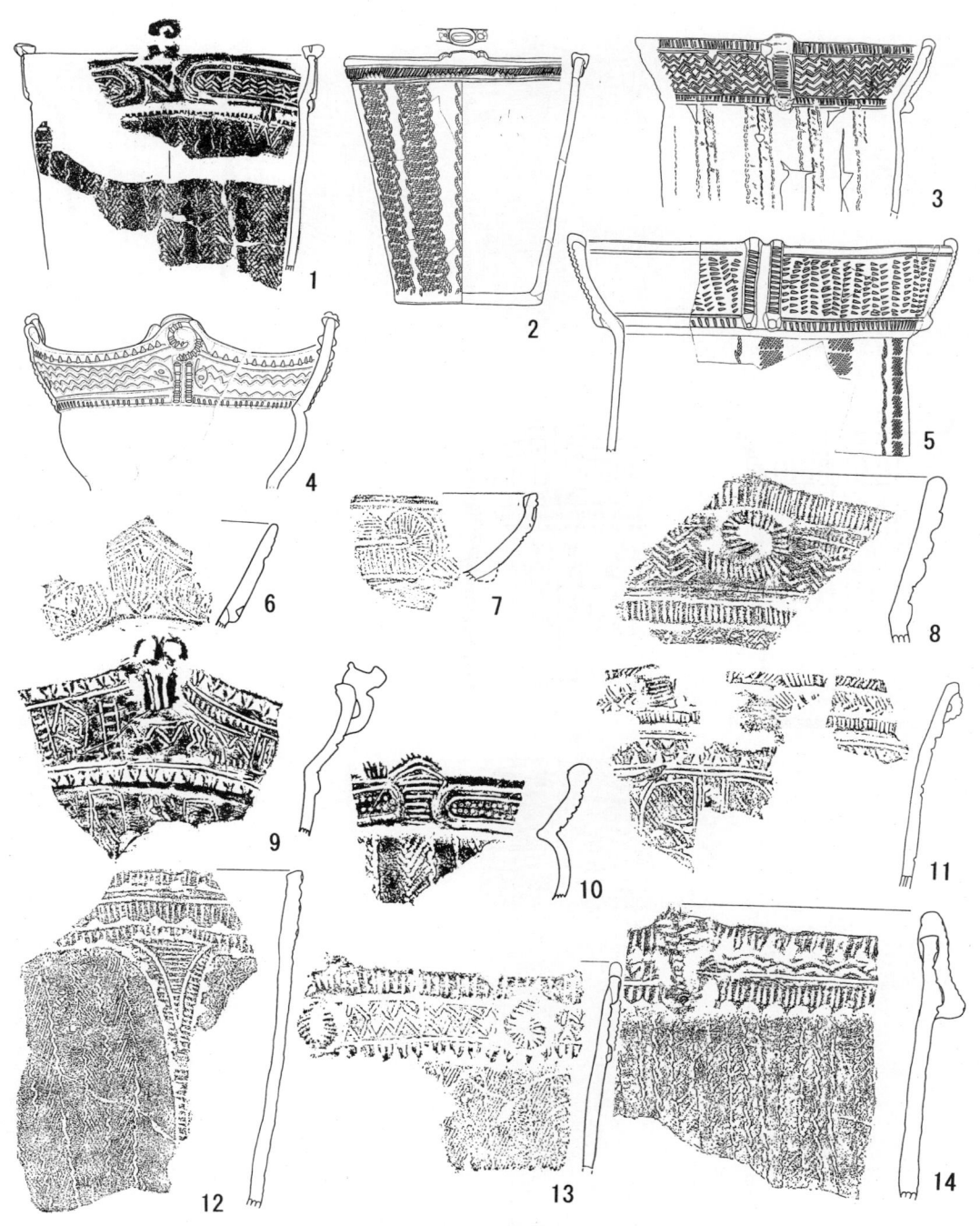

5F章　東関東と東北地方の中期初頭土器の編年と動態　393

第5図　東北地方の五領ヶ台Ⅰ式並行期（おそらくⅠb式並行）
　1：福島県愛宕原，2，5，6，7，13：宮城県小梁川，3，8，12，14：福島県浦尻貝塚，4：宮城県嘉倉貝塚，11：福島県法正尻，9，10：宮城県長根貝塚（1-5：1/6, 6-14：1/4）

394　第Ⅴ部　土器系統の動きと人間の生態

第6図　糠塚系
　1，3，9，11：宮城県嘉倉貝塚，2，10：宮城県西林山，4-7：糠塚，8：里浜貝塚（1-10：1/6，11：1/8）

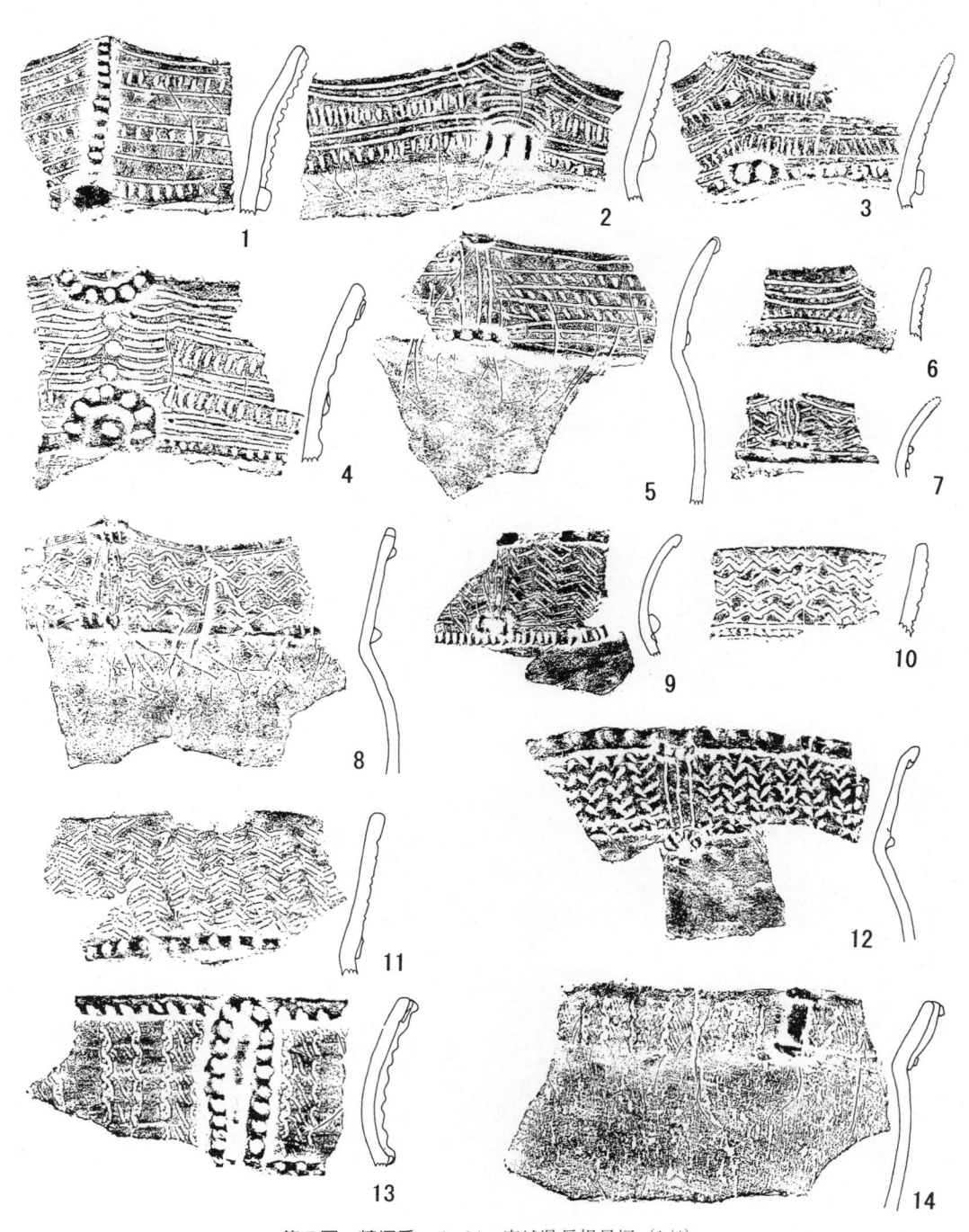

5F章　東関東と東北地方の中期初頭土器の編年と動態　395

第7図　糠塚系　1-14：宮城県長根貝塚（1/4）

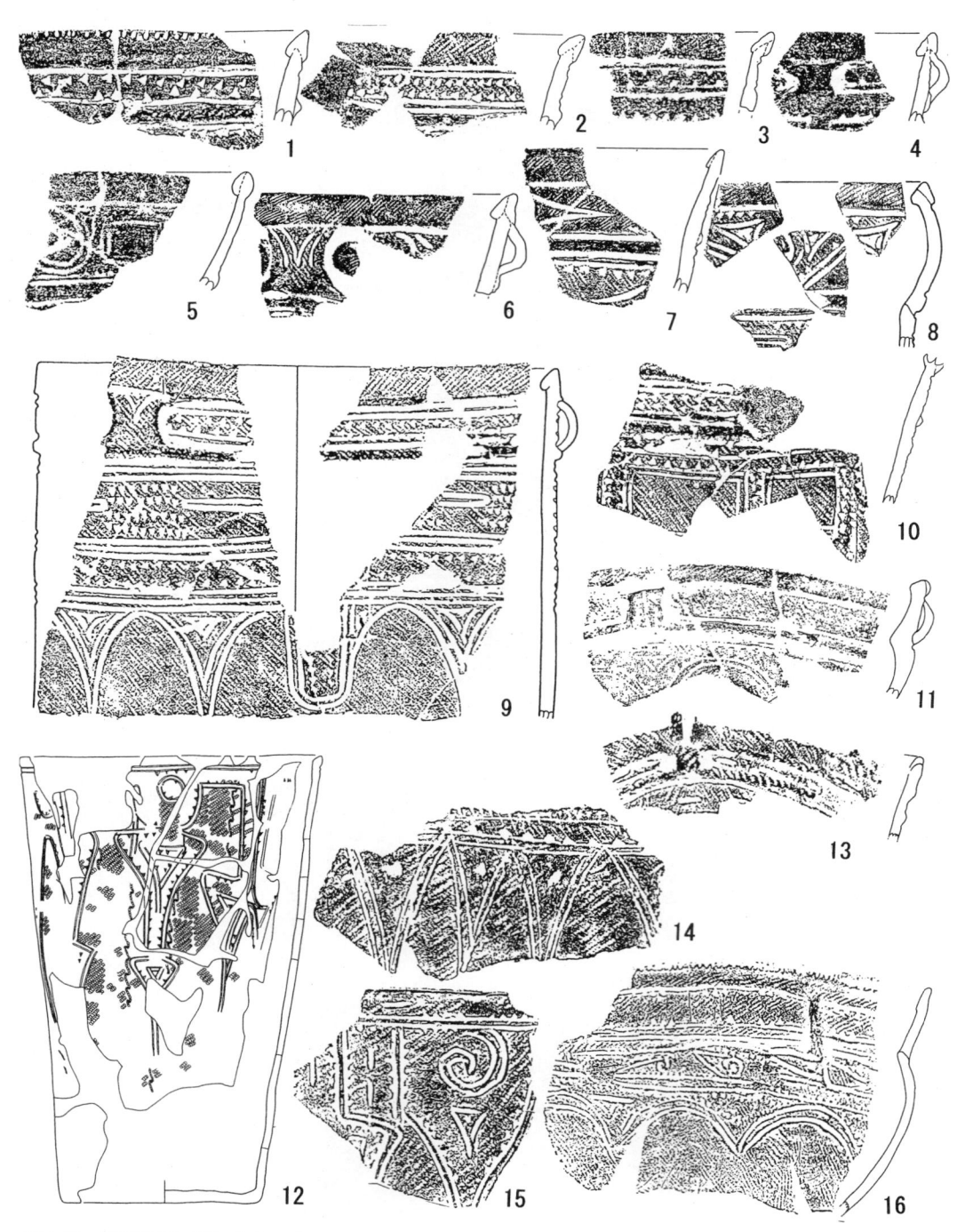

第8図　東関東系五領ヶ台Ⅱa式
　　　1-7，10：茨城県壱杯清水西，8：千葉県明代台，9：同県明神後，11：同県龍角寺，12：群馬県増光寺，13-16：茨城県虚空蔵貝塚（1-16：1/4）

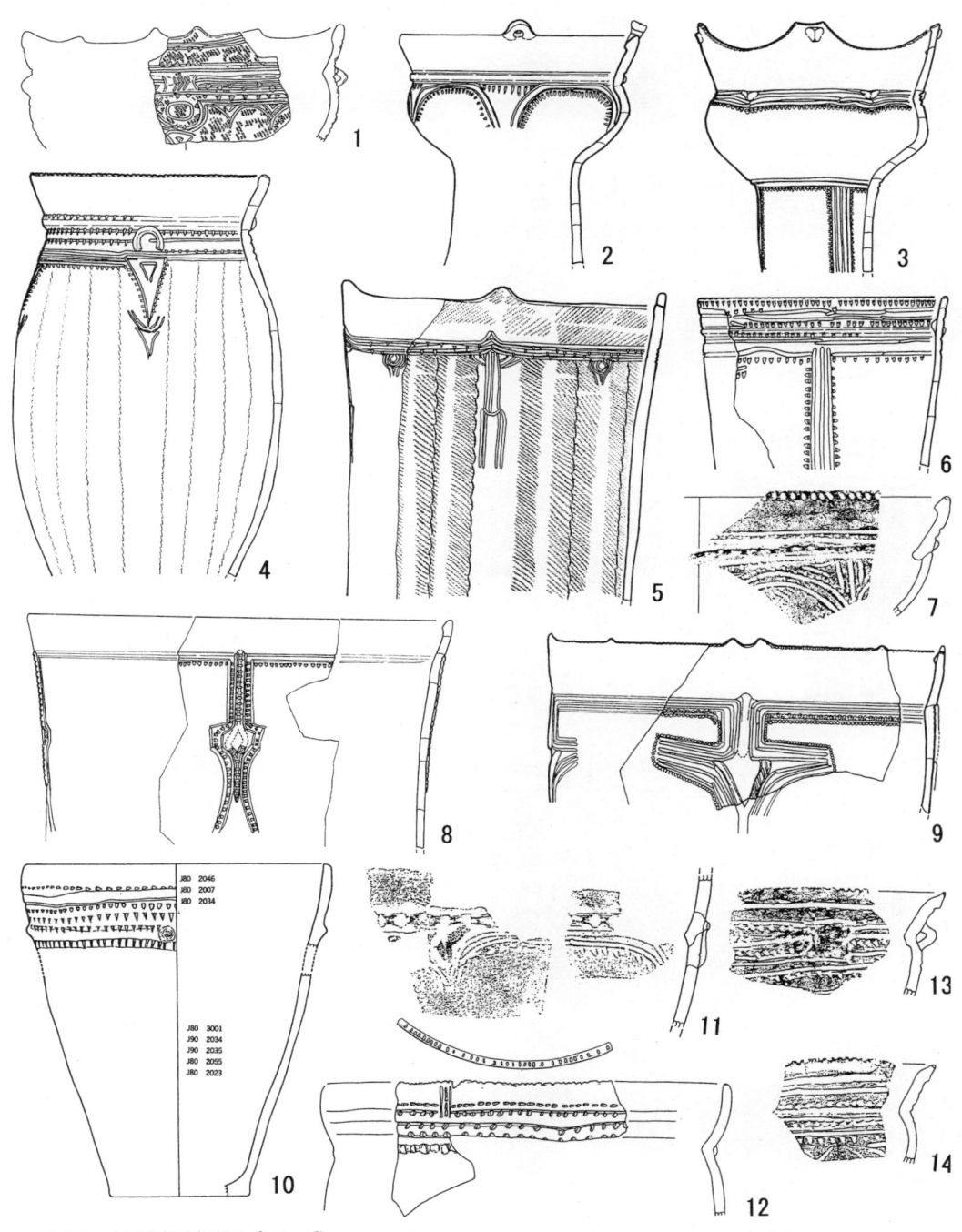

5F章　東関東と東北地方の中期初頭土器の編年と動態　　397

第9図　東関東系五領ヶ台Ⅱa式
　　1：千葉県粟島台，2－9：同県八辺貝塚，10：同県高根北，11：同県和良比，12：同県水砂
　13，14：同県弥三郎第3（1-6，8-10，12：1/6，7，11，13，14：1/4）

第10図　東北地方の五領ヶ台Ⅱa式並行期
　　1，2：福島県法正尻，3：宮城県嘉倉貝塚，4，12：同県小梁川，5：山形県水木田，6：福島県一ツ松，7-8，10-11：宮城県長根貝塚，9：福島県浦尻貝塚（1-2，7-12：1/4，3-6：1/6）

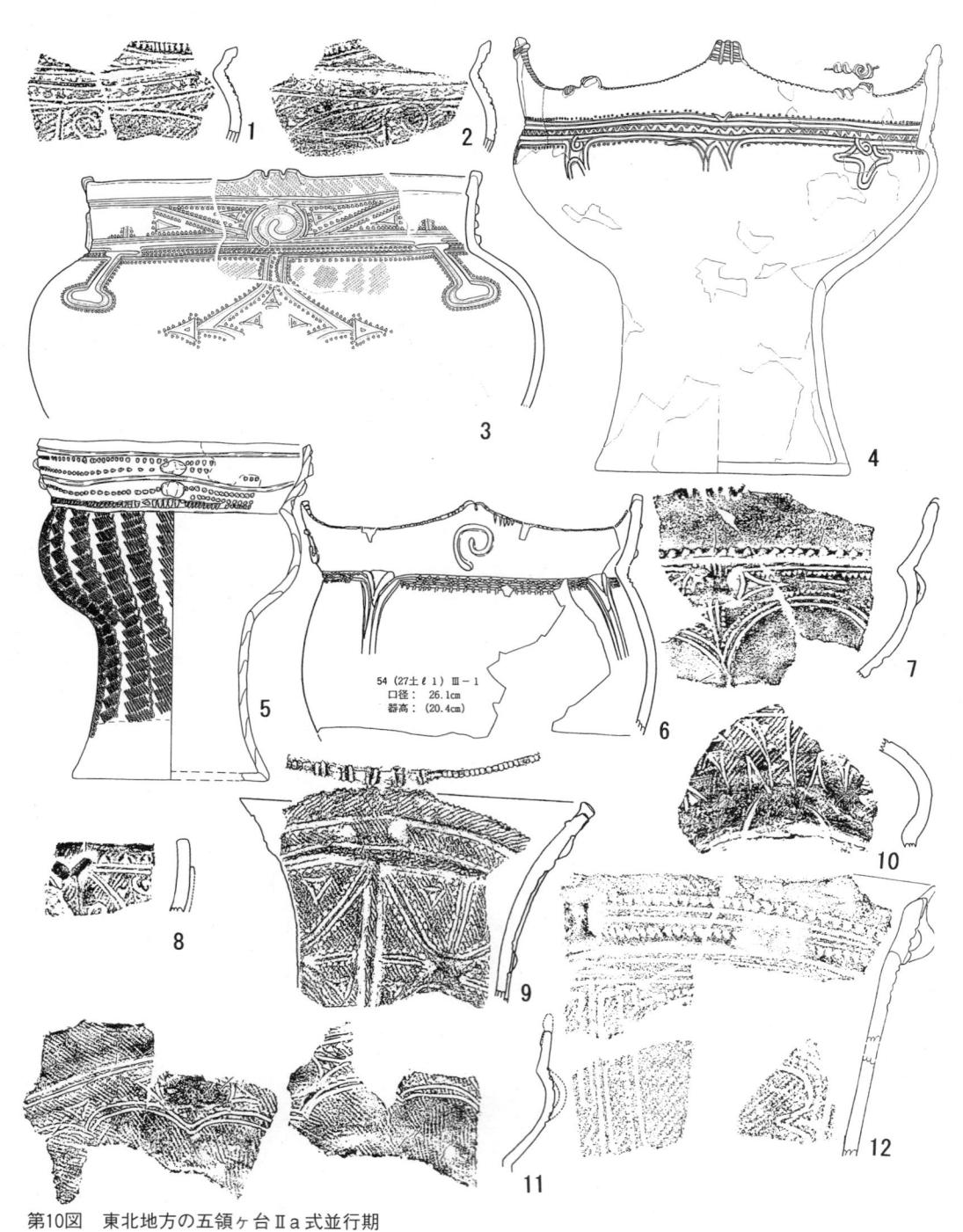

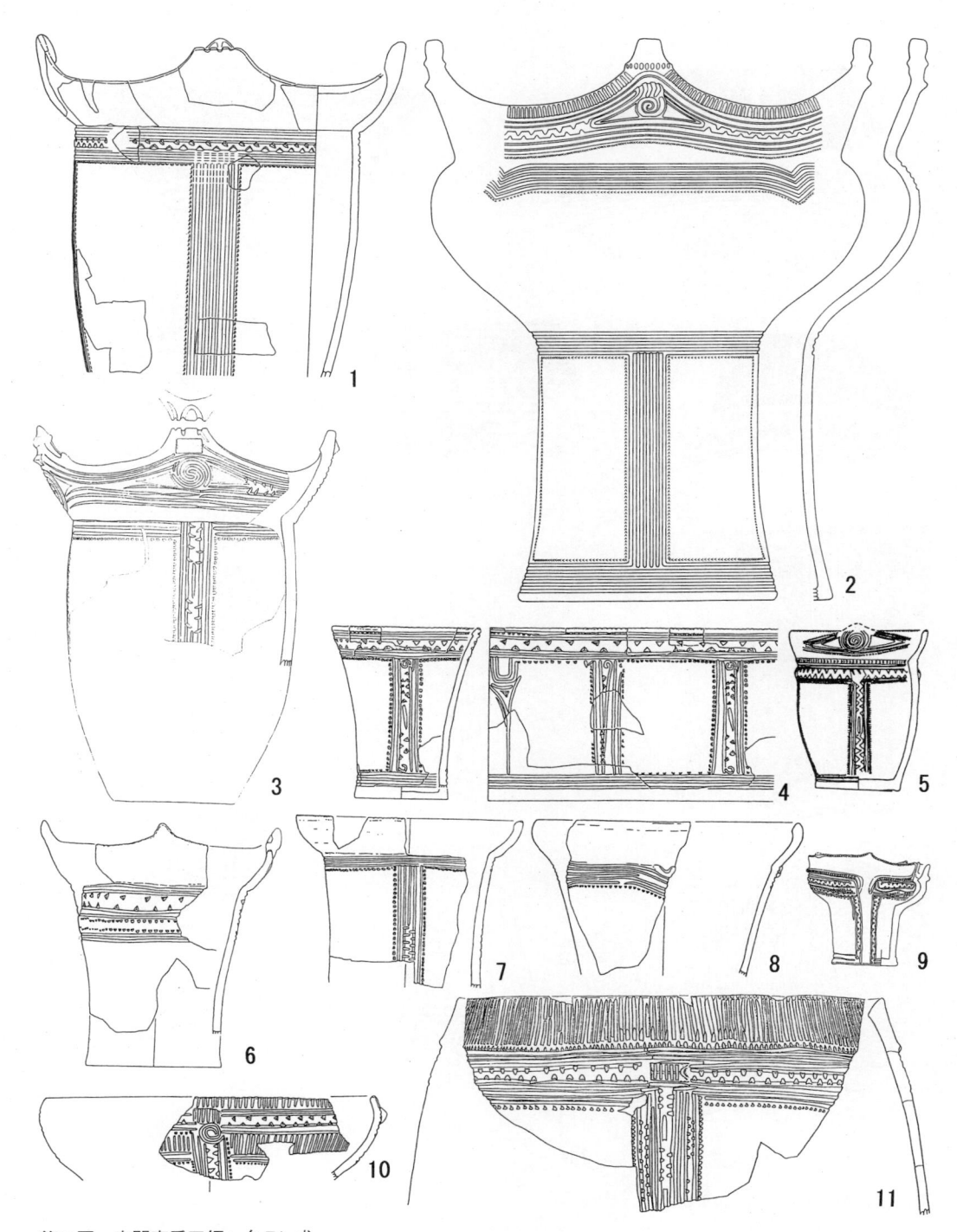

5F章　東関東と東北地方の中期初頭土器の編年と動態　　399

第11図　東関東系五領ヶ台Ⅱb式
　　1：茨城県北台，2：静岡県柏窪，3：千葉県紙敷，4，7-10：同県粟島台，5：同県鉢ケ谷，
　　6：同県下郷後，11：栃木県鶴田中原（1-11：1/6）

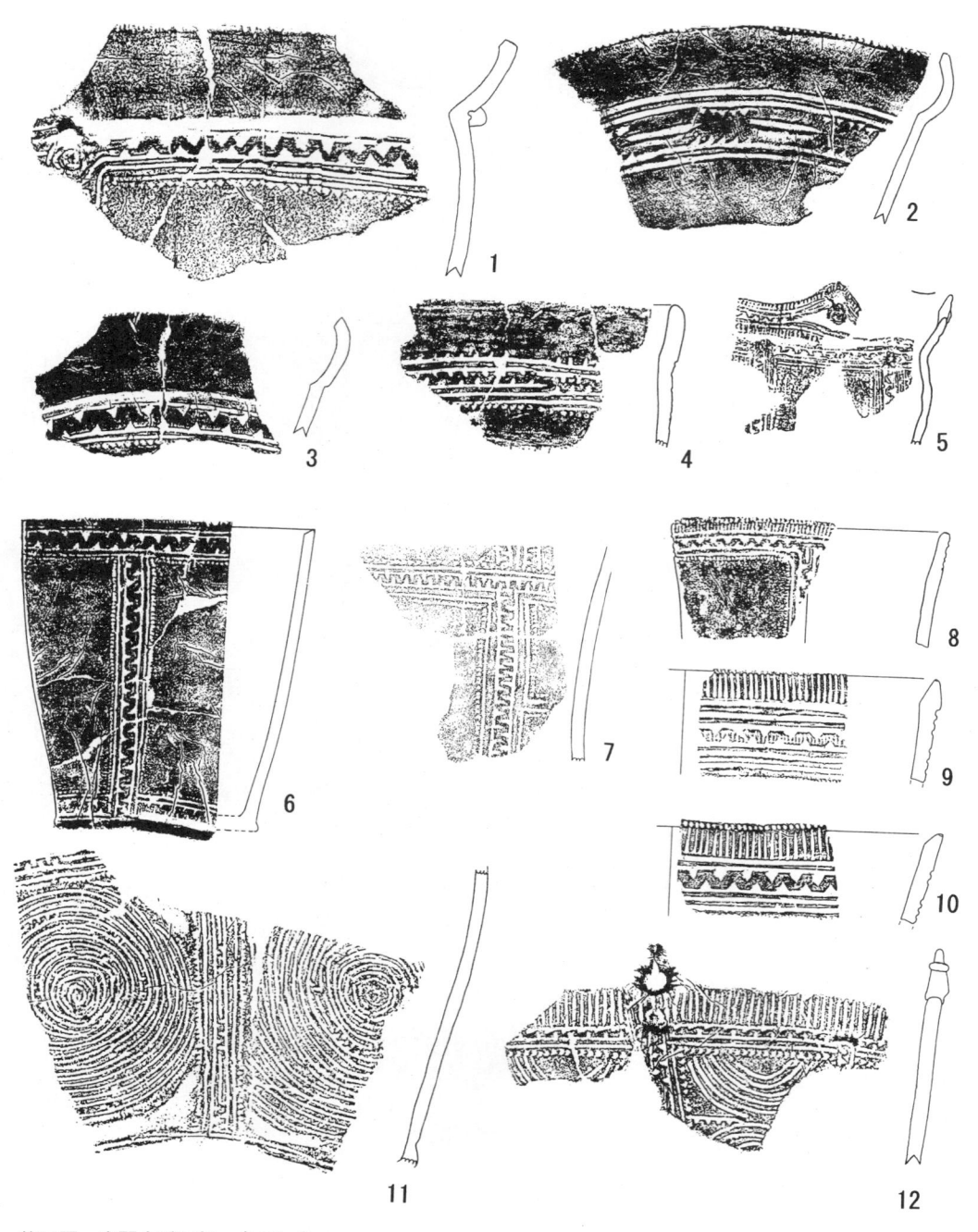

第12図　東関東系五領ヶ台Ⅱb式
　　1-3，6，12：千葉県雷，4：同県泉北側，5：群馬県東源ケ原，7：茨城県吹上，8：千葉県向神納里，9，10：同県八辺貝塚，11：茨城県虚空蔵貝塚（1-12：1/4）

第13図　東北地方の五領ヶ台Ⅱb式並行期
　1，2：福島県浦尻貝塚，3，4：同県上小島C，5，6，7，8：同県法正尻，9：同県綱取，10，11：同県一ツ松，12：宮城県嘉倉，13，16：宮城県大木囲，14，15：福島県油田（1-2，9：1/6，3-12，14，15：1/4，13，16：縮尺不明）

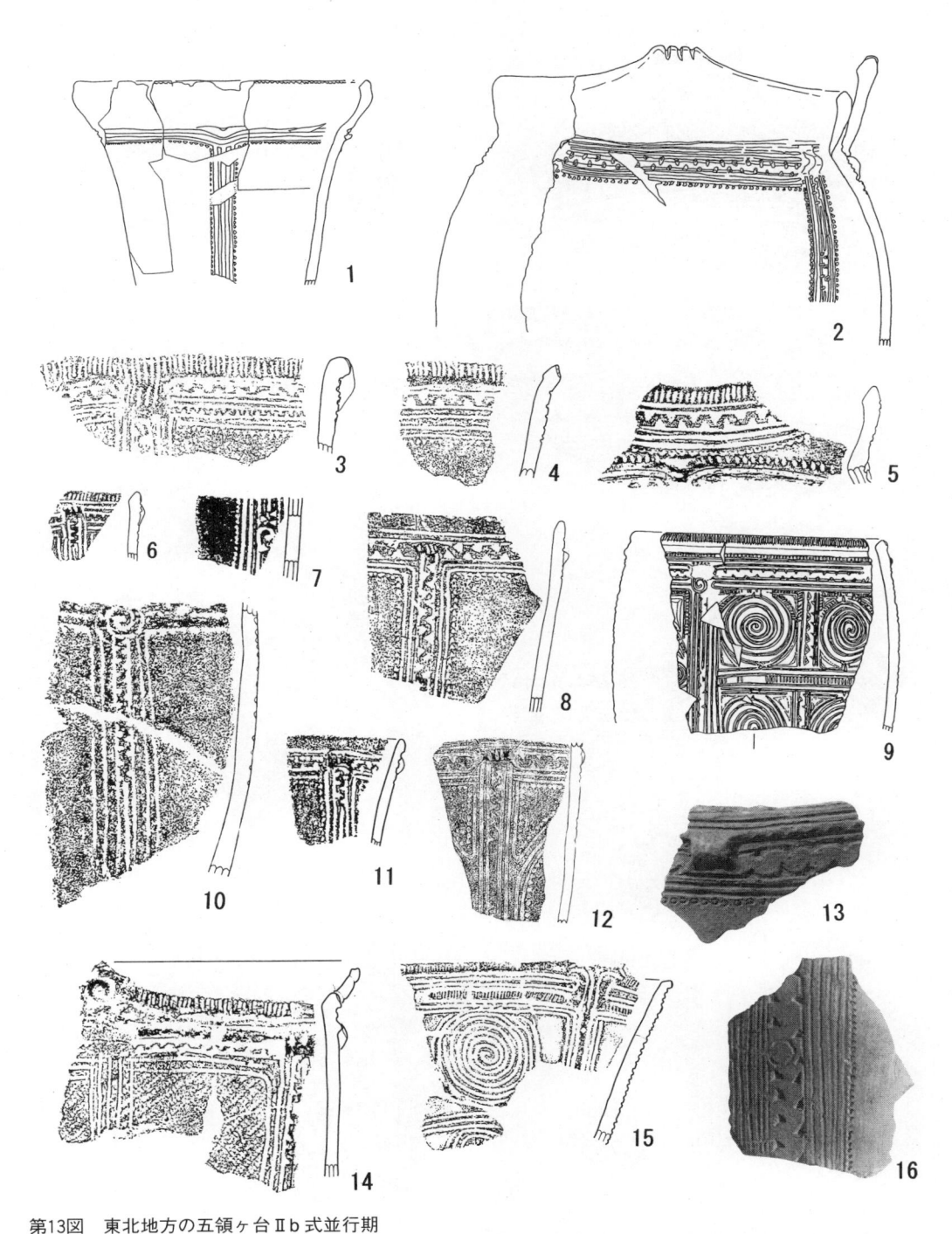

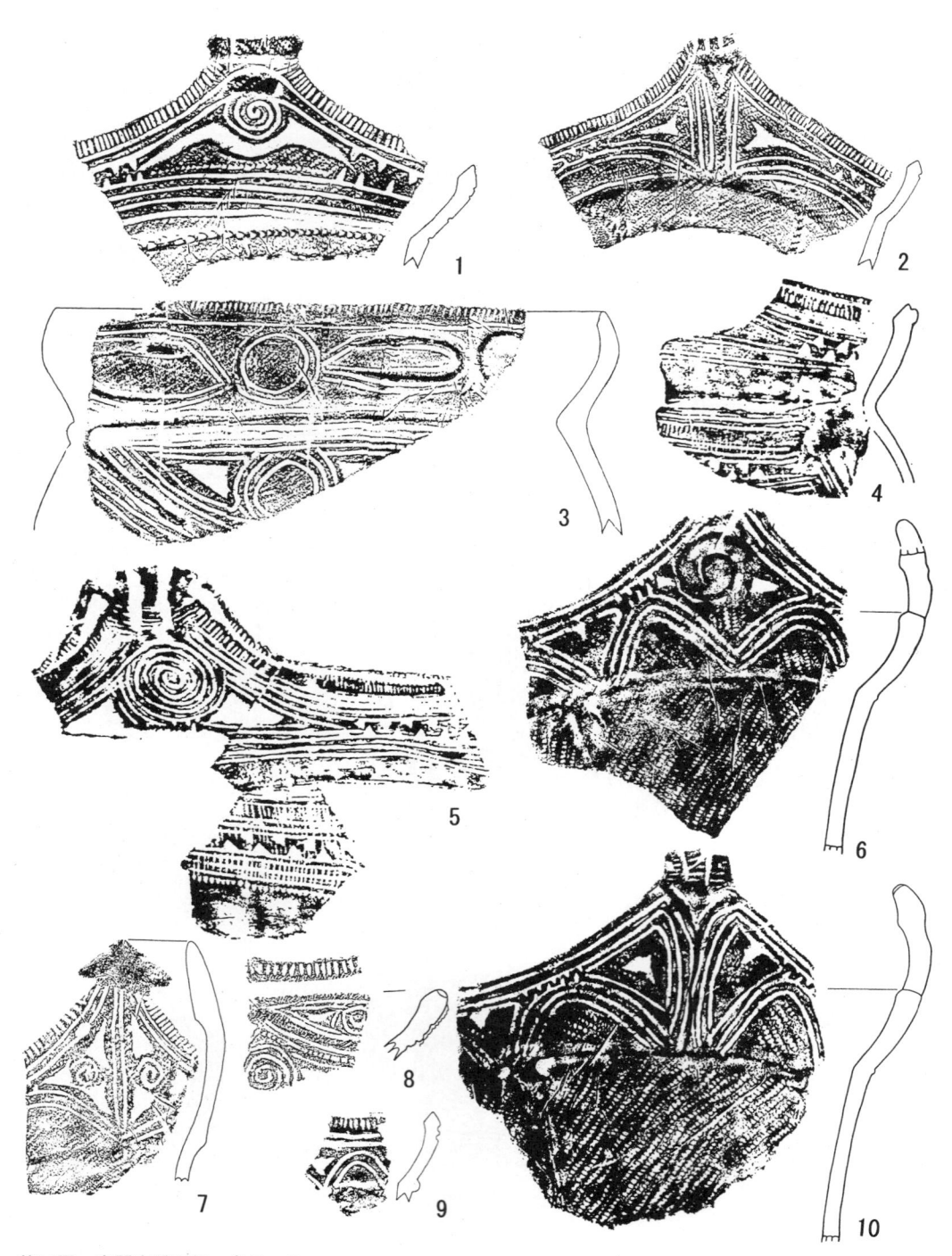

402　第Ⅴ部　土器系統の動きと人間の生態

第14図　東関東系五領ヶ台Ⅱc式
　　　　1-3，9：千葉県雷，4，5：茨城県染谷餓鬼塚，6，10：千葉県北羽鳥，7：茨城県竹ノ下，
　　　　8：同県大境（1-10：1/4）

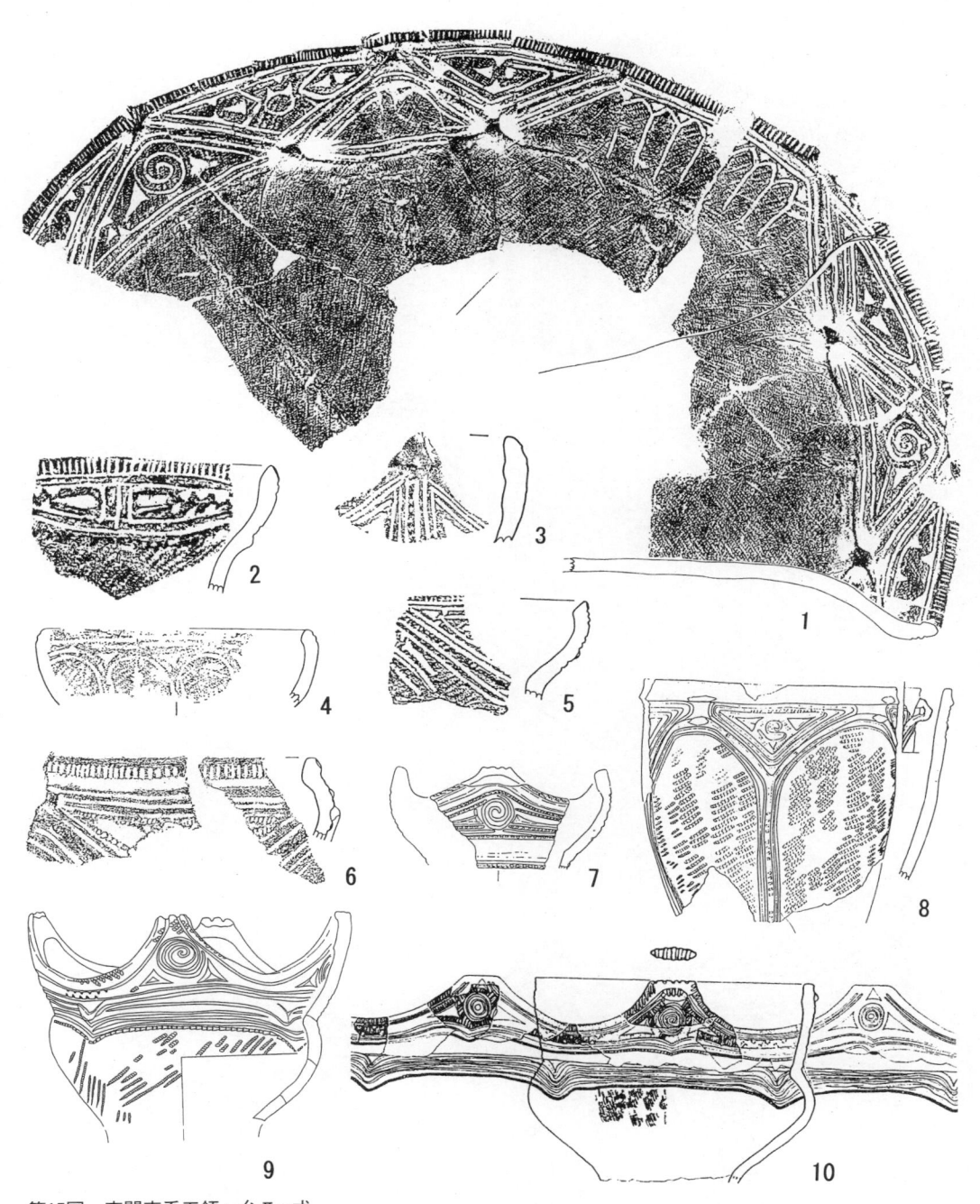

第15図 東関東系五領ヶ台Ⅱc式
 1：茨城県虚空蔵，2：千葉県高台向，3：茨城県中ノ割，4：千葉県あじき台，5，7：同県粟島台，6：同県天辺松向，8：栃木県堀之内，9：東京都多摩No.471，10：東京都恋ケ窪（1-4，6：1/4，5，7-10：1/6）

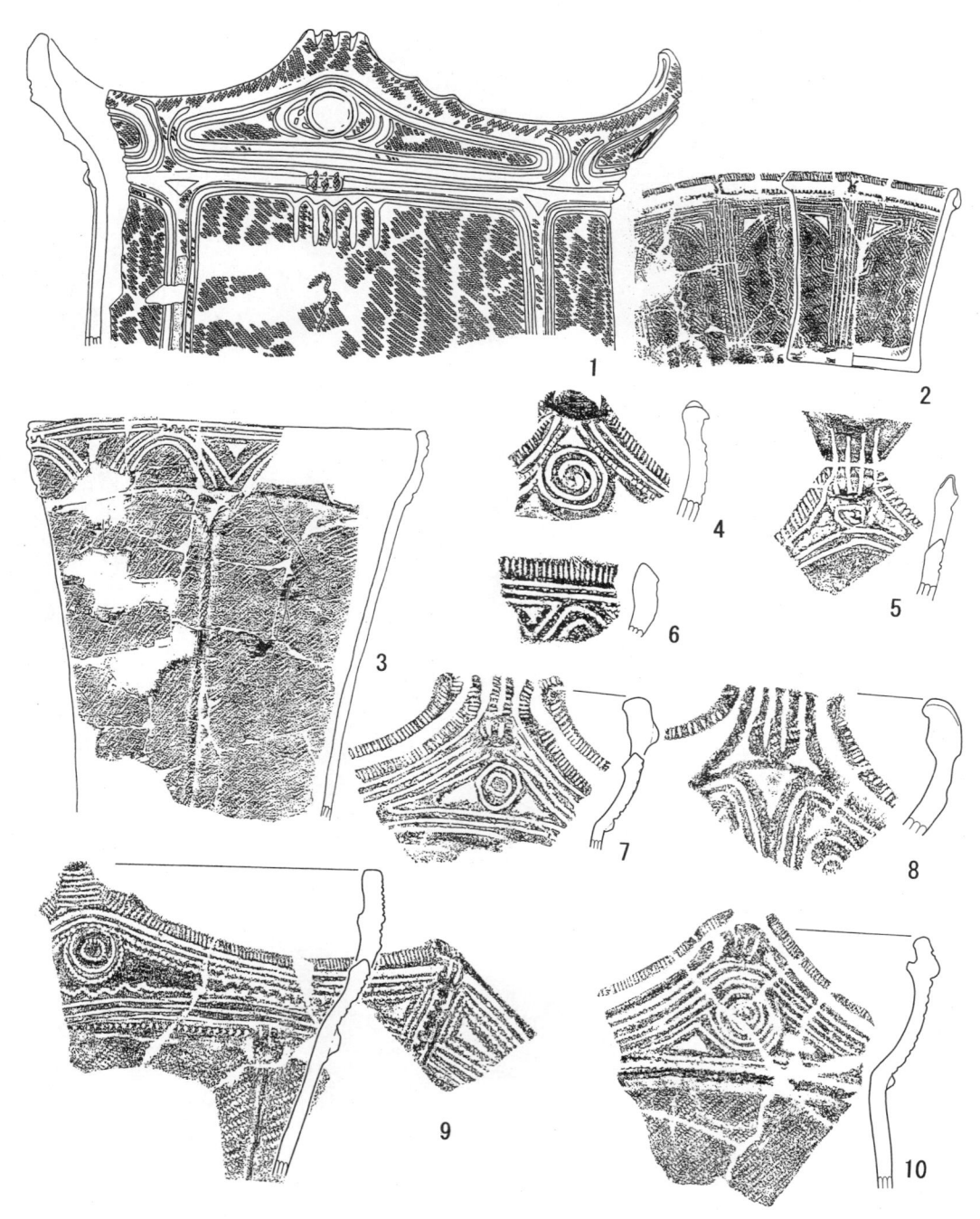

404　第Ⅴ部　土器系統の動きと人間の生態

第16図　東北地方の五領ヶ台Ⅱc式並行期
　1，2，3，4，5：福島県法正尻，6：同県芝原，7，8，10：同県油田，9：同県沼ノ上（1－3：1/6，4－10：1/4）

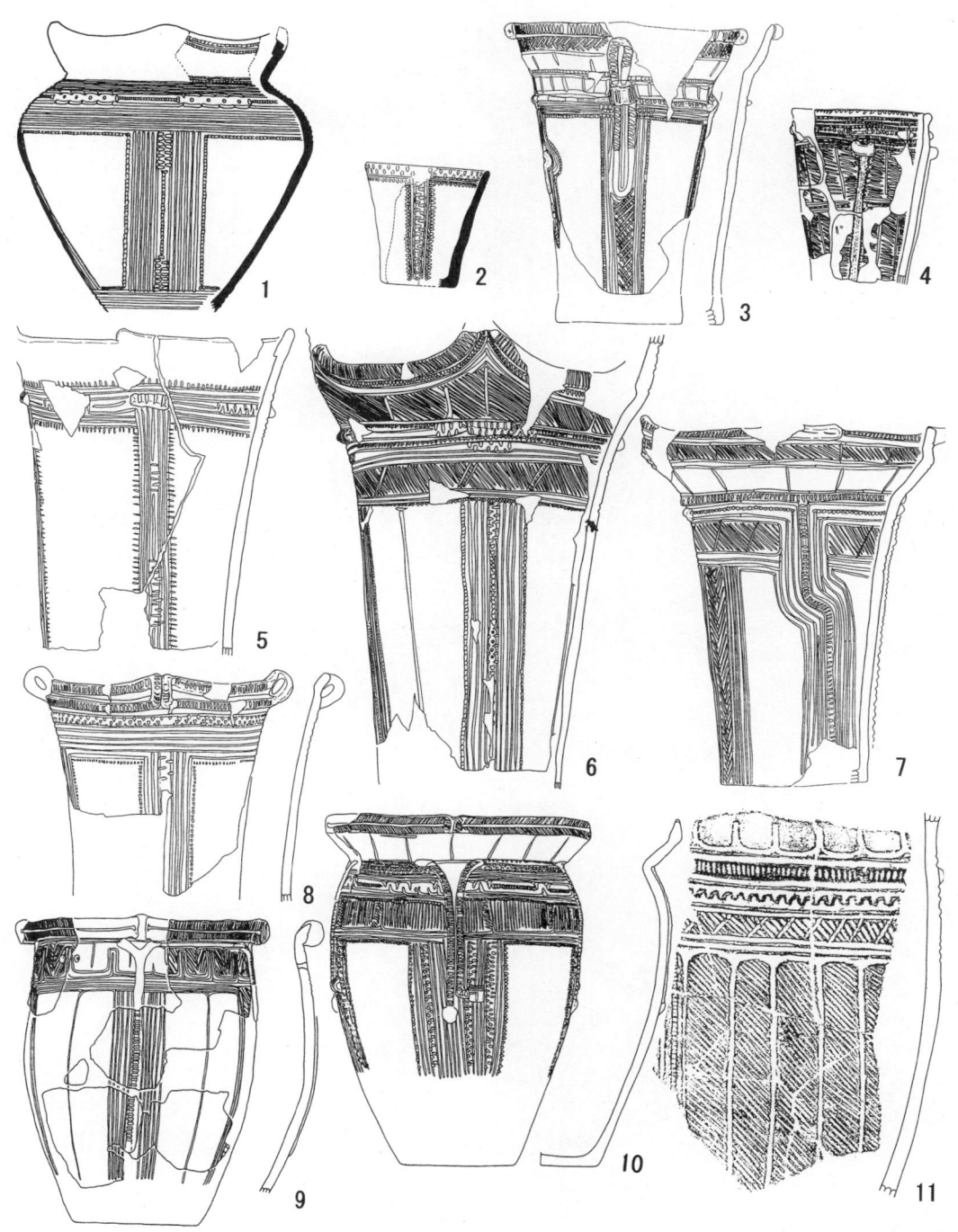

5F章　東関東と東北地方の中期初頭土器の編年と動態　405

第17図　千曲川系五領ヶ台式（Ⅱb式〜Ⅱc式並行）
1，2：長野県大石，3，4，11：同県長峯，5-8：同県屋代，9，10：新潟県城林（1-10：1/6，11：1/4）

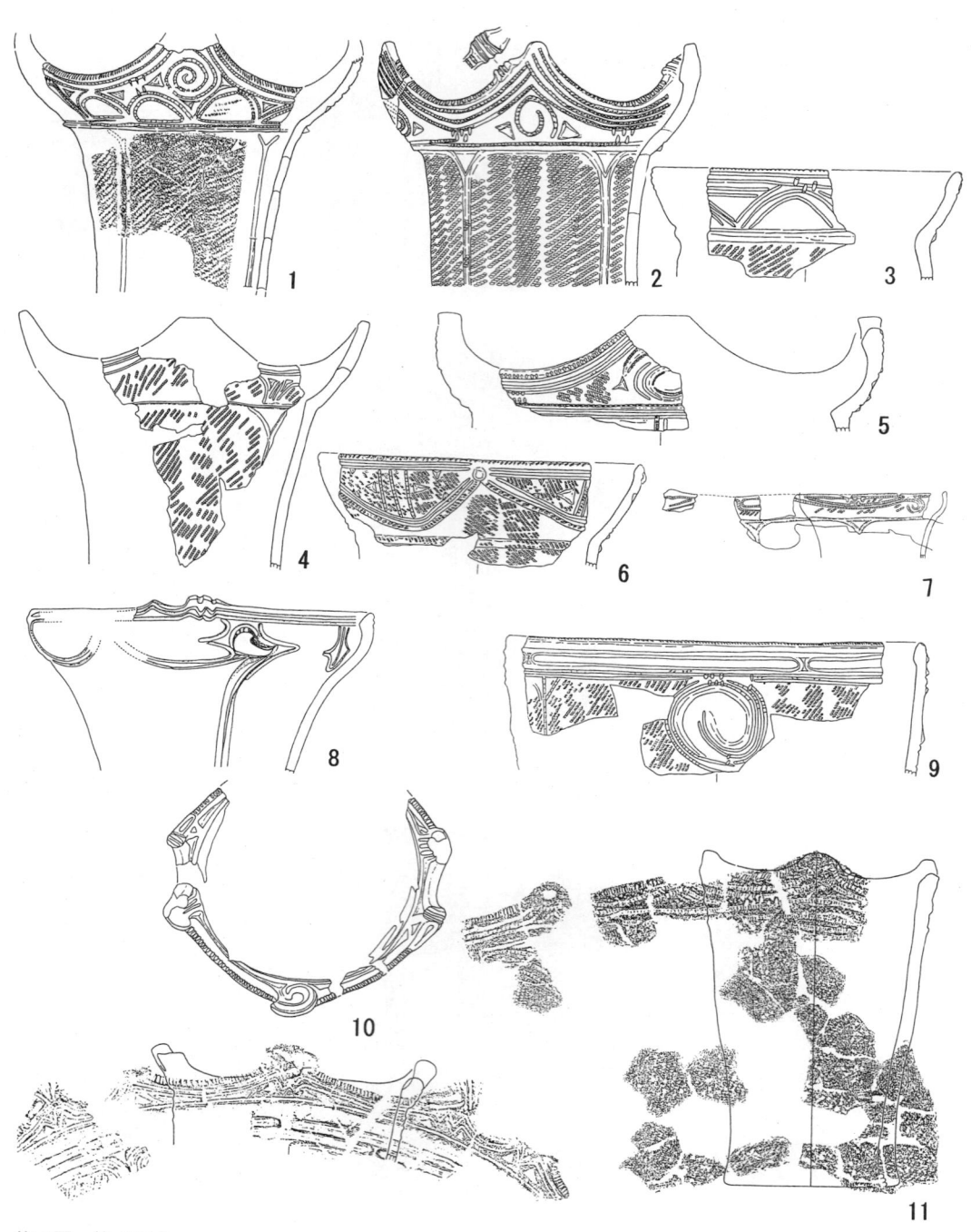

406　第Ⅴ部　土器系統の動きと人間の生態

第18図　竹ノ下式
　　1：東京都多摩 No.471，2：東京都三矢田，3，5，6，9：千葉県粟島台，4：同県根之神台，
　　7：同県宮園，8：同県猿楽場，10-11：同県東峯御幸畑（1-11：1/6）

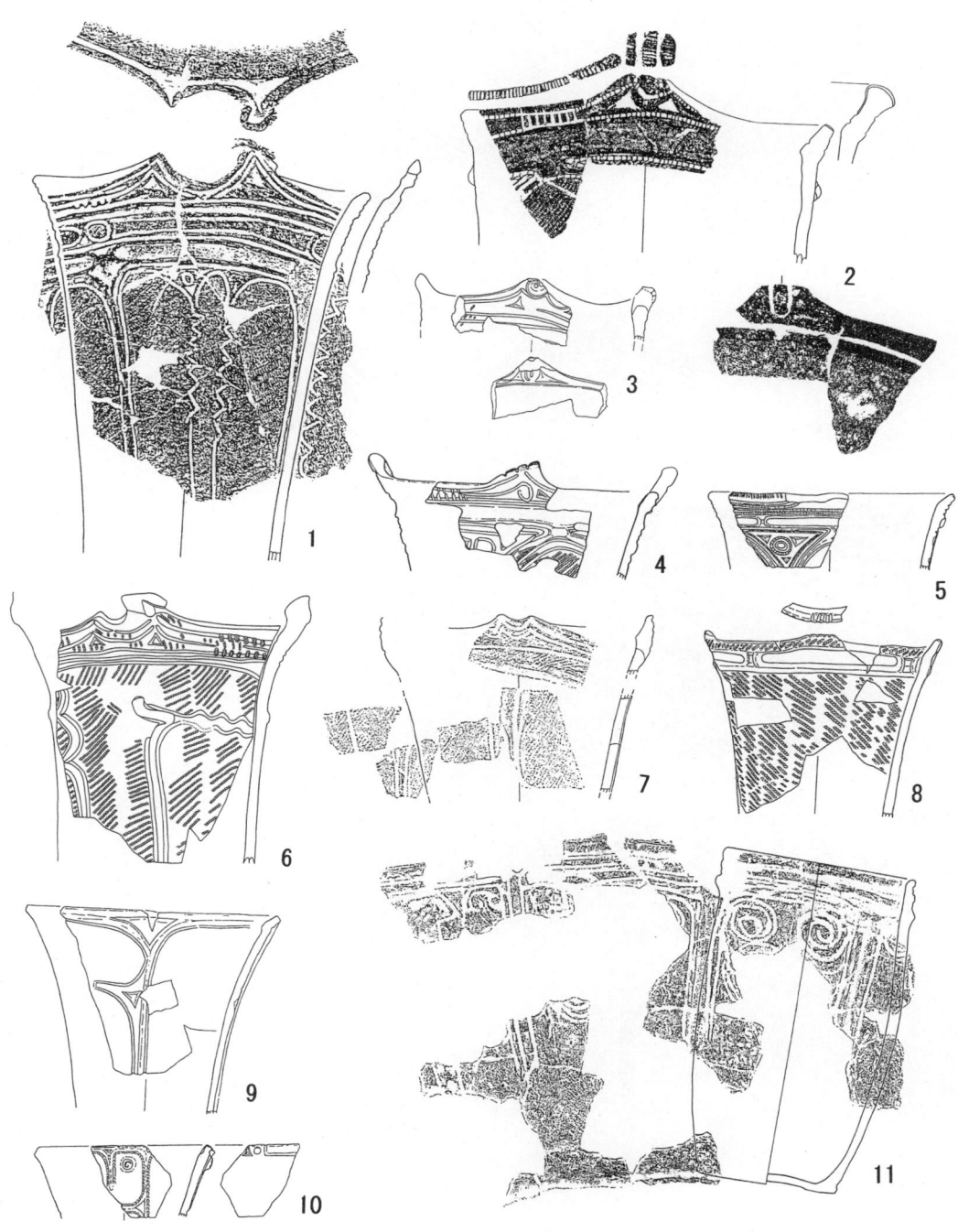

5F章　東関東と東北地方の中期初頭土器の編年と動態　407

第19図　竹ノ下式
　1：茨城県陸平貝塚，2：栃木県小倉神社裏，3：千葉県根之神台，4：同県一本桜，5：同県粟島台
　6：同県海老，7：同県和良比，8-10，同県粟島台，11：同県東峰御幸畑（1-11：1/6）

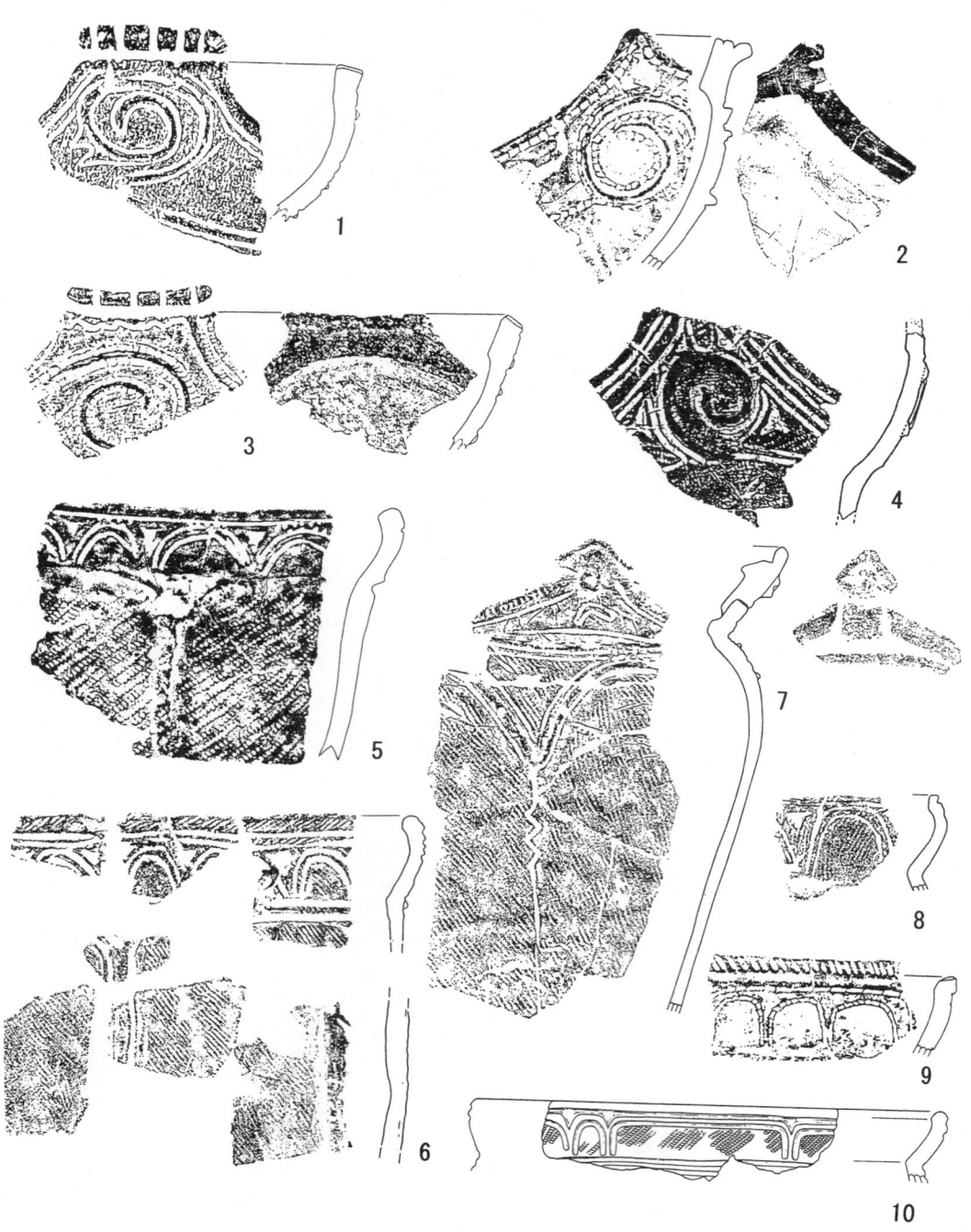

408 第Ⅴ部 土器系統の動きと人間の生態

第20図 竹ノ下式
 1：栃木県何耕地，2：千葉県向原，3：栃木県曲畑，4-5：千葉県木之内明神，6：群馬県増光寺，7，8：千葉県高砂，9，10：同県向原（1-10：1/4）

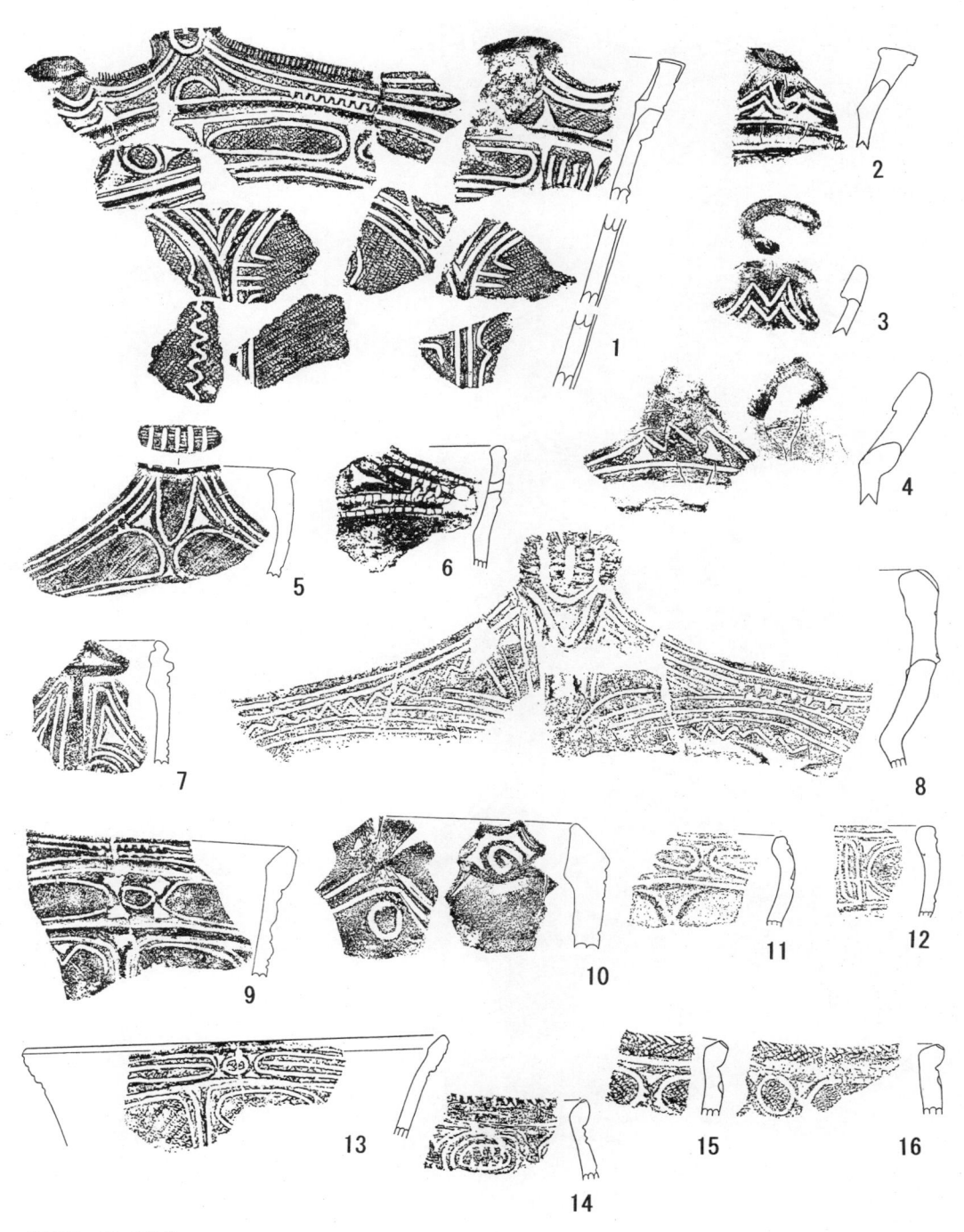

第21図　竹ノ下式
　　1：千葉県南河原坂，2-4：同県白井雷，5，7，9，10：茨城県竹ノ下，6，13：千葉県向原，8，14-16：同県高砂，11，12：同県根之神台（1-16：1/4）

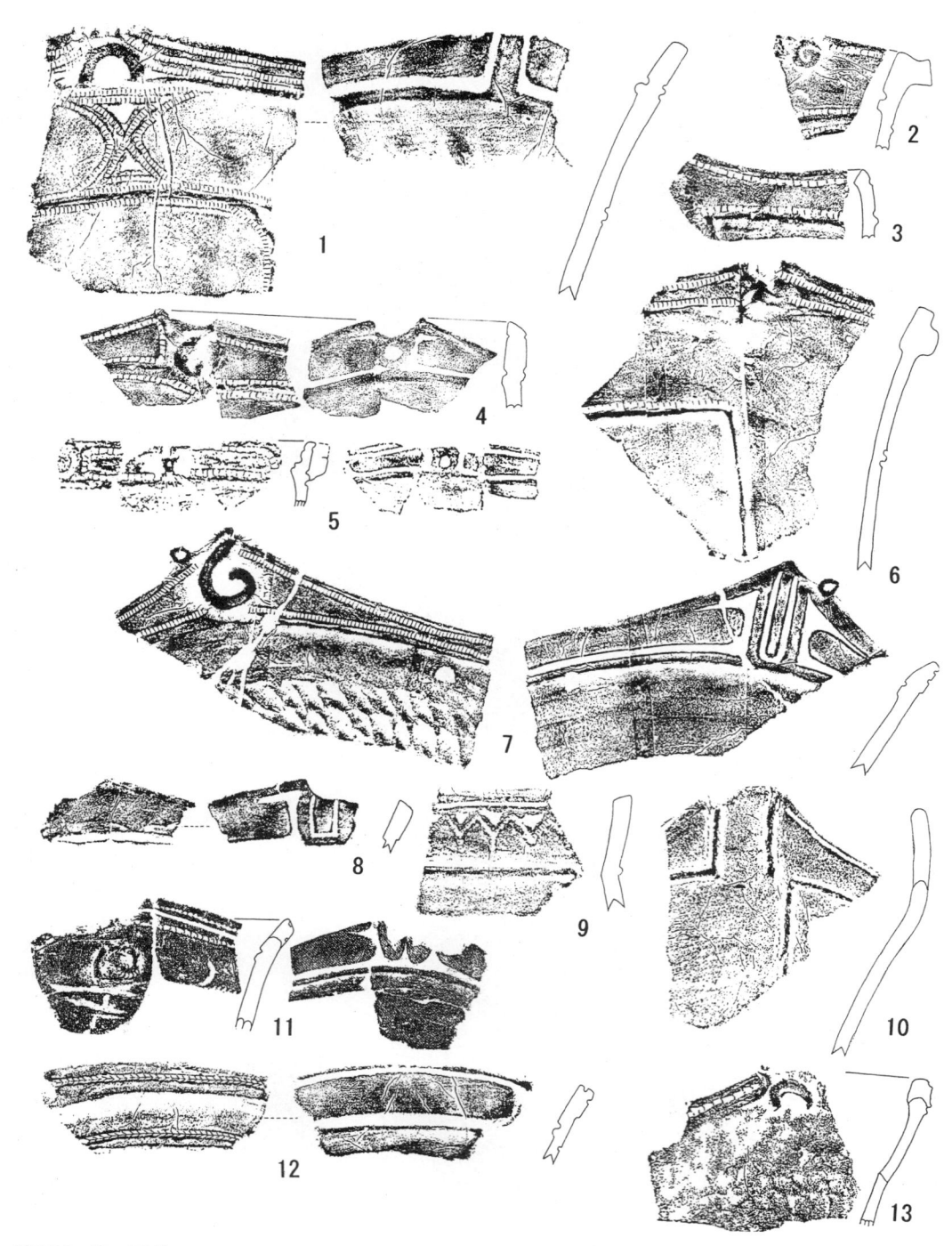

410　第Ⅴ部　土器系統の動きと人間の生態

第22図　竹ノ下式
　1，6-10，12：千葉県白井雷，2-4：茨城県竹ノ下，5：千葉県向原，11：同県南河原坂，13：同県粟島台（1-13：1/4）

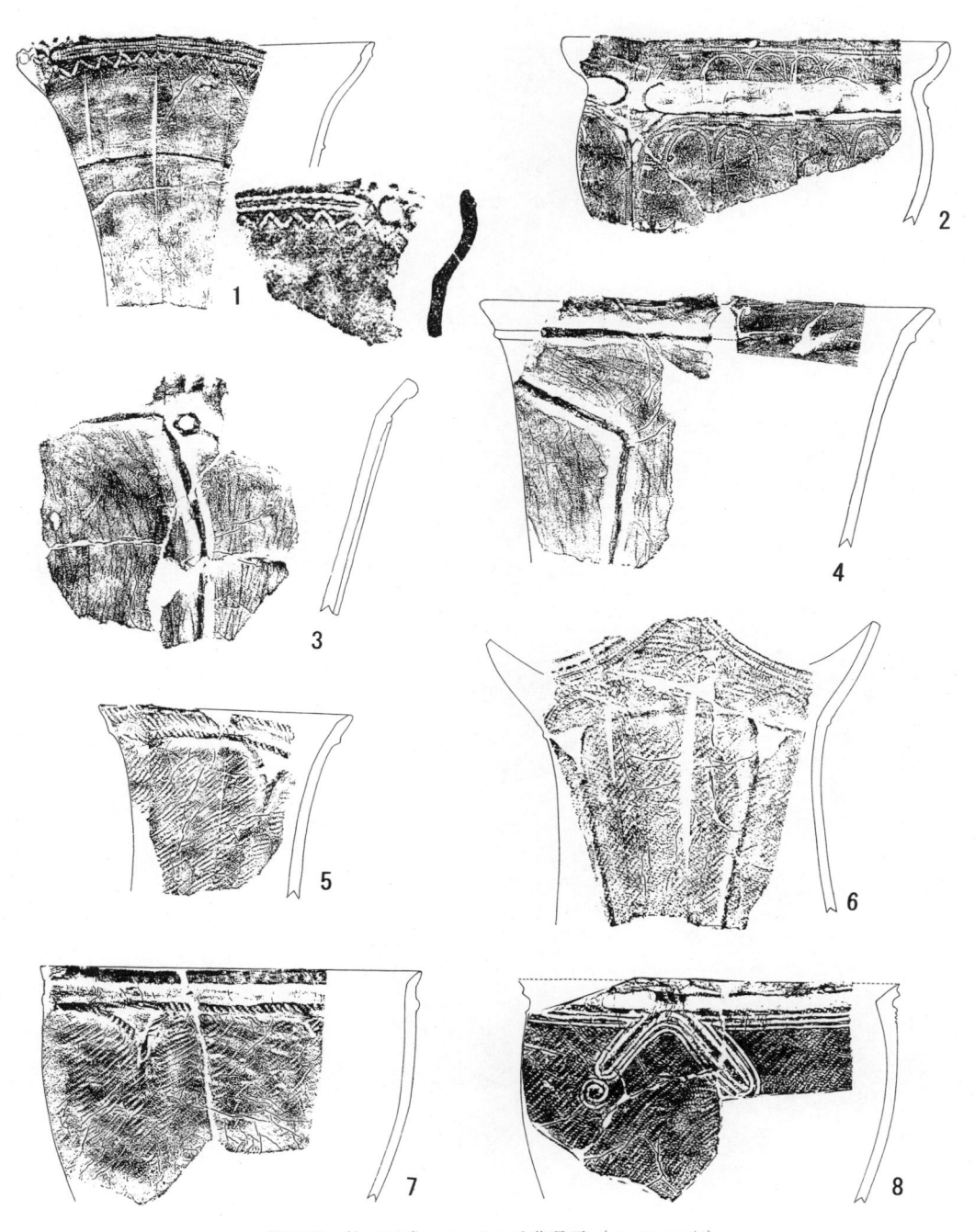

5F章　東関東と東北地方の中期初頭土器の編年と動態　411

第23図　竹ノ下式　1-8：千葉県雷（1-8：1/6）

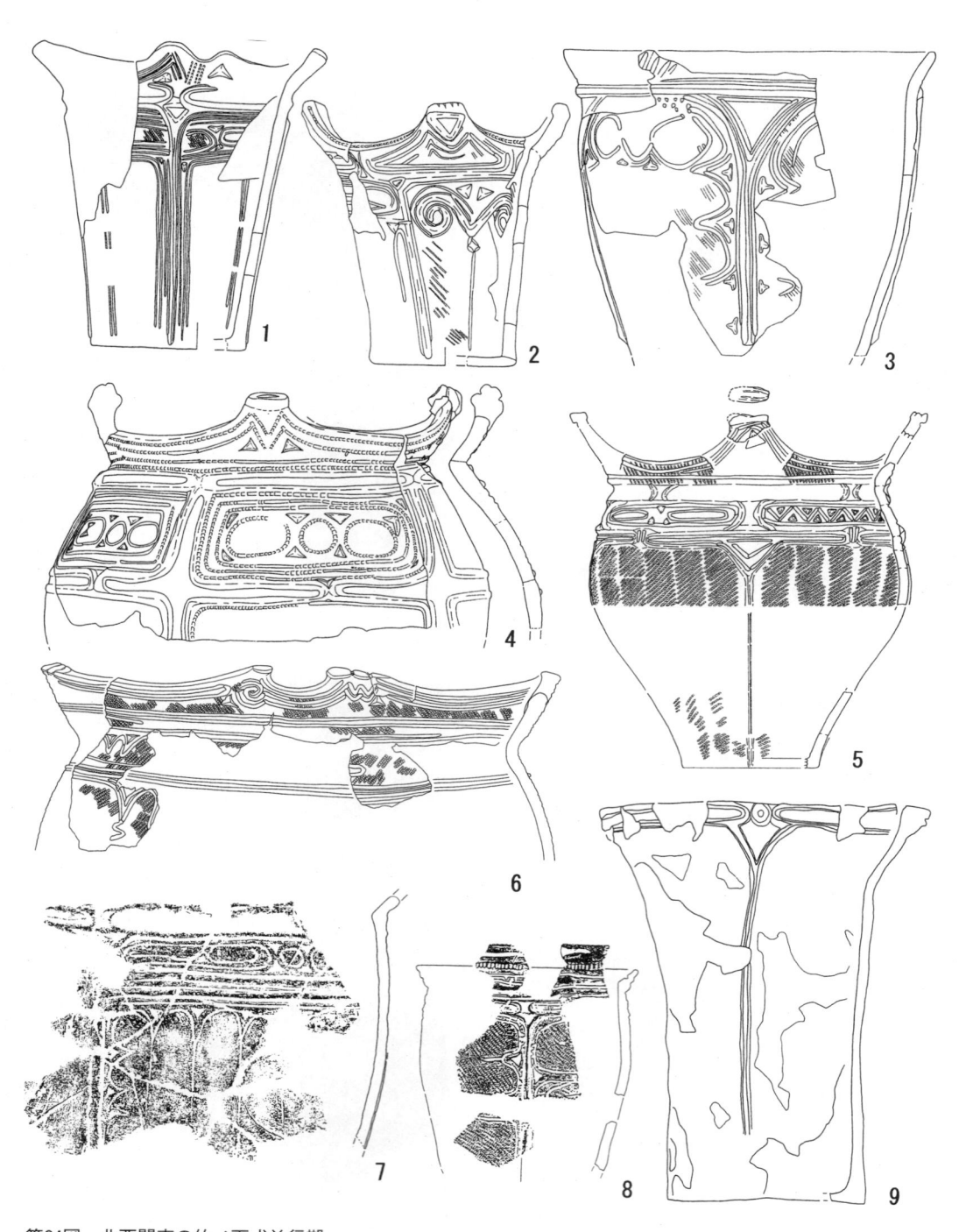

412　第Ⅴ部　土器系統の動きと人間の生態

第24図　北西関東の竹ノ下式並行期
　　1-4，7：群馬県増光寺，5：東京都三矢田，6：群馬県神保植松，8：同県勝保沢中ノ山，9：同県二本松（1-9：1/6）

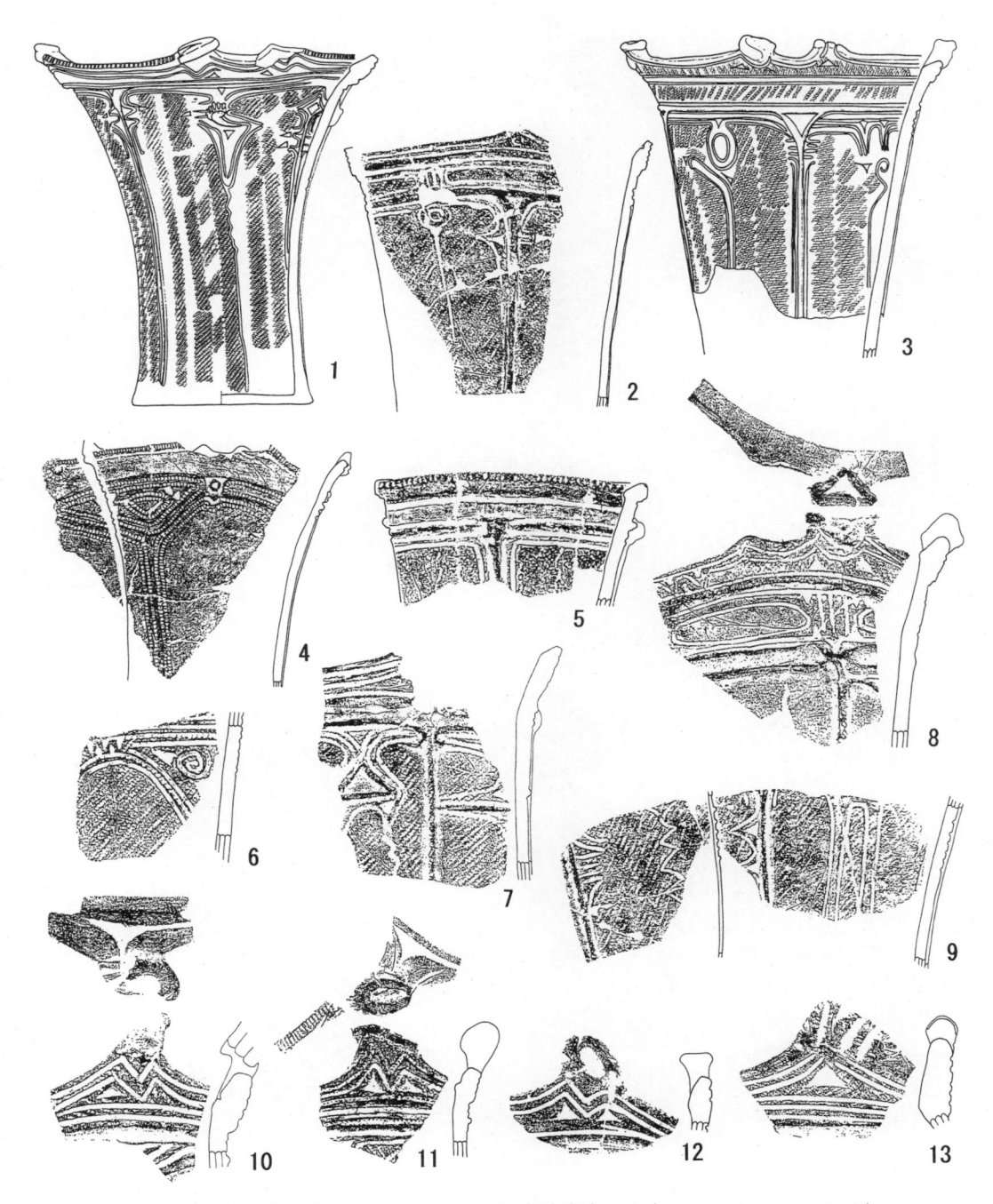

5F章　東関東と東北地方の中期初頭土器の編年と動態　413

第25図　東北地方の竹ノ下式並行期　1-13：福島県法正尻（1-5：1/6, 6-13：1/4）

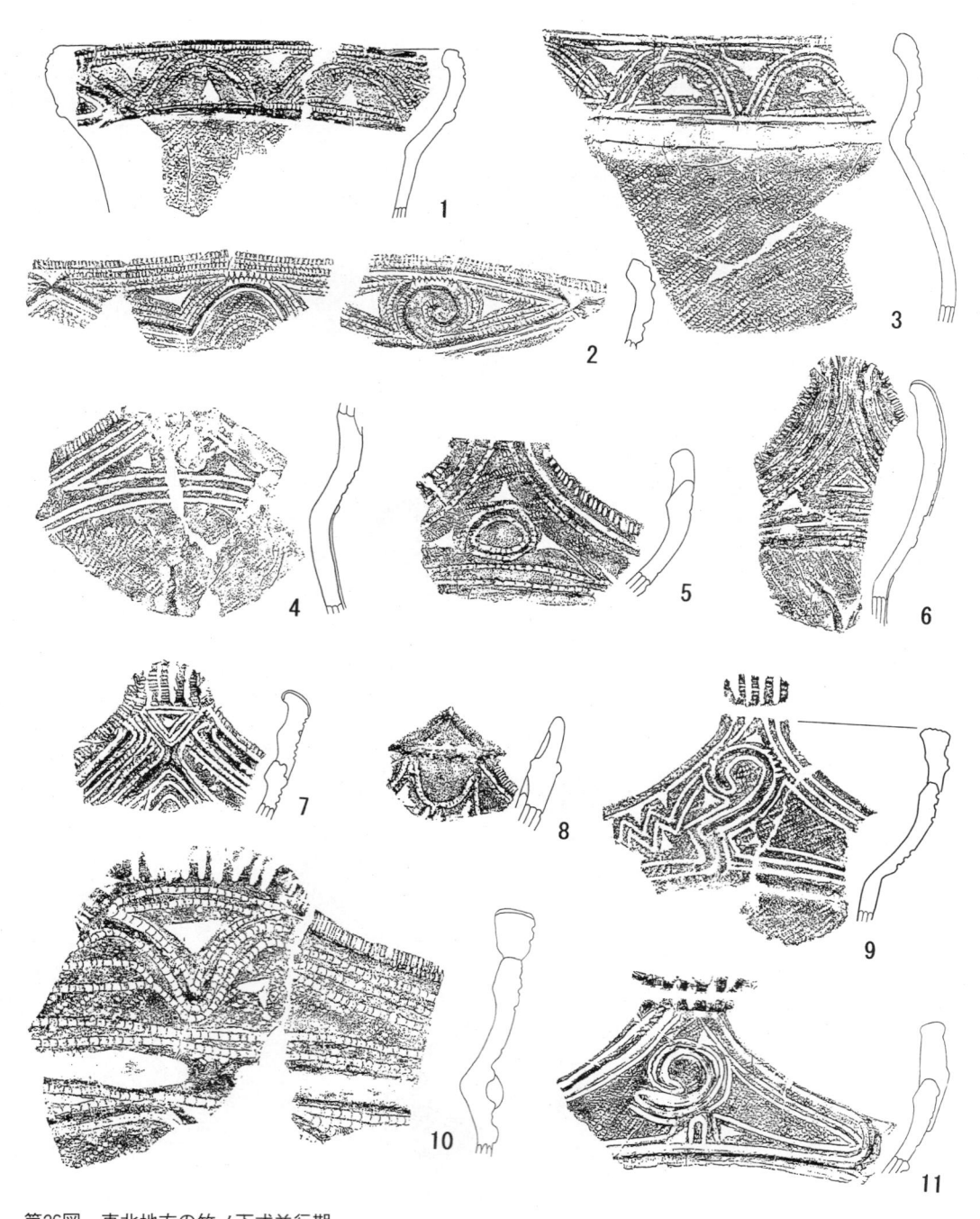

414　第Ⅴ部　土器系統の動きと人間の生態

第26図　東北地方の竹ノ下式並行期
　　1，3，5-8，10，11：福島県法正尻，2，4：同県上小島C，9：同県油田（1：1/6，2-11：1/4）

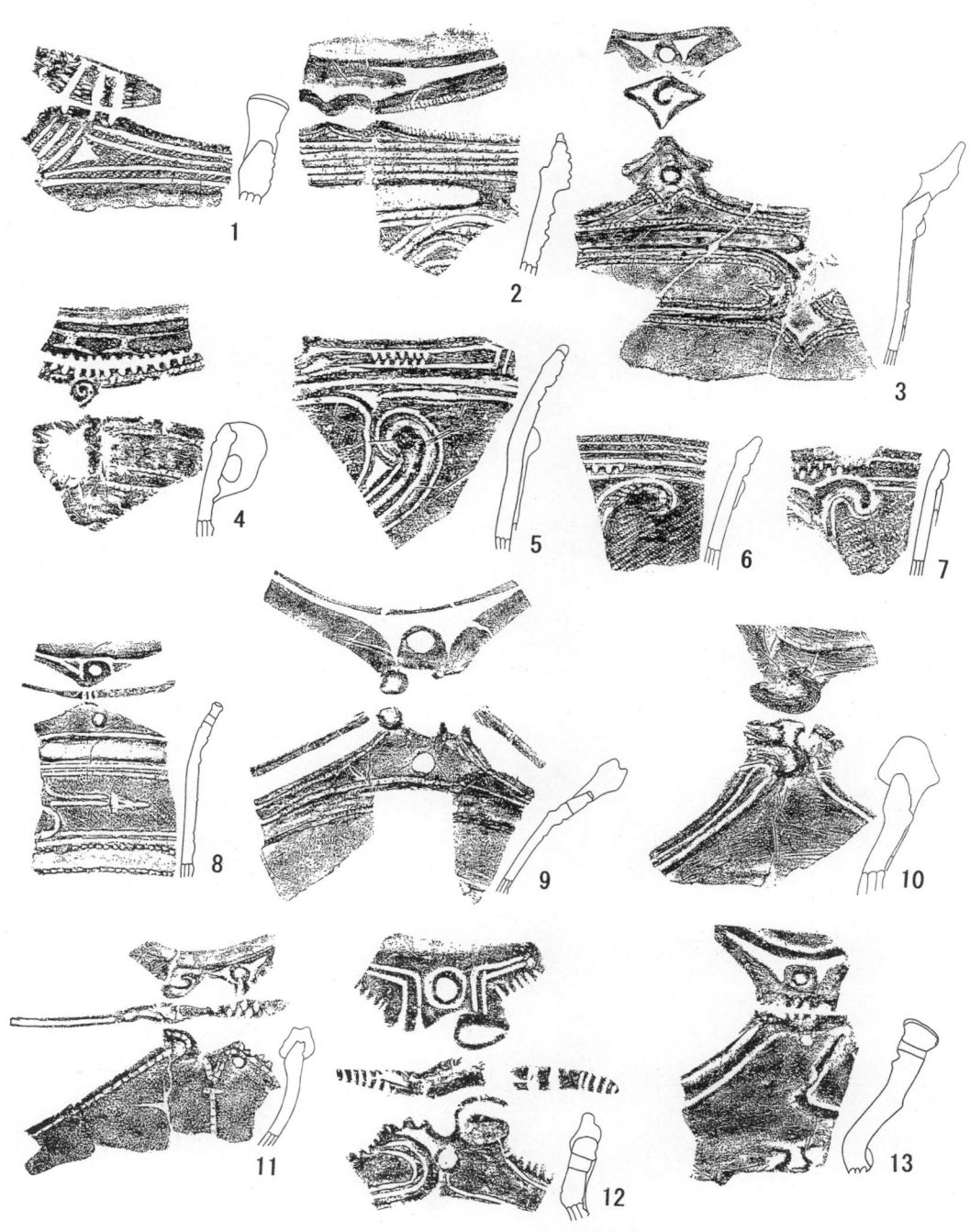

5F章 東関東と東北地方の中期初頭土器の編年と動態 415

第27図 東北地方の竹ノ下式並行期 1-13：福島県法正尻（1-13：1/4）

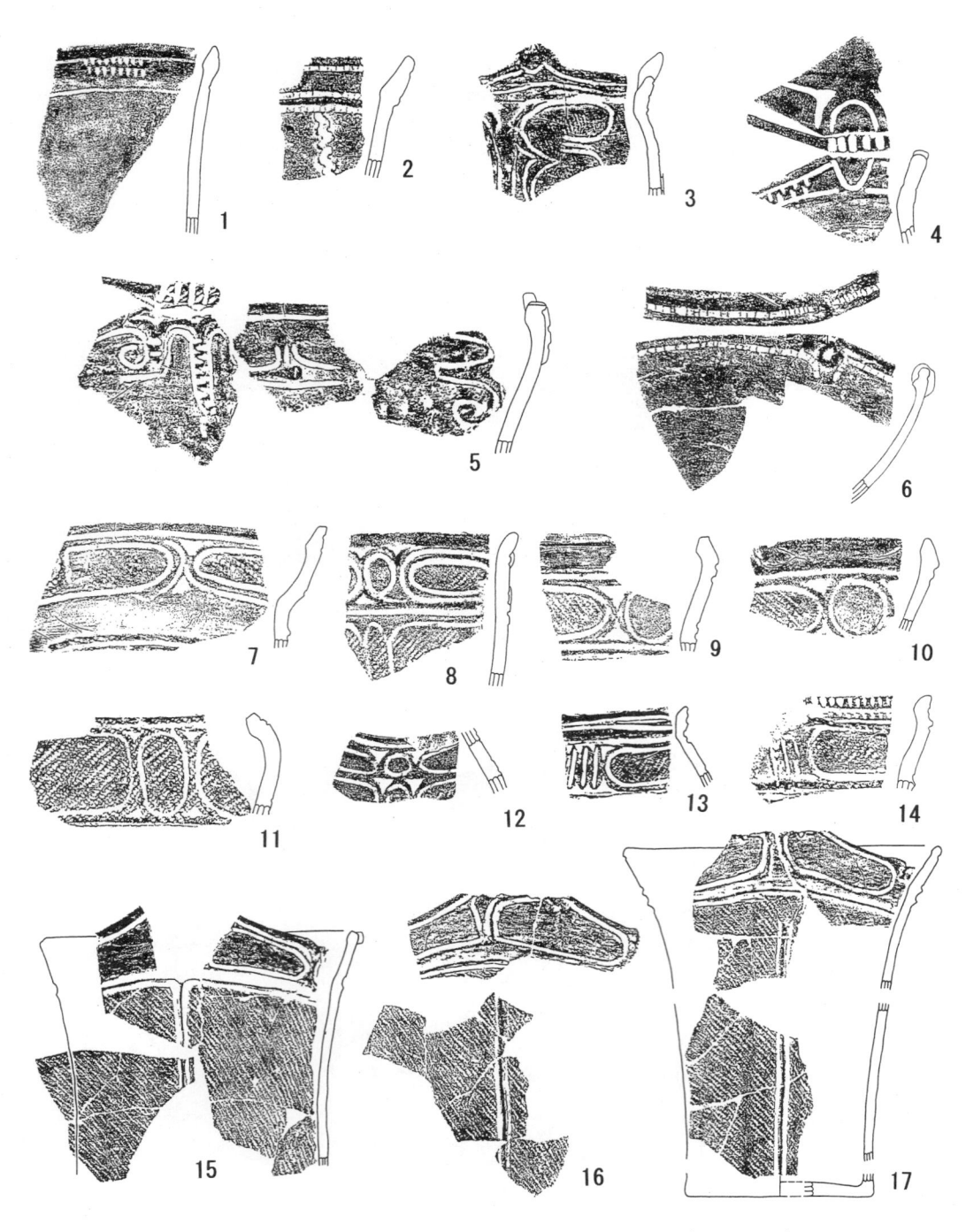

416　第Ⅴ部　土器系統の動きと人間の生態

第28図　東北地方の竹ノ下式並行期　1-17：福島県法正尻（1-17：1/4）

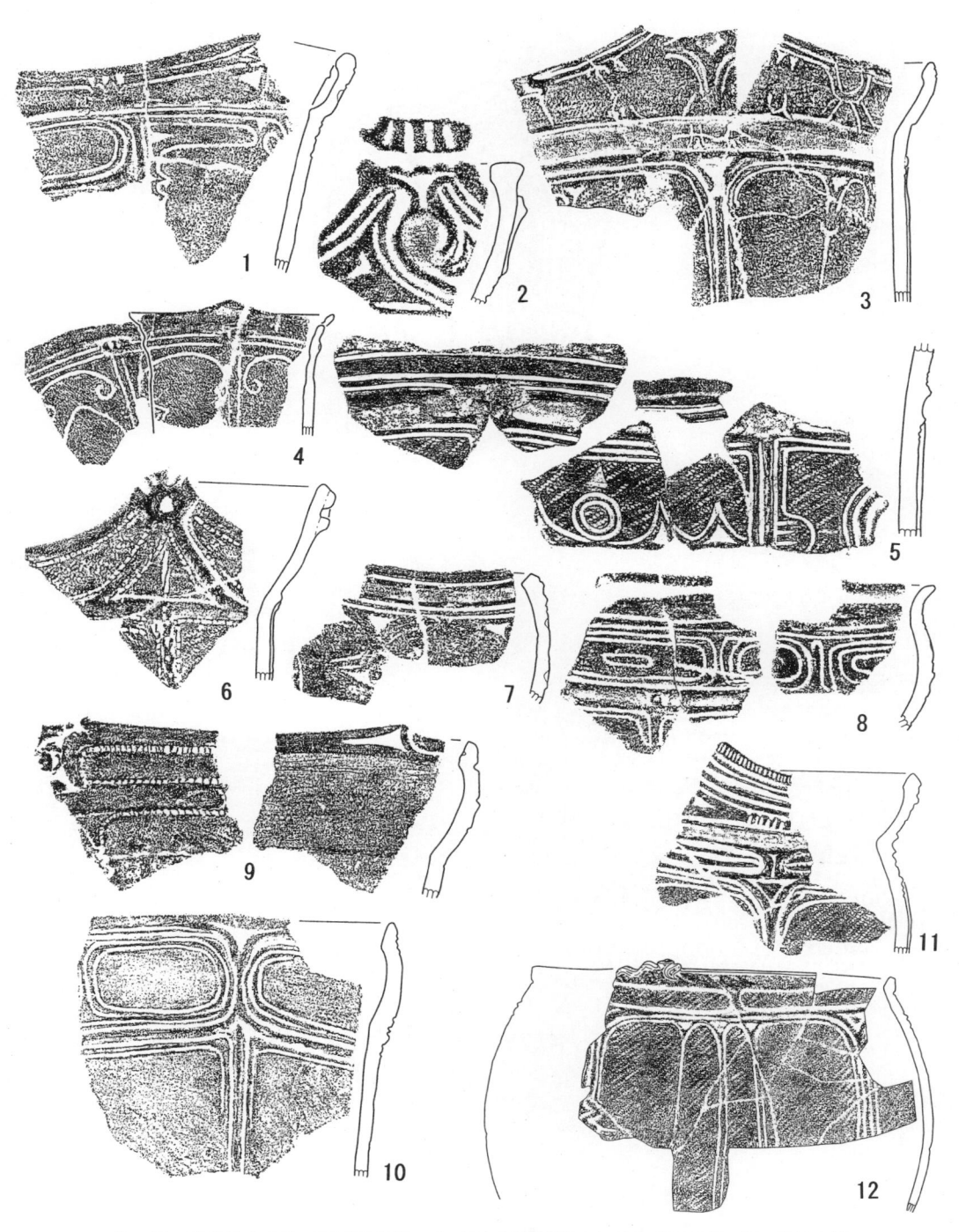

5F章　東関東と東北地方の中期初頭土器の編年と動態　417

第29図　東北地方の竹ノ下式並行期　1-12：福島県沼ノ上（1-10：1/4, 11, 12：1/6）

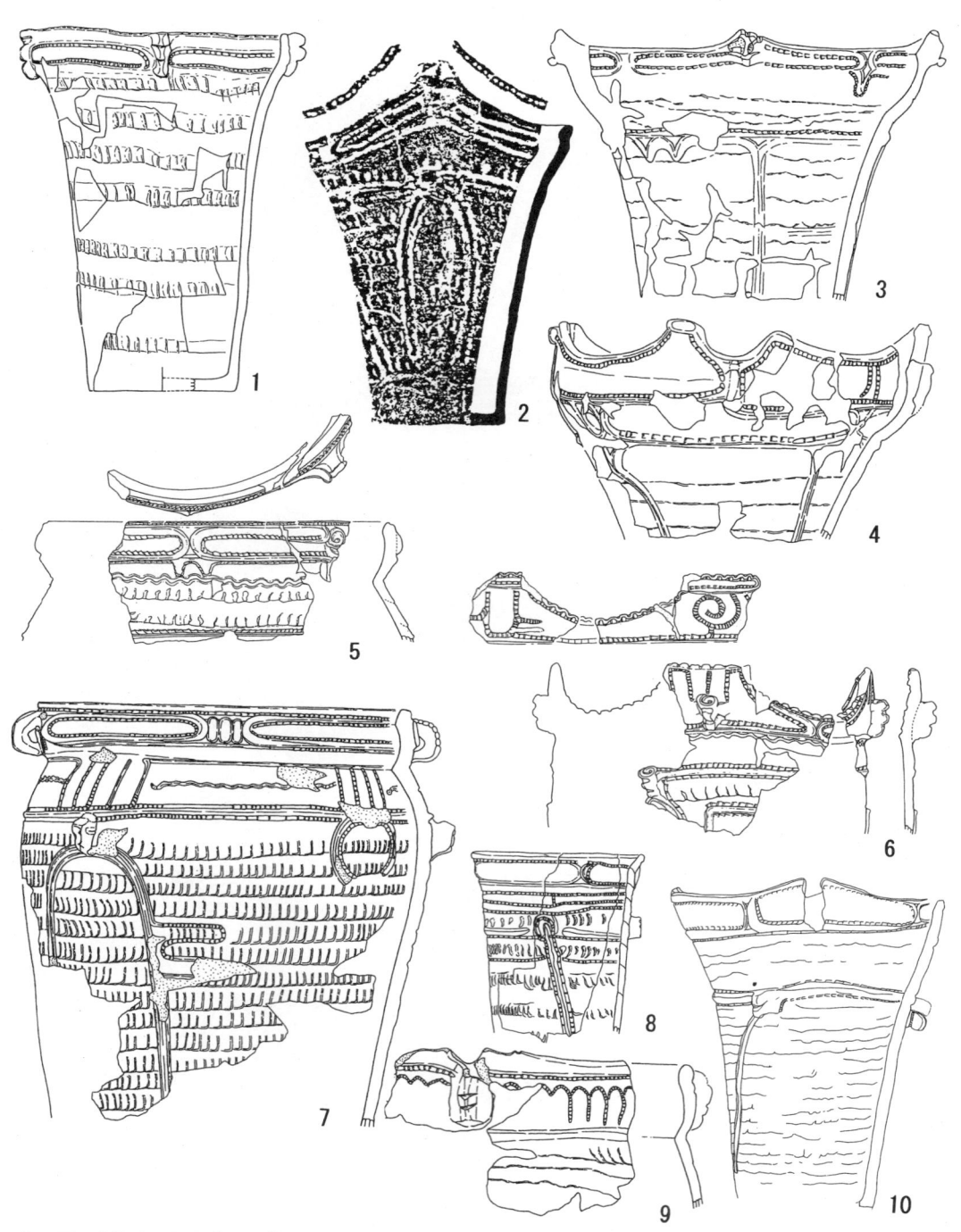

418　第Ⅴ部　土器系統の動きと人間の生態

第30図　東関東の阿玉台Ⅰa式
　　1：千葉県水砂，2：同県加茂，3，4，7，9：同県草刈，5，6：同県根之神台，8：茨城県前谷，10：茨城県虚空蔵（1-10：1/6）

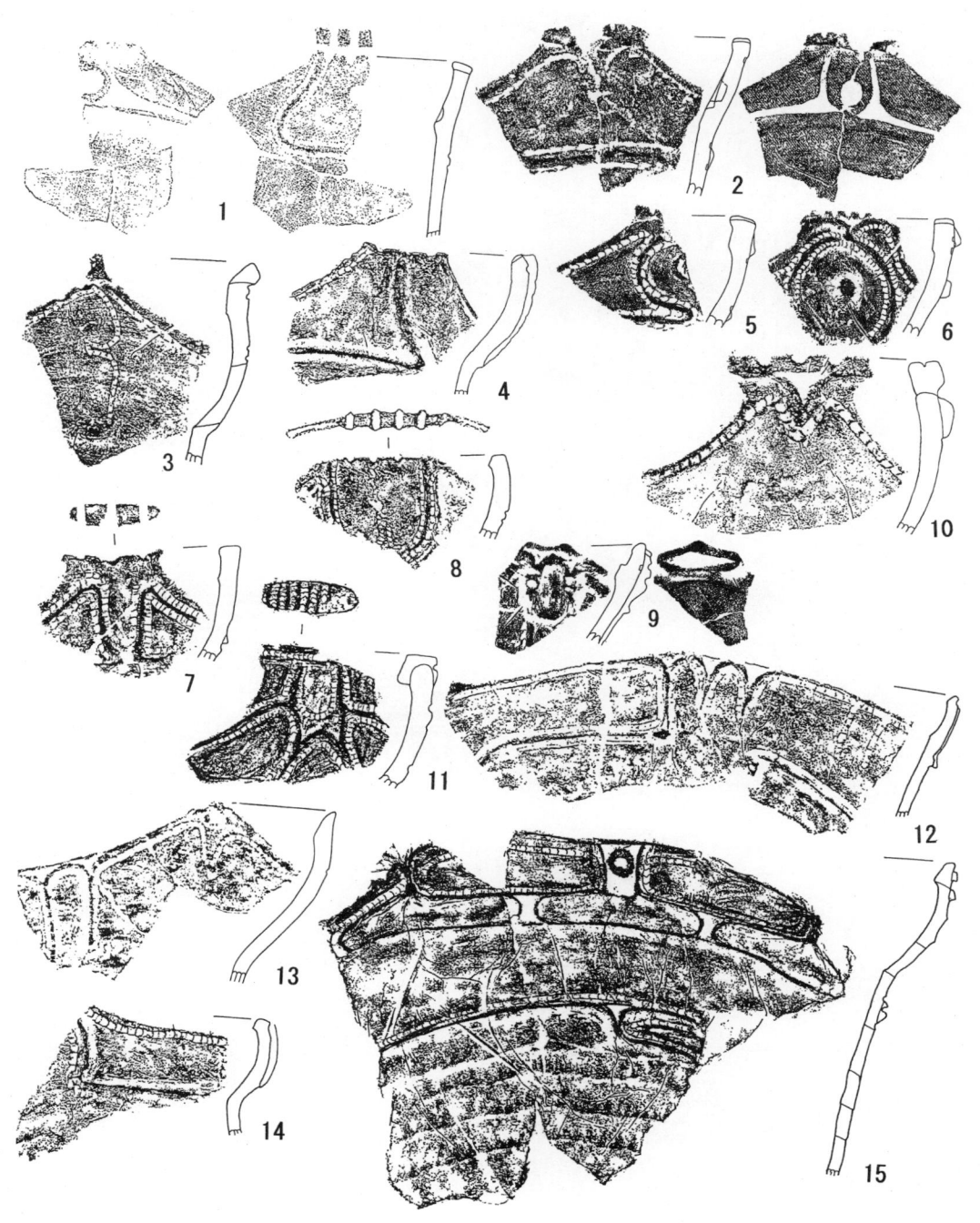

5F章　東関東と東北地方の中期初頭土器の編年と動態　419

第31図　東関東の阿玉台Ⅰa式
　1：千葉県根之神台，2，5，6，9：同県南河原坂，3，4，7，8，10，11，12，14，15：同県粟島台，13：同県向原（1-15：1/4）

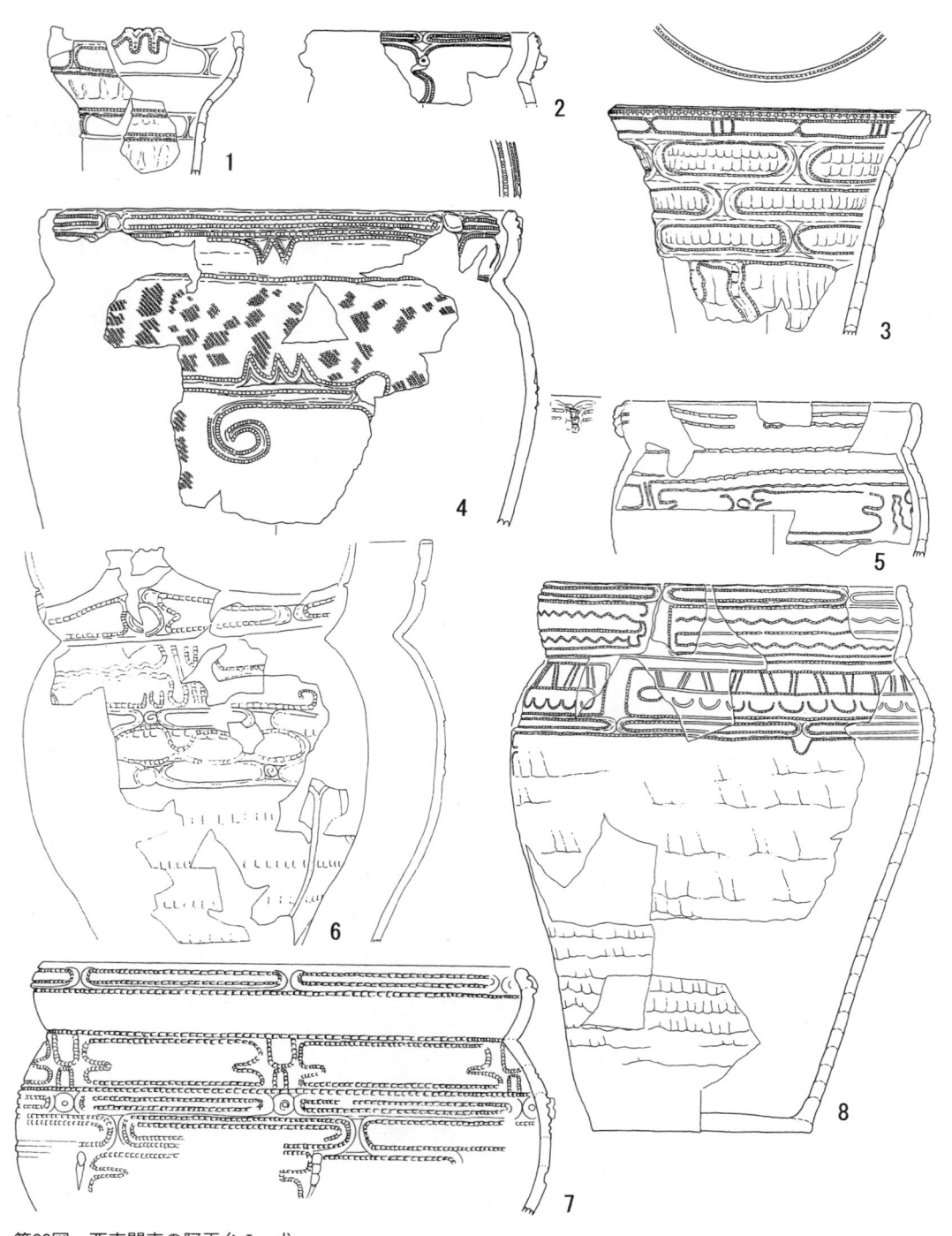

420　第Ⅴ部　土器系統の動きと人間の生態

第32図　西東関東の阿玉台Ⅰa式
　　1，3，5，8：東京都同神谷原，2：同武蔵台，4：神奈川県飯綱上，6：東京都日影山，7：同椚田（1-8：1/6）

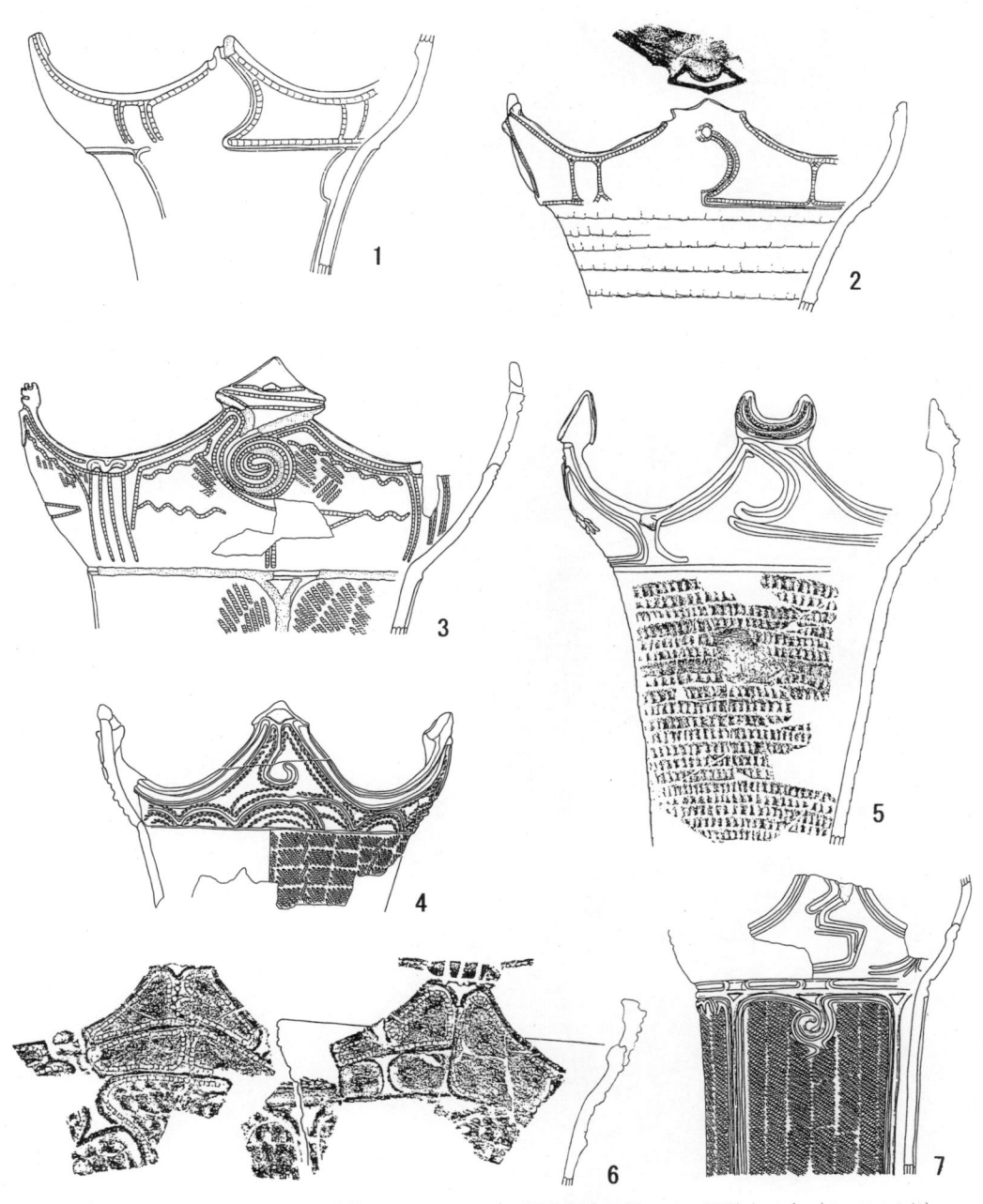

5F章　東関東と東北地方の中期初頭土器の編年と動態　421

第33図　福島県の阿玉台Ｉa式系統　1-3，5-7：福島県法正尻，4：同県中ノ内（1-7：1/6）

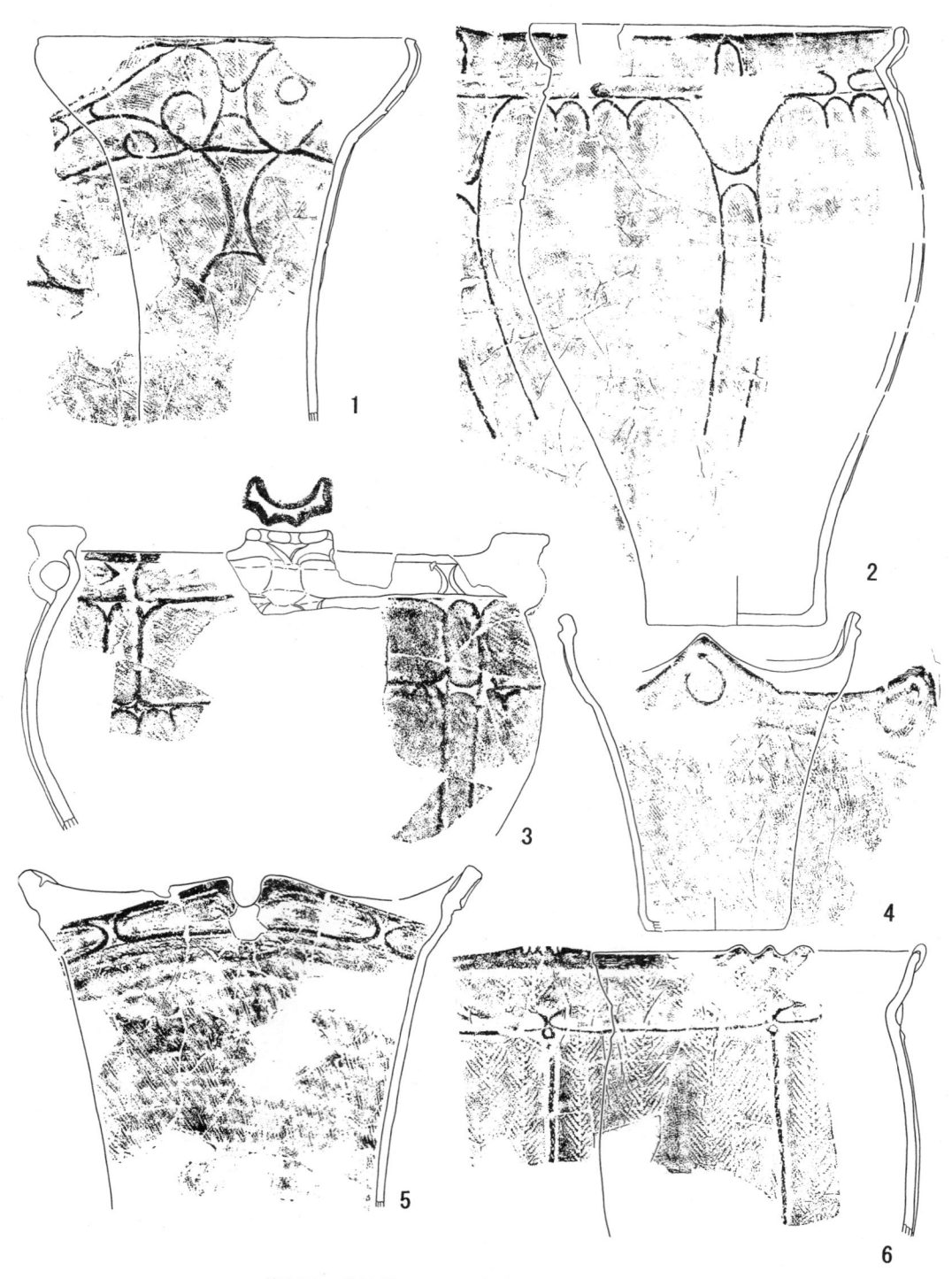

422 第Ⅴ部 土器系統の動きと人間の生態

第34図 月崎系 1-6：福島県月崎（1-6：1/6）

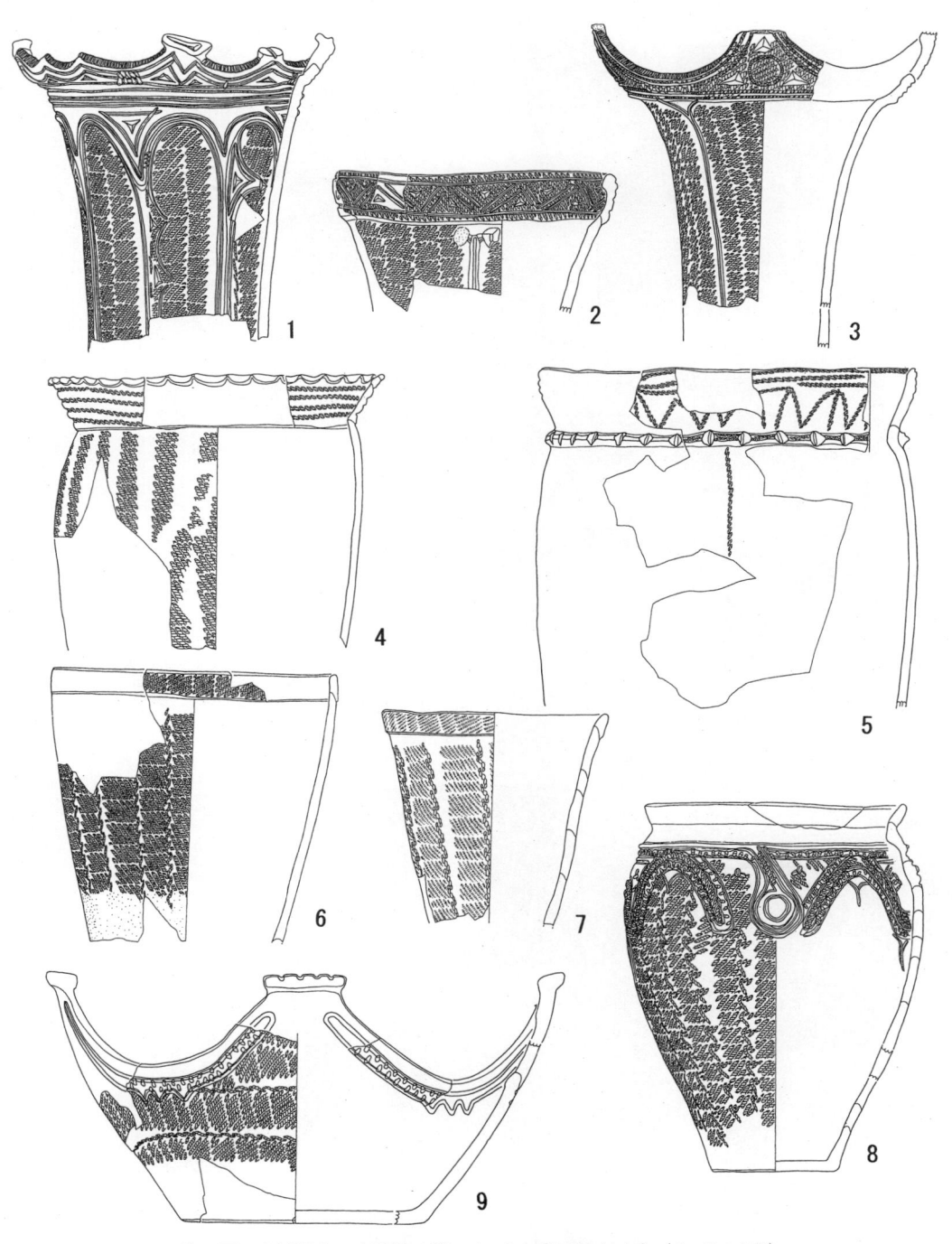

5F章　東関東と東北地方の中期初頭土器の編年と動態　423

第35図　宮城県中ノ内遺跡Ⅰ群　1-9：宮城県中ノ内（1-9：1/6）

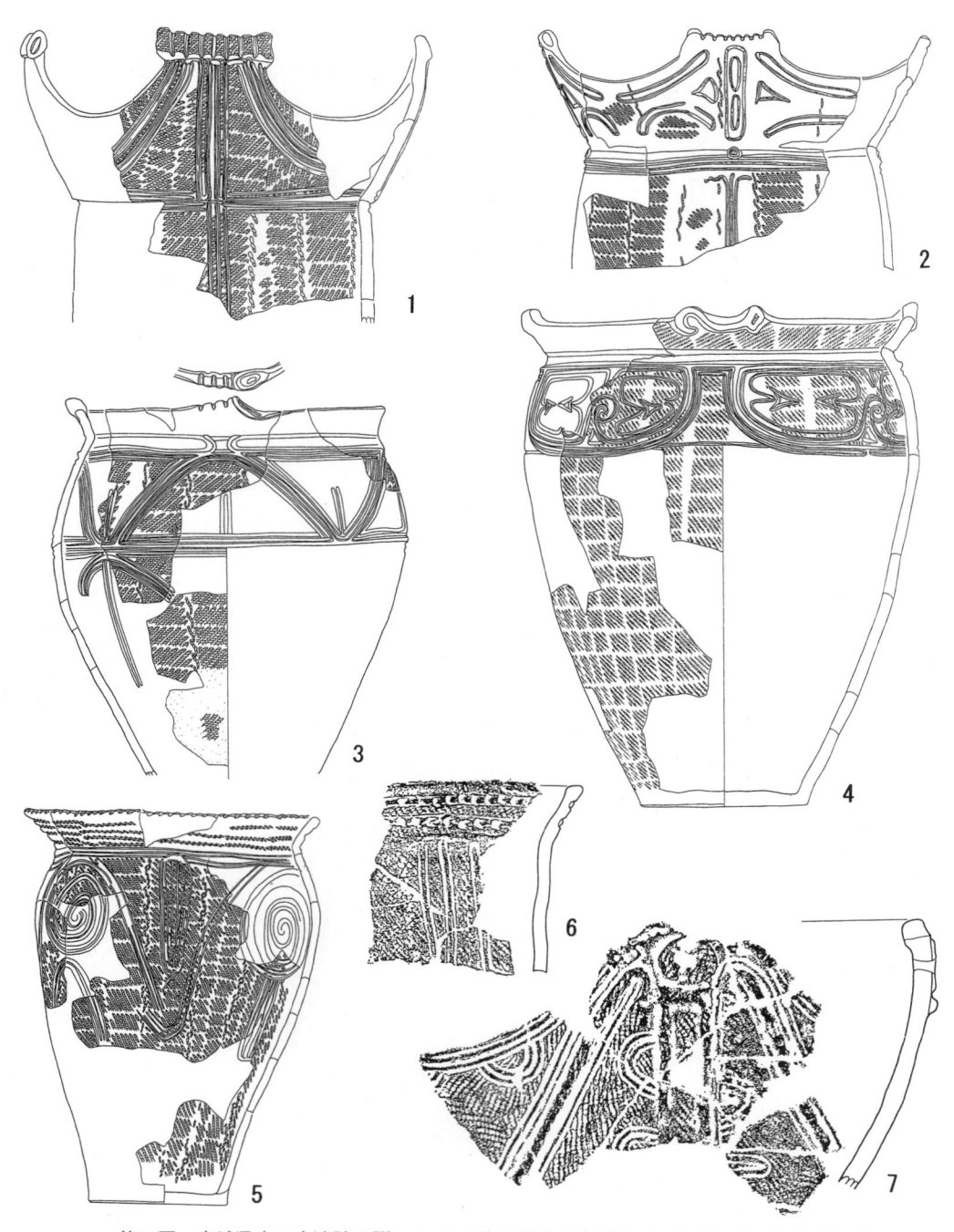

424 第Ⅴ部 土器系統の動きと人間の生態

第36図 宮城県中ノ内遺跡Ⅰ群 1-7：宮城県中ノ内（1-5：1/6，6-7：1/4）

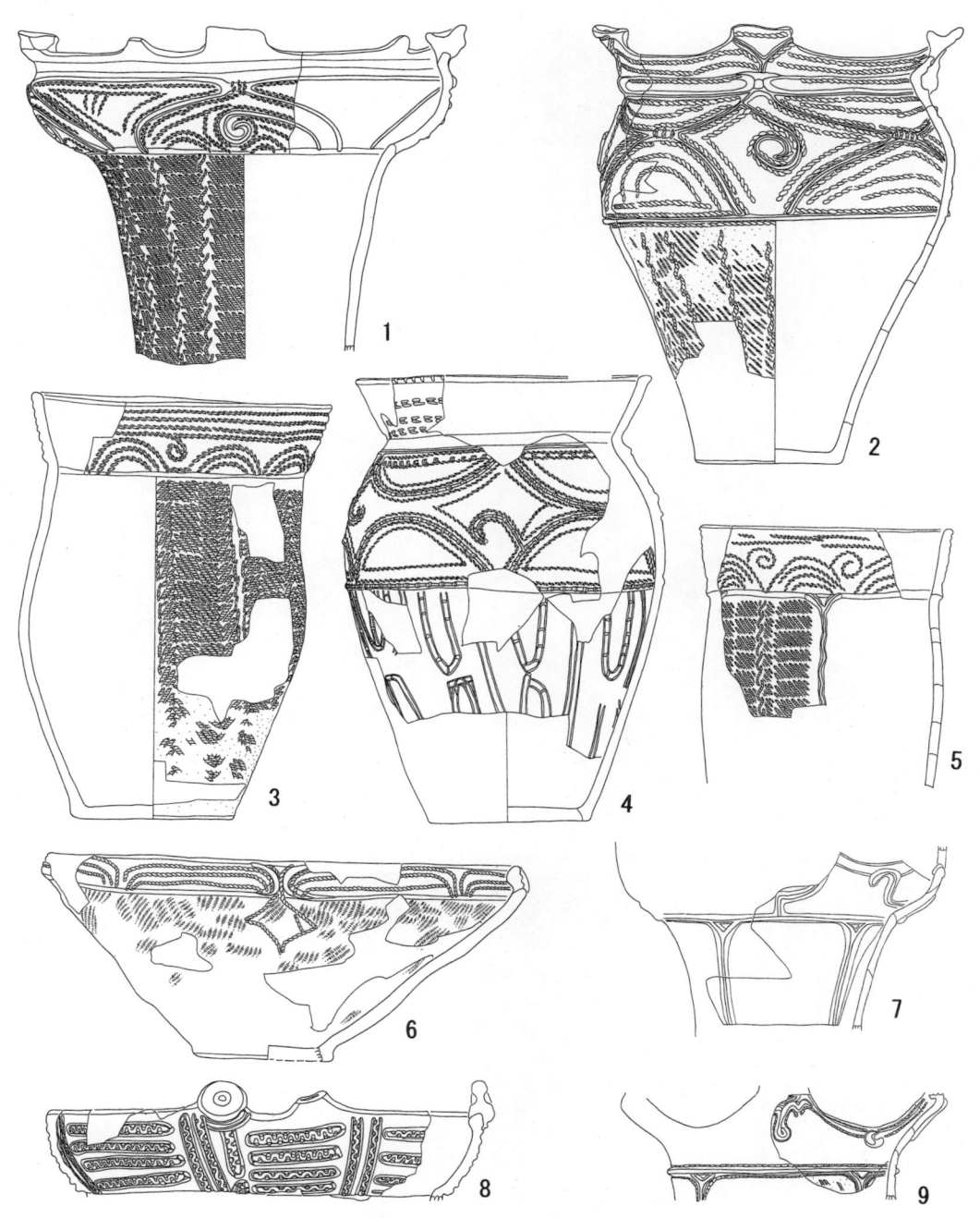

5F章　東関東と東北地方の中期初頭土器の編年と動態　425

第37図　宮城県中ノ内遺跡Ⅱ群　1-9：宮城県中ノ内（1-9：1/6）

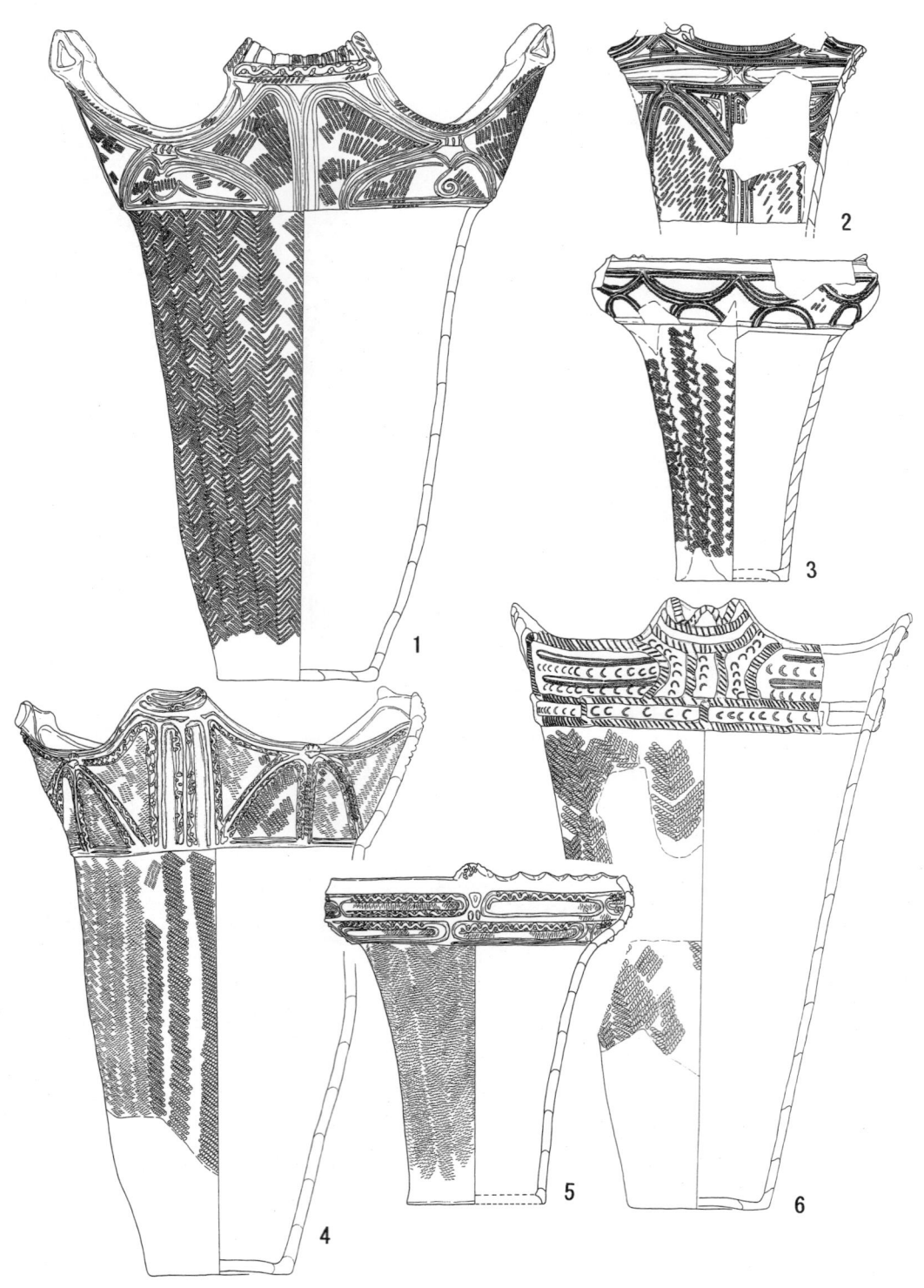

第38図　山形県水木田遺跡（大木7a・7b式，円筒上層b式，竹ノ下式）（1-6：1/6）

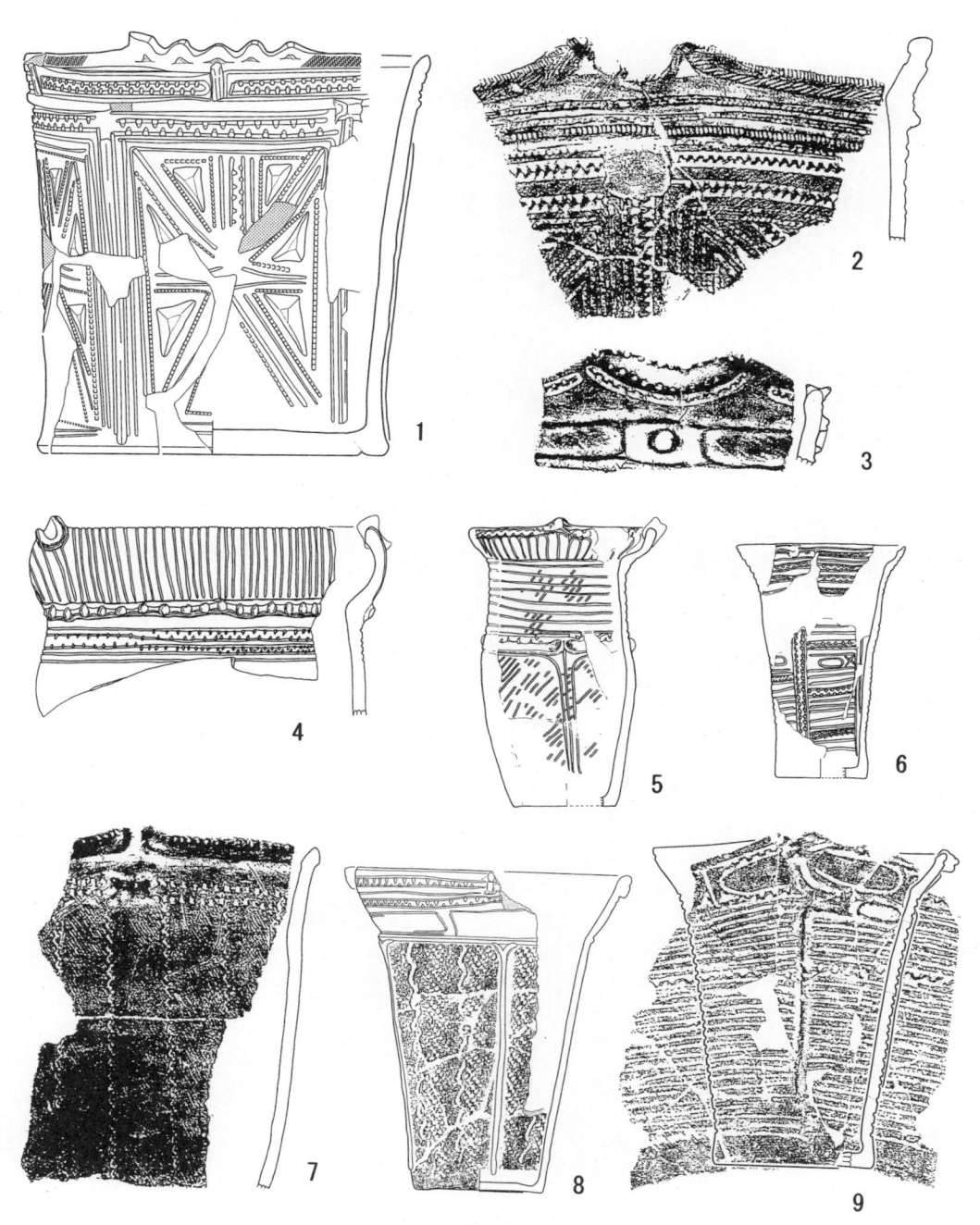

5F章　東関東と東北地方の中期初頭土器の編年と動態　427

第39図　五領ヶ台Ⅱ式～大木7b式　会津に残る五領ヶ台系統
1：福島県油田，2，3，7：同県石生前，4：同県上小島C，5，6：同県勝負沢，8，9：同県油田（1，4-6，8：1/6，2，3，7：1/4）

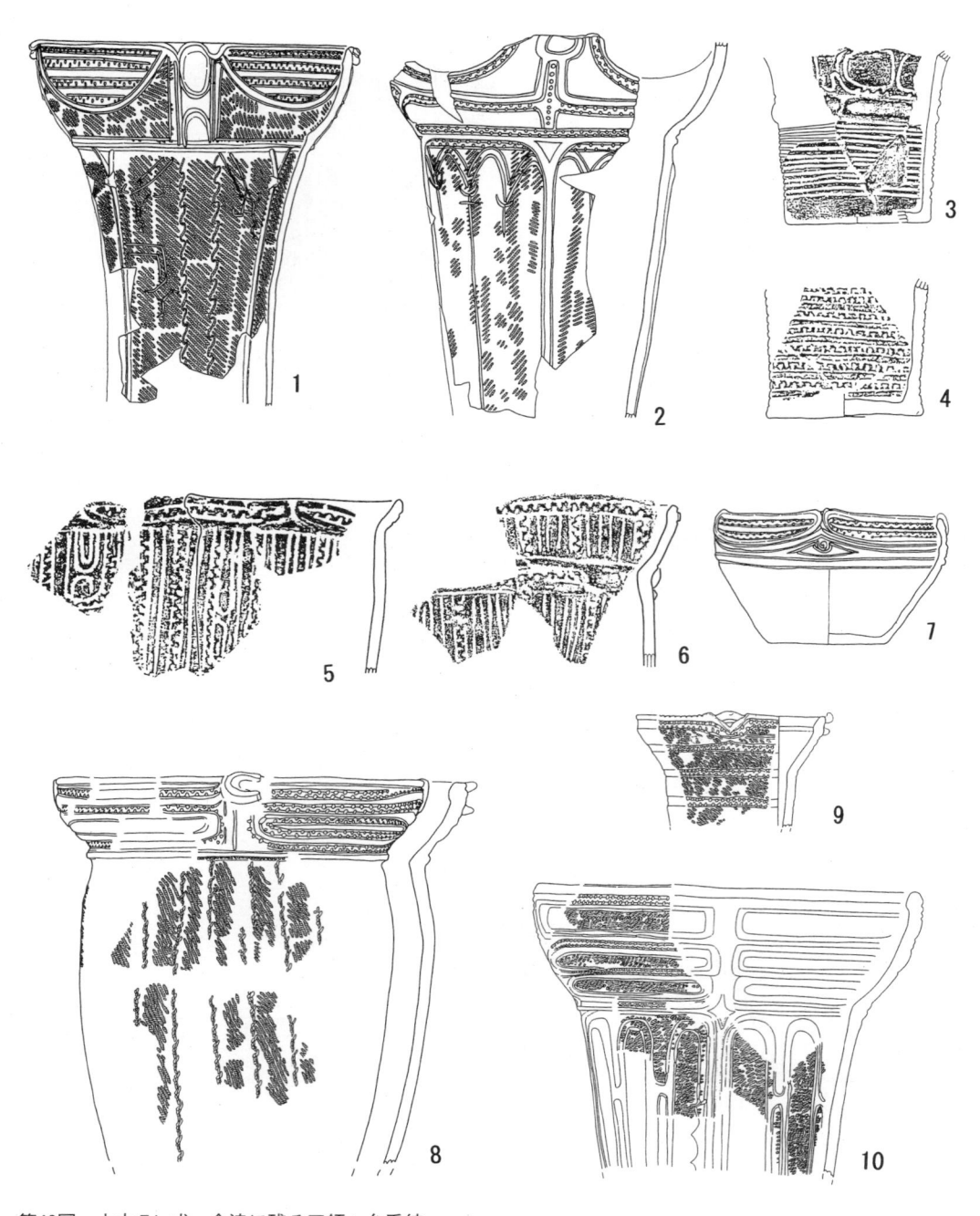

428　第Ⅴ部　土器系統の動きと人間の生態

第40図　大木7b式　会津に残る五領ヶ台系統
　　　1，2，7：福島県上小島C，3，4，5：同県法正尻，6：同県油田，8-10：同県聖の宮（1-4，7-10：1/6，5-6：1/4）

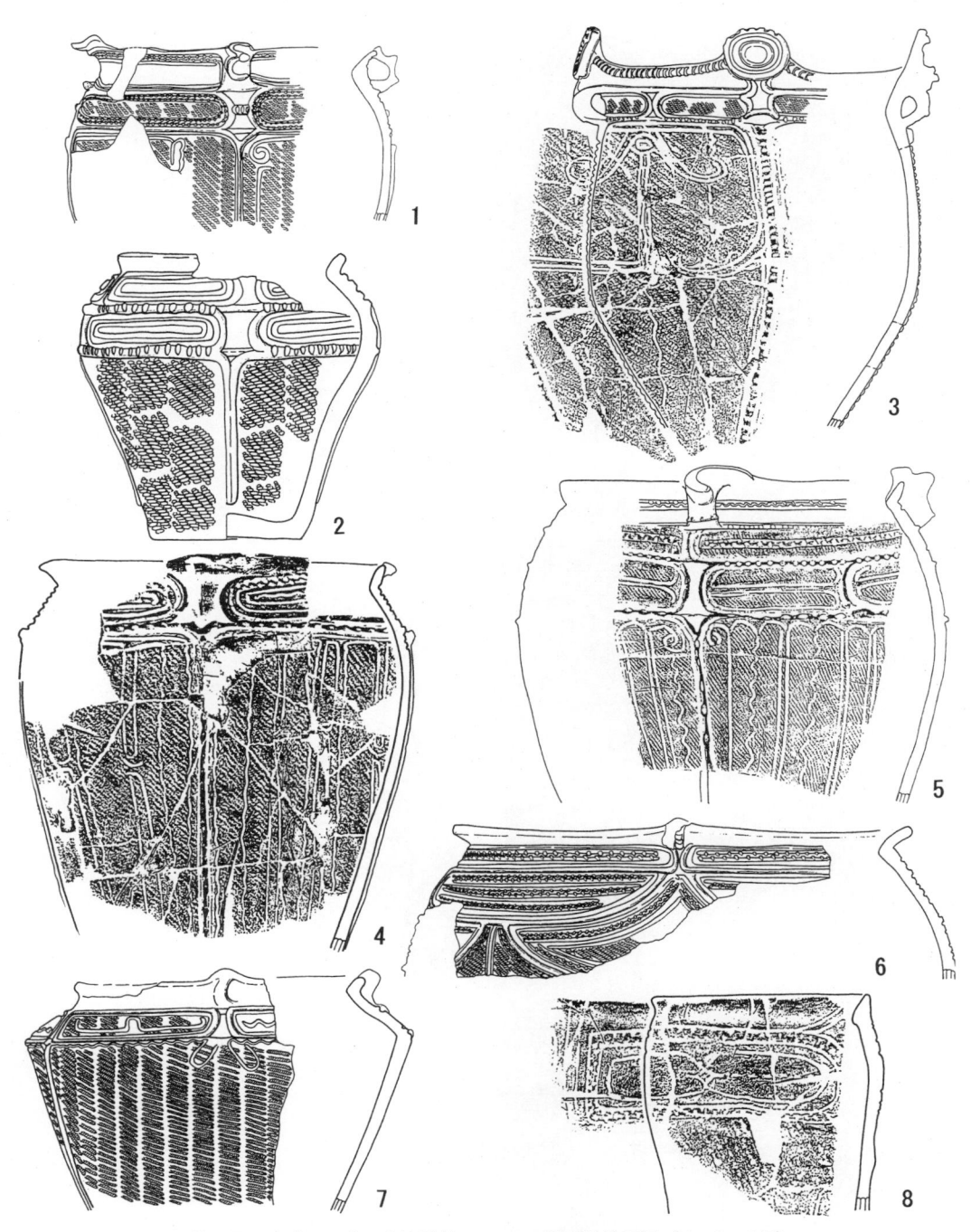

5F章　東関東と東北地方の中期初頭土器の編年と動態　429

第41図　大木7b式　会津系統　1-8：福島県法正尻（1-8：1/6）

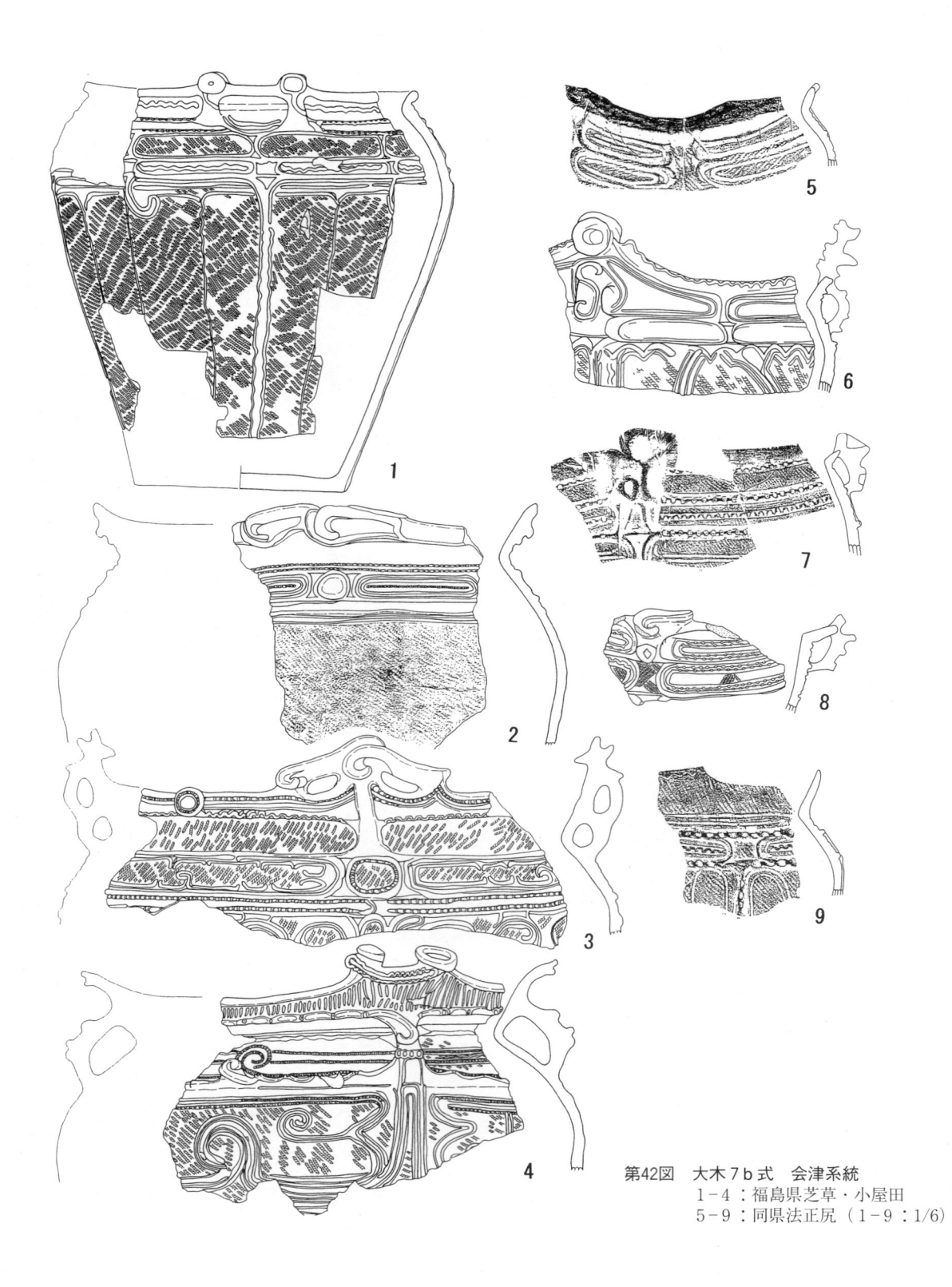

430　第Ⅴ部　土器系統の動きと人間の生態

第42図　大木7b式　会津系統
1-4：福島県芝草・小屋田
5-9：同県法正尻　(1-9：1/6)

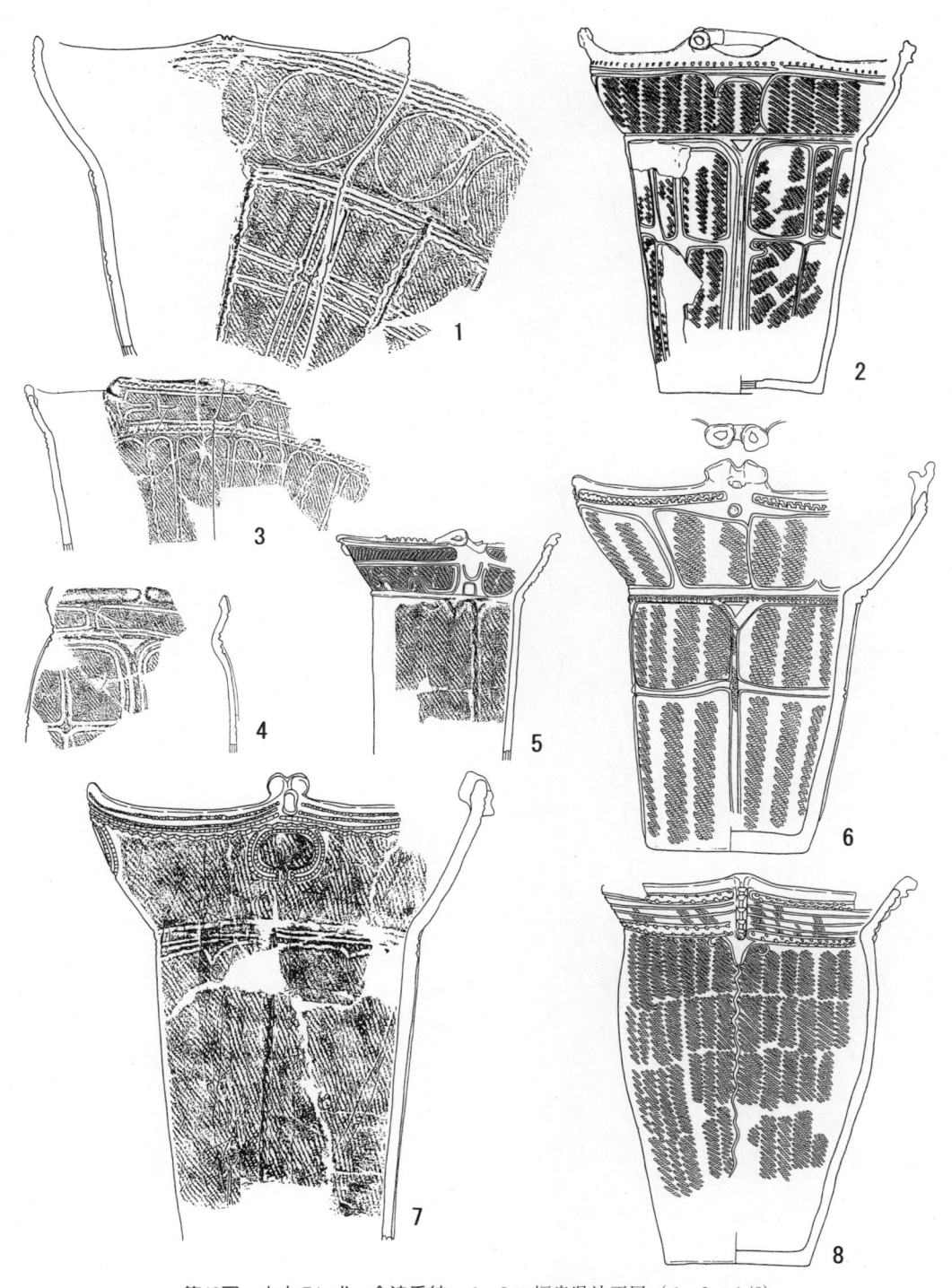

5F章　東関東と東北地方の中期初頭土器の編年と動態　431

第43図　大木7b式　会津系統　1-8：福島県法正尻（1-8：1/6）

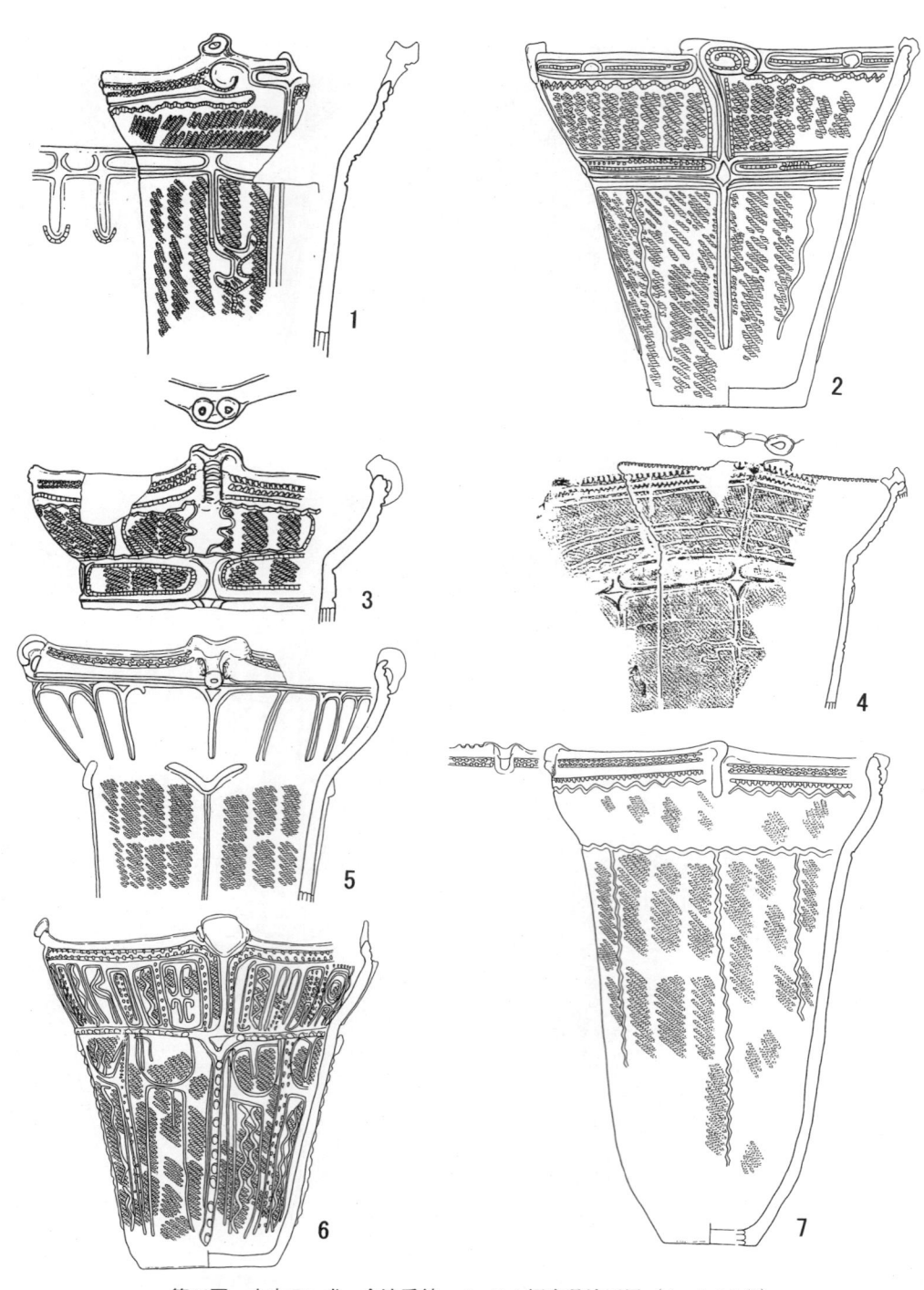

432　第Ⅴ部　土器系統の動きと人間の生態

第44図　大木7b式　会津系統　1-7：福島県法正尻（1-7：1/6）

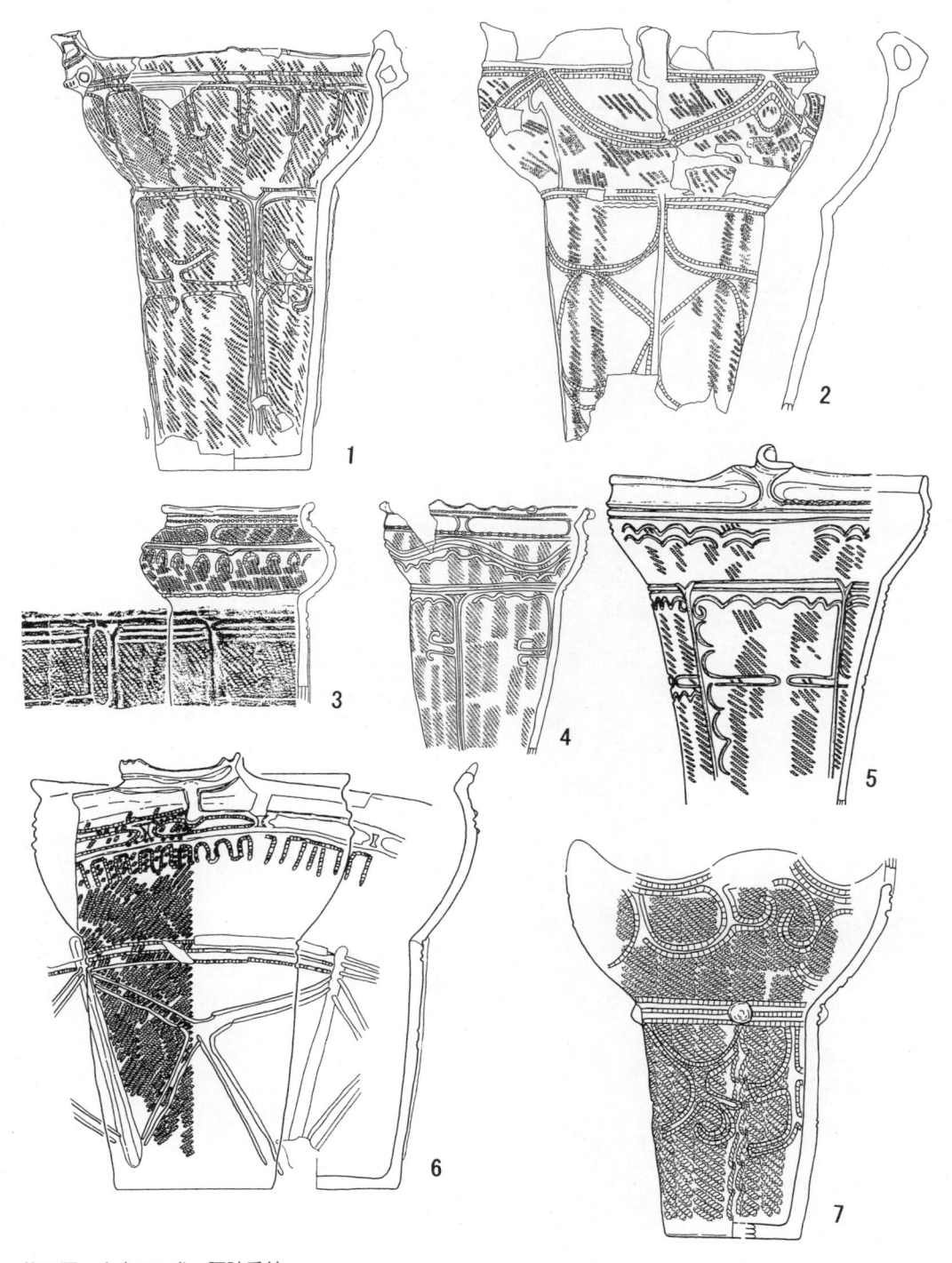

5F章　東関東と東北地方の中期初頭土器の編年と動態　433

第45図　大木7b式　諏訪系統
　　1：福島県横山B，2：茨城県塙東，3，4：福島県法正尻，5：同県上の台，6：茨城県諏訪（1
　　－6：1/6）

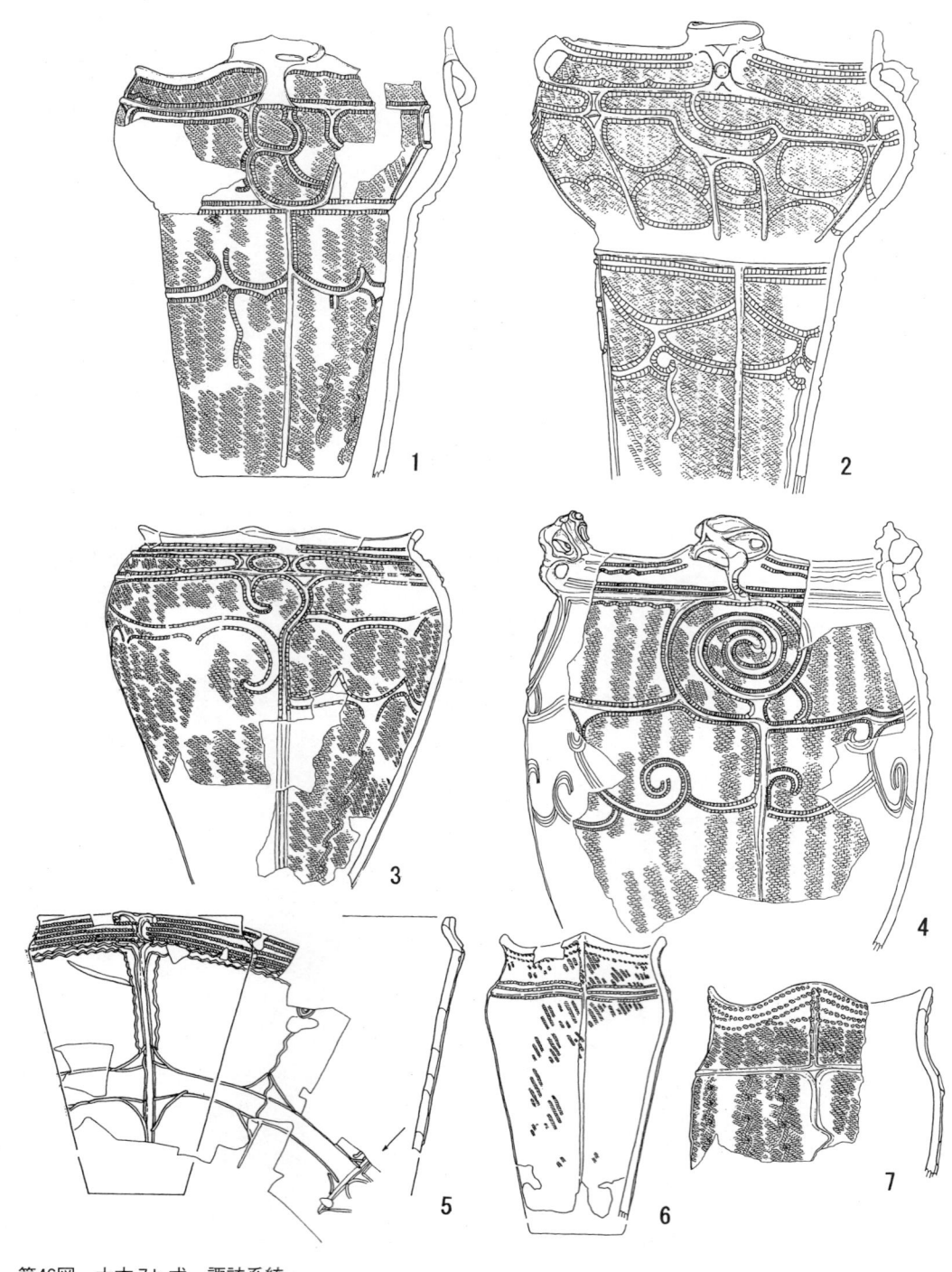

434　第Ⅴ部　土器系統の動きと人間の生態

第46図　大木7b式　諏訪系統
　1，3，4，7：福島県七郎内C，2：福島県法正尻，5：茨城県諏訪，6：福島県寺前（1-4：1/6）

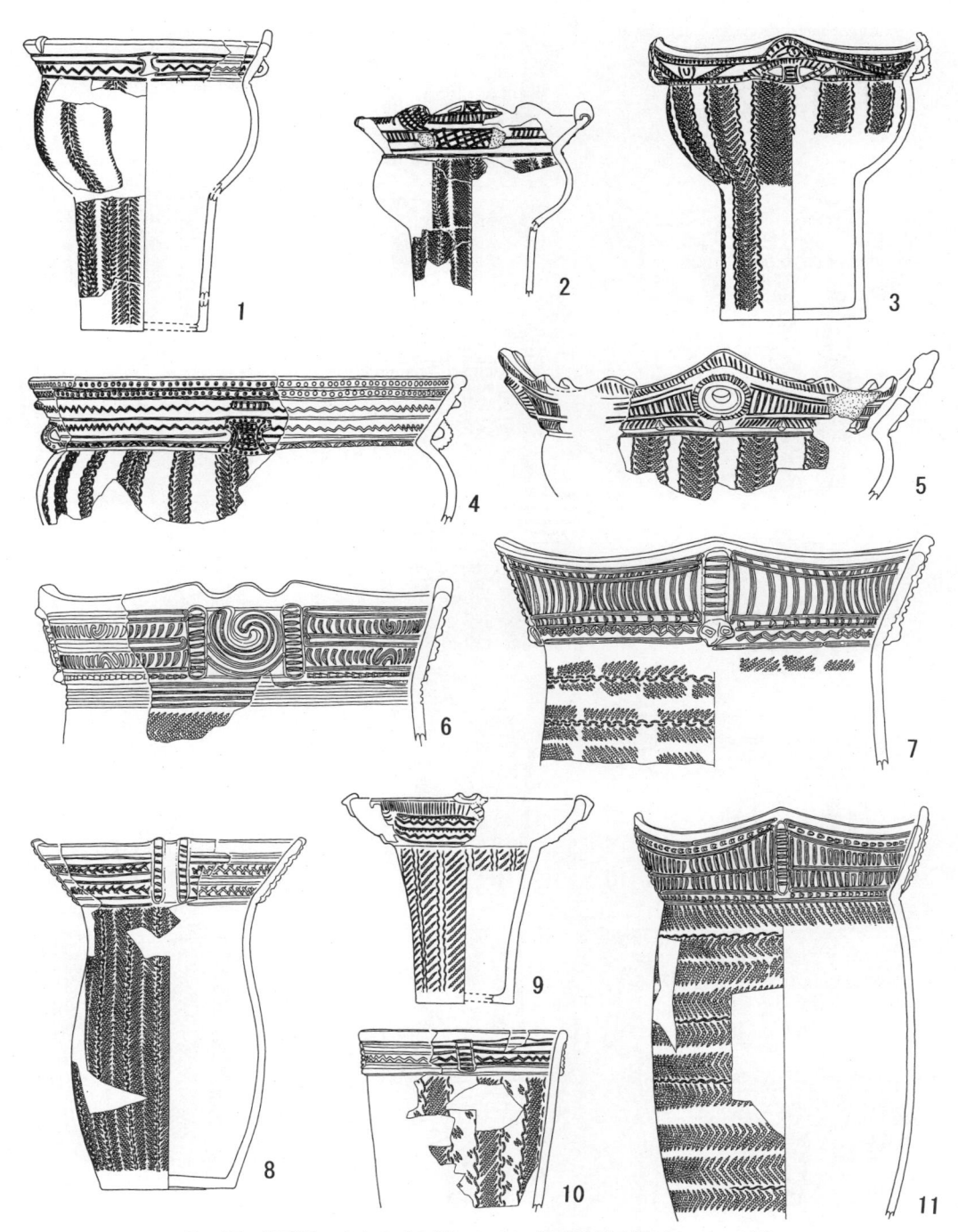

5F章　東関東と東北地方の中期初頭土器の編年と動態　435

第47図　岩手県　大木6式5期　1-11：岩手県滝ノ沢（1-11：1/6）

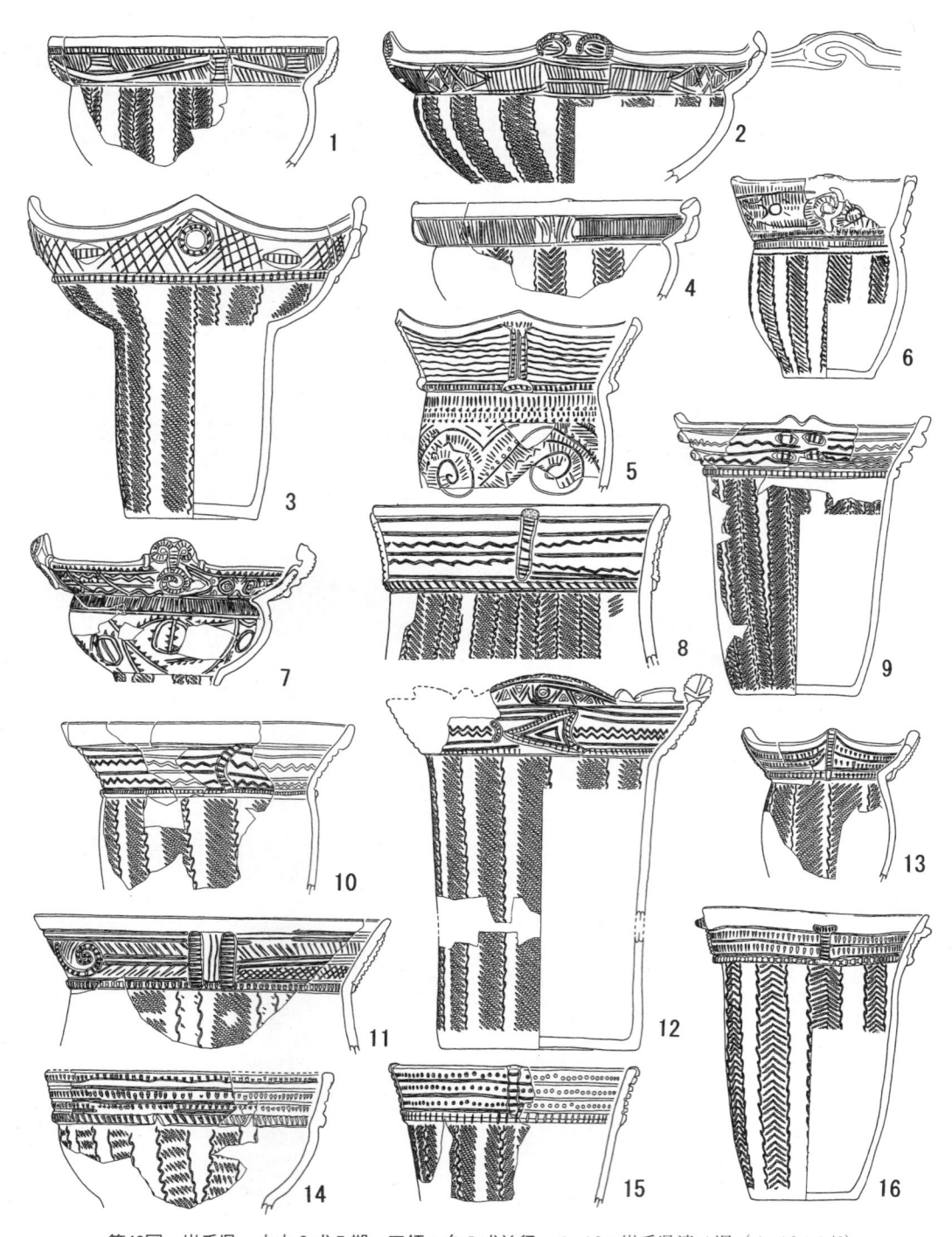

436　第Ⅴ部　土器系統の動きと人間の生態

第48図　岩手県　大木6式5期～五領ヶ台Ⅰ式並行　1-16：岩手県滝ノ沢（1-16：1/6）

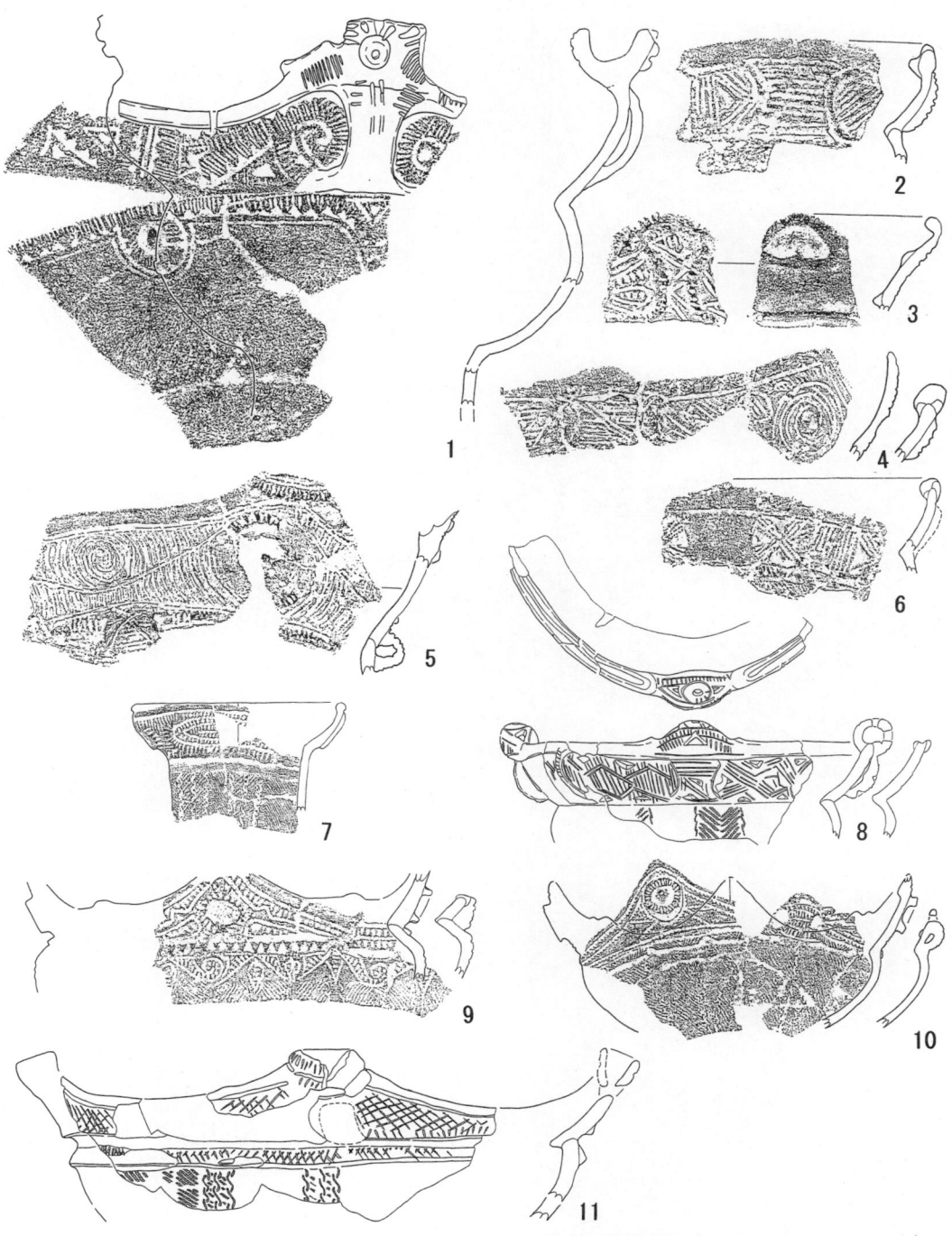

5F章　東関東と東北地方の中期初頭土器の編年と動態　437

第49図　岩手県　五領ヶ台Ⅰ式並行　1：岩手県宝性寺，2-11：同県高畑（1-6：1/4, 7-11：1/6）

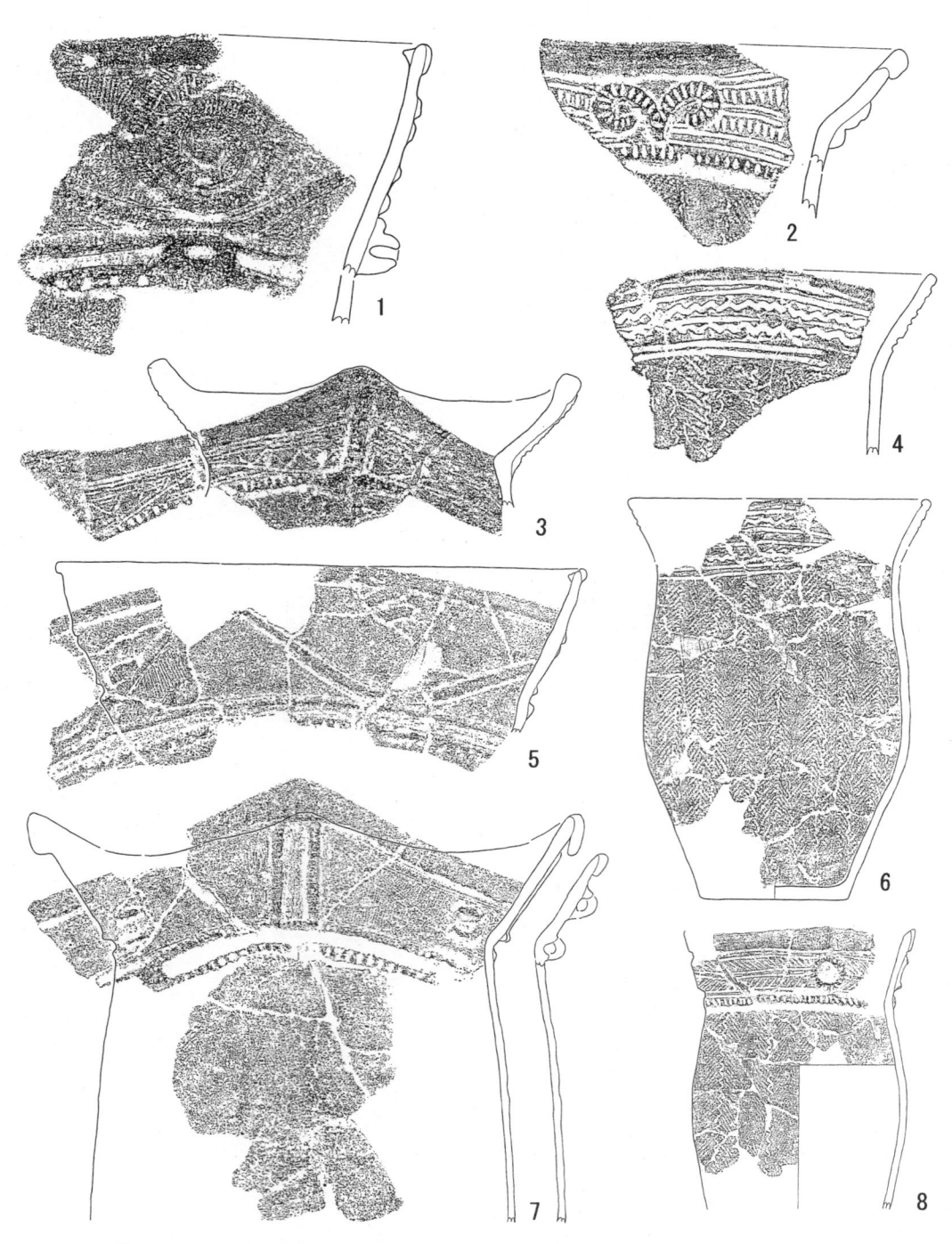

438　第Ⅴ部　土器系統の動きと人間の生態

第50図　岩手県　五領ヶ台Ⅰ式並行　1-8：岩手県高畑（1-3：1/4，4-8：1/6）

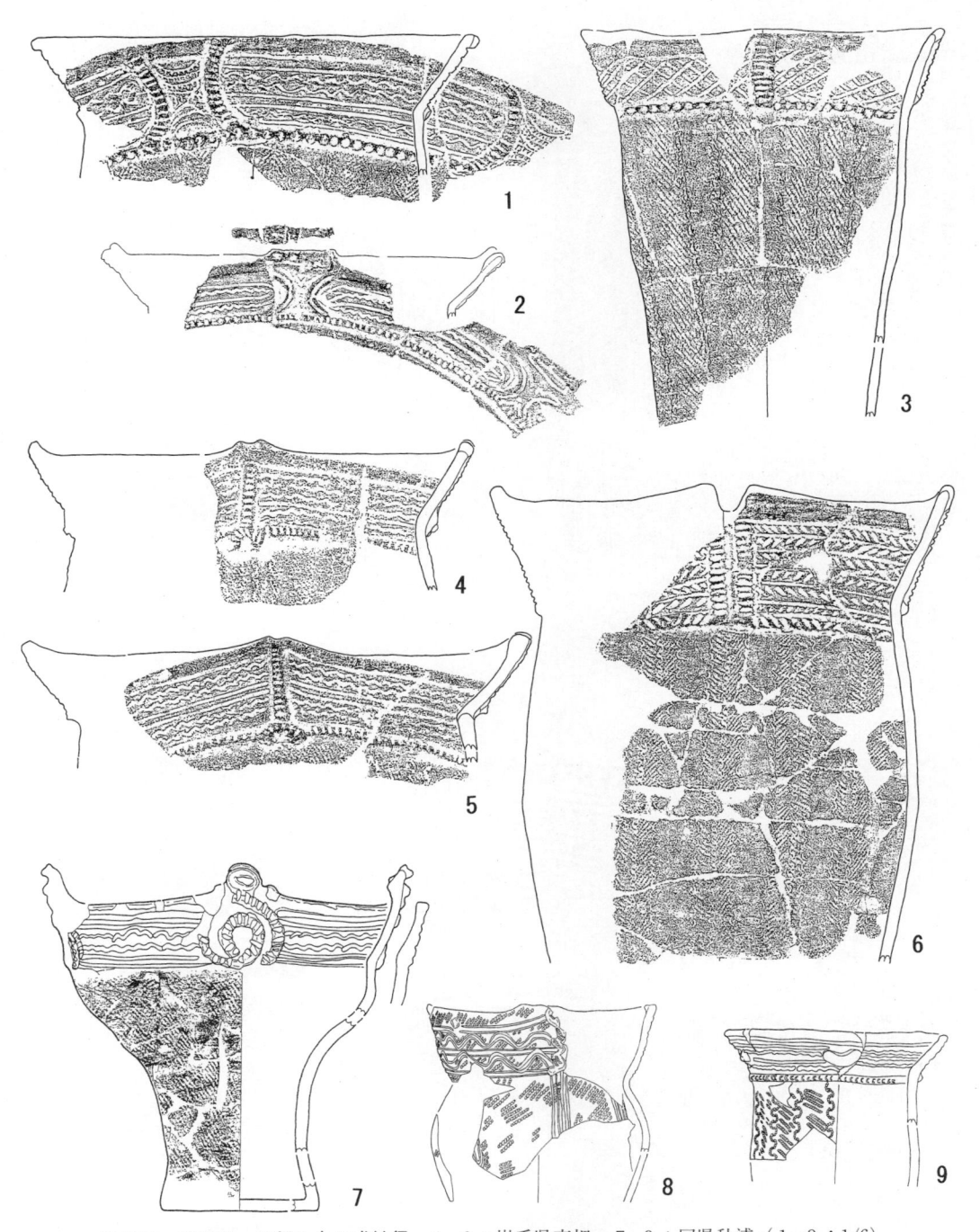

5F章　東関東と東北地方の中期初頭土器の編年と動態　439

第51図　岩手県　五領ヶ台Ⅰ式並行　1-6：岩手県高畑，7-9：同県秋浦（1-9：1/6）

440　第Ⅴ部　土器系統の動きと人間の生態

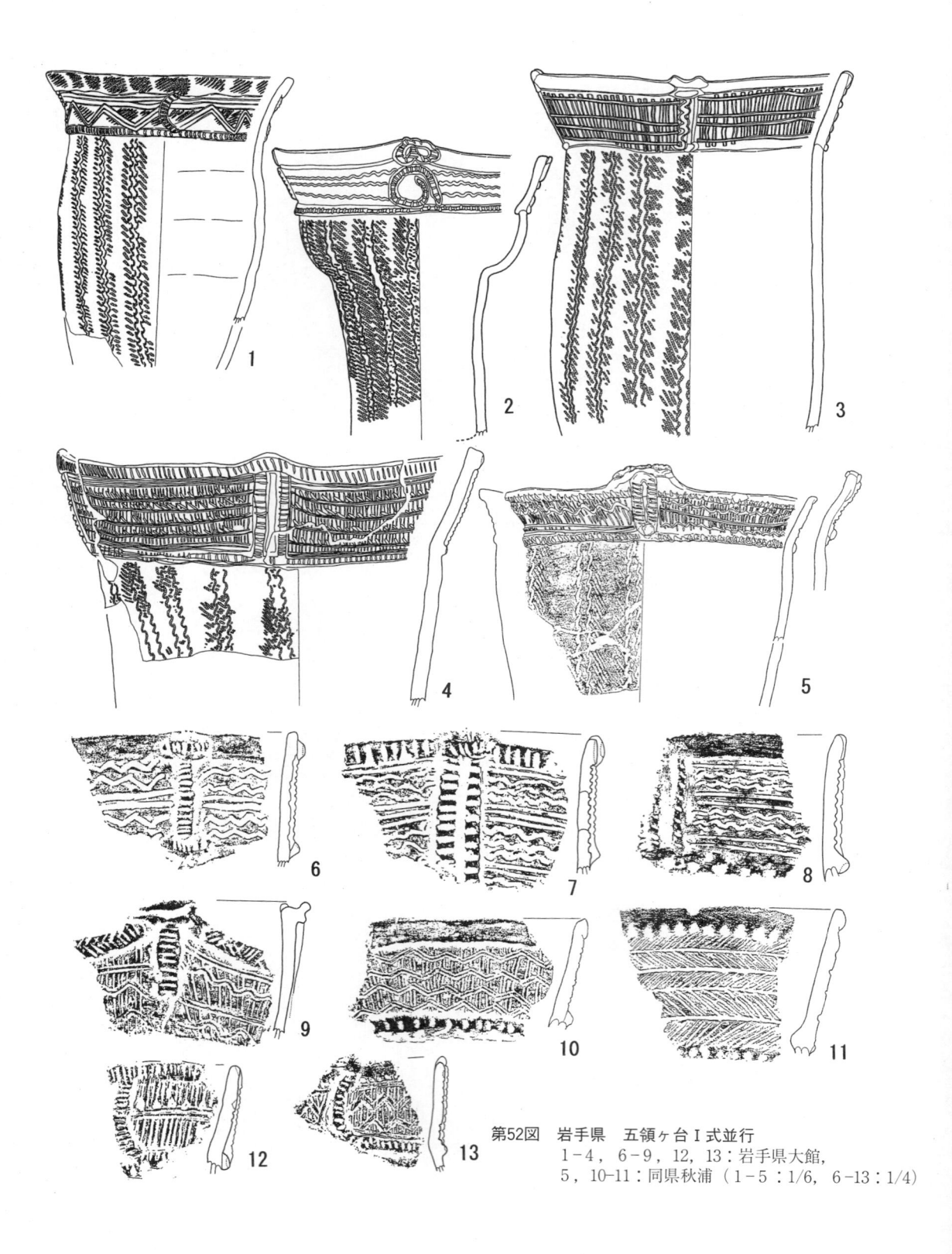

第52図　岩手県　五領ヶ台Ⅰ式並行
1-4，6-9，12，13：岩手県大館，
5，10-11：同県秋浦（1-5：1/6，6-13：1/4）

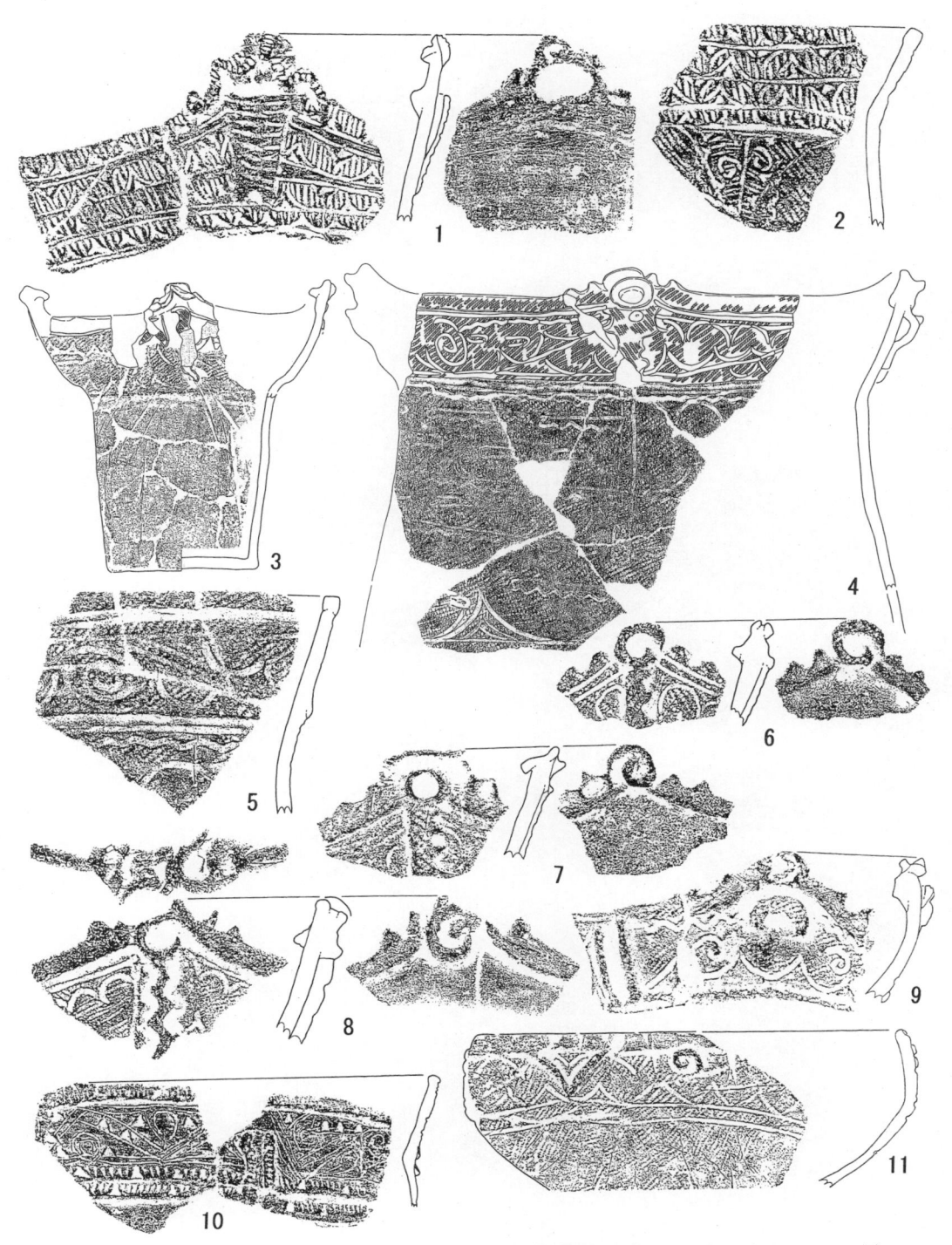

5F章　東関東と東北地方の中期初頭土器の編年と動態　441

第53図　岩手県　五領ヶ台Ⅱa式並行　1-11：岩手県宝性寺（1-2, 5-11：1/4, 3-4：1/6）

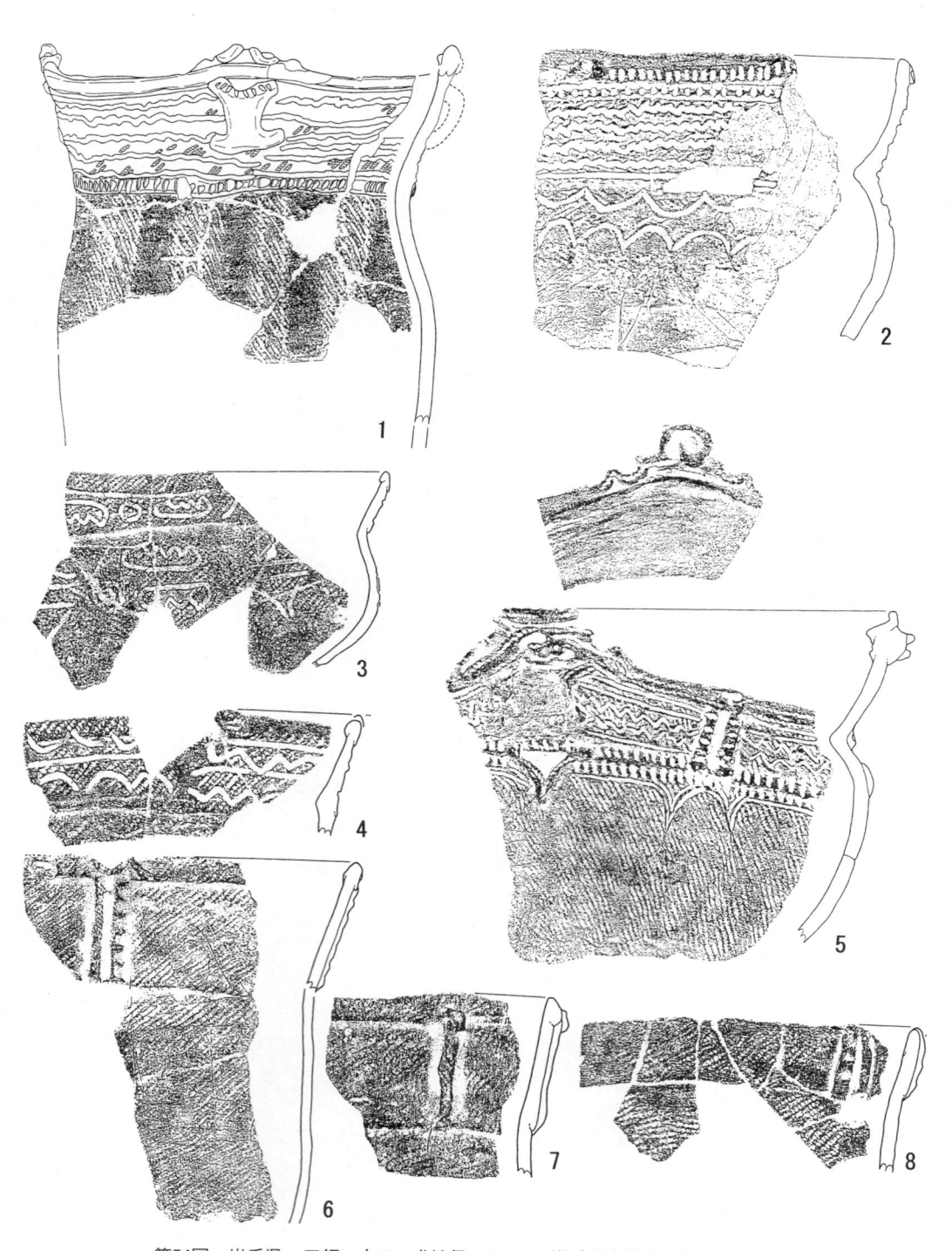

442　第Ⅴ部　土器系統の動きと人間の生態

第54図　岩手県　五領ヶ台Ⅱa式並行　1-8：岩手県宝性寺，（1-8：1/4）

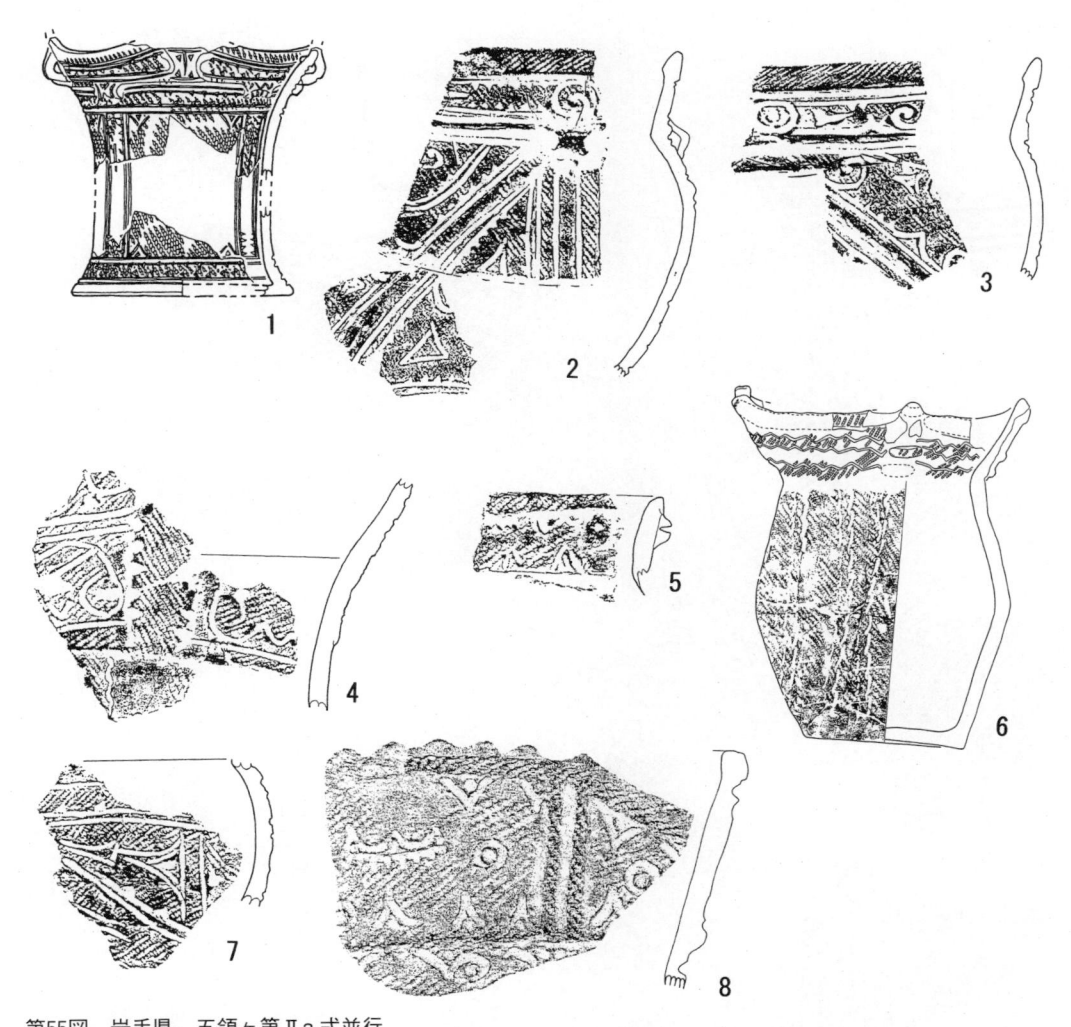

5F章　東関東と東北地方の中期初頭土器の編年と動態　443

第55図　岩手県　五領ヶ第Ⅱa式並行
　1：岩手県滝ノ沢，2-3：秋田県黒倉，4-7：岩手県秋浦，8：同県山の神（1-5，7-8：1/4，6：1/6）

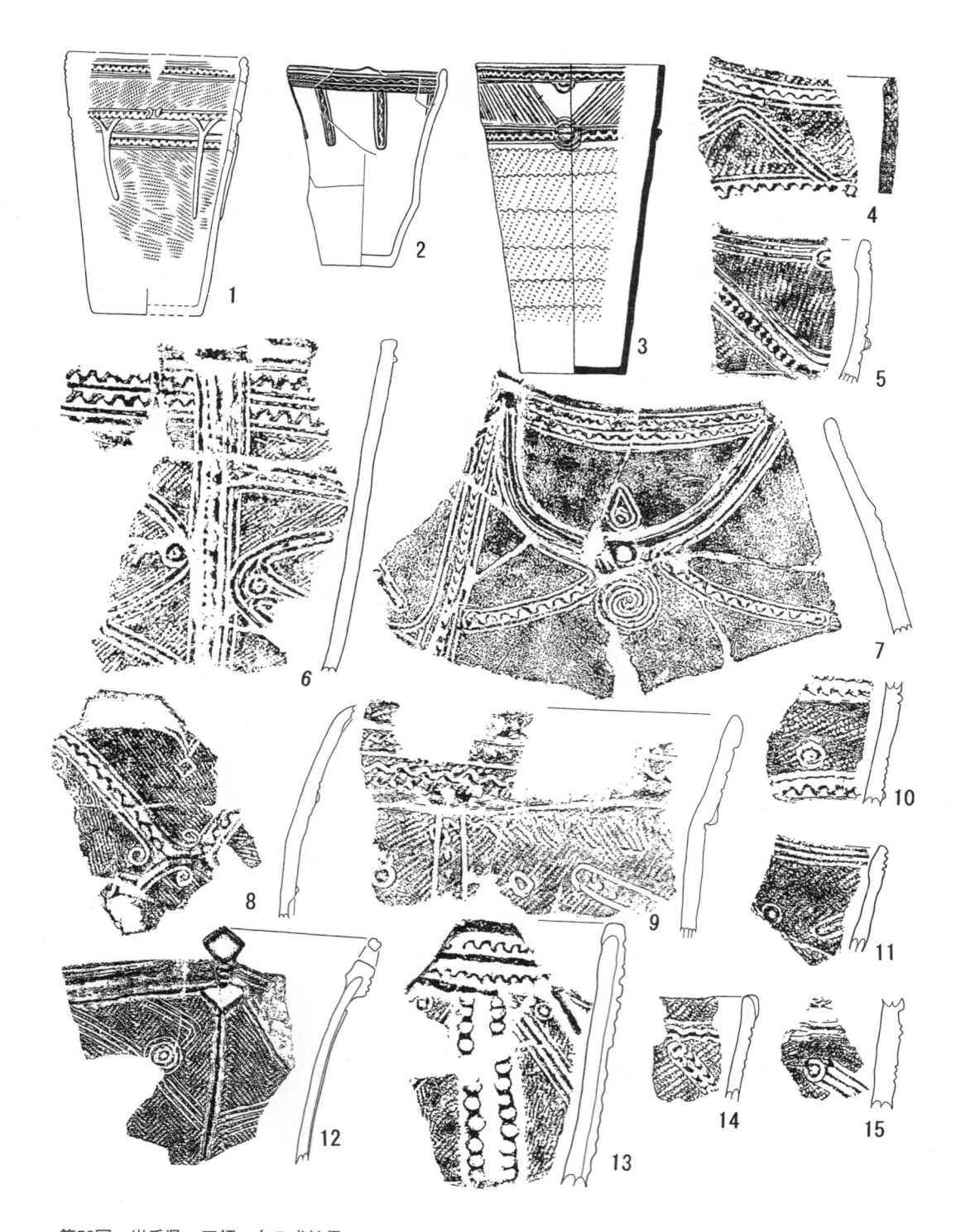

444　第Ⅴ部　土器系統の動きと人間の生態

第56図　岩手県　五領ヶ台Ⅱ式並行
　1：岩手県繋，2：同県滝ノ沢，3，4：同県畑井野，5，9-11，13，15：同県大館，6：同県北館大手門，7：同県天神ケ丘，8：同県小日谷地，12：清田台，14：繋（1-3：1/6，4-15：1/4）

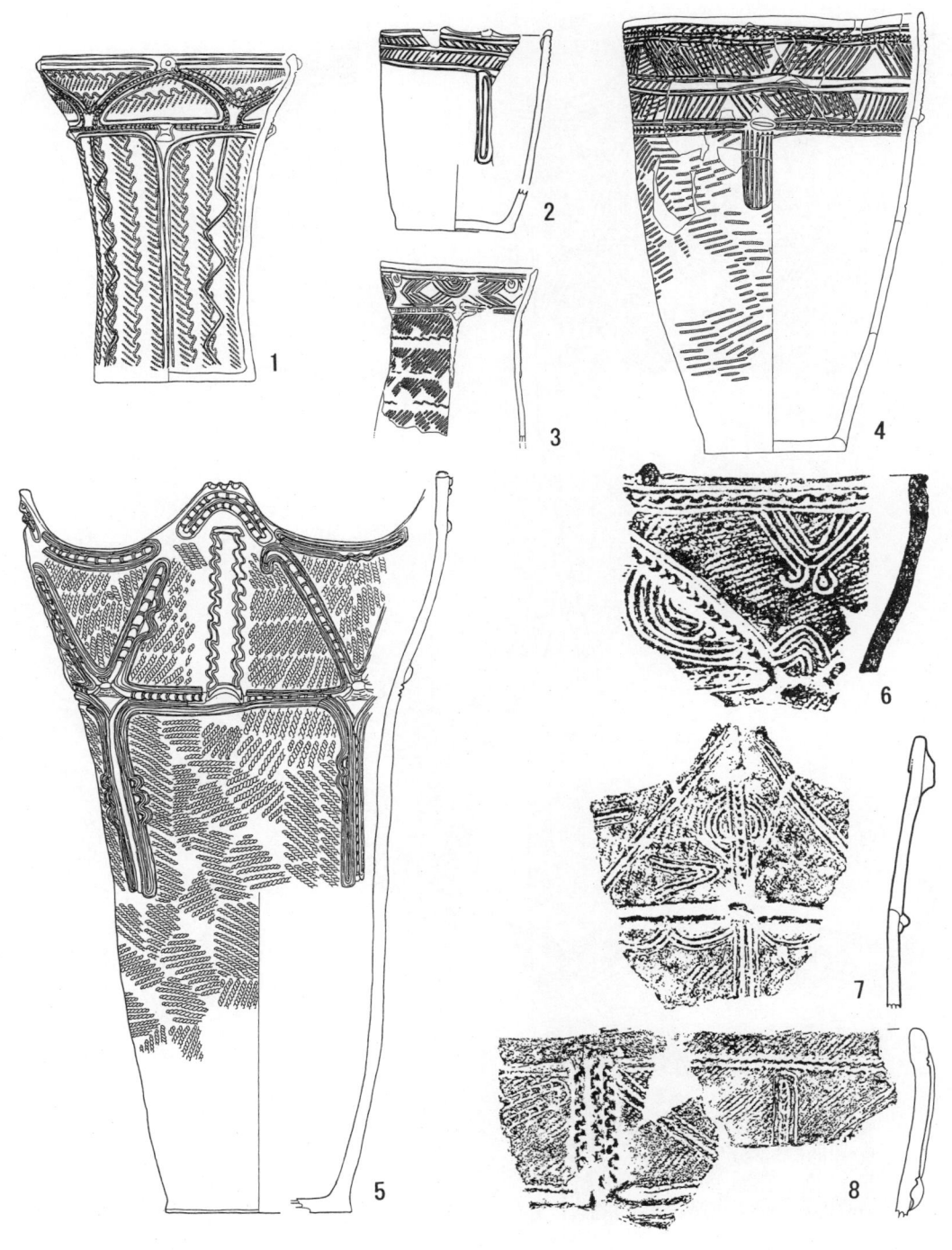

5F章　東関東と東北地方の中期初頭土器の編年と動態　445

第57図　岩手県　五領ヶ台Ⅱ式〜竹ノ下式並行
　1：岩手県滝ノ沢，2：同県清田台，3：同県間館，4-5，8：同県大館，6：同県畑井野，7：同県鳩岡崎上の台（1-5：1/6，6-8：1/4）

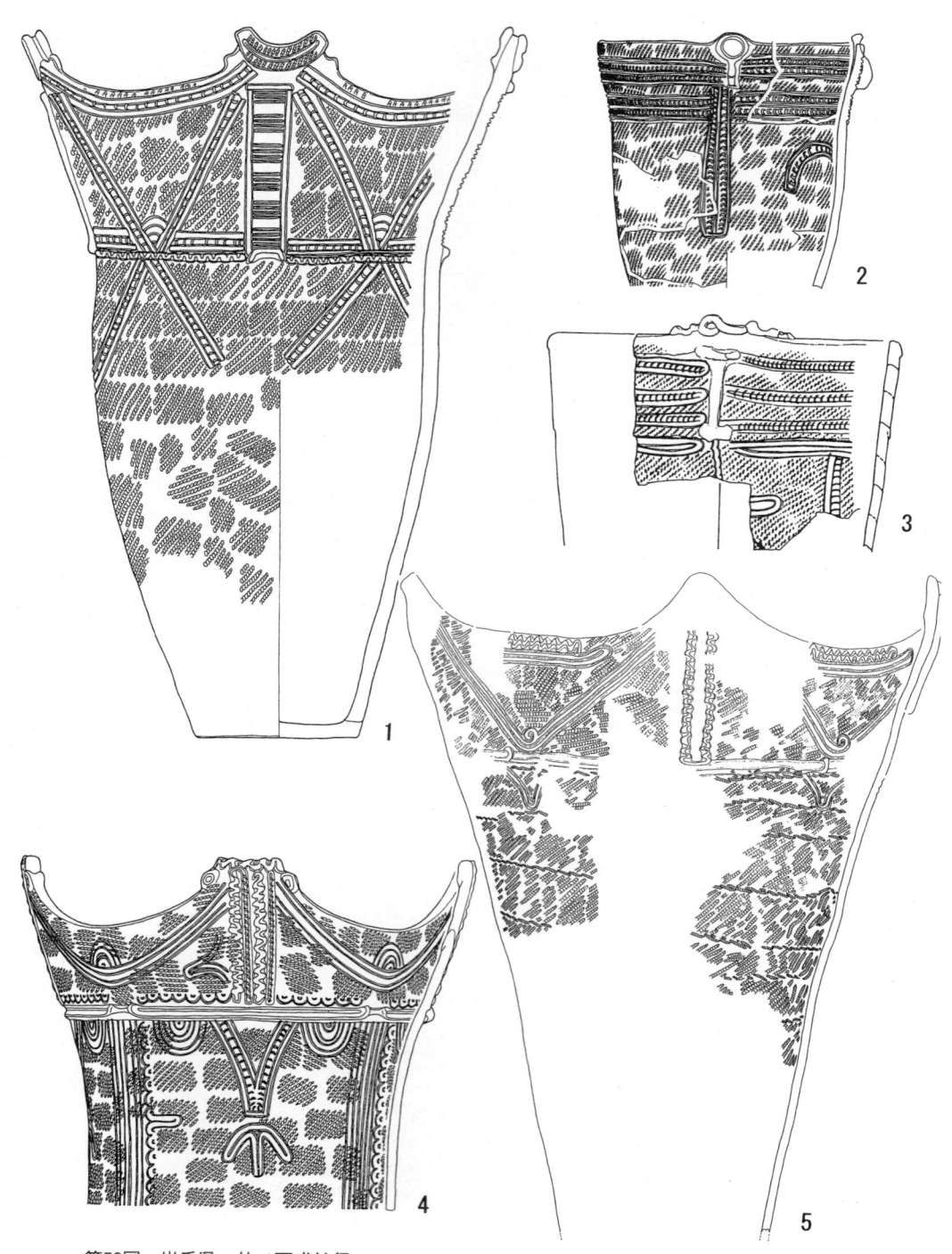

446 第Ⅴ部 土器系統の動きと人間の生態

第58図 岩手県 竹ノ下式並行
1：岩手県大館，2，4：同県滝ノ沢，3：同県繋，5：同県久田野（1-5：1/6）

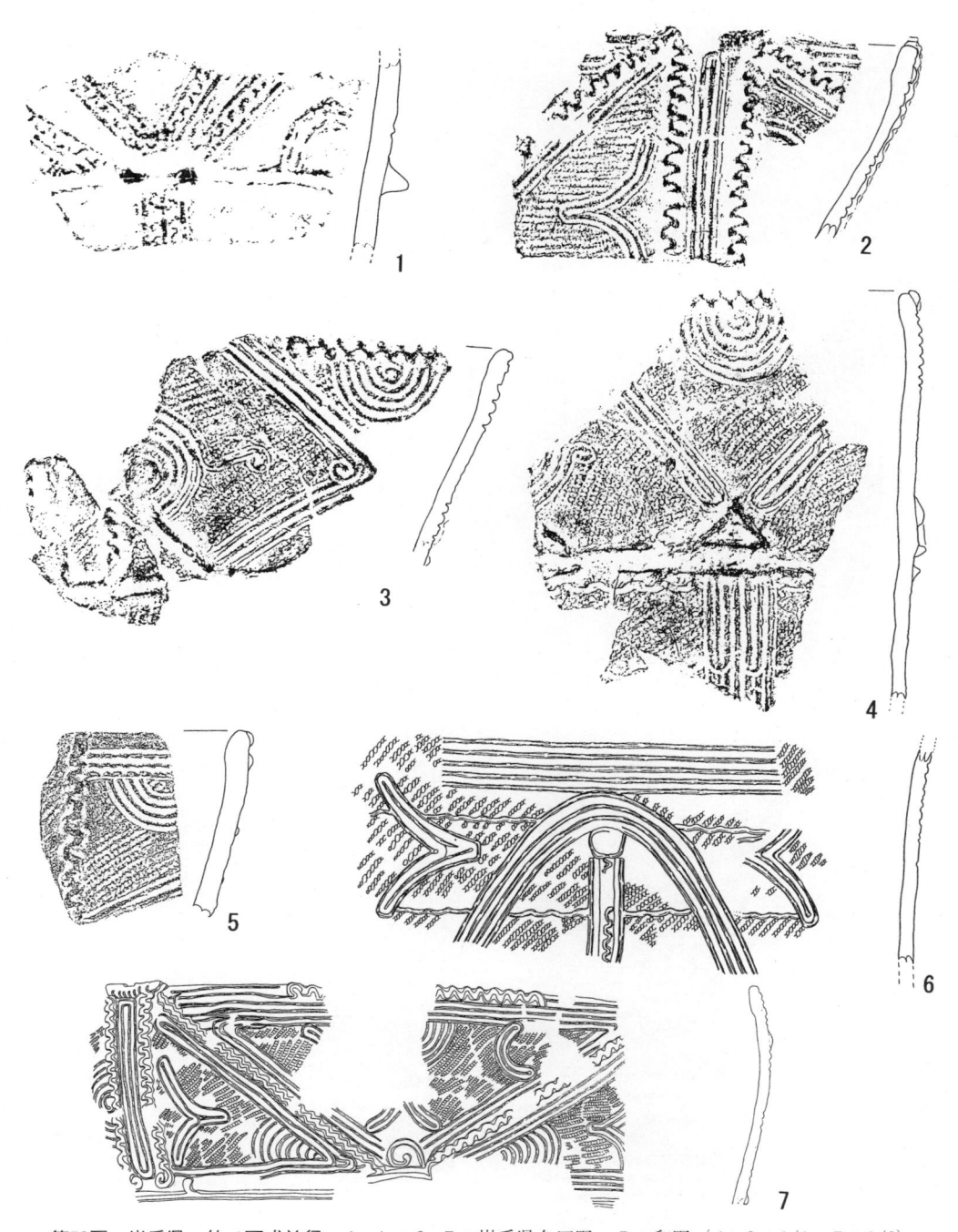

5F章　東関東と東北地方の中期初頭土器の編年と動態　447

第59図　岩手県　竹ノ下式並行　1-4, 6-7：岩手県久田野, 5：和野（1-6：1/4, 7：1/6）

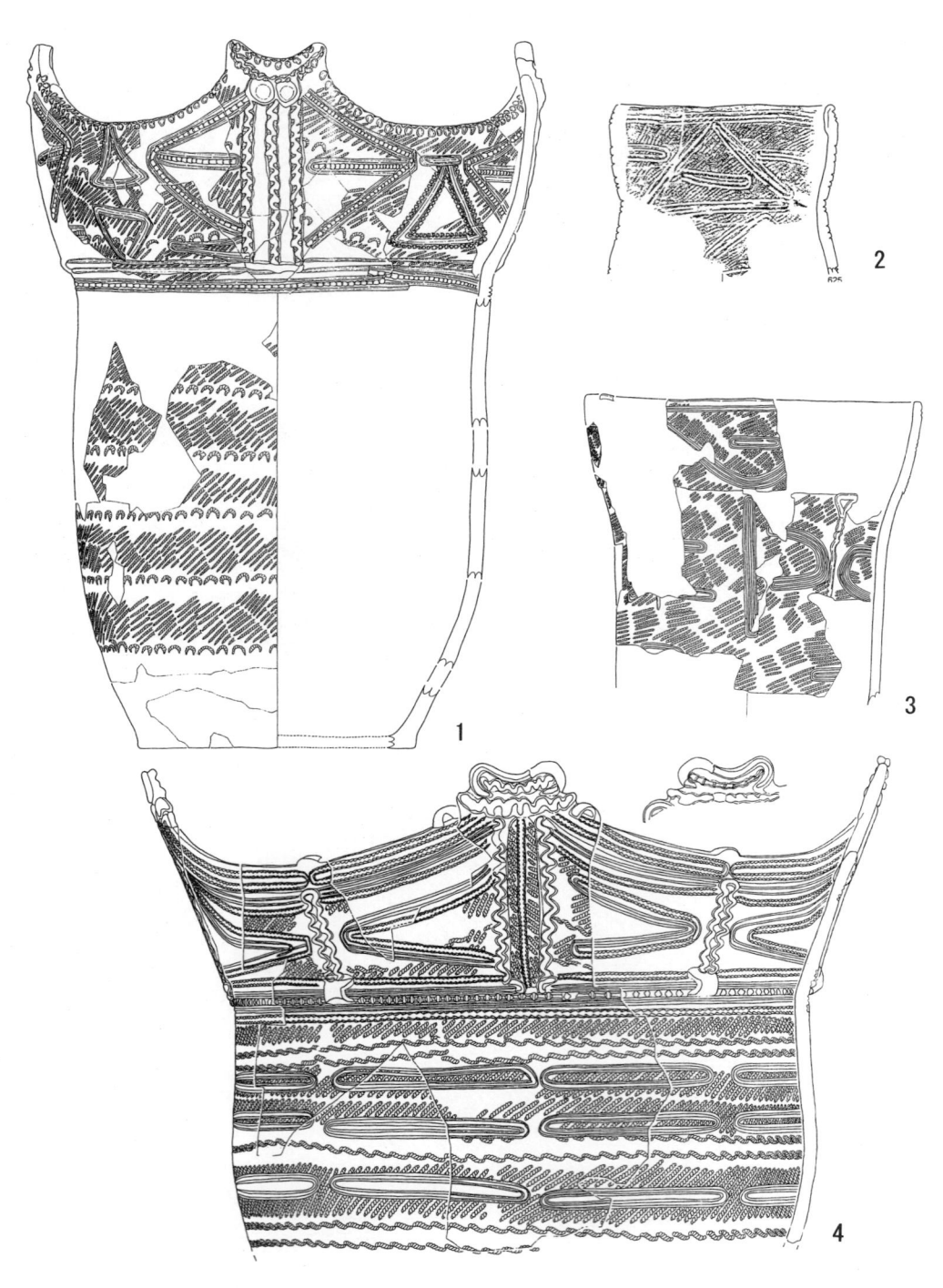

第60図　岩手県　竹ノ下式〜阿玉台Ⅰa式並行
　　　1：岩手県上平，2-3：同県秋浦，4：同県樺山（1-4：1/6）

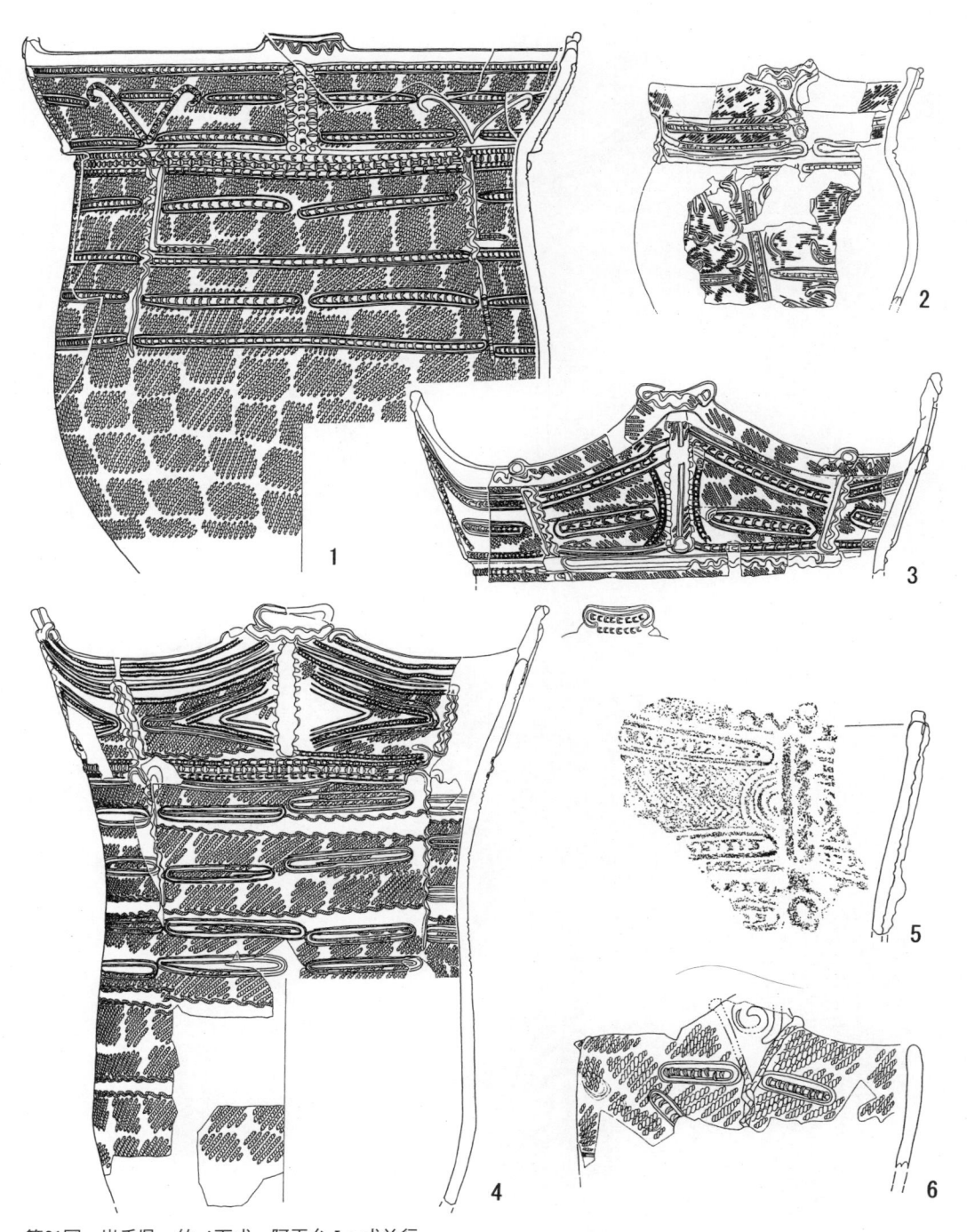

5F章　東関東と東北地方の中期初頭土器の編年と動態　449

第61図　岩手県　竹ノ下式〜阿玉台Ⅰa式並行
　　1：岩手県滝ノ沢，2：同県間館，3－5：同県樺山，6：同県小日向谷地（1-4：1/6，5，6：1/4）

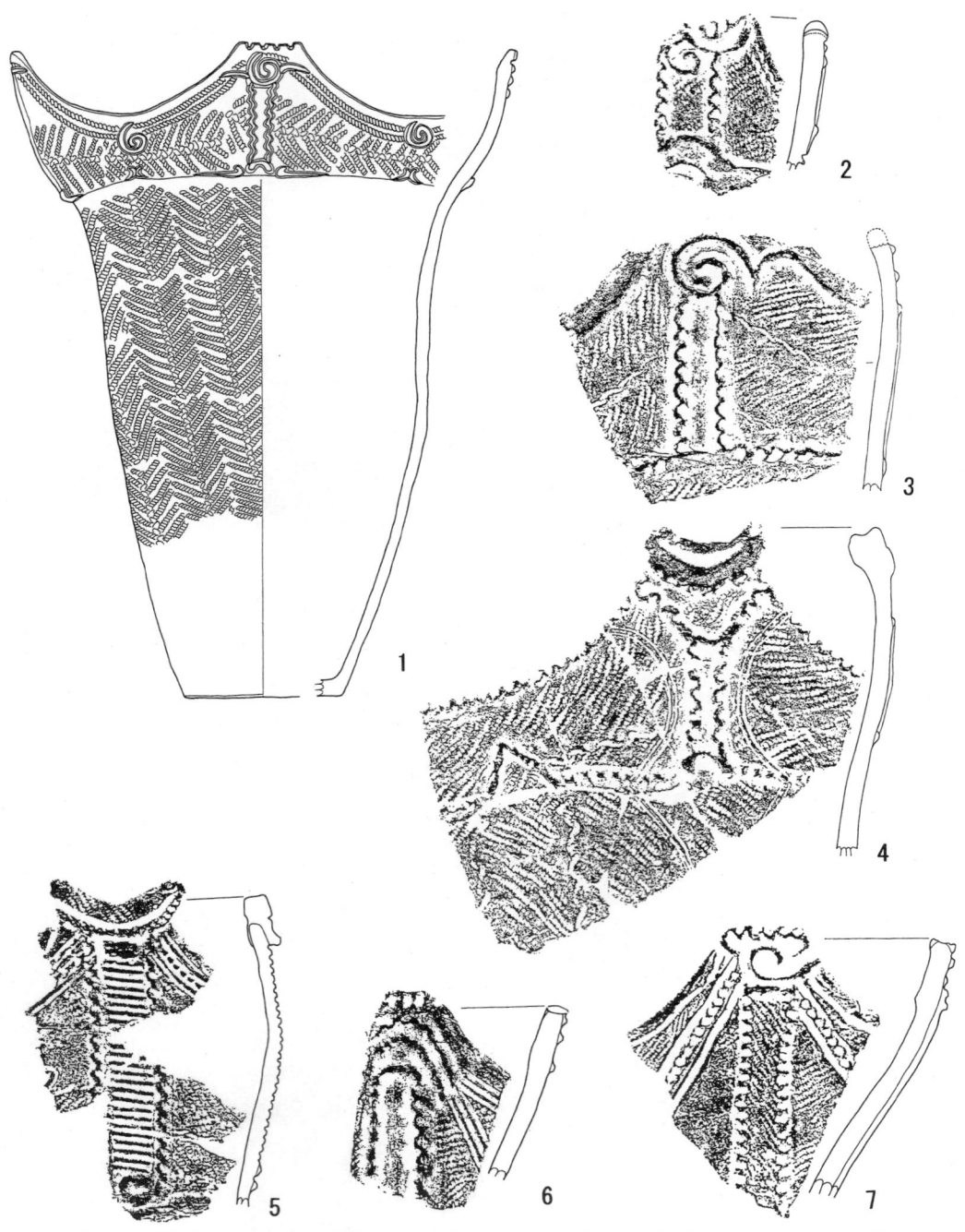

第62図　岩手県　竹ノ下式〜阿玉台Ⅰa式並行　1-7：岩手県大館（1：1/6，2-7：1/4）

第63図　岩手県　山内清男による大木7a式資料　1-7：宮城県大木囲（縮尺不明）

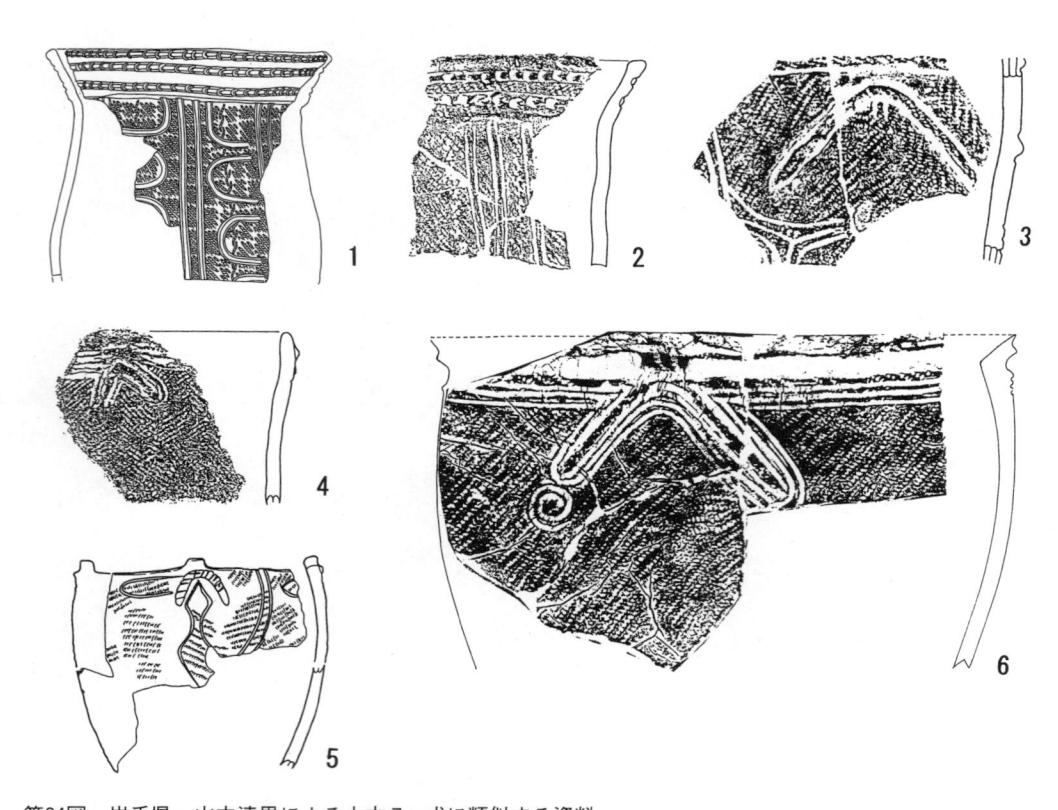

452　第Ⅴ部　土器系統の動きと人間の生態

第64図　岩手県　山内清男による大木7a式に類似する資料
　　1, 2：宮城県中ノ内, 3：福島県法正尻, 4, 5：岩手県清田台, 6：千葉県白井雷（1：1/6, 2
　　-6：1/4）

第VI部　総論

土器から見る縄文人の生態

　土器に見られる系統的変遷や移動の現象は，どのような人間の行動や社会が背景にあるのか？この問題を，縄文前期末～中期初頭について具体的に検討する。これが本書の最終的な目的であった。しかし本書の長く細かい記述を前にすると，上記目的の準備作業である編年構築の煩雑さばかり目についたことであろう。土器現象の裏に推定される人間の行動について，章のまとめで書かれた部分もあるが，それを拾い読みしても，本書全体で人間にかかわる何が解明されたのか把握することは容易でないと思う。そこで本章では，土器そのものの記述をできるだけ抑えながら，解明された土器現象の本質を抽象し，それによって人間活動にかかわる何が解明されたのか，何が問題として残されたのかをまとめてみたい。

　前期末～中期初頭には土器系統の移動が多く見られる。土器系統はどのように移動したのか，なぜ移動したのか，進入した系統と移動先にもとからいた土着の系統との交流はどのようであったか，それらの解明を通して縄文人の生態や社会に切り込むことが，本書の課題として章が進むにつれて浮かび上がってきたであろう。

　本章第6節で述べるように，弥生土器，土師器の先進的研究の中にもほとんど同じ方向が見られ，そこでは土器による社会変化の追求が，縄文土器研究よりも強く，明確に意識されている。日本考古学で先輩格であった縄文土器研究ではあるが，その時代の長さに原因する編年的課題の膨大さに妨げられ，問題意識を持つ分析という点では後れをとっていると言わざるをえない。

1．土器の分布と移動に関する基本的思考

　土器の変化の過程や系統の移動は，土器そのものから読み取れる客観的な事実である。十分な資料をきちんと分析していけば必ずその事実にたどりつける。しかしそこからさらに進んで，背景にあった人間の行動や社会の復元という課題になると，それは研究として別の次元に属する。さまざまな推定が可能になり，そのうちどれが一番事実に近いかを論理的に判別していくことが必要になる。表面的に同じパターンに見える系統移動でも，その背景にあった人間の活動は異なるかもしれない。人間集団が移動しても，土器の作り方がまとまって伝播してもパターンとしては類似した系統移動現象が起きたかもしれないのである。研究としての次元の違いを明確に意識しながら次の段階に踏み出さなければならない。

系統移動の原因として想定されることがら

　土器の諸系統が織りなす現象から，その背景にある人間の行動・生態・社会に迫ろうとする場合，異系統土器の認識が基本的な手掛かりになる。異系統の土器がなぜそこにあるのかと問うこ

とが出発点である。異系統とは本来その地の伝統にはなかった系統が入ってきたものを指すが，由来を異にする複数の系統が1地域に共存する場合にも異系統土器の共存と言う。以下議論は抽象的になるが，続く考察の準備として，土器系統の分布と移動という現象の意味について考えておきたい。

土器が本来の分布地域の外で発見される場合，その原因として大きく3つが考えられる。a. 製品の運搬，b. 作り手の移動や移住，c. 情報の伝達，である。この3つを区別することが土器を通して人間の生態を読み取る鍵になる。言うまでもなくそれは容易なことではない。3つの区別ができるようになったときには，人間の活動の読み取りという課題が相当に達せられているのではないかと思われるほどである。ともかく，これら3つの現象の意味を明確にし，それを見分けるための基本的視点について考えていこう。

a. 製品の運搬

いうまでもなく発見地とは離れた場所で作られ運ばれてきたもので，短距離の運搬，長距離の運搬があり，長距離運搬では，直接来る場合と短距離繰り返しのリレー式が想像される。作り手と運び手の関係という難しい問題もある。土器が運ばれたというきわめて単純な事実のはずであるが，その判定は難しい場合も多い。にもかかわらず，製品の運搬か作り手が移動してきて作ったのか，どちらであるかによって社会復元に与える意味はまったく違ってしまう。ひとつの型式の主要な分布地域内でその型式の土器が比較的近距離を動く場合には，胎土分析をうまく利用しない限り移動の認定は非常に困難である。しかし第5節で論ずるように，衰退期の零細遺跡に残されたわずかな量の土器は，ほとんどの場合人の移動に際して製作地から携帯されてきたものと考えられる。

私は一般論として縄文土器は相当の量が運ばれることがあったと考えている。伊豆七島の神津島上の山遺跡や三宅島西原遺跡の，本州島の同時期の遺跡にひけをとらない量の土器は，胎土分析によってすべて本州島からの移入品であることが判明している（今村啓爾1980b）。これは離島に限って起こったこととは思われない。最近池谷信之氏は東海東部の沼津市平沼吹上，長泉町鉄平などの集落遺跡の全土器の半分以上を占める木島式（前期初頭）が，糸魚川静岡構造線以西の粘土で作られていることを元素分析によって示し，これらの遺跡の住民が東海西部との往還をくりかえすことによってもたらしたと考えた（池谷信之・増島淳2006）。関東南西部において諸磯a式やb式に，東海西部以西に分布の中心がある北白川下層式土器が少量ともなうことはありふれた現象であるが（関東の中でも存在比率は大きく異なるが，東海に近い神奈川県で1～2％であろう），その伴出の仕方は，前期初頭の木島式（花積下層式などに伴出）の場合と類似し，多くが糸魚川静岡構造線以西での製作と考えられ，胎土分析でも在地の土器と大きく異なることが判明している（パリノ・サーヴェイ株式会社1998）。東関東の浮島式に伴う諸磯式も，胎土分析から搬入品が多いと判断されている（古城泰1978）。本書が扱った関東地方の前期末～中期初頭の遺跡で出る大歳山式・鷹島式・北浦C式などの「関西系」，「東海系」土器は，諸磯式段階よりも比率が数倍高く，運

---

(1) フォッサマグナの西縁。これをフォッサマグナと呼ぶのは誤りであるが，広く流布している使い方である。

搬が多かったことを物語る。縄文土器が数百キロもの距離を運ばれることが珍しくなかったのだから，近距離の輸送はもっと多かったはずである。小遺跡で出土する土器の大部分が近隣の集落から運ばれていた場合も多いに違いない。

福島県会津高田町兜宮西遺跡では，地元の大木5a式段階に東関東系の興津Ⅱ式と西関東系の諸磯c式古段階が伴ったが，諸磯c式の胎土は大木5a式と異なるという。興津Ⅱ式の胎土は大木5a式に近いだけでなく，本来貝殻腹縁で加えるべき文様を半截竹管で加えたものがある（会津高田町教育委員会1984）。諸磯c式が搬入品で，興津式の少なくとも一部は出土地周辺での製作であると判断される。

搬入品の見分け方は，一般論として次のようになる。出土地域では主体的でない系統の土器が少量在地の土器に混在し，その作り方，胎土，焼成などが出土地一般の土器とは異なり，製作地と想定される地域に一致する場合である。在地土器に比べて少量であることが普通であるが，上記伊豆諸島の遺跡や平沼吹上遺跡のように，入手と使用の様態によっては量的に主体にもなりうる。

土器の運搬はいつも同じようにあったわけではない。中期中葉の，頻繁に移動しない生活形態では，生業にかかわる移動時に携帯する形での運搬はずっと少なかったと考えられる。そのことは，本書で扱った範囲では，阿玉台式並行期の東北地方の土器の小さく分かれていく分布域と遠距離の異系統土器交換が少なくなる[2]ことから言えるし，中期中葉の関東地方で東海系と判定される土器が極めて少なくなる（中山真治1998）事実からも指摘できる。山梨県の中期曾利式土器の場合，多くが，出土地から遠くない粘土で作られたとする河西学氏の岩石学的方法による胎土分析は重要である。遺跡によっては大部分が搬入品によってまかなわれている（河西学1992，2002）。

一般論として，運搬の問題が胎土分析で決着されるためには，出土地の周辺に判別に有利な地質条件が広がっていることが必要で，実行しても必ずしも結論が出るわけではない。この制約と，胎土分析の取り組み自体が，とくに本書でとりあげた時期について少ないことが，本書の議論全体に不明瞭な影を落としていることは否めない。

b. 作り手の移住

ある系統をになう人間が，他の系統の土器が主体的であった地域に移住し，自己の保持する系統の土器作りをもたらして作り始める場合である。発見地では異系統とみなされる土器がそこの粘土で作られている場合や，進入した異系統の土器が発見地の土着の文様要素を借用している場合にこのケースと認定できる。本来の形から逸脱・変形した土器にもその可能性がある。

さきに，在地の土器に少量の他地域の土器が混在する場合，移入品の可能性が高いと言った。しかし，そのような場合でも，移入品ではなくてその地で作られたと判断される場合がある。5D章の東北地方を北上した鍋屋町系土器がその例に相当する。行った先の土器文様を部分的に採用しているものがあるからである。本書の範囲を逸脱するが，古墳時代初頭における続縄文土器の後北C2-D式の南下も，作り手の移住にかかわる。東北地方や北陸の遺跡におけるこの型式

---

[2] たとえば大木7b式における会津地域と宮城県南部地域の間での土器の交換はほとんど見られない。

の少量ずつの出土だけをみると，製品の輸送か作り手を含む小集団の移住か判断しにくいが，新潟県巻町南赤坂遺跡（前山精明・相田泰臣2002）では，後北Ｃ２-Ｄ式の特徴的な縞状の縄文が，同じ遺跡の土師器風の土器に加えられており，作り手の移住と行った先にいた集団との接触を確実に物語る。

移住の規模が大規模な場合には，土器系統の交替やもとからいた系統との共存という形をとることが予想される。これは情報の強力な伝達があった場合との区別が難しいが，土着性が強い粗製土器がともに移動する場合や，分布を拡大していく経過が時間とともに具体的に追える場合には，人間の移住が主たる原因だと判断できる。神奈川県における大木６系五領ヶ台Ｉａ式の広がりはその代表例である。

c．情報の伝達

その地域にもとから居住していた人間が，異系統土器の分布地域から入ってきた土器の作り方を全面的あるいは部分的に習得し，実行する場合である。上のb．では当然ながら直接的な移住であるが，c．ではどちらかというと情報がリレー式に伝えられる状況が想定されるのではないだろうか。異系統の人が情報を伝える場合のほかに，異系統の地域に行った人が学んで戻ってくることもあったであろう。一番重要なことは，b．とc．では，同じ異系統であっても，a．とは逆に土器が作られる場所が行った先であることである。

現実問題としてb．とc．の厳密な区別は概念的にも実証的にも容易でない。人が移住して行った先で作る場合も，結果は行った先での土器製作であり，当然人とともに情報も移動した。b．とc．を分けないほうが無難である。しかしそれでは，土器現象の裏にある人間の行動に迫れない。b．とc．を区別していく努力がどうしても必要なのである。

とりあえずb．とc．の見分け方として，製作にあたっての粘土の積み上げ方[3]とか器面の調整[4]など，部外者にはまねのしにくい，あるいはまねをする意味がない要素の伝播が，しばしば製作者の移住の証拠とされる。5Ｅ章で，秋田市周辺に北陸の土器作りをもたらしたのは人間の移住であること，逆に北陸に伝えられた円筒下層ｄ式風の土器作りは，本来の担い手ではない北陸からの移住者が帰還時に情報を伝えたと論じた。前者の場合は北陸の真正の土器作りが移動したが，後者の場合は，円筒下層ｄ式に似て非なる作り方しか伝えられなかった。[5]これは円筒下層式側からいえばc．ということになる。

後でとりあげる阿玉台Ｉａ式と以後の土器のように，一応一つの型式としてくくられるものの中に小さな地域差が数多く認められる場合には，情報の伝達程度によって地域ごとの類似と相違が生れたと考えられ，情報の伝達が原因として重視されることになる。どのような土器系統の移動も一つの原因だけで起こるわけではないだろうが，a．b．c．のどれが主たる原因であるかは，場合によって違ったと思われ，それはさらに生活の形態とも密接に関連することが予想される。

---

(3) 家根祥多1984。ただし家根は人の移動を明確に述べているわけではない。
(4) 鈴木徳雄2003では称名寺式古段階の器面調整や沈線を描く手法が中津式に共通し，加曾利Ｅ式と異なることから製作者の移動を指摘している。

系統の分布圏

　次に分布圏の意味を考えよう。以下のような議論は普通「型式の分布圏」として議論されるが，私は土器型式，少なくとも前期末〜中期初頭の土器型式を系統の束とみなし，厳密な土器の変化や分布の把握は系統ごとに行わなければならないと考え，また系統ごとの分布のずれや重複を論ずるので，以下「系統の分布圏」という言葉を用いるが，一般に「型式の分布圏」と言われていることをより分析的に見ていると了解されたい。

　縄文土器には一定の規範というものがあって，一定の地域内ではそれに従う。規範は普通一つの具体的なモデルの形で示されるものではなく，許されるいくつかの器形，技法，個々の文様と

---

(5)　北陸から秋田に移住した人たちの一部が故郷との間で往還を繰り返し，その際に円筒下層式の土器作りを持ち帰ったと推定される例は，系統の本来の担い手でない人たちがその情報を運ぶという特異な例である。人の移動が原因であるが，運び手本来のものではない情報が運ばれたのであり，北陸という地域にとっては情報の伝達を受けたのである。こう考える理由は5E章で述べたが，土器の説明と一緒であったため，そう考える論理の提示が不鮮明であった。それでここでその論理に絞って再論する。
①北陸系の東北地方への進出が先に起こり，円筒下層系の北陸への進出が後に起こった。
②東北地方に進出した北陸系土器は，北陸のものと区別できない真正のものであったが，北陸に進出した円筒下層系土器のほうには東北地方北部の真正のものは見られず，よく似て非なる土器にすぎなかった。
③東北地方に進出した北陸系は，当初，土着の土器（大木式や円筒下層式）を伴わずに独立存在したが，北陸に進出した円筒下層系は，はじめから北陸系土器の中に混じって存在した。
④わずかの運搬品を除き，北陸系が円筒下層系分布域の中心まで進出することはなかったが，円筒下層系は，はじめから北陸系の中核地域を含む広い地域（新潟を除く）に進出した。これは，円筒下層集団が，秋田の隣接地域を除き，北陸系土器を自分たちの系統の一部として取り込むことがなかったのに対し，北陸集団は，自分たちの仲間が持ち帰った円筒系を北陸の系統の一部として取り込んだことを意味する。
⑤東北地方に進出した北陸系土器は，北陸故地での土器変化を刻々と反映しながら北陸と共通の変化を続けたが，北陸に進出した円筒下層系は，1回進出があっただけで，すぐに円筒下層系の本体とは切り離され，北陸の系統との融合が進み，その中に埋没していった。
⑥円筒下層系の要素は，最初に北陸（富山・石川）に現れた後，時間の傾斜を伴いながら新潟を東進した（常識的に考えられるのとは逆の方向）。

　これら6項目にわたる違いは次のように考えるとすべて説明できる。まず北陸系が，大木系のいなくなった東北地方北部の海岸部に進出した。当初この北陸系土器はそれだけで，すなわち土着の土器を伴わずに存在した。そして東北地方に進出した北陸人は，おそらくその一部が，故地である北陸との往復を続けた。この往復によって，進出した北陸系はその後も故地における土器作り情報を受容し続け，故地と共通する土器の変化をリアルタイムで保持し続けた。

　当初の進出から1段階後に，北陸系は円筒下層系分布域の端まで進出し，北陸系と円筒下層系の接触・共存が起こるが，この段階には円筒下層系も北陸に出現する。これを運んだのは円筒下層式人ではなく，往復を続けた北陸人であったと考えられる。だからこそ北陸に現れたのは円筒下層式そのものではなく，それによく似たものでしかなかった。またはじめから北陸系人に採用されて持ち帰られたため，円筒下層系はすぐに北陸系の中核地域に入ることができた。そして北陸に伝達された円筒下層系は，その段階から円筒下層式本体の変遷とは切り離されたため，北陸の土器への近似と融合が進み，急速に円筒下層式らしさを失っていった。これに対して東北地方の円筒下層系集団は，接触できる近さにまでやって来た北陸系土器を自分たちの土器系統の一部として取り込まなかった。そのため北陸系は，円筒下層系の中心地域に入りこむことがなかったのである。北陸に進出した円筒下層系は，北陸でも中核地域でまず採用され，常識的に考えられる北から南へ，ではなく，西から東へ，時間の経過をともないながら日本海沿岸に拡がった。

　以上から，北陸の土器作りを北に運んだのは北陸集団であったが，円筒下層系の土器作りを南に運んだのは，円筒下層系集団ではなく，これもまた北陸系集団であったことが論証されたと考える。これは土器作りの情報だけが，本来の担い手から離れて別の集団によって運ばれることがあったという，考古学者にとってははなはだ厄介な事例が指摘されたことになる。しかし北陸集団が運んだ北陸系の土器が，北陸の土器と外見的に区別のできないものであったのに対し，北陸集団が運んだ円筒下層系土器の形が，一目でわかるほど不正確なものであったという事実は，一般に想定されている仮定，すなわち「見た目だけではまねのできない要素が伝播したときに，はじめてその土器作りを伝統的に担った作り手の移動として認められる。」という原則の正しさを確認したことになる。

　北陸で起こったことは，2系統の土器が作り分けられ，共存する典型例になるが，東北地方からの情報が続かなかったために円筒下層系が地元の土器に埋没していく点でも，共存する2系統の融合を見せる典型例である。

文様配置の決まりなど，諸要素の集合である。系統の分布の周辺部に行くと，隣接するほかの系統の土器と混じって存在することが普通で，さらにその外側に行くと，他の系統が主体的になる中に副次的なものとして混在するのが普通である。私はこのような土器の分布を見て，それぞれの分布の中心地で作られ，周囲に配布されたと思いたくなることがある。それで説明できるような分布のしかたである。しかし縄文土器が歴史時代の陶磁器のように特定の生産地で作られたれたことはありそうもない。ではなぜこのような分布になるのか。それにはまず縄文土器がその主たる分布範囲内では同じように作られたという，当然のこととして受け入れられている事実の意味を考える必要があり，そうなる前提として，その範囲内では土器作りに関する情報が十分に共有されており，それが従うべき規範として存在したはずである。規範という言葉には強制のニュアンスがあるが、動物や植物がそれぞれ決まった形を持つように，土器にも決まった形があると思われており，あえてそこから逸脱する作り方をする人はいなかった（中部日本の中期中葉のように，一定の変化が容認された時期もあるが、縄文時代にあってはきわめて例外的である）のであろう。この情報と規範の共有は，現実には上のb.とc.の複合によるものであり，時期と場所によってその原因としての比重は異なったであろう。

　遠く離れた土地で，そこの在地の土器にわずかに異系統が混入している場合には，主たる分布地域からa.として搬出された場合が多いのであろう。しかし作り手が個人的に移動したb.の場合もあることを東北地方の鍋屋町系土器について指摘した。その判断は土器の綿密な観察に委ねられなければならないし，胎土分析も必要になる。

　問題は中間の地域で，ときに中間とはいえないほど広い地域で，何種類かの系統の土器が，それぞれかなりの量で共存する場合である。在地の土器に対して隣接地域の土器が大量に持ち込まれた場合も想定できるし，その集落あるいは地域に２つ３つの系統の土器つくりの人が共存したのかもしれないし，いくつかの作り方を身につけながら，それらを区別して発揮した個人がいた場合も想定できる。

　これまでの章での議論では，共存した２つ（３つ４つの場合もある。）の系統が次の段階に広く融合する場合をもって，一つの土器作りの場に２つの系統の作りかたが共存し，作り分けられた証拠とみなしてきた。２つの系統の土器が１集落に相当量で共存し，文様の交換が頻繁である場合もそう考えた。

２．土器の系統移動の実際

　抽象的な議論はこれくらいで切り上げ，この時期の具体的な系統移動をとりあげ，その背景にあったものを推定する準備に進みたい。

諸磯c式期

　関東南西部（埼玉・東京・神奈川）は，諸磯c式期に激しい衰退を迎える（第１図）。関東南西部の中でも神奈川県では諸磯c式の後から緩やかな復活を経て中期中葉の繁栄に至るが，埼玉

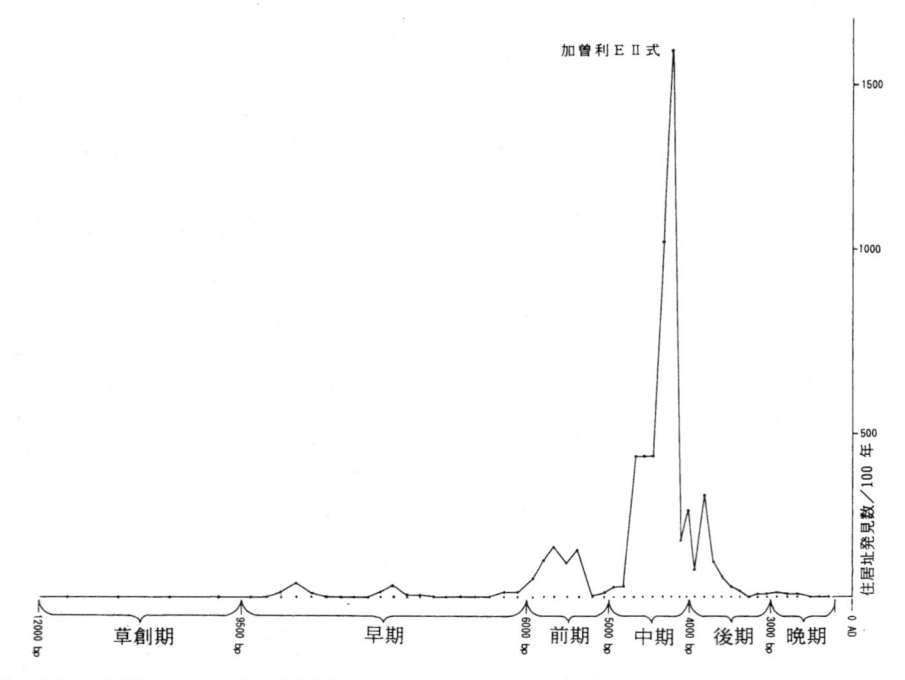

第1図　南西関東における土器型式ごとの発掘された竪穴住居址数（100年あたりの軒数に換算）

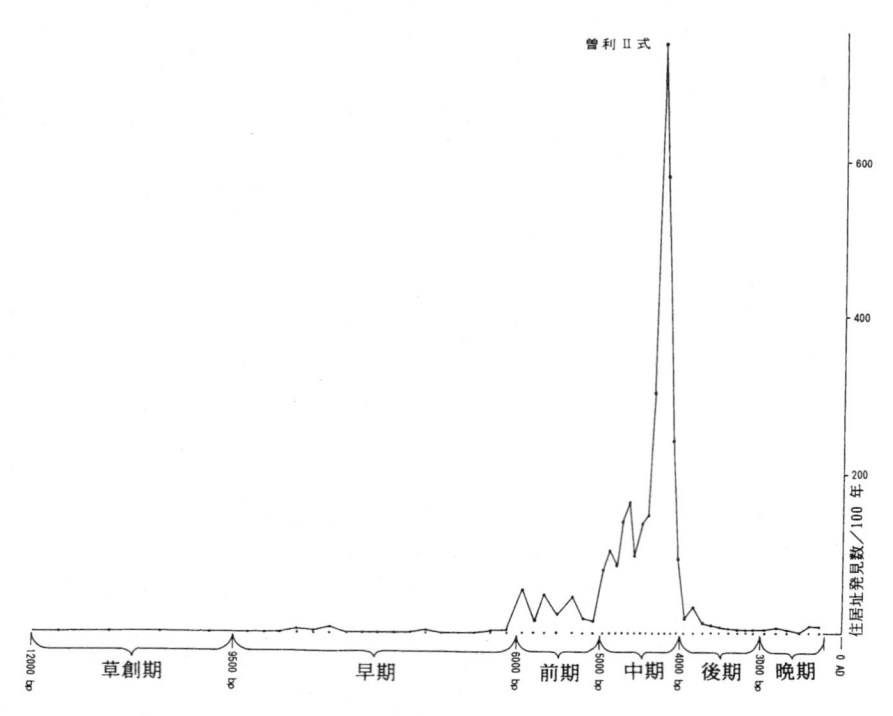

第2図　中部高地における土器型式ごとの発掘された竪穴住居址数（100年あたりの軒数に換算）

県では十三菩提期に一層衰退するなど小さな地域差があるらしい。これは土器の量だけでなく住居址の発見数でも言えることで，神奈川県には諸磯ｃ式の住居址の発見は無く，十三菩提式からしだいに増えていくが，埼玉県では県北を中心に10以上の諸磯ｃ期住居址の検出例があるが，十三菩提式期，五領ヶ台Ⅰ式期の検出は少ない（第3図）。[6]

　南西関東における諸磯ｂ式からｃ式への衰退は，ほとんど災害のようなものであったろう。住居址1～2軒が発見されている程度の少数の小規模集落を除くと，土器片が数点～10点ほどしか報告書に掲載されていない零細遺跡の散在状態になるのである。ただし遺跡の数だけは多く，[7]このような零細遺跡がこの地域で少なくとも500ヶ所は知られている。短期の停泊を重ねながら移動し続ける生活形態が想像される。

　南西関東の諸磯ｃ式古段階の土器は，群馬方面の土器と中部高地方面の土器，そして独自の土器の重なりで説明できるが，新段階に入ると群馬の系統は衰微し，千葉・茨城を除く関東全域に中部高地系の諸磯ｃ式を伴う零細遺跡が分布するようになり，土器系統の分布に大きな変化が見られる。この状況は中部高地系の人間集団が関東に入ってきて広く遊動したことを思わせるかも

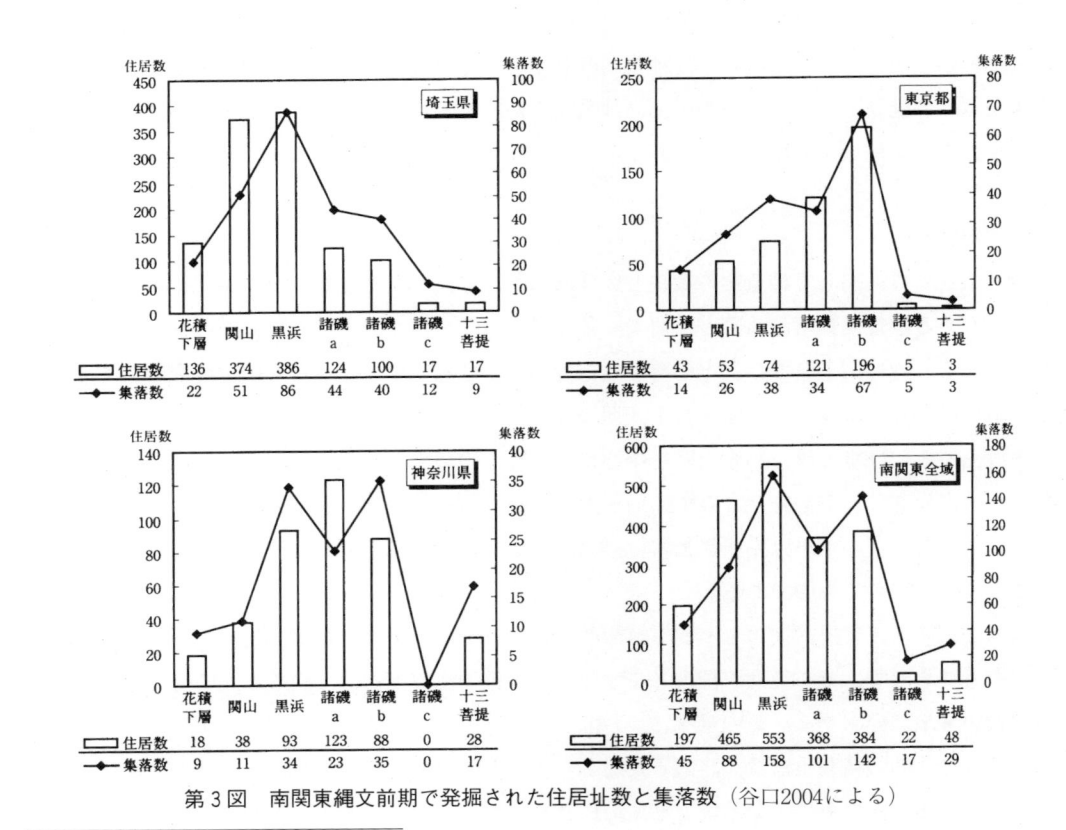

埼玉県	花積下層	関山	黒浜	諸磯a	諸磯b	諸磯c	十三菩提
住居数	136	374	386	124	100	17	17
集落数	22	51	86	44	40	12	9

東京都	花積下層	関山	黒浜	諸磯a	諸磯b	諸磯c	十三菩提
住居数	43	53	74	121	196	5	3
集落数	14	26	38	34	67	5	3

神奈川県	花積下層	関山	黒浜	諸磯a	諸磯b	諸磯c	十三菩提
住居数	18	38	93	123	88	0	28
集落数	9	11	34	23	35	0	17

南関東全域	花積下層	関山	黒浜	諸磯a	諸磯b	諸磯c	十三菩提
住居数	197	465	553	368	384	22	48
集落数	45	88	158	101	142	17	29

第3図　南関東縄文前期で発掘された住居址数と集落数（谷口2004による）

(6)　この地域差は谷口康浩2004で集計された県別の住居址数でも確認できる。ただ埼玉県の十三菩提式期の住居址数が諸磯ｃ期と変わらないとされ，私の認識より多いが，これは興津Ⅱ式を十三菩提式並行とする俗説に従って数えている部分があるためではないかと疑われる。
(7)　本当に規模が小さい遺跡のほかに，発掘の場所が土器の集中地点を外れたために発掘された土器が少ない場合があることも考慮しなければならない。しかし広大な面積の発掘にも拘わらず該期の土器が少ない場合が多数あり，多くがこのような遺跡と判断される。

しれないが，粗製土器に注目すると，第5節の「人間の生態」でもとりあげるように，そうとはいえない生活の形態が浮かび上がる。

　短浮線文の並製とでもいうべき土器は，分布の濃い埼玉南部〜東京都地域で南北・東西ともに約40kmほどで，諸磯c式新段階の精製土器の広大な分布のごく一部に，このような特殊な並製土器を持ち，一定地域で活動を展開している集団の存在が見える。では新段階の精製と短浮線文の並製土器の分布の違いは何を意味するのであろうか。第5節で論ずるように，後者が自分で使うために土器を運んだ直接的な行為の結果とみられるのに対し，前者は土器についての規範を共有した広がりと判断すべきと考える。後者が日常的活動の結果残された分布であるのに対し，前者はいわば歴史的な土器系統の展開の結果として形成された分布である。大木6式の球胴形と長胴形の例をあげるまでもなく，一般に精製土器は並製・粗製の土器より分布が広い傾向がある。精製土器は遠くに運ばれることも，真似されることも多い。

　中部高地と東海地方は，諸磯c式に粗製・並製が少なく，ほとんど精製土器だけを有する地域である。同じ集団が行った先で別の種類の土器を作ることはないと考えられるので，同じ中部高地系の土器が用いられているからといって活動領域まで一緒になったとはいえない。中部高地系精製土器が北関東に広がる前から，神奈川県を中心に中部高地系の諸磯c式が広がっていた。房総半島はその延長上にある。この中部高地系が広がった地域に隣接して土着の短浮線文土器が生れ，小さな分布地域を形成したのである。

十三菩提式期

　次の十三菩提式期も零細遺跡の散在というありかたでは大きく変わらないが，神奈川県では住居址を有する小規模集落が諸磯c式期より多く混じるようになり，次の五領ヶ台Ⅰ式期にはさらに安定する。逆に埼玉県では，十三菩提式古段階まで数だけは多かった零細遺跡も十三菩提式の中段階にはさらに減少し，五領ヶ台Ⅰ式期にも復活は見られない。

　粗製土器という点では，神奈川県を中心に粗い撚りの縄文，粗雑な撚糸文，条痕文の粗製土器のほか，海岸部には下小野系とみてよい折返し口縁・結節回転文・羽状縄文を特徴とする粗製土器が見られる。この下小野系粗製土器は粟島台式から変わって千葉県・茨城県・福島県に分布するようになっていたものである。

　南西関東の十三菩提式期のもっとも特徴的で見分けやすい粗製土器は，折り返し口縁で貝殻条痕文をもつもので，分布範囲が把握しやすい。この種の粗製土器は，諸磯c式の短浮線文よりさらに狭い地域に分布する。その意味については本章5節の「人間の生態」で論ずる。

　十三菩提式期の精製土器は，諸磯c式期よりありかたがずっと複雑で，さまざまな系統の共存からなる。多くが関東の外で系統として形成されてから，関東に流入したもので，諸磯c系統の残存するところに，北陸からの鍋屋町系の南下と東行，次いで関西・東海系の北白川系十三菩提式の北陸・中部高地・関東に及ぶ急速な拡大があった。詳述する余裕はないが，静岡県の資料を見ると北白川下層Ⅲ式から十三菩提式北白川系統が生れ，関東や中部高地に広がる状況が読み取れる。鍋屋町系は中部高地と関東で松原系，次いで踊場系へと変容し，最後に東北地方の大木6

系の小規模な南下が見られる。これら諸系統の間には折衷土器が見られることがあり，関東内でというよりも同一製作場面に製作者が共存した証拠とみられる。

　東関東では粟島台式から下小野系粗製土器に変わり，これに十三菩提系土器が伴う。後者は南西関東のものと違いがないようである。十三菩提式新段階になって，北関東には那須塩原市鹿島脇のように大木6系と下小野系からなる遺跡が現れ，千葉県などでは大木6系統の土器の量が増えるが，踊場系の量を超すことはない。このような中にあって横浜市霧ヶ丘遺跡第2地点のように踊場系と大木6系が量的に拮抗する遺跡は例外的なものであることがわかってきた。大木6系集団の先駆的な進出に関わるものかもしれない。

五領ヶ台I式期

　南西関東の十三菩提式新段階には，鍋屋町系 → 松原系 → 踊場系と変化した中部高地系統がベースにあるところに，大木6系統，下小野系統がわずかに進入する状況であったが，五領ヶ台Ia式期になると，状況が大きく変わる。東北地方が本拠地であった大木6系統と下小野系粗製土器が組み合わさって，東京湾を渡っての進出が顕著になり，横浜市周辺に踊場系統＋大木6系統＋下小野系粗製土器の組み合わせが広がる。この地域に分布した十三菩提式期の条痕や撚糸文の粗製土器から下小野系へと，土着性の強い粗製土器が交替することは，東関東（そのもとは福島県から北関東）から人間の進出があったことを意味するのであろう。ただしこのような交替があった地域は限られており，下小野系粗製土器は内陸部には進出しない。精製の大木6系五領ヶ台Ia式のほうは，たとえば八王子市の郷田原遺跡にまとまってあるし，1個体だけであるが山梨県釈迦堂遺跡にもある。これも精製土器の進出力の強さを示す。興味深いことに神奈川県平塚市の原口遺跡（かながわ考古学財団2002）には下小野系統も大木6系統の五領ヶ台Ia式もほとんどなく，代わりに細線文を特徴とする東海系（？）の五領ヶ台Ia式が主体をなす。東海系細線文は横浜市周辺でも五領ヶ台Ia式の一部として存在することが従来から知られていた（今村啓爾1985）が，大木6系を主体とする神奈川東部と東海系を主体とする神奈川西部が異なった土器を保持して対峙する様子を見せるのである。[8]後者の原口遺跡が神津島産の黒曜石を大量に有する（かながわ考古学財団2002）こと，神津島産黒曜石の配布の拠点となった伊豆半島の見高段間遺跡の五領ヶ台式土器の胎土中鉱物の組成が，神奈川県西部起源（原口遺跡の位置する地域）とみられる石英閃緑岩を主とすること（池谷信之2005）も興味深い。1段階前には藤沢市稲荷台地遺跡（稲荷台地遺跡群発掘調査団1996）が圧倒的に踊場系統主体であったことを考えると，東北地方と東海地方という2つの異なる方向からの2群の人間集団の進出が見える。

　しかしこのような対立的な分布は長く続かず，五領ヶ台Ib式期には東海系から来た細線文を地文として採用し，上に大木6系統の文様図形を重ねる形で融合が進み，踊場系統の口縁部文様も五領ヶ台系統に採用される。このような系統の融合は，それぞれの系統の加担者が一つの製作の場に共存したことが前提と考えられ，安定化の進む生活形態を背景に，土器作りが変化したこ

---

[8]　このような分布は，原口遺跡の調査以前から予測されていた（今村啓爾1985，本書74頁）。

とがうかがわれる。

　私の1985年の編年表は南西関東の中期初頭に五領ヶ台Ⅰa式を置いただけの単純なものであったが，資料の増加と研究の緻密化にともない，ひとつの時期の狭い地域内でさえも小さな分布域の差とその動きが見えるようになってきた。土器の複雑な実態に組みついていく認識が求められている。土器研究は非常に大変なものになってきたが，これによってはじめて人間集団の動きも見えるようになってきたのである。

五領ヶ台Ⅱ式期

　五領ヶ台Ⅱa式では融合がさらに広い地域で進むが，五領ヶ台Ⅱb式になると南西関東から中部高地まで五領ヶ台系統と踊場系統の融合したものが標準になり，純粋な五領ヶ台系統や純粋な踊場系統の土器はかえって少なくなる。

　東関東の土器は五領ヶ台Ⅱa式の途中から南西関東と違いが目立つようになり，独自の地域色を示すようになるが，これはこの地域の復活と軌を一にしているようにみえる。五領ヶ台Ⅰ式期まで衰退状態であった埼玉県も東関東系の五領ヶ台Ⅱ式の地域としてしだいに復活する。

　群馬では，拡大の経過は詳らかではないが，東関東の五領ヶ台Ⅱb式の影響を受けた土器が広がり，それは碓氷峠を越えた長野県丸子町下久根遺跡（丸子町教育委員会1990）や更埴市屋代遺跡（長野県埋蔵文化財センター2000），さらに千曲川に沿って新潟の魚沼地域にまで広がっている。次に述べる東関東系土器の東北地方への進出もあり，その影響を受けた土器が岩手県にまで分布する。大きく見ると，新潟県－東関東－南東北－岩手県と距離にして700kmに及ぶ地域でかなり近似する土器が，同時にそれぞれの独自性を保持して分布する。広範囲な情報伝達と地域ごとの独自性が同時にあったことになる。

東北地方

　関東地方内でも地域ごとに衰退と復活の時期にずれがあるが，大きくみれば前期末にもっとも衰退し，五領ヶ台Ⅱ式期には一様に復活期に入ると言ってよい。ところが東北地方を見ると経過が全く違っている。東北地方は関東地方に比べると遺跡の調査数も少なく，土器の細分も確実になっていない点を割り引いて考えなければならないが，関東が衰退する十三菩提式に並行する大木6式が相当な繁栄期であることは疑えない。大きな集落が多く，大型住居を含め住居址の発見も多い。五領ヶ台Ⅰa式にはやや衰退の傾向があるようだが，大きく変わることはない。五領ヶ台Ⅰb式並行期については区分の確実性の問題が残るが，さらに衰退した可能性がある。

　そして五領ヶ台Ⅱa式に並行する時期になると，遺跡遺物は極端に少なく，住居址の発見もなく，岩手県宝性寺遺跡以外にこの段階のまとまった資料が知られていない。関東の五領ヶ台Ⅱ式は大きく見て復活期，安定期であるのに，東北地方の並行期では逆に遺跡遺物が減少する。そしてⅡa式並行期以来，岩手県南部あたりまでの土器が東関東ときわめて類似するようになる。今後の資料の充実を待たなければならないが，衰退期には他地域から土器の影響や系統の侵入を受けやすいという一般的傾向を想起するなら，東北地方の五領ヶ台Ⅱ式並行期は，関東側の復活と

は対照的に，衰退と関東側からの土器系統の侵入を受けた可能性が高いのである。

　東北地方における衰退からの回復は，竹ノ下式並行期に顕著に見られ，福島県法正尻，宮城県中ノ内，小梁川などで竹ノ下式とともに在地の独自の型式の発達が見られる。持ち運びが困難と思われる大型の土器が増えるのもこの時期頃から目立っている。阿玉台式並行期はさらに繁栄へと向い，膨大な土器を有する大集落が多数出現するとともに，各地の土器の地域色がさらに明瞭になっていく。この時期の東北地方の土器を総称として大木7b式と呼ぶとしても，その内容は小地域ごとに異なっている。阿玉台式自体にも地域差が含まれ，南西関東から中部高地には楕円形区画と押引きの多用，縄文の不使用において阿玉台式に類似する狢沢式が広がる。

3．土器系統の分布と移動の類型

　以上土器系統の分布や移動を具体的に見たが，その背景にある人間の活動を知ろうとするとき，類似のパターンをくくって類型化することが理解に役立つであろう。

　土器系統の分布は，縄文時代全体としては，突然変わることは少ないと思われている。それぞれが基本的な分布圏を維持しながら比較的少量の搬出土器の交換，部分的な文様要素の交換が行われるのが一般的に想定されている安定状態であろう。たとえば本書で扱った時期の少し前，諸磯b式と浮島式はそれぞれの分布圏を持ち，少しずつ搬出土器とみられるものを交換した。諸磯式と北白川下層式の関係も同じようであろう。接触地域では両方の系統の作り手が共存することがあったかもしれないが，全体からみれば狭い地域で起こったことである。以下土器系統の分布圏が時間的に変わる事例をとりあげるが，たくさんある大きく変わらない事例については言及しない。分布圏の変化は土器系統の移動によって起きるが，前期末〜中期初頭には多くの事例がある。

在来系統と進出する系統が隣接分布する場合[9]

　分布を広げつつある異系統土器が在来の系統と隣接して分布する場合である。

　諸磯c式新段階1期に，ごく短時間であるが，群馬県の西に中部高地系が進出し，東に群馬系のD期が維持されるという隣接しての併存分布が見られた。興津II式と大木5a系の縄文の土器（いわゆる粟島台I式）の関係も少し異なるが類似があるように思われる。いくつかの遺跡で後者が上層に多い（和田哲1973）のは，型式の前後というより進出の進行に関係するのではないだろうか。同じような状況は，十三菩提式期の最初頭に北陸から中部高地に鍋屋町系が広がる過程において在来の諸磯c式の系統との間で見られた。五領ヶ台Ia式期に，神奈川県東部に東北地方の大木6系（短沈線文）の五領ヶ台Ia式と下小野系粗製土器が分布し，神奈川県西部に東海系とみられる細線文の五領ヶ台Ia式が分布するのも同じような事例である。これら併存する系統間の土器そのものや文様要素などの交換は比較的少なく，2集団が対峙する状況が想定される。

---

[9] このような状態をモザイク状の分布と表現したことがあるが，必ずしも入り混じる状態ではないので表現を改める

現在の秋田市周辺に進出した北陸集団が当初円筒下層式集団と没交渉で存在したのも類例に含めてよいであろう。進出してきた集団と在来集団の間での心理的緊張があったかもしれない。このような対立的な隣接分布は，異系統の土器が集団規模で広がるときには実はいつでも起こったことなのかもしれない。認められることと認められないことがあるのは，広がり方の早さや，編年細分の精度にも関係するのではないだろうか。今度の検討課題である。

　本書で扱った範囲では，このような隣接分布状態が長く維持されることはなかったようである。すぐに融和的共存に向かうのは，後述するような縄文土器のありかたの基本である浸透の早さと浸透力の強さにかかわる問題で，すぐに対峙の状況が解消してしまうからだと考える。背景に縄文社会の開放的なありかたが関係しているのであろう。これについては本章の最後の第6節でも論ずる。集団単位ではなく個人単位での異系統地域への移動の場合は，東北地方内陸部を北上した鍋屋町系について論じたように，在地の集落で好意的に受け入れられているように見える。個人単位での到来は緊張関係をもたらすことが少なかったからではないか。

　中期中葉に入ると異系統の隣接分布がそれまでよりも長く持続するようになる。その主な原因は人の移動が少なくなり，土器系統の規範の守られる地理的分布が小さく分かれていくことにあり，必ずしも縄文社会の集団間の関係の変質を意味するわけではないと思うが，交流の距離が縮まることは間違いない。

衰退地域に異系統の土器が広がる場合

　本書で扱った時期にもっとも普遍的にくりかえして見られるパターンで，上記の諸磯c式新段階はじめの対峙のすぐ後に群馬の遺跡群がその系統の土器とともに衰退し，代わりに中部高地系の諸磯c式新段階の土器が広がる事例が典型的である。十三菩提式期における遺跡の衰退は，関東地方に顕著で，中部高地は関東ほどひどくはないが，諸磯c式から変化した系統が残存するところに北陸から鍋屋町系，西日本から北白川系，東北地方から大木6系の土器が順次時間をずらして広がる背景をなしたと考えられる。

　このような広がりの類型は，行った先の土着土器との関係でさらにいくつかに分類される。北陸系土器の秋田市周辺への移動は，移動の当初は行った先で地元の土器と共存しない場合である。土着土器が空白な地域に進出したからであろう。

　北関東に中部高地系の諸磯c式が広がるときも地元の土器は少ないが，まったくないわけではなく折衷土器も少しは作られた。

　十三菩提式や五領ヶ台I式期における系統進出は，広い範囲で進出先にもとからいた土器と共存することが多い。その後の展開からみて，2系統，あるいは3系統の作り手自身の共存が想定されるが，広い地域で急速に異系統が広がる場合，それに比例する数の作り手の移住を想定することは現実的でない。先住者側の積極的な異系統の受入を考えるべきであろう。この場合には同一人が複数の系統を作り分けることも起こったと考えられる。複数系統の要素を複合した土器が見られ，さらに系統全体の融合に進むこともあるからである。

　中期の五領ヶ台I式・II式期には，東関東と東北地方中・南部が類似の土器の分布圏に収まる

ため，その中での明瞭な系統移動は見えにくいが，この維持された広い分布圏の中で，はじめは東北地方側に影響力の中心があり，後半は関東地方側にそれが移るのは，安定地域と衰退地域のシーソー的な交代と軌を一にしているように見え，やはり安定地域から衰退地域へ土器情報が流れる一般的な傾向と一致していると考える。

系統の共存と融合

　上記のような共存状態がやがて融合に向かうことがある。個々の土器要素の貸借を超えるような本格的な系統の融合は，土器製作の場にそれらの系統を担う作り手が共存する状態があってはじめて起きる現象と思われる。すでに述べたことの繰り返しになるが，同一地域に共存した異系統が融合する確かな例として次のようなものがある。鍋屋町系十三菩提式＋池田系十三菩提式→松原式。五領ヶ台Ⅰa式期の短沈線文土器＋東海系細線文土器→五領ヶ台Ⅰb式。五領ヶ台Ⅱa式期の五領ヶ台系＋踊場系→西関東の五領ヶ台Ⅱb式。朝日下層式期の朝日下層系＋円筒下層d系→新保式上安原段階。

　もちろん，前期末～中期初頭の諸系統の共存といえども，分布や地域性と無関係に存在するわけではない。踊場系は本来中部高地に中心を置いて松原式から形成され，大木6系の五領ヶ台Ⅰa式は東北地方に中心を置いて形成された後に中間地域で踊場系と共存するようになった。

系統に基づく近似性の遠距離間での維持

　一つの系統の分布圏が固定している場合，その中での規範の維持は不思議には見えないが，系統の分布範囲が広がっていくときにそれは不思議な現象に見える。とくに先行して土着系統が存在する地域に重なって広がる場合である。たとえば北陸の鍋屋町系統が分布を広げるときに，中部高地や関東地方に入った土器は，時間の経過とともに元の地域のものと少し違うものになっていくが，それでも元の地域と同じ方向での変化も維持，共有している。とくに口唇部の文様など特徴的な部分で著しい。十三菩提式北白川系が，中空口縁，さらに内傾口唇へと変わっていく過程も，関東から北陸までの広い地域で共有されている。土器作りの情報網がアメーバーのように，地理的に拡大・縮小する系統内でつながりを維持しているように見えるのである。

　縄文後期初頭に西日本の中津式が関東地方に進入して称名寺式を形成する。驚くべきできごとであるが，人が動き一緒に土器作りが広まったと説明できるから不思議ではない。少し後の称名寺Ⅱ式・福田K2式期になると，両地域の土器は一見したところかなり違ったものになるが，目を離して比較してみると，両者の間には器形や文様帯の配置といった基本的要素の共通性が見られる。それぞれに独自の変化をしながらも完全に別々のものになってしまうのではなく，一定の共通性を保持しながら変化しているのである。こちらのほうが不思議な現象だと思う。これを人の移住で説明することはとてもできない。だから，中津式の関東への侵入をきっかけに，西日本の系統の規範を守る地理的な範囲が広げられ，その後弱まりながらも維持されたと考えられる。

---

(10)　福田K2式を堀之内Ⅰ式並行と考える人が多いが，今村1977aで論じ，山崎真治2003・2007で確認されたようにほぼ称名寺Ⅱ式に並行する。

情報のパイプが細くなりながらも，もっとも基本的な情報だけが共有されたのが，称名寺Ⅱ式－福田K2式期のありかたで，続く堀之内Ⅰ式期には，このつながりに乗って，称名寺式期とは逆に関東側から西日本へ向けての強い影響が見られる。

　北陸の土器が秋田に進出し，以後北陸と全く同じ変化をリアルタイムで共有する現象も驚きではあるが不思議ではない。人の往復によって北陸の土器作り情報が更新され続けたと説明できるから。その遠距離の連絡を支えたのは，所属する土器作りの規範に忠実であろうとする系統維持の共同心理であろう。中期に入ってからの地域色の出現は往還の減退を反映するとみられる。

　このような現代人には不思議にも見える，共通の形を維持し共有する現象の原因を考えてみると，繰り返し述べてきたように，当時の人々が土器作りの規範に非常に忠実で，規範からのぶれが起こりにくかったとことが基本であるが，当時の人々の移動と接触の頻度が，われわれが素朴に想像する以上に頻繁でもあったのだろう。現代のわれわれと違って当時の人々の周囲には人工的な装飾や文様が少なく，しかも形が統一されていたから，その形のイメージが当時の人々の脳裏に鮮明に刻まれていたと考えてもよいであろう。縄文の一万年を研究する考古学者は，細分型式というものを一瞬の時間のように短くとらえがちであるが，実際には山内清男の1型式で100年以上，私の細分型式でも平均20〜30年くらいというかなりの長さであり，その間に土器情報を交換する機会は相当にあったと思われる。時間を圧縮するとあたかも情報伝達のよい社会が存在したかのごとく見えるのであろう。

文様の共鳴現象

　このような共通性の維持という現象を超えるのが，もともとは違うものであった文様が類似のものに統一されてしまう現象であり，同じ形にそろえるという土器作りの規範の力が，系統の範囲を超え，本来別のものであった異系統土器にまで及んでしまうもので，これを文様の「共鳴現象」と呼びたい。[11]

　いくつかの例を，「東関東と東北地方の中期初頭」で指摘した。大木6式4期・5期に口縁部に多く用いられた弧線を並べる文様が，前期末には線が細くなり，多数重ねられ，しばしば直線的になるが，これが踊場系の集合平行線と似ているため，その系統の文様が代わりにその部分に入ってしまうことがある。これはさらに細くなり細線文と呼ぶのにふさわしいものになる。弧線のまま細線化するものもある。あるいはまた，大木6系のジグザグ文が多数平行するようになったものは，やはり踊場系の口縁部の山形を重ねるジグザグ文と似ているため，こちらの流れとみたほうがよい刺突によるジグザグが，並行期の土器の口縁部に入ってしまうことがある。関東地方と岩手県方面の細線文は明らかに別の起源から起こったものであるが，ほぼ並行する時期に共鳴現象を起こし，さらに五領ヶ台Ⅱa式期になると，どちらも縄文に置き換えられるのは，両者が同じものとみなされるようになったからであろう。

---

[11]　「収斂現象」の呼び名は言葉が難しいのと意味が広いので採らない。「同化現象」でもよいかもしれないが，この現象はもともと遠く離れた地域間に，先行して類似の文様が存在する場合に，その部分が共通化するもので，「共鳴」という表現がふさわしい。

これらの例は，本来別々に生まれた別の系統の文様が，たまたま類似していたために同じ文様と解釈され統一されてしまう現象とみられる。ときに完全に異系統文様の借用という姿をとり，ときにその地域の伝統的文様の再解釈という側面を見せる。どちらか一方だけが事実なのではなく，伝統的文様の維持変化であるのと同時に異系統文様の伝播や影響を受けた共鳴現象と理解される。このようなことが起きる原因は，土器作りが，規範に忠実で統一したものを作るという意識に強く支配されており，時にその意識の対象が，本来の自分たちの系統を超えたところにまで及んでしまうためだと理解される。本書で扱った範囲では，異系統土器間で，類似する位置の文様帯にもともと類似文様があった場合に起きる現象であって，土器全体が同一化するわけではない。

　このような遠方に及び，本来の系統を超えるほどの影響関係は，次に述べる粗製土器の土着性，それが自己の活動領域内で持ち運ばれる範囲内に分布するのと対極をなす土器現象といえる。

粗製土器の土着性

　遠距離間での土器の類似性の維持はほとんど精製土器について見られる。4B章，5E章で大木6式球胴形土器について指摘したように，土器はなぜか単純な粗製あるいは並製のものよりも，複雑な形の精製土器のほうが他の地域へ進出する力が強い。逆に粗製土器は土着性が強く，作り手との結び付きが強いとみられ，人の移住の問題を考える場合に重要である[12]。ただ粗製土器は縄文時代にいつでもどこにでもあったわけではない。人間集団の移動としてもっとも典型的な前期末の日本海沿岸での移動については，真脇式，円筒下層d式ともに明確に分離した粗製土器を持たない。中間の山形県吹浦遺跡古段階・中段階には土着の粗製土器があったが，これも大規模な集団移動が起こる中で消えていった。中部高地でも前期末～中期初頭にわたって（それ以後もそうであるが）少ない。

　関東では何種類かの粗製土器が知られ，粗製土器の分布が精製土器の分布と相反するように見えることがあることをすでに述べた。急速に分布を広げる精製土器と，比較的小地域の分布を保持し，長距離の拡大が稀な粗製土器の在り方の違いである。前者は同じ土器を作り，使うことにおいて同じアイデンティティーの意識を共有する集団関係の広がりを意味するのであろう。これに対して粗製土器の小分布は，第5節でも論ずるように，人間そのものが比較的狭い範囲で移動する生業活動の結果として分布したように思われる。

　粗製土器が前者のような動きをまったくしないわけではない。前期末中期初頭における代表的な粗製土器は，福島県と東関東を中心に十三菩提式期から五領ヶ台Ⅰ・Ⅱ式期に存在し，阿玉台式にもかなり変形して残る下小野系の縄文・無文の粗製土器である。これは大木6系の五領ヶ台Ⅰa式とともに東京湾を渡って横浜を中心とする地域に広がり，それまであった撚糸文や貝殻条痕の粗製土器と入れ替わる。ただ精製土器よりは明らかに進出力が弱く，分布は狭い。

---

[12] 今村啓爾1977で粗製土器の存在にこだわったのは，称名寺式の成立に関して中津式の製作者自身の移動があったかどうかの証拠になると考えたからである。最近では大塚達朗氏が後晩期の粗製土器の問題を学史とともに論じている（大塚達朗2008）

分布地域が小さく分かれていく場合

　中期中葉の分布圏のありかたは，それまでの精製土器の遠距離間のつながりの維持とは逆方向で変化する。この時期には系統移動が少なくなり，土器の地域色が強まり，分布圏が小さく分かれていくことを5F章で東関東から東北地方について見た。系統が小地域ごとに分かれるだけでなく，一応ひとつの系統としてくくったほうがよいものの中にも地域差が生じる。東関東系の五領ヶ台Ⅱ式から阿玉台式への分布の変化を見ると，非常に広く均一な広がりを持つ五領ヶ台Ⅱb式から竹ノ下式，阿玉台Ⅰa式，阿玉台Ⅰb式へと分布の縮小が顕著で，その周辺に次々に新しく相当に外見の異なる系統が派生していく。この時期には，佐藤達夫氏が指摘したように，異系統土器の共存や異系統文様の併用が多く見られるが，小さく分かれた地域系統間の関係であり，それまでのような広い地域にわたる系統の共存ではない。

　土器の器形や文様帯配置，文様の種類が増加し，土器作りの規範が緩むのは，系統間での文様要素の貸借と表裏一体の現象である。規範が緩いから借用が許されやすく，盛んに借用し違った形を作ろうとするから規範が緩む。安定した系統変化の流れを撹乱する，かなり自由な土器作りが容認される状況であり，土器研究を難しくする。本書がカバーする予定の範囲から逸脱するが，縄文土器の変化と分布について考える場合，これも重要な現象である。

人の移動と情報の伝達

　ここまで見たところで再び系統の移動は人の移動か情報の伝達かという問題にもどろう。第5節でとりあげる粗製土器の分布は，一定の集団（おそらく複数であろう）の生活のための具体的な日常的移動を反映していると考えられる。では精製土器が広がっていく過程はどうであろうか。精製土器の粗製土器より広い分布は，行動を共にする具体的な人間集団よりも，同族的意識のような共同意識の範囲を示すように思われるが，人間集団と無関係に伝播するとは考えにくい。北陸から秋田への移動のように，異系統の土器だけが移動して，行った先で土着の土器を伴わずに存在する場合はどうみても人の移住であるし，ある系統が広がっていくときに，土着の系統，あるいは別方向から入ってきた系統と対峙するように分布する例でも，異系統の土器の広がりの背景に一定の人間集団の動きが関与していることが読み取れる。しかしもっと広い地域に急速に広がり，土着の土器と広く共存するようになる場合は，人の移動だけを原因として想定することは現実的でなく，人の動きと情報の広まり（土着集団側の受容）が伴って進行したと見るべきであろう。

　話がわかりにくくなってきたが，人間集団が動けば土器作りも動く。しかし逆は必ずしも真ではない。土器系統が動いたから，それを担った集団が移動したとは必ずしもいえないのである。だからしっかり事態の進展を観察して，どちらであるか判断しなければならない。

　情報の伝播という現象は，土着の系統が基本的に維持されながら，他の地域の系統の文様などの要素が部分的に取り込まれるような場合に一番確かである。異系統の間での文様の共鳴現象はまさにそれが原因である。

東関東の五領ヶ台II式は北西関東から千曲川流域, 新潟県にまで影響を与え, 岩手県にも類似の土器があるが, 地域ごとの地域色もある。それぞれが一定の地域に定着して相互に影響を及ぼし合っている状態と理解される。少し後の阿玉台Ia式としてひっくるめられる土器には, 西関東・東関東・北関東・福島県と北上するにつれて, 少しずつ中心的な規範が遷り替わることが認められ, それは北に広がる大木7b式内部の地域差の連鎖にまでつながる。それぞれの人間集団がそれぞれの場所を占めていながら相互に影響しあっている図式が描けるであろう。人間集団の移動よりも情報の伝達が主に機能している状態と判断される。

　前期末～中期初頭という時期に, ほぼ時間の経過にともなう形で, 人間集団の移動による系統分布の変化が主であった状況から, 動きが止まり系統の分布が狭くなり, 情報の伝達中心に変わっていく背景には, 衰退時期の不安定で移動性の高い生活, つまり広い地域を動き回ることによって食料の量を確保し生きぬかなければならなかった生活形態から, 安定生活と移動範囲の狭まりへという基本的な変化の方向があったと理解される。

　人間の移住か情報の伝達かという区別に考古学者が神経質になるのは, 土器の系統（型式）の広がりが, どこまで系統の担い手である人間そのもの, つまり遺伝的要素の広がりと一致するかという問題にかかわるからである。担い手とともに文化が広がったのか, 土着の人間が外来の文化を受容したのかという問題と言い直すことができよう。しかしながら「系統」とか「型式」という言葉でくくられる土器の内容にはさまざまな違いがあるので, 一概にどちらと言えることではない。極端な例として, 弥生土器の広がりがどの程度遺伝要素の広がりと一致するのかという考古学・人類学を含む長く多彩な問題を含む議論をあげれば, その難しさが納得されるであろう。結局, 土器系統の伝播にともなって強い文化的影響があったことは言うまでもないが, 人間自身の移動や交代をどのくらいともなったのか, 情報の伝達にとどまるのかは, 個々の事例について具体的に考えていかなければならないという当然のことしか言えないのである。

4. 土器系統と社会

活動圏・通婚圏・共同意識圏

　土器の分布について主に粗製土器から活動領域を論じ, 広い精製土器の分布圏から同族的共同意識との関連を論じているが, 他の研究者による土器研究で, 土器の違いや分布圏が婚姻との関係で論じられることもあった。そのように土器を恒常的な社会現象の反映として見ることは, 歴史的地理的な変化を中心に見ている本書とは大きく方向が異なるが, 土器分布の問題を扱いながらこの問題をまったく素通りというわけにはいかないであろう。

　縄文時代の各集落という形で可視化される集団規模は小さかったと考えられ, とくに前期末～中期初頭はそうであったにちがいなく, その中で婚姻が十分に完結することは想像できないので,

---

(13)　過去の研究については縄文時代について山本典幸2000がまとめているが, 佐藤1974には触れていない。弥生土器・土師器の移動に関する研究は多いが, とくに婚姻との関係に言及したのは都出1983くらいであろうか。

婚姻の行われる範囲は各集団の生業活動範囲より大きく，土器が周辺系統と混在する地域までが基本的範囲として想定できるであろう。その範囲を超えて土器の搬出や個人の移住があったという事実は，まれにはその外とも婚姻が結ばれた可能性を意味するであろう。私は後述のように，婚姻が土器の分布圏を形成したとは考えないが，同一系統の分布圏は情報の共有圏であり，その中での婚姻が情報伝達の重要な機会として機能したことは疑えない。

　このような抽象的思考を具体的な土器の分布に結びつけようとして直面する事実は，これまで見てきたように，前期末～中期初頭の土器系統の分布や系統間の関係が，ほとんど一時も止まらず動き続け，融合や分離をくりかえしていることである。その変化は時間の経過に伴う歴史的な現象であって，一定地域での生業活動や婚姻といった日常的恒常的な営みの地理的反映という性質のものとは考えられない。もし婚姻による女性の移動（あるいは移動しない）が主たる原因で土器作り情報の均一さ（あるいは相違）が保たれたと考え，系統の分布範囲と婚姻圏が一致すると考えるなら，前期末～中期初頭の相当に広い土器系統の分布が成立するためには，その範囲内で遠近縦横の婚姻が頻繁にあったとしなければならないし，拡大・縮小する土器系統の分布圏に合わせて婚姻圏も拡大・縮小したとか，土器情報が一方向に広がるときには婚姻も一方向に向けて行われたなど，不自然な想定をいくつもしなければならなくなる。もちろん婚姻が土器情報を伝える基本的で重要な機会としてこのような現象と不可分に存在したことは確かだが，それは土器系統を均一に保つ唯一の原因でも，主たる原因でもないと思う。ただし縄文土器と他の時代の土器を同じに考えるわけにはいかないし，縄文時代の中でも時期によって違いがあったとみるべきではあるが。

　佐藤達夫氏は「土器型式の実態」(佐藤達夫1974)という論文で阿玉台Ⅰb式期における1遺跡内における多くの系統の共存や，1個体の土器面における異系統文様の共存という現象を指摘し，その背景に，「それぞれに異なる系統の土器をもつ集団間の，婚姻またはその他の事情による，人間そのものの移動に基づくのか，あるいは単なる異系統紋様の伝習によるのであろうか。」としながらも，「当該集落内に，それらの異系統の土器を製作した，おそらく女性たちが，集落の成員として存在したと単純に想定する方が，一般的にはより自然と思われる。」とした。歯切れは悪いが，婚姻による女性の移動が主たる原因で，異系統土器の共存や，異系統文様を1個体に用いる現象が起こったとしたのである。佐藤氏がとりあげた時代は，私が本書で扱った範囲の最後の部分にも入らず，地理的にもずれてしまうが，それまでのような大きな系統としてのまとまった動きがなくなり，土器分布圏が小さく分かれ，その間で交流が盛んに行われたと認められる点において，私の扱った東関東・東北地方の竹ノ下～阿玉台式期と同じような土器のありかたといえよう。それは縄文時代全体の中ではかなり特殊な時期であった。その時期をとりあげて「異系統土器の共存は特殊な現象ではなく，地域的にも，時期的にも，むしろかなり普遍的な現象と思われる。」と，背景に想定する婚姻のありかたを縄文土器の系統一般に広げることには問題があると思う。

　それ以上に佐藤氏の説を吟味して注意すべきだと思うのは，諸系統の存在が議論の前提としてあらかじめ設定されていることで，すでに存在するいくつかの系統が婚姻などで移動し，伝習さ

れ共存するという部分のみが論じられていることである。佐藤氏の議論は，出来事が目に見えるようで分かりやすいが，難しいのは，佐藤氏によって論じられていない部分，つまり，諸型式・諸系統というそれぞれに均一な基本的存在が，どのように形成され維持されたのかという，土器にとってもっと基本的な問題のほうである。両者を一体のものとして土器現象を理解することが必要なのである。たしかに婚姻によって異系統文様が共存することもあっただろう。しかしそれは婚姻の形態まで示すものではないし，土器系統とその分布が形成される機構を説明するものでもない。(14)

　本書が扱った時期では，山本典幸氏が五領ヶ台Ⅰb式期について土器から婚姻形態を積極的に論じている（山本典幸2000）。土器から親族組織の解明を目指した本格的な論文として評価すべきと思うが，親族関係を論じる目的のために，明記されたもの，されていないが論理から読み取れるものを含め，多くの前提が設定されていることが気になる。土器の系統の違いは出自の違いに基づくこと（これは結論でもある），住居址がある集落では土器は基本的にその集落で作られ，集落内にあってもそれが出土した場所の近くに居住した人が作ったこと，土器作りは身近に居住した女から女へと伝習され，異系統文様の部分的借用もそれと関連する。それで，出自の異なる女どうしが身近に接触する機会が多い婚姻形態か，少ない婚姻形態かによって異系統文様の借用の正確さや頻度が異なる等々の前提である。常識的な発想ではそう考えたくなるかもしれないが、私にとってはこれらの前提自体が解明されるべき課題である。

　山本氏は五領ヶ台Ⅰb式期における五領ヶ台系（氏の細線文系）と，踊場系（氏の集合沈線文系）を2つの母系出自の表象とみなし，その間に見られる文様の部分的な借用が表面的なものに終始することから2つの出自の女どうしの接触が乏しい婚姻形態だと判断し，結論として，婚後母方居住の婚姻形態があったとする。南西関東の集落で踊場系と五領ヶ台系がほぼ半々で存在することが多くあるが，異系統文様の正確な借用は稀にしか起こらなかったとしており，同一集落に作り手が共住するだけでは異系統文様の借用が頻繁に起こることはなかったと考え，それを双分制の存在という仮説で説明する。

---

(14)　私は佐藤達夫氏が授業の演習でも行った系統の共存の考え方に強い影響を受けた。しかし佐藤氏は私が発表した五領ヶ台式の時間的2細分について，「五領ヶ台式はそんなに（時間的に）分けられません」と頭から否定するような言い方（これは私が時間差とみるものを系統差とみておられたのだと思う）をする一方で，「（新道式の）胴部の分帯は，前期諸磯b式に発し，五領ヶ台式相当の別型式，たとえば踊場式の系統などを経て新道式に及ぶ性質のもの」（佐藤1974）と縦に長く続く系統性を強調された。私は「諸磯b式の横分帯は，早くも諸磯c式古段階に移行するときには無くなり，踊場式の横分帯はずっと後で生まれ，それはそれで新道式の横分帯とは何の関係もない」と考えていたから，縦の時間差を横に並べなおすような佐藤氏の系統論は非常に乱暴なものと感じていた。活字になることはなかったが，佐藤氏は翌年の演習で「中国の彩文土器の半坡類型が古く廟底溝類型が新しい」という通説に反対し，「両者は同時に存在した別系統である」という自説を証明する目的の演習を行っており，その目的の一つは，これらの類型に対して測定された放射性炭素年代が誤っていることを，土器の相対編年で示すことにあった。演習では私の「通説の通り半坡類型の彩文土器が古く，廟底溝類型が新しい」という意見と対立した。このような中で，私はまず時間的細分を徹底した上で，土器の変遷を追うために縦の系統を辿るという研究方針を強めることになった。

　なお，私が系統的な土器の変化と系統の長距離移動という視点を打ち出した「称名寺式土器の研究」（1977）の執筆過程で，「称名寺式の成立に西日本の中津式系統が大きくかかわった」という構想について申し上げたとき，佐藤氏は，「この時期には東日本の土器の影響が西日本に及ぶのであって，そのようなことは絶対にありません。」と言われた。この論文の完成は佐藤氏の没後となったため最終的な評価を得ることはできなかった。

しかし時間を少し前後に広げるなら，五領ヶ台Ⅰa式の2つの系統の融合で五領ヶ台Ⅰb式が成立しており，それはさらに五領ヶ台Ⅱb式で踊場系と融合するのである。前期末〜中期初頭土器の諸系統は遠距離にわたって激しく動き，相互にさまざまな関係を持って変化し続けた。時間的傾斜をもって系統が広がり，その結果2系統，3系統が共存したり時間とともに融合したりする現象が見られる。踊場系の集合山形文は宮城県まで，集合平行線文，細線文，口縁部の縄文などはさらに遠く岩手県にまで共鳴現象として別系統の土器の類似の部位に出現する。婚姻はおろか人間の直接の往来も少なかったであろう，遠く離れ，土器も異なる地域との間である。土器を理解するにはこれらの現象全体を問題にしなければならないであろう。狭い地理的範囲で五領ヶ台Ⅰb式期の土器だけ切りとって，異系統土器の共存や文様の借用の意味をもっぱら婚姻や社会形態の問題として解釈する山本氏の思考の妥当性を疑わざるをえない。

言語と土器系統

　縄文土器情報の伝達は人の移動（必ずしも移住ではない）と接触によってなされ，その伝達と維持の機構は言語の保持に似ていると思う。同じ言語の分布圏内で婚姻はさかんであるが，婚姻が言語の共通性を維持することの主たる原因ではない。言語の場合，当然のこととして，使う言葉が共通でなかったら意思伝達の役にたたないので，どうしても広い地域で共通になる。しかし土器の場合には，形や文様が広い地域で均一でなくても使用に不都合はないであろう。にもかかわらず縄文時代の土器は，同じでなければならない，規範通りでなければならないと考えられていた（この意識は中期の一定地域ではかなり崩れるが，縄文土器としては例外的な出来事とみられる）。この共通心理が，何度も述べた均一な系統・型式保持の原因である。その心理はときに本来の系統を越境して異系統にまで広がるほどであった。土器の規範維持を言語にたとえるうえでの問題になるのは，言語が日常的な会話によって共通性を維持することができるのに対し，土器の規範を完全に受け継ぐためには，土器作りの現場に立ち会ったり参加したりする必要があると思われることである。当時の土器作りは専業化しておらず，その作り手が広く多く存在したことが土器作りに立ち会う機会を多くしたと考えることもできるだろう。

　十三菩提式期の各系統が次々に広がって中部高地から関東を含む広い地域で先行する系統と共存する様子は，婚姻はおろか製作者の移住だけでも説明が難しい。各集団は新しい系統に対してオープンで，その受容に積極的であったと考えなければならない。受容された個々の系統は，それぞれが規範に忠実であることを要求する存在であったから，異なる系統間で，その忠実な形や文様，施文方法が，しっかり区別され作り分けられた。それはバイリンガル・トリリンガルの人物がいくつかの言語を区別して使いわけるのと同じようなものであろう。

---

(15) 五領ヶ台Ⅰa式が細線文を含む少なくとも2系統からなることは，私が1985年に明確に指摘している。山本氏も最近やっと気付いたようであるが，何と自身の新説として持ち出すばかりか，「私もこれまで今村氏と同様に細線文の成立過程を誤って理解していた」などととんでもないことを言い，私が従来からの考えを繰り返して述べているだけなのに「今村氏の最近の説は極端に難解である」などと書いている（山本2007）。いずれにしても山本氏が五領ヶ台Ⅰb式期の2つの母系出自集団とするものの一方が，直前にこれまた2系統の融合によって成立したことは氏も認めざるをえないであろう。そうするとⅠb式における2つの母系出自集団とはいったい何なのか？ということになる。

しかし同じ場でときに同一人物によって作られることになった異系統どうしは，どうしても言語以上に相互の影響を起こしやすく，ときには融合現象を起こす。単語の借用のように個々の文様が他系統の土器の一部として借用されることもあった。しかし一つの集落だけで融合することはなかった。やはり土器は言語のように広い地域で均一であることを要求される存在であったから。

　山内清男氏は土器型式の分布状態とカリフォルニアインディアンの言語の分布状態の類似から土器型式と言語の類似を論じた（山内清男1964a）が，私は土器製作が有する規範に対する忠実さが，言語というものの存在に似ていると思うのである。

5．前期末〜中期初頭とはどのような時代だったのか

衰退の時期

　以上のような前期末〜中期初頭の土器現象を引き起こした時代的背景は結局のところ，何であったのだろうか。

　前期末〜中期初頭という時期を，南関東を中心に見て最大限単純化して言うなら，諸磯a・b式期の安定期と，五領ヶ台Ⅱ式期の安定期，続く阿玉台式・勝坂式並行期の繁栄期の間に挟まれた衰退期ということになるであろう。しかし何度も繰り返したように。衰退と復活の時期は神奈川と埼玉といった比較的近い地域どうしでもずれがあり，関東と東北地方ではほとんど逆方向で変化することもあったらしい。これは衰退の原因が何であるか考える場合に特に注意しなければならないことである。

　ここで衰退というのは，人口の減少を指しており，南西関東の諸磯c式期に典型的である。大・中はもちろん，小規模な集落といえるものも少なく，住居址の検出も少ない。土器片が数片しか発掘されていないような零細遺跡の散在に変わる。

　今回の本書でのまとめにあたり，新しいデータを集成して提示することはできなかったが，18年前の十三菩提式期の遺跡についてのデータ（今村啓爾1992）の傾向は今でも有効と考える。その後注目すべき知見として八王子市郷田原遺跡の十三菩提式期終末から五領ヶ台式初頭にわたる大型住居址の発見，千葉県八千代市上谷遺跡における五領ヶ台Ⅰa式頃の6基の住居址と住居址の可能性のある遺構の発見（八千代市遺跡調査会2004・2005）などがあったが，もともと遺跡や住居址の発見の多かった時期についても，資料の増加には著しいものがあり，前期末の遺跡の相対的な少なさは変わっていない。遺跡数や住居址減少を統計データで示すことが困難なのは，減った時期のそれを数えることよりも，減ったことを示すために安定期・繁栄期のデータを集成することにあり，その膨大な作業量は，とても私個人の力が及ぶものではない。[16]

　私が土器編年を細分しすぎるので各段階に属する遺跡が少なくなるのではないかと疑う人がい

---

[16]　1984年のデータをもとに南西関東の住居址の数をグラフに示したことがある（今村1997）。その後適当なデータの集成は無いようである。同じ地域の前期だけなら谷口康浩2004がある。

るかもしれない。これに対しては，十三菩提式期に東北地方で時間的に対応する大木6式期も5細分され，大集落が並び立つ繁栄の景観が見られることを指摘すれば十分であろう。

　人口の減少がいつも悲劇的状況によるものではない可能性もある。北陸の人たちが現在の秋田市周辺に移住したとき，このあたりの海岸地域には広く人口過疎の状態が広がっていたとみられる。ではもともとここの海岸部にいた人たちは死滅してしまったのだろうか。大木5式から6式の時期，東北地方の太平洋側から内陸部にかけて顕著な安定と繁栄があった。すぐ隣に繁栄がありその隣で悲劇的な衰退があったと考えるより，環境変化などで生活しやすい有利な条件が生れた場所に，周辺の人たちが移住し，その後に人口過疎地が残ったと考えるほうが自然である。しかしこれは大木5式土器の中での地域差と系統移動について十分な検討がなされたのちにはじめて結論が出される問題で，今後の課題としたい。北関東で諸磯c式新段階に起きる衰退についても同じ理由づけをしたくなるかもしれないが，たぶんそれはなりたたないであろう。なぜなら，諸磯c式古段階，北関東が繁栄していた時期にはかなりの量の諸磯c式や興津式が福島県に入っていたのに，北関東が衰退する新段階になるとほとんど見られなくなるからで，とうてい人の移動があったとは言えない。[17]

　五領ヶ台Ⅰa式期に起こった事態の解釈は微妙である。南西関東で踊場式の分布に重なるように進出した五領ヶ台Ⅰa式と下小野系粗製土器をもたらした地域は，常識的には東関東が想定されるかもしれないが，この地域はもともと遺跡が少なく土器組成の中の大木6系土器の比率も低い。この地域のデータが今後も大きく変わらないとすると，そこは出発点とはみなし難く，もう少し北の東北関東か福島県あたりに求めざるをえないであろう。この時期福島を含む東北地方で人口が減少に向かい始めたかどうか微妙な段階であるが，神奈川県は明らかに復活に向かう。だから前者から後者への人間の移動は，数の論理としてありえないことではない。しかし現在の資料状況では断定はひかえるべきであろう。五領ヶ台Ⅱ式以後の南西関東や中部高地の人口増加は顕著であるが，それを人口の減少する東北地方からの移動で説明することはできない。土器がまったく異なるからである。

　前期末に繁栄した東北地方といえどもずっと安定していたわけではないらしい。今回新たに指摘することになった東北地方の五領ヶ台Ⅱ式並行期の衰退は，正直のところ私自身も認定に抵抗を感じた。大木6式～五領ヶ台Ⅰ式並行期という資料の豊富な時期と，やはり多くの大集落の見られる竹ノ下・阿玉台式並行期に挟まれた時期に，短期の相当に厳しい衰退があったという認識であり，三内丸山遺跡に代表される東北地方北部の円筒下層式地域での繁栄が，南に隣接する大木6式の繁栄を経由して，中期に関東に広がるという概略のシナリオを私自身想定していたからでもある。しかし五領ヶ台Ⅱa式に並行することが確かな岩手県宝性寺遺跡資料を挟まずに五領ヶ台Ⅰ式並行期からⅡ式並行期への土器の変化は説明できない。そして宝性寺並行期に属する他

---

(17)　諸磯c式の古段階に人の移動があり，結果として次の新段階には移動元の人口が減ったと，原因と結果を1段階ずらす思考はとらない。各型式には時間幅があり，移動元での減少と移動先での増加は一つの出来事の両面として同時に起こったはずだからである。ただし衰退がゆっくり進行した場合には，中途半端にずれる可能性もあろう。しかしその場合にも大きな人口の移動には大きな土器の影響が伴ったはずである。

の遺跡の発見がきわめて少ないのだから,やはり衰退期の存在を認めなければならないであろう。すべてを発見と発掘の偶然がもたらしたものにすぎないと言い張るのもひとつの方策かもしれない。しかし五領ヶ台Ⅱ式期に土器の影響が逆転し関東から東北に向かうのは,安定地域と衰退地域の関係の一般例に一致する。

土器系統移動の激しさ

　前期末〜中期初頭のもう一つの特徴は,土器系統の動きの激しさである。衰退地域に他の地域の系統が移動することが多いことからみて,これもこの時期の衰退と表裏一体の現象といえる。ある地域で人口が増え,その人たちが新天地を求めて土器系統とともに移住する。そう考えるのが普通の発想であろう。もちろんそのような場合もあったかもしれない。それは楽天的な縄文時代観と形容できる。しかしこの時代に多く見られるのは,1地域が衰退し,そこに安定を維持した地域から土器系統が流入する事態であって,これは縄文人の置かれた厳しい境遇を物語るものにほかならない。第1・2図の中期前半に見られる異常な人口の増加は,何か特殊な事態が起こったかのごとくである。しかしよく考えてみると,この時期には土器系統の動きが止まり,大きな人口の移動は少なかったと考えられるから,増加の原因は人の移動ではない。環境と食料事情が許しさえすれば,人間はこれほど増加できる生殖力を有していたことになる。他の時期にこのような増加が実現されなかったのは,それを可能にする環境や食料事情が得られなかったために,人口増加率が頭打ちであり続けた結果であり,中期前半の増加こそが本来あるべき状態であったと逆説的にとらえることもできる（今村啓爾2008）。

　以下,第2節の繰り返しになるが,北関東における諸磯c式新段階の衰退と中部高地系の諸磯c式の群馬への侵入を皮切りに,堰を切ったようにさまざまな土器系統の移動が起きる。衰退と土器系統の移動が関連することは,同じ時期の大木6式期に太平洋側の安定地域ではほとんどまとまった系統移動らしいものが見られないことによっても裏付けられる。多くの場合,土器系統が移動したからといって,行った先の人口が復活するように見えないのは,移動後も衰退を引き起こした原因が解消されていないからであろう。

　系統移動は,大木6式の安定地域を除く東日本の大部分の地域を巻き込んでいく。まず北陸の鍋屋町系が中部高地に侵入し,松本盆地や伊那谷にその土器を主体とする集落を開き,さらに諸磯c系統が続いていた関東に侵入し,関東でも主体的な系統になった後,東北地方大木6式の分布する内陸部を細々と北上する。続いて北白川下層Ⅲ式系統の土器が,移入品ではなく,中部高地・関東地方で製作されるものとして入り,北陸にも広がる。東北地方で繁栄した大木6式の南下は,十三菩提式新段階に顕著になり,その系統が東関東から東京湾を越えた南西関東に進入し,定着展開するのは中期に入った五領ヶ台Ⅰa式期のことである。このような前期末の土器系統の移動の特徴は,先行して定着している系統があるところに,後から入った系統が重なるように定着することが多いことである。

　北陸に進入した北白川下層Ⅲ式の系統は,富山・石川地域にあっては,真脇式と呼ばれるが,さらに海上を遠く現在の秋田市周辺にまで移動し,やがて日本海沿岸を北陸系土器が染め上げる

嚆矢となる。この北陸系土器の分布は中期初頭まで続く。これとは逆方向に，円筒下層d式の影響が，東北地方北部から北陸に1回だけ及び，定着するが，これを伝えたのは意外にも往還する北陸人だったとみられる。

このような激しい動きと変化を認識すると，十三菩提式というのは，もはや一定の形態的特徴をもつ土器群を指す言葉ではなく，この複雑な様相を包括する，時期範囲指定の用語でしかない。

中期初頭にも複雑な土器系統の交錯が続くが，外部からの新しい系統の流入はしだいに減少し，すでに存在する系統間の統合を軸に進む。

土器系統の動きと土器の製品の輸送ははっきりと区別しなければならないが，衰退期に土器の運搬が多くなるのは，次に述べるように人々の生活が移動的になり，移動の際に土器が運ばれる機会が増えることが基本的原因と思われる。

衰退期における人間の生態

縄文時代の集落研究と集落を取り巻く活動領域の研究は，その多くがデータの豊富な中期や後期について行われている。しかし衰退期もまた縄文時代の集落や領域のもう一つの姿であり，両方の統合の上に本当の縄文の集落像が描かれるであろう。

衰退期の移動的生活

衰退期の集落と人間の活動形態の典型を南西関東の諸磯c式期に見ることができる。ひとことで言うと非常に移動性の高い生活であり，これは中期中葉の住居地の安定度の高い生活形態と対極をなす。しかし時間的変化を追って見ると，両方の時期の間には中間的な各段階があり，一つながりの変化と認められ，程度の差であって根本的に異なる別のシステムとは言えない。

移動と一言で言ったが，これには集団移住という性格のものと日常的な生業活動にともなう移動がある。衰退期にはどちらも激しくなるが，生態の問題でとりあげるべきは後者である。

竪穴住居という恒常的な住居を有し，持ち運びが大変な大きく重く壊れやすい土器を所有した縄文人が，基本的に定住生活者であったことに疑いはない。もちろん集落の周囲で狩猟・採集・漁労活動を行い，それはときに集落から遠く離れた場所への遠征という形で行われることもあったであろう。このような縄文時代に対する普通の想像図は，衰退の極にあった諸磯c式期には当てはまりにくい。南西関東では住居址の残る集落址が非常に少なく，零細遺跡の散在状態に変わるからである。東京都あきる野市雨間遺跡（あきる野市雨間地区遺跡調査会1998）がこの時期における南西関東で発掘されている最大の遺跡と思われるが，報告書に掲載された土器破片が1000点ほどあるものの，検出された遺構は集石土坑だけで，完形土器もない。このようにいえば，その貧弱な様相が理解されるであろう。これよりも土器量は少ないが住居址の検出された10ヶ所ほどの小規模な集落址を除くと，土器片が数点〜10点ほどしか報告書に掲載されていない，集落址とも呼びにくい零細遺跡の散在状態なのである。このような零細遺跡は南関東で少なくとも500ヶ所は知られており，短期の停泊をくりかえしながら移動を続ける生活形態が自然に想像される。しかし土器を使う生活をやめたわけではない。それらの遺跡で出る土器片を検討すると，諸磯c式の古段階，新段階，十三菩提式の古段階にまたがる場合が多く，短期の停泊といっても，気の向くま

まに場所を選んだわけではなく，停泊地は長期にわたって定められていたことがわかる。

　諸磯c式については精製土器ばかり注目される傾向があるが，生活の復元における重要性では粗製土器も劣らない。前期末〜中期初頭の粗製土器が，大体において衰退している時期・地域に見られるのは，移動性の高い生活の中で使い捨てのような意識で粗製土器が作られたことが想像される。

　諸磯c式には精製土器の地文の沈線を条痕でおきかえたような粗製土器，粗い撚りの縄文の粗製土器，短浮線文を特徴とする並製とでも呼ぶべき土器がある。前2者は単純遺跡で精製土器に伴わないと時期の把握が難しいが，短浮線文の土器は特徴的で，ほかの時期の土器と混じっていても抽出できるので，その分布を見てみよう。群馬と埼玉県北部にはほとんど見られない。埼玉県南部ではこの種の土器の比率が高く，大宮市深作東部遺跡（大宮市遺跡調査会1984）のように（破片資料ばかりなので浮線文のない部分も多く，正確は期し難いが）全土器の半分を超える遺跡もある。東京都にもあるが，条痕や粗い縄文の粗製土器が多い分，比率は低いようである。神奈川県は諸磯c式の遺跡の数や土器の総量が少ないが，精製土器が多く，粗製・並製土器の比率が低い。千葉県房総半島もその続きで，短浮線文は少ない。この種の土器の広がりとしては，分布の濃い埼玉南部〜東京都地域で南北，東西ともに約40km，ある程度の頻度で見られる神奈川まで含めると南北60kmほどになる。第1の範囲が短浮線文を作った集団の基本的活動領域で，広いほうの範囲は，この集団がときおり遠征をしたとか，一時的に拡大した範囲とみたい。第1の範囲内に何グループがいたかが問題であるが，数を決める方法がないので，1グループとして最大の面積を仮定すると，直径約40kmの領域内を移動していたことになる。おそらくはグループの数も構成員も固定的ではなかったというのが私の想像であるが。

　この範囲は，この地域の縄文前期から中期のうちでは一番人口が少なく，移動性が高く，したがって1集団の領域がもっとも広がったと考えられるときの範囲で，しかもたった1つの集団が動いていたという現実味の薄い想定に立つ数字であることを忘れてはならない。零細な遺跡といっても土器が残されているのだから，拠点からの日帰り活動地点ではなく短期の停泊を行った場所であろう。土器の入手を考えると，雨間遺跡のような拠点的な場所からの放射状の活動がもっとも自然な想定であろう。

　この時期の遺跡のありかたを零細遺跡の群在とだけとらえることはできない。多摩市和田西遺跡（多摩市教育委員会2002）は諸磯b式から続く大型住居を主体とする集落であるが，諸磯c式古段階にも1軒の大型住居が残っていた。すでに述べた雨間遺跡は，限定された継続期間に残されたかなりの量の遺物からなる遺跡で，利用がだらだらと後へ続くこともなかった。いわば縄文時代の集落遺跡として普通のありかたである。上尾市在家遺跡（埼玉県埋蔵文化財事業団1991）は長期にわたるが，遺物はこの時期の遺跡としては多く，竪穴住居も1軒発掘されている。雨間とは性質が異なるが，零細遺跡に比較すると拠点としての性格が強い。

　このように南西関東における諸磯c式期の遺跡のありかたは，数少なく小規模ではあるが縄文時代としては普通の集落生活の場と，非常に数の多い一時的停泊の場からなっていた。それぞれを別の集団の生活の場とみなすのはきわめて不自然であるから，同一集団が2種類の場を使い分

けていたと考えられる。ごく小規模ではあるが縄文時代に普通の性質の集落に一定期間おり，あとはそこから最大でも半径20km以内の停泊地点を移動する活動を展開していた。短浮線土器は大部分の地点で破片10があるかないかという程度なので，域内のどこかで作られて移動の際に携えられたのであろう。土器が供給される場所は回帰の焦点にもなっていたであろう。だから，これは中心地のないビンフォードのいうフォーレイジャーモデルに相当する移動形態とはみなし難い。拠点がありそこに回帰をくりかえすけれど，周囲の停泊地での活動が長く，拠点での生活の比重が非常に小さい生活の形態が想定される。

　この状態を中期の安定期の場合と比較すると，拠点集落ははるかに小さく，移動範囲はずっと広く，一時的停泊地での生活の比重がはるかに大きかったことになる。しかしその違いは規模と距離の程度の差であり，活動地点間をつなぐシステムの違いではない。実際，時間的に見ると，次の十三菩提式期には数軒の住居と一定量の土器を持つ遺跡が多数の零細遺跡の分布の中に増え始め，そのような拠点的な地点の規模が五領ヶ台Ⅰ式期、Ⅱ式期と時期を追うに従って増大していく。拠点の数が増えるにつれて各集団が占有権を主張できるテリトリーは狭まっていったはずである。中期中葉の，狭いテリトリーの中心に位置する環状集落が通年居住のものであったことは確実であるから，この変化は中期中葉に向かって時間の経過に伴って進行した切れ目のない一連の変化であったことになる。

　南西関東の短浮線文をもつ集団の移動的生活は，かれらだけの生活形態ではなく，諸磯ｃ式新段階に関東地方の大部分に広がった行動形態だと思われるが，特徴的な粗製土器を持たない地域や，発掘調査数が不十分な地域では活動領域の広さを明確にすることが難しい。

　十三菩提式期の粗製土器についてはこの議論の準備として3Ｅ章でかなりくわしくみた。とくに特徴的な折返し口縁の貝殻条痕文のものに注目した。横浜市緑区華蔵台南遺跡と鎌倉市東正院では，粗製土器の大部分（8割以上）がこ

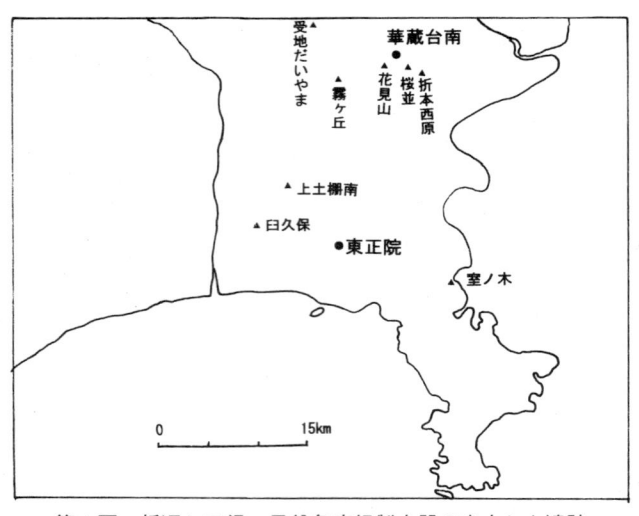

第4図　折返し口縁・貝殻条痕粗製土器の出土した遺跡

---

(18)　谷口康浩（2003）が明らかにしたように中期中葉の南西関東では長期に継続する拠点集落が半径5km以内の領域を接し合うようにしてひしめき合う。千葉県の馬蹄形貝塚分布地域では領域はもっと狭い。このような状況の中で季節的に他の場所に拠点を移すことは，本拠地での領域を失うリスクを冒すことになる。仮に季節移動を行ったとしたら他の集落も同じ行動をとったと考えるべきであるが，そうすると行き先でも同じように領域が接しあう分布状況を想定しなければならない。行った先で別の型式の土器を使ったとは考えられない。中期中葉の土器分布圏が小さく分かれる中で集落群が季節移動する先を見つけることは困難である。人口減少期に土器系統が移動する例が多いのは，移動先にいる集団からの反発が弱まることが一つの原因であろう。

の種の土器で，そこから離れるに従って他種の粗製土器が増え，貝殻条痕の粗製土器は少数派になる。茅ヶ崎市臼久保遺跡にもこの種の粗製土器が多いが，粗い縄文と撚糸文の粗製土器に対して従の量である。相模川を越えた愛川町ナラサスは撚糸文と縄文だけである。このように西側に向かうと貝殻条痕が激減し，撚糸文と縄文の粗製土器が多くなる。北西側では町田市の小山田遺跡群や多摩ニュータウンの遺跡群に各種条痕の土器があるが，貝殻条痕によるものはきわめて少ない。東京湾岸の室ノ木にもあるが，撚糸文の粗製のほうが多く，下小野系の粗製もある。このように折返し口縁貝殻条痕の粗製土器の分布としては，華蔵台南と東正院を結ぶ線を軸とした直径20kmくらいの範囲が描け，そこを外れると急激に比率が低くなり，直径30kmを越えるとまったくみられない。この狭く特徴的な分布から，粗製土器としてはもっぱらこの種のものを作って使った集団の存在が想定できる。周辺部の，この種の土器が従として少量伴う地域の意味が問題で，土器の交換や隣接集団との融和・流動的な関係の問題にかかわると思われるが，ここでは詳論できない。いずれにしても，そこまで含めても直径30kmにすぎないし，1つの集団がこの範囲を独占していたというのも非現実的な想定である。

短期集落とその規模

　関東から中部高地の前期末〜中期初頭の住居址を有する集落址といえるものの多くが，土器細分1，2型式の中に収まってしまうほどの短期間しか続かなかったことは，集落位置の不安定さを示す。住居址がある集落でも，住居址以前の土器，住居址以後の土器が少し散布することが多いのは，移動的生活の中でも利用地点が定まっており，その中のある地点で限られた時間だけ住居を構えたときに集落址らしいものが残されたということであろう。

　ところで，このような移動性の高い生活は，必ずしも単位集団の1家族・1世帯レベルまでの縮小を意味しないらしい。長野県松本市白神場遺跡（松本市教育委員会1985）や飯田市小垣外・辻垣外遺跡（矢口忠良1973）は，北陸から鍋屋町系土器を持って移動してきたとみられる集団が残した数軒の住居からなる集落であるが，すべての住居が細分型式1型式という短期に所属し，すべて同時に使用されていた可能性もあると思う。

　最近報告された千葉県八千代市上谷遺跡は，中期最初頭の五領ヶ台Ⅰa式期に属し，直径3mほどの5軒前後の竪穴住居からなる。これまで住居址が検出されず，零細な遺跡しか知られていなかったこの地域としては驚くべき集落であるが，五領ヶ台Ⅰa式だけで終わったらしく，土器の総量も非常に少ない。何軒かの住居が同時に短期間使用されて別の場所に移っていった可能性がある。

　これらの事例は，前期末中期初頭の集落遺跡が非常に小さいからといっても住居数軒の規模が維持されたことを教えている。数世帯単位の生活とみられ，もちろん男だけや女だけの移動ではないであろう。移動性の高さ，住居地の頻繁な変更が，残された遺跡規模の小ささという結果を残した可能性が強い。そして人口が少ない時期なのだから，集団規模を大きく考えるとそれだけ

---

(19)　多摩ニュータウンNo469遺跡に少し違うものが1個体ある。No207，No740などにも貝殻背圧痕や貝殻条痕の破片が少しあるが，折り返し口縁かどうか不明である。第4図にはこれらの遺跡は記入してない。

集団の数は少なかったことになる。

大型住居を有する集落

東京都八王子市郷田原遺跡はまた別の展開を見せた。この集落は踊場式を主体としこれに五領ヶ台Ⅰa式が後から加わるもので，集落の解明には踊場式の細分という課題が立ちはだかるが，戸田哲也氏によるこの集落の変遷過程の復元は納得できるものである。すなわち十三菩提式新段階に普通規模の竪穴住居数軒からなる集落が形成され，やがてそのうちの1軒が拡張を重ねて長軸23mの大型住居となる。これはやがて長さ20mほどのJ18号大型住居として隣接地に建て直される。最後はあまり確かでないが，普通規模の住居1～2軒になった後，集落として終焉するらしい。注意されるのは，この遺跡における踊場系土器のほうは主体的土器として十三菩提式末期から五領ヶ台Ⅰa式期にまたがるのに対し，大木6系統の五領ヶ台Ⅰa式は少し遅れて中期最初頭から従のものとして加わることで，このころ神奈川県に展開しはじめていたこの系統の土器を持つ人たちとの接触を示すのであろう。ここの住人の一部として加わり，集落拡大の一因となった可能性も考えてみたいが，下小野系粗製土器をもたらしていない。この遺跡には確かな五領ヶ台Ⅰb式とⅡa式は見られないので，次の時期には集落としての断絶がある。

すでに見た多摩市和田西遺跡は諸磯b式の大型住居を主体とする集落であったが，諸磯c式古段階の大型住居である17号を以て集落として終焉する。これ以後十三菩提式新段階の郷田原まで大型住居は知られていない。

季節移動の問題

縄文時代に活動の拠点となるような集落が，1年を通じて1ヶ所に定まっていたのか，それとも何ヶ所かあって季節ごとに住み分けられたのかという問題に，多くのひとが興味を持ち，貝の日輪による採集の季節性，魚骨の種類からそれが捕獲された季節の検討を行うなどの方法でこの問題の解明が図られてきた。ところがそのような自然科学的な分析は，分析資料の得られる規模の遺跡でしか実行できないため，すぐ後で述べる理由から，分析をするまでもなく通年居住であることがほとんど確かな[20]，中期後半や後期の大きな集落でなされている。前期末のように，人間の移動性が非常に高いので，その移動の中に季節的な移動もあったのではないかと疑わせるような時期については，小規模な貝塚すらほとんど知られていない。

狩猟採集民の日がえり程度の活動の範囲は，居住地から半径10km，直径で20km以内 (Jarman, M.R. 1972) という数字がよく引用される。そのような活動半径であったのなら，短浮線文を持つ集団の半径20kmより狭い（この広さはここを1集団が占有していたという現実味の薄い仮定の場合で，集団数を多く想定するほどに狭くなる）活動地域の中で，季節的に居住の拠点を移すメリットはあまりなかったであろう。十三菩提式期の折返し口縁・貝殻条痕の粗製土器の半径10～15km以内はさらに狭い[21]。そして十三菩提式期から中期に向かって人口は増え続け，領域はますます狭くなり，領域内における拠点集落での生活の比重が高まっていったにちがいないから，季

---

[20] 註(18)
[21] すべての活動がこの範囲内で行われたとは考えないが，その外は別の集団が別種の土器を運びながら生活する地域であったから，許される活動の形態は限定されたであろう。

節的に居住の拠点を移動させることはますます考えられなくなる。

　諸磯c式期や十三菩提式期の，他の時期に比べて移動性が高く，活動領域が広い生活の中では，生活の拠点の比重が小さかったはずであるから，出先での生活の場，たとえば横浜市室ノ木遺跡のように漁労以外の生業には向かない場が，生活の拠点に匹敵する時間を過ごす生活の場としての役割を獲得することも想像できないことではない。たとえそうなっても海に突き出した岬の斜面に位置した室ノ木が生活の拠点としての機能を獲得したとは思えない。そこでの生活期間が長くなり，多くの遺物が残されたという結果と，セツルメントシステムの中での拠点は区別されるべきであろう。伊豆諸島のように漁労活動が重要であるにも拘わらず冬季には漁撈が困難になる場所で居住が季節的になるのは想像可能な範囲であり（今村啓爾1980a），それに対応するほかの季節の居住地も考えなければならないであろう。私は南西関東の中期中葉の大集落が並び立つ中で季節的移動があったとは考えないが，前期末の衰退期については，結果的に複数の地点での生活の長さが拮抗するような状態があった可能性を認めておきたい。しかしそれをすぐに季節に応じた住み分けと断定するわけにはいかない。確かなのは比較的長い時間を過ごした場所と短い時間しか過ごさなかった場所があるということまでであり，その使い分けによって広い地域からできるだけ多くの食料の獲得を図ったことである。

　北陸の集団が秋田へ移動し，故地との往復を繰り返した状況は，さらに強く季節移動の想像を誘うものがあろう。しかし移住もとの可能性のある北陸の主要な遺跡である，真脇や上安原といった遺跡の規模に比べると，秋田市周辺の進出遺跡の規模は極端に小さく，移動したのは北陸の住民のごく一部にすぎないことになる。それが季節的なものであったとしてもせいぜい遠征隊のような小集団の往復であり，住民全体の季節移動は考えられない。それよりも長距離の遠征隊の往復は，出発点の集落での安定居住を前提とするであろう。そして遠征したひとびととその子孫は次第に秋田への定着を強め，固有の土器を持つようになっていったのであるから，往復はしだいに少なくなっていったはずである。

　このように考えてくると，私が扱った人口が減少する地域・時代でさえも拠点集落が季節ごとに移動するという生活の形態は考えにくく，拠点的集落からの長距離遠征を含むものの，基本的には比較的狭い地域内での，拠点と一時的な活動地点を含む生業の展開であったと思われる。資源分布が希薄になる衰退期ほど拠点での生活の比重が小さく，周辺の一時的地点での停泊時間が長く，生活地域が広く分散した。諸磯c式はそれが極端な方向に振れた時期だと理解される。後続する時期には拠点の役割の比重がしだいに高まるとともに，土器の分布圏の狭まりから間接的に暗示されるように，活動領域も狭くなっていき，最終的には中期中葉の，拠点集落が半径5km以内の領域を保持して，各集団の領域同士が接する状況（私はそのような領域がまったく排他的なものだとは考えないが）に至る。これは諸磯c式期とは反対の極に振れたときの姿である。

　五領ヶ台期における季節的居住を解明しようとする山本典幸氏は「トリンギット族の民族誌的事例をモデルとすると」「社会的・生態的な生産を維持する最低限の地域単位としての西南関東地域」という前提で議論を始めるが，ここでも前提自体が疑問の対象というより，上記粗製土器の分布からするならとうてい是認できないし，先述の南西関東における五領ヶ台Ｉa式期の土器

の地域差も氏の説に不都合であろう。この時期の零細遺跡に一年中人がいたわけではないことは自明のことなので，季節性の問題は山本氏がa類とするような比較的規模が大きく，住居址があり，石器の種類が多い遺跡までも，限られた季節的居住地といえるかどうかである。山本氏によるa類，b類，c類遺跡の間には多変量解析で石器組成パターンの違いが認められるという[22]。方法も結論もまったく抽象的であるが，類別された遺跡の利用のされかたが違うことは認めてよいであろう。しかしそれはその場での活動のありかたが違ったということであって，居住季節の違いとして判別されたわけではない。活動パターンが違うから利用季節も違うのだと結び付けるのは，またしてもアメリカ北西海岸インディアンの民族誌に依存するもので，山本氏がどのように着想したかの説明にはなるが，縄文時代にあてはまるという論理的根拠はない。アメリカ北西海岸の民族例を参考にするとそうなるというのであれば，縄文文化を理解するにあたって北西海岸インディアンの民族誌は環境と生活形態が異なりすぎるので参考にできないことになる。

羽生淳子氏の説について

前期末～中期初頭については土器編年研究が多くあるが，生活の形態をとりあげたものは少ない。そのような中にあって羽生淳子氏は積極的に生活と適応を論じている（羽生淳子2004）。諸磯c式期に南西関東から中部高地へ人が移動し人口が減った。この移動によって逆に人口が増えた中部高地では，人口圧によって適応が進み，縄文中期の繁栄が生れたという。

人口の減少する地域から増加する地域に人が移動するという方向は，この時期の土器を手がかりにして普通認められる方向とは逆である。中部高地系の土器は関東に進入するが，南西関東を特徴づける，短浮線文の諸磯c式土器は，中部高地には現れない。そのような事実以前の問題として，それまでの居住地を捨ててほかのところに行き，人口過密状態を生みだす（実際には生みだされなかった。中期の過密状態はその後の長い人口増加の結果である。）という行動は，自然物の獲得によって生活していた人間集団の行動としてきわめて不自然である。この不自然さに重ねて「人口圧の高まりが適応を生む」という「オアシス理論」の単純無批判な借用で縄文文化を説明しようと試みるのである。

アメリカのできあいの理論を日本の文化に押し付けて説明して見せることを，羽生氏は「日本とアングロアメリカ考古学の橋渡し」と言い，「日本考古学に不足している理論の適用」だという。アメリカの理論を奉じて縄文世界に降臨するのである。蓄積されたデータを実証的に分析し，下界から組み上げていく私をはじめとする日本考古学の基本的方法とは完全に逆方向を行く。諸磯c式と中期の繁栄の間にどれだけ多くの土器の変化と系統移動の繰り返しがあったか，それを資料に忠実にたどるのが私の考古学であり，変化の諸段階を一つに丸めて一足飛びに結論に結びつけるのが羽生氏の「理論」なるものである。氏は私に理論がないと批判するが，誤った結論に至る「理論」に従う必要がどこにあるのだろうか。羽生氏のいう「理論」は，その権威によって疑いを忘れさせる「信仰」に近いものだと思う[23]。

---

[22] 具体的な石器組成ではなく，数種類のものに偏るとか，多くの種類が万遍なく存在するといった傾向の違いを根拠とするので，地点ごとの具体的な作業や季節性はまったく論じられない。ただ結論として季節ごとに居住地が異なったというのである。

羽生氏は，資源分布が希薄な地域に特別な活動形態で適応をしていた場合が多く，たまたま近代的生活様式の人間に遭遇したために観察された狩猟採集民の生活形態の変異幅をもって，過去現在にわたるすべての狩猟採集民の生活形態の変異を含むものとみなし，縄文人も狩猟採集民である以上，そのどこかに当てはまるはずだと考える。どこに当てはまるか摺り合わせる手掛かりとして住居址の数と石器数の組成という抽象的な数情報に依存し，結論として諸磯 a, b 式期はルイス・ビンフォードのいう，季節的に生活拠点を移すコレクターのセツルメントパターン，南西関東の諸磯 c 式期は短期間で移動を繰り返すフォーレイジャーのセツルメントパターンに相当する可能性が高いという。季節的移動を言いながらも各遺跡がどの季節に居住されたか，そこでどのような活動が行われたか，季節移動の広さはどれくらいであったかというような具体的推論が何もない点，山本典幸氏の方法や結論とそっくりである。民族誌と数量的解析に過度の信頼を置き，抽象的モデルを尊重するニューアーキオロジーの問題点を典型的に示している。

　私も民族誌を参考にする意義や抽象的なモデルを設定する意義を評価するが，それは現代人の生活からは想像しがたい人間活動の多様性とそれを貫く原理の洞察にとって有効と考えるからである。しかし近代の狩猟採集民が人類の過去の狩猟採集生活のすべての形をとどめているなどとはけっして考えないし，特定の民族誌やモデルを，あたかも縄文文化がそこにあるかのごとくとりあげる態度には強い疑問を覚える。過去に本当に何があったのかは，過去が残した資料だけが語りうることである。だから人類の過去の大部分を占めた狩猟採集文化の多様性は，過去の資料から読み取らなければならない。

　縄文文化研究の意義は，世界で最も豊富で整備されたデータによって，先史時代の狩猟採集民の実態を，同時代資料によって詳細に解明できることにある。これは現生狩猟採集民からの情報からは得ることのできない時間的奥行きと歴史的経過をもつ把握なのである。縄文文化を近代狩猟採集民のいずれかのパターンにあてはめることによって理解できるなどと思う人は，縄文研究の有するもっとも重要な人類史的意義に気付いていないことになる。

生業の変化

　前期末から中期にわたる時期の衰退と復興の経過の背景にあるのは生業の問題であろう。しかし本書は主に土器現象を扱い，わずかに 5 A 章で十三菩提式期の衰退の背景にある生業の問題について考察した古い論考を収録しただけだった。そこでは，遺跡立地や石器組成から判断し，安定期には豊かであった植物質食料の欠乏が主たる原因で，内湾での漁撈環境の悪化も加わり，狩猟や外洋での漁労といった難度の高い生業の必要性を高め，生活の不安定さと生業の変化が複合して，移動性の高い生活をもたらしたと論じた。

　縄文時代にも食糧の貯蔵技術があり，食料獲得技術は重層的で，これがだめならあれ，あれがだめならこれという代替が用意されていた。しかし突然に厳しい飢饉のような事態に至ったとき，それにとっさに対応することができたであろうか。どこに行けば生存のための食料が残っている

---

(23)　この本に対する批判は今村啓爾2006e。

という情報をすぐに入手し，移住できたであろうか。理屈の上での空想的な議論をするより，考古学は発掘された資料に基づくべきである。1地域の遺跡数と規模が小さくなり，彼らの土器系統が別の地域に避難した形跡がないなら，そこの住民は大きく減少したか，自己の土器伝統を保持できないほどに困窮したとみる。それが資料に依拠するリアルな考古学である。

縄文時代の森林に棲息するシカやイノシシの食料としての資源量は，大陸乾燥地域の草原に群棲する草食動物に比較したらわずかなものにすぎない。それでも十三菩提式期の人口減少期に生業に占める狩猟の重要性が増す傾向が認められるのは，狩猟活動が相対的に重要になるだけでなく，人口の減少によって，人間1人あたりの利用可能な動物数が増加するからであろう（今村啓爾1987）。このことは逆の事態，すなわち大集落の出現と人口増加によって周辺のシカとイノシシが取りつくされてしまったとみられる三内丸山遺跡の状況や，人口が増加し石器中に占める石鏃の比率が激減する中部高地の中期中葉の状況が参考になる。

植物質食料の採集と並んで波の静かな内湾での漁労は，容易で安定性の高い生業活動であったろう。この時期には，縄文海進で形成された，現在の東京湾や利根川下流域に位置した入り江が，海面の下降や沖積層の埋積によって内湾漁撈に不向きな環境になったのではないかと西村正衞氏をはじめ何人かの人によって論じられている。埼玉県大宮市の寿能泥炭層遺跡の珪藻や花粉の分析でも諸磯a期から十三菩提期にかけて海退が進んだと結論されているし，実際，十三菩提式並行期にこの地域では貝塚が知られていない。これが東関東の前期末の著しい衰退の原因であろうというのは確かに納得しやすい説明である。十三菩提式期に外洋性漁労に向く立地の遺跡が増えることも，内湾漁労の行き詰まりを間接的に暗示する。

しかし少し視野を広げてみると海とはまったく関係のない群馬県地域でまったく同時期（諸磯c式D期の後＝興津Ⅱ式の後）に著しい遺跡群の衰退が見られる。その原因は海の環境悪化ではありえない。貝塚が残されていない理由についても，一定地域が衰退し，不安定で移動性の高い生活へ転換すれば，一ヶ所に貝を捨て続ける行為を阻害し，貝塚形成のマイナス要因になったという説明が可能である。中期中葉には東京湾や利根川下流域に大規模な貝塚形成が復活するが，この時期に貝類の生息条件が劇的に好転するような環境変化があったといえるだろうか。むしろ植物食によって安定し，増加した人口が，他種の食料も求めて多くの貝を収集・消費するようになり，結果として大貝塚が形成されたという原因結果逆方向の説明もなりたちうる。

前期末には外洋的な漁労活動が顕著である。太平洋側では諸磯c～十三菩提式集団がほとんど平地のない御蔵島にゾウ遺跡を残し，さらに黒潮を横切り，本州島から180km離れた八丈島倉輪遺跡を形成した。この遺跡は十三菩提式中段階から五領ヶ台式最初頭の，関東でもっとも遺跡

---

(24) 西本豊弘・樋泉岳二1995。「三内丸山遺跡出土の動物遺体の概要」『三内丸山遺跡Ⅵ』青森県埋蔵文化財調査報告書第205集。
(25) 今村啓爾1989。このことは藤森栄一が早くに指摘し，縄文中期農耕論の発想につながった（藤森1965b）。
(26) 西村正衞1980b。西村氏がこの現象を集落地の移動と考え，衰退と考えないのは，興津Ⅱ式を前期最終末に位置づけるからであろう。
(27) 堀口万吉1984。
　　安藤一男1982では「縄文前期の頃は，海退はほぼ終了し」と堀口より海退の進行を古く考えているようである。

減少と土器系統移動が激しかった時期にだけ営まれた。かれらが本州島との間で往復を繰り返し，大量の土器を運びこんだことは，その卓越した航海技術を物語る。まったく同じ時期に，十三菩提式の一系統（真脇式）を有する北陸の集団は，400km離れた現在の秋田市周辺に移住し，小規模ではあるがその系統を主体とする集落を形成し，少なくとも彼らの一部は北陸との間の往復を維持した。北陸はまだ遺跡調査数が不十分で，数のうえで衰退や安定を論じることが困難であるが，真脇遺跡の規模や大量のイルカの骨，豊富な土器を見ると，とても衰退したようには見えない。同じ長距離移動でも，八丈島への移動とは異なった背景があったように思われる。しかしこれら本州の両側の漁撈集団の所有した土器には，4A章で指摘したようにさまざまな類似点があり，時間的な変化の方向にも共通性が認められる。八丈島倉輪遺跡出土の土器はすべて搬入品であるから，倉輪に居住した集団が本州に居るときに自分で土器作りを行ったのか，他集団から入手した土器を運んだのかわからないが，それをさしひいても太平洋側と日本海側の外洋性漁撈に長じた集団どうしの間に交流が保持されたことは疑えない。このことは，縄文集団の社会構造につながる興味深い問題をはらんでいるが，現在の段階では詳論できない。

　前期末・中期初頭に，土器系統の移動だけでなく，たとえば東海地方から搬入された土器が増えるのも，このような生業にかかわる移動性の高まりに関連して，土器が運ばれる機会が増えるからであろう。

衰退の原因

　地域や時期を限らず，縄文時代の遺跡群の衰退の原因について，しばしば気候の冷涼化など環境の悪化が言われる。かつて私は西日本の中津式土器の関東への流入と称名寺式土器の成立の背景に関東の遺跡群の衰退があることを指摘したが（今村啓爾1977），これはその後より具体的な集落群の検討によって裏付けを得ている（加納実2000，縄文時代研究プロジェクトチーム2009），称名寺式の較正暦年代は4400年前後であるが，それは阪口豊氏による尾瀬ヶ原のハイマツ花粉による4400－4300年前頃の「縄文中／後期寒冷期」（第5図のA）[28]と一致し，福沢仁之氏による福井県水月湖の年縞分析（第6図）（福沢仁之1995）の4400年前の海面低下期とも一致する。地球規模の海水準の低下であれば，地球規模の気候の冷涼化と結びつけて理解される。以上の話はこの範囲では非常にうまくいくが，ではなぜ中津式側は衰退しなかったのか，なぜ中津式集団は環境の悪化したらしい関東に進出したのかというような意地悪な質問は，縄文文化の盛衰を議論するときに，ほかの時期にもありうるものであろう。

　前期末～中期初頭についても植物質食料の枯渇や海面の低下を衰退の原因として推定するなら，それを裏付ける証拠を探さなければならない。尾瀬ヶ原での気候変動の推定では5700年前～5300年前（放射性異炭素年代の較正値を起点にして層厚比で配分した年代）に断続的な寒冷期が

---

(28)　阪口豊1984。阪口氏によるこれら一連の論文で用いられた年代が較正暦年代に近いことが設楽博己氏によって指摘され，その背景が検討されているが，当時としては珍しく測定値を較正したという単純な事実に帰着するらしい。阪口氏は尾瀬ヶ原の年代は較正して用いたが，文化区分の年代は当時普通であった較正していないばらつきの大きな年代を借用して対比したため，縄文中期が冷涼期になるといったその後の誤解の原因を作ったという指摘は重要である。（設楽博己2006）

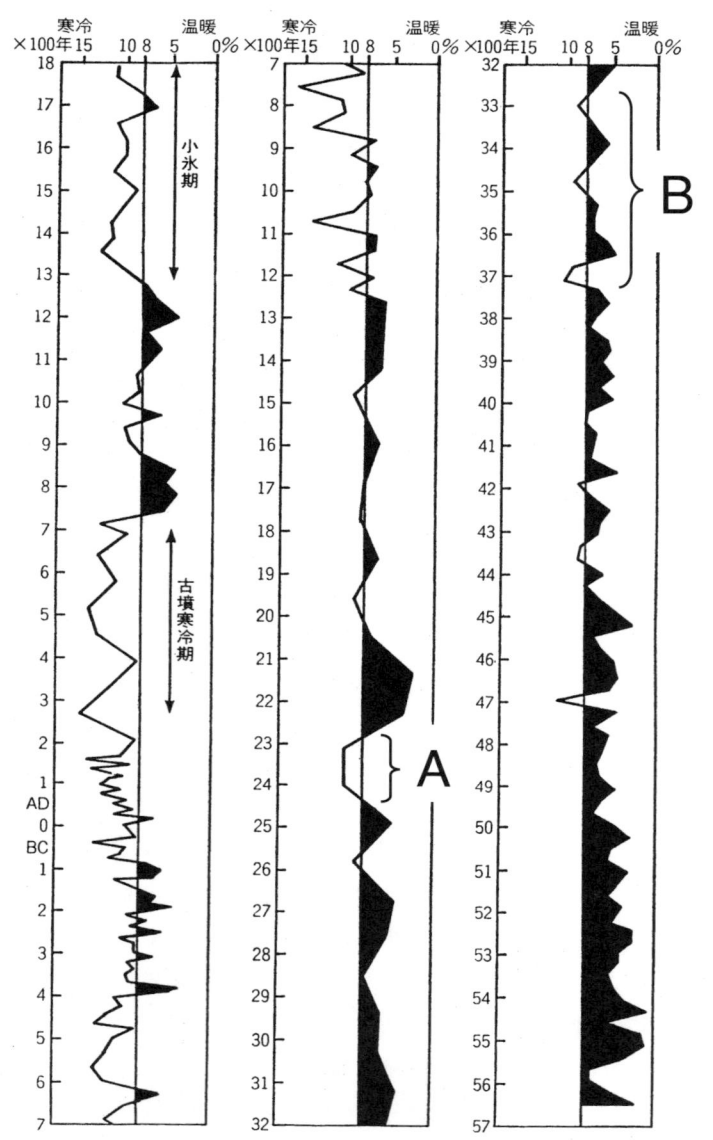

第5図　阪口豊氏（1984）が尾瀬ヶ原のハイマツ花粉の量によって推定した気候変化

指示され（第5図のB），大きく前後の時期と比較するなら，寒冷傾向・不安定な時期と言える。較正暦年代を整理した小林謙一氏のグラフによると（小林謙一2004），5700年前～5300年前は，十三菩提式～五領ヶ台Ⅱ式に当たり，関東と東北地方におけるける遺跡の衰退期の年代幅とよく一致する。再び水月湖のデータを取り上げると5300年前をピークに顕著な淡水化傾向が示されているが，変動のパターンや年代は尾瀬ヶ原と微妙に異なる。ただしこのグラフは水月湖の鹹度の変化を反映するとされる菱鉄鉱と方解石の量の曲線であり，そのまま海水準上下動の表示とみなすべきものではない。海面低下期に海水が流入しにくい状況が生まれ，鹹度の低下が進行したのであるから，むしろ淡水化の傾向が進行し続けた5700～5300年前が海面の低下期で，気候冷涼期と読

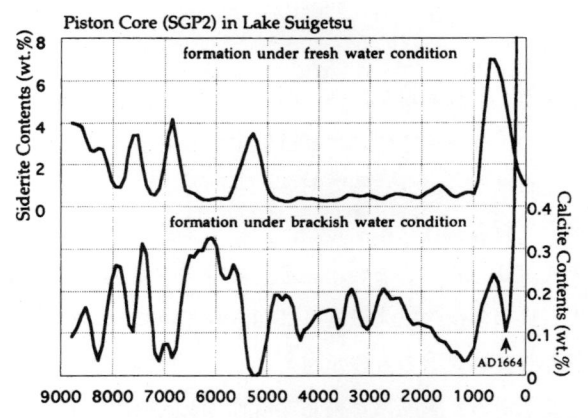

第6図　福井県水月湖年縞堆積物中の菱鉄鉱と方解石量の変動（海水の進入頻度に関連するとされる）（福沢仁之1995）

み取るべきではないか。このように考えてよいのかどうか，私には判断できる知識がないが，可能だとすると，尾瀬ヶ原で示された冷涼・不安的な時期と完全に一致する。

　このように寒冷傾向の気候不安定期として大きくとらえられる5700〜5300年前は，関東の遺跡衰退期をほぼカバーする時間的範囲である。しかし何度も述べたように，その衰退や復活の経過には地域ごとに大きな違いがある。冷涼化の時期に比較的温暖なはずの南から先に衰退が起こり，遅れて北に広がっていくというのも論理的には矛盾である。気候の悪化が基本的な背景にあるとしても，それと人間との間に介在して，人間にとって不利をもたらす個別的な原因があったに違いなく，それを見つけ出す努力が必要である。その準備として，土器研究は，いつどこで人口減少が起こったか，その衰退の地域がどのように移っていったかという基本的な情報を整備することに力を注ぐべきであろう。

中期中葉の復興

　先ほど，前期末と中期中葉の生活形態が対照的でありながらも，一連の変異の幅の両端にあるという点では切り離せないと論じた。この問題を本格的に取り上げるには，資料が格段に多い中期中葉をとりあげる必要があり，とても早急に実現できる仕事ではない。東関東や東北地方が繁栄の入口に立つ阿玉台Ｉa式並行期までの記述で許してもらうしかない。

　中期に入ってからの復活について強いて転換点を求めるなら，中部高地・南西関東の顕著な安定は五領ヶ台Ⅱ式期，東関東では阿玉台式成立期，東北地方では竹ノ下式並行期というのが私の独断的な判断で，地域間で大きな時間差はない。

　この安定化は，土器分布圏が小さく分かれる現象を伴って進行した。大木7b式と呼ばれる土器は岩手県，宮城県，福島県東部，会津地方で大きく異なり，共通するものは少ない。阿玉台Ｉa式は一応東関東から福島県が基本的な分布地域となるが，その中にも小さな地域色の存在がある。そしてⅠb式頃からその北半が諏訪系統として分離していき，小地域ごとに系統が乱立する状況となる。このような小地域ごとの地域色の顕現は，それまでの＜衰退・移動・土器の広域分

布＞とはすべてが逆に振れ，＜安定生活・移動の少ない生活・土器分布の狭まり＞の組み合わせで理解される。

　隣接する系統の土器が導入される現象が多いので，土器の移動が活発になったように見えるかもしれないが，それまでのような遠距離の移動は減少する。小さく分かれた隣接地域間での交流が盛んということで，従来は均一な分布圏であったものが小さく分かれた結果なのである。南西関東でも勝坂Ｉ式（狢沢・新道並行）になると，それまで盛んであった東海系の搬入は少なくなり，勝坂Ⅱ式にはほとんど知られていない(中山真治1998)。この時期に系統がまとまって動く例は，五領ヶ台Ⅱ式の次の大石式の多少の拡大以外には知られていないであろう。

　そのほか土器の現象としては大型のものが増えること，浅鉢の普及が挙げられる。中部高地・南西関東では五領ヶ台Ⅱ式から，東関東と東北では竹ノ下式期からで，土偶の製作と使用は東北地方で先行し大木５式には盛んで，中部高地南西関東では狢沢期であろう。東北地方・北関東では阿玉台式期から大型貯蔵穴の利用が顕著で，そして何よりも竪穴住居の発掘数が増え，環状に住居が立ち並ぶ継続的集落など，中期中葉の繁栄を特徴づけるさまざまな要素が次々に出揃っていくことは多くの研究者が指摘している。

　この安定と繁栄の原因の特定も難しいが，縄文時代にはそれまで見ることのできなかった急激な上昇が短時間で達成されるのは，自然環境の変化だけではとても説明できないと思う。

　中期中葉の広い範囲での繁栄の原因を特定することは，縄文農耕論なども含めて長い間追求されてきた問題に答えを出すことであり，生産用具や食物の遺存体などもとりあげる必要があり，本書の課題を超える問題である。しかし中部高地・西関東・東北地方内陸部など海から遠いところに早くから安定状態が認められること，狩猟の比重は繁栄期に小さくなることから，植物質食料が主要な役割を果たしたことは間違いない。その急激な上昇は，環境の自然的変化では説明しがたく，農耕に近い食料の人為的な増加を想定しなければならない。頼ることのできる特定の食料の保証があってはじめて，ゆとりと予定を持って海の資源を開発し，狩猟活動なども美味な食料の入手という目的によって追求され，さまざまな活動が盛んになったのであろう。衰退期を中心に扱ってきた本書のカバーする範囲からはみ出す問題であるが，衰退期の土器現象の特徴は，安定と繁栄を背景にする中期中葉の土器現象と比較することによって，鮮明にすることができるはずである。将来の目標としたい。

６．他の時代と比較したときの縄文土器系統移動の特徴と背景

　最後に縄文土器系統移動の特徴，つまり日本のほかの時代の土器の移動との違いを比較し，その背景にある社会の違いについて考えてみたい。その目的のために，ここでは私が解明した縄文前期末〜中期初頭におけるいくつかの移動と，比田井克仁氏が解明した弥生時代後期〜古墳時代前期の東日本における移動(比田井克仁2004b)を比較してみる。比田井氏は多くの実例と類型をあげてその現象の背景も考察しており，比較の対象として最適である。弥生後期〜古墳時代前期については，西日本でも多くの土器移動が解明され，大きな成果があげられていることはよく認識

しているが，比田井氏のようにコンパクトな形での類型のまとめが行われているわけではないので，ここで早急にとりあげることは難しい。

　はじめに注意しておかなければならないのは，前期末～中期初頭という時期は，前節で述べたように縄文時代の中でも特殊な時期であり，たしかに土器系統の移動が頻繁で多くの実例があるけれど，これで縄文時代一般の土器移動を代表させるわけにはいかないのである。また比較の対象にする比田井氏の研究の舞台も同じように特殊な時期で，政治的な統合体が各地に生まれ，さらに大きくまとめあげられていく過程で，集団間の緊張などさまざまな原因が多くの土器移動を引き起こしたと考えられる時期である。比田井氏の類型をもって弥生時代一般，古墳時代一般の土器移動のありかたとみなすことはできないであろう。しかし以下に見るように，両者の比較は興味深い視点を与えてくれ，縄文社会に根差す土器移動の特質の理解に役立つ。将来このような比較が縄文時代一般，弥生時代・古墳時代一般の間にまで広げられる日が来ることを期待しつつ，ここでは限定された比較を行うものである。

　比田井氏の土器移動類型化は，それ自体が膨大な研究の要約という意味をもつものなので，それをさらに単純化してここに示すのは無理である。そのため，読者が比田井氏の研究をすでに読んだか，参照しながら以下の比較を読んでいただけるという前提のもとに話を進めたい。

　比田井氏がとりあげた事例では，土器の移動が，製品を携えての移動であるにしろ，作り手の移動であるにしろ，人間の行動としてわかりやすいものが多い。行った先の土着土器の広がりの中に集落単位で移動する例（比田井氏による大規模融合埋没型），集落の中に住居址単位で入る例（小規模埋没型）など，何が起こったか明瞭に読み取れるケースが少なくない。また濃尾平野のＳ字口縁甕を特徴とする土器群が群馬県で，土着の赤井戸式・樽式を消滅させながらその地に定着するできごと（大規模非融合定着型の摩擦型）も，武力を伴う大規模な集団移住としてよく理解できる。

　一方私のとりあげた縄文時代の例では，土器系統の移動は広い面的なものとして現れるのが普通で，なぜそうなるのか常識的には理解しにくいところがある。外来の異系統土器が，それを主体にする単独の集落として土着土器の広がりの中に現れる確かな例は知られていない。進出土器が「隣接して」土着の土器分布に対抗して広がる例は，比田井氏による「大規模融合埋没型」に似て，集落単位での進出のように見える例もあるが，目を離して広く見ると，面的な広がりの中での集落である。「大規模融合埋没型」では，個々に集団規模で進出した後，多少面的な広がりを見せながらも最終的に土着土器に埋没することが多いようであるが，縄文の「隣接分布」は，進出当初から面的な広がりを示し，しかも次の段階には「埋没」というより，広い地域で異系統土器の併存という形になることが多い。

　縄文時代において比田井氏の類型のどれかに一番似ているものを探すと，縄文の外来の異系統土器が広い範囲に定着する場合が，比田井氏の「大規模非融合定着型」の「非摩擦型」に近い。比田井氏のあげた代表例は，天王山式土器を持つ集団がまばらに存在した会津盆地に新潟の千種甕を特徴とする土器が突然広がる状況で，縄文の場合に土着集団が衰退した後の過疎地に異系統土器が広がる状況と似ている。ただし弥生の前者は人の移動と密接に結びついていると考えられ

ており，縄文の後者は人の移動だけでなく情報も広く受け入れられることが多いと考えてきた。

同じ「大規模非融合定着型」の「非摩擦型」のうちでも，古墳時代前期のⅡ段階に南関東の土器が東北地方太平洋側地域に広く波及するのは，移住だけでは説明しにくく，土着側の積極的な受け入れが想定されるという。これは上の縄文時代の多くの例，とくに十三菩提期に異系統土器が次々に広い範囲で急速に受け入れられる状況に似ている。

そのほか製品の搬入，隣接地域間の日常的に持続する影響関係などは，私がとりあげた時代にも比田井氏が取り上げた時代にも見られるが，前者においてずっと盛んであるらしい。

弥生時代・古墳時代の土器が移動するとき，行った先の土器は出発点の土器とは切り離されて独自の変化を開始する場合が多い。群馬のＳ字口縁甕が，起源地である濃尾平野のそれと共通性を維持しながら変化を続けるような事例は，政治的つながりを含む同族意識の維持に関連する特殊な事例と見られているが，本書で取り上げた縄文土器系統の広がりの場合，広がった中で情報がアメーバーのようにつながっていることが普通である。現象としては類似するが，前者は政治的なつながりに基づき，後者は生活に伴う移動の高さと社会の開放性に基づくというように背景は異なる。

このように比田井氏の諸類型と比較してみることによって鮮明になる，縄文土器の移動の特徴は，集落規模で土器が固定されず，周辺への浸透性が強く，すぐに広がること。それが土着土器を払拭しながら広がるのではなく，既存の系統と広い地域で共存する場合が多く，土着側も受け入れに積極的である場合が多いらしいことなどで，どちらがどちらに広がるか，浸透するかは，生活の安定度，繁栄の強弱に影響されることが多いらしい。このような縄文土器の性質の背景にあるのは，日常的に人の移動が頻繁であり，接触の頻度が高く，各集団がオープンで外来者を受け入れやすいことであり，そしておそらくは集団の構成員自体がかなり流動的でありえた社会だったのであろう。

このような縄文社会の開かれたありかたに関し，最近池谷信之氏が提出した興味深い論考を紹介したい。私は2006年に北陸集団が現在の秋田市周辺に移住した後も，少なくともその一部がふるさととの間を往還していたと論じたが，偶然にも同じ年に池谷信之氏も東海地方の前期初頭における人間集団の往還を指摘した。扱った時期と地域は異なるし，私が主に土器の型式的分析から論を立てたのに対し，池谷氏は土器型式とともに胎土分析（元素分析と鉱物分析を併用。後者は増島淳氏が担当）に論拠を置く。私の場合はただ「漁民の舟による移動」と述べたにすぎないが，池谷氏はアカホヤ火山灰の降灰によって伊勢湾周辺の漁撈環境が悪化し，漁撈を主目的とした移動であることを東海東部の石錘の量の変化などから具体的に論じている。このように立論の方法と論ずることがらの範囲にはかなりの違いがあるが，発想と結論は著しく類似する。さらに現象の背景となる社会のありかたについても非常に近い理解がある。池谷氏は東海西部と東海東部の間を往還した集団は移動に際して東海西部の土器を東部にもたらしたとする。彼らは東海東部に居住するときには土着集団の集落に入れてもらい同居したけれど，自己のアイデンティティーを保持し，故地との往還を続けたと考える。土着側からするとよそ者に対して実に鷹揚な対応ということになるが，ひとつにはアカホヤ火山灰の影響で東海東部の人間も生業の問題を抱

えており，漁撈に長じた集団を歓迎する理由があったと考える。私が縄文集団間の関係について抱くイメージは，個人的な移動を好意的に受け入れ，集団で移動してきたときには一時的に緊張感を持って対応することもあるが，まもなく広い地域で融和していく開放的なものであるが，池谷氏とほとんど同じといってよいであろう。

　このような人間集団間のありかたは縄文土器のありかたに影響している。そして縄文土器の研究面に対しても影響している。縄文土器が編年しやすいのは，浸透し，広がりやすく，広い範囲で均一になりやすい性質があるからで，1遺跡で作られた編年がかなり広い範囲にあまり問題なく当てはまることが普通である。しかしこのような縄文土器の性質は，人の移動を反映する土器の変化をすぐにぼかしてしまい，人間の動きを認識しにくくする研究上の不都合をもたらしている。逆にいうと，関東の弥生後期の土器などは，複雑に動き，小地域ごとの違いが大きく，分布も時間とともに変化し，ほとんど編年表という形では書き表せないないほどである。しかしながら土器を通して人の動きを認識しやすく，何が起こったのかも理解しやすい複雑さなのである。縄文の場合でも細分編年で浮かび上がる前期末の系統移動の激しさは，編年表の形での表現を難しくしているが，少し時間幅をとると広い地域で均一性が高い。

　本書では中期中葉は取り扱わなかったが，土器が小地域に分かれ，個別的にまとまる性質があるのは，ある意味で弥生土器に近く，極端に言えば植物質食料生産者という意味で農耕民的であると考えている。弥生後期の場合は，土器の複雑な分布の形成に集団の動きが関与しているが，縄文中期中葉の場合，系統の動きが小さくなり，土器の違いと小地域との結び付きの強さが安定した生活を暗示し，多数の小さな地域色の形成に関与しているらしい。

　最後に，本書ではまったく取り上げなかったが，以上の議論をすべて無視するかのように中期後半に東北地方中部から拡がり，関東地方まで類似性の高い土器が拡がっていく大木8b式－加曾利EⅠ式系統の動き（大木8a式－勝坂式末期から類似度が増大してゆく）を忘れるわけにはいかない。これはたとえて言うなら，古墳時代前期に畿内の布留式の影響の増大と並行して，弥生時代以来の各地の土器の地域差が弱まっていく現象のように，それまでの土器の変化とは原理的に大きく異なる何かが働いたのであろう。それが何であるか，いまの私に答の用意はないが，この拡大にもかかわらず東北地方では1段Rの縄文が多く，関東地方では1段Lの縄文が多い傾向が維持された（山内清男1979）。西関東で勝坂式が外からの影響を受けて加曾利E式類似のものに変形していく過程を観察すると，人間集団の移動による作り手の交代が主たる原因であるようには見えない。共鳴現象を超える，より強力な同一化なのである。縄文の住居数がけた違いに増加し（今村啓爾1997），人間同士の接触密度が極端に高まったであろう時に起こったできごとであることに注意しておきたい。

参考文献

(既発表論文で文頭に表示した著者名・団体名をそのまま用いているため、複数回登場する文献がある。)

会田進ほか　1974『扇平遺跡』郷土の文化財7　岡谷市教育委員会
会津高田町教育委員会　1981『会津高田町永井野・尾岐地区県営圃場整備事業関連発掘予備調査報告』会津高田町文化財発掘調査報告書第1集
　　　　　　　　　　　1983　『会津高田町遺跡試掘調査報告』会津高田町文化財調査報告書第3集
　　　　　　　　　　　1984　『冑宮西遺跡』福島県会津高田町文化財調査報告書第5集
　　　　　　　　　　　1986　『勝負沢遺跡発掘調査報告書』会津坂下町文化財調査報告書第10集
　　　　　　　　　　　2007a『沼ノ上遺跡』会津美里町文化財調査報告書第3集
会津美里町教育委員会　2007b『油田遺跡』会津美里町文化財調査報告書第2集
相原康二ほか　1974『天神ヶ丘遺跡』大迫町教育委員会
相原淳一　1986「東側遺物包含層—考察」『小梁川　遺物包含層土器編』宮城県文化財調査報告書第117号
青木義脩　1981「縄文時代前期終末からの中期初頭の動向について（予察）—大宮台地周辺を中心として—」『埼玉考古』20号
青沼博之・島田哲男ほか　1980「船霊社遺跡」『長野県中央道埋蔵文化財包蔵地発掘調査報告書—岡谷市その4』長野県教育委員会
青森県教育委員会　1979『板留（2）遺跡発掘調査報告書』青森県文化財調査報告書59集
　　　　　　　　　1980『大平遺跡発掘調査報告書』青森県文化財調査報告書第52集
　　　　　　　　　2000『畑内遺跡Ⅳ』青森県埋蔵文化財調査報告書276集
赤塩　仁　1996「諸磯b・c式土器の変遷過程」『長野県の考古学』長野県埋蔵文化財センター
赤塩仁・三上徹也　1993「中部高地における縄文前期末葉土器群の編年」『前期終末の諸様相』縄文セミナーの会
赤星直忠・塚田明治　1973『横浜市室ノ木遺跡』横須賀考古学会研究報告2
秋川市教育委員会　1974『秋川市二宮神社境内の遺跡』
秋田県教育委員会　1984『東北縦貫自動車道発掘調査報告書Ⅹ』秋田県文化財調査報告書109集
　　　　　　　　　1988a『東北横断自動車道秋田線発掘調査報告書Ⅱ』秋田県文化財調査報告書166集
　　　　　　　　　1988b『根羽子沢遺跡発掘調査報告書』秋田県文化財調査報告書176集
　　　　　　　　　1990『大砂川地区農免農道整備事業に係る埋蔵文化財発掘調査報告書—ヲフキ遺跡』秋田県文化財調査報告書199集
　　　　　　　　　1991『秋田外環状道路建設事業に係る埋蔵文化財発掘調査報告書Ⅰ—大沢遺跡・松館遺跡』秋田県文化財調査報告書204集
　　　　　　　　　1993『一般国道7号琴丘能代道路建設事業に係る埋蔵文化財発掘調査報告書Ⅳ—萱刈沢Ⅰ遺跡・萱刈沢Ⅱ遺跡』秋田県文化財調査報告書231集
　　　　　　　　　1996『東北横断自動車秋田線発掘調査報告書ⅩⅩ—蟹子沢遺跡』秋田県文化財調査報告書261集
　　　　　　　　　1997『池内遺跡　遺構編』秋田県文化財調査報告書268集
　　　　　　　　　2000a『奥椿岱遺跡』秋田県文化財調査報告書305集
　　　　　　　　　2000b『潟前遺跡（第2次）』秋田県文化財調査報告書306集
　　　　　　　　　2001a『岱Ⅱ遺跡ほか』秋田県文化財調査報告書第314集
　　　　　　　　　2001b『ヲフキ遺跡』秋田県文化財調査報告書322集
　　　　　　　　　2002a『後山遺跡』秋田県文化財調査報告書340集
　　　　　　　　　2002b『狐森遺跡』秋田県文化財調査報告書345集
　　　　　　　　　2003　『和田Ⅲ遺跡』秋田県文化財調査報告書350集
秋田市教育委員会　1982『秋田市下堤D遺跡発掘調査報告書』
　　　　　　　　　1983『秋田臨空港新都市開発関係埋蔵文化財発掘調査報告書—湯ノ沢B遺跡他』
　　　　　　　　　1984『秋田臨空港新都市開発関係埋蔵文化財発掘調査報告書—坂ノ上E遺跡他』
　　　　　　　　　1985a『秋田臨空港新都市開発関係埋蔵文化財発掘調査報告書—坂ノF遺跡他』
　　　　　　　　　1985b『秋田臨空港新都市開発関係埋蔵文化財発掘調査報告書—下堤F遺跡他』
あきる野市雨間地区遺跡調査会　1998『雨間地区遺跡群』
浅川利一・戸田哲也　1971「町田市玉川学園清水台遺跡緊急発掘調査略報」『文化財の保護』3号

あじき台遺跡調査団　1983『あじき台遺跡』
麻生　優　1956「十三菩提式土器の再吟味」『貝塚』59号
　　　　　　1958「御蔵島ゾウ遺跡の調査」『伊豆諸島文化財総合調査報告第』1分冊　東京都文化財調査報告書6
麻生優ほか　1959「北伊豆五島における考古学的調査―泉津鉄砲場ヤアの遺跡」『伊豆諸島文化財総合調査報告』第2分冊
我孫子市教育委員会　1990『西野場遺跡』我孫子市埋蔵文化財調査報告第14集
阿部明彦・佐々木洋治・福島日出海　1984『水木田遺跡』山形県埋蔵文化財調査報告書第75集
新井清・持田春吉ほか　1966『鷺沼遺跡発掘調査報告書』高津郷土史料集第3編
安藤一男　1982「珪藻」『寿能泥炭層遺跡発掘調査報告書』自然遺物編
安藤文一　1977「粟島台式土器の設定―東関東における縄文前期終末の一様相」『房総文化』14号
安中市教育委員会　1993『大下原・吉田原遺跡』
井川町教育委員会　1988『大野地遺跡』
生江芳徳・日下部善己　1978『上ノ台遺跡発掘調査概報』福島県文化財調査報告書第68集
池谷信之　1980「駿東郡長泉町柏窪遺跡」『縄文土器の交流とその背景』静岡県考古学会シンポジウム4
　　　　　　2005「見高段間遺跡出土黒曜石の原産地推定と神津島黒曜石の流通」『縄文時代』16
　　　　　　2009『黒曜石考古学』新泉社
池谷信之・増島淳　2006「アカホヤ火山灰下の共生と相克」『伊勢湾考古』20
胆沢町教育委員会　1988『浅野遺跡調査報告書』胆沢町埋蔵文化財調査報告書第17集
石井　寛　1982「集落の継続と移動」『縄文文化の研究』8　雄山閣
石岡ロータリークラブ　1982『語りかける古代のいしおか』
石田広美　1980『君津広域水道用水供給事業に伴う埋蔵文化財発掘調査報告書』
石原正敏　1989「諸磯c式土器再考」『新潟史学』22号
伊豆諸島考古学研究会　1975『三宅島の埋蔵文化財』三宅村教育委員会
磯崎正彦　1964『日本原始美術1』図版59, 60
市川市教育委員会　2000『東山王・イゴ塚貝塚』平成11年度市川市埋蔵文化財調査・研究報告
市原市文化財センター　1990『市原市北旭台遺跡』市原市文化財センター調査報告書第39集
　　　　　　　　　　　1992『市原市奈良大仏台遺跡』市原市文化財センター調査報告書第47集
　　　　　　　　　　　1999『市原市大厩辰巳ヶ原遺跡・八幡御所跡推定地』市原市文化財センター調査報告書第66集
伊東市教育委員会　1988『東大室クズレ遺跡』
伊東重敏ほか　1971『水戸市埋蔵文化財包蔵地基本調査報告書』水戸市文化財調査報告第1集
伊東信雄・藤沼邦彦（第1トレンチ，第ⅡSトレンチ）ほか　1969『埋蔵文化財緊急発掘調査概報―長根貝塚』宮城県文化財調査報告書第19集
稲野裕介ほか　1983『滝ノ沢遺跡』北上市文化財調査報告第33集
稲荷台地遺跡群発掘調査団　1996『神奈川県藤沢市稲荷台地遺跡群発掘調査報告書（C・D地点F地点S地点）』
茨城県教育財団　1980『竜ヶ崎ニュータウン内埋蔵文化財調査報告書3』茨城県教育財団文化財調査報告書Ⅲ
　　　　　　　　1986『研究学園都市計画手子工業団地造成事業地内埋蔵文化財調査報告書』茨城県教育財団文化財調査報告第34集
　　　　　　　　1990『茨城県立総合教育研修センター（仮称）建設用地内埋蔵文化財調査報告書』茨城県教育財団文化財調査報告書第62集
　　　　　　　　1993a『一般国道6号東水戸道路改良工事地内埋蔵文化財調査報告書Ⅰ』茨城県教育財団文化財調査報告79
　　　　　　　　1993b『土浦北工業団地造成地内埋蔵文化財調査報告書Ⅰ』茨城県教育財団文化財調査報告第80集
　　　　　　　　1993c『牛久北部特定土地区画整理事業地内埋蔵文化財調査報告書Ⅱ』茨城県教育財団文化財調査報告第86集
　　　　　　　　1994『土浦北工業団地造成地内埋蔵文化財調査報告書Ⅱ』茨城県教育財団文化財調査報告第85集
　　　　　　　　1998『北関東自動車道（友部～水戸）建設工事地内埋蔵文化財調査報告書Ⅱ』茨城県教育財団

　　　　　　　　　　文化財調査報告第136集
　　　　　　1999　『北関東自動車道（友部～水戸）建設工事地内埋蔵文化財調査報告書Ⅲ』茨城県教育財団
　　　　　　　　　　文化財調査報告第150集
茨城高等学校史学部　1978『塙東遺跡』
今井富士雄　1968『岩木山』
今村啓爾　1972　「前期末～中期初頭の編年について」「五領ケ台式土器に見られる円筒式土器の影響につい
　　　　　　　　て」『宮の原貝塚』武蔵野美術大学考古学研究会
　　　　　　1974　「登計原遺跡の縄文前期土器と十三菩提式土器細分の試み」『とけっぱら遺跡』登計原遺跡
　　　　　　　　調査会
　　　　　　1977a「称名寺式土器の研究」『考古学雑誌』63巻1・2号
　　　　　　1977b「伊豆七島における縄文前期二遺跡の調査」『第31回日本人類学会日本民族学会連合大会
　　　　　　　　抄録』（『人類学雑誌』86巻2号に転載）
　　　　　　1978　「中期初頭縄文式土器の型式構造」『第32回日本人類学会日本民族学会連合大会抄録』（『人
　　　　　　　　類学雑誌』87巻2号に転載）
　　　　　　1979　「諸磯式土器の施文工程の変遷」『日本人類学会・日本民族学会第33回連合大会研究発表抄
　　　　　　　　録』（『人類学雑誌』88巻2号に転載）
　　　　　　1980a「胎土中の岩石、鉱物からみた土器の製作地」『伊豆七島の縄文文化』武蔵野美術大学考古
　　　　　　　　学研究会
　　　　　　1980b「わらび沢岩陰遺跡」『新編埼玉県史』資料編1
　　　　　　1980c「諸磯b式c式土器の変遷と細分」『伊豆七島の縄文文化』武蔵野美術大学考古学研究会
　　　　　　1981a「施文順序からみた諸磯式土器の変遷」『考古学研究』27巻4号
　　　　　　1981b「諸磯式土器」『縄文文化の研究』3　雄山閣
　　　　　　1985　「五領ヶ台式土器の編年―その細分および東北地方との関係」『東京大学文学部考古学研究
　　　　　　　　室研究紀要』4号
　　　　　　1987　「狩人の系譜」『古代の日本』1　中央公論社
　　　　　　1989　「群集貯蔵穴と打製石斧」『考古学と民族誌』六興出版
　　　　　　1992　「縄文前期末の関東における人口減少とそれに関連する諸現象」『武蔵野の考古学』吉田格
　　　　　　　　先生古稀記念論文集刊行会
　　　　　　1997　「縄文時代の住居址数と人口の変動」『生業の考古学』同成社
　　　　　　2000　「諸磯c式の正しい編年」『土曜考古』24号
　　　　　　2001　「十三菩提式前半期の系統関係」『土曜考古』25号
　　　　　　2006a「大木6式土器の諸系統と変遷過程」『東京大学考古学研究室研究紀要』20号
　　　　　　2006b「縄文前期末における北陸集団の北上と土器の動き」『考古学雑誌』90巻3・4号
　　　　　　2006c「縄文土器系統の担い手―関東地方から東北地方を北上した鍋屋町系土器の場合―」『伊勢
　　　　　　　　湾考古』20号
　　　　　　2006d「縄文前期松原式土器の位置づけと踊場系土器の成立」『長野県考古学会誌』112号
　　　　　　2006e "Archaeological theory and Japanese methodology in Jomon research : a review of
　　　　　　　　Junko Habu's Ancient Jomon of Japan" Anthropological Science Vol. 114
　　　　　　2008　「縄文時代の人口動態」『縄文時代の考古学10　人と社会』同成社
今村啓爾編　1973『霧ヶ丘』霧ヶ丘遺跡調査団
　　　　　　2007『異系統土器の出会いに見る集団の移動・居住・相互関係、背景にある社会の形態』東京大
　　　　　　　　学大学院人文社会系研究科考古学研究室
今村啓爾ほか　1972『宮の原貝塚』武蔵野美術大学考古学研究会
　　　　　　1980『伊豆七島の縄文文化』武蔵野美術大学考古学研究会
今村啓爾・松村恵司　1971「横浜市日吉中駒遺跡の中期縄文式土器」『考古学雑誌』57巻1号
岩泉町教育委員会　1990『裳綿遺跡』岩泉町文化財調査報告第20集
　　　　　　1998『森の越遺跡第22・23次発掘調査報告書』岩泉町文化財調査報告第31集
いわき市教育文化事業団　1996『綱取貝塚第1・2次調査報告』いわき市埋蔵文化財調査報告第45冊
　　　　　　2001『横山B遺跡』いわき市埋蔵文化財調査報告第77冊
岩佐今朝人ほか　1976『片羽遺跡』長門町教育委員会
岩佐今朝人・伴信夫ほか　1981「頭殿沢遺跡」『長野県中央道埋蔵文化財包蔵地発掘調査報告書―茅野市そ

　　　　　　　　　　の 4・富士見町その 3―』長野県教育委員会
岩瀬暉一・内田祐治・井口直司　1975「西原A・B・C遺跡とその出土遺物及び住居址」『三宅島の埋蔵文化財』三宅村教育委員会
岩手県教育委員会　1980『東北縦貫自動車道関係埋蔵文化財調査報告書Ⅴ』岩手県文化財調査報告書54集
　　　　　　　　　1982a『御所ダム建設関連遺跡発掘調査報告書―雫石町塩ヶ森Ⅰ・Ⅱ遺跡』岩手県埋文センター文化財調査報告書第31号
　　　　　　　　　1982b『東北縦貫自動車道関係埋蔵文化財調査報告書ⅩⅤ－2』岩手県文化財調査報告書第70集（鳩岡崎）
　　　　　　　　　1998　『岩手の貝塚』岩手県文化財調査報告書第102集
岩手県文化振興事業団埋蔵文化財センター　1987『和光 6 区遺跡発掘調査報告書』岩手県文化振興事業団埋蔵文化財調査報告書第114集
　　　　　　　　　1991　『間館Ⅰ遺跡発掘調査報告書』岩手県文化振興事業団埋蔵文化財調査報告書156集
　　　　　　　　　2001a『秋浦Ⅰ』遺跡発掘調査報告書　岩手県文化振興事業団埋蔵文化財調査報告書第346集
　　　　　　　　　2001b『清水ヶ野遺跡発掘調査報告書』岩手県文化振興事業団埋蔵文化調査告書第351集
　　　　　　　　　2002　『新田遺跡発掘調査報告書』岩手県文化振興事業団埋蔵文化財調査報告書第405集
　　　　　　　　　2003　『清田台遺跡発掘調査報告書』岩手県文化振興事業団埋蔵文化財調査報告書第412集
　　　　　　　　　2004a『高畑遺跡発掘調査報告書』岩手県文化振興事業団埋蔵文化財調査報告書第439集
　　　　　　　　　2004b『宝性寺跡発掘調査報告書』岩手県文化振興事業団埋蔵文化調査報告書第441集
　　　　　　　　　2004c『和野Ⅰ遺跡発掘調査報告書』岩手県文化振興事業団埋蔵文化財調査報告書452集
岩手県埋蔵文化財センター　1978『花巻市山の神遺跡（昭和52年度）』岩手県埋文センター文化財調査報告書第 3 集
　　　　　　　　　1981　『御所ダム建設関連遺跡発掘調査報告書』岩手県埋文センター文化財調査報告書第27集
　　　　　　　　　1982　『御所ダム建設関連遺跡発掘調査報告書』岩手県埋文センター文化財調査報告書第30集
印旛郡市文化財センター　1985『北大堀・猿楽場遺跡発掘調査報告書』印旛郡市文化財センター発掘調査報告書第 1 集
　　　　　　　　　1987a『四街道市四街道南土地区画整理事業地内発掘調査報告書』印旛郡市文化財センター発掘調査報告書第11集
　　　　　　　　　1987b『椎ノ木遺跡』印旛郡市文化財センター発掘調査報告書第15集
　　　　　　　　　1988　『神々廻遺跡群』印旛郡市文化財センター発掘調査報告書第16集
　　　　　　　　　1991　『千葉県四街道市和良比遺跡発掘調査報告書Ⅱ』印旛郡市文化財センター発掘調査報告書第43集
　　　　　　　　　1993　『千葉県四街道市上野遺跡・出口遺跡発掘調査報告書』印旛郡市文化財センター発掘調査報告書第67集
　　　　　　　　　2000　『千葉県木更津市桜井西谷古墳群・西谷遺跡』印旛郡市文化財センター発掘調査報告書第163集
　　　　　　　　　2007　『千葉県四街道市笹目沢Ⅰ遺跡・笹目沢Ⅱ遺跡』印旛郡市文化財センター発掘調査報告書第240集
上野修一　1990『那須の遺跡―渡辺龍瑞先生寄贈資料目録』第 2 集　栃木県立博物館
鵜飼幸雄　1977「平出三類A土器の編年的位置づけとその社会的背景」『信濃』29巻 4 号
内田祐治　1975「いわゆる諸磯式の施文順序について」『三宅島の埋蔵文化財』東京都三宅村教育委員会
梅原末治　1935「京都北白川小倉町石器時代遺跡調査報告」京都府史蹟名勝天然記念物調査報告第16冊
梅宮茂ほか　1961『福島県史』第 6 巻　考古資料　福島県
浦和市遺跡調査会　1978『鶴巻遺跡発掘調査報告書』浦和市遺跡調査会報告書第 6 集
　　　　　　　　　1982　『和田遺跡』市東部遺跡群発掘調査報告書』第 2 集
　　　　　　　　　1998a『梛谷遺跡発掘調査報告書（第 5 次）』浦和市遺跡調査会報告書第240集
　　　　　　　　　1998b『井沼方遺跡（第13・14・15次）』浦和市遺跡調査会報告書第241集
江坂輝弥　1938「横浜市神奈川区下田町東貝塚三号貝塚に於ける土器について」『考古学雑誌』28巻 5 号
　　　　　1949「相模五領ケ台貝塚調査報告」『考古学集刊』第 3 冊
　　　　　1951「縄文式文化について（九）」『歴史評論』31号
江坂輝弥編　1970『石神遺跡』ニューサイエンス社
江坂輝弥ほか　1952『加茂遺跡』三田史学会考古学民族学叢書第 1 冊

江坂輝弥・笠津備洋・西村正衛　1958「青森県蟹沢遺跡調査報告」『石器時代』5号
江釣子村教育委員会　1983『江釣子遺跡群―昭和57年度発掘調査報告―』
江藤千万樹　1938「静岡県駿東郡長泉町柏窪の石器時代遺跡」『考古学』8巻5号
海老沢　稔　1982a「茨城県内における縄文中期前半の土器様相（1）」婆良岐考古4
　　　　　　1982b「茨城県内における縄文中期前半の土器様相（2）―諏訪式土器について―」婆良岐考古6号
海老原郁雄　1979『湯坂遺跡』栃木県考古学会
海老原郁雄・木村等ほか　1977『山向遺跡』上河内村文化財調査報告書第4集
江森正義・岡田茂弘・篠遠喜彦　1950「千葉県香取郡下小野貝塚発掘調査報告」『考古学雑誌』36巻3号
遠藤邦彦・関本勝久・高野司・鈴木正章・平井幸弘　1983「関東平野の〈沖積層〉」『アーバンクボタ』21
及川洵・遠藤勝博ほか　1979『大陽台貝塚』陸前高田市教育委員会
大井町遺跡調査会　1990『埼玉県大井町大井・苗間の遺跡』大井町遺跡調査会報告書第2集
大川清・大島秀俊ほか　1978『茨城県美浦村虚空蔵貝塚』国士舘大学考古学研究室報告乙種第5冊
大胡町教育委員会　1986『上大屋・樋越地区遺跡群』大胡町発掘調査報告書3
大迫町教育委員会　1974『天神ヵ丘遺跡』
大塚達朗　2008「精製土器と粗製土器」『縄文時代の考古学7　土器を読み取る』同成社
大船渡市教育委員会　2001『岩手県大船渡市長谷堂貝塚群平成8・10・11年度緊急発掘調査報告書』
大宮市遺跡調査会　1984a『鎌倉公園遺跡』大宮市遺跡調査会報告9集
　　　　　　　　　1984b『深作東部遺跡群』
大和久震平・奈良修介　1960『秋田県史』考古編
小笠原好彦　1968「東北地方南部における前期末から中期初頭の縄文式土器」『仙台湾周辺の考古学的研究』（宮城県の地理と歴史第3集）宮城教育大学歴史研究会
岡田淳子　1966「府中市の奈良・平安時代の遺跡」『府中市史資料集』10
岡田正彦ほか　1975「荒神山遺跡」『長野県中央道埋蔵文化財包蔵地発掘調査報告書―諏訪市その3―』
陸平調査会　1989『1987年度陸平貝塚確認調査概報および周辺地域A地区分布調査報告』
岡野隆男　1973『平台貝塚』
岡本勇・戸沢充則　1965「関東」『日本の考古学Ⅱ』河出書房
岡本孝之ほか　1977『尾崎遺跡』神奈川県埋蔵文化財調査報告13
小川和博　1977「成田市における縄文時代中期の一資料」『奈和』15号
小川和博ほか　1980「川栗台古墳群発掘調査報告二」『成田市の文化財』11集
小木町教育委員会　1983『長者ヶ平』
小薬一夫　1985「縄文前期集落の構造―内陸部と海浜部の集落比較から―」『法政考古学』第10集
小高町教育委員会　2005『浦尻貝塚1』
小野　昭　1994「豊原遺跡」新潟県巻町『巻町史』資料編1考古
小野真一ほか　1971『三福向原』沼津考古学研究所研究報告第5冊
　　　　　　　1979『常陸伏見』同遺跡調査会
折本西原遺跡調査団　1988『折本西原遺跡』1
河西　学　1992「岩石鉱物組成からみた縄文土器の産地推定―山梨県釈迦堂遺跡・郷蔵地遺跡・柳坪遺跡の場合―」『帝京大学山梨文化財研究所研究報告』第4集
　　　　　　2002「胎土分析から見た土器の生産と移動」『土器から探る縄文社会―2002年度研究集会資料集』山梨県考古学協会
柏倉亮吉・江坂輝弥ほか　1955『吹浦遺跡』荘内古文化研究会
柏市教育委員会　1983『千葉県柏市高砂遺跡林台遺跡』
片倉信光・中橋彰吾・後藤勝彦ほか　1976『白石市史』別巻（考古資料篇）
加藤晋平・鶴丸俊明ほか　1973　『松山廃寺』八王子市寺田遺跡調査会
加藤　孝　1956「宮城県登米郡新田村糠塚貝塚について」『登米郡新田村史』
加藤孝・阿部正光ほか　1975「八景腰巻遺跡」『東北自動車道遺跡調査報告』福島県文化財調査報告書第47集
加藤三千雄　1995「北陸における中期前葉の土器群について―新保・新崎式土器―」『第8回縄文セミナー中期初頭の諸様相』（縄文セミナーの会）
　　　　　　1997「北陸における縄文時代前期末葉土器群の展開（1）」『石川県考古学研究会々誌』40号
金井正三　1979「縄文前期の特殊浅鉢形土器について」『信濃』31巻4号

金井正三ほか　1978『牟礼丸山遺跡発掘調査報告書』上水内郡牟礼村教育委員会
神奈川県教育委員会　1981「細田遺跡」『神奈川県埋蔵文化財調査報告』23集
神奈川県教育委員会・東正院遺跡調査団　1972『東正院遺跡調査報告』
神奈川県県史編集室　1979「大口台遺跡」『神奈川県史』資料編20（考古資料）
神奈川県立博物館　1970『神奈川県考古資料集成2』縄文式土器
神奈川県立埋蔵文化財センター　1986『代官山遺跡』神奈川県率埋蔵文化財センター調査報告11
　　　　　1988『金沢文庫遺跡』神奈川県立埋蔵文化財センター調査報告19
　　　　　1991『宮ヶ瀬遺跡群Ⅱ』神奈川県埋蔵文化財センター調査報告21
かながわ考古学財団　1999『臼久保遺跡』かながわ考古学財団調査報告60
　　　　　2001『飯綱上遺跡』かながわ考古学財団調査報告121
　　　　　2002『原口遺跡Ⅲ』かながわ考古学財団調査報告134
金沢市（埋蔵文化財センター）　2003『石川県金沢市上安原遺跡Ⅰ縄文時代編』金沢市文化財紀要192
金箱文夫　1989『赤山』川口市遺跡調査会報告第12集本文編第1冊
金ヶ崎町教育委員会　1973『胆沢郡金ヶ崎町高谷野原遺跡』
金子直行　1996『八木上・八木他報告書』埼玉県埋蔵文化財調査事業団報告書165集
　　　　　1999「縄文前期終末土器群の関係性」『縄文土器論集』縄文セミナーの会
金子浩昌・和田哲・玉口時雄ほか　1958『館山鉈切洞窟』千葉県教育委員会
加納　実　2000「集合的居住の崩壊と再編成―縄文中・後期集落への接近方法」『先史考古学論集』第9集
上市町教育委員会　2004『富山県上市町極楽寺遺跡発掘調査概報』
上川名昭　1972『平台遺跡とその出土遺物』同遺跡調査会
上川名昭ほか　1972『大洗吹上遺跡』同遺跡調査団
神澤昌二郎ほか　1982『松本市内田雨堀遺跡―第2次緊急発掘調査報告書―』松本市文化財調査報告 No.23
上土棚南遺跡発掘調査団　1998『上土棚南遺跡第3次調査』綾瀬市埋蔵文化財調査報告5
川口正幸ほか　1980『藤の台遺跡』Ⅲ　同調査会
川崎義雄・重住豊ほか　1972『山梨県大月市宮谷遺跡発掘調査報告』大月市教育委員会
北上市教育委員会　1975『鹿島館遺跡調査報告書Ⅱ』北上市文化財調査報告第15集
　　　　　1983『滝ノ沢遺跡（1977～1982年度調査）』北上市文化財調査報告第33集
　　　　　1990a『樺山遺跡（1989年度）』北上市文化財調査報告第59集
　　　　　1990b『滝ノ沢遺跡Ⅱ』北上市埋蔵文化財調査報告第60集
　　　　　1991『滝ノ沢遺跡Ⅲ（1984・86・87・88・90年度調査）』北上市文化財調査報告第63集
　　　　　1992『成田遺跡（Ⅱ）』北上市埋蔵文化財調査報告第3集
　　　　　1993『北上遺跡群』北上市埋蔵文化財調査報告第12集
　　　　　1995『北上遺跡群』北上市埋蔵文化財調査報告第19集
　　　　　1996『樺山遺跡（1992・1993年度）』北上市埋蔵文化財調査報告第25集
木滝国神遺跡調査団　1988『北台遺跡発掘調査報告書』鹿島町の文化財60集
北橘村教育委員会　1993『芝山遺跡』北橘村文化財発掘調査報告書11集
君津郡市考古資料刊行会　1995『千葉県袖ヶ浦市大竹遺跡群発掘調査報告書Ⅳ』
君津郡市文化財センター　1986『千葉県袖ヶ浦町東郷台遺跡』君津郡市文化財センター発掘調査報告書第17集
　　　　　1987『千葉県袖ヶ浦町西萩原遺跡』君津市文化財センター発掘調査報告書第30集
　　　　　1994『千葉県袖ヶ浦市大竹遺跡群発掘調査報告書Ⅲ』
　　　　　1999『千葉県袖ヶ浦市豆作台遺跡Ⅰ』君津郡市文化財センター発掘調査報告書第150集
　　　　　2004『首都圏中央連絡自動車道（木更津－東金）埋蔵文化財調査報告書1』
　　　　　2005『首都圏中央連絡自動車道（木更津－東金）埋蔵文化財調査報告書2』
九学会連合　1955『能登』平凡社
興野義一　1970a「大木5b式土器の提唱―宮城県長者原遺跡出土資料による―」『古代文化』22-4
　　　　　1970b「大木式土器理解のために（Ⅴ）」『考古学ジャーナル』32
霧ケ丘遺跡調査団　1973『霧ケ丘』
草間俊一　1974「中島遺跡」『水沢市史1　原始・古代』水沢市
草間俊一ほか　1965「中島遺跡」『水沢の原始・古代』水沢市教育委員会
草間俊一・玉川一郎（Ⅲ群土器）ほか　1974『崎山弁天遺跡』大槌町教育委員会

草間俊一・吉田義昭　1959『岩手県盛岡市畑井野遺跡』
椚国男・佐々木蔵之助　1976「八王子市明神社北遺跡第3次調査概報」『考古学ジャーナル』122号
久保　昇　1972「八王子市月夜峰・松子前両遺跡採集の五領ヶ式土器について」『多摩考古』12号
栗原文蔵　1961「土器の考察」『中川貝塚』大宮市教育委員会
栗本佳弘ほか　1975『小金線』日本鉄道建設公団
群馬県　1988「中尾遺跡」『群馬県史』資料編1
群馬県教育委員会　1986『上野国分寺僧寺・尼寺中間地域』関越自動車道（新潟線）地域埋蔵文化財発掘調査報告書第12集
群馬県教育委員会ほか　1992『内出1遺跡』関越自動車道（上越線）地域埋蔵文化財発掘調査報告書
群馬県史編さん委員会　1988『群馬県史』原始古代1
群馬県埋蔵文化財調査事業団　1986『糸井宮前遺跡Ⅱ』関越自動車道（新潟線）地域埋蔵文化財発掘調査報告書第14集
　　　　　1988『勝保沢中ノ山遺跡Ⅰ』関越自動車道（新潟線）地域埋蔵文化財発掘調査報告書第22集
　　　　　1989『房谷戸遺跡1』群馬県埋蔵文化財調査事業団発掘調査報告第95集
　　　　　1990『下田遺跡・暮井遺跡』群馬県埋蔵文化財事業団調査報告109集
　　　　　1991『飯土井二本松遺跡』群馬県埋蔵文化財事業団調査報告113集
　　　　　1992『内匠諏訪前遺跡』群馬県埋蔵文化財調査事業団発掘調査報告第138集
　　　　　1997a『神保植松遺跡』群馬県埋蔵文化財調査事業団調査報告書214集
　　　　　1997b『南蛇井増光寺遺跡Ⅵ』群馬県埋蔵文化財調査事業団報告227集
　　　　　2005『今井三騎堂遺跡・今井見切塚遺跡』群馬県埋蔵文化財調査事業団発掘調査報告国第350集
気賀沢進・小原晃一　1979『荒神沢遺跡』駒ケ根市教育委員会発掘調査報告第9集
小池政美ほか　1973「山の根遺跡」『長野県中央道埋蔵文化財包蔵地発掘調査報告書―伊那市西春近―』
　　　　　1973「山寺垣外遺跡」『長野県中央道埋蔵文化財包蔵地発掘調査報告書　―伊那市西春近―』
小岩末治　1961「中期縄文式文化と住居址」『岩手県史』第1巻上古篇
甲野　勇　1932「関東に於ける縄紋式土器の一新型式に就いて」『史前学雑誌』4巻3・4号
紅村弘・増子康真　1977『東海先史文化の諸段階』資料編1
　　　　　1978『東海先史文化の諸段階』資料編2
郡山市埋蔵文化財発掘調査事業団　1997『一ツ松遺跡』
国学院大学　1986『あざみ野遺跡』
国学院大学考古学資料館　1983『国学院大学考古学資料館要覧』（故野口義磨氏寄贈資料）
国分寺市遺跡　1987『恋ヶ窪南遺跡発掘調査概報Ⅰ』
小島俊彰　1985「朝日貝塚の朝日下層式土器再見」『大境』9号
　　　　　1986「第6群土器　真脇式期」『石川県能都町真脇遺跡』能都町教育委員会
古城　泰　1978 "Inter-Site Pottery Movements in the Jomon Period"『人類学雑誌』89巻1号
小杉　康　1991「大歳山式土器の基礎的な理解に向けて―三矢田遺跡第5群土器」『真光寺・広袴遺跡群Ⅵ（Ⅶの誤りか）』
小林謙一　1989「千葉県八日市場市八辺貝塚出土土器について」『史学』58巻2号
　　　　　2001「北陸地方の縄紋時代前期末葉から中期前葉における土器編年の問題」『金沢大学日本海域研究』32号
　　　　　2004『縄紋社会研究の新視点』六一書房
小林　茂　1982「わらび沢岩陰」『吉田町市』（埼玉県秩父郡）吉田町
小林達雄　1967「縄文早期に関する諸問題」『多摩ニュータウン遺跡調査報告Ⅱ』
　　　　　1973「多摩ニュータウンの先住者―主として縄文時代のセトルメント・システムについて―」『月刊文化財』1973年1月号
小林秀夫・百瀬長秀ほか　1971「茅野市判ノ木山西遺跡」『長野県中央道埋蔵文化財包蔵地発掘報告書―茅野市原村その3―』
小林広和　1972『山梨県大月市沢中原遺跡』
駒形敏朗ほか　1976『国道252号線埋蔵文化財発掘調査報告書　北原八幡遺跡』新潟県埋蔵文化財調査報告書第7
駒ヶ根市教育委員会　1972『羽場下・舟山緊急発掘調査報告』
埼葛地区文化財担当者会　1999『埼葛の縄文前期』埼葛地区文化財担当者報告書第3集

埼玉県埋蔵文化財調査事業団　1983『「関越自動車道関係埋蔵文化財発掘調査報告 XVI―台耕地（1）―』
　　　　　　　　　　　　　　埼玉県埋蔵文化財調査事業団報告書第27集
　　　　　　　　　　　　　1991『在家』埼玉県埋蔵文化財調査事業団報告書第107集
　　　　　　　　　　　　　1996『狭山市／入間市八木上他』埼玉県埋蔵文化財調査事業団報告書第165集
斉藤尚巳・中山清隆　1979『滝ノ沢遺跡調査概報』北上市文化財調査報告第26集
早乙女雅博　1980「狐塚古墳の公園整備に伴う調査」『根津山遺跡・狐塚古墳他』世田谷区遺跡調査報告1
酒井幸則ほか　1979「堂地遺跡」『長野県中央道埋蔵文化財包蔵地発掘調査報告書―上伊那郡箕輪町』
境川村教育委員会　1986『小黒坂南遺跡群』境川村埋蔵文化財調査報告書3
榊原政職　1921「相模国諸磯石器時代遺蹟調査報告」『考古学雑誌』11巻8号
阪口　豊　1983 "Warm and Cold Stages in the Past 7600 Years in Japan and their Global Correlation."
　　　　　　　　Bulletin of the Department of Geography, University of Tokyo No. 15
　　　　　　1984「日本の先史・歴史時代の気候―尾瀬ヶ原に過去7600年の気候変化の歴史を探る―」『自然』
　　　　　　　　1984年5月号
坂詰秀一　1961「神奈川県川崎市野川十三菩提出土の土器について」『史想』11号
酒詰仲男・江坂輝弥　1939「神奈川県都築郡境田貝塚調査報告」『考古学雑誌』29巻7号
坂祝町教育委員会　1988『芦戸遺跡』
佐倉市教育委員会　2001『平成11年度佐倉市埋蔵文化財発掘調査報告書』
佐藤明生ほか　1982『宇津木台遺跡群』I 八王子市宇津木台地区遺跡調査会
佐藤達夫　1974「土器型式の実態―五領ヶ台式と勝坂式の間―」『日本考古学の現状と課題』吉川弘文館
佐藤伝蔵・若林勝邦　1894「常陸国浮島村貝塚探究報告」『東京人類学会雑誌』105号
山武郡市文化財センター　2000『小野山田遺跡群 I ―鉢ヶ谷遺跡』
　　　　　　　　　　　　2002『小野山田遺跡群 IV ―稲荷谷遺跡』
山武郡南部地区文化財センター　1989『千葉県大網白里町宮台遺跡』山武郡南部地区文化財センター発掘調
　　　　　　　　　　　　　　　　　　査報告書第5集
　　　　　　　　　　　　　　　1975 『関越自動車道（新潟線）水上町埋蔵文化財発掘調査報告書』
　　　　　　　　　　　　　　　1986a『吉岡遺跡群』
　　　　　　　　　　　　　　　1986b『千葉市海老遺跡発掘調査報告書』
　　　　　　　　　　　　　　　1993 『六万遺跡』
塩尻市教育委員会　2002『女夫山ノ神・牛売沢・鳶ヶ沢遺跡』
塩野雅夫・大野政雄　1960『村山遺跡』
静岡県埋蔵文化財調査研究所　2000『池田B遺跡』静岡県埋蔵文化財調査研究所報告第122集
雫石町教育委員会　2000『小日谷地 I B 遺跡発掘調査報告書』雫石町埋蔵文化財調査報告書第2集
設楽博己　2006「弥生時代改定年代と気候変動」『駒沢史学』67号
七ヶ浜町教育委員会　1973『史跡「大木囲貝塚」環境整備調査報告書 I 』七ヶ浜町文化財調査報告書第1集
新発田市教育委員会　2003『二タ子沢A遺跡発掘調査報告書』新発田市埋蔵文化財センター調査報告書第
　　　　　　　　　　　　　130集
渋江芳浩・黒尾和久　1987「縄文前期末葉の居住形態＜予察＞」『貝塚』39
渋川市教育委員会　1994『半田中原遺跡』渋川市発掘調査報告書第40集
清水潤三　1958「千葉県栗山川渓谷における貝塚の地域的研究」『史学』31巻1～4号
下津谷達男・村田一二　1979『野田市北前貝塚』野田市郷土博物館
下仁田町遺跡調査会　1997『下鎌田遺跡』
　　　　　　　　　　2000『群馬県甘楽郡下仁田町鷹ノ巣城遺跡』
遮那藤麻呂ほか　1974「月見松遺跡」『長野県中央道埋蔵文化財包蔵地発掘調査報告書―伊那市その2』
庄司　克　1970「宝導寺台貝塚発掘調査概報」『貝塚博物館紀要』3号
縄文時代研究プロジェクトチーム　2009「神奈川における縄文時代文化の変遷 VII（後期初頭期　称名寺式土
　　　　　　　　　器文化期の様相　その4）」『かながわ考古学財団研究紀要14　かながわの考古学』
縄文セミナーの会　1993『前期末の諸様相』
庄和町遺跡調査会　1997『愛宕遺跡』庄和町遺跡調査会報告書第5集
白石浩之ほか　1981『細田遺跡』神奈川県埋蔵文化財調査報告23
白岡町教育委員会1996『タタラ山遺跡（第3地点）』白岡町埋蔵文化財調査報告第7集
新藤康夫ほか　1975a『椚田遺跡群』八王子市椚田遺跡調査会

	1975b『下寺田・要石遺跡』同調査会
末木健ほか	1974『山梨県中央道埋蔵文化財包蔵地発掘調査報告―北巨摩郡小淵沢町地内』山梨県教育委員会
	1977『寺平遺跡発掘調査報告書』同調査会
杉原荘介編	1976『加曾利南貝塚』
杉山博久	1968「上釈迦堂遺跡の五領ケ台式土器」『考古学ジャーナル』26号
	1970「神奈川県西南部地域における五領ケ台式土器」『平塚市広川五領ヶ台貝塚調査報告』平塚市文化財調査報告書第9集
	1971「神奈川県真鶴町釈迦堂遺跡とその出土遺物」『考古学雑誌』56巻4号
	1978『小田原地方における縄文文化期の遺跡』
鈴鹿良一	1981「岩下向遺跡」『真野ダム関連遺跡発掘調査報告Ⅱ』福島県飯舘村文化財調査報告書第2集
鈴木公雄	1969「安行系粗製土器における文様施文の順位と工程数」『信濃』21巻4号
	1970「Design System in Later Jomon Pottery」『人類学雑誌』78巻1号
鈴木孝志	1957「長野県北安曇郡松川村鼠穴字桜沢遺跡」『考古学雑誌』42巻2号
鈴木 斌	1986「工事中出土の五領ケ台式土器」『大谷場貝塚』南浦和地区埋蔵文化財発掘調査報告書第3集
鈴木敏昭	1980a「第Ⅵ群土器について―諸磯b式土器の変遷―」『足利遺跡』久喜市教育委員会
	1980b「諸磯b式土器の構造とその変遷（再考）」『土曜考古』第2号
鈴木徳雄	1979「諸磯式土器文様の変遷について」『自石城』埼玉県遺跡調査会報告書第36集
	2003「称名寺式の変化と中津式―型式間交渉の一過程―」『縄文時代』第4号
鈴木保彦	1971「縄文中期前半の土器」『平尾遺跡調査報告Ⅰ』同調査会
	1986「中部・南関東地域における縄文集落の変遷」『考古学雑誌』71巻4号
鈴木保彦・山本暉久・戸田哲也	1984『神奈川県における縄文時代集落遺跡資料集成図集』（日本考古学協会昭和59年度大会資料「シンポジウム縄文時代集落の変遷」）
須原 拓	2005「大木7a式にみられる集合沈線文系土器について」『岩手県文化振興事業団埋蔵文化財センター紀要』24
澄田正一・大参義一	1956『九合洞窟遺跡』名古屋大学文学部
清藤一順ほか	1975『飯山満東遺跡』房総考古資料刊行会
	1978『復山谷遺跡』『千葉ニュータウン埋蔵文化財調査報告書Ⅵ』千葉県文化財センター
関根慎二	1993「群馬県における前期終末の様相」『前期終末の諸様相』縄文セミナーの会
	1995「諸磯c式以前」『群馬県埋蔵文化財調査事業団研究紀要』12号
	1999「群馬県における諸磯b式土器の細分」『前期後半の再検討　記録集』縄文セミナーの会
関野哲夫ほか	1980『長井遺跡発掘調査報告書』沼津市文化財調査報告書第18集
瀬戸久夫・高橋博文	1979「藤沢遺跡」『千葉市奈木台・藤沢・中芝・清水作』千葉県文化財センター
外岡龍二	1980「賀茂郡河津町段間遺跡」『縄文土器の交流とその背景』静岡県考古学会シンポジウム4
高桑俊雄ほか	1975『本城遺跡』『長野県中央道埋蔵文化財包蔵地発掘調査報告書―諏訪市その3―』
高橋桂・中島庄一・金井正三	1976「北信濃大倉崎遺跡調査報告」『信濃』28巻4号
高橋健樹ほか	1981『御伊勢前』武蔵村山市文化財資料集2
高橋忠彦・菅原俊行	1983「湯の沢B遺跡」『秋田臨空港新都市開発関係埋蔵文化財発掘調査報告書』秋田市教育委員会
高橋良治	1959「千葉県鳴神山貝塚の土器」『考古学手帖』10
高堀勝喜	1952「珠洲郡松波町新保遺蹟の調査」『石川考古学研究会会誌』4号
	1955「先史文化」『能登　自然・文化・社会』平凡社
	1965「縄文文化の発展と地域性―北陸」『日本の考古学Ⅱ　縄文時代』
高宮台遺跡調査会	1985『高宮台遺跡』
滝口宏・西村正衛	1956「秋田県雄勝郡欠上遺跡発掘報告」『古代』18号
武井則道ほか	1975『新田野貝塚』立教大学考古学研究会
田沢湖町教育委員会	1985『黒倉B遺跡―第1次発掘調査報告』
辰野町教育委員会	1995『北湯舟A遺跡』
谷井 彪	1977「勝坂式土器の変遷と性格についての若干の考察」『信濃』29巻4，6号
	1979「縄文土器の単位とその意味」『古代文化』31巻2，3号

1982「いわゆる阿玉台Ia式とその周辺の土器群について『土曜考古』6
谷川磐雄　1924〜1926「諸磯式土器の研究1〜5」『考古学雑誌』14−9，11，15−1，3，16−4
谷口康浩　2003「縄文時代中期における拠点集落の分布と領域モデル」『考古学研究』49巻4号
　　　　　2004「環状集落の成立過程—縄文前期における集団墓造営と拠点形成の意味」『帝京大学山梨文化研究所研究方向』第12集
玉川文化財研究所　2003『神奈川県藤沢市遠藤山崎・遠藤広谷遺跡』
多摩市教育委員会　1980『東京都多摩市向ヶ岡遺跡』
　　　　　　　　　2002『東京都多摩市和田西遺跡』多摩市埋蔵文化財調査報告46
多摩ニュータウン遺跡調査会　1968『多摩ニュータウン遺跡調査報告Ⅵ』
多聞寺前遺跡調査会　1982『多聞寺前遺跡1』
茅野市教育委員会　1986『高風呂遺跡』
　　　　　　　　　1992『城遺跡』
茅野嘉雄　2002「青森県内における縄文時代前期末〜中期初頭の異系統土器群について」『青森県埋蔵文化財センター研究紀要』7号
千葉県教育振興財団　2006『成田国際空港埋蔵文化財発掘調査報告書ⅩⅩⅡ』千葉県教育振興財団調査報告書第540集
千葉県史料研究財団　2000『千葉県の歴史』資料編考古1（旧石器・縄文時代）千葉県
千葉県都市公社　1973a「法蓮寺山」『小金線』
　　　　　　　　1973b『千葉ニュータウン埋蔵文化財調査報告書Ⅱ』
　　　　　　　　1974『千葉ニュータウン埋蔵文化財調査報告書Ⅳ』
千葉県文化財センター　1979『千葉市奈木台・藤沢・中芝・清水作遺跡』
　　　　　　　　　　　1982『常磐自動車埋蔵文化財調査報告書Ⅰ』
　　　　　　　　　　　1986『常磐自動車埋蔵文化財調査報告書Ⅳ』
　　　　　　　　　　　1987『佐倉市向山谷津・明代台・木戸場・古内遺跡』
　　　　　　　　　　　1988『東関東自動車道埋蔵文化財調査報告書Ⅳ　佐原地区（1）』
　　　　　　　　　　　1989a『佐倉市向原遺跡』千葉県文化財センター調査報告書第157集
　　　　　　　　　　　1989b『千葉市浜野川神門遺跡』千葉県文化財センター調査報告書159集
　　　　　　　　　　　1989c『千葉ニュータウン埋蔵文化財調査報告書Ⅸ』千葉県文化財センター調査報告第164集
　　　　　　　　　　　1989d『八千代市仲ノ台遺跡・芝山遺跡』千葉県文化財センター調査報告第176集
　　　　　　　　　　　1990『北総開発鉄道埋蔵文化財調査報告書Ⅲ』千葉県文化財センター調査報告書第174集
　　　　　　　　　　　1991a『千葉ニュータウン埋蔵文化財調査報告書Ⅹ』千葉県文化財センター調査報告第190集
　　　　　　　　　　　1991b『佐倉市栗野Ⅰ・Ⅱ遺跡』千葉県文化財センター調査報告第199集
　　　　　　　　　　　1992『小見川町天神後遺跡』千葉県文化財センター調査報告第210集
　　　　　　　　　　　1993『新東京国際空港埋蔵文化財発掘調査報告書Ⅶ』千葉県文化財センター調査報告第227集
　　　　　　　　　　　1998a『千葉ニュータウン埋蔵文化財調査報告書ⅩⅡ』千葉県文化財センター調査報告第318集
　　　　　　　　　　　1998b『千葉東金道路（二期）埋蔵文化財調査報告書2』千葉県文化財センター調査報告第331集
　　　　　　　　　　　1999『矢那川ダム埋蔵文化財調査報告書2』
　　　　　　　　　　　2003『千原台ニュータウンⅧ』千葉県文化財センター調査報告第448集
　　　　　　　　　　　2004a『新東京国際空港埋蔵文化財発掘調査報告書ⅩⅨ』千葉県文化財センター調査報告第493集
　　　　　　　　　　　2004b『首都圏中央連絡自動車道埋蔵文化財調査報告書1』千葉県文化財センター調査報告第497集
千葉市教育委員会　1991『埋蔵文化財調査（市内遺跡）報告書』
千葉市教育振興財団　2007『千葉市鎌取場台遺跡』
千葉市文化財調査協会　1987a『千葉市房地遺跡他』
　　　　　　　　　　　1987b『千葉市子和清水遺跡他』
　　　　　　　　　　　1989『千葉市高台向遺跡』
　　　　　　　　　　　1990『千葉市古山遺跡』
　　　　　　　　　　　1991『千葉市神門遺跡』
　　　　　　　　　　　1992『土気南遺跡群Ⅰ』
　　　　　　　　　　　1993『土気南遺跡群Ⅳ』

　　　　　　　　　　1996『土気南遺跡群Ⅷ』
朝夷地区教育委員会　1981『千葉県安房郡千倉町埋蔵文化財調査報告書─鍵田遺跡関連第5次調査─』
鳥海町教育委員会　1988『提鍋遺跡』
銚子市教育委員会　2000『粟島台遺跡』
塚本師也　1988「第8群土器について」『鹿島脇遺跡・追の窪遺跡』栃木県埋蔵文化財報告第93集
　　　　　1995「栃木県における中期初頭の様相」『中期初頭の様相』(縄文セミナーの会)
土浦市遺跡調査会　1997『田村・沖宿土地区画整理事業に伴う埋蔵文化財発掘調査報告書』第1集
土浦市教育委員会　1998『前谷遺跡群・東原観音塚』
都出比呂志　1983「弥生土器における地域色の性格」『信濃』35巻4号
津南町教育委員会　1997『牛肥原地区遺跡確認試掘調査報告書』津南町文化財調査報告第22輯
　　　　　2000『道下遺跡』縄文時代編津南町文化財調査報告第31輯
鶴川第二地区遺跡調査会　1991『真光寺・広袴遺跡群Ⅵ(Ⅶの誤りか)三矢田遺跡遺物考察編』
出口浩・繁昌正幸　1981『一湊松山遺跡』上屋久町教育委員会
寺内隆夫　2005・2006「飯山市・深沢遺跡出土土器研究の現状」『長野県考古学会誌』111・113・115・116
寺崎裕助　1993「鍋屋町式土器について」『前期終末の諸様相』縄文セミナーの会
寺村光晴ほか　1960『鍋屋町遺跡』
土肥　孝　1975『針ケ谷北通遺跡発掘調査報告書』埼玉県遺跡調査会報告26集
　　　　　1981「阿玉台Ⅰa式以前の土器─五領ヶ台式と阿玉台式の間」『土曜考古』4
東京国立博物館　1953『東京国立博物館考古図録』朝日新聞社
東京都教育委員会　1983c『多摩ニュータウン遺跡緊急対応特別調査報告3』
　　　　　1986　『八丈町倉輪遺跡』東京都埋蔵文化財調査報告第13集
東京都埋蔵文化財センター　1982『多摩ニュータウン遺跡』昭和56年度　第2分冊
　　　　　1983a「No.419・420遺跡」『多摩ニュータウン遺跡』昭和57年度　第2分冊
　　　　　1983b「No.740遺跡」『多摩ニュータウン遺跡』昭和58年度　東京都埋蔵文化財センター調査報告第5集
　　　　　1984a『多摩ニュータウン遺跡』昭和58年度　第7分冊　東京都埋蔵文化財センター調査報告5集
　　　　　1984b「No.406遺跡」『多摩ニュータウン報告』昭和59年度　東京都埋蔵文化財センター調査報告第7集
　　　　　1986a『多摩ニュータウン遺跡』昭和59年度　第1分冊
　　　　　1986b『多摩ニュータウン遺跡』昭和59年度　第2分冊
　　　　　1986c『多摩ニュータウン遺跡』昭和59年度　東京都埋蔵文化財センター調査報告第7集
　　　　　1987　『多摩ニュータウン遺跡』昭和60年度　第3分冊
　　　　　1988　『多摩ニュータウン遺跡』昭和61年度　第1分冊　東京都埋蔵文化財センター調査報告第9集
　　　　　1993　『多摩ニュータウン遺跡』平成3年度第3分冊
　　　　　1996　『多摩ニュータウン遺跡』東京都埋蔵文化財センター調査報告第35集
　　　　　2000　『多摩ニュータウン遺跡』東京都埋蔵文化財センター報告第88集
　　　　　2004a『多摩ニュータウン遺跡』東京都埋蔵文化財センター調査報告第153集
　　　　　2004b『多摩ニュータウン遺跡』東京都埋蔵文化財センター調査報告第153集
東総文化財センター　2000『篠本城跡・城山遺跡』東総文化財センター発掘調査報告書第21冊
東北新幹線赤羽地区遺跡調査会　1992『袋低地遺跡─考古編─』
東北歴史館　1991『里浜貝塚Ⅷ』
東和町教育委員会　1990『上台遺跡発掘調査報告書』福島県東和町文化財調査報告書
十日町市教育委員会　2000『平成10・11年度県営ほ場整備事業上組工区内遺跡発掘調査概要報告書』十日町市埋蔵文化財発掘調査報告書第17集
富樫泰時　1984「秋田県における北陸系土器について」『本荘市史研究』4号
　　　　　1986「古代日本における東北日本と北陸の文化交流」『富山市考古資料館報』13
登戸原遺跡調査会　1974『とけっぱら遺跡』
戸沢充則編　1970『後田原遺跡』岡谷市文化財調査報告3
戸沢充則・宮坂光昭　1951「長地村梨久保遺跡調査報告」『諏訪考古学』7号

戸田哲也・小林義典ほか　1984『神奈川県伊勢原市大入遺跡発掘調査報告書』同遺跡発掘調査団
栃木県教育委員会　1972『東北自動車道埋蔵文化財発掘調査報告書』栃木県埋蔵文化財報告書第5集
　　　　　　　　　1991『鹿沼流通業務団地内遺跡』栃木県埋蔵文化財調査報告第121集
　　　　　　　　　1994『鶴田中原遺跡』栃木県埋蔵文化財調査報告第145集
栃木県文化振興事業団　1988『鹿島脇遺跡・追の窪遺跡』栃木県埋蔵文化財報告第93集
　　　　　　　　　1990『小倉水神社裏遺跡他』栃木県埋蔵文化財調査報告第109集
　　　　　　　　　1994『鶴田中原遺跡』栃木県文化財調査報告第145集
　　　　　　　　　1996『越名西遺跡・越名河岸跡』栃木県文化財調査報告第174集
とちぎ生涯学習文化財団　2001a『エグロ遺跡』栃木県埋蔵文化財調査報告書第20集
　　　　　　　　　2001b『黒袴台遺跡』栃木県埋蔵文化財調査報告書第261集
富山県教育委員会　1970『立山町吉峰遺跡発掘調査報告書』
　　　　　　　　　1972a「富山市小竹貝塚遺跡」『富山埋蔵文化財調査報告書Ⅱ』
　　　　　　　　　1972b「立山町吉峰遺跡」『富山県埋蔵文化財調査報告書Ⅱ』
　　　　　　　　　1980『立山町吉峰遺跡発掘調査報告書』
富山県立氷見高校地歴クラブ　1964『富山県氷見地方の考古学遺跡と遺物』
富山大学考古学同好会編　1954『蜆ケ森貝塚調査報告書』富山県教育委員会
都立府中病院内遺跡調査会　1994・1995『武蔵台遺跡Ⅱ』
長泉町教育委員会　1979『柏窪遺跡発掘調査概報』
長崎元廣　1997・1998「中部地方の前期末・中期初頭における土器型式編年論の系譜と展望1・2」『長野県考古学会誌』83〜85号
長沢宏昌　1979「銚子原遺跡表採の縄文時代前期末の土器について」『甲斐考古』16－2
長沢宏昌ほか　1989『花鳥山遺跡・水呑場遺跡』山梨県埋蔵文化財センター調査報告書第45集
中島遺跡調査会　1995『東京都練馬区中島遺跡調査報告書』
中島　宏　1977「土器について」『金堀沢遺跡』入間市金堀沢遺跡調査会
　　　　　1980「諸磯b式土器について」『上越新幹線埋蔵文化財発掘調査報告Ⅳ―伊勢塚・東光寺裏』埼玉県遺跡発掘調査報告書第26集
中田　高　1980「完新世海成段丘からみた地震性地殻変動と海水準変動―喜界島と房総半島南部の例を中心として」『地球』1980－1
中西　充　1979「出土土器の編年的位置」『椚田遺跡群1978年度調査概報』八王子市椚田遺跡調査会
　　　　　1982「縄文時代中期の出土土器について」『神谷原』Ⅱ　八王子市椚田遺跡調査会
中西充ほか　1982『神谷原』Ⅱ八王子椚田遺跡調査会
中野国雄・平川昭夫　1980『柏窪遺跡発掘調査概報』長泉町教育委員会
中野　純　1998「鍋屋町式土器と福浦上層式土器の再編素描」『新潟考古学談話会会報』18号
長野県教育委員会　1957『上原』
　　　　　　　　　1974a『長野県中央道埋蔵文化財包蔵地発掘調査報告書―上伊那郡辰野町その2』
　　　　　　　　　1974b『長野県中央道埋蔵文化財包蔵地発掘調査報告書―伊那市内その2』
　　　　　　　　　1975a『長野県中央道埋蔵文化財包蔵地発掘調査報告書―岡谷市その1・その2』
　　　　　　　　　1975b『長野県中央道埋蔵文化財包蔵地発掘調査報告書―原村その5』
　　　　　　　　　1975c「荒神山遺跡」『長野県中央道埋蔵文化財包蔵地発掘調査報告書―諏訪市その3』
長野県考古学会　1969『有明山社』長野県考古学会研究報告書9
　　　　　　　　1971『唐沢・洞』長野県考古学会研究報告書10
長野県埋蔵文化財センター　1987『中央自動車道長野線埋蔵文化財発掘調査報告書1』長野県埋蔵文化財センター発掘調査報告書1
　　　　　　　　　1988『中央自動車道長野線埋蔵文化財発掘調査報告書2―塩尻市内その1』
　　　　　　　　　1998『上信越自動車道埋蔵文化財発掘調査報告書4―長野市内その2　松原遺跡』長野県埋蔵文化財センター発掘調査報告書27
　　　　　　　　　2000『更埴条里遺跡・屋代遺跡群』長野県埋蔵文化財発掘調査報告24
　　　　　　　　　2005『担い手育成基盤整備事業（芹ヶ沢地区）国道299号線バイパス建設事業埋蔵文化財発掘調査報告書』長野県埋蔵文化財発掘調査報告69
中村孝三郎・小林達雄・金子拓男　1963「新潟県魚沼郡中里村泉竜寺遺跡調査報告」『上代文化』33輯
中村五郎ほか　1969『福島県史』第1巻　通史編1

中村龍雄　1979『中部高地諸磯ｃ式比定土器その１武居林・一の釜遺跡』
　　　　　1980『中部高地諸磯ｃ式比定土器２』
中村紀男　1964「北関東における中期初頭の縄文土器」『考古学手帖』24
永山倉造・吉田幸一ほか　1975「壇ノ腰遺跡」『東北自動車道遺跡調査報告』福島県文化財調査報告書第47集
中山真治　1998「関東地方の中期前半東海系土器」『縄文時代中期前半の東海系土器群』静岡県考古学会シンポジウム実行委員会
中山吉秀　1971「No.13遺跡」『三里塚』千葉県北総公社
　　　　　1973「一本桜遺跡」『千葉ニュータウン埋蔵文化財調査報告書Ⅱ』千葉県文化財センター
　　　　　1974「高根北遺跡」『千葉ニュータウン埋蔵文化財調査報告書Ⅳ』千葉県企業庁
　　　　　1975「松ノ木台遺跡出土の縄文式土器」『遺跡日吉倉』芝山はにわ博物館研究報告Ⅱ
　　　　　1976「一本桜遺跡」『千葉ニュータウン埋蔵文化財調査報告書Ⅴ』千葉県文化財センター
中山吉秀ほか　1975『清水谷遺跡』清水谷古墳発掘調査団
七尾市教育委員会　1983『万行赤石山遺跡』
鍋倉勝夫・杉渕馨・西谷隆ほか　1978『大鳥井山Ⅰ』横手市教育委員会
並木隆ほか　1978『大里郡寄居町甘粕原・ゴシン・露梨子遺跡』埼玉県遺跡調査会報告書第35集
奈良国立文化財研究所　1993『能登縄文資料』奈良国立文化財研究所史料第39冊
奈良地区遺跡調査団　1986『奈良地区遺跡群Ⅰ』
成瀬正和　1980「浮線部分と母体部分の色調が異なる諸磯ｂ式土器の胎土について」『上越新幹線埋蔵文化財発掘調査報告Ⅳ―伊勢塚・東光寺裏』埼玉県遺跡発 掘調査報告書第26集
名和達朗・阿部明彦　1981『熊の前遺跡』山形県埋蔵文化調査報告書第34集
南山大学人類学博物館　1996『千葉県市川市根古谷貝塚の土器』人類学博物館紀要第15号
　　　　　　　　　　1998『千葉県香取郡小見川町木之内明神貝塚の土器』人類学博物館紀要第17号
新潟県　1983『新潟県史』資料編１原始・古代１　考古編
新津健ほか　1994『天神遺跡』山梨県埋蔵文化センター調査報告第97集
西会津町史刊行委員会　1997『西会津町史』別巻２（上小島Ｃ遺跡）
西会津町教育委員会　2002『芝草・小屋田遺跡』西会津町埋蔵文化財報告書第６集
西国分寺地区遺跡調査会　1999『武蔵国分寺跡北方地区日影山遺跡・東山道武蔵道』
西田正規　1985「縄文時代の環境」『岩波講座日本考古学』２（人間と環境）
西村正衛　1951「千葉県香取郡神里村白井雷貝塚発掘調査概報」『古代』３号
　　　　　1954「千葉県香取郡小見川町白井雷貝塚（第２・３次調査)」『早稲田大学教育学部学術研究』３号
　　　　　1961「千葉県市川市国分旧東練兵場貝塚」『早稲田大学教育学部学術研究』10号
　　　　　1966「茨城県稲敷郡浮島貝ケ窪貝塚」『早稲田大学教育学部学術研究』15号
　　　　　1967「茨城県北相馬郡取手町向山貝塚」『早稲田大学教育学部学術研究』16号
　　　　　1968「茨城県稲敷郡興津貝塚（第１次調査」『早稲田大学教育学部学術研究』17号
　　　　　1970「千葉県小見川町阿玉台貝塚」『学術研究』19号
　　　　　1972「阿玉台式土器編年的研究の概要」『早大文学部研究科紀要』第18輯
　　　　　1980a「茨城県稲敷郡興津貝塚」『早稲田大学教育学部学術研究』29号
　　　　　1980b「茨城県稲敷郡興津貝塚Ｆトレンチ出土土器」『古代探叢』滝口宏教授古稀記念論文集
　　　　　1984a『石器時代における利根川下流域の研究―貝塚を中心として―』早稲田大学出版部
　　　　　1984b「千葉県小見川町白井雷貝塚」『石器時代における利根川下流域の研究―貝塚を中心として―』早稲田大学出版部
　　　　　1984c「千葉県香取郡小見川町木之内明神貝塚」『石器時代における利根川下流域の研究―貝塚を中心として―』早稲田大学出版部
西村正衛・菊池義次・金子浩昌　1958「岩手県大船渡市清水貝塚」『古代』29・30合併号
西本豊弘・樋泉岳二　1995「三内丸山遺跡出土の動物遺体の概要」『三内丸山遺跡Ⅵ』青森県埋蔵文化財調査報告書第205集
日本鉄道建設公団・千葉県都市公社　1973『小金線』
丹羽　茂　1981「大木式土器」『縄文文化の研究』４　雄山閣
沼田啓太郎　「金沢市中戸遺跡調査報告」『石川考古学研究会々誌』18号

野口義麿　1952「A・B 地点出土土器」『上代文化』22輯（粟島台遺跡特輯）
　　　　　1958「千葉県粟島台出土の土器について―南関東の中期縄文土器における東北的要素の摘出―」『石器時代』5号
　　　　　1964「出土遺物Ⅱ（土器）」『長者ヶ原』新潟県糸魚川市教育委員会
能登健ほか　1981「関東・中部・北陸地方」『縄文土器大成』2（中期）講談社
能都町教育委員会　1986『石川県能都町真脇遺跡』
芳賀英一　1985「大木5式土器と東部関東との関係」『古代』80号
橋本　正　1972「小杉町囲山遺跡」『富山県埋蔵文化財調査報告書Ⅱ』
橋本　勉　1980「塙遺跡」『鹿島線関係遺跡発掘調査報告書』茨城県教育財団文化財調査報告Ⅴ
八王子市椚田遺跡調査会　1978『椚田遺跡群』1978年度概報
　　　　　1982『神谷原Ⅱ』
八王子市石川パーキングエリア遺跡調査会　1983『八王子市石川パーキングエリア遺跡』
八王子市南部地区遺跡調査会　1996『南八王子地区遺跡調査報告』10　郷田原遺跡
八丈町教育委員会　1987『東京都八丈町倉輪遺跡』
花巻市教育委員会　1997『平成8年度花巻市内遺跡発掘調査報告書』花巻市埋蔵文化財調査報告書第17集
　　　　　2001『平成12年度花巻市内遺跡発掘調査報告書』花巻市埋蔵文化調査報告書第25集
羽生淳子　1988 "Numbers of Pit Dwellingsin Eariy Jomon Moroiso Stage Sites." Journal of the Anthropological Society of Nippon Vol. 96, No 2.
　　　　　2004 "Ancient Jomon of Japan." Cambridge University Press
林　謙作　1965「縄文文化の発展と地域性―東北地方」『日本の考古学Ⅱ』河出書房
　　　　　1976「大船渡市清水貝塚発掘調査概報」岩手県文化財愛護協会
林　茂樹　1966『上伊那の考古学的調査』総括篇
パリノ・サーヴェイ株式会社　1998「七社神社前遺跡の縄文時代土器胎土の特徴について」『七社神社前遺跡Ⅱ』北区埋蔵文化財調査報告第24集
春成秀爾　1987「直良信夫氏と大歳山遺跡」『大歳山遺跡の研究』
伴信夫ほか　1976「大石遺跡」『長野県中央道埋蔵文化財包蔵地発掘調査報告書―茅野市原村その1・富士見町その2―』
飯能市教育委員会　1992『西川小遺跡（第1・2次）発掘調査報告書』飯能の遺跡13
樋口清之・麻生優　1968『野川南台団地埋蔵文化財調査報告―十三菩提遺跡―』野川南台団地埋蔵文化財調査団
　　　　　1971『十三菩提遺跡』神奈川県教育委員会埋蔵文化財発掘調査報告」2
日暮　学　1978「八街町の主要遺跡」『榎戸第1遺跡』榎戸遺跡調査団
比田井克仁　2004a「古墳時代前期における関東土器圏の北上」『史館』33号
　　　　　2004b『古墳出現期の土器交流とその原理』雄山閣
日立市教育委員会　1980『諏訪遺跡発掘調査報告書』日立市文化財報告第7集
日野一郎・岡本勇・小川裕久ほか　1970『平塚市広川五領ケ台貝塚調査報告』平塚市文化財調査報告書第9集
平岡和夫・大賀健　1979『萱田町川崎山遺跡』山武考古学研究
平林将信ほか　1976『陣場上・平畦遺跡』一般国道246号バイパス埋蔵文化財発掘調査報告1　静岡県文化財保存協会
福沢仁之　1995「天然の＜時計＞・＜環境変動検出計＞としての湖沼の年縞堆積物」『第四紀研究』34巻3号
福島県教育委員会　1980『田島町寺前遺跡発掘調査概報』福島県文化財調査報告書第87集
　　　　　1986『国営会津農業水利事業関連遺跡調査報告Ⅳ』福島県文化財調査報告書第164集
　　　　　1987『国営会津農業水利事業関連遺跡調査報告Ⅴ』福島県文化財調査報告書第177集
　　　　　1991『国営会津農業水利事業関連遺跡調査報告ⅩⅠ―鹿島遺跡』福島県文化財調査報告書第266集
　　　　　1994『東北横断自動車道遺跡調査報告27―鴨ヶ館跡（第2次）』福島県文化財調査報告書第307集
　　　　　1995『国営総合農地開発事業母畑地区遺跡発掘調査報告36』福島県文化財調査報告書第305集
　　　　　1999『福島空港公園遺跡発掘調査報告Ⅱ』福島県文化財報告書第372　集
福島県文化センター　1980『国営総合農地開発事業矢吹地区遺跡分布調査報告Ⅰ』福島県文化財調査報告書

　　　　　　　1981『広域農業開発事業阿武隈地区遺跡分布調査報告（Ⅰ）』福島県文化財調査報告書第98集
　　　　　　　1982『母畑地区遺跡発掘調査報告Ⅹ』福島県文化財調査報告第108　集
　　　　　　　1983『国営総合農地開発事業母畑地区遺跡発掘調査報告13』福島県文化財調査報告書第117集
　　　　　　　1984『真野ダム関連遺跡発掘調査報告Ⅴ』福島県文化財調査報告第128集
　　　　　　　1989『三春ダム関連遺跡発掘調査報告2』福島県文化財調査報告書第217集
　　　　　　　1989『東北自動車道遺跡調査報告4—中ノ沢A遺跡』福島県文化財調査報告書第218集
　　　　　　　1991『東北自動車道遺跡調査報告11—法正尻遺跡』福島県文化財調査報告書第243集
　　　　　　　1999『福島空港公園遺跡発掘調査報告Ⅱ』福島県文化財調査報告書第372集
福島市教育委員会　1989『昭和63年度市道原宿愛宕原1号線建設工事関連遺跡調査報告—愛宕原遺跡』福島市埋蔵文化財報告書第31集
　　　　　　　1994・1997『月崎A遺跡』福島市埋蔵文化財報告書第66集・第95集
福田依子　1989「五領ヶ台貝塚出土土器の再検討—とくに五領ヶ台式土器について—」『平塚市博物館研究報告　自然と文化』12号
藤岡一雄　1988「中尾遺跡」『群馬県史』資料編1
藤沢宗平・林茂樹・下平秀夫・手前博之ほか　1968『月見松遺跡緊急発掘調査報告書』伊那市教育委員会
富士見市教育委員会　1976『東台遺跡第2地点』富士見市文化財報告ⅩⅠ
富士見村教育委員会　1987a『富士見遺跡群田中遺跡』
　　　　　　　1987b『富士見村遺跡群向吹張遺跡ほか』
　　　　　　　1992『小暮地区遺跡群広面遺跡』
藤村東男ほか　1977『九年橋遺跡第3次調査報告書』・1978『同4次』・1979『同5次』・1980『同6次』北上市教育委員会
藤本彌城　1977a『那珂川下流の石器時代研究』1
　　　　　　　1977b「大洗町吹上竹ノ下貝塚」『那珂川下流の石器時代研究Ⅰ』
　　　　　　　1980「上ノ内貝塚下の水旧中の遺跡」『那珂川下流の石器時代研究Ⅱ』
藤森栄一　1934「信濃上諏訪町踊場の土器」『人類学雑誌』49巻10号
　　　　　　　1956「各地域の縄文式土器—中部—」『日本考古学講座』3 河出書房
　　　　　　　1965a「中期初頭の諸型式」『井戸尻』中央公論美術出版社
　　　　　　　1965b「生産用具としての石器」『井戸尻』中央公論美術出版社
　　　　　　　1966「中部高地の中期初頭縄文式土器」『富士国立公園博物館研究報告』16号
　　　　　　　1969『縄文式土器』中央公論美術出版
船橋市教育委員会　1983『下郷後』
古川一明・相原淳一・鈴木真一郎ほか　1987『中ノ内A遺跡他』宮城県文化財調査報告第121集
古宮隆信編著　1974『流山市中野久木遺跡調査報告書』同調査団
分水町教育委員会　1997『新潟県分水町有馬崎遺跡』
星　将一　1978「塩川町刈摩山遺跡の縄文土器」『福島考古』19
保角里志ほか　1975『小林遺跡』山形県東根市教育委員会
細田　勝　1996「縄文前期終末土器群の研究」『先史考古学研究』6号
堀口万吉　1984「寿能泥炭層遺跡の自然環境」『寿能遺跡発掘調査報告書』埼玉県教育委員会
堀越正行　1971「施文系統と編年の改正（予察）」『ふれいく』2号
本間嘉晴・椎名仙卓　1958「佐渡小木半1島周辺の考古学的調査」『佐渡博物館研究報告』第2集
前橋市埋蔵文化財発掘調査団　1990『群馬県前橋市芳賀北曲輪遺跡』
前山精明　1994「重稲場遺跡群」新潟県巻町『巻町史』資料編1　考古
前山精明・相田泰臣　2002『南赤坂遺跡』巻町教育委員会
前山精明ほか　2002『新潟県巻町南赤坂遺跡』巻町教育委員会
松井和浩　1981「本遺跡の五領ヶ台期について」『前田耕地』Ⅲ　秋川市教育委員会
松井和浩ほか　1979「第Ⅲ群土器」南洋一郎「1号埋甕」『前田耕地』Ⅱ　秋川市教育委員会
松井田町遺跡調査会　1997a『新堀東源ヶ原遺跡』関越自動車道（上越線）地域埋蔵文化財発掘調査報告書
　　　　　　　1997b『西野牧小山平遺跡他』関越自動車道（上越線）地域埋蔵文化財発掘調査報告書
松田光太郎　2002「関東・中部地方における十三菩提式土器の変遷」『神奈川考古』38号
　　　　　　　2003「大木6式土器の変遷とその地域性」『神奈川考古』39号
　　　　　　　2004「東北地方北部における縄文時代前期から中期への移行期の様相」『神奈川考古』40号

　　　　　　　　　　2008「諸磯・浮島式土器の変遷と型式間の影響関係」『神奈川考古』44号
松本彦七郎　1919「宮戸島里浜及気仙郡獺沢介塚の土器」『現代の科学』7巻5，6号
松本市教育委員会　1985『松本市赤木山遺跡群1』松本市文化財調査報告No.34
　　　　　　　　　1990a『松本市向畑遺跡Ⅲ』
　　　　　　　　　1990b『松本市坪ノ内遺跡』松本市文化財調査報告No.80
松本　茂　1991「考察―土器」『東北横断自動車道遺跡調査報告』11　福島県文化財調査報告書第243集
丸子町教育委員会　1990『下久根遺跡・二反田遺跡』
三上徹也　1987「前期末葉土器の文様構成」『長野県埋蔵文化財センター発掘調査報告書』1集
　　　　　1993「中部高地における縄文前期末葉土器群の編年」『前期終末の諸様相』縄文セミナーの会
三上徹也・上田典男　1995「長野県の様相」『第8回縄文セミナー　中期初頭の諸様相』縄文セミナーの会
三島市教育委員会　1992『徳倉片平山J遺跡』
三珠町教育委員会　1989『上野遺跡』
三友国五郎・柳田敏司・青木義脩ほか　1968『大谷場貝塚』南浦和地区埋蔵文化財発掘調査報告書第3集
南　久和　2003「上安原遺跡の朝日下層式土器群」『石川県金沢市上安原遺跡Ⅰ』金沢市文化財紀要192
南相馬市教育委員会　2006『浦尻貝塚』2
　　　　　　　　　　2008『浦尻貝塚』3
宮城県教育委員会　1969『埋蔵文化財緊急発掘調査概報―長根貝塚―』宮城県文化財調査報告書第19集
　　　　　　　　　1983『下南山遺跡』宮城県文化財調査報告書第155集
　　　　　　　　　1986『小梁川遺跡　遺物包含層土器編』宮城県文化財調査報告書第117集（七ヶ宿ダム関連遺跡発掘調査報告書Ⅱ）
　　　　　　　　　1987a『小梁川遺跡』宮城県文化財調査報告書第122集（七ヶ宿ダム関連遺跡発掘調査報告書Ⅲ）
　　　　　　　　　1987b『中ノ内A遺跡・本屋敷遺跡他』宮城県文化財調査報告書第121集
　　　　　　　　　1987c『東北横断自動車道遺跡調査報告書Ⅱ』宮城県文化財調査報告書第121号
　　　　　　　　　2003『嘉倉貝塚』宮城県文化財調査報告書第192集
三宅徹也　1989「円筒下層様式」「円筒上層様式」『縄文土器大観』1　小学館
宮古市教育委員会　1992『高根遺跡―平成3年度発掘調査報告書―』宮古市埋蔵文化財調査報告書33
宮坂光次　1930「長野県東筑摩郡中山村古墳発掘調査報告（二）」『史前学雑誌』2巻2号
宮坂英弌　1950「長野県内縄文文化期諸磯式遺跡」『信濃』2巻10号
宮坂光昭　1965「長野県岡谷市梨久保遺跡の再調査」『長野県考古学会誌』3号
宮田　毅編　1977『茨城県吹上遺跡』大洗町文化財調査報告書第6集
妙正寺川No.1遺跡調査会　1987『妙正寺川No.1遺跡』
武蔵野美術大学考古学研究会　1972『宮の原貝塚』
武藤雄六　1968「長野県富士見町籠畑遺跡の調査」『考古学集刊』4巻1号
　　　　　1970「有孔鍔付土器の再検討」『信濃』22巻7号
武藤雄六・宮坂光昭・長崎元広・小林公明ほか1978『曽利（第3・4・5次発掘調査報告書）』富士見町教育委員会
村井美子ほか　1978『二宮遺跡1976』秋川市埋蔵文化財調査報告書第5集
村上市教育委員会　2000『大関上野遺跡・山崎遺跡』
村木　功　1982「縄文中期初頭・前葉土器のもつ諸問題」『多聞寺前遺跡Ⅰ』同調査会
村田文夫　1969「A地点出土の縄文時代前期の土器について」『本町田』立正大学文学部考古学研究室調査報告第1冊
　　　　　1970「多摩丘陵東端発見の縄文前期未葉から中期初頭の土器について」『古代』53号
目黒吉明　1964「音坊遺跡」『福島県史』第6巻　考古資料　福島県
目黒吉明・森貢喜（土器）ほか　1975「塩沢上原A遺跡」『東北自動卓道遺跡調査報告』福島県文化財調査報告書第47集
本沢慎輔ほか　1982『塩ケ森Ⅰ遺跡』岩手県埋文センター文化財調査報告書第31集
盛岡市教育委員会　1978『岩手県盛岡市大館町遺跡昭和51年度発掘調査報告』盛岡市文化財調査報告第20集
　　　　　　　　　1982『大館遺跡群大館町遺跡―昭和56年度発掘調査概報』
　　　　　　　　　1984『大館遺跡群―昭和58年度発掘調査概報』
　　　　　　　　　1986『繋遺跡―昭和60年度発掘調査概報』

　　　　　　　　　1989a 『大館遺跡群―昭和62年度発掘調査概報』
　　　　　　　　　1989b 『大館遺跡群―昭和63年度発掘調査概報』
　　　　　　　　　1990 『上平遺跡群―第4次発掘調査概報』
　　　　　　　　　1993 『大館遺跡群―平成4年度発掘調査概報』
　　　　　　　　　1995a 『繋遺跡―平成5・6年度発掘調査概報』
　　　　　　　　　1995b 『上平遺跡群平成4・5年度発掘調査概報』
　　　　　　　　　1996 『繋遺跡―平成7年度発掘調査概報』
八尾市教育委員会　1981『富山八尾中核工業団地造成に伴う埋蔵文化財発掘調査報告書』
　　　　　　　　　1983『万行赤石山遺跡』
八木奘三郎　1897「相州諸磯石器時代遺蹟の土器」『東京人類学会雑誌』139号
矢口忠良　1973「小垣外・辻垣外遺跡」『長野県中央道埋蔵文化財包蔵地発掘調査報告書―飯田市地内その2』
八千代市遺跡調査会　2004『千葉県八千代市上谷遺跡』第3分冊・第4分冊
　　　　　　　　　2005『千葉県八千代市上谷遺跡』第5分冊
柳津町教育委員会　1991『石生前遺跡発掘調査報告書』福島県河沼郡柳津町文化財報告書第1集
柳田敏司・小林達雄・横川好富　1965『米島貝塚』庄和町文化財調査報告第1集
家根祥多　1984「縄文土器から弥生土器へ」『縄文から弥生へ』手塚山考古学研究所
八幡一郎　1935「日本石器時代文化」『日本民族』東京人類学会
　　　　　1958『刈羽貝塚』北方文化博物館
山形県教育委員会　1984a『吹浦遺跡第1次緊急発掘報告書』山形県埋蔵文化財調査報告書第82集
　　　　　　　　　1984b『水木田遺跡』山形県文化財調査報告書
　　　　　　　　　1985『吹浦遺跡第2次緊急発掘調査報告書』山形県埋蔵文化財調査報告書93集
　　　　　　　　　1986『大檀B・C遺跡発掘調査報告書』山形県埋蔵文化財調査報告書第103集
　　　　　　　　　1988『吹浦遺跡第3・4次緊急発掘調査報告書』山形県埋蔵文化財調査報告書第120集
　　　　　　　　　1992『酒田市蕨山遺跡調査説明資料』
山形県埋蔵文化財調査団　1981『郷の浜J遺跡』
山形県埋蔵文化財センター　2004a『高瀬山遺跡（1期）第1～4次発掘調査報告書』山形県埋蔵文化財センター調査報告書第121集
　　　　　　　　　2004b『西向遺跡発掘調査報告書』山形県埋蔵文化財センター調査報告書第130集
山口　明　1978「縄文中期初頭土器群の分類と編年―関東・中部地方を中心にして」『駿台史学』43号
　　　　　1980a「縄文時代前期末葉鍋屋町系土器群の動態」『長野県考古学会誌』39号
　　　　　1980b「縄文時代中期初頭土器群における型式の実態」『静岡県考古学会シンポジウム4―縄文土器の交流とその背景，特にその中期初頭の土器群をとおして―』
　　　　　1984「中部地方における前期末葉土器と鍋屋町式土器」『長野県考古学会誌』48号
山崎真治　2003「縁帯文土器の編年的研究」『東京大学考古学研究室紀要』18号
　　　　　2007「福田K2式をめぐる諸問題」『貝塚』63号
山下孫継　1961『湯沢市雄勝郡の埋蔵文化財』湯沢市教育委員会
山下正博・池谷信之　1981「山之台遺跡出土の土器と石器」『小田原考古学研究会会報』10号
山都町教育委員会　1983『上ノ原遺跡』福島県山都町文化財調査報告第4集
　　　　　　　　　1985『日照田遺跡』福島県山都町文化財調査報告第5集
山梨県教育委員会　1986『釈迦堂Ⅰ』山梨県埋蔵文化財調査報告代18集
　　　　　　　　　1987『山梨県東八代郡中道町上の平遺跡第4次・第5次発掘調査報告書』山梨県埋蔵文化財センター調査報告第29集
　　　　　　　　　1989『花鳥山遺跡』山梨県埋蔵文化財センター調査報告書第45集
　　　　　　　　　1991『一般国道411号（塩山バイパス）建設に伴う獅子之前遺跡発掘調査報告書』山梨県埋蔵文化財センター調査報告第61集
　　　　　　　　　2000『御坂町桂野遺跡（第1～3次）』山梨県埋蔵文化財センター調査報書第172集
山内清男　1928「下総上本郷貝塚」『人類学雑誌』43巻10号
　　　　　1929「関東北に於ける繊維土器」『史前学雑誌』1巻2号
　　　　　1930「所謂亀ヶ岡式土器の分布と縄紋式土器の終末」『考古学』1巻3号
　　　　　1936「日本考古学の秩序」『ミネルヴァ』1巻4号

1937「縄紋土器型式の大別と細別」『先史考古学』第1巻1号
1964a「日本先史時代概説」『日本原始美術1』講談社
1964b「縄文式土器総論」『日本原始美術1』講談社
1969「縄紋時代研究の現段階」『日本と世界の歴史』第1巻　学習研究社
1979『日本先先史土器の縄紋』先史考古学会

山内清男作成　「青森県是川一王寺貝塚出土円筒下・上層土器の型式別写真」「宮城県大木囲貝塚出土大木式型式別写真」（山内先生没後25年記念論集刊行会1996『画龍点睛』）

山内先生没後25年記念論集刊行会　1996『画龍点睛』

山本典幸　2000『縄文時代の地域生活史』未完成考古学叢書1
2007「中期初頭細線文系列の成立と展開」『考古学』5

山本正敏　1999「諸磯b式をとりまく中部・北陸の土器—北陸の土器群について」『前期後半の再検討』縄文セミナーの会

山本正則　1975「都留市田野倉出土の縄文式土器」『甲斐考古』12の1

湯浅喜代治・小山勲　1984「松戸市紙敷遺跡出土の縄文時代中期初頭の土器」『下総考古学』7

横田佳代子　1978「房総半島南東岸の完新世海岸段丘について」『地理学評論』51巻5号

横浜市ふるさと歴史財団　1993『牛ヶ谷遺跡・華蔵台南遺跡』港北ニュータウン地域内埋蔵文化財調査報告XIV
1995『花見山遺跡』港北ニュータウン地域内埋蔵文化財調査報告XVI
1995『桜並遺跡』港北ニュータウン地域内埋蔵文化財調査報告XVIII
2002『茅ヶ崎貝塚』港北ニュータウン地域内埋蔵文化財調査報告28

横浜市埋蔵文化財調査委員会　1970〜1971『港北ニュータウン地域内文化財調査報告（I〜III）』
1971「東方第4遺跡」『港北ニュータウン地域内文化財調査報告（1）』（十菱駿武）
1972a「東方第7遺跡」『港北ニュータウン地域内文化財調査報告III』（坂本彰・十菱駿武ほか）
1972b「池辺第4遺跡」『港北ニュータウン地域内文化財調査報告III』
1974a「東方第7遺跡」『港北ニュータウン地域内文化財調査報告IV』（坂上克弘　ほか）
1974b「池辺第4遺跡」『港北ニュータウン地域内文化財調査報告IV』（宮澤寛・今井康博ほか）
1980「折本西原遺跡」

横山悦枝　1974「中期初頭の土器」『北八下子西野遺跡』東京西線及び北八王子変電所遺跡調査会

横山悦枝ほか　1974『御岳塚発掘調査報告書』原始時代の遺物1（府中市教育委員会）

吉井町教育委員会　1983『黒熊遺跡群発掘調査報告書（3）』

吉田　格　1956「各地域の縄文式土器—関東—」『日本考古学講座』3　河出書房
1963「山梨県東八代郡下向山遺跡—縄文中期五領ケ台式土器の研究—」『考古学雑誌』48巻3号
1967「東京都中台馬場崎貝塚」『武蔵野』46巻2号

吉田格・今村啓爾ほか　1972『宮の原貝塚』武蔵野美術大学考古学研究会
1974『とけっぱら遺跡』同調査会

吉田章一郎・田村晃一・金井安子　1989「山梨県上野原遺跡第4号住居跡出土の土器について」『青山史学』11号（上野原遺跡発掘調査団1998『上野原遺跡発掘調査報告書』山梨県中道町発行に再録）

吉田秀亨・戸田伸夫　2000「安達郡大玉村長久保遺跡出土の遺物について」『福島考古』41号

米子市教育委員会　1986『目久美遺跡』

米沢市教育委員会　1977『米沢市八幡原中核工業団地造成予定地内埋蔵文化財調査報告書』3集

米山一政・森島稔　1964「長野県更埴市桑原池尻遺跡調査報告」『上代文化』24輯

立教大学考古学研究会　1975『新田野貝塚』立教大学考古学研究会調査報告2

龍角寺ニュータウン遺跡調査会　1982『龍角寺ニュータウン遺跡群』

若月省吾　1980『笠懸村稲荷山遺跡』笠懸村埋蔵文化財調査報告第3集

若美町教育委員会　1986『堂の沢遺跡発掘調査報告書』

和田　哲　1973「前期末葉土器の問題」『古和田台遺跡』船橋市教育委員会

和田哲・山村貴輝ほか　1983『八王子市元八王子池の下遺跡発掘調査報告書』同調査団

渡辺定男（土器）・武出将男（土器）ほか　1978『大館町遺跡』盛岡市文化財調査報告第20集

渡辺俊夫　1980「沖餅遺跡」『竜ケ崎ニュータウン内埋蔵文化財調査報告書』3　茨城県教育財団文化財調査報告III

Jarman,M.R.　1972　"A territorial Model for archaeology : a behavioral and geographical approach." Clarke,D.L. ed. Models in Archaeology.

日本列島中央部縄文前期末中期初頭の編年

		北陸	中部高地	西関東	東関東	東北
前期末		蜆ヶ森Ⅱ	諸磯c（古）	諸磯c（古）	興津Ⅱ	大木5a
			諸磯c（新）	諸磯c（新）	粟島台	大木5b
		鍋屋町	十三菩提（古）	十三菩提（古）	粟島台	大木6−1期
						大木6−2期
		真脇	十三菩提（中）	十三菩提（中）	下小野	大木6−3期
		朝日下層	松原	十三菩提（新）	下小野	大木6−4期
		新保上安原段階	踊場	十三菩提（新）	下小野	大木6−5期
中期初頭		新保	踊場	五領ヶ台Ⅰa	五領ヶ台Ⅰa（＋下小野）	五領ヶ台Ⅰ式並行（大木7a−Ⅰ）
			踊場	五領ヶ台Ⅰb	五領ヶ台Ⅰb（＋下小野）	
		新保	踊場	五領ヶ台Ⅱa	五領ヶ台Ⅱa（＋下小野）	五領ヶ台Ⅱ式並行（大木7a−Ⅱ）
			五領ヶ台Ⅱb	五領ヶ台Ⅱb	五領ヶ台Ⅱb（＋下小野）	
			五領ヶ台Ⅱc	五領ヶ台Ⅱc	五領ヶ台Ⅱc（＋下小野）	
		新崎	大石	竹ノ下／大石	竹ノ下	本来の大木7a（大木7a−Ⅲ）
			狢沢	狢沢	阿玉台Ⅰa	大木7b
			狢沢	狢沢	阿玉台Ⅰb	大木7b
			新道	新道	阿玉台Ⅱ	大木7b

　前期末〜中期初頭は各地域に複数の系統が存在するのが普通である。上の表では「十三菩提」「五領ヶ台」「大木」各式のように系統の集合体としての型式名と「踊場」「下小野」のようにその地域に代表的な系統名が混在する。

初出一覧

第Ⅰ部「研究の目的・経過と章の構成」
　　　書き下ろし
2A章「施文順序からみた諸磯式土器の変遷」
　　　『考古学研究』27巻4号：86－93頁　1981年
2B章「文様の割りつけと文様帯」
　　　『縄文文化の研究』5巻（雄山閣）：124－150頁　1983年
3A章「諸磯式土器の編年」
　　　『縄文文化の研究』3巻（雄山閣）：211－223頁　1982年
3B章「十三菩提式細分の試み」
　　　『とけっぱら遺跡』（登計原遺跡調査会）：35－39頁　1974年
3C章「東関東前期末の編年」
　　　書き下ろし
3D章「五領ヶ台式土器の編年」
　　　『東京大学考古学研究室紀要』4号：93－157頁　1985年
3E章「前期末～中期初頭の粗製土器」
　　　書き下ろし
4A章「松原式土器の位置と踊場系土器の成立」
　　　『長野県考古学会誌』112号：1－32頁　2006年
4B章「大木6式土器の諸系統と変遷過程」
　　　『東京大学考古学研究室紀要』20号：37－69頁　2006年
5A章「縄文前期末の関東における人口減少とそれに関連する諸現象」
　　　『武蔵野の考古学』（吉田格先生古稀記念論文集刊行会）：85－116頁　1992年
5B章「諸磯c式の編年と動態（原題「諸磯c式の正しい編年」）」
　　　『土曜考古』24号：93－128頁　2000年　および　書き下ろし（追加部分）
5C章「十三菩提式前半期の系統関係　」
　　　『土曜考古』25号：37－66頁　2001年
5D章「縄文土器系統の担い手」
　　　『伊勢湾考古』20号：125－132頁　2006年
5E章「縄文前期末における北陸集団の北上と土器の動き」
　　　『考古学雑誌』90巻3・4号：1－43頁，36－53頁　2006年
5F章「東関東と東北地方の中期初頭土器の編年と動態」
　　　書き下ろし
第Ⅵ部「土器から見る縄文人の生態」
　　　書き下ろし

あとがき

　序論でも記したように，本書は縄文人の生態を土器から読み取るというメインテーマのもと，主に縄文前期末から中期初頭について，自分の既発表論文を収録し，全体のほぼ3分の1を占める書下ろし部分と合わせ，この課題の解明に努めたものである。

　私はこの時期の土器研究から考古学の道に入り，そこから離れることはなかった。もちろん縄文時代の他の分野も手掛け，さらに中国嶺南・東南アジアの考古学，興味の赴くままに日本中・近世の鉱山業，古代の貨幣研究などにも首を突っ込んだ。気が付くと50代も半ば，来たりし道を振り返ると，中途半端なやりかけの仕事がばらばらに散らばるだけである。私の考古学はこれだと言えるような何かを仕上げなければならないと焦りを感じるようになった。

　考えてみると私の研究の始まりであり核であり続けたのは縄文前期末・中期初頭の土器であった。そして土器を編年の材料としてだけでなく，人間の社会や生態を解明する材料として利用する方法を開発するという問題意識を持ち続けてきた。これ以外に相応しい課題はない。2000年頃から本格的に縄文土器研究に復帰した。2003〜2006年度に科学研究費補助金（基盤研究B）課題番号15320106「異系統土器の出会いに見る集団の移動・居住・相互関係，背後にある社会の形態」が交付されたことも追い風になった。研究分担者として，学内の宇田川洋，後藤直，大貫静夫，佐藤宏之，熊木俊朗，辻誠一郎，西秋良宏の諸先生ばかりでなく，学外からも石川日出志（明治大学），佐々木憲一（明治大学），篠原和大（静岡大学），鈴木徳雄（本庄市教育委員会），比田井克仁（中野区歴史民俗資料館），河西学（帝京大学山梨文化財研究所），小林謙一（当時国立歴史民俗博物館）という弥生時代，古墳時代にもわたる第一線の土器研究者の協力がえられたことで，視野と研究対象の広がりがもたらされた（この研究成果は『異系統土器の出会い』として同成社から刊行が予定されている）。

　近年，縄文文化研究でもその生態学的側面や社会的側面の解明が重視されている。そのために理論の導入や民族学的データの利用も必要で重要だということは私も認めている。しかし研究対象とする文化そのものが残した同時代資料がまだまだ多くのことを語る余地を残している，というより，これからその研究が本格的に始まるというときに，理論や民族学的データの利用に過度に頼るのはおかしいというのが私の日頃の疑問であり，本書全体を通してのスタンスでもある。

　これからの土器研究では，編年中心から人間の生態や社会の読み取りという点に重心が移っていくであろう。しかしその発展を楽観することはできない。その目的のためには，今まで以上に精密に土器を分析すること，そして，できるだけ広い地域を見渡す必要がある。精密さと広さという，相反する方向をともに克服しなければならないのである。土器研究の隆盛を支えているのは資料の増加である。土器研究者は新資料の出現によって問題が解決された事例を無数に見てきた。現在の仮説も新資料によって当否の決着がつく日が必ず来ると信じている。しかし増加し続ける資料を追いかけ，広く細かく分析し続けられる人がどれだけいるであろうか。

同僚の大貫静夫氏によると，韓国の発掘調査報告書はほとんどがインターネットで読むことのできるシステムができているという。せめて報告書収集と保管の膨大な労力とコストから，現在獲得されている技術によって解放されることが，このような方向での土器研究発展のために最低限必要な環境となろう。

　私個人にとって，自分の研究をまとめるタイムリミットはいつしか2010年3月，つまり東京大学からの退職の日付に設定されるようになった。この節目を越えたらまた先延ばしになる，研究環境の悪化も予想される。当初はそれまでに十分な時間の余裕があると思っていたが，最後には多くの未解決の問題を端折り，問題の掘り下げも不十分なまま本の形にまとめざるをえなかった。博士学位申請論文として審査の過程で，審査委員である大貫静夫，佐藤宏之，辻誠一郎，熊木俊朗，谷口康浩の諸先生方から多くのご指摘を受け，内容や表現方法の改善を行うことができた。また，本書出版に尽力され，適切なアドバイスを下さった同成社社長山脇洋亮氏に心から感謝申し上げたい。

　　　2010年1月21日

　　　　　　　　　　　　　　　　　　　　　　　　　　　　　　　　今村啓爾

著者の略歴と主要著作

略　歴

今村啓爾（いまむら・けいじ）

　昭和21年8月　　　東京に生まれる
　昭和45年4月　　　東京大学文学部考古学専修課程卒業
　昭和49年6月　　　東京大学大学院人文科学研究科考古学専門課程博士課程中途退学
　昭和49年7月　　　東京大学理学部人類学教室助手
　昭和53年4月　　　東京大学文学部考古学研究室助手
　平成3年4月　　　 東京大学文学部助教授
　平成6年6月　　　 東京大学文学部教授
　平成7年4月　　　 東京大学大学院人文社会系研究科教授
　平成22年3月　　　東京大学定年退職，博士（文学）

主要著書・論文（本書に収録したもの以外）

＜著書＞

『霧ヶ丘』（編著）霧ヶ丘遺跡発掘調査団1973年

「東南アジアの先史文化」『民族の世界史6 東南アジアの民族と歴史』山川出版，1984年

「陥穴（おとし穴）」『縄文文化の研究2』雄山閣，1983年

「東南アジアの土器」『世界陶磁全集16南海』小学館，1984年

「東南アジア」『岩波講座日本考古学　別巻2』岩波書店，1986年

「狩人の系譜」『古代の日本』中央公論社，1987年

「土坑性格論」『論争学説日本の考古学2　先土器・縄文時代I』雄山閣，1988年

「東南アジアの土器」『アジアと土器の世界』雄山閣，1989年

「狩猟採集経済の日本的性格」『新版・古代の日本　第1巻　古代史総論』角川書店，1990年

「金山と春駒」『大系日本歴史と芸能6　中世遍歴民の世界』平凡社，1990年

「縄文土器の文様」『日本美術全集1　原始の美術』講談社，1994年

「コメ作りと日本文化の形成」『東京大学公開講座61　米』東京大学出版会，1995年

Prehistoric Japan: New perspectives on insular East Asia. University College London Press, 1996年

『戦国金山伝説を掘る』平凡社，1997年

『甲斐黒川金山』（編著）塩山市，1997年

「西南中国の先史・古代美術」『世界美術大全集　東洋編2　秦・漢』小学館，1998年

『縄文の実像を求めて』吉川弘文館，1999年

『富本銭と謎の銀銭』小学館，2000年

「東南アジアの先史美術」『世界美術大全集　東洋編12　東南アジア』小学館，2000年

「狩猟採集の時代」岩波講座『東南アジア史1』岩波書店，2001年

『縄文の豊かさと限界』山川出版，2002年

「日本列島の新石器時代」『日本史講座』東大出版，2004年

The Lang Vac Sites. （編著）　The　21st Century COE Program, The University of Tokyo,

2004年

<論文>

「古式銅鼓の変遷と起源」『考古学雑誌』59巻3号，1973年

「縄文時代の陥穴と民族誌上の事例の比較」『物質文化』27号，1976年

「称名寺式土器の研究」『考古学雑誌』63巻　1号・2号，1977年

「東南アジアと中国南部における土器のはじまり」『東南アジア・インドの社会と文化』山川出版，1980年

「バンチェン文化の古さ」『東京大学文学部考古学研究室研究紀要』1号，1982年

「滇西の剣」『東京大学文学部考古学研究室研究紀要』3号，1984年

「縄文早期の竪穴住居址にみられる方形の掘り込みについて」『古代』80号，1985年

「出光美術館所蔵の先Ⅰ式銅鼓－失蝋法で鋳造された先ヘーガーⅠ式銅鼓発見の意義－」『出光美術館館報』56号，1986年

「失蝋法鋳造的先黒格爾Ⅰ型銅鼓的発現」『南方民族考古』2，1990年

「群集貯蔵穴と打製石斧」『考古学と民族誌』六興出版，1989年

「第Ⅰ型式銅鼓の把手に認められる特殊な鋳造方法について」『東京大学文学部考古学研究室研究紀要』8号，1989年

「鉱山臼からみた中近世貴金属鉱業の技術系統」『東京大学文学部考古学研究室研究紀要』9号，1990年

「滇王国における男性権力者と女性権力者」『平井尚志先生古稀記念考古学論攷』第Ⅰ集，1992年

「HegerⅠ式銅鼓における2つの系統」『東京大学文学部考古学研究室研究紀要』11号，1992年

"The Two Traditions of Heger I Type Bronze Drums"『東南アジア考古学会会報』13号，1993年

「論黒格爾Ⅰ式銅鼓的二個系統」中国古代銅鼓研究会編『銅鼓和青銅文化的新探索』1993年

"Jomon and Yayoi: the transition to agriculture in Japanese prehistory" The origins and spread of agriculture and pastoralism in Eurasia (ed. David R. Harris) UCL Press, 1996年

「縄文時代の住居址数と人口の変動」『住の考古学』同成社，1997年

"Men and women of the ruling class of the Dian Kingdom." South-East Asian Archaeology 1992, 1997年

「紀元前1千年紀の東南アジアと中国の関係」『東南アジア考古学』18号，1998年

「無文銀銭の流通とわが国初期貨幣の独自性」『史学雑誌』109編1号，2000年

「和同開珎銀銭と銅銭の発行当初の交換率」『史学雑誌』110編7号，2001年

「木簡に見る和銅年間以前の銀と銀銭の計量・計数単位」『史学雑誌』111編8号，2002年

「箱根南西山麓の先土器時代陥穴の使用法」『考古学研究』51巻1号，2004年

「藤原京門傍木簡による和同銀銭・銅銭発行当初の交換率」『古代文化』57巻2号，2005年

「先土器時代陥穴の使用方法：静岡県愛鷹山麓の場合」『生業の考古学』同成社，2006年

「縄文時代の人口動態」『縄文時代の考古学』10　同成社，2008年

「ヨーロッパのクリとクルミは栽培植物」『考古学ジャーナル』594号，2009年

「ヨーロッパ考古学における時代区分と縄文時代」『比較考古学の地平』2010年

"The distribution of bronze drums of the HegerⅠand Pre-I types: temporal changes and historical background."『東京大学文学部考古学研究室紀要』24号，2010年

「縄文土器と芸術的創造」『考古学ジャーナル』597号，2010年

土器から見る縄文人の生態
          どき   み じょうもんじん せいたい

2010年3月10日発行

著者　今　村　啓　爾
発行者　山　脇　洋　亮
印　刷　亜細亜印刷株式会社
製　本　協栄製本株式会社

発行所　東京都千代田区飯田橋4-4-8
　　　　（〒102-0072）東京中央ビル　㈱同成社
　　　　TEL 03-3239-1467　振替 0014-0-20618

Ⓒ Imamura Keiji 2010. Printed in Japan
ISBN978-4-88621-513-0 C3021